김 도 상

전) 대구 어린이회관장, 영남대학교 행정학과 교수(행정학박사) 현) 한국문화예술위원회 영남권 멘토, 한국문인협회 대구지부 수필분과 위원, 대구신문 칼럼니스트, 도서관 휴먼 등이며, 성씨의 관향은 오늘날 상주시 함창(咸昌)이나. 신라 초기에는 변방 지역에 '영강(寧康)'을 지켜달라는 기원에서 '옛 강녕(古寧)'이라고 했다. 서기 42년 3월 15일 대관식을 한 고녕가야(古寧伽倻) 고로왕(古露王)을 시조로 한다. 평소, 가야 역사, 특히 '고녕가야' 역사 탐사에 관심이 많았고, 더구나 '고녕가야' 왕조의 후손으로서 시조의 뿌리를 더듬어 찾고 정리함은 당연지사다. 마음은 크나, 역사 연구에 지식과 경험이 부족한 저를 늘 지도하시며 뜻을 같이해 주시는 이대영 박사님을 만나, 함창 곳곳을 찾아다니며 탐사한 기록들을 정리하다 보니, 이왕 나가는 김에 이 결과물들을 역사책으로 묶어내어, 본 저서 『낙동강 상류의 실존 왕국, 고녕가야』를 출판하게 되었다.

이 대 영

최근 '가야 고분' 유네스코 등록을 계기로 새삼스럽게 가야사(伽倻史)가 화제로 재등장되었다. 몇 차례 고녕가야에 대해서 역사 현장을 따라다니며, 얻어들었던 사실을 메모하고 관련 자료를 수합 정리했다. 이참에 『고녕가야(古寧伽倻)』라는 역사책을 쓰자는 김도상(金道相) 박사님을 만나 겁도 없이 이왕에 시작했으니, 『낙동강 상류의 실존 왕국, 고녕가야』라는 책을 발간하게 되었다. 고녕가야의 실존 역사 정립 필요성이 대두되고 있는 시점에서 고녕가야에 대한 현존 자료가 너무도 없다 하니, 점이라도 하나 보태보자는 순수한 마음에서 시작했다.

낙동강 상류의 실존 왕국

고령
가야

낙동강 상류의 실존 왕국

고녕
가야

김도상 · 이대영

생각나눔

목차

01 발로 쓰는 고녕가야

06 블랙박스(Black Box)와 같은 가야 역사를 해체

07 흙 속에 묻혔던 가야 역사 교과서를 찾아서

고녕가야가 남긴 현존 유적

고녕가야 태조왕릉
* 조선 선조 25년(1592년)에 경상도 관찰사
  김수, 함창 현감 이국필이 묘비 발견
* 숙종 38년(1712년) 왕명으로 묘비와 석양 등
  묘역을 정비함

고녕가야 신고복지의 중심, 머리 뫼(首山)
* 고녕가야의 중심 둥지인 고녕가야 소도 유적
* 금관가야 구지봉에 해당되는 거북 모양
  머릿돌
* 현장실사 측정 결과 남북 길이: 2.10m, 동서
  길이: 2.07m, 높이 0.62m 6면체(화강암)

고녕가야 오봉산 고분군
* 가야 시대 고분군 1,500여 기(基)
* 공개 대상 고분은 480~483·619호분의 5기
* 상주시가 보호구역으로 지정

**신흥리 1111번지 오봉산
봉소제단 고인돌 성혈**
* 고녕가야, 농경천문(별자리 성혈), 천신제단
* 농사책력(農事冊曆)으로 남두육성과 키
  별(箕星)

머리말

나무로 만든 싸움닭의 심정으로 '고녕가야' 실체를 정립하다

오늘날 강(江)은 물(水)이 목수(工)처럼 산을 깎고 운반해 하늘의 초승달 모양 선상지(扇狀地)를 만든다. 영어로 강(river)은 '깎아 내다' 혹은 '갈라 내다'의 뜻을 가진 동사(rive)의 명사형이다. 비바람 도끼로 산을 깎아 해달(日月)을 바퀴로 한 물수레(물길)가 토양 자양분을 운반해 터전을 만들었다. 여기에다가 인간이 출현하여 새로운 세상을 만들고자 나라(國家)를 세웠다. 인도(India) 땅만 아니라 한반도(韓半島)에서 제철 제국 가야(Gaya)와 같은 지명과 국명이 있다. 우리말의 가야 ▷ 가람 ▷ 갈(거렁 혹은 걸) ▷ 강(江)에서 따온 가야(Gaya, 伽倻)가 있다.

가야 제국들은 이렇게 성립되었고, 이러한 연원에서 한반도(韓半島) 가야 제국들의 국명도 가야(伽倻)로 붙여졌으며, 고녕가야도 그 중의 한 국가이다. 본서는 고녕가야의 실존 정립을 위한 인문 역사서이므로 가야연맹체 전체와 연계하여 다루어야 그 관계성 속에서 고녕가야 실체를 더 정확히 정립할 수 있기 때문임을 책머리에서 미리 밝혀 두고자 한다. 따라서, 본서는 지금까지 6가야 전체에 대한 연관성 있는 연구가 거의 전무한 현 실정에서 향후 본격적인 가야사(伽倻史) 연구에 진일보된 사료가(史料) 될 것을 감히 스스로 평가해 보기도 한다. 특히, 가야산(伽倻山 혹은 潢山) 아래의 가야 나루터를 들락거리면서 오늘날 낙동강인 황산강(黃山江)을 가야 연맹체의 '건국을 위한 고속도로 물길(High Water-Way of Founding)'로 삼았다. 신라는 가야 연맹체(伽倻聯盟體, 제철 생산 공급의 연쇄 체제)의 건국 물길을 금호강(琴湖江)으로 허리를 잘라서 삼한일통(三韓一統)의 서벌(西伐) 물길로 삼는다는 대계략(大計略)을 창안했다. 가야는 제철 생산 기지(製鐵生産基地)였으며, 오늘날 생산 물류 공급을 통합했던 가치 사슬(value chain)이었다. 금관가야는 재가공, 품질 향상, 물류와 교역을 담당했다.

이제까지 사료들의 기록들을 종합한 관점에서 보면 중국 대륙(中國大陸)에서 춘추전국(春秋戰國)시대 열국들을 B.C. 230년경 진시황(秦始皇)이 중원을 통일하고자 만리장성(萬里長城) 등과 같은 국가 대형 토목 공사(大形土木工事)에 시도 때도 없이 동원되는 공역을 피해 한반도 삼한으로 대거 흘러들어왔다. 이들은 B.C. 220년경 공검지(恭儉池) 등의 농경저수지

(農耕貯水池)를 축조했다. B.C. 194년 연 나라 위만(衛滿)의 고조선을 침략, B.C. 108년 한사군(漢四郡)의 설치, B.C. 8년 전한(前漢)에 이어 왕망(王莽)의 신(新)나라가 A.D. 22년에 멸망했다. 이들 황실 혹은 호족(豪族)들은 죽음을 피해 한반도 땅으로 건너왔다. 이전 A.D. 20년 고구려 대무신왕(大武神王) 3년에 동부여(東扶餘)를 정벌했다. 이때 소호 김천씨(少昊金天氏)의 후손들이 망국 유민(亡國流民)으로 한반도 남쪽으로 내려왔다.

1956년 대구시 서구 비산동(飛山洞, 臥龍山麓) 선사 시대 유적발굴에서 부여식(扶餘式) 안테나형 동검(觸角式銅劍)이 발견됨으로써 달구벌(達句伐)까지 동부여의 망국 유민으로 내려왔다.[1] 이곳에서 갈라져서 일파는 김해(金海)로 나머지 일파는 경주(慶州)로 다시 옮겨갔다. A.D. 42년 김수로왕(金首露王)은 구야국(狗倻國)을 건설했다. A.D. 262년 신라 제13대 미추이사금(味鄒尼師今, 출생 미상~ 284)을 등극했다. 이로써 김씨 왕국(金氏 王國)의 터전을 마련했다.

이렇게 망국 유민(亡國流民)들이 신진 건국 세력(新進建國勢力)으로 등장함으로써 청동기 문화의 토착 세력들과 갈등 관계를 청산하고 6 가야를 건국했다. 이들은 신라의 삼한일통으로 흡수되었다. 그래서 엄연히 한반도에서 건국과 멸망의 과정을 거쳤다. 특히 땅속에서 고스란히 간직해온 고고

---

1 한상갑, [밑줄 쫙~ 대구 역사 유물] (18) 비산동 조형 안테나식 동검, 매일신문, 2014. 5. 3.: "1956년 대구시 와룡산 기슭에서 청동검이 도굴꾼에 의해 출토됐다. 이 동검들은 골동품상을 거쳐 은밀하게 유통되다가 한 수집상(호암미술관)의 손에 들어갔다. 이 칼 중 '조형 안테나식 동검'이 포함되었는데 이 검이 초기 철기 시대 청동기 전파 경로를 밝혀줄 국보급 문화재였다. 길이 32.2㎝, 너비 3.1㎝, 칼자루 길이 12.5㎝의 이 동검엔 놀랍게도 유라시아의 청동기 문화 코드가 모두 녹아 있다. 우선 이름부터 풀어보자. 조형(鳥形)이란 칼자루 끝에 달린 새 모양 장식을 말하고 '안테나'란 칼자루 양 끝이 벌레 더듬이(안테나)처럼 둥글게 구부러진 모양을 의미한다. 여기에 전체적인 모양이 날렵한(細形) 모양을 하고 있다고 해서 세형동검이다. 이렇게 해서 전체 이름이 '조형 안테나식 세형동검'으로 붙여졌다. 1척 남짓한 검 하나에 시베리아 스키타이 양식과 유럽 기사들의 검 문화, 중국의 금속기술이 집약된 것이다."

학적 유적과 유물이 대거 발견되고 있다. 특히 가야 유적 문화권에 1만여 기(基)의 고분이 존속하고 있다. 그러함에도 문헌적 기록(文獻的 記錄)이 없다면서 일부 역사학계에서는 실존 자체(實存自體)가 부정되고 있다.

『삼국사(三國史)』를 저술할 때는 신라, 백제, 고구려는 한반도에 한정되지 않았고 도읍지는 중국 대륙에 있었다. 따라서 가야에 대한 기록은 한반도 동신라(東新羅)에 관련된 몇 가지만 남겼다. 『삼국사(三國史)』에서는 '삼국의 틀(framework of the three kingdoms)' 안에서만 고밀도·집약적으로 저술했다. 마치 벽돌 공장에서 벽돌 틀에다가 진흙을 집어넣고 틀밖에 모든 흙을 긁어다 버린다. 그렇게 하였으므로 나머지 주변국 가야는 피정복 대상국 (被征服 對象國)으로 병풍처럼 장식용에 한정된 상황에서 언급했다.

그런데 오늘날 우리나라 고대사는 김부식이 쓴 『삼국사(三國史)』를 세조 때에 "천자국의 기록은 사(史)이고 제후국의 이야기는 기(記)"라는 사대주의(事大主義)로 인해 『조선왕조실록』 세조 10(1464)년 6월 29일자 기록에 '삼국사기(三國史記)'라고 적었다.[2] 임진왜란 때 명나라의 군사적 지원으로 '재조지은(再造之恩)'을 입었다고 생각한 조선의 선비 한백겸(韓百謙)은 1615년 후한서(後漢書)의 동해(渤海)와 서해(海河)를 한반도 동해와 서해로 보고 『동국지리지(東國地理志)』에다가 삼한을 한반도에 한정해서 정리해 저술했다. 결국 '마한 = 고구려, 변한 = 백제, 진한 = 신라'라는 공식을

---

2 紀와 記의 차이점: 먼저 기(記)란 '기억(記憶)하다'라는 의미로 A.D. 227년 위나라 장읍(張揖)이 저술한 『광야(廣雅)』의 석고(釋詁)에서는 "기억한다는 건 기록함이다. 그러나 기록함은 줄거리가 있게 요약해 정리하다(記紀也. 紀識之也)." B.C. 『서경(書經)』 익직(益稷)에서 "채찍질을 해서 기억하게 한다(撻以記之)."라는 구절이 있다. 다음으로 기(紀)란 『설문해자(說文解字)』에서 "실오리를 결승하여 벼리를 만 듯이 체계 있게 기술함을 기(紀)라고 한다(紀別絲也)." 한유(韓愈)가 저술한 『진학해(進學解)』에서 "일을 기록하는 사람은 반드시 그 핵심(요점)을 들었다(紀事者 必提其要)."라고 했다. 이런 생각은 1914년 일본 역사학자 한 사람이 이와 같은 주장을 함으로써 김부식의 『삼국사(三國史)』 조선총독부에서 '삼국사기(三國史記)'라는 이름으로 번역됨에 따라 오늘날까지 삼국사기라고 하고 있다.

만들었다. 이를 금과옥조로 우리는 배워왔다. 이로 인해 결국은 국내 학자들은 i) 광개토왕이 400년 중국 동해안을 정벌했던 남정(南征)을 한반도 가야 남방 정벌(伽倻南方征伐)이라는 역사적 허구를 만들었다. 이는 다른 한편으로 본의 아니게 일본 역사학자들에게 임나일본부설의 기반을 마련해 주었다.

임나일본부설의 단서를 『일본서기』를 기반으로 살펴보면, 366년 야마토(大和, 倭) 신공황후(神功皇后, 傭兵 女戰士)와 백제 근초고왕(近肖古王)은 외교 관계를 수립하고, 중국 동해안(국내 학자는 경상남북, 전라남북 및 충남도로 주장)의 신라 강역(7국 4읍)을 정벌하여 백제에 땅을 넘겨주었다. 369년에 백제는 넘겨받은 땅에다가 도읍지를 천도했다. 이런 일련의 과정을 추진했던 임나가라정벌(任那加羅征伐) 용역 계약(傭兵)을 성공리 추진함에 따른 용병 성공 보수(傭兵成功報酬, mercenary success reward)를 『일본서기』에서는 '춘추조공(春秋朝貢)'으로 미화 기록했다.

임나일본부설이 대두한 계기와 목적은 정한론(征韓論, Japan's conquest of Korea)의 고대사와 일관하는 역사적 합리화(historical rationalization)를 위해서다. 1868년 일본 메이지 유신(明治維新) 이후 1870년 조선을 정벌하자는 정한론(征韓論)이 태동했다. 이를 뒷받침하고자 역사학계에서는 임나일본부설(任那日本府說)이란 사생아를 출산시켰다. 1883년 일본 제국 관동군 정보장교였던 사코우 가케노부(酒匂景信, さこう かげのぶ)[3] 중위의 눈에 들어왔던 광개토왕(廣開土王) 비석의 쌍구가묵본(雙鉤可

---

3 酒匂景信(さこう かげあき／さこう かげのぶ), ウィキペディア(Wikipedia): "酒匂 景信 (さこう かげあき／さこう かげのぶ, Kageaki Sakō/Kagenobu Sakō, 酒匂景明／左香敬心) 生誕 1850年 9月 20日, 日本, 日向国都城, 死没 1891年 3月 15日, 大日本帝国陸軍, 陸軍 砲兵大尉. 酒匂景信(さこう かげあき／さこう かげのぶ, 1850年 9月 20日(嘉永 3年 8月 15日)~1891年(明治 24年) 3月 15日)は, 明治時代の軍人. 中国東北部にある好太王碑を訪れ, 日

고녕가야(古寧伽倻)

墨本) 탁본을 일본인 전문가에게 해독 작업을 시켰다. 그 결과를 1889년

『회여록(會餘錄)』에 그 내용을 게재했다.

　　탁본하기 이전에 이미 임나일본부설을 합리화하고자 조작했다는 논란

의 발단이 되었다.[4] 이를 기반으로 경성제국대학(京城帝國大學, 서울대학교

本人として初めて, その拓本を持ち帰った. 略歴 旧島津藩士, 日向国都城に生まれ, 幼時藩校
に学ぶ. 1879年(明治 12年): 参謀本部出仕. 1880年(明治 13年): 清国差遣. 1882年(明治 15
年): 陸軍砲兵中尉に進級. 1883年(明治 16年) 4月から7月の間に, 中国東北部にある輯安の
好太王碑を訪れ, その拓本(写し)を持ち帰った. 1884年(明治 16年) 10月: 帰国. 1885年(明治
17年): 陸軍砲兵大尉に進級. 好太王碑文改竄説, 詳細は 「好太王碑#大日本帝国陸軍による
碑文改竄説とその破綻」 を参照. 1972年(昭和 47年) 李進熙が, 酒匂による拓本の改竄·捏造
説を唱えた. 李進熙の説は 5世紀の朝鮮半島に倭(日本)が権益を有していたように捏造する
ために, 酒匂が拓本を採取する際に碑面に石灰を塗布して倭·任那関係の文章の改竄をおこ
なったとするものである. その後, 中国の吉林省文物考古学研究所は現地で実際に拓本取り
を専門としていた拓工達とその子孫の証言を収集し, 中国人の拓工達が好太王碑の表面に石
灰を塗布して拓本取りをおこなっていた事実を確認した. しかし, 酒匂による石灰の塗布の証
拠は発見されなかった. さらに, 李進熙が酒匂による捏造文書と断定した文面(例えば「倭以
辛卯年来渡海破」など)が現存する好太王碑の表面からも読み取れることが確認された. こ
れらの研究結果は文物考古学研究所長の王健群により発表され, 1984年(昭和 59年) に日本
語訳も出版された. その後, 2005年(平成 17年) 6月 23日 に酒匂本以前に作成された墨本が
中国で発見され, その内容は酒匂本と同一であると確認された. さらに 2006年(平成 18年)
には中国社会科学院の徐建新により, 1881年(明治 14年) に作成された現存最古の拓本と酒
匂本とが完全に一致していることが発表され, 李進熙の改竄·捏造説は完全に否定された.

4　大日本帝国陸軍による碑文改竄説とその破綻, Wikipedia:"「好太王碑」の記事における
　「大日本帝国陸軍による碑文改竄説とその破綻」 の解説, 辛卯年条に関しては, 酒匂本を研
　究対象にした日本在住の韓国·朝鮮人考古学, 歴史学者の李進熙が, 1970 年代に大日本帝国
　陸軍による改竄·捏造説を唱えた. その主張は, 「而るに」 以降の 「倭」 や 「来渡海」 の
　文字が, 5世紀の倭の朝鮮半島進出の根拠とするために日本軍によって改竄されたものであ
　り, 本来は 百殘新羅舊是屬民由来朝貢而後以未卯年不貢因破百殘倭寇新羅以為臣民 〈百
　済新羅はそもそも高句麗の属民であり朝貢していたが, やがて辛卯年以降には朝貢しなく
　なったので, 王は百済·倭寇·新羅を破って臣民とした.〉 と記されており, 「破百殘」 の主語
　を高句麗とみなして, 倭が朝鮮半島に渡って百済·新羅を平らげた話ではなく, あくまでも高
　句麗が百済·新羅を再び支配下に置いた, とするものであった. しかし, 百済などを破った主
　体が高句麗であるとすると, かつて朝貢していた百済·新羅が朝貢しなくなった理由が述べ
　られていないままに再び破ることになるという疑問や, 倭寇を破ったとする記述が中国の正
　史. 『三国史記』, 日本の 『日本書紀』 などの記述(高句麗が日本海を渡ったことはない)と
　も矛盾が生じる. 高句麗が不利となる状況を強調した上で永楽 6年以降の好太王の華々しい
　活躍を記す, という碑文の文章全体の構成から, 該当の辛卯年条は続く永楽六年条の前置文
　であって, 主語が高句麗になることはありえない, との反論が示された. ほかにもこの説に

전신)에서 임나일본부설(任那日本府說)을 체계화했던 일본학자 스에마스
야스마즈(末松保和, すえまつ やすかず)[5]와 후계학자(後繼學者)들이 주장

対しては井上光貞, 古田武彦, 田中卓, 上田正昭らからも反論が示された. 1974年(昭和 49年)
に上田が北京で入手した石灰塗布以前の拓本では, 改竄の跡はなかった. 1985年 には古田
らによる現地調査が行われ「碑文に意図的な改ざんは認められない」と結論付けた. さ
らに, 2005年(平成 17年) 6月 23日 に酒匂本以前に作成された墨本が中国で発見され, そ
の内容は酒匂本と同一であるとされた. さらに 2006年(平成 18年) 4月 には中国社会科学
院の徐建新により, 1881年(明治 14年) に作成された現存最古の拓本と酒匂本とが完全に一
致していることが発表され, これにより改竄・捏造説は完全に否定され, その成果は 『好太
王碑拓本の研究』(東京堂出版)として発表された. 東北大学名誉教授の関晃は 「一介の砲兵
中尉にそのような学力があったとはとうてい考えられないし, また酒匂中尉は特務機関とし
て行動していたのであるから, そのような人目を惹くようなことができるはずもない」と述
べ, 改竄・捏造説を否定している. 宮脇淳子は, 「もともと伽耶は倭人が進出して開発した地
域なのです. …しかし, 日本が何かしらの拠点を持っていたことは間違いなく, それは前方後
円墳の存在など考古学的にも実証されつつあります. 日韓併合のずっと前から自分たちの土
地が日本人に仕切られていたという歴史は, 韓国人にとっては確かに面白くないでしょうが,
日韓併合とは全く関係のない古代史まで歪曲するのはやめてもらいたいものです. … もっ
といえば任那に限らず, 百済や新羅にも日本は強い影響力を持っていました. 5世紀に 『倭
の五王』 はシナの南朝に使節を送っていますが, 478年, 倭王武が宋からもらった称号の中
に 『使持節都督倭・新羅・任那・加羅・秦韓・慕韓六国諸軍事安東大将軍倭王』 というものがあ
ります。まあ, それは使者を寄越したご褒美の名誉称号みたいなもので, 倭王がそれらの土
地を直接統治していたわけではありません. しかし, 何の裏付けもなくシナの皇帝がその支
配を認めるはずもないので, 倭の勢力範囲であったことは間違いありません. 倭の軍隊がた
びたび朝鮮半島に進出していたのは明らかで, 前述したように高句麗の 『広開土王碑』 に
も倭軍が海を越えて攻めてきたと, はっきりと書いてあります. その当時の朝鮮半島南部は馬
韓, 弁韓, 辰韓という豪族の集合体から, 百済, 新羅, 任那という国になりつつありましたが,
まだ王様がいたいないようなはっきりしない状態でした. また, 各民族が混在していて, 全て
の国に倭人がいました. 日本列島は物産が豊かで人口も多く, 朝鮮半島に比べたら土地に力
があるので, 日本の豪族は半島まで出張って地元の豪族を子分にしたりするようなことがあ
ったのです. もちろん, まだ国境が明確な時代ではないから, すなわち倭の領土ということ
にはなりませんが, それぞれの地域で倭人が力を持っていたということです. 朝鮮半島南部
のほかの地域で百済や新羅という統一国家ができたのに, 任那でできなかったのも, それだ
け倭国の存在感が強かったからではないでしょうか」と指摘している. なお, この説が唱え
られる以前の 1963年(昭和 38年), 北朝鮮内で碑文の改竄論争が起き, 同国の調査団が現地
で調査を実施した結果, 改竄とは言えないという結論を出した. ※ この 「大日本帝国陸軍に
よる碑文改竄説とその破綻」 の解説は, 「好太王碑」 の解説の一部です. 「大日本帝国陸
軍による碑文改竄説とその破綻」 を含む 「好太王碑」 の記事については, 「好太王碑」
の概要を参照ください.

5 末松保和, ウィキペディア(Wikipedia): 末松 保和(すえまつ やすかず, 1904年(明治 37

해 왔다. 임나일본부설의 요지는 4세기부터 6세기까지 일본(왜)이 한반도 남부 임나(가야) 지역에 통치 기구를 세워 200년간 식민지를 이미 다스렸다는데 다시 조선을 정벌하는 건 당연하다는 논리적 합리화(logical rationalization)였다.

그렇게 줄기차게 제창하여 왔던 임나일본부설(任那日本府說)에 대하여 2017년 10월 22일 한일 역사 공동연구 위원회(歷史共同硏究委員會)에서 "근거 없음(No Basis)."으로 결론을 내렸다.[6] 허구적(虛構的)인 주장으로 국력 소모(國力 消耗)를 더 이상하지 않지 않기로 했다. 2019년 7월 1일부터 일본의 반도체 중심 한국경제보복(韓國經濟報服)으로 시행함으로써 일본이 정식으로 임나일본부설을 끄집어내어 역사적 갈등까지 제기했다. 우리나라 역사학계에서는 '제2차 임나일본부설 내전'이 발발했다. 오늘날 일

年) 8月 20日 ~ 1992年(平成 4年) 4月 10日) 는, 日本の歷史學者. 學習院大學名譽敎授. 文學博士. 專門は朝鮮史. 朝鮮古代史, 古代日朝關係史を中心に朝鮮史硏究の基礎を築いた. 1904年 8月 20日 出生, 日本福岡縣田川郡, 1992年 4月 10日(87歲) 死滅, 東京帝國大學卒業, 京城帝國大學(오늘날 서울대학교) 朝鮮史硏究.

6 박진홍, 임나일본부 논란 한일역사 공동연구위원회에서 '근거 없음' 결론, 부산일보, 2017. 10. 22.: "임나일본부는 4~6세기 왜(倭)의 야마토 정권이 한반도 남부 임나에 통치기구를 설치해 다스렸다는 학설이다. 일본 역사서 『일본서기』에서 그 근거를 찾지만 '일본'이라는 용어가 사용된 것은 8세기 후반. 천황의 직접 통제 아래 놓인 관부(官府)를 뜻하는 '일본부'가 존재할 리 만무하다. 2010년 3월 한일 역사공동연구위원회는 이러한 내용의 임나일본부설에 대해 '근거 없음'이란 결론을 내렸다. 야마토 정권의 통치 기구라는 점을 부정한 것이다. 지금은 임나일본부가 관청이 아니라 '왜에서 가야에 파견한 외교 사절'이란 주장이 고대사 학계에서 폭넓게 수용되고 있다. 문제는 '임나'의 위치를 둘러싼 논란. 문헌 사료에 '임나'는 모두 237번이 나오며, 그중 215번은 『일본서기』가 그 출처다. 고대사학계에서는 대체로 임나를 '낙동강 서안에 자리한 가야의 여러 정치 세력을 총체적으로 일컫는 용어'로 인정해왔다. 광개토대왕비문에 표기된 '임나가라(任那加羅)'는 '임나=창원', '가라=김해'를 합칭한 것으로 보기도 한다. 반면 재야 사학계 일각에서는 임나가 한반도에 있는 것이 아니라 쓰시마(對馬島)라고 주장한다. 이들은 『일본서기』 스진(崇神) 65년 조의 "임나는 쓰쿠시국에서 2,000리 떨어져 있는데 북쪽은 바다로 막혀 있고 계림의 서남쪽에 있다."라는 내용을 그 근거로 삼는다. 도종환 문화체육관광부 장관도 후보자 시절인 지난 6월 초 언론 인터뷰를 통해 "일본이 임나일본부설에서 임나를 가야라고 주장했는데, 일본의 연구비 지원으로 이 주장을 쓴 국내 역사학자들 논문이 많다며 '임나=가야'를 부정하는 듯한 태도를 보여 고대 사학계의 큰 반발을 샀다."

본에서는 신공황후(神功皇后)는 신과 소통하는 무당(巫堂)이며, 여전사(女戰士)로 보고 게임의 여주인공으로까지 등장시키고 있다.

최근에는 보이지 않은 '새로운 임나일본부설 양상(New Aspects of Imna Japan Annexation)'으로 i) 가야고분(伽倻古墳) 등을 발굴할 때에 일본학계 혹은 내학의 공동 발굴을 주진한다. ii) 심지어 가야 시대 조개껍데기 하나에서도 오키나와 고호우라(ゴホウラ) 혹은 이모가이(イモガイ)라는 주장[7]에서부터 일본인의 논문(論文)을 그대로 계수(繼受)하는 모습을 보인다. iii) 한일 역사학계 간의 학제 간 연구(學際間研究, inter-locking study)를 한다는 명분으로 '깊게 뿌리내린 학문적 품앗이'(deep-rooted academic collaboration)'를 하고 있다. 우리나라의 학자만으로 그리고 독자적으로 일본의 뒷배 없이(Without Japan's support)는 역사적 연구조차 할 수 없는 모양이다.

다른 한편, 터키 아나톨리아(Anatolia) 반도에서 B.C. 1700년에서 B.C. 1200년 사이 500년 동안 제철제국을 건설하여 철기 문명을 꽃피웠던 히타이트 제철 왕국(Hittite Iron Kingdom)이 있었다. 이들은 철제 무기를 앞세운 히타이트는 기원전 1275년 시리아를 정복하였다. 이들은 B.C. 12세기 고대 인도 가야(Gaya) 왕국이란 제철 왕국을 건설하였다. 이들은 B.C. 10세기부터 동남아 국가로 제철 기술로 무장된 가야 유목민(Gaya nomads)을 방출했다. 만민평등(萬民平等, equality for all people)의 불교 사상에 힘입어 B.C. 500년경에 불교 문화(佛敎文化)와 가야 제철 기술 유목민(Gaya steel-making technology nomads)들

---

7   최병길, 가야 시대 조개 장식 말갖춤새, 日 오키나와 조개류로 확인, 연합뉴스, 2017. 8. 16.: "경남 김해시는 대성동 91호분에서 출토된 가야 시대 조개 장식 말갖춤새(마구·馬具)가 일본 오키나와(沖繩) 인근에서 잡힌 조개류 껍데기로 확인됐다고 16일 밝혔다. 국내에서 가장 오래된 4세기 가야 시대 조개 장식 말갖춤새는 조개류 29점이다. 이 중 20점은 오키나와 등 열대 해역에 서식하는 조개류인 일본 학명 '고호우라(ゴホウラ)', 9점은 일본 학명 '이모가이(イモガイ)'로 밝혀졌다."

이 이동하여 B.C. 350년경에는 캄보디아를 거쳐 한반도 남부 김해에 도착했다. B.C. 1세기경에 울산 달천철장(達川鐵場, 磁鐵石鑛山)을 기반으로 석탈해 철 생산 기지(昔脫解鐵生産基地)가 들어섰다.

가야(Gaya)란 인도의 제철 제국 부다 가야(Budha Gaya) 등에서 카스트 제도에서 하층천인 제철 기술자로 살아가다가 불교의 만민평등 사상으로 "꿈을 찾아 떠나자(Let's go and find our dreams)!"라는 가야 유목민(Gaya nomad)의 흔적을 찾아보면 인도 북부 부다 가야(Bodh Gaya) ▷ 인도 남부 타미르 ▷ 캄보디아 ▷ 베트남(Dongson Culture) ▷ 남중국 ▷ 제주도 ▷ 한반도 김해(금관 가야) 이동하면서 가야라는 지명을 남겼다. 이후에 한반도 가야를 통해서 일본과 중국으로 제철 기술이 전파되었다.

이런 상황에서 이 책에서는 고녕가야(古寧伽倻)의 건국에서 멸망까지를 입체적으로 투사시켜 그 실존을 밝혀보고자 한다. 역사 현장을 찾아다니면서 제1차적 자료를 수합 정리했다. 이제까지의 주장과 문헌 정보를 종합하여 정리하고 분석했다. 작은 도움이라도 되었으면 하는 바람으로 한 권의 책을 묶어보고자 한다.

이에 대해 입장을 달리하는 분들이 있을 경우는 학자적 양심에서 근거 있는 비판이라면 언제라도 겸손하게 받아들인다. 그러나 합리적인 근거도 없는 단순한 입장, 견해(시각), 조직 및 계보 등의 차이(差異)나 사익(私益)을 위해 필봉(筆鋒)을 꼬나 드는 경우는 장자(莊子)의 "나무로 만든 싸움닭처럼(木鷄之樣)" 무대응으로 일변하고자 한다.

2024년 4월
김도상 및 이대영 쓰다.

01

발로 쓰는 고녕가야

1.
소국과민의 읍제국가의
옛 모습을 그리면서

청동기 시대에 고녕(함창)의 읍제국가(邑制國家)를 살펴보면

청동기 시대(靑銅器時代, bronze age)에 접어들면서 지역사회(commu-nity)의 가장 작은 단위로는 가족(家族, family), 씨족(氏族, clan) 및 부족(部族, tribe)을 기반으로 족방(族邦, clan-level state)이 형성되었다. 자연적으로 조성된 산(山) 혹은 강물(川)을 경계로 집성촌락(集姓村落)이 모여 부족국가(部族國家)가 생겨났다. 작게는 우물(井村), 냇물(川村), 강변마을(江村), 나루터(浦津) 등을 중심으로 집성촌들이 들어섰다. 해변촌 혹은 강변 마을이 기반이 되었던 동이족(東夷族)은 고조선어 '나라(灘灘, water-front)' 혹은 신라어 '미르(彌樓, mire)'를 만들었다. '100가지 이상의 성족(百種之姓族)'이 모였다고 지역 주민을 백성(百姓)이라고 했다. 천가(千家) 혹은 만가(萬家) 내외가 평화롭게 살아가는 작은 규모의 '백성의 나라(族邦)'를 '노자(老子, B.C. 571~ B.C. 471)'는 『도덕경(道德經)』에서 평화롭게 이

상적인 국가로 '소국과민(小國寡民, Small country with few people)'[8]이라
는 대동사회(大同社會)를 주장했다.

먼저, 고녕가야(古寧伽倻)의 터전이었던 오늘날 상주(尙州)의 청동기 시
대의 문화를 개략적으로 살펴보면, 지금까지 알려진 지석묘(支石墓 일명 고
인돌)는 상주시 헌신동(軒新洞), 부원동(釜院洞), 중덕동(中德洞), 초산동(草
山洞), 함창읍(咸昌邑), 사벌면(沙伐面), 매호리(梅湖里), 중동동(中東洞), 회
상리(回上里), 낙동면(洛東面) 분황리(分皇里), 신상리(新上里), 비룡리(飛龍
里), 공성면(功城面), 용안리(龍安里), 금계리(金溪里), 봉산리(鳳山里), 모동
면(牟東面) 수봉리(壽峰里), 외서면(外西面) 봉강리(鳳岡里), 외남면(外南面)
지사리(芝沙里), 구서리(舊書里), 청리면(青里面), 마공리(馬孔里), 하초리(下
草里) 등에서 조사·발굴되었다.

입석(立石, 선돌)은 상주시(尙州市) 부원동(釜院洞), 중덕동(中德洞), 헌신
동(軒新洞), 지천동(智川洞), 함창읍(咸昌邑) 증촌리(曾村里), 중동면(中東面)
회상리(回上里), 낙동면(洛東面) 구잠리(九潛里), 공성면(功城面) 봉산리(鳳
山里), 화북면(化北面) 입석리(立石里), 청리면(青里面) 마공리(馬孔里), 청하
리(青下里), 은척면(銀尺面) 무릉리(武陵里) 등에서 발견되었다.

무문토기(無文土器)와 석기(石器) 산포지(散布地)는 상주시 남적동(南積
洞), 계산동(溪山洞), 낙동면(洛東面) 구잠리(九潛里), 분황리(分皇里), 사벌
면(沙伐面) 금흔리(金欣里), 화북면(化北面) 중벌리(中伐里), 공검면(恭儉面)
중소리(中所里) 등에서 발견되었다. 청동기 유물(青銅器 遺物) 가운데 요령
식 동검(遼寧式銅劍)은 1973년 3점이 출토되었는데, 전북 무주(茂朱)에서

---

8 老子, 道德经, 第八十章: "小国寡民, 使有什伯之器而不用, 使民重死而不远徙. 虽有舟舆,
无所乘之. 虽有甲兵, 无所陈之. 使人复结绳而用之. 甘其食, 美其服, 安其居, 乐其俗. 邻国相
望, 鸡犬之声相闻, 民至老死不相往来."

출토되었다고 했으나 상주(尙州)와 금릉(金陵)에서 출토된 것으로 밝혀졌다.[9] 낙동면 낙동강 유역에서 청동팔두령구(靑銅八頭鈴具), 청동쌍두령구(靑銅雙頭鈴具) 등이 발견된 적이 있다. 낙동면 낙동리에서 동검(銅劍)을 비롯한 우각형동기(牛角形銅器) 등이 발견되었다.[10]

다시금 소국과민(小國寡民) 이야기를 이으면, 삼국유사(三國遺事)에서도 진한(辰韓)에 12 소국(小國)들이 있으나 각기 만호(萬戶) 정도인데 나라라고 불렸다(有十二小國, 各萬戶, 稱國).[11] 이렇게 소국과민(小國寡民)들이 모여서 영토국가(領土國家) 혹은 진국(辰國)을 형성했다. 서양에서는 인위적인 성읍국가(城邑國家, castle state) 혹은 성시국가(城市國家, city state)[12]를 형성하였다. 이들이 모여서 대제국(大帝國)으로 성장했다.[13]

---

9   민원 167. 상주 외답동 45-2번지 유적, 세종문화재연구원, 문화재청 고객지원센터 (e-minwon.go.kr):"… 특히 이 시대의 대표적인 청동 유물인 요령식 동검은 1973년에 발견된 3점이 당초 전라북도 무주 출토품이라 알려졌지만 이후 상주나 금릉에서 출토된 것으로 밝혀졌고 …."(國立中央博物館, 韓國의 靑銅器文化 特別展, 1992. / 金元龍, 『傳 茂朱出土 遼寧式 銅劍에 對하여』, 震檀學報, 第38號, 1974)

10   尙州 新興里 古跡群(1), 學術照査報告書 第7冊, 韓國文化財保護財團, 釜山國土管理廳, 1998, p. 41

11   三國遺事 卷第一辰韓: "… 後漢書云. 辰韓者老自言. 秦之亡人來適韓國. 而馬韓割東界地以與之. 相呼爲徒. 有似秦語. 故或名之爲秦韓. 有十二小國. 各萬戶.稱國 …."

12   City-state, Britannica(britannica.com): "city-state, Political system consisting of an independent city with sovereignty over a fixed surrounding area for which it served as leader of religious, political, economic, and cultural life."

13   王震中, 邑制國家什么意思, 百度百科知道(zhidao.baidu.com), 中國社會科學院歷史研究所, 2012. 3. 30.: "現在國內外學術界每每用 '城市國家' 這一概念來研究文明的起源, 而在我國, 這一概念最初的提出, 以及以此爲基本線索考察中國古代社會問題的 … 以 '城市國家' 作爲研究古代文明和國家起源的路徑, 以及力圖探討中國古代國家形成的獨特途徑的科學精神 … 在日本, 以宮崎市定和貝冢茂樹先生爲代表, 50年代初也開始用 '城市國家'(日語爲 '都市國家')這一概念來理解從商周到春秋初期的國家結構', 宮崎先生還把世界古代史的發展路徑槪括爲: 氏族制度(族邦)——城市國家——領土國家——大帝國這樣几种形態和階段 … 以各个邑土爲根据地形成社會生活."

중국에서는 청동기 시대부터 읍성(邑城)이 축조되어서 국가의 기원이 읍제국가(邑制國家, city state)에서 출발했다. B.C. 1600년에서 B.C. 1046년까지 동이족의 읍제국가 상(商)나라가 시작이었다. 규모로 봐서 '대읍(大邑, 王)', '족읍(族邑, 伯, 方伯)' 그리고 '속읍(屬邑, 邑方, 里方, 土方)'으로 누층식(累層的)으로 읍제국가(city state)가 형성되었다. 대읍(大邑)은 왕이 위치하는 왕도의 기능을 했으며, 족읍(族邑)은 대읍에 종속된 규모가 큰 읍이었다. 속읍(屬邑)은 대읍 혹은 족읍에 종속된 작은 규모의 읍이었다. 이들 읍은 씨족의 공동제사(共同祭祀), 이민족의 정벌과 방어에 공동방어행위(共同防禦行爲)를 수행했다. 대읍을 '국(國)', 족읍을 '도(都)' 속읍을 '비(鄙)'로 부르기도 했다.

우리나라는 삼조선(眞朝鮮, 莫朝鮮, 番朝鮮) 혹은 삼한(馬韓, 弁韓, 秦韓)이 랴오허(遼河)강 주변, 만주 및 한반도에 자리를 잡았다. 한반도에서 가야국의 나중에 터전을 잡을 수 있었던 텃밭 변한(弁韓)이란 12국이 있었으며, 진왕(辰王)이 다스리고 있었다. 그 가운데 독로국(瀆盧國)은 왜(倭)와 경계를 하고 있었다. 12 나라에는 왕(王)이 있었으며, 나라마다 작은 별읍(別邑)에 있어서 제각기 거수(渠帥)가 있었다. 그들 가운데 세력이 큰 사람은 신지(臣智)라고 했다. 다음에는 험측(險側)이 있고, 순차적 번예(樊濊), 살해(殺奚)와 읍차(邑借)가 있었다.[14] 삼한(三韓)에 살았던 인구는 482만

---

14   a. 기저국, 디지털영주문화대전, 한국향토문화전자대전(grandculture.net): "여러 작은 별읍(別邑)이 있어서 각각 거수(渠帥, 초기 국가의 군장 혹은 우두머리)가 있다. 세력이 큰 자는 신지(臣智)라 하고, 그다음으로는 험측(險側)이 있고, 그다음으로는 번예(樊濊)가 있으며, 그다음으로는 살해(殺奚)가 있고, 그다음으로는 읍차(邑借)가 있다." / b. 陳壽, 三國志, 弁辰傳: "又有諸小別邑 各有渠帥 大者名臣智 其次有險側 次有樊濊 次有殺奚 次有邑借…" / 范曄, 後漢書, 秦韓傳: "諸小別邑, 各有渠帥, 大者名臣智, 次有儉側, 次有樊秖, 次有殺奚, 次有邑借…"

명으로 추정되며[15], 변한(弁韓)의 인구는 12만 호에 98만 명이었다.[16]

한편 『삼국유사(三國遺事)』의 가락국기(駕洛國記)에서는 초기 가락국(駕洛國)은 9,100호로, 인구는 7만5천 명으로 호당 평균인구 8.2명으로 추산되었다. 6 가야국이 있었다면 초등학생의 산수 풀이로 국가당 평균 1,500호에다가 12,500명 내외 소국과민(小國寡民)이었다. 오늘날 국가 면적으로 환산하면, 『맹자(孟子)』에서 "사방 100리 정도면 왕을 할 수 있다(地方百里 而可以王). 백리소국(百里小國)으로 능히 인정(仁政)을 베풀 수 있다(百里, 小國也. 然能行仁政)."[17] 했다. 중국 대륙도 춘추 전국 시대에서는 탕 나라(湯) 무왕(武王)도 사방백리(四方百里)[18]의 소국에서 시작하여 걸주(桀

---

15   인구, 한국민족문화대백과사전: "인구 총수 추이만 보면 삼한 시대 482만 명, 통일신라 시대 675만 명, 고려 초기 780만 명, 조선 초기 991만 명, 일제강점기 초기 1,293만 명을 거쳐, 현재는 남한만 5천만 명이 넘는다.

16   민병덕, 삼한에는 640만 명, 용인시민신문(yongin21.co.kr), 2004. 9. 23.: 『삼국유사』의 <가락국기(駕洛國記)>에 삼국 시대 인구 분석의 실마리가 될 수 있는 중요한 기록이 나온다. 가락국 호구 수 약 9100호, 인구는 7만5천 명. 이를 기초로 당시 가락국의 호당 평균 인구를 계산해 보면 한 가구에 약 8.2명이 된다. 이렇게 호당 평균 인구를 8.2명으로 추정하면 마한 54개국이 54만 호임으로 인구는 약 443만 명이고, 진한과 변한이 각기 12개국으로 각각 12만 호에 인구 98만 명씩이다. 따라서 서기 초 삼한에는 모두 78만 호에 약 640만 명이 살았다고 추산할 수 있다. 그 뒤에 마한이 백제로 발전했고, 백제가 멸망할 당시의 호구 수가 약 76만 호임으로 이때 인구는 623만 명이 된다."

17   孟子, 梁惠王章句上五章: "孟子對曰, 地方百里而可以王. 百里, 小國也. 然能行仁政, 則天下之民歸之矣. 王如施仁政於民, 省刑罰, 薄稅斂, 深耕易耨. 壯者以暇日修其孝悌忠信, 入以事其父兄, 出以事其長上, 可使制梃以撻秦楚之堅甲利兵矣."

18   百里, 百度百科: "百里是一个词语, 读音是bǎilǐ, 意思是(1)一百里。谓距离甚远。(2)古时诸侯封地范围. 《易·震》: "震惊百里, 不丧匕鬯." / 《诗·大雅·桑柔》: "维此圣人, 瞻言百里." / 《史记·孙子吴起列传》: "兵法, 百里而趣; 利者蹶上将。" 宋 苏轼 《明君可与为忠言赋》: "心苟无邪, 既坐瞻於百里人思其效, 将或锡之十朋." / 清 纪昀 《阅微草堂笔记·如是我闻二》: "乃知天下事, 但知其一, 不知其二, 多有收目前之效而贻后日之忧者, 始服 永公 '熟虑其后' 一言, 真 '瞻言百里' 也." / (2) 古时诸侯封地范围. 《孟子·万章下》: "天子之制, 地方千里, 公侯皆方百里."后用以称诸侯国。参见 "百里之命." (3) 亦谓地小. 《孟子·公孙丑上》: "然而 文王(周文王)犹方百里起, 是以难也." / 《荀子·仲尼》: "故善用之, 则百里之国足以独立矣." (4) 古时一县所辖之地。因以为县的代称. 《汉书·百官公卿表上》: "县大率方百里." 汉 蔡邕 《太尉陈公赞》: "公在百里, 有西产之惠, 赐命方伯, 分 陕 馀庆." 晋 陶潜 《酬丁柴桑》 诗: "秉直司聪, 惠于百

紂)에서는 사방천리(四方千里) 대국으로 번창하기도 했다. 전국책(戰國策) 초책(楚策)에서 사방백리소국(四方百里小國), 즉 일반적으로 소국은 100리(40km) 강역이었다. 백리강역(百里疆域, hundreds-miles territory)을 오늘날 국가 면적은 1,256㎢(= 20km×20km×3.14) 정도가 된다. 고녕가야의 옛터였던 오늘날 '싱주시[19]의 총면석은 1,254.78㎢로 남한 면적(99,270㎢)의 1.3%, 경상북도의 6.6%를 차지하고, 서울특별시의 2배, 전국지방자치단체 중 6번째 지역이다.[20] 현재 상주시 면적으로도 삼한 시대 백리소국(百里小國)의 영토적 조건은 완벽하다. 왜냐하면, 한반도의 남북조시대에 해당하는 삼한 시대에 마한, 진한, 변한이 총 54개국이 건국했을 때는 민가수(民家數 = 百姓數)로 봐서는 큰 나라는 1만여 가(大國萬家)이며, 작은 나라는 수천 가(小國千家)였다[21]. 영토(疆域)의 면적으로 보면 큰 나라는 사방

里." / 唐 王勃 《上明員外启》: "三冬文史, 先兆迹於青衿; 百里弦歌, 即驰芳於墨绶." (5) 借指县令 《后汉书·循吏传·仇览》: "涣(王涣)谢遣曰: '枳棘非鸾凤所栖, 百里岂大贤之路.'" 李贤 注: "时 涣 为县令, 故自称百里也." / 《南齐书·文学传·崔慰祖》: "帝(明帝)欲试以百里, 慰祖 辞不就." / 宋 王禹偁 《畲田词》 序: "苟择良二千石暨贤百里, 使化天下之民如斯民之义, 庶乎污莱尽辟矣."

19 오늘날 상주(尙州)는 첨해왕 때 사벌주(沙伐州), 법흥왕 때 상주(上州), 진흥왕 때 상락군(上洛郡), 신문왕 때 복원해 경덕왕 때 상주(上州)로 혜공왕 때 사벌주(沙伐州)로 다시 되돌렸다. 이렇게 내려오는 동안 '상락(上洛)'이라 별호를 갖게 되었다.

20 어린이 상주 시청 홈페이지(sangju.go.kr/child/page): "상주시의 총면적은 1254.78㎢로, 남한 면적(99,270㎢)의 1.3%를 차지하고, 경상북도 면적(19,030㎢)의 6.6%를 차지하고 있습니다. 이것은 서울특별시의 2배 크기의 면적으로, 전국 기초지방자치단체 중 여섯 번째로 넓은 지역입니다."

21 a. 삼한, 국사편찬위원회, 우리역사넷(contents.history.go.kr): "삼한은 조선(朝鮮)의 남쪽에 위치하였으며, 마한(馬韓), 진한(辰韓), 변한(弁韓)을 일컫는다. 마한은 한반도의 서쪽에 위치하여 서·남·북 3면이 바다에 접해 있고, 동쪽으로는 변한·진한과 닿아 있었다. 총 54개국(國)으로 이루어져 있었으며, 그중 규모가 큰 나라는 1만여 가(家)이며, 작은 나라는 수천 가였다."/ b. 三國志 魏志東夷傳 韓弁辰: 弁辰傳校勘, 弁校勘 辰亦十二國, 官本考證曰, 此弁辰, 疑作弁韓, 下別有弁辰. 范書, 弁辰, 在辰韓之南, 亦十有二國, 其南亦與倭接. 又有諸小別邑, 各有渠帥, 大者名臣智, 其次有險校勘側, 范書, 險, 作儉. 次有樊濊校勘, 范書, 作樊秖. 次有殺奚, 次有邑借校勘. 宋本, 作邑借, 范書同. 章懷注, 皆其官名也. 有已柢校勘國·不斯國·弁辰彌離彌校勘凍校

천리(千里大國)이고 소국은 사방백리 혹은 백리소국(百里小國)이었다.

　사실 B.C. 57년 6월 8일 박혁거세가 6 촌장들의 지지를 받아 사로국(斯盧國, B.C. 57년 6월 8일 ~ A.D. 936년 1월 13일, 약 992년) 거서간(居西干)에 추대될 당시의 백성 수와 강역 면적을 추정해본다면, i) 청동기 시대(靑銅器時代) 고인돌 축조 때 동원인력을 기반으로, ii) 백성은 탄성 추계(彈性推計)방식으로 거주면적을 적산 추계(積算推計)해 본 결과 만백성(萬百姓, ten-thousand people)과 백리강역(百里疆域, hundreds-miles territory)이 나왔다. 당시 6촌 부락에 현존하는 거대 고인돌을 기준으로 탄성추계하면 1,300가(家)로 만인백성(萬人百姓, 1,300 家×8.2인 / 家 = 13,120인)이었다. 강역 면적(疆域面積)은 오늘날 구글 웹 지도로 환산하면 1,200㎢정도다. 사방백리(四方百里)가 되지 않는다. 당시 소국(小國) 사로(斯盧)는 진한(辰韓) 12 소국의 하나였다. 지금 경주 분지 계림 일대(徐羅伐)를 다스리던 6촌 족장사회(族長社會, Chiefdom)에서 시작하여 진한(辰韓) 내 다른 소국을 복속하여 신라(新羅)로 발전했다. 삼한일통의 대업으로 한반도의 '황금제국 신라(Golden Empire Silla)'를 이룩하였다.[22]

勘 國·弁辰接校勘 塗國·勤耆國·難彌校勘 離彌凍國·弁辰古資彌凍國·弁辰古淳是國·冉奚校勘 國·弁辰半路國·弁[辰]校勘 樂奴國·沈家本曰, 弁下, 疑奪辰字. 弁辰十二國, 前後列其十, 尙少其一. 疑卽此樂奴國及下弁軍彌國也. 軍彌國校勘(弁軍彌國)· 沈家本曰, 與下弁軍彌國名同. 案弁辰韓合二十四國, 而傳文列二十六國, 必衍其一. 疑卽軍彌國與下馬延國也. 弁辰彌烏校勘 邪馬國·如湛國·弁辰甘路校勘 國·戶校勘 路國·馮本, 戶作尸. 州鮮國(馬延國)校勘·弁辰狗邪國·弁辰走校勘 漕馬國·馮本, 走作定. 弁辰安邪國(馬延國)校勘. 趙一淸曰, 馬延國重, 下云二十四國, 合數之得二十六國也. 弁辰瀆校勘 盧國·斯盧國校勘·斯盧, 卽新羅, 乃譯音之轉. 優由校勘國. 馮本, 中作由. 弁·辰韓合二十四國, 丁謙曰, 辰韓弁韓二國, 在今朝鮮東南慶州一帶. 大槪, 辰韓居北, 弁韓居南, 中間兩種雜居, 不易分析, 故合稱弁辰. 查二十四國中, 以弁辰冠首者十有一, 當爲弁韓所屬, 其餘皆屬辰韓. 大國四五千家, 小國六七百家, 總四五萬戶. 其十二國屬辰王. 辰王常用馬韓人作之, 世世相繼. 辰王不得自立爲王."

22　사로국, 나무위키(namu.wiki): "사로(斯盧)는 진한 12 소국의 하나로, 지금의 경주분지 계림 일대(서라벌)를 다스리던 족장 사회(Chiefdom)에서 시작하여 진한 내 다른 소국을 복속하여 신라로 발전한 나라였다."

낙동강을 더듬어 가야(伽倻)란 뜻을 찾아!

우리가 사용하고 있는 가야(伽倻)에 관련 단어로는 일상적 용어에선 가야금(伽倻琴), 가야진(伽倻津), 가야산(伽倻山), 가야사(伽倻寺), 가야 문화(伽倻 文化) 등이 있다. 역사적 용어로는 가야(伽倻 혹은 伽耶), 가라(伽羅)[23], 가락(駕洛), 구야(狗耶) 등이 있었다. 최근에는 강단사학계(講壇史學界)에선 '임나(任那)'라는 말로 가야를 대체하고 있다. 즉 '야(耶 혹은 倻)'를 '나(那)'로 혼동한 게 아닌가 하는 생각을 했다. 가야(伽耶, Gaya)의 어원은 다양하다. 큰 맥락을 중심으로 살펴보면 대체로 i) 고대어 가락설(garak, 駕那說), ii) 남방잠어(南方箴語)의 개간한 들판(平野) 가라설(kara), iii) '신의 나라(gannara, 神國)' 혹은 '큰 나라(gudara)'설, iv) 해변 나라설(邊國, gotnara), v) 가람설(garam, 大淵), vi) 퉁구스어(Tungusic)와 만주어(Manchurian) 등의 알타이어(Altaic languages)에서 가라설(姓族, xala 혹은 kala), vii) 성읍설(城邑說) 등이 있다. 가장 설득력을 얻고 있는 성족설(姓族說, xala, kala)로 '가라(xala, kala)'라는 '겨레' 혹은 '민족'이란 가라(gara) > 가야(gaya) > 겨레(gyeore)로 음운변천을 했다.[24] 최근에 와서 가야 연맹체(Gaya Con-

---

23 三國史記, 列傳第四 斯多含: "(562年陰 9月) 眞興王命伊湌異斯夫, 襲加羅 一作加耶國. 時斯多含年十五六, 請從軍. 王以幼少不許, 其請勤而志確校勘, 遂命爲貴幢裨將. 其徒從之者亦衆. 及抵其國界, 請於元帥, 領麾下兵, 先入旃檀梁 旃檀梁, 城門名. 加羅語, 謂門爲梁云.. 其國人不意兵猝至, 驚動不能禦. 大兵乘之, 遂滅其國."

24 가야사의 범위, 우리역사넷(contents.history.go.kr): "「狗邪·拘邪·加耶·伽耶·伽倻·加羅·伽羅·迦羅·呵囉·柯羅·加良·伽落·駕洛」 등의 10여 종이 있어서, 이들의 출전 및 사용빈도를 정리해 보면 <표 1>과 같다. <표 1>에서 보면 「가야」에 대한 문헌 사료 중에서 가장 많이 나타나는 차자는 「加羅」(47회)이고, 그다음으로 「加耶」(31회)·「伽倻」(28회)와 「駕洛」(15회)·「伽耶」(14회) 등이 있으며, 기타의 것은 1, 2회만 나오는 예외적인 것에 지나지 않는다. 또한 「가야」의 차자로서 가장 먼저 나타난 것은 「狗邪」(≪삼국지≫)와 「加羅」(<광개토왕릉비>)이고, 그다음으로 「加耶」·「伽耶」·「駕洛」(모두 ≪삼국사≫)이 나오며, 마지막으로 「伽倻」(≪고려사≫ 지리지)가 나타난다…."

federacy) 건국 세력이 중국 대륙에서 대제국을 경영했으며, A.D. 48년에 허황후(許皇后)를 왕비로 받아들이는 것으로 봐서 고대인도의 불교와 힌두교의 성지인 '가야(Gaya)'[25]라는 유토피아(utopia, 武陵桃源)에서 국명을 따왔다는 주장까지 대두되고 있다.

위에서 언급한 학설의 주장을 간략하게 살펴보면, i) 고대어 가락설(karak, 駕那說)은 현재 쓰는 말론 손가락(발가락), 엿가락, 부젓가락, 젓가락(숟가락), 노랫가락, 가락국수 등으로 비슷한 말로는 가닥(gadak), 사리(sari)가 있다. 가락(駕洛)을 중심으로 동쪽에 있다고(駕洛之東) 해서 낙동(洛東)이라 했다. 그 강을 낙동강(洛東江)이라 했다. 한 가락의 긴 물길(駕洛之水)이 동쪽에 흐른다고 해서 낙동강(洛東江)이라고 했다.[26] 기다란 한 가락의 물길(長串水路)을 따라서 가락국이 주렁주렁 열린다(悉悉成國)는 기원을 담았던 가락(駕洛)이었다. 가야 시대는 황산강(黃山江 혹은 潢山江)이라고 했다. 여기서 황산(黃山, 勿禁鐵山)은 오늘날 물금읍 앞에 황산공원(黃山公園)이 있고, 물금철산(勿禁鐵山)이 바로 황산(梁山市)이었다. 황산은 철산(鐵山)으로 산화철의 붉은 물이 흐른다고 황산(黃山)이라고 했다. 따

---

25   Wikipedia Gaya India: "Gaya(IAST: Gayā) is a city, municipal corporation and the administrative headquarters of Gaya district and Magadh division of the Indian state of Bihar. Gaya is 116 kilometres (72 mi) south of Patna and is the state's second-largest city, with a population of 470,839. The city is surrounded on three sides by small, rocky hills (Mangla-Gauri, Shringa-Sthan, Ram-Shila, and Brahmayoni), with the Phalgu River on its eastern side. It is a city of historical significance and is one of the major tourist attractions in India. Gaya is sanctified in the Jain, Hindu, and Buddhist religions. Gaya district is mentioned in the great epics, the Ramayana and the Mahabharata. It is the place where Rama, with Sita and Lakshmana, came to offer pi adāna for their father, Dasharatha, and continues to be a major Hindu pilgrimage site for the pi adāna ritual. Bodh Gaya, where Buddha is said to have attained enlightenment, is one of the four holy sites of Buddhism."

26   丁若鏞, 弁辰別考亦名迦洛考: "此所謂洛東江也. 謂之洛東者. 言在駕洛之東也."

라서 황산 앞에 흐르는 물길을 '황산하(黃山河)'라고 했다. 가야와 신라와 400여 년간 이곳을 쟁취하고자 각축했다.

이어 ii) 산스크리트어(悉曇語)로 '개간하지 않는 땅'을 '정글(jungle)'이라고 했으며, 개간한 들판(平野) '가라(Kala)'를 뜻했다. 산타가라(santakala, 공화국명), 마하가라(mahakala, 위대한 나라), 살라카나가라(salakanakala, 은의 나라) 등이 현재도 사용되고 있다. 따라서 새롭게 개척한 한반도의 나라라는 의미에서 가라(kala)라고 했다. iii) 간나라(Gannara, God State)를 영어 '갓(god 혹은 heaven, 神)'과 '나라(land)'를 합쳐 '간나라(Gannara, Kingdom of Heaven, 神國)'로 해석하고 있다. 유사한 해석사례는 일본어로 '구다라(百濟, Kudara, くだら)'를 '큰 나라(大國)'라는 발음을 적었다는 주장이다. 이보다는 '웅진(熊津, 곰나루)'을 일본어 '구마즈(Kumaz)' 혹은 금강 섶의 '구드래(큰 나루터, Kudrae)'에서 유래했다고 본다. 백제어로 '구드(굳음, 이두표기 仇知)'는 철(鐵, iron)을 뜻했다. 철정(鐵釘)을 거래했던 나루터를 일본은 '구다라(くだら)'라고 했다. 백제(百濟)어로는 '구드래(Kudrae)'라고 했다. 오늘날 일본어에서도 '쿠다라나이(くだらない)', 즉 '특별한 것이 아닌'이란 뜻으로 사용하고 있다.[27] 유사한 신라어는 '구닥다리(새로운 건 하나도 없는, old fashioned)[28]라는 말이 있다.

다른 한편으로 iv)'물 갓 나라(邊國)'설은 한반도의 남단 해변에 자리를 잡았다는 지정학적인 위상에서 물가(섶, 邊)와 나라(國)를 순우리말로 '가

---

27 くだら。ない 【下らない】 読み方: くだらない ［連語］ 《動詞「くだる」の未然形＋打消しの助動詞「ない」》 まじめに取り合うだけの価値がない。程度が低くてばからしい。くだらぬ。くだらん。「―。ない話」「―。ないまちがい」「―。ない連中と付き合う」

28 네이버 사전, 구닥다리: "어떤 대상이 낡았거나 한창때를 지났거나 유행에 뒤떨어져 있거나 쓸모를 잃은 상태. 또는, 그런 물건이나 대상. 속된 어감의 구어(口語)임. 고물(古物)."

라(伽羅, 邊國)'라고 했다. v) 가람(江)설은 고대어 '가람(江, 水)'에서 큰 못 혹은 저수지를 뜻하는 '가라(gara, 伽羅)' 고어에서 연유했다. ᄀᆞ롬(江), 가루(갈래, 分岐), 갈(개울), 걸(거렁) 등이 아직도 사용되고 있다. 고대국가의 물산은 강물을 따라서 이동했고, 강물을 중심으로 집성촌이 형성되었다. 따라서 가야 연맹체(伽倻聯盟體, Gaya Confederacy)는 낙동강을 젖줄(乳腺)로 생명체를 유지했다. vi) 겨레(姓族 혹은 民族)설로 '사라(xala, 姓族 혹은 民族)'에서 가라(kala) > 가야(kaya) > 캬레(kyare) > 겨레(kyeore)로 음운변천을 했다. 오늘날 한겨레, 아리랑 겨레 등으로 사용되고 있다. 마지막으로 vii) 상읍설(城邑說)로 고대어 'ᄀᆞ루(gara)'는 '길다(長, long)' 혹은 '크다(大, big)'라는 의미였으며, 성읍(城邑)을 대상으로 했다.

오늘날 지구촌을 생각하면, viii) 세계 언어를 대상으로 살펴보면 메소포타미아(Mesopotamia) 지역의 두 강을 상징하는 두 마리의 물고기(雙魚, twin fish) 상징을 '가라(gara)'라고 했다. 'gala(가라)'라는 단어가 '물고기(fish)'를 뜻하는 언어로는 벱스어(Vepsän ker), 카렐리야어(Karelia), 핀란드어(Suomen kieli), 보트어(Vaḍḍaa ceeli), 우랄조어(Silmä) 등에서 사용하고 있다. 일본어 '가라(ガラ)'는 '공(空)'을 뜻하고, 이탈리아어로는 '경쟁(competition)'을, 하우사어론 '개미(ant)'를 말한다. 현재 김해시의 상징에서 수로왕릉에 쌍어문양(雙魚紋樣)은 물론이고, 허황옥(許黃玉)의 출생 국가의 국휘(國徽, national emblem)까지 연장되고 있다. 오늘날 불교의 "언제나 깨어있으라(Always be awake, 산스크리트어 सदा जागृताः भवन्तु)!"는 상징성 이외에도 성경(Bible)에서도 물고기 상징(ichthys)이 50회나 나온다. '구세주 크리스트의 상징(The fish, symbol of Christ the Saviour)'[29]을 표현

---

29 Wikipedia, ichthus, : "The ichthys or ichthus (/ kθ s/[1]), from the Greek

하고 있다.[30]

2010년 일본 종합연구대학원대학(綜合研究大學院大學, SOKENDAI) 이 창희(李昌熙)[31] 박사는 업그레이드된 방사성 탄소동위원소 측정법(Accelerator Mass Spectrometry Dating)으로 한반도 남해안 철기 유물 100여 점을 분석한 결과 보고서(結果報告書)에서 한반도 철기 가운데 가장 오래된 것이 B.C. 4세기의 것으로 밝혀냈다. 한반도 남해안 중에서도 낙동강 하구에서 B.C. 4세기부터 남방식 주조철기(南方式 鑄造鐵器)가 나타났다. B.C. 2세기에는 북방식 단조철기(北方式 鍛造鐵器)가 나타나 두 가지 유형이 혼재하기 시작했다. 이를 근거로 유추하면 한반도 가야(Gaya) 땅이 인도 가야(Gaya) 지역과 공통점으로 연결된다고 할 수 있다.[32]

대조선제국사(大朝鮮帝國史)를 쓴 김산호[33]에 의하면, 인도의 가야(伽耶)

---

ikhthū☒s(χθ , 1st cent. A.D. Koine Greek pronunciation: [ik t ys], 'fish') is (in its modern rendition) a symbol consisting of two intersecting arcs, the ends of the right side extending beyond the meeting point so as to resemble the profile of a fish. It has been speculated that the symbol was adopted by early Christians as a secret symbol; a shibboleth to determine if another was indeed Christian. It is now known colloquially as the 'Jesus fish'.

30 What does fish represent in the Bible? The fish, symbol of Christ the Saviour~Daily Compass(newdailycompass.com): "Besides being a source of nourishment, the fish is a symbol that recurs frequently in the Holy Scriptures. Early Christians used it as a sign of recognition to indicate the Saviour. It is no coincidence that Jesus makes much use of the metaphor of fishing in his discourses."

31 李昌熙: 學部, 研究科等の現況調査表 教育, 平成 20年 6月 總合研究大學院(soken. ac.jp), 日本歷史研究專攻.

32 인도 가야, 오운홍, 『한국사 미스터리 5』: 가야인, 나라 세우러 온 것이 아니다. 시간의 물레, 2023. 8. 31. pp. 41~42

33 나무위키, 대한민국의 만화가. 본명은 김철수, 필명은 산호. 만몽(卍夢)이라는 아호(雅號)를 가지고 있다. 1940년 8월 9일에 만주국에서 태어났으며, 1958년에 만화 세계 '황혼에 빛난 별' 연재를 통하여 데뷔하였다. 데뷔 이듬해인 1959년에 만 19세 나이로 한국 최초의 SF 만화 정의

지역은 여름이 계속되는 장마로 갠지스강이 넘쳐 큰 바다를 이루고 또 11월에서 4월까지 6개월간 물방울은 볼 수 없는 가뭄으로 강물이 줄어든다고 한다. 이때 빠져나가지 못한 물고기들이 물길을 따라 얕은 웅덩이 모여들게 되는데 이런 웅덩이를 인도어로 '가라(加羅, Gara)'라고 한다. 즉 가라란 언제나 물고기가 있는 웅덩이를 뜻하며, 쌀과 물고기는 가야인들에게 기본적인 생명줄이자 상징적 존재였다. 그러므로 가야(加耶)는 나라를 상징하는 문장으로 쌍어문(雙魚紋)의 문양을 만들어 썼다.[34]

의 사자 라이파이를 그린 원로 만화가. 하지만 작품에서 인민군이라는 이름이 나왔다고 코렁탕 마실뻔하여 미국으로 이민 가서 미국에서 1969년부터 만화가로 활동하기도 하고 관광용 잠수함 사업을 하기도 했다. 그러다가 1980년대 후반부터 대쥬신제국사를 그리는 등 환빠가 되어버렸다. 고령의 노선 배가 녹슬지 않은 그림 솜씨를 보여 주어 만화계에선 높이 평가했으나 내용이 내용이다 보니 그림 이외 내용까지 추천하는 경우는 드물다. 김산호의 사이비 역사학자로서의 행보는 대쥬신제국사(大朝鮮帝國史), 대한민족통사(大韓民族統史) 등.

34 오운홍, 전게서, pp. 44~45 / 김산호, 대쥬신제국사, 동아출판사, 1994. p.233.

2.
고대 천문학의 함지(咸池)와
웅주거목의 고녕(古寧)

천상의 함지(星座)가 지상의 풍년(以天上淵, 使地上豊)을!

　지구촌의 물은 생명수(生命水)였기에 동물이나 식물은 물 섶에서 성장했다. 어릴 때 불렀던 동요 '깊은 산 속 옹달샘'에서 "깊은 산 속 옹달샘 누가 와서 먹나요? 맑고 맑은 옹달샘 누가 와서 먹나요? 새벽에 토끼가 눈 비비고 일어나 세수하러 왔다가 물만 먹고 가지요." 동물이 모여드는 곳이다. 동양에서는 사람이 모여드는 곳은 '시정촌(市井村)'이라고 했다. 서양의 '수변도시(水邊都市, waterfront urban)'라는 용어와 일맥상통(一脈相通)한다. 고조선 시대 대부분의 소국가들은 물 섶(海邊, 江邊 혹은 湖邊)에서 모여 사는 오리(鴨)를 '오리(ori, 鳥列)' 혹은 '아리(ari, 阿利)'라고 했다. 강(江)을 '라(ra, 灘 혹은 奈)'라고 했다. 신채호(申采浩, 1880~1936)의 '조선상고사(朝

鮮上古史, 1948)'를 옮겨보면, "압록강(鴨綠江, 阿利水), 대동강(大同江), 두만강(豆滿江), 한강(漢江, 阿利水), 낙동강(洛東江)과 길림성(吉林省)의 송화강(松花江, 松阿里江)[35], 봉천성(奉天省)의 요하(遼河), 영평부(永平府)의 난하(灤河) 등을 이두(글자)로 쓴 옛 이름을 찾아보면 아례강(阿禮江), 아리수(阿利水), 욱리하(郁利河)[36], 오열하(烏列河), 열수(列水), 무열하(武列河), 압자하(鴨子河)라 하여 아례(阿禮), 아리(阿利), 오열(烏列), 무열(武列)의 열(列)은 모두 '아리(ari, 阿利)'의 음역(音譯)이다. 압자(鴨子)는 '아리(=오리)'의 의역(意譯)이다. 강(江), 하(河), 수(水)는 모두 '라(灘, 이두로 奈)'의 의역(意譯)이다."

 '나라(nara, 奈良, なら)'는 고어로 '라라(rara, 灘灘, 奈奈)'다. 어원은 '나루(naru, 津渡)'를 가리키던 명사에서 나중에 의미 변천과 의미 확대를 거쳐 오늘날의 '나라(Nara, 國家, State)'가 되었다. 고대지명에 나(Na, 那), 라(ra, 羅), 노(no, 奴) 루(ru, 婁), 누(nu, 耨), 량(ryang, 良), 랑(rang, 浪), 양(yang, 穰), 양(yang, 陽), 강(gang, 岡), 아(a, 牙), 야(ya, 邪) 등은 모두 '라(ra, 灘)'의

---

35 백석, 북방(北方)에서. 1940년 7월호 문장 제2권 제6호: "득한 녯날에 나는 떠났다. 부여(夫餘)를 숙신(肅愼)을 발해(勃海)를 여진(女眞)을 요(遼)를 금(金)을, 흥안령(興安嶺)을 음산(陰山)을 아무우르를 숭가리를 범과 사슴과 너구리를 배반하고 송어와 메기와 개구리를 속이고 나는 떠났다."

36 정노천의 삼국사, '욱리하(郁里河)'가 '한강'인가? 참한역사신문(chn.co.kr/kgs/325), 2020. 10. 5.: "단재 신채호 선생의 『조선사 연구 초』에 있는 '아리'의 설명은 이렇다. 삼국사에 있는 물 이름(水名)을 인용해 '… 욱리하(郁利河)가 한강의 옛 이름 아리임을 증명하며 ….'로 표현하여 '욱리하'를 '아리수'로 확정했다. 이것은 『일본서기』에 나오는 '아리나례하(阿利那禮河)'의 기록을 그대로 인용한 데서 비롯된 연유다. 신채호의 『조선상고사』의 '장수대왕의 남침 정책과 백제의 천도 항목에서 '郁里河(今陽城 한래)'라고 했고, 『조선사 연구초』에서는 '욱리하'가 한강의 옛 이름인 '아리'임을 증명하며'라고 하여 다르게 표현하고 있다. '욱리하'를 신채호의 『조선사 연구초』에 '한강'으로 풀이한 이후 지금까지 우리 학자들은 '한강'을 '욱리하'라고 생각해 왔다. 이것은 한반도의 백제 한성을 한반도의 서울로 보면서 내린 결론이다. 그렇다면 정말로 '한강'이 '욱리하'인가? 『삼국사』에는 백제 한성이 있는 곳의 강은 '하수', '한수', '한강', '하수'로 표기했다."

소리 나는 대로 적음(音譯)이다. 천(chean, 川), 원(yeon, 原), 경(kyeong, 京), 국(guk, 國) 등은 모두가 '라(ra, 灘)'의 뜻으로 적음(意譯)이다. 이들 양자는 다 '라라(rara)'의 줄인 말(縮譯)이다. 강(江, river)은 고기잡이의 터전이고, 배가 오가는 물길이다. 동서고금을 통해서 크고 작은 물 섶에서 나라가 발원했다. 이와 같은 현상을 『삼국지(三國志)』에서는 "고구려는 큰물(大水)에 의지하여 나라를 만들어 살고 있다(句麗作國, 依大水而居)."[37]라고 기록하고 있다. 오늘날도 "도시(국가)는 물을 기반(基盤)으로 이용해서 성장하고 발전했다는 두드러진 특징이 있다(the growth and development of their comprehensive water infrastructure)."[38]

아프리카에서 먹거리를 찾아서 지구촌 모험(여행)을 하면서 방향에 길라잡이를 했던 게 바로 하늘의 별자리였다. 오늘날 지구촌의 동식물들이 별자리, 은하수 등을 기반으로 '별 나침반(star compass)' 혹은 '우주 GPS(Cosmos GPS)'를 갖고 있듯이 우리의 선인들도 이미 '별 등대(star lighthouse)'를 마련하고 인류의 지구촌 이동을 했다. 따라서 북반구 몽골리아 등에서 계절별 별자리는 뚜렷하여 유목인(遊牧人)이 아니더라도 알수 있다. 아무리 미개한 원시인이라도 머리 위에 매일 밤에 뜨는 별자리를

---

37 三國志, 魏志 三十卷, 東夷傳: "又有小水貊. 毛本, 貊, 作貃. 句麗作國, 依大水而居, 西安平縣, 南流入海, 句麗別種依小水作國, 因名之爲小水貊, 出好弓, 所謂貊弓是也. 范書, 作句驪一名貊."

38 T.S. KATKO, P.S. JUUTI and J. TEMPELHOFF, Water and the City, Environment and History, White Horse Press(jstor.org/stable), Vol. 16, No. 2(May 2010), pp. 213~234(22pages): "The growth and development of urban spaces in all parts of the world is an outstanding feature of modern history. Apart from being notable growth generators of economies, cities have also been localities where the poorest of the poor congregate seeking the opportunity to make a living. Another outstanding feature of cities has been the growth and development of their comprehensive water infrastructure."

보고 무슨 계절인가를 알았다. 즉 i) 봄철 별자리론 사자자리(Leo), 처녀자리(Virgo), 큰곰자리(Ursa Major)가 대표적이고, ii) 여름철 별자리는 백조자리(Cygnus), 거문고자리(Lyra), 독수리자리(Aquila)이며, iii) 가을철 별자리는 카시오페이아자리(Cassiopeia), 페가수스자리(Pegasus), 안드로메다자리(Andromeda)가 있다. 마지막으로 iv) 겨울철 별자리는 오리온자리(Orion), 큰개자리(Canis Major) 및 황소자리(Taurus)가 있다.

한편, 고대동양천문학(古代東洋天文學, ancient oriental astronomy)에서는 '오량거(五輛車)' 혹은 '오거성(五車星, Charioteer)'[39]이라는 별자리가 있는데 28수 가운데 '필수(畢宿)'에 속한 별자리다. 맨눈으로도 보이는 5개의 별로 구성되어 있어 '하늘의 5개 수레'를 상징해서 오거성(五車星: 天庫星, 獄星, 天倉星, 司空星, 卿星)이었다. 그 별자리는 필수(畢宿)의 북쪽에 있어서 북두오거성(北斗五車星)이라고도 한다. 오거성(五車星, Charioteer)의 이름으로 고대 천문학에 도입된 시기는 후한(後漢, B.C. 25 ~ A.D. 220) 이후로 보고 있다.

오늘날 서양 천문학으로 말하면 마차부자리(Auriga)와 황소자리(Taurus)에 걸쳐 있다. 이에 반해 남두오거성(南斗五車星, なんとごしゃせい)이라는 일본 만화 시리즈[40]가 있어서 혼동할 수 있다. 여기서 오거성(五車星)은 오제(五帝)의 수레를 두는 차고(車庫)이다. 천자의 오병(五兵)을 맡고, 또 오

39　五車星, 維基百科, 自由的百科全書: "五車是中國古代星官之一, 屬于二十八宿的畢宿, 意爲五輛車, 或指五帝的車場. 五車位于現代星座划分的金牛座和御夫座, 含有五顆恒星, 淸代又增補了十九顆星, 包含了英仙座和御夫座的部分恒星."

40　南斗五車星(なんとごしゃせい): 南斗五車星とは, 『北斗の拳』 に登場する集団の名称である. 南斗最後の將の守護星. 風, 雲, 炎, 山, 海の名を冠した五人の拳士によって構成されている. 將の永遠の光のために, 天を舞い, 地を驅けるのが彼らの宿命であり, そのためになら粉塵に碎け散っても構わぬという厚き忠義心を持つ.

곡(五穀)을 담당하여 농사의 풍작과 흉작을 담당한다.『조선왕조실록(朝鮮王朝實錄)』에 오거성(五車星)과 관련된 천문 관측이 160건이나 나온다. 20건이 달이 오거성의 동남성(東南星)을 범하는 기록이었다. 태조실록(太祖實錄) 태조 1(1392)년 9월 20일 "달이 오거성을 범하다(月犯五車)."[41]라는 기록은 천체 운행에 비정상적인 천재지변을 예언했다. 태조 7년(1398) 9월 5일 "달이 토성을 침범하다(月犯土星). 유성(流星)이 구진(句陳)[42]에서 나와 서쪽으로 흘러가고(流星出句陳西流), 또 오거성(五車星)에서 나와 팔곡성(八穀星)의 분야로 들어가고, 금성(金星)이 태미성(太微星)의 우액문중(右掖門中)에 있었다."[43]라고 기록했다.

사마천(司馬遷, B.C. 145 ~ B.C. 86)의『사기(史記)』천관서(天官書)에는, "서궁(西宮)은 함지(咸池)인데, 하늘의 오황(五潢)이다. 오황(五潢)은 오제(五帝)의 수레를 두는 집이다(西宮咸池. 曰天五潢. 五潢, 五帝車舍)."[44]라고 했다. 독립된 별자리로서의 오거성은 보이지 않는다. 한서(漢書) 천문지(天文志)의 기록도 이와 같았다. 한나라 때는 함지성(咸池星), 천황성(天潢星), 오거성(五車星)이 구분되지 않았다. 진탁(陳卓, A.D. 230~ A.D. 320)[45]의『삼가성

---

41 太祖實錄 2卷, 太祖 1(1392)年 9月 20日戊戌: "月犯五車"

42 등사(螣蛇)와 함께 방위(方位)의 중앙(中央)을 지킨다고 하는 신령(神靈)의 별자리

43 太祖實錄, 第十五卷, 太祖7(1398)年9月5日丁丑: "月犯土星. 流星出句陳西流, 又出五車入八穀. 金在太微右掖門中."

44 《天文志》 與 《史記·天官書》一脈相承. 兩者都是分經星. 五緯(五星), 二曜(日, 月) … 西宮咸池. 曰天五潢. 五潢. 五帝車舍.

45 陳卓(230~320), 孫吳, 西晉, 東晉太史令, 天文學家. 靑壯年任孫吳太史令, 晉滅吳后北遷洛陽, 任西晉太史令, 西晉滅亡后重返建康, 任東晉太史令. 擅長天文星象, 著作有 《天文集占》, 《四方宿占》, 《天官星占》, 《甘, 石, 巫賢三家星官》, 《五星占》, 《五星出度分記》, 《陳卓分野》, 《渾天論》, 其中 《甘, 石, 巫賢三家星官》 整理的三垣二十八宿体系沿用至明末.

경(三家星經)』과『진서(晉書)』천문지(天文志)에 이르러 비로소 오거성(五車星)이란 독립 성좌로 중요한 별자리가 되었다. 하늘에서 함지성(咸池星)과 삼주성(三柱星)이 있던 곳에 오거성(五車星)·삼주성(三柱星)·천황성(天潢星)·함지성(咸池星) 등 네 개 별자리로 구분되었다. 고천문학(古天文學)에서는 하늘을 31개의 구역으로 나누어서 별자리를 배속시켜 분류했다. 그 분류 체계는 시대별로 변천했다. '보천가(步天歌)' 이후 삼원(三垣)과 28수의 별자리 분류 체제가 확립되면서 오거성(五車星)은 28수 가운데 서방 7수의 필수에 속했다.

하늘의 오거성(五車星)은 지상의 오곡(五穀)을 관장해 흉년과 풍년을 들게 했다. 이를 통해 하늘의 곡창을 조정한다고 믿었다. 특히 함지 별자리(咸池星)는 천상의 연못으로 지상의 우순풍조(雨順風調)를 관리하여 농업 경작에서 흉년과 풍년을 좌우한다고 믿었다. 한마디로 "하늘의 함지못(天上咸池)으로써 지상경작(地上耕作)의 흉년과 풍년을 관장하여 하늘에 있는 옥황상제의 곡창을 채웠다(咸星爲吉凶, 得充滿天庫)." 그래서 신석기 시대부터 농경을 시작함에 따라 함지성이 비취는 저수지(못)를 함지(咸池)라고 했다. 상주시의 오늘날 함창(咸昌)의 옛 지명은 961(광종 12)년에 "함지(咸池, 恭儉池)로 만백성이 강녕하기를 기원(以咸池豊, 祈民康寧)"한다는 의미인 '함녕(咸寧)'으로 했다. 1914년에 "함지로 인해 모두가 번창(咸池之繁昌)"의 의미인 '함창(咸昌)'이라는 지명인 함창면(咸昌面)이 되었다. 1980년 함창면(咸昌面)에서 함창읍(咸昌邑)으로 승격되었다.

천상함지(天上咸池)가 지상공검지(地上恭儉池)

신채호(申采浩, 1880~1936)의 『조선상고사(朝鮮上古史)』에서 '고녕가야 (古寧伽倻)'를 줄여서 '공검(恭儉, gong-geom)' 혹은 '공갈(恭乫, gong-gal)' 이라고 했으며, 중생대 백악기(中生代 白堊期)에 지각변동, 침식 및 풍화 작용으로 자연적으로 큰 못(貯水池, 大沼)이 생겼다. 당시 고대어로는 '가 라(gara, 이두문 伽羅)'라고 했다. 오늘까지 '가라(伽羅)'의 어근이 남아있어 ㄱ름(혹은 가람), 갈마(혹은 걸마, 갈밭), 거렁(혹은 거량, 걸) 등이 있다. 인도 남 방 드라비다어(Dravidian, South Indian)로도 '가라(gala 혹은 gara)'는 '두 마리 물고기(fish, 雙魚)'를 나타내고 있다. 이를 역사에 접목하면, '가락국 의 동쪽 강(駕洛東江)' 혹은 '낙동강(洛東江)'이 생겨났고, 낙동강 수변에 많은 소국(小國)을 총칭하여 가야국(伽倻國)이라고 했다. 물론 가라(伽羅, gara), 가락(駕洛, garak), 가야(伽倻, gaya), 구야(狗耶, guya) 등으로 차음표 기(借音表記)를 이두(吏讀)로 했다.

공검지(恭儉池)에 대해 1500년경 군위군 부계 출생 문신 홍귀달(洪貴達, 1438~1504)[46]이 쓴 『공검지기(恭儉池記)』에선 "못 축조 때에 희생(供犧)으로 땅에 묻었던 아이 이름이 공검 혹은 공갈이라라는 전설이 있다." 이런 결 과는 당시 천혜 대자연이 만든 거대한 저수지에 대한 신비성을 희생성으

---

46 홍귀달(洪貴達, 1438~1504년)은 조선의 문신이다. 본관은 군위군 부계(缶溪). 자는 겸선 (兼善), 호는 허백당(虛白堂)·함허정(涵虛亭)이다. 1460년(세조 7) 별시문과에 을과로 급제하여 충청도관찰사, 형조참판, 이조참판, 경주부윤, 대사성, 지중추부사, 대제학, 대사헌, 우참찬, 이 조판서, 호조판서, 공조판서 등을 역임하고 1498년(연산군 4년) 의정부 좌참찬(議政府左參贊) 이 되었다. 무오사화 때 연산군에게 살못된 정치를 고치도록 간언해서 좌천되었다. 1500년 지중 추부사(知中樞府事)로서 『역대명감(歷代名鑑)』을 찬술하였다. 이어 경기도관찰사로 재직 중 1504년 손녀를 예궐(詣闕)하라는 연산군의 명에 병이 있다는 이유로 거역해 장형(杖刑)을 받고 경원으로 유배되던 중 단천에서 교살되었다.

로 대체시키는 표현 기법이었다. 지도상 등고선을 기반으로 분수령(分水嶺)을 그려 집수량과 몽리면적(蒙利面積)을 추산해보면 청동기 시대(靑銅器時代) 혹은 삼한 시대(三韓時代)에 한반도에서도 최대 저수지(最大 貯水池)였다. 유사한 표현으론 신라 왕경(王京)에서 공검지의 풍부한 농업용수가 들판에 풍족한 물산으로 고녕가야(古寧伽倻)[47]를 '웅주거목(雄州巨牧)'으로[48] 재탄생시켰다. 물론 공검지(恭儉池)가 있는 오늘날 함창(咸昌)만이 '웅주거목'이라는 고유명사가 아닌 "땅이 넓고 산물이 많은 고을(town with large land and abundant produce, 土地广阔物産丰富的城鎮)"이란 일반명사였다. 한때는 진주(晉州) 혹은 거창(居昌)도 웅주거목(雄州巨牧)이라고 했다.

공검지의 주변 지형과 지질 환경을 살펴보면, 공검지 저습지(恭儉池低濕地)를 이제까지 삼한 시대의 저수지로 여겨왔다. 지금부터 6,000년 이전 천혜 자연 조건에 의해 저수지로 형성되었다. 이와 같은 사실이 최근 지질조사와 연구 발표로 밝혀졌다. 2021년 4월에 환경부 국립낙동강생물자원관(nnibr.re.kr)[49] 연구진이 공검지 일대 2곳에다가 9m, 그리고 8.5m 깊이로 지하 천공 작업을 했다. 그리고 저수지의 생물학적 근거 자료를 확보하고자 퇴적층(堆積層, sedimentary layer)을 분석했다.[50] 분석 결과를 요약

---

47   古寧伽倻 Goryeong Gaya, 維基百科, 自由的百科全書: "古寧伽倻(韓語: 고녕가야)是朝鮮三國時期由伽倻聯盟傳說的六伽倻之一, 在今天大韓民國的慶尙北道尙州市咸昌邑." / 文獻備考: "大伽倻今高靈·小伽倻今固城·古寧伽倻今咸昌·阿羅伽倻今咸安…."

48   <기고> 웅주거목(雄州巨牧) 상주 함창고녕가야, 경상매일신문(.ksmnews.co.kr), 2023. 12. 18. / 함창고녕가야 이야기7- 웅주거목(雄州巨牧). 문경타임즈(m.mgtimes.co.kr) 2021. 1. 10.

49   국립낙동강생물자원관, 경상북도 상주시 도남2길 137(도남동), TEL. 054-530-0700

50   국립낙동강생물자원관, 보도자료(2021. 12. 17. 총 2매) 국립낙동강생물자원관 원생생물 연구팀 이창수 팀장(054-530-0840): 환경부 산하 국립 낙동강생물자원관(관장 서민환)은 상주시 공검지에서 미기록종 돌말류인 유노티아 아레니베르마(Eunotia areniverma)를 발견했다고 밝혔다. i) 이번에 발굴한 미기록종은 공검지 퇴적층 약 2m 지점에서 발굴되었으며, 400년 이

하면, 공검지(恭儉池)는 대략 5~6m 깊이에 지금부터 6,000년 이전 퇴적층에서 화석 돌말류(diatom, 硅藻類)[51]가 발견되었다.[52] 기록상 삼한 시대 저수지 이전에 이미 공검지(恭儉池)는 자연적으로 생긴 습지였다.[53] 또한 국

전에 퇴적된 지층인 것으로 조사되었다. ii) 이 종이 속한 유노티아(Eunotia)속은 일반적으로 담수 환경 중 영양분이 적은 지역에 분포하고 약산성의 환경에서 서식하는 것으로 알려져 있어, 당시 공검지 환경은 수량이 점점 적어지는 육상화 과정을 겪은 것으로 유추할 수 있었다. iii) 이번 연구 결과는 국내 학술지인 『한국환경생물학회지(The Korean Journal of Environment Biology)』 12월호에 게재될 예정으로, 과거 환경 변화를 추적할 수 있는 지표종으로서 미세조류를 활용할 수 있을 것으로 기대된다. iv) 정상철 미생물연구실장은 "이번 연구로 상주시 공검지에 서식했던 미기록 미세조류를 확인했으며, 앞으로도 국가 생물 종 다양성을 확보하기 위해 지속적으로 노력하겠다."라며 연구의 의미를 밝혔다.

51 『식물학백과』, 돌말류는 엽록소-a와 엽록소c, 외에 보조색소 물질로 다량의 갈조소(fucoxanthin)을 함유하여 황갈색을 띠며, 2개의 규질성 돌말 껍질(frustule, 혹은 theca)이 상하 상자 모양으로 겹쳐 단단한 겉껍질을 형성하는 단세포 혹은 군체성 광합성 조류를 말한다.

52 Dae Ryul Kwon, Bok Yeon Jo, Seok Won Jang, Chang Soo Lee, Seung Won Nam, New records of the genus Cyanobium and Cyanobium gracile (Synechococcales, Cyanophyceae) in Korean freshwater, Korean Journal of Environmental Biology, 2012년 12월호 Vol. 39 No. 1 pp. 32~38: "Cyanobium is a genus of picoprokaryotic cyanophytes, which includes species worldwide. The present study investigated the morphology, ultrastructure, and molecular phylogeny of the unrecorded genus Cyanobium Rippka & Cohen-Bazire 1983 and species Cyanobium gracile Rippka & Cohen-Bazire 1983. AC. gracile culture from a freshwater sample collected from the adongji pond was established by singlecell isolation. Morphological data were analyzed using light and transmission electron microscopy. C. gracile lives as solitary cells without gelatinous envelopes and is ovate, oval, or shortly rod-shaped. Thylakoids are laid along the cell walls, with three thylakoid membranes parallel to each other. Nucleoplasm was observed in the center of the cell. Molecular phylogeny performed with data from 16S small subunit ribosomal DNA gene (SSU rDNA) sequences showed that the three strains of C. gracile, including the type strain (PCC 6307) and a newly recorded strain (adong 101619), formed a distinct clade with a high supporting value (maximum-likelihood=100, pp=1.00). Based on morphology and molecular data, we report the newly recorded C. gracile in Korea."

53 1400년 상주 공검지, 6000년 '자연 습지' 규명, 뉴스토마토(newstomato.com), 2020. 2. 13. / 화석 돌말류로 밝혀낸 상주 공검지의 생성과 변천사, K스피릿(ikoreanspirit.com), 2020. 2. 13. / 상주 공검지 생성과 변천사, 화석 돌말류로 검증, 우리문화신문(koya-culture.com). 2020. 2. 14. / 상주 공검지 변천사, 화석 돌말류로 검증, 의학신문(bosa.co.kr), 2020. 2. 13.

립낙동강생물자원관(NNIBR)에 게재한 사진(자료)의 캡션에 의하면 공검지의 최대규모는 지금부터 150년 전에서 300년 전이었으며, 이후 점차로 10분의 1까지 축소되어 현 규모는 1,000여 평 정도만 남았다.

가까운 일제식민지(日帝植民地) 시기에도 인근에 공동묘지(共同墓地)를 설치했다. 그곳으로 많은 주민을 이주시켜 공검지의 면적은 최대의 10분의 1(1,000여 평) 정도로 쪼그라졌다. 최대 규모를 짐작하기 위하여 문헌상 기록을 더듬어보면, 1770년 출간된『동국문헌비고(東國文獻備考)』엔 공검지의 못 둘레는 22리(里)로, 1530년에 쓴『신증동국여지승람(新增東國輿地勝覽)』, 1617년 저술된『상산지(商山誌, 蒼石本)』,『경상도읍지(慶尙道邑誌)』에서는 1만6천6백47척(尺)으로 기록되어 있다. 오늘날 미터법(Système métrique)으로 환산하면 8.56km 정도다. 지역 주민들에게 공검지 규모에 대한 표현을 모아보면, i) 볶은 콩 한 되를 주머니에 넣고 걸으면 다 먹을 때 끝이 보인다(池周是夫, 焦豆一升). ii) 이곳에서도 저수지를 팔 때 참여한 만여 명 백성들이 짚신에 묻었던 흙을 털어놓았거나 해진 짚신들을 버렸던 곳에 '신털미(掘池者之, 脫草鞋塵, 爲山此也)'가 생겼다[54]. iii) 저녁 초승달 옆에 개밥바라기별(太白星)이 떠서 새벽닭 소리에 샛별(鷄鳴聲)이 가물가물하게 보이지 않아야 못 둘레(夕星之至, 鷄晨之長)를 다 돌았다고 한다.

항 목	대제지	공검지	수산제	벽골제	의림지
둘레(km)	1.62	8.56	7.8	3.3	2.96
깊이(m)	5.6	5.6	5.6	5.6	8~12m

54　그레이스, 김제 부량면 신털미산(草鞋山) 산책~, 2021. 3. 10.: "벽골제는 국가적 토목사업이었는데, 그 제방을 쌓을 때 동원된 만여 명의 인부들이 신에 묻은 흙을 털고 헤어진 짚신을 버린 곳이 산이 되어 '신털미'산이라는 이름이 붙었다고 합니다. … 신털미산(한자로는 초혜산 草鞋山)은 실제로 보면 작은 언덕같이 작은 산이지만, 대한민국에서 유일하게 지평선이 펼쳐지는 이곳 김제에서는 엄연한 산으로 대우받고 있습니다."

몽리(결)	100결	260	200	100	400
생산(가마)	3,813	20,440	–	–	–
저수(톤)	120만	3,170만	–	170만	–
공법	판축	판축	판축	판축	판축
현상태	개발	기념§21	시도기념	사적§111	기념§11

삼한 시대 저수지 제원표(자료 수합 정리 작성)

공검지의 조성 시기에 대해서는 아무도 고찰된 바가 없다. 서기 280년경 서진의 진수(陳壽, A.D. 233 ~ A.D. 297)가 저술한 정사 역사서『삼국지 위지 동이전』에서는 "연세 많으신 어르신들께서 하시는 말씀은 진나라 공역을 피해 이곳 한반도로 들어왔다."라는 기록이 있다.[55] 중국 역사상 가장 거대한 만리장성 축성이란 토목공사에 온 백성들이 공역이 시달렸다. 진시황제(秦始皇帝, B.C. 220 ~ B.C. 210)의 강행에 수많은 백성이 한반도로 공역을 피해 산을 넘고, 바다를 건너 한반도로 들어왔다. 중국 대륙에선 한반도는 주역 8쾌로는 손방(巽方)이고 고대 천문학에서는 28수 별자리에선 키별(箕星)이 떠는 벼농사의 '풍년이 기약되는 이상국(歲歲豊國)'이었다. 오늘날 상주(古寧) 땅에 도착했을 때는 B.C. 200년 전후로 보인다. 당시 도래인에 겐 공검지 축조는 소규모였다.[56]

55 三國志 魏志東夷傳 韓傳 韓(辰韓)條: "<辰韓> 在 <馬韓> 之東, 其耆老傳世, 自言古之亡人 避 <秦> 役來適 <韓國>, <馬韓> 割其東界地與之. 有城柵. 其言語不與 <馬韓> 同, 名國爲邦, 弓 爲弧, 賊爲寇, 行酒爲行觴. 相呼皆爲徒, 有似秦人, 非但 <燕>·<齊> 之名物也. 名 <樂浪> 人爲阿 殘; 東方人名我爲阿, 謂 <樂浪> 人本其殘餘人. 今有名之爲 <秦韓> 者. 始有六國, 稍分爲十二國."

56 장권렬 및 최규홍, 우리나라 고서에 나타난 농기구와 수리에 관한 고찰, 한국농업기계학회 (koreascience.kr), 농업기계학회지 16권 제4호, 1991년 12월, 409면: "… 삼국 시대에 들어서는 본격적인 용수 확보를 위하여 제방을 축조했으나 대부분의 경우는 보수를 하였다는 기록이고, 대부분의 저수지는 삼국 시대 이전의 유적이라고 한다. 그 유적으로는 김제 벽골제, 상주의 공검지, 단밀(丹密, 義城)의 대제지(大堤池), 제천의 의림지, 밀양의 수산제는 삼한 시대의 것으로 보고 …."

공검지(恭儉池) 수심(水深)에 대해서는 1899년에 작성된『함창군읍지 (咸昌郡邑誌)』에서 '저수지가 만수 때 4.5장(丈)'으로,『경상도읍지(慶尙道 邑誌)』에는 '10척'으로 적고 있다. 당시 많이 사용했던 포백척(布帛尺)으로 는 5.6m의 수심이었다. 물론 정확한 수심을 추산하자면, 오늘날 5,000분 의 1 지도로 공검지(恭儉池)의 평균 표고는 64m/sl이고, 여기에다가 5.6m 를 더한 69.6 m/sl에 해당하는 등고선(等高線, contour)을 따라 분수령(分 水嶺, divide)을 그리고, 연평균 강수량과 공검지의 면적으로 연간 강수 집 수량(年間降水集水量, annual rainfall collection)을 환산할 수 있다. 문헌 상 공검지 둘레가 8.56km의 둥근 저수지(지름 2,687km)라고 가정하고, 수 심 5.6m로 환산하면, 최대 31,738,983톤(=1,343.5m×1,343.5m×3.14× 5.6m)가량이 저장되었다면 삼한 시대 최대의 저수지였다.

이외 서지학적 기록을 살펴보면, 1425년에 저술한『세종실록지리지(世 宗實錄地理志)』상주목(尙州牧)에서 "큰 방죽이 하나 있으니 공검지. 상 주의 북쪽 함창 경계에 있다. 고려 명종 25(1195, 乙卯)년 사록(司錄) 최정 분(崔正份 혹은 崔正芬, 생몰 연도 미상)[57]이 옛 저수지 터에다가 그대로 둑을 쌓았는데, 제방길이(長) 860보(步), 너비(幅) 800보(步), 못 둘레가 22리(里), 논 260 결(結)을 관개했다."[58]제방축조공법(堤坊築造工法)은 판축공법(板

---

57   최정분(崔正份)이라고도 한다. 1195(명종 25)년 사록(司錄)으로서 상주에 공검대제(恭儉 大堤)를 축조하였고, 1219년(고종 6) 몽고가 침입하리라는 정보가 있자 명을 받고 북계(北界) 흥 화도(興化道)의 여러 성을 순시, 병기(兵器)와 군자(軍資)를 검열하였다. 1227년 추밀원사를 거 쳐 이듬해 참지정사에 이르렀다. 학문에 뛰어나 1224년에는 판비서성사(判秘書省事)로 동지공 거(同知貢擧)를, 1226년에는 첨서추밀원사(簽書樞密院使)로 지공거를 역임하여 많은 인재를 발탁하였다.

58   世宗實錄 150卷(太白山庫本), 地理志, 慶尙道尙州牧: "… 大堤一, 恭儉池在州北咸昌界 中. 【明宗二十五年乙卯, 司錄崔正份因舊址而築之, 長八百六十步, 廣八百步, 灌漑二百六十 結】"

築工法)으로 주변의 흙과 돌을 대나무 가마니(竹叺)로 쌓았다. 물이 새지 않게 흙 사이의 공극을 없애고자 찰흙 다짐(粘土注入, clay grouting) 작업을 했다.[59]

59　世宗實錄 150卷, 地理志 慶尙道尙州牧地理志 / 慶尙道 / 尙州牧: "尙州: 牧使一人. 判官一人。新羅, 沾解王取沙伐國爲州, 【在魏 厲公 正始九年戊辰.】 法興王改爲上州, 【卽梁 武帝 普通六年乙巳】 眞興王廢州爲上洛郡, 神文王復置州, 景德王改爲尙州, 惠恭王復爲沙伐州. 【卽唐 代宗 大曆十一年丙辰】 高麗 太祖二十三年庚子, 復改爲尙州, 其後改爲安東都督府. 【年代未詳】 成宗二年癸未, 初置十二牧, 尙州卽其一也. 十四年乙未, 置十二州節度使, 號尙州歸德軍節度使. 顯宗三年壬子, 廢節度使, 復爲安東大都護府. 五年甲寅, 改爲尙州按撫使. 九年戊午, 定爲尙州牧, 爲八牧之一, 本朝因之, 別號上洛. 【淳化所定, 又號商山.】 屬縣七. 靑理縣, 本音里火縣, 景德王改名靑驍, 爲尙州領縣, 高麗改今名. 化寧縣, 本荅達匕郡, 景德王改爲化寧郡. 中牟縣, 本刀良縣, 景德王改名道安, 爲化寧郡領縣, 高麗改今名. 丹密縣, 本武冬彌知縣, 景德王改今名, 爲聞韶郡領縣. 山陽縣, 本近品縣, 景德王改名嘉猷, 爲醴泉郡領縣. 功城縣, 本新羅 大幷部曲, 高麗改今名. 【已上六縣, 顯宗九年戊午, 皆屬尙州任內.】 永順縣, 諺傳本州之北 百面林下村, 高麗時, 以村人姓太者捕賊立功, 以其村爲永順縣. 部曲三, 長川、連山、茂林. 【諺傳本州北面茂興村.】 功城屬部曲一, 平安. 【已上四部曲, 皆有人民.】 名山, 四佛山 【在山陽縣北, 或曰功德山.】 、白華 【在中牟西.】 、九峯. 【在花寧西北。】 大川, 洛東江. 四境, 東距比安五十七里, 西距報恩五十二里, 南距金山三十五里, 北距醴泉一百十五里. 本州戶一千八百四十五, 口三千一百三十二. 靑理戶五十四, 口三百七. 化寧戶一百二十九, 口五百五十七. 中牟戶一百九, 口一百五十. 丹密戶一百四十, 口七百. 山陽戶一百十二, 口六百六十七. 功城戶一百十, 口六百三十. 永順戶二十二, 口一百三十二. 軍丁, 侍衛軍一百三十四, 鎭軍三十七, 守城軍九十四, 船軍五百四十. 本州土姓四, 金、朴、周、黃; 來姓四, 高、李、荊、羅, 賜姓一, 李; 【李敏道, 河間府人, 元季避兵東國, 以有功於開國, 封商山君, 命以商州爲本貫】 外村姓一, 尹; 續姓一, 林. 【開寧來, 今爲鄕吏.】 靑理姓三, 張、朴、黃; 次姓一, 沈; 來姓二, 黃、朴; 化寧姓六, 任、高、方、張、全、申. 中牟姓五, 金、全、姜、朴、方; 來姓一, 沈. 丹密人姓姓一, 羅. 村落姓一, 孫. 山陽姓四, 芳、庾、申、蔡. 功城姓四, 成、孫、張、金. 永順續姓一, 太. 【今爲鄕吏.】 長川姓二, 尹、朴. 連山姓一, 尹. 茂林姓一, 金; 續姓二, 金、沈. 平安姓二, 芳、沈. 人物, 政堂文學金得培. 【高麗時, 州吏金祚有女曰萬宮, 年七歲, 父母避身兵于白華城, 追兵近, 倉皇棄于道左而走. 旣三日, 得之林下, 自言: "夜則有物來抱, 晝則去." 人皆驚異跡之, 乃虎也. 及笄, 適戶長金鎰, 生子祿. 祿生三男, 長曰得培. 恭愍王十年辛丑, 紅賊陷松都, 得培與安祐、李芳實將兵破賊, 收復京師, 世謂之三元帥. 仲曰得齊, 三司右使, 季曰先致, 密直使】 厥土肥塉相半, 風氣暖, 墾田一萬五千三百六十結. 【水田五分之二强】 土宜, 稻、黍、粟、麥、梨、木綿、莞、桑、麻. 土貢, 蜂蜜、黃蠟、漆、紙、席, 【又供進獻】 芝草、狐皮、狸皮、山獺皮. 藥材, 遠志、芎藭、白茯苓. 土産, 沙鐵、 【産州北松羅灘】 松茸、銀口魚. 【産山陽縣】 磁器所三, 一在中牟縣北楸縣里 【上品】 一在中牟東己未隈里, 【上品】 一在功城縣 西院洞. 【中品】 陶器所二, 一在州西伐乙夜里, 一在丹密縣 丹谷. 【皆下品】 邑石城. 【周回五百七十六步, 內有井二十一、池一】 白華山石城, 在中牟縣, 去州西五十一里. 【高險, 周回一千九百四步, 內有溪一、泉五, 又有軍倉】 風詠樓在客舍東北隅, 觀水樓在洛東津東岸. 驛八, 洛源、洛陽、洛東、洛西, 【在州界】 常平、 【在中牟】 長林、 【在化寧】 新驛二.

1425년 작성된『세종실록지리지(世宗實錄地理志)』에 의하면 안동도호부(安東都護府)의 8목 가운데 하나였던 상주목(尙州牧)을 세종 9(戊午)년에는 낙동강(洛東江) 수변에서 최상읍락(最上邑落)이라는 의미에서 '상락(上洛)'이라고 별호(別號)를 붙였다(九年戊午, 定爲尙州牧, 爲八牧之一, 本朝因之, 別號上洛). 유사한 별칭은 신라 태종무열왕(太宗武烈王) 때 강역(영토) 확장 정책으로 백제(百濟)로부터 대야성(大耶城) 함락 사건[60]이 발생했다. 당시 신라의 강역(疆域, 영토)을 '북단 강역 상주(上州)는 고녕(古寧, 오늘날 尙州咸昌)이었고, 남단 강역 하주(下州)는 창녕(昌寧)(上州古寧, 下州昌寧)으로 영토 확장을 도모했다.

구 분	진주시	거창군	경주시	상주시
경지 면적(ha)	3,881	3,777	10,897	12,699
10a당 생산량(kg)	511	528	521	582
총생산(톤)	19,569	19,939	56,731	73,958

신라 웅주거목였던 4곳의 2023년도 벼생산량 비교표

공검지(恭儉池)의 관개 면적(灌漑面積, irrigation area)에 대해 1469년

【一在功城, 一在靑理】 烽火六處, 功成 回龍山在縣西, 【南準金山 所山, 東準靑理西山】 靑理西山 【北準本州 所山】 所山在州東, 【北準咸昌山城】 中牟 所山在縣西, 【南準黃澗所山, 西準化寧 國師堂】 化寧 國師堂在縣西, 【西準報恩 金積山】 山陽 所山在縣東。 【東準龍宮山城, 西準虎溪 禪岩山】 大堤一, 恭儉池在州北咸昌界中。 【明宗二十五年乙卯, 司錄崔正份因舊址而築之, 長八百六十步, 廣八百步, 灌漑二百六十結】 所領牧一, 星州; 都護府一, 善山; 郡三, 陜川、草溪、金山; 縣七, 高靈、開寧、咸昌、龍宮、聞慶、軍威、知禮."

60   대야성전투(大耶城戰鬪), 한국민족문화대백과사전: "642년(선덕여왕 11) 대야성(大耶城: 지금의 경상남도 합천군)을 둘러싸고 신라와 백제 사이에 벌어진 전투였다. 배경으로는 640년대 접어들면서 백제는 신라에 대해 적극적인 공세를 취하였다. 642년(의자왕 2) 7월 백제 의자왕(義慈王)은 친히 군사를 거느리고 신라 서쪽의 40여 성을 함락시켰으며, 8월에는 고구려 군사와 연합해 신라의 대중국교통 거점인 당항성(黨項城: 지금의 경기도 화성시 남양동)을 공격하였다. 대야성 전투는 이러한 백제의 공세가 절정에 달한 사건이었다."

도 발간된『경상도속찬지리리(慶尙道屬撰地理志)』의 상주도 상주목조(尙州道尙州牧條)에 "무지산(無知山) 아랫마을(恭儉面 楊亭里)에 있는 공검지는 관개 면적이 268결(結) 40부(負)다."라고 기록하고 있다. 이를 세종 12년에 개정된 양전척(量田尺)으로 환산하면 2,650,101㎡(267.7町步) 정도의 대규모였다. 당시『경상도속찬지리지(慶尙道屬撰地理志)』의 저수지(貯水池)의 평균 관개 면적(irrigation area)은 26결에 불과한데 10배나 되는 공검지(恭儉池)가 삼한 시대 최대 저수지라고 해도 지나친 말은 아니다. 세종(世宗) 때에 과세 기준(課稅基準)에 통용했던 결당 400 두(斗)의 벼 생산량으로 환산하면 107,200두(400斗×268.40結) 혹은 20,440가마니(오늘날 쌀 1,635.2톤 정도)가 되었다. 통일 이전 신라(原新羅)는 당시 하루 2끼(朝夕)도 못 했던 때, 2만여 명(신라 지방군)의 연간 군량미(軍糧米)를 제공할 수 있었던 고녕가야(古寧伽倻)는 '웅주거목(雄州巨牧)'이었다. 통계청(kosis.kr)의 2023년도 벼 생산량을 살펴보면 상주(尙州)가 73,958톤, 경주(慶州)는 56,731톤, 진주(晉州) 19,569톤, 그리고 거창(居昌)은 19,939톤을 생산했다. 두계(斗溪) 이병도(李丙燾, 1896~1989) 박사께서 '웅주거목(雄州巨牧)'이라고 주장했던 진주(晉州)는 상주의 4분의 1 정도 생산했다. 또한 10a(町步)당 생산량이 상주(咸昌)의 공검지(恭儉池) 등으로 인한 농업용수의 풍부함으로 인해 다른 지역보다 10% 이상 높았다.

한편, 공검지(恭儉池)와 삼한 시대의 저수지로 인식하고 있는 오늘날 아시촌소경(阿尸村小京, 安溪平野)의 대제지(大堤池)가 있었다. 대제지가 조성된 시기에 대해서는 아무도 고찰한 된 바가 없다. 서기 280년경 서진의 진수(陳壽, A.D. 233 ~ A.D. 297)가 저술한 정사(正史) 역사서『삼국지 위지 동이전(東夷傳)』에서는 "연세 많으신 어르신들께서 하시는 말씀은 진나라 공역을 피해 이곳 한반도로 들어왔다."라는 기록이 있다.[61] 이와 같은 내용은 당나라 때 요사렴(姚思廉)의 저서 양서(梁書)[62] 및 북사(北史)에서도 기록 되어 있다. 중국 역사상 가장 거대한 만리장성 축성이란 토목공사에 온 백 성들이 공역이 시달렸다. 진시황제(秦始皇帝, B.C. 220 ~ B.C. 210)의 강행에 수많은 백성이 한반도로 공역을 피해 산을 넘고, 바다를 건너 한반도로 유 입되었다. 오늘날 의성군 안계(安溪), 단밀(丹密) 지역에 소국 난미리미동국 (難彌離彌凍國)[63]을 건국했다. 당시 오늘날 밀양(密陽)에 미리미동국(彌離 彌凍國)이 있었다. 여기서 미리(彌離) 혹은 밀(密)은 신라어 '미르(mir)'는 오 늘날 '물'에 해당한다. 오늘날에도 미르나무(물섶나무), 미르길(물길), 미리내 (은하수), 미더덕, 미꾸라지 등의 말이 남아있다. 일본어 '미즈(miz)'가 원형 에 가깝게 남아있다. 1527(중종 22)년에 최세진(崔世珍)이 쓴『훈몽자회(訓 蒙字會)』에서 '미르 용(龍)'이란 구절이 나오는데, 의미 변천을 했다. 고대어 '미동(彌凍)'은 오늘날 '물동이(水堤)'이고, 현대 지명 밀양(密陽)은 저수지 혹은 강물 북녘(水北)을 뜻한다. 의성군 단밀(丹密)은 '담은 물(水堤)'이란 이두식 표기다. 오늘날 '두물머리'를 '용두(龍頭)'라고 표기하는 곳이 전국

61 三國志 魏志東夷傳 韓傳 韓(辰韓)條: "<辰韓> 在 <馬韓> 之東, 其耆老傳世, 自言古之亡人 避 <秦> 役來適 <韓國>, <馬韓> 割其東界地與之. 有城柵. 其言語不與 <馬韓> 同, 名國爲邦, 弓 爲弧, 賊爲寇, 行酒爲行觴. 相呼皆爲徒, 有似秦人, 非但 <燕>·<齊> 之名物也. 名 <樂浪> 人爲阿 殘; 東方人名我爲阿, 謂 <樂浪> 人本其殘餘人. 今有名之爲 <秦韓> 者. 始有六國, 稍分爲十二國."

62 姚思廉, 梁書: "新羅者, 其先本辰韓種也. 辰韓亦曰秦韓, 相去萬里, 傳言秦世亡人避役, 來適馬韓, 馬韓亦割其東界居之, 以秦人故名之曰秦韓."

63 三國志 魏志東夷傳 韓傳 韓(弁辰)條: "韓(弁辰) <弁辰>亦十二國, 又有諸小別邑, 各有渠 帥, 大者名臣智, 其次有險側, 次有樊濊, 次有殺奚, 次有邑借. 有 <已國>·<不斯國>·<弁辰彌離 彌凍國>·<弁辰接塗國>·<勤耆國>·<難彌離彌凍國>·<弁辰古資彌凍國>·<弁辰古淳是國>·<奚 國>·<弁辰半路國>·<弁[辰]樂奴國>·<軍彌國(弁軍彌國)>·<弁辰彌烏邪馬國>·<如湛國>·<弁 辰甘路國>·<戶路國>·<州鮮國(馬延國)>·<弁辰狗邪國>·<弁辰走漕馬國>·<弁辰安邪國(馬延 國)>·<弁辰瀆盧國>·<斯盧國>·<優由國>.<弁>·<辰韓> 合二十四國, 大國四五千家, 小國六七百 家, 總四五萬戶."

에 수십 곳이 있다. 대구 신천에서도 용두방천(龍頭防川), 용두산성(龍頭山城) 등이 현존하고 있다.

이때 벼농사의 농업용수 공급을 위해 대제지를 축조했다.[64] 축제연대는 B.C. 200년경이다. 당시 도래인(渡來人)에겐 소규모 저수지 조성은 '누워서 식은 죽 먹기.'였다. 따라서 삼국사(三國史)에서도 단밀 대제지(丹密 大堤池)로 기록하고 있다. 그래서 오늘까지 삼한 시대(三韓時代) 저수시설로 보고 있다.[65] 임진왜란 이후 못 기능이 상실되었다. 조선 상주향교 유생 조릉(趙稜. 1607~1683)은 경상도 관찰사에게 저수지를 폐지하고 향교의 학전(學田)으로 귀속하도록 요청했다. 그러나 예천향교 유생들이 반대했다는 기록도 있다.[66]

---

64 대제지(大堤池), 국사편찬위원회(thesaurus.history.go.kr): "대제지(大堤池). ≪삼국지≫ 위지(魏志) 동이전(東夷傳)에 보이는 저수지. 난미리미동국(難彌離彌凍國)의 사람들이 만든 것으로 추정함. 경상북도 의성군 단밀(丹密)에 …." / 의성 대제지, 디지털의성문화대전, 향토문화전자대전(grandculture.net): "義城大堤池 … 丹密縣北距州六十八里"이다. 즉 지금의 단북면에 위치하였음을 알 수 …." / 난미리미동국과 대제지, 티스토리(ljw1674.tistory.com), 2021. 10. 18.: "… 난미리미동국과 대제지(大堤池) 쌀이 남아도는 오늘날 1,500여 년 전 삼한 시대의 못 대제지(大堤池)를 논의한다는 것이 조금은 어색한 일인 것 같다."

65 장권렬 및 최규홍, 우리나라 고서에 나타난 농기구와 수리에 관한 고찰, 한국농업기계학회(koreascience.kr), 농업기계학회지 16권 제4호, 1991년 12월, 409면: "… 삼국 시대에 들어서는 본격적인 용수 확보를 위하여 제방을 축조했으나 대부분의 경우는 보수를 하였다는 기록이고, 대부분의 저수지는 삼국 시대 이전의 유적이라고 한다. 그 유적으로는 김제 벽골제, 상주의 공검지, 단밀(丹密, 義城)의 대제지(大堤池), 제천의 의림지, 밀양의 수산제는 삼한 시대의 것으로 보고 …."

66 상주향교의 선비 조릉(趙稜, 1607~1683)이 임진왜란 이후 도백에게 올린 장계에 "대제지는 임란 이후에 제방이 무너져 못 기능을 상실했다(大堤池壬亂利後役割廢止)."라고 적었고, 향교경비 충당을 위해서 학전(學田) 데제지를 학전으로 허가를 받아 향교에 귀속시키고자 했으나 예천 유생이 반대한 것을 봐서 대제지가 예천 지역(다인)에 속했던 것으로 보인다. [모암선생문집(慕庵先生文集)] 4卷 2冊 완질본으로 목활자본이며 보존 상태 양호하다. 모암선생문집(19.8×29cm) 조선 중기 유학사. 자는 자방(子方)이고, 호는 모암(慕庵)·사우당(四友堂)이다. 본관은 풍양(豊壤)이고, 출신지는 경상북도 상주(尙州)이다. 고조는 조희(趙禧)이고, 증조부는 조광헌(趙光憲)이며, 조부는 조정(趙靖)이다. 부친 종사랑(從仕郞) 조영원(趙榮遠)의 3남 중 막내로 태어났다. 형 조빈(趙穦)·조약(趙礿)이 있다. 서제(庶弟)로, 조수(趙穟)·조유(趙秞)·조의(趙稢)·조부

3.
새들까지 둥지를 트는
한반도 낙원에 안착하다

지구촌 모험 여행의 최종 안착지 낙원 조선(한반도)에!

현생 인류(現生 人類) 호모 사피엔스는 대략 지금부터 20만 년 전에서 13만 년 전까지 아프리카 에티오피아 등 동아프리카 초원에서 나타났다. 기후로 인한 사막화로 잡아먹던 동물이 사라지고, 따서 먹었던 열매(식물)마저도 고사함에 따라 더 그곳에서 살 수 없었다. 살아가자면 먹잇감을 찾아 5만 년 전에서 4만 년 전에 메소포타미아(Mesopotamia), 서아시아

(趙)·조봉(趙■)·조제(趙稊)가 있다. 향시에는 9번이나 합격했지만, 복시에는 모두 실패하였다. 이후 1654년(효종 5) 식년시 생원 2등 19위로 합격하였으나, 벼슬길에 대한 뜻을 접고 고향으로 되돌아와서 학문에 전념하였다. 영모재(永慕齋)라는 서재를 짓고, 학문 연구와 후학 양성에 매진하였다. 유고로 4권 1책의 시문집 『모암선생문집(慕菴先生文集)』이 전하는데, 조대윤(趙大胤)의 『입재공고(立齋公稿)』, 조시경(趙時經)의 『중애공고(中厓公稿)』, 조석룡(趙錫龍)의 『만낙재공고(晩樂齋公稿)』, 조석철(趙錫喆)의 『정와공고(靜窩公稿)』, 조석목(趙錫穆)의 『정사공고(精舍公稿)』, 조목수(趙沐洙)의 『구당공고(舊堂公稿)』, 조상덕(趙相悳)의 『위재공고(危齋公稿)』, 조동좌(趙東佐)의 『총계공고(叢桂公稿)』 등과 합본되어 『풍성세고(豊城世稿)』에 실려 있다.

(Western Asia) 및 동아시아(East Asia)로 이동해 왔다. 4만 년 전에서 3만 년 전에 유럽과 호주로 건너갔다. 뒤이어 러시아로 갔다. 마침 당시는 빙하기 때라 얼어붙었던 베링해(Bering Sea)를 건너 알래스카(Alaska)로, 그리고 북미(北美)와 남미(南美)로 이동해 갔다.[67] 이렇게 지구촌 구석구석까지 살기 좋은 곳이란 어디도 빠짐없이 찾아 헤맸다. 지구촌을 누비면서 오가는 사람들 사이에는 입소문엔 한반도는 지상 낙원이었다. 아직도 북미에선 체로키 인디언(Cherokee Indian, 古朝鮮亡國流民)의 애국가 '낙원 조선(樂園 朝鮮, Amazing Glace)'이라는 노랫가락이 전승되고 있다.

호모 사피엔스(Homo sapience)가 한반도에 도착하고 보니 이미 70만 년 전 호모에렉투스(Homo erectus)가 이미 도착해 살아가고 있었다. 중생대 백악기(中生代白堊紀) 때에 잦은 지질작용(화산활동, 조산작용, 침식·풍화작용 등)으로 석회암지대가 한반도에 형성되었기에 수많은 석회동굴이 생겨났다. 한강 수역에만 2,000여 곳 석회동굴(石灰洞窟)에서 호모에렉투스(Homo erectus) 선인들이 빙하기(氷河期)를 무사히 넘기기엔 안성맞춤이었다. 무사히 마지막 빙하기를 넘겼던 선인들은 신석기 시대(新石器時代)를 열고 있었다. 그들은 50만 년 전에서 40만 년 전까지 기후 변화로 인해 이미 아프리카를 떠나 마침내 극동아시아의 끝머리 한반도에 40만 년 전에서 30만 년 전에 도착했다. 사실 그들은 최초 여행자였으며, 모험가였다. 우리의 선인들은 수백 아니 수천 년이란 몇 대를 걸친 기나긴 여행을 통해 "먹거리가 풍부하고 따뜻한 기후에 살기 좋은 한반도(樂

---

67 아프리카서 호주까지, 초기 인류는 어떻게 이동했을까? 경희대학교(biochemistry.khu.ac.kr), 2023. 11. 2.:"현생 인류인 호모 사피엔스가 약 20만 13만 년 전 동아프리카 초원에서 발원해 5만~4만 년 전 중동과 아시아로 진출했고, 4만~3만 년 전에 유럽과 호주로 건너갔으며, 그 뒤 러시아와 알래스카 사이에 있는 베링 해협을 건너 아메리카 대륙까지 이동해 전 세계로 퍼져 나갔다는 것이다."

園朝鮮)"까지 찾아들었다. 1994년 충청북도 기념물 제102호 '구석기 시대 동굴 유적(舊石器時代 洞窟遺蹟)'으로 지정된 충청북도 단양군 금굴(丹陽郡 丹陽邑 島潭里 山 4-18번지)에서 전기구석기 시대를 살았던 문화유적으로 봐서, 우리나라의 고고학계(考古學界)에서는 70만 년 전까지 선사시대의 역사연대 소급이 가능하다.[68]

지구촌 북반구 중위도 한반도(韓半島)에서 i) 땅을 판 구덩이(움)에다가 막집을 짓거나 석회암 천연동굴에서 화덕(불구덩이, hearth) 주변에서 몸을 녹여 추위를 견디어내었다. ii) 돌을 깨뜨려서 만든 '아슐리안 돌 주먹도끼 (Acheulian stone hand ax)'를 이용해서 들짐승(사슴, 노루, 멧돼지 혹은 매머드 등)들을 잡아서 가죽을 벗기고, 잡은 동물의 두개골을 깨뜨려 단백질을 섭취했다. iii) 땅속 굼벵이 혹은 곤충을 잡아서 익혀 먹었다. iv) 불로 위협하여 호랑이 혹은 멧돼지가 먹던 사냥감을 빼앗기도 했다. v) 불 움터 인근에 모여 거대한 사냥감을 잡기 위한 작전 회의도 하였다. 이웃 부족과의 신부 교환 거래도 성사했다. vi) 당시 사냥 기술로는 90%가 실패했다. 그러나 성공률은 겨우 10% 정도였다. 성공률을 높이고자 함정을 파고, 그곳에 덫을 설치한 뒤로부터 사냥감을 거의 놓치지 않았다. vii) 당시 먹거리의 70%는 식물 채취에서 20%가량은 물고기와 같은 어로(漁撈)에서 에너지원을 얻었다.

---

68 a. 충북 단양 금굴, 우리역사넷(contents.history.go.kr): "구석기 시대의 동굴 유적이다. 1994년 충청북도 기념물 제102호로 지정되었다. 전기구석기부터 청동기 시대에 이르는 거의 모든 시기의 유물층이 발견되어 각 문화층의 성격을 찾아볼 수 있다. 이 유적은 8개의 층위로 나누어지는데 외날찍개, 주먹도끼, 안팎날찍개 등의 도구가 아래로부터 차례로 발굴되었으며, 쌍코뿔소, 하이에나, 짧은꼬리원숭이, 너구리, 멧돼지 등의 짐승 화석도 발견되었다." / b. 언제부터 한반도에 사람이 살았을까, 우리역사넷(contents.history.go.kr): "단양 금굴 동굴과 인류의 진화. 충북 단양의 금굴 유적지에서는 외날찍개, 주먹도끼와 같은 70만 년 이전에 사용된 유물들이 많이 발굴되었다 …."

따라서 여성들과 아이들이 식물 채취에서 계절별 식물과 식용식물을 알아내는 기초 지식은 오늘날 우리보다도 더 전문적이었다. 한반도 남부 지역은 대나무와 같은 수목이 우거졌기에 많은 생활 도구를 목재로 만들어 썼다. 그래서 습윤한 토양에 목재로 제작된 각종 도구가 부식되어 현재까지 남아 발굴되는 건 거의 없다.

당시 한반도는 중생대 백악기(中生代白堊紀, Cretaceous period)에 화산 폭발, 지각운동, 융기와 침강이 몇 차례 반복했다. 한탄강 지역은 화산활동에 의해 50만 년 전에 경기도 연천(漣川地域) 지역은 이미 현무암지대(basalt zone)가 형성되어 있었다. 구석기 시대의 아슐리안 돌 주먹도끼가 아시아에서 최초로 발견된 연천군 전곡읍 전곡리(漣川郡 全谷邑 全谷里)는 한탄강(漢灘江) 주변으로 온통 현무암인 강 돌(硅巖, quartzite)이 깔려 있었다. 이 강돌(江石)을 갖고 떼어내기(뗀) 기법으로 '아슐리안 돌 주먹도끼(Acheulian stone fist ax)'를 만들어 썼다.

아프리카와 유럽만이 구석기 시대가 존재한다는 증거로 아슐리안 돌 주먹도끼를 주장했던 하버드대학교(Harvard University) 할람 모비우스(Hallam Leonard Movius, 1907~1987)[69]의 이름을 딴 모비우스 학설(The Movius Line)이 정설로 존립했다. 1978년 전곡리(全谷里)에서 돌 주먹도끼가 발굴됨으로써 호모에렉투스(Homo erectus)가 구석기 시대에 한반도

---

69 Wikipedia, Hallam Leonard Movius(November 28, 1907 ~ May 30, 1987) was an American archaeologist most famous for his work on the Palaeolithic period. He was born in Newton, Massachusetts and attended Harvard College, graduating in 1930. After receiving his PhD from Harvard and serving in the 12th Air Force in North Africa and Italy during World War II, he returned to Harvard and became a professor of archaeology there. Eventually he also became curator of Paleolithic Archaeology at Harvard's Peabody Museum of Archaeology and Ethnology. In 1948 he proposed the existence of a Movius Line dividing the Acheulean tool users of Europe, Africa and western Asia from the chopping tool industries of East Asia.

에서도 존재했다는 사실이 입증되었다. 한반도는 지구촌 구석기 첨단문화의 변방 지역이 아닌 열광의 도가니였다.

새들도 한반도 낙원에다가 둥지를 튼다

특히 사냥감의 이동 시기(移動 時期)를 알기 위한 관찰은 i) 동물의 움직임으로는 기러기, 제비 등 철새의 계절적 이동(季節的 移動), 은어 혹은 연어 등의 되돌아옴(回遊), 매미, 메뚜기, 나비 등의 곤충을 보고 계절을 알았다. ii) 식물의 발아, 개화, 낙엽 등으로 계절 변화(季節 變化)를 파악했다. 농경 시대 때 벼농사는 자귀나무 혹은 모감주나무의 개화로 장마철 그리고 이팝나무꽃이 개화함으로 모내기 제철(適時)을 알았다. iii) 별자리(北斗七星) 이동으로 계절 변화와 초원으로 동물의 옮아산다는 사실, 달의 차고 기울어짐을 물고기의 산란과 풍어기(潮水干滿)를 알았다. 농경 시대에는 남두육성(南斗六星)을 보고 모내기와 추수기 등의 농경시필기(農耕始畢期)를 알아내었다. iv) 기후 변화로 사냥감의 이동을 예측했다. 즉 북서풍(北西風), 남동풍(南東風)으로 계절의 변화는 물론이고 동물의 이동과 물고기의 움직임까지 예측했다. 태양의 고도, 해돋이 방향(위치) 등으로 동·식물의 배태(胚胎)와 사냥 때와 추수 적기까지 예상했다.

오늘날 한반도에 540여 종의 새들이 살고 있으며, 삼면의 바다로 싸여서 풍부한 어족 자원과 갯벌에서 서식했던 해양식물과 동물로 조류들에게 풍부한 먹잇감이 되었다. 그 가운데 300여 종은 물새들인 철새가 대부분이다. 봄철로는 뻐꾸기(cuckoo), 종달새(skylark)[70], 제비(swallow)가

---

70 종달새는 종다리, 노고지리, 종지조(從地鳥), 운작(雲雀), 고천자(告天子), 규천자(叫天子)

있고, 여름 철새로는 꾀꼬리(oriole), 파랑새(bluebird), 뜸부기(blackbird), 물닭(coot), 논병아리(grebes), 물총새(kingfisher), 백로(egret), 소쩍새(oriental scops owl), 솔부엉(pine owl)이 등이다. 가을 철새는 기러기(wild goose), 겨울 철새는 청둥오리(mallard), 꿩(pheasant), 원앙새(mandarin), 독수리(eagle), 콩새(bean bird), 까치(magpie), 뱁새(blackbird) 및 큰 소쩍새(Otus bakkamoena), 쥠부엉이(long-eared owl), 두루미(crane), 밭 종달새(field lark), 쑥새(mugwort), 양진이(Pallas's rosefinch) 등이 있다.

여기서 소쩍새(Oriental Scops Owl)를 다른 이름으로 접동새, 한자어로는 두우(杜宇), 두혼(杜魂), 두백(杜魄), 자규(子規), 불여귀(不如歸)라고 한다. 소쩍새(Oriental Scops Owl)는 올빼미목 올빼미과 맹금류의 한 종류다. 우리나라에선 여름 철새로, 몸길이는 20cm 정도로, 깃은 대체로 갈색을 띠며, 귀가 드러나 있다. 산이나 숲에 서식하는 주로 야행성(夜行性, nocturnal)이다.

밤중에 울고 있어서 배고픈 사람들의 귀에서는 "솥이 적다(小鼎)!"라는 말로 들렸다. 그래서 어릴 때 서당에서 "밥을 먹지 않는 소쩍새가 솥이 적다고 타령을 한다(不食鵝鳥限小鼎). 밭이 하나도 없는 솔개는 비 오기를 원한다(無田鳶鳥雨多)."라고 출전도 모르고 풍월을 읊었지만, 나중에 살펴보니, 이응희(李應禧, 1579~1651)의 『만물편(萬物篇)』이라는 책에서도 "밥 한 톨 먹지 않는 새가, 솥이 충분하지 않다고 슬프게 탄식하니…."[71] "소쩍(솥이 적다, 小鼎)! 소쩍(솥이 적다, 小鼎)!"로 운다고 의인화했다. 곧 풍년이 들게끔 노래하는 새로 봤다.

라는 다양한 명칭이 있으며, 노고지리는 '하늘 높이 날아 지저귄다.', 종지조(從地鳥)는 들판 혹은 보리밭 같은 데 산다는 의미다. 운작(雲雀)은 구름을 따라 날아가는 참새, 고천자(告天子) 혹은 규천자(叫天子)는 하늘 보고 지저귄다는 뜻이다.

71   李應禧, 萬物篇: "不吃米的烏, 哀嘆鍋不夠 …."

신석기 시대 혹은 청동기 시대 목축 유목민(牧畜遊牧民, pastoral no-mads)이나 농경정착민(農耕定着民, agricultural settlers)들은 계절마다 날아드는 철새를 보고 쉽게 알았다. 봄철에 산전(山田)이나 밭농사에 i) 파종(播種)은 뻐꾸기가 가장 먼저 알려준다. ii) 이어서 논농사의 볍씨를 뿌리거나 못자리를 하라고 제비가 지저귄다. iii) 종달새가 노래할 때는 보릿고개(麥嶺)를 넘겨야 할 춘궁기(春窮期)로 산나물을 뜯으러 간다. iv) 못자리가 우거지면 뜸부기가 알을 낳고, 물총새가 물고기를 잡을 때는 모내기를 하게 된다. v) 여름이 오고 있다는 신호탄으로 파랑새와 황금색 꾀꼬리가 몸 색깔로 계절을 알린다. vi) 여름 더위가 찾아옴을 알리는 백로(Egret)와 후투티(Hoopoe)가 날아들며, 논둑과 밭둑을 베다가 뜻하지 않는 횡재로 뜸부기 알과 꿩 알을 줍기도 한다. vii) 제비(swallow)가 날아가고, 청둥오리가 날아들며 가을걷이(秋收)를 해야 하고, 기러기 날아오면 김장도 준비해야 한다. 독수리 날아다니고, 칡부엉이 노래할 때는 겨울나기 준비를 해야 한다. 이같이 동이족(東夷族)은 BP 1만 년부터 새들의 계절 감각을 농사월령(農事月令)으로 사용했기에 7세 아동이 배우는 천자문(千字文)에서도 "새들의 지혜는 인간들을 따르게 한다(鳥官人皇)."[72]이라는 구절을 넣었다.

---

72 龍師火帝, 鳥官人皇: "(동이족은) 상고시대 제왕의 관명(官名), 문자의 창제(創制)와 의제(衣制), 요순(堯舜)의 선위(禪位), 주무왕(周武王)과 은탕왕(殷湯王)의 치도(治道), 성군(聖君)의 치세(治世)와 덕화(德化)에 대하여 다뤘습니다. 조관(鳥官)은 소호씨(少昊氏)를 뜻한다. 소호씨는 새로 관명을 삼았기에 조관(鳥官), 또는 조사(鳥師)라 했다. 인황(人皇)은 일설에 황제(黃帝)를 가리킨다. 황제는 헌원씨(軒轅氏)다. 헌원씨(軒轅氏)는 치우천왕(蚩尤天王). 제14대 자오지 환웅(慈烏支桓雄)과 숱하게 싸웠지만 탁록(涿鹿)에서 크게 패한 인물인데 나중에 치우천왕에게 항복하자 치우천왕이 영지를 주어 황제(黃帝)라 했는데 이를 계기로 중국의 영토가 되었다. 중국의 중심 인물이다. 오제(五帝) 중 전욱(顓頊)은 그의 손자이며, 제곡(帝嚳)은 그의 증손자다…"

4.
동이족은 새를 스승으로
지혜를 익히다

'조관인황(鳥官人皇)'이라는 동이족(한민족)

지금부터 390만 년 전 아프리카 남부에서 원숭이 유사한 오스트랄로피
테쿠스 인간이 출현했다. 이들은 네발로 나뭇가지를 타고, 열매를 따서 먹
었다. 그런데 생물체의 변이 현상처럼 나무에서 내려와서 야생동물과 같
이 네발로 추격하고 피격당하기도 했다. 사막을 달리는 타조(ostrich run-
ning in the desert)를 보고 앞발을 들고 퍼덕거리면서도 두 발로 달리는 것
을 봤다. 처음에는 흉내를 내다가 나중에는 두 발로 따라 걷고 달리기까지
했다. 이렇게 '두 발로 걸어 다니는 사람(person who walks on two feet)' 이
족보행 인간(二足步行人間) '호모에렉투스(Homo erectus)'가 되었다. 우리
는 문화인류학에서 두 발로 걸었던 '최초 미운 오리 새끼 아가씨 루시(The
First Ugly Duckling Lady Lucy)'라고 했다. 그러나 오늘날은 분자생물학에

서는 '미토콘드리아 이브(Mitochondrial Eve)'라고 한다. 인류유전학에서 미토콘드리아 DNA의 변이를 거슬러 올라갈 때 상정할 수 있는 현생인류의 미토콘드리아 DNA에 의하면, 그녀가 바로 가장 최근 모계공통조상(mitochondrial DNA most recent common ancestor, mt-MRCA)이다.[73]

한반도는 새들에게는 바로 천국(韓半島天國)이었다. 한반도에 수백만 년 이전부터 이미 살았던 한민족(韓民族)에게는 새들이 스승이었다. 7세 때 '천자문(千字文)'을 처음 배웠을 때 '조관인황(鳥官人皇)'이란 구절을 읽었다. "새(鳥) 이름을 벼슬(官)에다가 붙였던 인류의 황제(人皇)였던 소호씨(少昊氏)"라는 해석을 듣게 되었다. 고대 삼황오제(三皇五帝)에서 삼황(三皇)은 천황(天皇, 燧人), 지황(地皇, 伏羲)과 인황(人皇, 神農)을 칭하며[74], 오제(五帝)는 태호(太昊), 염제(炎帝), 황제(黃帝), 소호(少昊)와 전옥(顓頊)[75]을 칭했다. 이 가운데 소호씨가 왕위에 오르자 평온 길상(平溫吉祥, Peaceful and Auspicious)을 상징하는 봉황이 나타나자 이를 계기로 새 이름으로 관직명을 호칭하였는데 사도(司徒)를 축구(祝鳩)로, 사마(司馬)를 저구(雎鳩) 등으로 당시는 소호씨를 '새 선생님(鳥師)'이라고 했다.[76]

---

73 Wikipedia, Mitochondrial Eve: "In human genetics, the Mitochondrial Eve(more technically known as the Mitochondrial-Most Recent Common Ancestor, shortened to mt-Eve or mt-MRCA) is the matrilineal most recent common ancestor(MRCA) of all living humans."

74 百度百科, 三皇: 燧人, 伏羲, 神农, 出自 《尚书大传》; 伏羲, 女娲, 神农, 出自 《春秋运斗枢》; 伏羲, 祝融, 神农, 出自 《风俗通义》; 伏羲, 神农, 黄帝, 出自 《三字经》; 有巢氏, 燧人氏, 出自《庄子》, 《纲鉴易知录》

75 百度百科, 五帝: 太昊, 炎帝, 黄帝, 少昊, 颛顼, 出自 《吕氏春秋》; 黄帝, 颛顼, 帝喾, 尧, 舜, 出自《史记》, 《大戴礼记》; 黄帝, 少昊, 颛顼, 帝喾, 尧, 出自 《资治通鉴外纪》

76 千字文, 龍師火帝, 鳥官人皇: "伏羲以龍紀官師, 如蒼龍氏司長養, 白龍氏主肅殺, 是也. 神農, 有火瑞, 以火紀官. 故曰火帝. 少昊之立. 鳳鳥至.故以鳥紀官, 如祝鳩司徒, 雎鳩司馬是也. 人皇黃帝也. 以人文大備故也."

서기 650년에서 658년경으로 짐작되는 우즈베키스탄 사마르칸트(Samarkand, Uzbekistan)시 인근에 있는 아프라시압 궁전(Afrasiab Palace) 무덤 벽화에 그려진 2명의 고구려 사신이 있다. 또한, 서기 526년에서 536년 무렵 양나라에 파견되었던 외국의 모든 사신을 그린 양직공도(梁職貢圖)에 신라 사신들이 쓴 조우관(鳥羽冠)이 그려져 있었다. 이를 봐서 신라의 국조는 닭(鷄)을 신봉하였다. 650년 이전에 제작된 경주 단석산 신선사(神仙寺) 국보 제199호 마애석불군(磨崖石佛群)[77]에 조각된 화랑(hanaro, 花郞)[78]도들도 장미계우(長尾鷄羽)를 관식(冠飾)으로 사용했다[79].

오늘날 새들로부터 배웠던 지혜로는 군사적 산성(山城) 혹은 진지를 구축할 때 위치 선정에서 혹은 도읍지를 선택하거나 오늘날 도시계획 등에서 사용하는 '조망과 피신의 논리(Prospective and Refuge Theory)'가 있다. 이런 아이디어는 '새들의 둥지 틀기 원칙(Birds' Nesting Principles)'에서 벤치마킹했다. 신라 말이나 고려 초 한민족은 이를 '배산임수(背山臨水)'라는 풍수지리설까지 개발했다. 고려 도읍지 송악(松岳)과 조선왕도 한양(漢陽)

77　경주시 단석산 신선사 마애석불군(국보 199호)에선 630~650년 사이 제작된 공양상(供養像)에서는 외씨버선 모양 신발과 새 깃털을 장식한 관모를 쓴 사람(화랑도)들이 새겨져 있어 오늘날에도 선명하게 볼 수 있음.

78　a. 선사 시대 전사단(戰士團)으로 스키타이(Scythia) 유목민의 코미타투스(Comitatus, 騎馬武士團)를 벤치마킹해서 고조선 시대에는 소도(蘇塗)를 지키던 '수두단(首頭團)', 고구려의 선비(鮮卑) 혹은 조의선인(皂衣仙人), 신라의 국선(國仙), 원화(源花), 화랑(花郞), 고려의 재가화상(在家和尙), 조선 시대 승병(僧兵)과 의병(義兵, 儒生) 등으로 전통이 이어졌음. / b. 花郞, 花郞世記(金大問著), 維基文庫(wikipedia): "花郞者, 仙徒也. 我國奉神宮, 行大祭於天, 如燕之桐山, 魯之泰山也. 昔燕夫人好仙徒, 多畜美人, 名曰「國花」, 其風東漸. 我國以女子爲源花, 只召太后廢之, 置花郞, 使國人奉之. 先是, 法興大王愛魏花郞, 名曰「花郞」, 花郞之名始此. 古者仙徒只以奉神爲主, 國公列行之後, 仙徒以道義相勉, 於是賢佐忠臣, 從此而秀, 良將勇卒由是而生, 花郞之史不可不知也."

79　『三國遺事』卷4 義解5 歸竺諸師: "天竺人呼海東云矩矩吒醫說羅, 矩矩吒言鷄也. 醫說羅言貴也. 彼土相傳云, 其國敬鷄神而取尊. 故戴翎羽而表餙也."

에 터전을 잡는 기반 이론으로 장풍득수 길지(藏風得水吉地)를 선택했다. 작고 사소한 것에만 집착하다가 부조화 혹은 큰 것을 놓치지 않고자 조견도(鳥見圖, bird's eye view)를 창안하여 빠짐없이 챙겼다.

왜, 배산임수(背山臨水)의 길지를 찾아 도읍했을까?

지구촌에 생존하는 동식물이란 모든 생명체는 태양광(太陽光)에 의존하여 살아가고 있었다. 햇볕에 의한 생체리듬(circadian rhythm)이 형성되어 있기에 사람도 동물이었기에 햇볕이 비치는 곳을 택했다. 보다 자세하게 언급하면: 1729년 프랑스 천문학자 장-자크 도르투 드 메랑(Jean Jacques d'Ortous de Mairan, 1678~1771)[80]는 미모사를 가지고 햇볕에 의한 움직임을 관찰했다. 햇빛이 없는 곳(시간대)에선 잎을 접고 햇빛이 있는 곳(시간대)에선 잎을 펼치고 있었다. 그는 그런 사실을 유심히 관찰했다.

지구 자전으로 인한 주야교차(晝夜交叉)가 없이도 식물을 하루 24시간 주기로 생리 활성을 조절하는 기제, 즉 일주(日周) 리듬(circadian rhythm) 혹은 생체시계(生體時計, bio-clock)가 있음을 알아내었다. 그 후 242년 뒤 1971년 미국의 '국립과학원회보(Proceedings of the National Academy of Sciences)'에서는 생체시계가 고장 난 초파리 돌연변이체를 보고한 논

---

80   Jean-Jacques d'Ortous de Mairan(26 November 1678 ~ 20 February 1771) was a French natural philosopher (physicist), born in the town of Béziers on 26 November 1678. De Mairan lost his father, François d'Ortous, at age four and his mother twelve years later at age sixteen. Over the course of his life, de Mairan was elected into numerous scientific societies and made key discoveries in a variety of fields including ancient texts and astronomy. His observations and experiments also inspired the beginning of what is now known as the study of biological circadian rhythms. At the age of 92, de Mairan died of pneumonia in Paris on 20 February 1771.

문이 발표되었다. 게재자는 캘리포니아 공과대학교(Caltech) 시모어 벤

저(Seymour Benze, 1921~2007)[81]와 대학원생 로널드 코놉카(Ronald J.

Konopka, 1947~2015)[82]가 DNA를 손상하는 약물 처리를 통해 돌연변

이 초파리 수천 마리의 내부 생체시계가 고장 난 3종을 발견했다. 2종은

하루 주기는 19시간으로 단축되었다. 나머지 1종은 28시간으로 늘어났

다. 이와 같은 연구 결과, 2017년 노벨생리의학상은 생체리듬(circadian

rhythm)을 연구한 공로로 제프리 홀(Jeffrey C. Hall, 1945년생)[83], 마이클 로

스바쉬(Michael Rosbash, 1944년생)[84]와 마이클 영(Michael W. Young, 1949

81 Seymour Benzer(October 15, 1921 ~ November 30, 2007) was an American physicist, molecular biologist and behavioral geneticist. His career began during the molecular biology revolution of the 1950s, and he eventually rose to prominence in the fields of molecular and behavioral genetics. He led a productive genetics research lab both at Purdue University and as the James G. Boswell Professor of Neuroscience, emeritus, at the California Institute of Technology.

82 Ronald J. Konopka(1947~2015) was an American geneticist who studied chronobiology. He made his most notable contribution to the field while working with Drosophila in the lab of Seymour Benzer at the California Institute of Technology. During this work, Konopka discovered the period (per) gene, which controls the period of circadian rhythms.

83 Jeffrey Connor Hall(born May 3, 1945) is an American geneticist and chronobiologist. Hall is Professor Emeritus of Biology at Brandeis University and currently resides in Cambridge, Maine. Hall spent his career examining the neurological component of fly courtship and behavioral rhythms. Through his research on the neurology and behavior of Drosophila melanogaster, Hall uncovered essential mechanisms of the circadian clocks and shed light on the foundations for sexual differentiation in the nervous system. He was elected to the National Academy of Sciences for his revolutionary work in the field of chronobiology, and nominated for the T. Washington Fellows In 2017, along with Michael W. Young and Michael Rosbash, he was awarded the 2017 Nobel Prize in Physiology or Medicine "for their discoveries of molecular mechanisms controlling the circadian rhythm."

84 Michael Morris Rosbash(born March 7, 1944) is an American geneticist and chronobiologist. Rosbash is a professor and researcher at Brandeis University

년생)[85]에게 수상의 영광이 돌아갔다.

사실, 6·25 전쟁 이후에도 시골에서는 시계가 없을 때는 낮에는 세칭 배고픈 주기를 아는 배꼽시계(belly-button watch), 햇볕에 따라 피고 지는 나팔꽃, 박꽃 혹은 달맞이꽃 등 꽃시계(flower clock)로 시간을 짐작했다. 물론 밤에는 북두칠성 별자리 혹은 삼태성(三台星)의 위치를 보고 계절과 시간을 짐작했다. 동네마다 지형지물을 이용한 동네 당산나무에 삼태성(三台星)이 걸렸으니 새벽 3시 반쯤이라고 짐작했다.

물론 계절에 따라 해 뜨는 방향과 해지는 곳이 달라진다는 것도 이미 알았다. 지구촌의 위치에 따른 태양이 뜨는 방향이 다르지만, 북반구에서는 대체로 '90 - 북위'로 정동에서 기울어져 해가 뜨고 있다. 남반구에서 반대 현상이 일어나고 있다. 그뿐 아니라 북반구에서는 햇볕을 받고 남향으

---

and investigator at the Howard Hughes Medical Institute. Rosbash's research group cloned the Drosophila period gene in 1984 and proposed the Transcription Translation Negative Feedback Loop for circadian clocks in 1990. In 1998, they discovered the cycle gene, clock gene, and cryptochrome photoreceptor in Drosophila through the use of forward genetics, by first identifying the phenotype of a mutant and then determining the genetics behind the mutation. Rosbash was elected to the National Academy of Sciences in 2003. Along with Michael W. Young and Jeffrey C. Hall, he was awarded the 2017 Nobel Prize in Physiology or Medicine "for their discoveries of molecular mechanisms controlling the circadian rhythm."

85　Michael Warren Young(born March 28, 1949) is an American biologist and geneticist. He has dedicated over three decades to research studying genetically controlled patterns of sleep and wakefulness within Drosophila melanogaster. At Rockefeller University, his lab has made significant contributions in the field of chronobiology by identifying key genes associated with regulation of the internal clock responsible for circadian rhythms. He was able to elucidate the function of the period gene, which is necessary for the fly to exhibit normal sleep cycles. Young's lab is also attributed with the discovery of the timeless and doubletime genes, which makes proteins that are also necessary for circadian rhythm. He was awarded the 2017 Nobel Prize in Physiology or Medicine along with Jeffrey C. Hall and Michael Rosbash "for their discoveries of molecular mechanisms controlling the circadian rhythm."

로 남반구에서는 북향으로 집을 짓고 있다(In the southern hemisphere, houses are built facing north).[86] 북두칠성에 대한 믿은 동양보다 서양에서 더욱 깊다. 아잔(Azan) 소리가 울리면 성지 메카(Mecca)를 향해서 기도를 드리고자 가장 먼저 북쪽을 알아서 메카의 방향을 찾았기 때문이다.

지구촌의 동식물들은 햇볕을 받고자 생명의 터전(군락지, 보금자리, 집터, 궁궐터 등)을 마련했다. 지구촌의 모든 국가의 수도(城邑), 택리(擇里, 신전, 사찰 혹은 마을 형성 및 집터 마련) 및 유택(幽宅, 묘지) 등을 택할 때 햇볕이 들어오는 곳에다가 마련하고자 주변의 산과 냇물(혹은 호수 등의 지형지물)을 살폈다. 지구촌 북반구에 사는 우리의 선인들은 아예 주변의 지형지물을 이용해서 '산의 남쪽, 물길의 북쪽이 양지바른 곳(山南曰陽, 水北曰陽)'이라는 고정관념을 가졌다. 이런 곳을 찾아서 동굴을 마련했다. 고인돌을 설치해서 풍요를 기원하는 의식을 거행했다. 이런 곳에 동식물들은 먼저 알고 많이 서식하고 있었다.

따라서 함창읍의 경우 이안천(利安川) 섶 오봉산(五峰山) 기슭에 600여 기의 고분이 생겨났다. 오봉산 남쪽(山南曰陽)이고, 이안천(利安川) 북쪽(水北曰陽)에 성읍을 마련했다. 동양에서는 A.D. 10세기경 아예 풍수지리(風水地理)라는 학문으로까지 발전했다. 기원전 650년 이전부터 전해오던 민요들을 집대성한 『시경(詩經)』에서 "공유(公劉)[87] 집의 햇볕이 드느냐를 보

---

86 Emma, Why Does House Orientation Matter, Wilson Homes, 2023. 6. 20.: "In the southern hemisphere, north-facing houses are often considered the ideal orientation. One of the key advantages of a north-facing house is its ability to maximise natural light. By positioning the main living areas and windows to face north, these houses enjoy ample daylight throughout the day…."

87 公劉(生沒未詳), 姬姓, 名劉, 是鞠的兒子. 據 《史記》 記載, 公劉是周人第一個稱「公」 的首領, 爲周朝王室始祖. 夏朝末年, 公劉喪失后稷官位, 率周人部落遷到豳(今陝西省彬縣), 與西戎混居. 到達豳後, 周人開始有計劃的營建房屋, 開墾荒地, 不久就出現了繁榮的景

시고, 주변에 흐르는 샘물을 살폈으니(相其陰陽, 觀其流泉)."[88]라는 기록이 있었다. 조선 시대 성종 12년 2월 8일자『성종실록』에 "대사헌 정괄 등이 풍수지리 학설로 200호가 넘은 집을 철거하지 말라고. 경연장(經筵場) 회의에서 그것은 아니다(今因風水之說, 二百餘家, 一朝盡撤, 恐後嗣崇信風水, 撤人家舍不已也)."[89]라고 지시를 했다.

선사 시대 서양에서는 햇볕이 잘 드는 곳을 신전, 궁궐 및 사찰 등을 세웠다. 대표적 B.C. 3000년에서 B.C. 700년경에서 세웠다는 몰타섬(Malta Island)과 고초섬(Gozo Island)에 거석 신전(Megalithic Temples of Malta and Gozo)[90] 즈간티야(Ġgantija, B.C. 3,600 ~ B.C. 3,000), 타르지엔(Tarxien,

---

象. 周部落的貴族們擇吉日飮酒聚會, 祭祀祈禱, 正式推擧公劉作宗主和國君. 公劉帶領部人沿漆水, 沮水向南, 渡渭水, 取得石塊與金屬. 之後周人開始制訂曆法並著手建立軍隊, 亦積極發展農業, 人口大增, 以致四周人民紛紛前來歸附. 其死後葬在陝西咸陽公劉墓.

88 詩經, 生民之什, 第六公劉: "篤公劉, 旣溥旣長, 旣景迺岡, 相其陰陽, 觀其流泉, 其軍三單…."

89 成宗實錄, 第一二六卷, 成宗十二年二月八日: "御經筵. 講訖, 大司憲鄭佸, 正言申經, 論啓斷訟都監所決, 一度得決, 爲不易之文不可. 不聽. 申經又啓曰: 今因風水之說, 二百餘家, 一朝盡撤, 恐後嗣崇信風水, 撤人家舍不已也. 風水之說, 臣未之知, 然都邑, 與葬地有異矣. 上曰: "葬地, 則用風水之說, 獨於都邑, 而不用乎? 爾等, 初以過多爲辭, 故減其數. 申經曰: "若以地理之說爲信, 獨撤宰相, 朝士之家, 而不毁小民之家, 可乎? 上曰: 予知有是言也. 小民則無知, 而歸怨於上, 故不毁, 識理朝士, 則自知禁忌, 雖毁何怨? "侍讀官李昌臣曰: 雖識理朝士, 無所歸處, 則豈獨無怨? 況妻子, 奴婢無知之人乎? 同一禁忌, 而或毁或否, 可乎? 《詩》 曰: '相其陰陽, 觀其流泉.' 釋之者曰: '山南曰陽, 水北曰陽, 流衆水泉灌漑之利也.' 崔灝元以此二句, 證地理之說, 是援聖經, 賢傳, 而入於墨也. 聖上, 博通經傳, 洞然知灝元之言, 爲誣也. 且地理之說, 以禁忌處通路爲忌, 以今觀之, 自南大門, 抵南小門, 大路繞南山底, 車馬通行, 且都內旁蹊(曲經), 不知其幾, 而獨於不緊山脈, 盡撤家舍, 何耶? 臣等敢啓者, 非以庇護家主也, 恐有後世之弊也."

90 Megalithic Temples of Malta, UNESCO(whc.unesco.org): Seven megalithic temples are found on the islands of Malta and Gozo, each the result of an individual development. The two temples of Ggantija on the island of Gozo are notable for their gigantic Bronze Age structures. On the island of Malta, the temples of Hagar Qim, Mnajdra and Tarxien are unique architectural masterpieces, given the limited resources available to their builders. The Ta'Hagrat and Skorba complexes show how the tradition of temple-building was handed down in Malta.

B.C. 2,500) 등은 하나같이 동짓날 햇살이 신전 밑바닥 구석구석까지 드는 신비한 곳을 선택했다. 이와 같은 신비한 터전을 잡고자 오랫동안 별을 살폈다. 신라 석굴암(石窟庵)'도 햇볕을 바라보는 방향(90도 - 35도 58분)을 세칭 생체적 감각으로 '동짓날 해 뜨는 방향(Direction of sunrise on winter solstice)' 혹은 오늘날 고녕가야의 오봉산 남산고성 궁궐에서는 정동에서 '90도−36도 32분(동쪽에서 53도 28분)'으로, 현대적 표기로는 126.32E 방향이다. 즉 정동에서 남쪽으로 기울어진 곳에서 해가 솟아오른다.

조선왕조 건국 때 한양에 터전을 잡았던 이유를 뒤집어보면

새로운 왕조를 건설하고 천년 국가사직을 담을 수 있는 넓은 가슴(品)의 보금자리를 마련하고자 가장 고민했던 사람은 인류역사상 정도전(鄭道傳, 1342~1398)만큼 노력한 분은 없다. 그는 먹거리를 장만하는 데 기본이 되는 "양지바른 대지에다가 도읍지를 위해서 산(북한산과 삼각산)의 남쪽인 동시에 한강의 북쪽을 선택했으며(山南水北曰陽), 해가 떠서 선명하게 비취는지 주변을 몇 차례 확인했다(日之新照曰陽)." 정도전이 꿈꿨던 한양(漢水北陽)에 펼쳐질 서사시(敍事詩)를 "새롭게 펼쳐진 도읍지의 8경(進新都八景)"을 읊었던 시를 1995년 서울특별시는 한양 도읍 600년을 기념해서 정도전의 시비를 세웠다.

1407(태조 7)년 5월 26일자 『태종실록(太宗實錄)』에 "좌정승 조준과 우정승 김사형(金士衡, 1341~1407)에게 신도팔경(新都八景)의 병풍 한 폭씩 주었다. 봉화백(奉化伯) 정도전이 팔경시(八景詩)를 지어 바쳤다(賜左政丞

趙浚, 右政丞金士衡, 新都八景屛風各一面. 奉化伯, 鄭道傳製進八景詩)."91 여기서 정도전의『신도팔경시(新都八景詩)』전문을 옮겨본다면 "제1경: 기름지고 풍요로운 천 리의 경기(京畿), 안팎은 산하가 험준하여 요새지로구나. 도덕(道德)과 교화(敎化)를 겸한 형세이니, 왕업의 연대는 천 년을 점칠 수 있으리로다(沃饒畿甸千里, 表裏山河百二, 德敎得兼形勢, 歷年可卜千紀). 제2경: 성은 높아 철옹성이 천 길이고, 구름에 싸인 높은 궁궐은 오색이 찬란하다. 해마다 임금의 동산에는 꾀꼬리와 온갖 꽃들이 만발하니, 해마다 도성의 사람들은 즐겁게 노니네(城高鐵甕千尋, 雲繞蓬萊五色. 年年上苑鶯花, 歲歲都人遊樂). 제3경: 벌려선 관청들은 높이 솟아 서로 마주 서니, 뭇별들이 북두성을 향해 두 손을 맞잡은 듯하도다. 달빛 밝은 관청의 거리는 물처럼 맑으니, 귀인의 수레가 굴러도 먼지 하나 일어나지 않네(列署岧嶢相向, 有如星拱北辰. 月曉官街如水, 鳴珂不動纖塵)."

이어 "제4경: 저택들은 구름에 닿을 듯 우뚝 솟아 있고, 백성들의 집은 사방에 즐비하여 번화하게 이어졌네. 아침마다 저녁마다 밥 짓는 연기가 오르니, 한 시대가 번성하고 화려하니 편안하도다(第宅凌雲屹立, 閭閻撲地相連. 朝朝暮暮煙火, 一代繁華晏然). 제5경: 종과 북소리는 우렁차게 땅을 울리고, 깃발은 휘날려 하늘을 덮었네. 수많은 말들이 행례(行禮)하며 하나같이 동작을 맞추니, 저 말들을 몰아 전쟁터에 나갈 만도 하구나(鐘鼓轟轟動地, 旌旗旆旆連空. 萬馬周旋如一, 驅之可以卽戎). 제6경: 사방의 배들이 서강으로 몰려들어, 커다란 배에서는 만 섬의 곡식을 풀어놓네. 수많은 관

91　太祖實錄 十三卷, 太祖七年四月二十六日壬寅: "賜左政丞趙浚, 右政丞金士衡新都八景屛風各一面. 奉化伯 鄭道傳製進八景詩. 一曰畿甸山河: 沃饒畿甸千里, 表裏山河百二. 德敎得兼形勢, 歷年可卜千紀. 二曰都城宮苑: 城高鐵甕千尋, 雲繞蓬萊五色. 年年上苑鶯花, 歲歲都人遊樂. 三曰列署星拱: 列署岧嶢相向, 有如星拱北辰. 月曉官街如水, 鳴珂不動纖塵. 四曰諸坊碁布: 第宅凌雲屹立, 閭閻撲地相連. 朝朝暮暮煙火 …."

부의 창고에 가득한 저 묵은쌀들을 보소, 정치 한다는 건 음식을 풍족하게 함에 있다네(四方輻湊西江, 拖以龍驤萬斛. 請看紅腐千倉, 爲政在於足食). 제7경: 남쪽 나루의 물결은 도도히 흐르고, 행인들은 사방에서 구름처럼 몰려오네. 늙은이는 쉬고 젊은이는 짐을 지니, 앞뒤에서 태평성대를 노래 부르며 서로 화답하네(南渡之水滔滔, 行人四至鑣鑣. 老者休少者負, 謳歌前後相酬). 제8경: 평평한 북녘 들을 바라보니, 봄이 와서 풀들은 무성하고 샘물은 달기도 하네. 수많은 말들은 구름처럼 모여 즐겁게 뛰놀고, 목동들은 편한 대로 여기저기 서성이네(瞻彼北郊如砥, 春來草茂泉甘, 萬馬雲屯鵲屬, 牧人隨意西南)."92

한편, 시경(詩經)에선 "봉황새 울어대는 저 높은 언덕에서, 오동나무 잘도 자라는 해 뜨는 저쪽 양지바른 곳. 오동나무는 무럭무럭, 봉황새 목청껏 울어내노라."93라는 구절을 인용해서 우리나라는 물론이고 중국에서는 '산양(山陽: 鳳凰其山之陽)'이라는 지명이 많다. 우리나라에선 경북도 문경군 산양면(山陽面), 경남 통영시의 산양읍(山陽邑)이 있다. 중국에서는 하남성 산양구(山陽區), 산서성 산양현(山陽縣), 산동성 산양군(山陽郡)이 있다. 그런데 일본에는 '산음(山陰)'이란 지명이 무척 많다. 산음(山陰)에서 음(陰)의 의미를 '산의 북측 혹은 하천의 남측(山の北側 あるいは川の南側)'

---

92 進新都八景詩: 第一景畿甸山河, 沃饒畿甸千里, 表裏山河百二, 德敎得兼形勢, 歷年可卜千紀, 第二景都城宮苑, 城高鐵甕千尋, 雲繞蓬萊五色. 年年上苑鶯花, 歲歲都人遊樂. 第三景列署星拱, 列署嵯峩相向, 有如星拱北辰. 月曉官街如水, 鳴珂不動纖塵. 第四景諸坊碁布, 第宅凌雲屹立, 閭閻撲地相連. 朝朝暮暮煙火, 一代繁華晏然. 第五景東門敎場, 鐘鼓轟轟動地, 旌旗旆旆連空. 萬馬周旋如一, 驅之可以卽戎. 第六景西江漕泊, 四方輻湊西江, 拖以龍驤萬斛. 請看紅腐千倉, 爲政在於足食. 第七景 南渡行人, 南渡之水滔滔, 行人四至鑣鑣. 老者休少者負, 謳歌前後相酬. 第八景北郊牧馬, 瞻彼北郊如砥, 春來草茂泉甘, 萬馬雲屯鵲屬, 牧人隨意西南.

93 詩經, 大雅篇, 卷阿: "鳳凰鳴矣. 于彼高岡. 梧桐生矣, 于彼朝陽. 菶菶萋萋, 雝雝喈喈."

고녕가야(古寧伽倻)

을 의미한다고 설명하고 있다.[94] 이를 뒤집어 이야기하면, "산의 북쪽은 응달이고(山北爲陰), 물의 남쪽이 응달이 된다(水南爲陰)." 같은 맥락으로 악양(岳陽), 화음(華陰) 혹은 대강지양(大江之陽)이라는 표현이 적용된다.

이런 표현은 중국 고전『주례(周禮)』, 『시경(詩經)』및『한비자(韓非子)』등에 나오는데『시경(詩經)』대아편(大雅篇)에서는 "하늘이 굽어보시고 아래에 계셔, 천명이 이미 모인지라, 문왕의 초년에 하늘이 배필을 내리신, 흡수의 남쪽에 있으며, 위수의 가에 있어 문왕이 가례(嘉禮)를 할 때 큰 나라에서 따님을 두었도다."라는 시 구절에서도 '흡수의 남쪽(洽水之陽)'[95]으로 해석하고 있다. 이와 달리『춘추좌전(春秋左傳)』의 문양(汶陽)에서는 '수북왈양(水北曰陽)'이라고 했으며, 덧붙여 "고로 문수의 북쪽 땅이다(故知汶水北地)."라고 정의했다.[96] 같은 의미로는『설문해자(說文解字)』에서 "음은 물의 남쪽이고, 산의 북쪽이다(陰, 水之南, 山之北也)."라고 해명했다. 백과사전『이아(爾雅)』에서는 '산남왈양(山南曰陽)'이고,『강희자전』에서도 "양은 산남이고 수북이다(陽, 山南水北也)."라고 적고 있다.

---

94 「山陰」 の 「陰」 は, 元々中国語で 山の北側(あるいは川の南側)を 意味する漢字である(淮陰、江陰など).しかし, 「陰気」, 「日陰」 などに通ずる漢字でもあり, また山陰地方の気候も加えて, 「『山陰』 のネーミングは暗い」 として、今までに 「北陽地方」, 「北中国地方」, 「南日本海地方」, 「西日本北部」, 「山北地方」 等の呼称が一部から提案されたが, いずれも定着していない.

95 詩經, 大雅篇. 大明: "明明在下, 赫赫在上. 天難忱斯, 不易維王. 天位殷适, 使不挾四方 … 天監在下, 有命旣集. 文王初載, 天作之合. 在洽之陽, 在渭之涘. 文王嘉止, 大邦有子."

96 春秋左傳正義, 卷十一(維基文庫): "疏 汶陽至入濟. 正義曰水北曰陽, 故知汶水北地."

5.
고녕(함창)에 터전을
잡게 된 사연을 찾아서

이안천(利安川) 북편과 오봉산(五峯山)[97]
남측 봉소제단(鳳巢祭壇)에서

옛날 시골 초등(국민)학교 20리 하굣길을 걸어가면 해가 진 서녘엔 개밥 바라기별이 떠오르고 곧이어 어두워졌다. 그런데도 길섶에선 낮에 소들이 놓고 간 소똥으로 부지런히 쇠똥 경단을 만드는 쇠똥구리(Dung beetles)가 있었다. 아무리 어두워도 집에 돌아갈 걱정을 하지 않고 앞에서는 당기고 뒤에서는 밀고 가다가 쇠똥 위에 올라가서 뭔가를 보는 것 같았다. 나중에 알았지만, 별자리 혹은 은하수를 보고 집을 찾아간다는 사실을.[98]

---

97 오봉산성(五峯山城)에 건국 선언을 했던 건 동부여의 망국 유민이었고, 부여에서 탈출하여 고구려를 건국했던 고주몽의 졸본성 오녀산성(五女山城)에서 건국 터전을 잡았던 사례를 벤치마킹했음을 부인할 수 없다. 그러나 여기서는 천문학적인 견해만을 지술하기에 생략한다.

98 a. 쇠똥구리, 별 혹은 은하수를 길잡이로, 커넥션 2부, EBS, 2023. 11. 28.: "쇠똥구리

인류가 아프리카에서 지구촌으로 옮겨 살 때부터 오리온 별자리의 동방 별(oriental star) 혹은 삼성(三星)을 등대로 삼았다. 신석기 혹은 청동기의 농경 사회에서 유라시아 대륙에서 망국 유민들이 한반도로 유입할 때는 농사 풍년을 안겨다 준다는 확신을 심어주었던 별을 쫓아 왔다. 유라시아 대평원을 주름잡았던 유목민(遊牧民)에게 북두칠성(北斗七星, Big Dipper) 의 이동으로 4계절을 알았다. 초원을 찾아 목축을 할 수 있었다. 그런 별들

은 청동기 시대 천문학에서는 i) 망 국의 황실 세력(皇室勢力)은 신왕조 건국으로 새로운 세상을 펼쳐줄 북 두칠성(紫微垣)과 삼태성(三台星)을, ii) 농경으로 국태민안을 바랐던 서 민들은 키 별(箕星) 혹은 남두육성 (南斗六星, South Dipper)을 쫓아서 왔다. iii) 전쟁 없는 평화로운 사회 를 바랐던 모든 백성들은 금성(金 星), 견우성(牽牛星) 및 직녀성(織女 星)을 뚜렷하게 잘 보이는 곳을 찾 아서 한반도로 왔다.

이와 같은 한반도 도래인(韓半島 渡來人)들이 꿈을 그렸던 청사진들이 현

는 해, 달, 별 그리고 은하수를 보고 집을 찾아간다⋯.” // b. Dung beetles navigate by the stars, Animal behaviour, The Guardian(theguardian.com), 2013. 1. 25.: "The humble dung beetle is the first insect known to navigate by the stars. ⋯ the dung beetle, or scarab, makes its home. While the beetle's ⋯." / Dung Beetles Watch the Galaxy(That's How They Roll), National Geographic(nationalgeographic.com), 2013. 1. 24.: "The dung beetles, however, clearly aren't focusing on a single bright star. Instead, they're using the collective light of billions of them⋯."

존하고 있다. 바꿔 말하면, 고녕가야의 건국 세력들이 국태민안(國泰民安)을 위한 대계(大計, grand plan)를 바위에 그려놓았다. 그것이 바로 '봉소제단성혈(鳳巢祭壇星穴)'이다. 당시는 만민이 소통하는 문자가 없어서 상통하는 성혈을 바위에 새기면서 천지신명(天地神明)에게 맹세했다. 다른 한편으로는 그것을 두 눈으로 보면서 미래의 꿈이 실현되기를 가슴에 새겼다.

대표적인 성혈 바위로는 함창읍 오봉산(五鳳山 혹은 五峰山) 일대(신흥리) 성혈에 대해 허흥식(許興植)[99] 교수는 은하수가 조성된 별자리 군락으로 국내에서 규모가 가장 크고 선명하다고 했다. 다음으로 북두칠성(北斗七星, 紫微垣)과 삼태성(三台星)이 보존되었다. 이 두 가지 별자리 유적은 고녕가야의 핵심지역인 궁궐에서 역곡리 별자리와 중촌리 고로왕(古露王)을 북쪽 수도 범위와 관련될 가능성이 있었다.[100] 사실 오봉산(五鳳山)을 선택한 데에서는 동부여에 살았던 문화적 인습으로 고주몽의 졸본성 오녀산성(五女山城)에서 건국 터전을 잡았던 선례를 벤치마킹했다.

신흥리 봉소제단성혈(鳳巢祭壇星穴)의 특징인 난형성혈(卵形星穴)에 대해 제작 기법으로 봐서 청동기 시대에 제작했다가 철기 시대에도 기술을 접목하여 지속 제작했다고 보였다. "청동기 시대(靑銅器時代)는 (봉황) 알 모양으로 깊게 별자리를 조각하는 기술이 발달하지 못하였다. 갈아서 낮

---

99 허흥식(許興植): 서울대 사학과를 졸업과 동 대학원 국사학과 석·박사 학위를 받았음. 경북대 전임강사와 교수를 역임했음. 나폴리 동양학 대학교 및 캘리포니아 대학 LA 캠퍼스에서 강의했음. 북경대학교 연구교수 역임했음. 운남성 민족조사 수차례 참여했음.

100 김희근, 古寧伽倻國의 古土(함창, 이안, 공검) 2천여 년의 어제와 오늘, 대규모 선사 시대 암혈 유적 발견, 고녕가야역사연구회·함창 터사랑, 2023. 11. p.13: "경상북도 상주시 함창읍 오봉산 일대에서 대규모 선사 시대 암혈이 발견되었다. 허흥식 교수는 신흥이 별자리 유적은 은하수가 조성된 별자리 군락으로 국내에서 가장 규모가 크고 선명하다. 다음으로 북두칠성과 삼태성이 보존되었고, 이 두 가지 별자리 유적은 고녕가야국의 핵심 지역인 궁궐에서 역곡리 별자리와 증촌리 고로왕릉은 북쪽의 수도의 범위와 관련될 가능성이 있다."

은 별자리를 표현하는 기법에 지나지 않아서 등급별 별자리를 철저하게 4 등급으로 조성하지 못했다. 구형(球形)의 알 모양을 깊이 파려면 강철로 제작된 끌이 사용되었다. 철기 시대(鐵器時代)에야 깊이와 지름의 크기로 등급이 반영된 선명한 차이가 있는 별자리를 조각할 수 있었다. 깊이 파고 경도가 높은 모래를 넣고 회전운동(回轉運動)을 일으켜 알처럼 깊이와 지름의 차이가 있는 등급을 정교하게 나타낸 별자리 유적의 조성은 철기를 강철로 단조한 정(釘)으로 가능하였다.”[101]라고 분석했다. 그러나 이는 오늘날의 기술 수준을 잣대로 통시적 분석을 했다.

신흥리 봉소제단성혈에 고녕가야 건국의 대계를 새겼다.

먼저 왜 그곳에다가 제단을 설치하게 된 이유를 밝히고자 주변 산야와 지명을 살펴봤다. 오늘날은 5개의 산봉우리라고 오봉산이라고 하고 있다. 그러나 당시는 5개의 산봉우리를 날아오르는 5마리의 봉황새로 봤다. 이를 ‘닫아시뫼(五鳳山)’라고 불렀다. 이안천 건너편은 삼태성(三台星) 별이 보이는 곳에 3개의 제단을 쌓고 북두칠성(北斗七星) 자미원(紫微垣)에 계시는 옥황

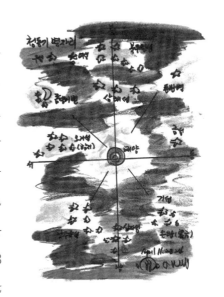

101   상게서, 대규모 선사 시대 암혈 유적 발견, p. 13

상제(天帝)에게 봉선(封禪)을 기원했다는 태봉리(台封里)가 있다. 서북(五車星)만 가려진 곳으로 북·동·남의 모든 별을 다 볼 수 있는 곳이었다. 오봉병풍(五鳳屏風)처럼 오봉산(五鳳山)으로 서북 방향을 외면한 것은 망국 유민(亡國流民)으로 옛 아픈 기억을 잊고자 함에 있었다. 그러나 고향 땅을 못 갖고 와서도 고향 이름 '가야(伽倻)'만은 갖고 왔기에 국명으로 불렸다.

2024년 4월 11일 14시에서 16시까지 신흥리 1111번지에 있는 금구재(金龜齋) 남측 성혈바위를 제1차로, 이어서 뒤편 과수원 안 봉소제단(鳳巢祭壇) 성혈(星穴) 바위를 제2차로 현장 실사와 측정했다. 제1차 금구재 남측 성혈 바위의 암질은 화강암이다. GPS로는 북위 36도 32분 31.125초, 동경 128도 10분 46.7792초, 해발고도는 93m이었다. 성혈의 숫자는 육안상 30여 개이며, 규모는 지름이 5~15cm, 깊이는 3~5cm이다. 청동기 시대 농경 책력으로 사용할 수 있는 북두칠성(北斗七星), 남두육성(南斗六星), 삼태성(三台星)과 기성(箕星)이 선명하게 바위에 새겨져 있었다. 제작 기법으로는 청동기 시대의 탁석기법(琢石技法)과 마찰기법(摩擦技法)을 혼용했으며, 나중에 철제궁추(弓錐, bow drill)를 사용해서 정밀한 너비와 깊이를 별 등급에 따라 달리했다. 상징성은 '봉황의 알 모양(凰卵形)'으로 별자리를 새겼다. 기원하는 의미는 국태민안과 풍년이었다. 철제 시대 이후에는 성혈의 용도는 전쟁과 민란 때는 깃발 석공(꽂이 구멍)으로도 사용했다.

제2차 봉소제단(鳳巢祭壇) 성혈 바위는 GPS 위치는 신흥리 1111번지, 북위 36도 32분 31.111초, 동경 128도 10분 46.783초, 해발고도는 95m이다. 방향은 354N였다. 암질은 사암이며, 성혈의 규모는 큰 성혈은 지름 20cm, 깊이 5~8cm, 작은 성혈은 지름 5~6cm에 깊이 2~3cm로 별등급에

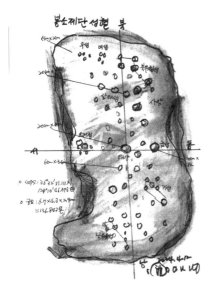

따른 4등급 구별암각으로 새겼다. 상징성은 '봉황의 알 터(鳳巢)' 혹은 '봉황의 알판(卵巢)'을 표현했다. 성혈의 개수는 육안상으로는 200여 개나 확인되었다. 새긴 별자리는 북두칠성(北斗七星), 남두육성(南斗六星), 삼태성(三台星), 견우성(牽牛星), 직녀성(織女星), 금성(金星), 기성(箕星), 오거성(五車星) 등을 새겼다. 용도는 천신제, 기우제, 기청제 및 풍농제 등을 지냈던 제단으로 사용했다.

특히 성혈은 제물의 진설도면(陳設圖面)으로도 사용되었다. 특히 큰 성혈은 제례 의식의 목적에 해당하는 별자리는 촛불 자리였다. 작은 성혈은 향초자리였다. 청동기 시대의 촛불은 자작나무껍질 혹은 간솔 등을 잘게 잘라 칡이나 삼 껍질로 묶어서 촛불로 사용했다. 물론 촛불이 없을 경우는 달맞이꽃 채종유(菜種油) 등으로 기름불을 밝히기도 했다. 향촉(香燭)는 석목향 혹은 자목련 등을 말려 향초를 만들어 분향했다. 성혈의 제작 기법에는 청동기 시대에서도 오늘날 드릴(drill)과 같은 암각 장비로 신석기 시대 불을 만들 때 혹은 청동기 시대 옥기(玉器)를 제작할 때 사용하는 활비비(弓錐, bow drill)를 써서 정밀하게 성혈을 만들었다.

봉소제단(鳳巢祭壇)을 마련하기 위해 500m 북동쪽 위에 있었던 사암을 채석해 아래로 2개를 이동했다. 하나는 악귀, 바람 등을 막아주는 병풍용으로 이용했다. 봉소제단(鳳巢祭壇) 바위는 길이 6.7m, 폭 4.3m, 높이 2.9m로, 무게를 계산하면 6.7m×4.3m×2.9m×2.6(비중)×63% = 136.853톤이었다. 이를 이렇게 이동하는 데 동원된 인력은 136.85톤× 0.11톤 / 1인 1일 작업량 = 1,244명이다. 이를 기준으로 당시 거주했던 백성은 1,244명×2.411배 = 3,001호 정도였다. 삼국유사의 가락국기(駕洛國記)에서 호당 8.2인이라는 통계가 나와서 3,001호×8.2인/호당 = 24,628명 내외가 당시 동서남북 100리 거리에 살았다.

상고 시대부터 제정일치 시대까지 암각화, 동굴 벽화 혹은 성화(聖畵) 등의 그림을 사용해서 문자를 모르는 백성들을 대상으로 설득 작업을 했다. 고대 시대는 성혈, 암각화 및 벽화 등을 통해서 건국 이념과 위정 철학을 만백성이 공유했다. 그런 점에서 봉소제단의 성혈은 고녕가야 건국 군주에게는 만인 백성에게 제시하는 건국 선언문(建國宣言文)이고, 천년 고녕가야 사직의 청사진(靑寫眞)이었다.

건국 군주 고로왕(古露王)은 이곳에서 천신제에 올렸다. 이곳에서 올렸던 건국 선언취지문을 조선 시대 제문 형식으로 재구성한다면 "유세차(維歲次) 고녕가야 건국 원년 삼월 보름날, 고녕가야 건국 군주 고로(古露)가 천지신명께 삼가 고합니다. 북두칠성 자미원(紫微垣)에 계시는 천제(天帝)님의 천명을 받들어 제단을 쌓고 삼태성(三台星) 성신께 기원하여 고녕가야 군주로 봉선(封禪)을 받았습니다. 오늘 만백성이 지켜보는 앞에서 봉황(鳳凰)까지도 수호하는 이곳 봉소제단(鳳巢祭壇)에서 맹세를 드립니다. 짐(朕)은 첫째로 백성의 뜻을 헤아려 의식주(衣食住)를 해결하겠습니다. 견우성(牽牛星)의 향도(嚮導)로 목축을 하고, 기성(箕星)과 남두육성(南斗6星)의 편달(鞭撻)로 농경을 하며, 직녀성(織女星)의 도움으로 의복을 윤택하게 하겠습니다. 금성(金星)의 뜻에 따라 평화와 함지 오거성(咸池 五車星)

의 협력으로 세세연년(歲歲年年) 풍년이 들게 덕행을 바르게 하겠습니다. 둘째 우리 민족이 이곳 낙원 조선(樂園朝鮮)으로 길잡이를 자청하신 동방 별 삼성(三星)을 기억하며, 여러 일월 성신(日月星辰) 님들의 뜻에 어긋나지 않도록 매년 천신제(天神祭)와 성신제(星辰祭)를 올리겠습니다. 셋째로 건국의 주인은 만백성임을 명심하여 잠시도 백성의 소리에 귀 기울임에 소홀히 하지 않겠습니다. 바로 이 모두의 군주로서 지킴이 바로 국태민안(國泰民安)의 근본임을 천지신명 앞에 다짐하면서 천추만대(千秋萬代)에 기억하도록 이곳 봉소제단 바위에다가 새겨놓고자 합니다. 다시금 민생안락(民生安樂)과 풍요복리(豊饒福利)를 기반으로 복락(福樂)을 만백성(萬百姓)과 함께 성취하고 누리겠습니다."102

---

102 維歲次高靈伽倻開國元年三月望日高靈伽倻開國君主五郎向天地諸神祈禱敢昭告于. 爲紀念北斗七星紫味院天階而建壇, 向三台城祈禱並作爲高靈伽倻國的君主接受了祝福. 今天, 朕當著所有人的面, 在邦索祭壇上發誓, 它甚至保護了鳳凰. 高靈伽倻的君主五郎首先會考慮民衆的意願, 解決衣食住行問題. 我們將在賢宇星的指導下飼養牲畜, 在慶城和南六星的指導下耕種, 在直女星的幫助下豐富我們的衣服. 依照金星的意願, 透過咸池, 五車星的和平與配合, 行善行, 確保來年五穀豐等. 第二, 我們的人民記住三星, 東方之星, 自願成爲我們進入這個天堂朝鮮的嚮導, 我們每年擧行天神儀式和聖靈儀式, 以免違背太陽的意願, 月亮和星星我都會上傳. 第三, 牢記立國之本是全體人民, 我一刻也不會忽略傾聽人民的聲音. 作爲一個君主保護這一切. 是國家安全的基礎, 我願意把這句話刻在邦索壇的岩石上, 以便子孫後代銘記, 向天地諸神發誓. 我們將再次在人民安居樂業的基礎上, 與全體人民共同實現幸福, 享受幸福. 尚饗.

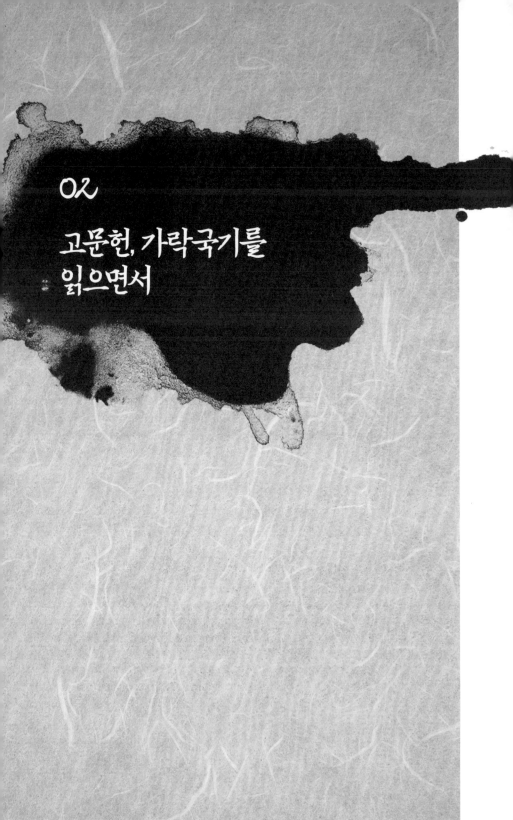

02

고문헌, 가락국기를
읽으면서

1.
먼저 가락국기부터
읽어 본다면?

임인년 삼월 계욕일(壬寅三月禊浴日)에 가락국 하늘을 열다

『삼국유사(三國遺事)』의 가락국기(駕洛國記)[103]는 고려 제11대 문종 태강에(高麗

文廟朝, 大康年間, 1075~1084) 금관지주사(金官知州事)를 역임했던 김양감(金良監[104]

---

103 신편 한국사, 『고대 정치와 사회, 가야의 성립』, 국사편찬위원회, 우리역사넷, 2024. 1.
23.: "가야 건국설화는 2종류가 전승되는데, i) 고려 문종조 후반 김관지주사(金官知州事)가 찬
술한 『가락국기(駕洛國記)』에 김해 가락국 김수로왕 신화, ii) 신라 말기 최치원이 찬술한 『석
이정전(釋利貞傳)』에 고령 대가야국 이진아시왕(大加耶國 伊珍阿豉王) 신화가 전해지고 있다.
동일(同一) 가야국 시조가 서로 다른 2명으로, 이는 두 지역에 각기 다른 내용으로 전해진 데에는
매우 이례적인 사건으로 가야사 전개 과정에 비범함을 예시하고 있다."

104 徐暽淑, 「駕洛國記」의 歷史的 性格, 이화여자대학교, 교육대학원, 사회과학교육전공
역사교육 분야, 석사학위 논문, 1986년 8월 총 46면: "(抄錄) 「駕洛國記」는 高麗 文宗代 金官
知州事를 역임했던 金良監이 저술한 11세기의 歷史物로서, 현재 「三國遺事」 卷二 紀異篇에
略載되어 있다. 그런데, 지금까지는 國文學 분야에서의 단편적인 연구만 있었을 뿐이고, 歷史學
분야에서는 거의 研究가 없는 실정이다 …."

혹은 金良鎰[105]이 1076년에 찬술(文人所撰)했다(金官知州事, 文人所撰也).
1281년과 1283년 사이 일연스님(一然, A.D. 1205 ~ A.D. 1299)이 이를 요약
해『삼국유사(三國遺事)』에다가 실었다(今略而載之).

천지가 개벽한 이후(開闢之後) 이곳은 아직도 국가라는 명칭조차 없었
다(此地未有邦國之號). 국왕과 신하라는 관명조차도 없었다(亦無君臣之
稱). 이럴 때(越) 아도간, 여도간, 피도간, 오도간, 유천간, 신천간, 오천간, 신
귀간 등 9명의 추장(干)이 있었다(我刀干, 汝刀干, 彼刀干, 五刀干, 留水干, 留
天干, 神天干, 五天干, 神鬼乾等九干者). 이들 추장이 백성들을 통솔했다(是
酋長領總百姓). 백성들은 구천백호(九一百戶)로 총인구 7만오천여 명(호당
8.2인)이나 되었다(凡一百戶, 七萬五千人).[106] 대다수가 산과 들에서 많이 모
여 살았다(多以自都山野). 우물을 파서 물을 마시고, 농사를 지어가면서 살
았다(鑿井而飮耕田而食).

후한(東漢)의 세조 광무제 건무 18(A.D. 42, 屬後漢世祖光武帝建武十八年)
년 임인 삼월계지일(壬寅 禊浴之日, 上巳日, 3월 3일)[107]이었다. 그들이 살고 있

---

105   a. 가락국기 저술, 행복 도시 김해시 관광포탈(gimhae.go.kr), 2018. 8. 29.: "수로왕릉에
있는 숭선전신도비(崇善殿神道碑, 1889년)에는 문종이 지김주사(知金州事) 김양일(金良鎰)에
게 명하여 짓게 하였다고 전하고 있습니다. 1076년에 김해에서 가락국의 역사로 편찬된 『가락
국기』는 가장 오래된 『삼국사』(1145년)보다 70년 앞서 편찬되었습니다." / b. 金海崇善殿神
道碑文: "… 高麗文宗 當首露王御極之舊甲壬寅 特命知金州事金良鎰 修陵園 備禮祀事 具載
良鎰所撰碑文."

106   "是酋長領總百姓凡一百戶. 七萬五千人"의 해석은 "범일백호(凡一百戶)"는 '구일백
(九一百戶, 9,100호)' 봐야 하기에 호당 8.2명의 계산이 나오고 있다.

107   계음일(禊飮日), 계제일(禊祭日), 계욕일(禊浴日) 혹은 삼월삼짇날로 삼월삼짇날 계곡에
가서 흐르는 물에 목욕하여 재액을 씻고 주연(酒宴, 谷水宴)을 벌였던 행사 날이다. 답청절(踏靑
節) 혹은 삼월상사일(三月上巳日)에 행했다. 신라 탈해왕 6(65년) 기록에도 있으며, 김알지 설화
에 관련, 후한(후한) 영평 8(65)년에 가락국 장들이 그 백성들과 함께 계음을 거행하다가 구지봉
에 이상한 기운이 있어 그곳에서 금빛 알이 있었다(世宗實錄 地理志 慶尙道 晉州牧 金海都護
府). 계음은 3월 3일(上巳), 5월 5일(重午), 7월 7일(七夕), 9월 9일(重陽) 등 복운이 거듭되는 날
이 길하다고 여겼다.

고녕가야(古寧伽倻)

었던 북쪽 거북 고인돌(所居北龜旨)은 마치 열 명의 무리가 받들어 모시는 모양이라 그렇게 불렸다(是峰巒之稱若十朋伏之狀故云也).[108] 이상한 소리가 났다. 뭔가를 부르는 소리였다(有殊常聲氣呼喚). 2~3백 백성들이 이곳에 모여들었다(衆庶二三百人集會於此). 인기척 같기도(有如人音) 했지만, 형체가 보이지 않았고 소리만 들렸다(隱其形而發其音曰). "여기 누가 있어요(此有人否)?"라고 9간(추장)들이 물었다(九干等云). "나입니다(吾徒在)." 다시 물었다(又曰). "그대가 있는 곳이 어디입니까(吾所在爲何?)?" 대답이 나왔다.

"거북바위 고인돌입니다(對云龜旨也)." 또 대답했다(又曰). "하늘이 내게 명하기를 이곳에서 새로운 나라를 잇고자 임금이 되라고 여기에 내려보냈습니다. 당신들은 반드시 산봉우리 꼭대기를 파면서(掘峰頂撮土)[109] 노래를 하시되, 거북아, 거북아, 머리(首)[110]를 내밀어라(現). 만일(若) 내밀지 않는다면 통째로 구워(燔灼) 먹겠다고 하시면서 뒤에서 춤을 추세요. 그러면

---

108 世宗實錄 150卷, 地理志 慶尙道 晉州牧 金海都護府: "金海: 都護府, 本駕洛國後. 漢 光武皇帝 建武十八年壬寅, 駕洛之長我刀干, 汝刀干, 彼刀干等九人率其民禊飮, 望見龜旨峯, 有非常聲氣, 就視之, 有金樻自天而降, 中有金色卵, 圓如日輪.九人拜而神之, 奉置我刀干家. 翼日, 九人咸會, 開樻而視, 有一童子剖殼而生, 年可十五, 容貌甚偉, 衆皆拜賀盡禮. 童子日日岐嶷, 歷十餘日, 身長九尺. 是月望, 九人遂奉以爲主, 卽首露王也. 國號駕洛, 又稱伽倻, 後改爲金官國. 其國東至黃山江, 東北至伽倻山, 西南際大海, 西北界智異山. 卽位一百五十八年, 以獻帝建安四年己卯薨. 至九代孫仇亥王以梁, 武帝 中大通四年壬子, 齎國帑寶物, 降于新羅. 自首露至仇衝有國, 凡四百九十一年."

109 掘峰頂撮土: 신에게 올리는 제례의 처음 의식인 번시(燔柴)는 반드시 희생을 태워 강신(降神)하게 한다. 그러기 위해서는 큰 화톳불을 놓아야 하며, 땅을 파고 흙을 모아서 자리를 마련하게 되는데, 바로 이러한 행위가 굴봉정촬토(掘峰頂撮土)이다.

110 說文解字, 首, 同. 古文 也. 《象髮, 謂之鬊, 鬊卽巛也. 凡𦣻之屬皆从𦣻. 淸代 段玉裁《說文解字注》; 古文 也. 各本古文上有 同二字. 妄人所增也. 許書絶無此例. 惟麻下云與林同. 亦妄人所增也. 今刪. 正義已見上矣. 故祇言古文. 如儿下曰古文奇字人. 下曰籀文大. 下曰古文詘. 皆此例也. 不見𦣻於 篆之次者, 以有从𦣻之篆. 不得不出之爲部首也. 今文則古文行而小篆廢矣. 《象髮. 說 上有巛之意. 象髮形也. 小篆則但取頭形. 髮謂之鬊. 髮字舊奪. 今補. 鬊卽巛也. 當作《卽鬊也. 與卽易突字也例同. 鬊之訓髮隋也. 渾言之則爲髮. 偁此八字, 葢別一說. 上文謂象形. 此謂巛卽山川字. 古音同春. 故可假爲鬊字. 會意.

곧 대왕을 맞이하여 뛸 듯이 기쁠 것입니다(皇天所以命我者. 御是處. 惟新家邦. 爲君后. 爲玆故降矣. 爾等須掘峰頂撮士歌之云. 龜何龜何. 首其現也. 若不現也. 燔灼而喫也. 以之蹈舞. 則是迎大王. 歡喜踊躍之也)."[111]

9간(九干)들이 그 말을 따라 모두가 기뻐해서 노래하고 춤을 췄다. 얼마 안 되자 하늘을 우러러 쳐다보니 보이는 건 하늘에서 자줏빛 끈에 뭔가 매달려 내려오는데. 땅에 닿는 게 있었다(唯紫繩自天垂而着地). 끈 끄트머리에는 붉은 보자기에 금으로 만든 상자(合 = 盒, 楹 혹은 函)[112]가 싸여 있었다(乃見紅幅裏金合子). 열어보니 태양처럼 둥근 황금알(黃金卵)[113] 6개가 있었

111   a. 金海崇善殿神道碑文: "… 粵若稽古 駕洛始祖王 姓金氏 諱首露 降生之初 有金瑞故曰金姓 …." 김수로왕의 후손들을 김시라는 하는 사연은 하늘에서 내려준 황금알의 상스러움에서 황금의 김씨라고 했다. / b. 어강석(충북대학교), 『한문학적 관점으로 본 구지가(龜旨歌)의 재해석』, 한국학중앙연구원, 한국학, 2015. 한국어와 문학. vol. 38. 통권 138호 2015, pp. 248~278: "(초록) <구지가> 제1구의 핵심 어휘인 '구(龜)'는 '거북신격'을 지칭하는 것이 아니라 단순히 점을 치는 도구로서의 '구갑(龜甲)'의 의미이며, 제2구의 핵심 어휘인 '수(首)'는 '거북의 머리' 혹은 '우두머리'를 의미하는 명사형이 아니라, '표시하다'라는 의미의 동사로 사용된 것임을 밝혔다. 또한 '현(現)'은 실제로는 존재하지만, 구체적인 형태로 보이지 않는 지도자의 존재를 확정할 수 있는 조짐이 나타나는 것을 말한다. 따라서 <구지가>의 제1구와 제2구의 의미는 "거북아! 거북아! 누가 우리의 지도자인지에 대한 구체적인 답을 표시해보아라."라는 요구의 말로 볼 수 있다. <구지가> 제3구는 논란이 되고 있는 제4구의 내용을 확실하게 설명할 수 있는 중요한 부분이다. 그중에서도 '약(若)'이 그러한 역할을 담당하고 있다. 지금까지는 '만약'이라는 가정으로 보았으나, 구문의 문법적 분석을 통해 명사형임을 밝혔다. 이에 따라 고대 바다의 신인 '약(若)'으로 비정하였으며, 그 용례와 역사적 변화를 살펴보았다. <구지가>의 제4구에 사용된 '번(燔)', '작(灼)', '끽(喫)'은 모두 구갑(龜甲)이나 수골(獸骨)에 열(熱)을 가하여 조짐을 살폈던 고대의 제의와 밀접한 관련을 가진 어휘들이며, 특히 '번(燔)'과 '작(灼)'은 글자가 가진 의미와 사용 환경을 고려해볼 때, 단순히 잡아먹기 위해 굽는다는 의미로 사용될 가능성은 전혀 없다. '끽(喫)'도 '먹는다'라는 일반적인 의미가 아니라, 번(燔)하고 작(灼)하여 나오는 신(神)의 조(兆)를 받겠다(受)는 의미로 보았다. 마지막으로 <구지가> 제4구의 설명에 반드시 필요한 것이 바로 '굴봉정 찰토(掘峰頂撮土)'이다. 신에게 올리는 제례의 처음 의식인 '번시(燔柴)'는 반드시 희생을 태워 강신(降神)을 하게 된다. 그러기 위해서는 큰 화톳불을 놓아야 하며, 땅을 파고 흙을 모아서 자리를 마련하게 되는데, 바로 이러한 행위가 '굴봉정찰토(掘峰頂撮土)'이다."

112   합(合)으로 합(盒, 楹) 혹은 함(函, 楹)의 뜻으로 사용한 사례는 일반적 상통관계로 볼 수 있으며, 오늘날 상자(箱子)라는 의미로 썼음.

113   김명옥, 동이족 역사의 시작은 난생 사화로부터(천손 사상과 모계 사회), 이덕일 TV, 2021. 10. 1. / 난생 신화, 한국민족문화대백과사전: "시조신이 알이나 난형의 것으로부터 태어났다는 신화."

다(有黃金卵六圓如日者). 모여든 사람들 모두가 놀랐고 기뻐서 모두가 몇백 번이고 절을 했다(俱伸百拜). 다 보고 되돌려 안에 넣고 다시 싸안고, 아도 간(我刀干)이 집으로 돌아가 탁자 위에 모셔 놓아두며, 그날 모였던 사람들이 각자 흩어졌다.[114]

어언 12시간(浹辰)이 지나고, 다음날 평화로이 날이 밝자. 여러 사람들이 다시 모여 그 상자(盒)를 여니(衆庶復相聚集開合), 마침내 6개 알이 어린 아이로 부화(孵化)되어 있었다(而六卵化爲童子). 용모들이 심히 훤칠했다(容貌甚偉). 이어 그들을 평상 위에 앉히고, 모여든 사람들이 절을 올리며 축하로 극진히 공경을 표시했다. 일취월장으로 성장하여 10여 일이 넘어서자 신장(身長)이 8척이나 되었고, 은나라 탕왕(天乙)과 같았고, 용안은 한 고조(高祖)와도 같았다. 눈썹은 여덟 팔자가 뚜렷하여 당 고조(高祖)를 닮았다. 두 눈동자는 우나라 순임금과 흡사했다. 그는 그달 보름에 왕위에 오르니(其於月望日卽位也), 세상에 처음 출현했다고 수로(首露)라고 불렸다(始現故諱首露). 혹은 수릉(首陵, 돌아가신 후 시호)이라고도 했다. 국명을 '대가락(大駕洛)'이라고 하고, 또 가야국(伽倻國, 狗倻國)이라고도 했다. 즉 6개 가야 가운데 하나가 된다. (가야의 강역은) 동쪽으로는 황산강(黃山江)[115], 서

---

114 천강난생설화(天降卵生說話)라고 얼버무리기보다 그렇게 표현을 해야 하는 배경 혹은 환경, 나아가서 눈에 보이지 않았던 뭔가에 대해서 읽어내는 형이상학적인 독파(meta reading) 혹은 그렇게 표현했다는 흑막을 읽는(black reading) 것이 필요하다. 즉 천강(天降: 하늘이 내린 것)이란 "천시를 타고 침입한 강력한 세력(天時의 强勢)"이고, 알(卵)이란 기하학에서는 점(點, point)이지만 모여서 면(面, space)이 되고 입체(立體, cubics)가 되는 출발점이다. 사회학적으로는 만남(meeting point), 구심점(求心點), 합의점(合意點), 용융점(melting point) 등으로 봐야 한다. 이런 복잡한 자연 현상을 구체적으로 표현하지 않고 추상적이면서 비근한 비유를 사용했다.

115 黃山江(오늘날 洛東江)은 지역마다 다양한 이름을 갖고 있었다. 경북 고령(高靈)에서는 개산강(開山江)이라고 하며, 개포나루(開浦津), 개산포(開山浦), 개산진(開山津), 가혜진(加兮津) 혹은 가시혜진(可尸兮津) 등으로 불려 졌다. 경남 양산 지역(梁山)에서는 지금도 황산역(黃山驛)이 있으며 황산강(黃山江)이라고 했다. 경남 낙동강 하류에서는 삼차수(三叉水), 산분수(三

남쪽은 창해(滄海 혹은 大海), 서북으로는 지리산(智異山), 동북은 가야산

(伽倻山), 남으로는 오늘날 일본의 대마도 국미성(國尾城)116에 이르렀다.117

分水), 삼차하(三叉河) 혹은 창강(蒼江)이라고 했다. 최치원(崔致遠)의 「황산강 임경대에서(黃
山江臨鏡臺)」라는 한시(漢詩)가 있어 여기 옮기면, "삐쭉삐쭉 안개 낀 산봉우리, 질펀한 물길 흐
름이, 물거울 속 백성들의 집들이 푸른 산봉우리를 마주 보내요. 어디 온 돛단배냐, 바람에 배불
러 떠나는가? 눈깜짝 하는 새 사들이 아득히 눈앞에 사라졌다네(煙巒簇簇水溶溶, 鏡裏人家對
碧峰, 何處孤帆飽風去, 瞥然飛鳥杳無蹤)."

116 a. 李陌, 太白逸史, 高句麗國本紀 第六: "任那者 本在對馬島西北界. 北阻海, 有治曰國尾
城. 東西各有墟落. 或貢或叛後 對馬二島, 遂爲任那所制故. 自是任那, 乃對馬全稱也. 自古,
仇州對馬. 乃三韓分治之地也. 本非倭人世居地. 任那, 又分爲三加羅. 所謂加羅者, 首邑之稱
也. 自是, 三汗相爭, 歲久不解, 佐護加羅. 屬新羅, 仁位加羅, 屬高句麗. 雞知加羅, 屬百濟, 是
也." / b. 日本書紀, 神代成紀條: "… 任那者. 本在對馬島西北界, 北阻海有治曰國尾城 …." / c.
가야국 국미성, 신편한국사, 국사편찬위원회, 우리역사넷: "… 또한 가락국을 포함한 이른바 「6
加耶」의 강역을 동쪽은 黃山江, 서남은 滄海, 서북은 地理山, 동북은 伽耶山, 남쪽은 國尾라고
하였다. 이를 확대해석하여 수로왕은 가락국의 시조가 아니라 3세기 정도에 가야 연맹을 결성한
中始祖로 보아야 한다는 견해도 있으나 연맹 결성의 시기와 계보관계의 여부를 수로왕 신화의
내용만으로 확인하기는 어렵다. 역시 이는 건국 직후의 강역이 아니라 가야연맹이 대체로 어느
정도의 범위를 차지하고 있었던가에 대한 후대 인식의 한 증거일 뿐이다." / d. 日本人 國尾姓氏
【名字】國尾 【読み】くにお, こくお 【全国順位】63,071位 【全国人数】およそ 20人
國尾さん都道府県別(市区町村別) ランキング! 國尾さん有名人一覧 いろいろな名字・珍しい
名字ランキング 【名字の由来解説】同名字は, 神奈川県, 鳥取県, 徳島県にみられる.

117 a. 世宗實錄 150卷, 慶尙道 晉州牧 金海都護府地理志: "金海: 都護府, 本駕洛國後. 漢
光武皇帝 建武十八年壬寅, 駕洛之長我刀干, 汝刀干, 彼刀干等九人率其民禊飮, 望見龜旨峯,
有非常聲氣, 就視之, 有金樻自天而降, 中有金色卵, 圓如日輪 … 九人遂奉以爲主, 卽首露王也.
國號駕洛, 又稱伽倻, 後改爲金官國. 其國東至黃山江, 東北至伽倻山, 西南際大海, 西北界智異
山. 卽位一百五十八年 …." / b. "南而爲國尾"를 해석하는 i) "남쪽(南海)은 그러니까 나라의 끝이
다."라고 하거나, ii) 『세종실록지리지』처럼 애매한 표기로 국제 분쟁이 될 문제 소지를 아예 빼
버리는 경우도 있으나, iii) 남쪽이란 반드시 ○○라는 지명이 들어가고 나라 끝(國尾)이라고 해
야 한다는 "南而○○爲國尾."라고 표기해야 한다는 주장도 있다. iv) 최근에는 임나일본부에 맞
서 대마도분국(對馬島分局) 혹은 대마도서국(對馬島婿國)이기에 대마도 국미성(國尾城), v) 더
욱 나아가 일본 구주(九州)의 한 성으로도 주장하고 있다. / c. 對馬島金田山城: A.D. 663年, 日
本の大和國, 對馬島の連合軍, 新唐聯合軍 27,000~42,000人の兵力で戰線 800隻が參加し
た. 百濟復興軍と倭連合軍が合勢し, 白江で新羅と唐連合國が私生決斷をした東アジア初の
5カ國 世界(國際) 戰爭で白江戰鬪(白村の戰鬪, はくすきのえの戰ったたかい)で 2月から周
流城から熊津城まで 5月 から 7月 16日 まで, 新党連合軍に 7月 17日~8月 17日 に白江戰鬪
が始まり 8月 28日 に終わった. 日本對馬島では, 新羅あるいは唐の報復戰爭に備えて, A.D.
667年 に百濟山城構成法で, 對馬島中央地域で對馬國金田山城を築成した, そのため, 以前
は伽耶時代の山城跡に見え, 百濟山城以前に積み重ねた大和國や對馬島國の伽耶山城を朝
鮮半島では國尾城とした. また, A.D. 720年 に纂述した日本書記でも國尾城として記述した.

고녕가야(古寧伽倻)

그는(首露王) 임시로 대궐을 세우게 하였으나 거처는 단 질박하고 검소할 뿐(但要質儉)이었다. 지붕을 이은 이엉은 자르지도 않았고(茅茨不剪), 흙으로 쌓은 계단은 겨우 3자 정도였다. 즉위하신 2년 계묘년 정월에 국왕이 말하기를 "과인(朕)은 도읍지를 결정하려 합니다(朕欲定置京都)." 이내 임시궁궐로 남쪽 신답평(新畓坪), 그곳은 예부터 묵은 밭이었다. 새로 논으로 일구었기에 신답평(新畓坪)이라고 했다. 사방이 산으로 둘러싸여 있었다(四望山嶽). 좌우를 들려보시고 하는 말씀이 "이 땅은 협소하기 여뀌잎처럼 조밀하지만(此地狹小如蓼葉), 기이하게도 수려하여(然而秀異) 가히 16명의 부처님 제자들이 살 만한 곳입니다. 더욱이 하나에서 셋, 그 셋이 일곱을 이르니, 일곱 명의 성현들이 머무는 땅이라(何況自一成三 自三成七 七聖住地) 확실히 이곳이 적합하다고 했다. 여기를 기반으로 해서 마침내 좋은 곳을 만드는 게 어떻겠습니까?" 반문했다.

그곳에 1,500보의 나성(羅城)을 두르고, 궁궐과 전당(殿堂) 그리고 여러 관청 청사(司屋宇)와 무기고(虎倉)와 곡창을 지을 터전을 마련했다. 일을 끝내고 궁궐로 돌아와서(事訖四宮), 나라 안에 장정, 인부, 기술자(工匠)를 불러모아서 그달 20일에 금양(金陽)에서 성 쌓은 일을 시작해 3개월 10일 (100일) 걸려서 공역을 마쳤다(曁三月十日役畢). 그곳 궁궐과 옥사는 농사

일에 바쁘지 않을 틈을 기다렸다(俟農隙而作之)가 그해 10월에 시작하여 갑진년 2월까지 가서(逮甲辰二月) 완성하게 되었다. 좋은 날을 받아서 새로운 궁궐로 들어가(涓吉辰御新宮) 정사를 꼼꼼하게 챙기고 부지런히 살폈다(理萬機而勤庶務).

수로왕과 탈해의 왕위쟁탈전에서 대인(大人)의 진면모를

이때 갑자기(忽) 완하국(琓夏國)[118] 함달왕(含達王)의 부인이 아기를 배어 산달이 다 차서 낳은 것이 알이었다(彌月生卵). 그 알을 깨고 사람이 나왔다(卵化爲人)고 탈해(脫解)라는 이름을 붙이고 바닷물을 따라 가락국에까지 왔다(名曰脫解從海而來). 신장이 3척이고, 머리가 둥글고 1척이나 되었다. 그는 기꺼이 대궐로 들어갔다. 국왕에게 말하기를 "나는 당신의 국왕 자리를 빼앗으려 이곳에 왔소이다(我欲奪王之位, 故來耳)."라고 말하자. 국왕 김수로는 답변으로 "국왕은 하늘이 내는 법이고, 내가 왕위에 오르게 된 건 장차 나라를 국태민안하도록 해드려야 하기 때문이다. 감히 천명을 어귀고, 네게 국왕 자리를 내준다 해도 우리나라 국민들이 네게는 맡기지도 않을 것이다(天命我俾卽于位, 將令安中國, 而綏下民, 不敢違天之命, 以與之位, 又不敢以吾國吾民, 付囑於汝)." 석탈해가 답하기를 "그렇다면 우리 마

---

118   a.『삼국유사(三國遺事)』에서 완하국(琓夏국), 정명국(正明國), 화하국(花廈國), 용성국(龍城國, 龍城在倭東北一千里) 등으로, 『삼국사기(三國史)』에선 다파나국(多婆那國)이다. 이를 나라의 위치에 대해서는 3가지 학설이 있는데, i) 동해 가운데 용성국(龍城國)이 있다는 주장으로 "삼국지 동옥저전(三國志 東沃沮傳)의 순녀국(純女國)을 적녀국(嫡女國)으로 봄, ii) 다파나국(多婆那國)은 서역의 소국, 탈해의 수장풍속(水葬風俗)은 동남아와 사천성으로 봄, iii) 북방 야장설화(冶匠說話, 캄차카반도)와 남방 난생설화(卵生說話)가 혼합된 중국 중남부 해안 지역으로 보고 있다. / b. 三國遺事 1, 紀異, 第四脫解王 "我本龍城國人(亦云正明國, 或云玩夏國, 玩夏或作花廈國, 龍城在倭東北一千里). 我國 …."

법기술을 한 번 겨루어 볼까(若爾可爭其術)?" 수로왕이 좋다고 대답했다.

순식간(俄頃之間)에 탈해는 매로 둔갑했다(解化爲鷹). 수로왕은 독수리로 변모했다(王化爲鷲). 또 탈해는 참새가 되니, 왕은 새매로, 그 둔갑하는 시간은 눈 깜짝할 사이였다(于此際也 寸陰未移). 탈해가 본래의 모습으로 돌아오자(解還本身), 왕 또한 본대로 복귀했다(王亦復然). 끝내 탈해는 가슴을 땅에다가 엎드리고 항복하면서 하는 말이(解乃伏膺曰) "내가 마법 겨루기 게임에서(僕也適於角術之場) 매와 독수리, 참새와 새매에서 잡히지 않고 모면한 건(鷹之鷲 雀之於鸇 獲免焉)? 이것은 국왕께서 미생 죽이기를 싫어하는 어진 심덕에 연유했습니다(此盖聖人惡殺之仁而然乎). 내가 왕과 더불어 왕위를 놓고 싸우는 건 실로 어려운 일입니다(僕之與王 爭位良難)." 라고 말하고, 문득 국왕을 하직하고 나가서(便拜辭而出) 인근 나루터에 도착했다. 중국인들이 드나드는 물길에 들어섰다(將中朝來泊之水道而行). 수로왕은 그놈 탈해가 머물면서 반란과 같은 꿍꿍이 수작을 부릴 것을 염려했다(王竊恐滯留謀亂). 급히 수군 500척을 보내 뒤쫓게 하여(急發舟師五百艘而追之) 탈해가 계림(신라) 땅으로 달아났음을 확인하고(海奔入鷄林地界), 난 뒤에 수군을 모두 돌아오게 했다(舟師盡還). 그러나 여기에 적힌 기사가 신라에서 많이 다르게 적었다(事記所載多異與新羅).

하늘이 내린 배필을 찾아 증조반도(蒸棗蟠桃) 가락국으로

건무(建武)[119] 24년 무신(戊申, A.D. 48년) 7월 27일에 구간(九干) 등과 조회를 할 때(九干等朝謁之次) 말씀을 드렸다. "대왕께 이곳에 강림하신 이후 좋은 배필을 못 구했으니 신들의 집에 있는 처녀 가운데 절색호인(絶色好人)을 골라 궁중에 들여보내 대왕님의 배필이 되게 하겠습니다(獻言曰大王降靈已來, 請臣等所有處女絶好者, 選入宮闈, 俾爲伉儷)."라고 하자. 수로왕께서 하신 말은 "내가 여기에 내려온 건 하늘의 소명을 받은 것이다. 나에게 짝을 지어 왕후로 삼게 하는 것도 하늘의 명이다. 대신들께서는 염려하지 말아도 될 것이다(朕降于玆, 天命也. 配朕而作后, 亦天之命. 卿等無慮)."

드디어 국왕은 유천간(留天干)에게 명하여 작은 배(경주)와 날쌘 말(준마)을 갖춰(遂命留天干, 押輕舟, 持駿馬), 망산도(望山島)에 가서 기다리도록 했다(到望山島立待). 신귀간(神鬼干)에게 가마에서 내리는 곳(乘岾)에 가게 했다(申命神鬼干, 就乘岾). 망산도는 도읍지 남쪽에 있던 섬이다. 승점(乘岾)[120]은 가마에서 내리는 곳이다(望山島, 京南島嶼也. 乘岾, 輦下國也).

갑자기 바다 서남쪽 모퉁이에(忽自海之西南隅) 붉은색 돛단배가 붉은 깃발을 휘날리면서 북쪽을 바라다보면서 다가오고 있지 않는가(掛緋帆, 張茜旗, 而指乎北). 유천간 등 대신들이 먼저 망산도에서 횃불을 올리니(留天等先擧火於島上) 육지를 향해 사람들은 다투어 내려 뛰어옴을(則競渡下陸,

---

119 중국 위진남북조 시대 서진의 혜제가 사용한 연호(304년)

120 코끼리, 말 혹은 큰 가마 등을 편하게 탈 수 있게 만들어 놓은 구조물로 자연직으로 생긴 언덕 혹은 고개를 이용하기도 하나, 돌 혹은 나무 등으로 시설을 설치하기 했다. 조선 시대 양반들 집에는 상마석(上馬石) 혹은 상연석(上輦石)을 마련했고, 오늘날 태국에서도 아예 돌 구조물로 설치했다.

爭奔而來) 신귀간은 이를 바라다보고 있다가(神鬼望之) 대궐로 뛰어들어가 국왕에게 아뢨다(走入闕奏之). 국왕은 이 말을 듣고 무척 기뻐하며, 이내 구간 등을 보내(上聞欣欣, 尋遣九干等), (반달 같은) 난요(蘭橈)[121]를 갖추고, 계수나무 삿대를 저어 가서 그들을 맞이하여 곧 모시고 대궐로 들어가려 하자(整蘭橈, 揚桂楫而迎之, 旋欲陪入內).

왕후가 되실 아가씨가 말씀하시길(王后乃曰) "나는 처음부터 끝까지 너희들을 모르는데(我與爾等素昧平生), 어찌 감히 경솔하게 따라갔다가는 어떻게 되겠느냐(焉敢輕忽相隨而去)?"라고 하자. 유천간 등이 돌아가서 왕후의 말을 전달하니(留天等返達后之語), 국왕도 옳거니 하시(王然之)며, 일을 처리할 사람들을 대동하여(率有司動蹕) 대궐 아래 서남쪽으로 60보쯤 되는 산기슭에 장막을 쳐 임시궁전을 만들어 놓고 기다렸다(山邊設幔殿祇候). 왕후는 산 밖 다른 나루터에다가 배를 대고 육지에 올라 높은 언덕에 쉬었다가(王后於山外別浦津頭, 維舟登陸, 憩於高嶠). 입고 온 비단 바지를 벗더니 산신령에게 제물용 폐백으로 바쳤다(解所著綾袴爲贄, 遺于山靈他).

이 밖에 같이 따라온 왕후를 모셨던 잉신(媵臣, 몸종처럼 상전을 모시는 신하) 두 사람의 이름은 신보(申輔)와 조광(趙匡)이고(其地侍從媵臣二員, 名曰申輔趙匡), 그들의 아내 두 사람은 모정(慕貞)과 모량(慕良)이라고 했다(其妻二人, 號慕貞慕良). 그리고 데리고 온 하인들(臧獲)까지 합쳐서 20여 명이었다(或臧獲並計二十餘口). 가지고 온 금수능라(錦繡綾羅), 의상필단(衣裳疋緞), 금은주옥(金銀珠玉) 및 구슬로 만든 패물들은 이루 낱낱이 적을 수 없을 만큼 많았다(所齎錦繡綾羅, 衣裳疋段, 金銀珠玉, 瓊玖服玩器, 不可勝記).

121 　난요(蘭橈)눈 목란 노(棹), 작은 배(蘭舟)를 미칭, 목란수(木蘭樹)를 두란(杜蘭) 혹은 임란(林蘭) 이락도 씀. 옛 한시엔 난주(蘭舟), 난장(蘭槳), 난요(蘭橈) 등으로 표현하고 있음.

왕후가 점점 왕이 계시는 궁궐에 가까이 다가오니, 국왕은 나아가서 맞아 함께 장막 궁전으로 들어왔다(王后漸近行在, 上出迎之, 同入帷宮). 잉신 이하 모두가 뜰 아래에서 국왕을 뵙고 곧 물려갔다. 왕은 유사(집사)에게 명하여 잉신 내외분들을 안내하도록 말했다(引媵臣夫妻曰). "방 한 칸에 한 분씩 주어 편안히 머물도록 하라(人各以一房安置). 그 밖에 노비들에게는 한 방에 5, 6명씩 주어 대화를 할 수 있게 하라(己下臧獲各一房五六人安置)." 말씀이 끝나자, 난초꽃 차와 혜초 술을 내주었고(給之以蘭液蕙醑), 무늬와 채색이 있는 잠자리로 자게 하였다(寢之以文茵彩薦). 그뿐만 아니라 옷, 비단과 보화까지 주며(至於衣服疋段寶貨之類), 안전을 위해 군인을 많이 보내 경비를 서게 했다(多以軍夫遴集而護之).

이윽고 왕이 왕후와 함께 침전에 드니(於是王與后共在御國寢), 왕후가 조용히 왕에게 말씀을 드렸다(從容語王曰). "저는 아유타국(阿踰陁國)[122]의 공주입니다.[123] 성은 허가이고, 이름은 황옥입니다(妾是阿踰陁國公主也. 姓

---

[122] a. 아유타설(阿踰陁說), 나무위키: "삼국유사의 기록에 따르면 허황옥은 아유타국(阿踰陁國) 공주 출신이다. 정확한 위치는 논란이 있으나 … 인도 북부의 아요디아(Ayodhia)에 있었던 아요디아 왕국 혹은 인도 남부의 칸야쿠마리 지역 등을 아유타국이라고 추측한다. 태국 지역의 왕국 아유타야(Ayutthaya/Ayudhya)를 거론하기도 한다. 인도의 신화인 라마야나에 등장하는 아유타(혹은 아요댜) 지역명에 영향을 받았기에 이름만 비슷한 나라다. … 중세 시대 중반기에 수코타이 왕국이 세워지기 전까지 타이족의 국가 자체가 존재하지 않거나 크메르 등의 타국의 주민으로 활동했다. 2012년 KBS 스페셜에서 허황옥 아유타국설을 다룬 대중매체에서 가야에서 아유타국을 추정하는 i) 인도계 유리 구슬이 ii) 가야의 철정 기술이 인도 남부와 유사한 점 등이 있었다. 삼국유사 기록인 iii) 허황옥이 한국으로 가져와서 쌓은 파사석탑이 지금도 김해시의 수로왕비릉에 있고, iv) 조사 결과 이 돌은 한반도에서는 찾아볼 수 없는 재질이라고 한다. 정확하겐 한반도에서는 산출되지 않는 엽랍석(葉蠟石) 성분의 사암(砂巖)이다 …." / b. 타밀나두 인설(Tamil Nadu人說), 나무위키: "허황옥이 인도 남부 타밀나두(Tamil Nadu)의 칸야쿠마리(카니아쿠마리) 지역에서 왔다는 설이다. 2004년 서울대 연구팀이 가야 대성동 고분군에 가야 왕족으로 추정되는 유골들의 유전자 검사를 진행한 결과 7개 중 6개의 미토콘드리아가 남인도 타밀족의 DNA와 일치한다는 것이 확인되어, 어느 정도 신빙성 있는 가설이 되었다."

[123] 허황옥, 나무위키: "허황옥의 출신지에 대해 학계에 다양한 학설이 존재한다. i) 기록 그대로 현 인도 지역으로 추정되는 아유타국에서 왔을 것이라는 설, ii) 본래 토착민이거나 혹은 이주

許名黃玉). 나이는 16세입니다(年二八矣). 본국에 있을 때 금년 5월에 부왕과 모후께서 저에게 말씀하길 '우리가 어젯밤 꿈에 함께 하늘의 상제를 뵈었는데(爺孃—昨夢中, 同見皇天上帝). 상제께서 가락국의 왕 수로를 하늘이 내려보내서 왕위에 오르게 하였으니, 그는 신령스럽고 성스러운 사람이다(駕洛國元君首露者, 天所降而俾御大寶, 乃神乃聖惟其人乎). 또 나라를 새롭게 다스리는 데 있어, 아직도 배필을 정하지 못했으니(且以新莅家邦, 未定匹偶), 경들은 공주를 보내서 그 배필을 삼게 하라(卿等湏遣公主而配之), 하신 뒤에 하늘로 올라가셨다.' 꿈을 깬 뒤에도 상제의 말이 아직도 귓가에 그대로 머물고 남아 있으니, 너는 이 자리에서 곧 부모를 작별하고 그곳으로 떠나라 하셨습니다(儞於此而忽辭親向彼乎.往矣). 그래서 저는 배를 타고 멀리 남해(蒸棗)로 가기도 하고, 하늘이 닿는 동해(蟠桃)[124]로 가면서 항해를 한 끝에(妾也浮海遐尋於蒸棗, 移天夐赴於蟠挑)[125] 이곳에 당도하였습니다. 이제 아름다운 모습으로 용안(龍顔)을 가까이하게 되었습니다."[126]

민이더라도 인도인은 아니었을 가능성 큰 허황옥의 권위를 위해 불교적으로 윤색하고 그 과정에서 인도를 끌어와 신성성을 부여한 것이라는 설 등 여러 의견이 많았다. iii) 다만 아유타국 설은 근거가 많이 부족해 기존 학계에선 주로 불교적윤색설(佛敎的 潤色說)을 신뢰하는 분위기였는데, iv) 일부 DNA 연구가 진행되며 현재는 인도 북부 아유타야(Ayudhya)도, 아유타국(阿踰陁國)도 아닌 인도 남부 타밀나두(Tamil Nadu)에서 왔다는 설 다시 부상하고 있다."

124 論衡引山海經: "滄海之中, 有度朔之山. 上有大桃木, 其屈蟠三千里, 其枝間東北曰鬼門, 万鬼所出入也." / 漢武帝內傳: "又命侍女索桃, 須臾, 以玉盤盛仙桃七枚, 大如鴨卵, 形圓, 色靑, 以呈王母. 母以四枚与帝, 自食三桃. 桃之甘美, 口有盈味. 帝食輒留核. 王母問帝: 何謂? 帝曰: 欲种之 母曰: 此桃三千年一生實, 中夏地薄, 种之不生! 帝乃止."

125 a. 우리역사넷, 국사편찬위원회, 가락국기 허황옥의 설화(contents.history.go.kr): "…저는 배를 타고 멀리 증조(蒸棗; 남해)를 찾기도 하고, 하늘로 가서 반도(蟠桃; 동해)로도 가 보았습니다. 그러다가 이제 아름다운 모습으로 감히 용안(龍顔)을 가까이하게 되었습니다." / b. 조아라: 스토리 본능을 깨우다, 조아라(joara.com), 2024. 1. 16.: "이에 저는 배를 타고 멀리 증조(蒸棗)를 찾고, 하늘로 가서 반도(蟠桃)를 찾아 이제 모양을 가다듬고 감히 용안(龍顔)을 가까이하게 되었습니다."

126 불교적 윤색(佛敎的 潤色, Buddhist embellishment), 나무위키: "불교에서 i) 인도는 천

국왕이 대답하시길, "나는 나면서부터 성스러워서, 공주님께서 멀리 올 것을 이미 알고 있었기에 신하들에게 왕비를 맞이하라는 요청에 따르지 않았겠소(朕生而頗聖, 先知公主自遠而屈, 下臣有納妃之請, 不敢從焉)? 그런데 이제 현숙한 공주님께서 스스로 찾아오셨으니 이 몸은 다행한 일입니다(今也淑質自臻, 眇躬多幸)."라고 했다. 드디어 왕은 그와 혼인을 해서 함께 두 밤을 까만 밤 하얗게 낮을 맞이했다(遂以合歡, 兩過清宵, 一經白晝).

이에 따라 그들이 타고 온 배를 고국으로 돌려보냈는데, 뱃사공은 모두 15명, 이들은 각각 쌀 10석과 배 30필씩 나눠주어 본국으로 돌아가게 했다. 8월 1일에 왕은 대궐로 돌아오는데, 왕후와 한 수레를 타고, 잉신 내외도 역시 나란히 수레를 탔으며(八月一日迴鑾, 與后同輦, 媵臣夫妻齊鑣並駕), 중국에서 나는 여러 가지 물건들도 모두 수레에 싣고, 천천히 대궐로 들어오니(其漢肆雜物, 咸使乘載, 徐徐入闕), 이때 휴대용 물시계(銅壺)[127]가 정오를 가리키고 있었다(時銅壺欲午).

왕후는 중궁에 거처하고(王后爰處中宮), 잉신 내외(勅賜媵臣夫妻)와 그들에게 딸린 가족들은 비어 있는 두 집에 나눠 들게 하였다(私屬, 空閑二

축국(天竺國)으로 성지(聖地)이며, ii) 신라 국왕들이 자신은 살아있는 부처(生佛)로 신격화하고 iii) 호국불교를 통해 왕권을 강화하고자 했으며, iv) 가야계 김유신 문벌에서도 신성시(神聖視)하고자 가야국의 탄생을 신격화했다. v) 고려에서도 숭불정책(崇佛政策)에 힘입었고, 일연스님이 삼국사에 없는 삼국유사(三國遺事)에 올렸다. 이와 같은 사례는 로마 제국에서도 역사 윤색 작업(historical embellishment work)이 있었으니 i) 로마인들은 자신의 조상을 트로이인(Trojan)이라는 주장, ii) 아우구스투스(Augustus) 황제는 역사학자 베르길리우스(Publius Vergilius Maro)에게 트로이 전쟁과 로마 건국을 엮어보라는 지시, iii) 대영 제국에서도 트로이를 이용해서 브리튼 섬(Britain)의 초대 왕을 '브루투스(Brutus)'로 트로이인의 후손(descendant of the Trojans)으로 윤색, iv) 브루투스(Brutus)의 직계 후손이 바로 아서왕(King Arthur)이라는 내용이다."

127 a. 唐, 溫庭筠 《鷄鳴埭歌》: "銅壺漏斷夢初覺, 宝馬塵高人未知." / b. 銅壺滴漏[tóng hú dī lòu], 百度百科: "漏壺是我国古代计时器的一种, 我国现存最完整的成组型滴漏是元代仁宗延祐三年(公元 1316年)铸造, 全组由 4个安放在阶梯上的漏壶组成 ⋯."

室分入). 나머지 따라온 사람들도 빈관(賓館)에 한 체가 20여 칸 되는 곳을 내주었다(餘外從者以賓館 一坐二十餘間). 사람 수에 맞춰 구별해 편안히 있게 했다(酌定人數, 區別安置). 그리고 매일 쓰는 물건을 풍족하게 주었고, 그들이 싣고 온 소중한 물건들은 안쪽 창고에 보관하고, 왕후를 위하여 때때로 필요할 때에 비용으로 쓰게 했다(日給豊羨, 其所載珍物, 藏於內庫, 以爲王后四時之費).

2.
대추꽃 복사꽃 피는 이상향
가락국에 잠들다

법제문물(法制文物)의 정명(正名)으로 현정파사(顯正破邪)를 도모하다

어느 하룻날 국왕이 신하들에게 말했다(一日上語臣下曰). "대신(구간)들은 여러 관리의 어른들인데도(九干等俱爲庶僚之長), 지위를 상징하는 직명들이 촌노나 소인배들 마구 부르는 호칭과 같아서(其位與名, 皆是宵人野夫之號). 이런 건 결단코 벼슬 높은 사람들(頓簪 혹은 頓首簪)에겐 바른 직명이 될 수 없다(頓非簪履職位之稱). 만일(儻) 다른 나라 사람들이 들었다면(儻化外傳聞), 반드시 비웃을(嗤, 冷笑) 거리가 될 것이다(必有嗤笑之恥). 이런 연유로 아도간(我刀干)을 아궁간(我躬干)으로 고치고(遂改我刀爲我躬), 여도간(汝刀干)을 여해간(汝諧干)으로, 피도간(彼刀干)을 피장간(彼藏干)으로, 오방간(五方干)을 오상간(五常干)으로, 유수간(留水干)과 유천간(留天干)에는 위 글자는 그대로 두고 아래 글자만 고쳐서 유공간(留功干)

과 유덕간(留德干)으로(留水留天之名, 不動上字, 改下字留功留德), 신천간(神天干)을 신도간(神道干)으로, 오천간(五天干)을 오능간(五能干)으로 했다. 신귀간(神鬼干)의 음은 변하지 않고 훈으로 신귀간(臣貴干)이라고 고쳤다. 또 신라(桂林)의 직제를 취해 각간(角干)과 아질간(阿叱干)을 설치하고, 급간(級干)의 품계라는 질서를 마련하였고(取鷄林職儀, 置角干阿叱干, 級干之秩), 그 아래의 관리에게도(其下官僚) 주나라 법(周判: 周之法令)과 한나라의 제도(漢儀, 前漢之制度)를 가지고 나눠 규정하였다(以周判漢儀而分定之). 이것이 바로 옛것을 고쳐서 새로운 것으로 창조(法古刱新)하는 것이다(斯所以革古鼎). 책임의 분담을 위해 관직을 나눠 설치함이다(新設官分職之道歟).

이렇게 함으로써 비로소 나라를 다스리고 집을 정돈하며(於是乎理國齊家), 백성들을 자식처럼 사랑하라는 교화는 엄숙하지 않아도 위엄이 섰다(愛民如子其敎不肅而威). 그런 정치는 준엄하지 않아도 기강이 다스려졌다(其政不嚴而理). 더군다나 국왕이 왕후와 함께 사는 건(況與王后而居也), (백성들에게는) 마치 하늘에게 땅이 있고, 태양에게 달이 있고, 양지에 음지가 있는 것 같았다(比如天之有地, 日之有月, 陽之有陰). 이런 효과가 바로 불합리함을 깨뜨려버리고자 먼저 옳음을 보여줌이다(顯正破邪其功也). 그 파급효과(波及效果)는 도산(塗山)[128]이 하(夏)나라를 비상하게 했고, 순임금의 딸 당원(唐媛, 舜王之女傍助了嬌氏興盛)이 교씨(嬌氏)[129]를 흥성하도록

---

128 도산회맹(塗山會盟) 혹은 도산지회(塗山之會)라고도 하며 하나라의 우임금이 도산(塗山)에서 천하의 제후들을 소집하여 맹약을 맺었으며, 당시 고조선에서도 사신을 파견해 참가하여 '대우치수(大禹治水)'라는 대형프로젝트 즉 황하(黃河)의 대홍수재앙을 벗어나게 하여 하(夏)나라가 번창하는 계기를 마련했다.

129 嬌氏, 百度百科: 嬌氏, 任姒, 古代中國傳說中的人物, 炎帝之母. 任姒, 古代中國傳說中的人物 / 名女登, 有蟜氏之女, 少典氏之妻, 黃帝和炎帝之母. 三十一世祖考典公, 一作興公. 妣有嬌

했던 사례와 같았다(塗山翼夏, 唐媛興嬌).

그리운 고향을 향한 언덕에 묻히면서도

몇 년이 되어서(頻年) 왕후는 태몽으로 곰을 얻을 징조를 꾸었다(頻年有夢得熊羆之兆). 태자 거등공을 낳았다(誕生太子居登公). 영제(靈帝) 중평(中平) 6년 기사(己巳, A.D. 189)년 3월 1일에 왕후가 세상을 떠나니 연세는 157세였다(靈帝中平六年, 己巳三月一日后崩, 壽一百五十七). 온 나라에 백성들은 땅이 꺼질 듯이 슬퍼하며(國人如嘆坤崩), 구지봉(龜旨峰) 동북쪽 언덕에 장지를 마련해 장례를 지냈다(葬於龜旨東北塢). 왕후가 백성들을 자식처럼 사랑했던 그 은혜를 잊지 못하여 그렇게 했다(遂欲不忘子愛下民之惠).

그런 사연으로 처음 배에서 내렸던 도두촌(渡頭村)을 주포촌(主浦村)으로 불렀고(因號初來下纜渡頭村曰主浦村), 비단 바지를 벗었던 높은 언덕을 비단 고개 능현(綾峴)이라고 했다(解綾袴高岡曰綾峴). 붉은 깃발을 달고 들어왔던 바닷가를 기출변(旗出邊)이라고 했다(茜旗行入海涯曰旗出邊). 잉신(媵臣) 천부경(泉府卿) 신보(申輔)와 종정감(宗正監) 조광(趙匡) 등은 이 나라(가락국)에 도착한 지가 어언 30년 만에(媵臣泉府卿申輔, 宗正監趙匡等, 到國三十年後) 각기 두 딸을 낳았는데(各産二女焉), 그들 내외분은 12년이 지나 모두가 기대를 저버리고 세상을 떠났다(夫與婦踰一二年, 而皆靴信也)[130]. 그 밖에 같이 따라오셨던 사람들도 이 나라에 온 지 7, 8년이 되었

氏, 一作蟜子明. 三十二世祖考明公, 姚有嬌氏, 一作蟜氏, 子車. / 炎帝之母 《史記·五帝本紀第一》: 神農氏, 姜姓也. 母曰任姒, 有蟜(jiǎo) 氏女, 登為少典妃, 遊華陽, 有神龍首, 感生炎帝.

130　여기서 면(抛)자는 옥편에서 나오지 않지만, '백성들의 믿음을 저버리고 돌아가심(哀痛之心)'을 표현하고자 상통관계에 있는 만(靴) 자를 끌어다가 표기했다.

는데도, 지식을 낳지 못했으며(其餘臧獲之輩, 自來七八年間, 未有玆子生), 오직 고향을 그리워하다가 수구초심(首丘初心)[131]의 슬픔만을 안고 모두 세상을 떠났다(唯抱懷土之悲, 皆首丘而沒). 그들이 거처했던 빈관은 덩그렇게(圓) 텅텅 비었고 아무것도 없었다(所舍賓館, 圓其無人).

수로왕 붕어(崩御)에 온 백성이 땅이 꺼지도록 애통해했다

왕후가 죽자 국왕(首露王)도 매번 베개를 괴고, 홀아비 외로움을 한탄하시더니(元君乃每歌鰥枕), 悲嘆良多, 몹시 슬퍼하시다가 10년이 지난(隔二五歲) 헌제(獻帝)[132] 4년, 건안(建安, 196年 ~ 220年 3月) 4(己卯, 199)[133]년 3월 23일에 끝내 조락(殂落)하셨다(以獻帝立安四年, 己卯三月二十三日, 而殂落). 춘추는 158세였다[134](壽一百五十八歲矣). 온 나라의 백성들은 마치 부

131 狐死首丘 こししゅきゅう 【狐死首丘】: 故郷を忘れないことのたとえ. また, 物事の根本を忘れないことのたとえ. 「首」 は, 頭を向けること. 狐は死ぬとき, 自分のすんでいた穴のある丘の方角に頭を向けるという意から, 「狐きつね死しして丘おかに首かしらす」 と讀み下す.

132 維基百科, 漢獻帝: "漢朝第 29位(東漢第 14位)皇帝, 統治 189年 9月 29日 - 220年 11月 25日(31年 57天) 被迫禪位, 年號 永漢: 189年 9月 ~ 189年 12月 中平: 189年 12月 初平: 190年 ~ 193年 興平: 194年 ~ 195年 建安: 196年 ~ 220年 3月 延康: 220年 4月 21日 ~ 220年 11月 25日.

133 입안(立安)은 입건안(立建安)으로 봐야 함. 실제로 후한헌제(後漢獻帝)의 연호에는 年號 永漢: 189年 9月 ~ 189年 12月 中平: 189年 12月 初平: 190年 ~ 193年 興平: 194年 ~ 195年 建安: 196年 ~ 220年 3月 延康: 220年 4月 21日 ~ 220年 11月 25日이 있었으며 입안(立安)이란 연호는 없었기에 '(연호) 건안에 들어서(立建安)'로 해석해야 함.

134 금관가야 김수로왕(金首露王)의 재위 기간 A.D. 42년에서 A.D. 198년으로 158년(歲)이고, 고녕가야 고로왕(古露王)의 재위 기간도 A.D. 42년에서 156년까지로 115년으로 기록된 것에 대해서, 심하게는 위작이라는 평가를 하지만 『일본서기』에 100년이 넘는 왕조 기간에 대해서는 당연시하고 있다. 이것이 바로 함정에 빠지는 것이 i) 객관성을 상실하고, ii) 역사를 평가하는 잣대가 고무줄이다. iii) 이렇게 표기할 수밖에 없었던 배후 혹은 사회적 환경을 읽는 게 필요하다. 즉 i) 배후 세력을 보자는 것으로 상전국가(上典國家, 事大國家, 혹은 聯盟體)에서 윤허 혹

모를 잃은 듯이 슬퍼하여, 왕후의 별세 때보다도 비통함이 더했다(國中之
人若亡天只, 悲慟, 甚於后崩之日). 대궐 동북쪽 평지에 빈궁을 차렸다. 높이
한 길이나 되고, 둘레가 300보(步)[135]나 되는 봉토의 왕릉을 조성하여 그
곳에 장례를 지냈다(遂於闕之艮方平地, 造立殯宮, 高一丈, 周三百步而葬之).
그 왕릉을 칭하여 수릉왕묘(號首陵王廟也)라고 했다.

뒤를 이은 아들 거등왕(居登王)부터(自嗣子居登王) 9대 손자 구충왕까
지 이 사당에 배향하고(洎九代孫仇衝之享是廟)[136], 반드시 매년 정월 사흘
날과 이렛날(須以每歲孟春三之日, 七之日), 초여름 5월 5일, 초가을 8월 5일
혹은 15일(仲夏五之日, 仲秋初五之日, 十五之日)에 풍요하고 정결하게 제물
을 마련하여(豊潔之奠) 제사를 지냈음이 대대로 끊이지 않았다(相繼不絶).

신라 제30대 왕대에 와서(洎新羅第三十王), 법민왕(法敏王) 용삭원년(龍
朔元年) 신유(辛酉, A.D. 661)년 3월에 국왕이 조서(詔書)를 내렸다(法敏龍朔
元年辛酉三月日, 有制曰). "짐(朕)[137]이 가야국 시조 9대손인데(朕是伽耶國元

은 하명을 하지 않았다. ii) 반대로 저항의 의지로 상전국가 모르게 과거 세력을 유지했다는 표현
이거나, iii) 최근에는 위의 두 가지가 복합된 경우도 있다고 봐야 한다. '보이지 않는 끈(invisible
string)'을 살펴보자는 견해가 싹트고 있다. 일본 학자들도 "日本上古史は伝説や故事を暗記
してストーリーテリング(story telling) する氏族を任命して代々ストーリーテラー(story
teller) を養成したが、これを 「カダリベ(語部, かたりべ)」 とした. 700年代 の日本の古事
記や 720年 頃の日本書紀は, カダリベの暗記された物語をそのまま記録する因にある王朝
が 100年 を超えることが多かった."라고 해명하고 있다.

135 1보(步)란 오늘날은 60cm 정도이나 조선 시대 척간법에서는 오른발에서 다음 오른발
까지를 1보 보았으나 오늘날은 2보로 보고 있어, 조선 시대 척간법으로 1보는 1.2m이고, 한
길은 2.4m에서 3m 정도로 300보란 360m다. 봉분의 둘레가 300보이고, 높이가 한 길이라
면(高一丈, 周三百步而葬之), 왕릉의 봉분성토를 하는데 총토사량은 4/3×57×57× 3.14×
2.4=32,645톤이다. 동원 인력은 65,290명 이상 백성들이 부역했다. 이를 기반으로 백성의 수를
추계(推計)하면 8만5천 호(家) 내외의 백성들이 살았다.

136 自~洎(至 혹은 及)라는 표현은 오늘날 백화문에서 從~到로 표현하나 영어에서는 'from ~
to ~' 혹은 일본어 '~から ~ まで'와 같은 구문(句文)으로도 사용한다.

137 가락국기(駕洛國記)에서 국왕이 자칭할 때에 한자로는 '짐(朕)', '비(俾)' 혹은 '복(僕)'이

君九), 구형왕이 이 나라(신라)에 항복할 때 데리고 온 아들 세종의 아들인
(仇衡王之降于當國也, 所率來子世宗之子) 솔우공(率友公)의 아들, 서운 잡간
(庶云匝干)의 딸(率友公之子 庶云匝干之女) 문명황후께서 나를 낳으셨으니
시조 수로왕은 어린 나에게 그렇게 따지면 15대조가 되신다(文明皇后寔生
我者, 兹故元君於幼沖人, 乃爲十五代始祖也). 그 나라는 이미 멸망해 없어졌
지만 그를 장사지낸 사당은 지금도 그대로 남아 있으니(所御國者已曾敗, 葬
廟者今尚存), 종묘에 합해서 끊임없이 제사를 지내도록 하게 함이다(合于
宗祧, 續乃祀事)."

이에 옛 망국 도읍지(黍離之趾)[138]에 사신들을 보내어(仍遣使於黍離之趾)
사당 가까운 상전 30경을 내림으로써 같이 운용하고도 남는 영리로 비용
을 충당하도록(以近廟上上田三十頃, 爲供營之資) 하고 왕위전(王位田)이라
고 불렀다(號稱王位田). 그 땅의 소유는 신라 본토에 귀속시켰다(付屬本土).
수로왕의 17대손 갱세급간(賡世級干)이 조정의 뜻을 받들어(王之十七代孫
賡世級干祗稟朝旨) 그 밭을 관장하여 해마다 명절에는 술과 단술을 장만
하여(主掌厥田, 每歲時釀醪醴), 떡과 밥, 차, 과일 등 여러 가지 제물을 진설
하고 제사를 지냈다(設以餠飯茶菓庶羞等奠). 해마다 빠뜨리지 않고(年年不
墜) 그 제삿날은 거등왕이 정한 연중 5일을(其祭日不失居登王之所定, 年內
五日也) 변동하지 않았다(芬苾, 不變). 이렇게 함으로써 비로소 그 정성 어

라고 사용해서 표현했다. "짐이 곧 국가다(朕就是國家)."라는 표현은 'I am the very country.'
이고, 일본어로는 'ぼくは國です.'가 된다. 일본어 '나(僕, ぼく)'라는 말은 술 취해 거들먹거릴 때
'나야말로(ぼくは) ~'라는 표현에 자주 나온다.

138 서리지탄(黍離之歎) 혹은 서리지지(黍離之趾)이란 옛 왕국이 멸망하여 폐허가 된 자리에
기장만이 무성하게 자람을 보고 세상의 성쇠로 무상함을 탄식함을 서리지탄(黍離之歎)이며, 허
황한 흔적을 서리지지(黍離之趾)라고 한다. 시경 왕풍(詩經王風)에서 "彼黍離離, 彼稷之苗, 行
邁靡靡, 中心搖搖, 知我者, 謂我心憂, 不知我者, 謂我何求 …."라는 민요가 있었다.

린 제사는 가락국에 맡겨졌다(孝祀於是乎在於我).

음사필주(淫祀必誅)라는 제사 영험을 보임으로써

거등왕(居登王)이 즉위한 기묘(기묘, A.D. 199)에 편방(便房, 묘소를 관리하는 부서)[139]을 설치한 뒤로부터(自居登王卽位己卯年置便房), 쭉 내려와 구형왕 말년까지(降及仇衝朝末) 330년 동안 사당에 지내는 제사에는 예절과 노래까지도 어긋남이 하나도 없었다(三百三十載之中, 享廟禮曲, 永無違者). 그렇게 하여 구형왕이 왕위를 잃고 나라를 떠난 뒤로부터(其乃仇衝失位去國) 용삭[140]원년(龍朔元年) 신유(辛酉, A.D. 661)년에 이르는 60년 동안에 이 사당에 향사를 지냄에 있어 간혹 빠뜨리기도 했다(逮龍朔元年辛酉, 六十年之間, 享是廟禮, 或闕如也). 아름답도다! 문무왕(文武王, 法敏王의 諡號)이여(美矣哉, 文武王, 法敏王諡也)! 먼저 조상을 받들어 안 지냈던 제사를 다시 지냈으니, 효성이 지극하고 효성스럽도다(先奉尊祖, 孝乎惟孝). 끊어졌던 제사까지도 다시 지냈다(繼泯絶之祀, 復行之也).

신라 말년에 충지잡간(忠至匝干)이라는 자가 있었는데, 그렇게도 높아 보였던 금관가야의 도성을 쳐서 빼앗은(新羅季末, 有忠至匝干者, 攻取金官高城) 다음에 그 장군은 성주가 되었다(而爲城主將軍). 이어(爰) 영규아간(英

139　便房[biàn fáng], 百度百科: "便房 原指迎賓的側室. 墓葬中便房, 是汉代帝陵中的设施. 汉成帝昌陵中就有便房, 据《后汉书·礼仪》有一段皇帝进入墓室的情况: 黄道开通, 皇帝谒便房. 太常寻至羡道, 去杖, 中常侍受. 至柩前, 竭伏哭止如仪. 辞太常导出, 升车归宫. 这里所说的柩前, 即是梓宫之前. 便房则是到梓宫前歇脚的房间. 但是便房也. 不是帝陵所独有, 皇帝也常赐宠臣以便房. 如霍光死后, 宣帝赐便房、黄肠题凑各一. 黄贤死后. 哀帝也. 令将作为贤起冢茔义陵, 内为便房刚柏题凑."

140　중국 당나라 고종 때의 연호(661~663)

規阿干)이 장군의 위엄을 빌어(爰有英規阿干, 假威於將軍) 묘향(廟享)까지 **빼앗아 멋대로 제사를 지내더니**(奪廟享而淫祀) 단오를 맞아 고사를 드렸는데 평소에 아무렇지 않았던 대들보가 내려앉아 깔려 죽고 말았다(當端午而致告祀, 堂梁無故折墜, 因覆壓而死焉). 그렇게 되자 장군이 혼잣말로 중얼거리기를 "천만다행 전생의 인연으로 해서(於是將軍自謂, 宿因多幸) 욕되게 성왕이 되었고, 국성(옛 가야국 도성)에서 제사를 지내게 되었으니(辱爲聖王所御國城之奠) 의당(宜當) 나는 그 영정 초상화(眞影)를 그려 모시고, 향불과 촛불을 밝혀 신하 된 도리와 은혜를 갚아드리고자 합니다(宜我畵其眞影, 香燈供之, 以酬玄恩)." 석 자(三尺)나 되는 교룡(蛟龍) 무늬 비단에다가 초상화(眞影)를 그려 벽 위에 모시고(遂以鮫絹三尺, 摸出眞影, 安於壁上), 아침저녁으로 촛불(膏炷 혹은 膏燭)[141]을 밝혀 경건하게 공을 들였더니(旦夕膏炷, 瞻仰虔至) 겨우(才) 사흘 만에 초상화의 양쪽 눈에서는 피눈물이 흘러 땅 위에 고였는데 거의(幾) 한 말이나 되었다(才三日, 影之二目, 流下血淚, 而貯於地上, 幾一斗矣). 장군은 너무 두려운 나머지 그 영정 초상화를 집어 들고 사당 밖으로 나가더니 불살라 버렸다(將軍大懼, 捧持其眞, 就廟而焚之).

곧바로 수로왕의 친자손 규림(圭林)을 불러놓고 말했다(卽召王之眞孫圭

141　　a. 촛불(燭火)는 오늘날 양초(洋燭, candle)는 파라핀으로 만들고 있으나, 과거는 고래기름 등의 향유, 벌집(蜜蠟)으로도 만들었다. 18~19세기 서양에서는 양초(candle)가 생활필수품이었다. 즉 애덤 스미스(Adam Smith, 1729~1790)의 『국부론(國富論, The Wealth of Nations)』에서도 양초(candle)를 생필품으로 적고 있다. 우리나라에서는 밀초(蜜燭)를 '고주(膏炷 혹은 膏燭)'라고 표기하기도 했다. 옛 시골에서는 촛불로 간솔가지(松燭), 자작수피(樺燭), 명아주(燃藜) 등을 태워 밤에 불을 밝혔다. 그러나 치성을 드리는 데는 질경이, 달맞이, 댐싸리, 명아주 등의 씨앗으로 짠 기름에다가 심지를 박아서 불을 밝혔다. 북송(北宋)의 이방(李昉, 925~996)이 쓴 『태평어람(太平御覽)』에 불화부(火部)에 "기름 촛불은 스스로 자신을 태워서 불을 밝힌다(膏燭以明自銷)." / b. 李昉(925~996), 字明遠, 深州饒陽人(今屬河北) 五代後漢乾祐年進士. 李昉歷仕後漢, 後周, 爲翰林學士, 最後歸宋, 加中書舍人. 曾經三度入仕翰林. 宋太宗太平興國八年(983年) 拜同中書門下平章事. 端拱元年(988年), 罷爲右僕射. 淳化二年(991年), 復拜平章事. 至道二年(996年) 卒. 諡文貞, 後避宋仁宗御諱趙禎改諡文正.

林而謂曰). "어제는 상서롭지 못한 일이 있었는데, 어찌해서 이런 변고가 거듭 생기는가? 이는 반드시 사당의 준엄하신 혼령께서 내가 영정을 그래서 모시는 걸 불경스럽게 여기시고 진노의 천둥을 치시는 것인가 봅니다(昨有不祥事, 一何重疊, 是必廟之威靈, 震怒余之圖畵, 而供養不孫). 영구가 이미 죽었으므로 나는 몹시 부끄럽고 두려워서 영정도 불살라 버렸으니 반드시 신의 저주를 받을 것이다(英規旣死, 余甚愧畏, 影已燒矣, 必受陰誅). 그대는 왕의 진손(眞孫)이니 전에 하였던 방식대로 제사를 받드는 게 좋을 것 같습니다(卿是王之眞孫, 信合依舊以祭之)."

3.
음사무복(淫祀無福) 사례로
자손에게 경고하는 바는?

건성으로 지내는 제사는 재앙만을 초래(淫祀無福, 反回殃禍)

(그렇게 변고가 있고 난 뒤) 진손 규림(眞孫圭林)이 대를 이어 제사를 지내 오다가 88세에 나이에 세상을 떠나자(圭林繼世奠酹, 年及八十八歲而卒). 그의 아들 간원경間元卿)이 이어받아서 제사(禮, 祭)를 지내왔는데도(其子間元卿, 續而克禮), 단오일 알묘제 때 사고가 터졌다. 영규의 아들 준필이에게 미친 증세가 나타났다(端午日謁廟之祭, 英規之子俊必又發狂). 내용인 즉 사당에 들어와서 간원(間元)이 차려 놓은 제사상 제물을 치우고, 자신이 갖고 온 제물을 진설해 제사를 지내는데 세 번째 헌작을 하기도 전에 난폭한 미친 증세를 갑자기 얻어 집에 돌아와서는 죽었다(來詣廟, 俾徹間元之奠, 以己奠陳享, 三獻未終, 得暴疾, 歸家而斃). 옛날 어른들이 이런 경우에 하시는 말씀이 "제대로 지내지 못한 제사로 복을 받기는 어렵고(淫祀無福), 도리

어 불행한 일을 당한다(然古人有言, 淫祀無福, 反受其殃)."이 앞에도 영규의 사례가 있었고, 뒤이어 준필이의 사건(佼, 狡)이 있었으니 이들 두 부자를 두고 한 말이었다(前有英規, 後有佼必, 父子之謂乎).

또 이곳 사당 안에는 금과 옥이 많다는 소문에 도둑들이 그곳에 와서 그것들을 훔쳐가려고 했다(又有賊徒, 謂廟中多有金玉, 將來盜焉). 도둑놈이 처음 들었을 때는 온몸에 갑옷과 투구를 쓰고 무장하고, 활에다가 화살을 당기면서 왔다(初之來也, 有躬擐甲胄, 張弓挾矢). 용맹한 한 어떤 사람이 사당 안에 나오더니 사방에다가 화살을 비 오듯이 쏴대면서 도둑놈 일곱 혹은 여덟 명이나 죽으니 나머지 무리들은 달아나 버렸다(猛士一人, 從廟中出, 四面雨射, 中殺七八人, 賊徒奔走). (이런 신기한 일이 있고) 며칠 지난 뒤에 다시 와보니, 길이가 30여 자나 되는 이무기(蟒 혹은 蝗蟲)의 눈빛이 번개와 같았다(數日再來, 有大蟒長三十餘尺, 眼光如電). 커다란 구렁이가 사당에서 나오더니 8, 9명은 물어 죽이니 탈출에 성공한 사람들도 넋이 빠진 좀비(僵尸, zombie)처럼 쓰러져 나갔다(自廟房出, 咬殺八九人, 粗得完免者, 僵仆皆而散).[142] 그런 일이 알려진 뒤로부터 능원(陵園) 안팎에는(故知陵園表裏) 반드시 신물(神物)이 있어 보호한다는 것을 깨달았다(必有神物護之).

건안(建安) 4년 기묘(己卯, 199)년 최초로 능원사당을 세울 때부터 지금 국왕께서 즉위하신 지 31년 만인 대강(大康) 2년 병진(丙辰, 1076)년까지 총 878년이나 되었다(自建安四年己卯始造, 逮今上御圖三十一載, 大康二年丙

---

142 강복(僵仆)이란 쓰러질 강(僵)자와 쓰러질 부(仆)를 반복하여 강조했으며, "강시(僵尸)라는 혼 빠진 좀비(zombie)처럼 쓰러졌다(仆如僵尸)."라는 표현을 했다. 넘어져 쓰러진다는 뜻으로 복(覆, 趄 혹은 伏)이란 한자가 있고, 같은 뜻의 부(仆) 혹은 전(轉), 강(僵) 등을 표현할 수 있었다. 그러나 사람에 관련해서 강부(僵仆)로 표기했음에는 의도한 바는 강시처럼 쓰러져 나갔다는 표현이었다. 아마도 삼국사 28권 의자왕조에 "쓰러지고 엎어져 죽은 자만 100여 명이었다(僵仆而死百餘人)."를 표기를 빌려 썼다.

辰, 凡八百七十八年). 층계를 쌓아 올린 아름다운 흙이 허물어 내리거나 무너지지도 않았다(所封美土, 不騫不崩). 이른바(所) 심어 놓은 예쁘장한 나무 한 그루도 시들거나 말라 죽지 않았다(植佳木, 不枯不朽). 더욱이 거기에 걸러놓았던 수많은 옥 조각들도 어디 하나 부서진 게 하나도 없었다(所排列万蘊玉之片片, 亦不頹坼). 이런 현상을 보면, 신체부(辛替否, A.D. 663 ~ A.D. 742, 唐詩人)[143]가 읊었던 시가에(由是觀之, 辛贊否曰) "옛날로부터 오늘까지 어찌 망하지(亡) 않는 나라와 파괴되지 않는 무덤이 있겠는가(自古迄今, 豈有不亡之國, 不破之墳)?"라고 한 말이 오직 가락국(가락국)이 옛날에 일찍이 망한 건 그 말이 맞았지만(唯此駕洛國之昔曾亡, 則贊否之言有微矣), 수로왕의 사당이 허물어지지 않는 건 신체부(贊否)[144]의 말을 못 믿겠다(首露廟之不毁, 則贊否之言, 未足信也).

수로왕을 회상하는 민속놀이로 감읍(感泣)

이 가운데도 수로왕을 사모해서 하는 놀이가 있다(此中更有戱樂思慕之事). 매년 7월 29일에 이 지방 사람들, 관리 그리고 군졸이 승점에 올라가서(每以七月二十九日, 土人吏卒陟乘岾), 장막을 치고 술과 음식을 마련해서 마시며 즐겁게 하루를 논다(設帷幕, 酒食歡呼). 이들(군중)은 동·서쪽으로

---

143 辛替否, 百度百科: "辛替否, 字協時, 京兆人也. 景龍年爲左拾遺. 時中宗置公主府官屬, 安樂公主府所補尤多猥濫. 又駙馬武崇訓死后, 奔旧宅別造一宅, 侈麗過甚. 時又盛興佛寺, 百姓勞弊, 帑藏爲之空竭. 唐京兆万年人, 字協時. 中宗景龍中爲左拾遺, 時安樂公主府官員冗濫, 筑第侈貴, 又盛興佛寺, 國庫空竭, 替否上疏諫, 不納. 睿宗時爲左補闕, 上疏諫爲金仙, 玉眞兩公主營觀事, 雖不納, 然嘉其公直, 遷爲右台殿中侍御史, 累遷潁王府長史. 玄宗天宝初卒, 年八十."

144 辛贊否는 辛替否로 적어야 하나, 유사한 한자를 쓰다가 비슷한 한자로 적는 과오가 있어서 선비들은 아예 상통(相通)이라고 하면서 뜻이 통함에 지장이 없으면 틀렸다고 하지 않았다.

서로 눈짓을 하면서, 건장한 젊은이들은 좌우로 나눠 망산도에서 말발이 보이지 않게 착착(駸駸) 육지를 향해 달리며(而東西送目, 壯健人夫, 分類以左右之, 自望山島, 駃蹄駸駸 而競湊於陸), 뱃머리를 둥실둥실(泛泛) 띄워 물 위를 서로 노 저어(鷁首泛泛, 而相推於水), 북쪽 옛 나루터를 향해서 다투어 달린다(北指古浦而爭趨). 이게 대게 옛날 유천간(留天干)과 신귀간(神鬼干) 등이 왕후가 오는 걸 바라보고 급하게 수로왕에게 보고했던 옛 추억이었다(盖此昔留天神鬼等, 望后之來, 急促告君之遺迹也). 가락국이 멸망한 뒤에도 대대로 그 칭호가 한결같지는 않았다(國亡之後, 代代稱號不一).

신라 제31대 정명왕(政明王, 神文王)이 즉위한 개요(開耀) 원년 신사(辛巳, 681)년에서는 금관경(金官京)이라고 불렸고, 지방관으로 태수(太守)를 두었다(新羅第三十一, 政明王卽位, 開耀元年辛巳, 號爲金官京, 置太守). 그 후 259년에 우리 고려 태조가 통합한 뒤로는(後二百五十九年, 屬我太祖統合之後) 대대로 내려오면서 임해현(臨海縣)이라고 했으며, 배안사(排岸使)를 두어 48년을 지속했다(代代爲臨海縣, 置排岸使, 四十八年也). 다음에는 임해군(臨海郡) 혹은 김해부(金海府)라고 하고, 도호부(都護府)를 두어 27년을 계속했다(次爲臨海郡, 或爲金海府置都護府, 二十七年也). 또 방어사(防禦使)를 두고 64년 동안 이어왔다(又置防禦使, 六十四年也).

순화(淳化) 2(A.D. 991)년에 김해부(金海府)의 양전사(量田使) 중대부(中大夫) 조문선(趙文善)은 조사해서 보고하기를(淳化二年金海府量田使, 中大夫趙文善申省狀稱), "수로왕의 능묘에 소속된 밭의 면적이 넓으니 마땅히 15결(結)[145]을 가지고 전대로 제사를 지내게 하고, 나머지는 부(府)의 부역

---

145 결(結)이란 옛날의 곡식 혹은 면적 단위로는 1결(結)=100부(負, 짐)=1,000속(束, 묶음, 단)=10,000파(把, 줌)이다. 1말은 10되이고, 섬(석)은 15말, 가마니는 10말(오늘날 무게 80kg) 이었다. 오늘날 면적 단위로 환산하면, 1,200평 정도이고, 토지의 비옥도에 따라 차이가 있으나

하는 장정들에게 나눠주는 게 좋겠다(首露陵王廟屬田結數多也. 宜以十五結仍舊貫, 其餘分折於府之役丁)."라고 장계를 올렸다. 이 보고를 받은 관청에서 그 장계를 가지고 가서 보고하자 조정에서는 교지를 내려 하명했다(所司傳狀奏聞, 時廟朝宣旨曰). "하늘에서 내려오신 알이 부화하여 성군이 되었는데, 곧 왕위에 올라 158년이나 왕위에 있었다(天所降卵, 化爲聖君, 居位而延齡, 則一百五十八年也). 중국 삼황 이후로 이분에 비견할 분은 드물다(自彼三皇而下, 鮮克比肩者歟). 수로왕께서도 붕어하신 뒤 선대부터 능묘에 소속된 전담을 지금에 와서 줄인다는 게 참으로 두려운 일이다. 그래서 이를 윤허(許諾)하지 않겠다(崩後自先代俾屬廟之壟畝, 而今減除, 良堪疑懼, 而不允). 양전사가 또 거듭 보고를 하자, 조정에서도 이를 옳게 여겨, 그 절반은 능묘에서 옮기지 않고, 나머지 절반은 지역에 부역하는 장정들에게 나눠주기 했다(使又申省, 朝廷然之, 半不動於陵廟中, 半分給於鄕人之丁也). 절사와 양전사(量田使)는 조정의 명을 받아(節使, 量田使稚也) 이에 그 반은 능원에 소속시키고, 반을 부에 부역하는 호정에게 주었다(受朝旨, 乃以半屬於陵園, 半以支給於府之徭役戶丁也).

이 일이 거의 끝날 무렵에 양전사(量田使)가 몹시 피곤해하더니, 어느 날 밤에는 꿈에 7, 8명의 귀신이 보인다는 말까지 하고(幾臨事畢, 而甚勞倦, 忽一夕夢見七八介鬼神), 밧줄을 갖고 와서 칼을 쥐고서 하는 말이, "네 놈이 큰 죄를 지었으니 목을 쳐서 죽이겠다(執縲紲, 握刀劍而至, 云儞有大愁, 故加斬戮)." 했다고 하며, 양전사는 형벌을 받고 몹시 아파하다가(其使以謂受

200평(坪, 1.818m×1.818m×3.3㎡)을 쌀 1말이 나는 면적을 1마지기로 한다면 6마지기가 된다. 고려 시대는 1결에 쌀 300말(斗)이었으나 조선 시대는 600말(斗)까지 산출되었고, 임진왜란 뒤에는 이앙법(移秧法)을 도입하고 1.6배인 960말까지 생산량이 늘어났다. 조선 시대 1인당 연간 평균 240kg이었으나, 일본에서는 1인당 평균 100kg 정도에 지나지 않았다. 1980년대 우리나라는 연간 160kg 정도 쌀 소비를 했으나 오늘날은 50kg 정도만 쌀을 소비하고 있다.

刑而慟楚), 놀라서 깨어나서도 이내 시름시름 앓다가 남에게 알리지도 못
하고, 한밤중에 도망가다가(驚懼而覺, 仍有疾療, 勿令人知之, 宵遁而行), 그
병이 낫지 않아 관문을 지나자 죽고 말았다(其病不間渡關而死). 이런 연유
로 양전대장(量田臺帳)에는 그의 도장(서명)이 찍히지 않았다(是故量田都
帳不著印也).

그 뒤에 사신이 와서 그 밭을 검사해 보니 겨우(才) 11결 12부 9속뿐이었
다(後人奉使來, 審撿厥田, 才十一結十二負九束也). 3결 87부 1속이 모자라는
것이다(不足者三結八十七負一束矣). 이에 모자라는 밭을 어떻게 처분했는지
를 실사를 해 내외궁(內外宮)에게 보고했다(乃推鞫斜入處, 報告內外官), 국
왕께서는 하명하여 그 부족한 부분을 충당하여 주게 했다(勅理足支給焉).

이런 일들이 발생한 데에 대해서 어제와 오늘의 사건들을 탄식하는 사
람이 있었으니(又有古今所嘆息者), 수로왕의 8대손 김질왕이 정치에 부지
런하고 참된 일을 매우 숭상하여(元君八代孫金銍王克勤爲政, 又切崇眞), 세
조모(世祖母) 허황후(許皇后)를 위한 명복을 빌고자 했다(爲世祖母許皇后
奉資冥福). 이에 원가(元嘉) 29년 임진(以元嘉二十九年壬辰, A.D. 452)년에 수
로왕과 허황후가 혼인했던 곳에 사찰을 세워(於元君與皇后合婚之地創寺),
절 이름을 왕후사(王后寺)라고 칭했다(額曰王后寺). 사람을 시켜서 절 근처
에 있는 평평한 밭 10결을 측량해서 팔아 삼보공양 소요 비용에 충당해서
쓰도록 조치했다(遣使審量近側平田十結, 以爲供億三寶之費). 이 사찰이 건
축되고 500년 뒤에(自有是寺五百後) 장유사(長遊寺)를 세웠는데, 이 사찰
에도 결부된 밭이 도합 300결이나 되었다(置長遊寺, 所納田柴幷三百結). 이
에 장유사의 세 개의 언덕이 왕후사가 장유사의 밭 동남쪽에 지역 안에 들
어있다고 해서(於是右寺三剛, 以王后寺在寺柴地東南標內), 왕후사를 폐사시

키고 그 자리에다가 사찰관리사(莊舍)를 만들었다(罷寺爲莊). 가을철 곡식을 거두어 겨울에 저장하는 장소이고, 말을 기르고 소를 치던 마구간으로 만들어 버렸다(作秋收冬藏之場, 秣馬養牛之廐). 슬픈 일이다(悲夫).

4.
태초에 하늘이 열리고,
예리한 눈(利眼)이 있었다

한반도 하늘이 열리고, 로고스(logos)가 비로소 해처럼 빛났다

세조(世祖) 수로왕 이하 9대손의 책력들을 아래와 같이 자세히(委) 적어

보면(世祖已下九代孫曆數, 委錄于下) 그 새김이란(銘曰): "태초에 하늘과 땅

이 열렸고, 이안(利眼, Logos)[146]은 처음으로 날카로웠다(元胎肇啓, 利眼初

---

146 이안(利眼)는 글자 그대로는 '이롭게 세상을 보는 눈' 혹은 유현(幽玄)이라고 할 수 있는데, 유현(幽玄)이란 이치(理致)나 아취(雅趣)가 알기 어려울 정도로 깊고 그윽하며 미묘함을 말한다. 오늘날 안과 의학 용어로는 '이안(利眼, sharp eye)'은 날카로운 눈매를 가진 눈이다. 양(梁)나라 의 소명태자(昭明太子)가 편찬한 『문선(文選)』에서는 "내 예리한 눈이 구름을 향하고 있다고 들었으나 내려다볼 수 없고, 밝고 깨끗하며, 흙으로 덮여 있어 빛나지 못하느니라(臣闻利眼临云, 不能垂照. 朗璞蒙垢. 不能吐辉)." 여향(呂向)이 주를 달아서 "하늘에는 해와 달이 있어. 마침 사 람에게 눈이 있는 것처럼 태양은 눈을 날카롭게 한다고, 이것은 국왕에 비유한 것이다(天有日月, 如人有眼, 故以日为利眼也, 此喻君也)."/ 참고 문헌: 文选, 陆机之十三: "臣闻利眼临云, 不能垂 照. 朗璞蒙垢. 不能吐辉. 是以明哲之君, 时有蔽壅之累. 俊乂之臣, 屡抱后时之悲, 臣闻郁烈之 芳, 出于委灰. 繁会之音, 生于绝弦. 是以贞女要名于没世, 烈士赴节于当年."/ 呂向注: "天有日 月, 如人有眼, 故以日为利眼也, 此喻君也"

고녕가야(古寧伽倻)

明). 인륜이 비로소 생겨났으나, 국왕의 권한이 아직 제자리를 잡지 못했다(人倫雖誕, 君位未成). 중국 조정은 여러 대를 거듭했지만, 동쪽 한반도에 도읍지가 갈라졌네(中朝累世, 東國分京), 계림 도읍이 먼저 정한 뒤에 가락국이 뒤이어 국가 운영을 하게 되었다네(鷄林先定, 駕洛後營). 스스로 맡아 다스릴 사람이 없었다면 누가 이 백성을 살필까(自無銓宰, 誰察民氓)? 드디어 하늘에 상제님(玄造: 玄妙創造主)[147]께서 백성들의 삶을 보살펴 주었네(遂玆玄造, 顧彼蒼生). 여기 천명이란 증표를 주겠노라, 특별한 정령을 보내주겠노라(用授符命, 特遣精靈). 구지봉(龜旨峯) 산정에 알을 내려보내시고, 안개로 자신의 모습을 감추셨네(山中降卵, 霧裏藏形). (그 알) 속은 오히려 아득했었지만, 겉이 캄캄한 세상이었다네(內猶漠漠, 外亦冥冥). 바라보면 아무런 형성이 없는 듯하나, 귀 대고 들어보면 여기 소리가 있었네(望如無象, 聞乃有聲). 뭇사람들이 노래하면 불러대니, 춤추며 받들어 올렸네(群歌而奏, 衆舞而呈)."

"이렛날(7일)이 지난 다음 한동안은 평온함이 찾아왔다(七日而後, 一時所寧). 바람이 몰아치더니 구름이 걷히고, 푸르고 텅텅 빈 하늘에서(風吹雲卷, 空碧天靑), 여섯 개의 동그란 알들이 자줏빛 끈(줄)에 달려서 내려오는지라(下六圓卵, 垂一紫纓). 낯설고 이상스러운 이곳엔 집들의 용마루가 다닥다닥 이어졌네(殊方異土, 比屋連甍). 구경하는 사람들은 줄에 이어졌고

---

147   玄造[xuán zào], 百度百科: (意味) 1. 犹造化, 2. 指大自然, 天地, 3. 犹天意, 4. 皇恩, 天德. (出处) 南朝·宋·朱广之 《咨顾道士夷夏论》: "虽非幽简, 自然玄造, 何假难明之术, 代兹易晓之路哉." / 唐·元结 《闵荒》 诗: "令行山川改, 功与玄造侔." / 唐·刘禹锡 《祭虢州杨庶子文》: "我今泛然, 一委玄造." 明·方孝孺 《邻父携酒相饮》 诗: "世运有隆替, 玄造岂不仁." / 北周·庾信 《代人乞致仕表》: "明宪不敢以纤负, 玄造竟微於滴助." / 唐·白居易 《逸老》 诗: "是故临老心, 冥然合玄造." / 南朝·梁王僧孺 《为南平王妃拜表改封表》: "不悟玄造曲被, 徽渥愈臻." / 唐·令狐楚 《为人谢问疾兼赐医药等状》: "蒲柳之心犹壮, 誓竭丹诚; 狗马之齿更长, 敢忘玄造." / 前蜀·杜光庭 《张道衡常侍还愿醮词》: "仰天慈而积感, 报玄造以无阶."

(堵)148, 바라보는 사람들이 들끓었다(觀者如堵, 觀者如羹)149. 5명은 각 자신의 고을로 돌아갔고, 한 분이 이곳 성에 있었다(五歸各邑 一在玆城). 같은 때 같은 발자취는 형제가 같았다네(同時同迹, 如弟如兄). 참으로 하늘에 덕을 쌓아 세상을 위해 질서(利眼, Logos 혹은 creation process)를 만들었다네(實天生德, 爲世作程).

"왕위에 처음으로 등극하니, 온 나라(세상)가 맑아지려 하는 거다(寶位初陟, 寰區欲淸150). 궁궐을 짓는 구조는 옛 법에 따랐고, 흙 계단은 오로지 평평했다네(華構徵古, 土階尙平). 시작부터 만기친람(萬機親覽)하시는 근면함으로 모든 정책을 실시했다(萬機始勉, 庶政施行). 어느 쪽에도 편들지도 기울지도 않았으니, 오직 하나로 오직 바르고 정밀했다(無偏無儻, 惟一惟精). 길 가는 자에게는 길을 양보하고, 농사짓는 농부에겐 밭을 양보했네(行者讓路, 農者讓耕). 온 나라151가 안정하게 정착(安枕, 奠枕)되고152, 만백성은 소위 태평성대를 맞이하게 되었네(四方奠枕, 萬姓迓衡, 謂迎太平之政)."

148 禮記. 射義: "孔子射於矍相之圃, 蓋觀者如堵牆." / 周書, 卷二一, 尉遲逈傳: "孝寬等軍失利而卻, 鄴中士女, 觀者如堵."

149 周礼·天官·亨人: "祭祀, 共大羹, 鉶羹. 賓客亦如之." / 贾公彦疏: "云鉶羹者, 皆是陪鼎臛胹腌膷, 牛用藿, 羊用苦, 豕用薇, 调以五味, 盛之於鉶器, 即谓之鉶羹." / 乐府诗集·郊庙歌辞十二·周宗庙乐府舞辞: "振其鼓鼓, 洁以鉶羹." 清 毛奇龄 《辨定祭礼通俗谱》 卷三: "又将鼎肉入之小鼎, 而和菜作羹, 所谓鉶羹也."

150 【註】 寰卽古縣字. 又叶胡官切, 音完. 【白居易·悟眞寺詩】 聞名不可到, 處所非人寰. 又有一片石, 大如方尺甎. 【說文】 本作寰. 寰字說文寰, 从宀瞏聲.

151 书经·洛诰: "惟公明德, 光于上下, 勤施于四方, 旁作穆穆迓衡, 不迷文武 勤教" / 孔传: "四方旁來, 爲敬敬之道, 以迎太平之政."

152 안침(安枕) 혹은 전침(奠枕)은 '편안하게 잠을 잘 수 있게 됨' 정치적 안정화와 백성들의 태평성대를 칭함. 관련 고문헌으로는 汉·扬雄《法言·寡见》: "昔在姬公, 用於周而四海皇皇, 奠枕於京. 李轨注: 安枕而卧, 以听於京师." / 宋·岳飞《五岳祠盟记》: "朝廷无虞, 主上奠枕, 余之愿也."/《辽史·耶律图鲁窘传》: "若此, 则争战未已, 吾民无奠枕之期矣."

"갑자기(俄次) 염교 풀(Rakkyo, 薤, らっきょう)[153]에 이슬이 마르듯이, 오랫동안 사셔야 할 어르신(大椿)[154]께 대춘지수(大椿之壽)를 보전하지 못했네(俄晞薤露, 靡保椿齡). 천지의 기운이 변하자, 궁궐뿐만 아니라 일반 백성들에게도 아픈 심정이었다네(乾坤變氣, 朝野痛情). 황금처럼 고귀했던(金相似) 그분의 발자취(其躅)는 옥구슬 같았던 그의 명성의 떨침이라네(金相其躅, 玉振其聲). 후손(來苗)[155]이 끊어지지 않았다니, 사당의 제사(薦藻)[156]가 오직 향배(享拜)될 수 있었네(來苗不絶, 薦藻惟馨). 세월은 비록 흘러갔지만 규범과 범도는 기울어지지 않았다네(日月雖逝, 規儀不傾)."

수로왕을 이어받았던 국왕들의 치세(治世)를 요약하면

제2대 거등왕(居登王, 諡號道王)은 아버지는 수로왕이고, 어머니는 허황후이다(居登王, 父首露王, 母許王后). 건안(建安) 연호에 들어서고 4년 기묘

---

153 해(薤), 위키실록사전: "종묘에서 제향을 올리기 전 재계(齋戒) 때에 집사관과 제사에 참여할 군관은 함부로 술을 마시지 말고, 파[葱]·부추[韭]·마늘[蒜]·염교[薤]를 먹지 말라고 했다. 『세종실록』 오례 길례 의식 친협 종묘의 재계. 이러한 인식은 불교에서 유래한 것이다. 중국의 남북조 시대 유송(劉宋)에서 유행한 『범망경(梵網經)』에서는 중생(衆生)은 육고기를 먹으면 안 되고, 오신을 먹어서는 안 된다고 하였는데, 여기에서 '오신'은 마늘·파·부추·염교·무릇[興渠]를 가리킨다."

154 莊子, 內篇 逍遙遊: "上古有大椿者 以八千歲爲春 以八千歲爲秋 …."

155 後漢書 卷119 南匈奴列傳 第79匈奴: "建初元年, 來苗遷濟陰太守, 以征西, 將軍耿秉行度遼將軍. 時皐林溫禺犢王復將衆還居涿邪山, 南單于聞知, 遣輕騎與緣邊郡及烏桓兵出塞擊之, 斬首數百級, 降者三四千人 …."

156 書經, 益稷篇: "宗彝, 藻火, 粉米, 黼黻絺繡, 以五采彰施 於五色作服." / 周禮·春官: "春入學, 舍采合舞." / 《家語, 管仲, 山節: "藻梲, 賢大夫也, 而難為上." / 洞冥記: "旦露池西有靈池, 方四百步, 有連錢荇, 浮根, 菱. 倒枝藻. 連錢荇, 荇如錢文. 浮根菱, 根出水上, 葉沈 波下, 實細薄, 皮甘香, 葉半青半黃, 霜降彌美, 因名青 冰菱也. 倒枝藻者, 枝橫倒水中, 長九尺餘, 如結網, 有 野鴨秋鳧及鷗鶿來翔水入, 入此草中, 皆不得出, 如 繪網也, 亦名水網藻." / 南康記: "魚朝恩有洞, 四壁夾安琉璃板, 中貯江水及 萍藻諸色蝦, 號魚藻洞."

(己卯, A.D. 199)에 왕위에 올라(立安四年己卯三月十三日卽位) 39년간 치세를 하고 가평(嘉平) 5년 계유(癸酉, A.D. 253)년 9월 17일에 붕어하셨다(治三十九年, 嘉平五年癸酉九月十七日崩). 왕비는 천부경(泉府卿) 신보(申輔)의 따님 모정(慕貞)이며(王妃泉府卿申輔女慕貞), 태자 마품을 출산했다(生太子麻品). 개황력(開皇曆)[157]에서는 "성씨 김씨는 대체로 시조가 황금알(金卵)에서 난 사연으로 황금(金)을 성(姓)으로 삼아[158] 그러했다(開皇曆云, 姓金氏, 盖國世祖從金卵而生, 故以金爲姓爾)."[159]

---

157 a. 開皇曆, 維基百科, 自由的百科全書: "開皇曆是中國古代隋朝的曆法. 隋朝統一中國, 隋文帝想以符命耀天下, 道士張賓迎合, 自稱通曉曆法, 得到皇帝寵信, 被任命爲華州刺史, 隋朝開皇四年(584年) 張賓和劉暉,董琳,劉佑,馬顯,鄭元偉一起修訂新曆, 稱爲開皇曆, 頒用至開皇十六年(596年). 以 365 + 25063 / 102960 日歲實(太陽年), 29 + 96529 /181920 日爲朔策(朔望月). 採用 429年 有 158閏的閏周, 以何承天的曆法損益而成. 頒布後, 劉孝孫和劉焯認爲開皇曆, 不用破章法, 不考慮歲差, 不知用定朔, 不會計算上元積年, 是其重大缺陷. 開皇曆不如何承天之曆法精密, 很快被大業曆取代." / b. 연표(年表). 찬자는 알 수 없음. 개황 연간(수 문제의 연호, 581~600)에 만들어진 것으로 추정되며, 현재 전하지 않아 그 내용이나 체제에 대해서는 알 수 없음. 다만 ≪삼국유사(三國遺事)≫ 가락국기(駕洛國記)에 단편적인 기록이 보이고 있으므로, 가야에 대한 기록이 어느 정도 실려 있었을 것으로 보임. ≪개황록(開皇錄)≫과 동일한 책인지 알 수 없으나, ≪개황록≫에도 가야에 대한 기록이 남아 있어서 같은 책으로 추정됨. / c. 개황력(開皇曆)이란 수나라 때 책력이라서 가야 왕조에 무관하여 '개황록(開皇錄)'이라는 학자들의 주장이 있어 검색하였으나 수(隋)나라 때 장안(長安)의 대흥선사(大興善寺)의 번경학사(飜經學士) 비장방(비장방)이라는 생몰 미상의 스님이라고, 저서를 찾아보니 『개황삼보록(開皇三寶錄)』, 『장방록(長房錄)』, 『삼보록(三寶錄)』, 『방록(房錄)』 등이 있고, 역대삼보기(歷代三寶記)를 살펴보니, 가야 김수로왕의 성씨에 대한 언급을 찾을 수 없었음. 아마도 뭔가를 착각하시고 적었다고 봄. 주요 활동기는 A.D. 562년에서 A.D. 597년까지 활동함. 수나라에서 가야의 기록을 남긴다는 것은 신빙성이 없음.

158 동양의 성씨(姓氏)는 천손 강림 사상에서 천자(天子)만이 성(姓)을 가졌으며, 천자(天子)는 백성들에게 성씨를 내려주었다. 천자만이 성씨를 갖는 제도를 국성제도(國姓制度)이고, 국왕이 성씨를 내려주는 걸 사성제도(賜姓制度)라고 했다. 심지어 신라 시대는 성씨별로 성(城)이나 식읍(食邑)을 분할통치하던 성씨분정제(姓氏分定制), 관향지를 내려주는 사관제(賜貫制), 지역에 제후로 봉했던 봉군제(封君制) 등이 조선 시대까지 행해졌다. 기자조선의 한(韓) 씨, 선우(單于) 씨, 고구려 고(高) 씨, 백제 부여(夫餘) 씨, 신라 김(金) 씨 등, 가야국에서는 금관가야의 김해 김(金) 씨와 고령가야의 함창 김(金) 씨가 국성(國姓)에서 유래했다.

159 a. 爾(그러하다)는 성경 기도문 뒤에 따라오는 '~아멘(Amem)'과 같이 '그러하다.' 덧붙이는 말이다. 『삼국유사(三國遺事)』에서 가락국기에서 "그런 연고로 김씨가 성이 되었다. 그러하다(爾)(故以金爲姓爾)."와 단군 신화에서 "너희들이(爾) 이것을 먹고 백일동안 햇빛을 안 본다면

고녕가야(古寧伽倻)

제3대 마품왕(麻品王)은 일명 마풍(馬品)이라고도 하며(麻品王, 一云馬品), 김씨(金氏)로 가평 5년 계유(癸酉, A.D. 253)년에 즉위하였고(金氏, 嘉平五年癸酉卽位), 39년간 치세를 한 뒤, 영평 원년 신해(辛亥, A.D. 291)년 1월 29일에 붕어했다(治三十九年, 永平元年五年辛亥一月二十九日崩). 왕비는 종정감(宗正監) 조광(趙匡)의 손녀 호구(好仇)로 태자 거질미(居叱彌)를 낳았다(王妃宗正監趙匡孫女好仇, 生太子居叱彌).

제4대 거질미왕(居叱彌王)은 일명 물금(今勿)이라고 했으며, 김씨로 원평(永平) 원년에 즉위하였고, 56년간 치세하셨으며, 영화(永和) 2년 병오(丙午, A.D. 346) 9월 7일에 붕어했다(居叱彌王, 一云今勿, 金氏, 永平元年卽位, 治五十六年, 永和二年丙午七月八日崩). 왕비는 아궁아간(阿躬阿干)의 손녀 아지(阿志)로 왕자 이시품을 낳았다(王妃阿躬阿干孫女阿志, 生王子伊品).

제5대 이시품왕(伊尸品王)은 김씨(金氏)로 영화(永和) 2년에 즉위하여, 30년 치세에(伊尸品王, 金氏, 永和二年卽位, 治三十年) 의희義熙) 3년 정미(丁未, A.D. 407) 4월 10일에 돌아가셨다(義熙三年丁未四月十日崩). 왕비는 사농경(司農卿) 극충(克忠)의 딸 정신(貞信)으로, 태자 좌지(坐知)를 낳았다(王妃司農卿克忠女貞信, 生王子坐知).

제6대 좌지왕(坐知王, 혹은 神王)은 일명 김질(金叱)이라고도 하며, 의희

곧 사람이 될 것이다(曰爾輩食之不見日光百日便得人形).”로 사용했다. 『삼국사(三國史)』에서 석우로(昔于老)에서 “만약 그러하지 아니하였더라면(若不爾者)”에서는 ‘그러하다’로 사용하고 있다. 기독교에서는 “(하느님) 저희 기도를 들어주십시오.”라는 뜻으로 ‘아멘(amen).’을 외치지만 히브리어의 어원에서는 ‘그러하다(so be it or let it be so).’ 뜻이다. / b. Wikipedia, Amen: “(Hebrew: אָמֵן, ʾāmēn; Ancient Greek: ἀμήν, amḗn; Classical Syriac: ܐܡܝܢ, ʾamīn; Arabic: آمِين, ʾāmīn) is an Abrahamic declaration of affirmation which is first found in the Hebrew Bible, and subsequently found in the New Testament. It is used in Jewish, Christian, and Muslim practices as a concluding word, or as a response to a prayer. Common English translations of the word amen include ‘verily’, ‘truly’, ‘it is true’, and ‘let it be so.’ It is also used colloquially, to express strong agreement.” / c.

(義熙) 3년(A.D. 407)에 즉위하여(坐知王, 一云金叱, 義熙三年即位) 용녀에게 장가를 들어 그 여자의 무리를 관리로 등용하니 나라 안이 온통 시끄러웠다(娶傭女以女黨爲官, 國內擾亂).[160] 신라(桂林)가 꾀를 써서 정벌하려 하니, 박원도(朴元道)라는 신하가(鷄林國以謀欲伐, 有一臣名朴元道) 말했다. "유초(遺草)[161]를 몇 번을 봐도 역시 털이 있는 법이니, 하물며 사람에 있어서는 더욱 아니겠습니까(遺草閱閱亦含羽, 況乃人乎)? 하늘이 망하고 땅이 꺼지면 사람이 어느 터전에서 살아 남겠습니까(天亡地陷, 人保何基)?" 또 점쟁이에게 점을 쳐서 쾌를 얻었는데(又卜士筮得解卦, 其辭曰), "소인을 없애면, 군자가 와서 도울 것이다(解而拇, 朋至斯孚).[162] 왕께서는 역의 점괘를 살피소서(君鑑易卦乎)." 이에 국왕이 사과하여 옳다고 하였다. 바로 용녀를 내쳐서 하산도(河山島)로 유배를 보내고, 정치를 고쳐 바로 잡으니 길이 백성을 편안하게 다스렸다(王謝曰可, 擯傭女, 貶於荷山島, 長御安民也). 치세 15년을 하시고(治十五年), 영초(永初) 2년 신유(辛酉; 421) 4월 12일에 붕어했다(永初二年辛酉五月十二日崩). 왕비는 도령대아간(道寧大阿干)의 딸 보수(福壽)로(王妃道寧大阿干女福壽), 태자 취희를 낳았다(生子吹希).

---

160 신왕(좌지왕(坐知王, 吹希王)과 용녀(傭女): 왕실에 집에 하인으로 일했던 용녀(傭女)를 총애하여 왕비로 삼았는데, 총애를 빌리로 척당을 대거 등용하자 국정의 기강이 문란해졌고, 신라는 내정 문란을 이용하여 화친을 깨고 가락국을 공략하고자 했다. 이런 낌새를 알아차린 박원도(朴元道)라는 충직한 신하는 i) 용녀의 방자함을 간하며, ii) 척당의 횡포를 탄핵하고, iii) 국정을 바로 잡도록 간청했다.

161 日本国語大辞典精選版, 日本国語大辞典, い‐そう ヰサウ 【遺草】(名) 生前に書きのこした詩や文章の原稿, 遺稿.

162 周易, 卦辭上傳, 九四卦(雷水解): '解而拇, 朋至斯孚'(현대적 해석) 엄지손가락(拇)은 나아갈 목표와 방향을 상징한다. 기존의 혼란을 극복하고 나아갈 방향이 명확해졌다. 지지하는 벗들이 와서 이에 추진동력을 얻을 것이다(拇: 指脚的大拇趾, 斯: 如此, 這樣. 孚: 誠信. 本爻辭的意思是: 像解開被綁的拇趾一樣擺脫小人的糾纏, 志同道合的人才會心怀誠信前來帮助).

제7대 취희왕(吹希王) 일명 질가(叱嘉)[163]라고도 했으며, 영초(永初) 2년에 즉위했다(吹希王, 一云叱嘉, 金氏, 永初二年卽位). 치세는 31년 동안 하시고(治三十一年), 원가(元嘉) 28년 신묘(辛卯; 451) 2월 3일에 붕어하였다(元嘉二十八年辛卯二月三日崩). 왕비는 진사각간(進思角干)의 딸 인덕(仁德)으로 왕자 질지(鉒知)[164]를 낳았다(王妃進思角干女仁德, 生王子鉒知).[165]

제8대 질지왕(鉒知王)은 일명 김질왕(金鉒王)이라고도 했다(鉒知王, 一云金鉒王). 원가(元嘉) 28년에 즉위하여(元嘉二十八年卽位), 이듬해에 시조(始祖)와 허황옥 왕후(許黃玉王后)의 명복(冥福)을 빌기 위하여(明年爲世祖許王玉王后, 奉資冥福) 처음 시조(始祖, 首露王)와 만났던 자리에 절을 지어 왕후사(王后寺)라 하고 밭 10결(結)을 바쳐 비용에 쓰게 하였다(於初與世祖合

---

163 蘇那曷叱知, ウィキペディア(Wikipedia): "蘇那曷叱知(そなかしち, 蘇那曷叱智) は, 『日本書紀』 に伝わる古代朝鮮の人物. 任那からの最初の朝貢使とされる. 『日本書紀』 によれば, 崇神天皇 65年 7月 に任那から朝貢のため來朝し, 垂仁天皇 2年に歸國したという. また,その歸國に際して天皇から任那王へと赤絹 100匹(200段) が贈られたが, 途中でこれを新羅に奪われたといい, これが任那と新羅の爭いの始まりであるとしている. 蘇那曷叱知に關する 『日本書紀』 の說話は, 加耶からの渡來開始を說明するものであるとともに, 加耶と新羅との爭いの始まりを伝えるものである. 名前の 「蘇那曷叱知」 とは朝鮮における借音字と考えられており, その譯語としては金仇亥(金官國第十代) の子の金奴宗とする說, 于斯岐阿利叱智干岐(都怒我阿羅斯等の別名) とする說, 金官國邑君とする說, 弁辰の渠帥(貴人) とする說などがある. また, 垂仁天皇 2年の分注には大加耶國(大加耶: 加耶諸國の1つ)王子の都怒我阿羅斯等による 「任那(みまな)」 の語源伝承が載せられているが, この都怒我阿羅斯等と蘇那曷叱知とを同一視する說がある.

164 鉒(zhì, ㄓ) (名詞) 割稻穀的鎌刀. 《說文解字. 金部》: 「鉒, 穫禾短鎌也.」《漢書. 卷九九. 王莽傳中》: 「予之西巡, 必躬載鉒.」(動詞) 用鎌刀割《廣韻. 入聲. 質韻》: 「鉒, 刈也」

165 오늘날 '제철산업국유화(製鐵産業國有化)'로 가야어론 "임금(나랏님의 쇠덩이, 國王之鐵釘)"라고 했으며, 국왕이나 귀족들의 무덤에는 철정을 부장품(副葬品)으로 바닥에 깔았다. 제철산업에서 가장 중요한 공정으로 풀무질, 불(부)질, 담금질, 벼름질(매질) 등을 거쳐서 철제무기가 나왔기에 작업과정에 참여했던 사람에게 '~질(叱, 質, 鉒)' 등으로 호칭을 붙였다. 당시 흙 그릇을 굽는 사람을 '돗질(도질)' 등으로 불렀다. 가야 국왕에게도 '~질'이라는 명칭을 사용한 것은 제철왕국다운 표현이다. i) 1세기경 일본(임나)에 파견했던 가야의 '소나갈질지(蘇那曷叱智)'이란 사신이 『일본서기』에도 기록되어 있다. ii) 가야 국왕에 '~질'이란 말이 들어간 제4대 거질미왕(居叱彌王), 제6대 김질(金叱), 제7대 질가(叱嘉), 제8대 질지(鉒知)가 있다.

御之地創寺, 曰王后寺, 納田十結充之). 치세는 42년이며, 영명(永明) 10년 임신(壬申; 492) 10월 4일에 세상을 떠났다(治四十二年 永明十年壬申十月四日崩). 왕비는 김상사간(金相沙干)의 딸 방원(邦媛)을 맞이하였다(王妃金相沙干女邦媛). 왕자 겸지를 출산했다(生王子鉗知).

제9대 겸지왕(鉗知王)은 영명(永明) 10년에 즉위하였고(鉗知王, 一云金鉗王, : 永明十年卽位), 치세는 30년 동안, 정광(正光) 2년 신축(辛丑; 521) 4월 7일에 돌아가셨다(治三十年, 正光二年辛丑四月七日崩). 왕비는 출충각간(出忠角干)의 딸 숙(淑)이었고, 왕자 구형(仇衡)을 낳았다(王妃出忠角干女淑, 生王子仇衡).

제10대 구형왕(仇衡王) 김씨(金氏)는 정광(正光) 2년에 즉위하였고(仇衡王, 金氏, 正光二年卽位), 치세는 42년이었다. 보정(保定) 2년 임오(壬午; 562) 9월에(治四十二年, 保定二年壬午九月) 신라 제24대 진흥왕(眞興王)이 군사를 일으켜 쳐들어오니 왕은 친히 군사를 지휘했다(新羅第二十四君眞興王, 興兵薄伐, 王使親軍卒). 그러함에도 중과부적이라서(彼衆我寡) 감히 대항하는 전투를 할 수 없었다(不堪對戰也). 이에 동기(同氣)[166] 탈지이질금(脫知爾叱今)을 보내서(仍遣同氣脫知爾叱今) 본국에 머물러 있게 하고(留在於國) 왕자와 장손(長孫) 졸지공(卒支公) 등은(王子上孫卒支公等) 항복하여 신라에 들어갔다(降入新羅). 왕비는 분질수(分叱水) 이질(爾叱)의 딸 계화(桂花)로, 세 아들을 낳으니, 첫째는 세종각간(世宗角干), 둘째는 무도각간(茂刀角干), 셋째는 무득각간(茂得角干)이다(王妃分叱水爾叱女桂花, 生三子, 一世宗角干, 二茂刀角干, 三茂得角干). 개황록(開皇錄)에 보면, "양(梁)나라 무제

---

166 四子小學: "兄弟姉妹 同氣而生 雖有他親 豈能如此 一粒之穀 必分而食 …." / "兄弟姉妹, 同氣而生, 兄友弟恭, 不敢怨怒."

(武帝) 중대통(中大通) 4년 임자(壬子; 532)에 신라에 항복했다."라고 했다 (開皇錄云, 梁中大通四年壬子, 降于新羅).

이에 대해(議曰) 삼국사(三國史)를 상고하건대(案三國史) 구형왕(仇衡王) 은 양(梁)의 무제(武帝) 중대통(中大通) 4년 임자(壬子)에 나라를 신라에 받쳐 항복했다고 한다(仇衡以梁中大通四年壬子, 納土投羅). 그렇다면 i) 수로왕(首露王)이 처음 즉위한 동한(東漢)의 건무(建武) 18년 임인(壬寅; 42)으로부터 구형왕 말년 임자(壬子; 532)까지를 계산하면 490년이나 된다(則計自首露初卽位東漢建武十八年壬寅, 至仇衡末壬子, 得四百九十年矣). 만일 이 기록으로 상고한다면 강역을 바친 것은 ii) 원위(元魏) 보정(保定) 2년 임오(壬午; 562)에 해당한다(若以此記考之, 納土在元魏保定二年壬午). 그러면 30년을 더하게 되어 도합 520년이 되는 셈이다(則更三十年, 總五百二十年矣). 여기에는 두 가지 설(說)을 모두 기록해 둔다(今兩存之).[167]

---

167   가락국기를 번역하면서(이대영 소감): 가야를 중심으로 볼 때 두 차례 큰 물결이 몰아쳤는데, i) A.D. 23에 신나라 왕망이 말하고 망국의 한을 품고 한반도에 들어왔으며, 이는 가야 건국의 물결이었으나, ii) 고구려 장수왕의 남하정책으로 약육강식의 차가운 물결은 가야 멸망을 재촉했다. 가야는 '철의 제국'답게 '쇠를 녹이듯이' i) 진변한의 토착 세력을 녹여서 가야를 건국했으나, ii) 단합을 하고자 했던 가야 연맹체만을 녹여내지 못하여 망국을 자초하고 말았다. 가야는 한민족사에서는 하나의 한민족의 용광로였다. 망국 유민으로서 제철 도구 용광로처럼 진변한의 토착 세력을 녹여서 가야 검을 만들었다. 그러나 가야 건국회맹, 즉 가야 연맹체라는 막철을 녹여내지 못하여 망국을 초래했다(ガヤは韓民族史では一つの韓民族の爐であった. 亡國遺民として製鐵道具の爐のように辰弁韓の先着勢力を溶かしてガヤゴム(Gaya Sword)を作った.しかし, カヤ建國會盟すなわちカヤ連盟体という摸鐵を溶かすことができず, 亡國を招いた).

5.
김수로와 석탈해의 제철 기술
배틀 게임(STBG)

인도 부다 가야의 제철 유목민(Gaya Steel-making Nomads)

먼저 제철 문화에 대해서 살펴보면 고고학자들의 주장은 B.C. 5000년에서 B.C. 3000년 사이에 고대 이집트 히타이트인들이 철을 발견하여 망치로 두드려 도구와 무기를 만들었다고 한다.[168] 오늘날 공통적인 견해는 현재 투르키예 아나톨리아 반도(Anatolia Peninsula)에서 B.C. 1800년에 B.C. 1200년까지 번성했던 히타이트 제국(New Hittite Empire, B.C. 1400~ B.C. 1200)[169]에서 제철 기술이 발달하여 B.C. 1275년 시리아를 정복하려

168 The history of iron casting part 1 ~ The C.A. Lawton Co.(calawton.com), 2019. 4. 17.: "When did the Hittites start using iron? Archeologists believe that iron was discovered by the Hittites of ancient Egypt somewhere between 5000 and 3000 B.C.E. During this time, they hammered or pounded the metal to create tools and weapons."

169 a. The Hittites and Ancient Anatolia (article) - Khan Academy(khanacademy.

이집트 람세스 2세 군대를 맞아 전투를 끈질기게 벌였던 강대국이었다.[170] 구약성서 창세기(10:15~18, 23:16~18)에서도 나오는 헷(Heth) 족속이며[171], 왕국의 수도는 핫투사(Hattusa) 혹은 핫투사스(Hattusas)[172]는 오늘날 튀르키예(Turkey) 수도 앙카라(Amkara)에서 동쪽으로 200km 정도 좌표(GPS)상으로 E. 30도 30분 N. 40도에 있다.

B.C. 2500년경 히타이트(Hittite)로부터 제철 기술을 배웠던 인도 가야인들은 1,000년 이상 기밀로 지키면서 제철 산업에 종사했으나 B.C. 500

---

org): "The Hittites were an ancient Anatolian (modern-day Turkey) people who formed an empire between 1600~1180 B.C.E. The Hittites manufactured advanced iron goods, ruled over their kingdom through government officials with independent authority over various branches of government, and worshipped storm gods." / b. Iron Age, Wikipedia(en.wikipedia.org): Earliest evidence, Souckova-Siegolová (2001) shows that iron implements were made in Central Anatolia in very limited quantities about 1800 B.C. and were in general use by elites, though not by commoners, during the New Hittite Empire (≈1400~1200 B.C.)

170   오운홍, 『한국사 미스터리 5』: 가야인, 나라 세우러 온 것이 아니다. 시간의 물레, 2023. 8. 31. p. 47

171   a. Genesis 23:16~18: "And Abraham hearkened unto Ephron; and Abraham weighed to Ephron the silver, which he had named in the audience of the sons of Heth, four hundred shekels of silver, current money with the merchant. And the field of Ephron which was in Machpelah, which was before Mamre, the field, and the cave which was therein, and all the trees that were in the field, that were in all the borders round about, were made sure. Unto Abraham for a possession in the presence of the children of Heth, before all that went in at the gate of his city." / b. Genesis 10:15: "Canaan was the father of Sidon his firstborn, and of the Hittites, Jebusites, Amorites, Girgashites, Hivites, Arkites, Sinites, Arvadites, Zemarites and Hamathites."

172   Hattusa: The Ancient Capital of The Hittites(goturkiye.com): "Hattusa, located in Türkiye's Anatolian heartland province of Corum, is definitely worth visiting. The remnants of the Hittite Capital date back to the Bronze Age, around 2000 B.C.. The site was added to the UNESCO World Heritage list in 1986. The Hittites were a remarkable civilization. The kingdom stretched from the Aegean across Anatolia, northern Syria and to the Euphrates river or in Türkiye."

년경에 석가모니(釋迦牟尼, B.C. 560 ~ B.C. 480)가 만민평등(萬民平等)을 제창하는 불교를 전파하자, 카스트 제도에서 하층천인(下層賤人)으로 살았던 제철 기술자들이 자각을 시작했다. 그들은 계급제 신분의 굴레를 벗어던지고, 새로운 꿈을 가지게 되었다. B.C. 500년경에 인도 부다 가야(Bodha Gaya)에선 제철 유목인(India Gaya steel-making Nomads)이 생겨났다.[173] 당시 꿈에 부풀었던 가야인들의 심정은 오직 '가야 해! 가야 해! 나는 가야 해!'였다. "난 그동안 연습장에 낙서처럼 의미 없이 살아왔어. 많은 세월 내가 나를 가두고 습관처럼 살아왔어. 바람 같은 세월인데. 한 번뿐인 인생인데. 그냥 이렇게 살 순 없어. 꿈을 꾸는 세상만큼 그만큼만 다가오네. 나는 가야 해. 나는 가야 해. 꿈을 찾아. 빈 하늘로 날아가는 새처럼. 희망의 나래를 펴네. 하늘 높이. 부서지는 꿈들은 밤하늘에 별이 될 거야."[174] 가사처럼 두근거리는 가슴으로 고국 가야를 떠났다.

　유라시아 대초원의 유목민들이 지구촌을 누볐던 역사보다 이전에 이

173　이진아, B.C. 350년 "철기 문명은 바닷길을 통해 확산됐다." 주간조선(weekly.chosun.com), 2022. 2. 10.: "기원전 350년, 한반도에 남방으로부터 철기 문화가 도착했다. 그때부터 어느 정도 동질적인 하나의 사회 집단을 말하여 '가야'라는 말이 통용되기 시작했다…. 철기 문명의 발상지인 터키에서 인도 아대륙에 처음 전해진 것이 기원전 2500년이다. 철기 문명은 거기서 2,000년 이상 머물러 있었다. 그랬다가 처음 동쪽으로 진출한 흔적이 기원전 500년 캄보디아에서 발견된다. 단 150년 후인 기원전 350년엔 인도네시아, 필리핀, 대만, 그리고 한반도까지 거의 동시에 철기 문명의 흔적이 나타난다."

174　나는 가야 해 / 하남석(2010): 오늘은 어디든지 떠나가 보자. 꽃 바람 풀잎 내음과 나무 하나에도 감사하겠어. 난 그동안 연습장에 낙서처럼 의미 없이 살아왔어. 많은 세월 내가 나를 가두고 습관처럼 살아왔어. 바람 같은 세월인데 한 번뿐인 인생인데. 그냥 이렇게 살 순 없어. 꿈을 꾸는 세상만큼 그만큼만 다가오네. 나는 가야 해. 나는 가야 해. 꿈을 찾아. 빈 하늘로 날아가는 새처럼. 희망의 나래를 펴네, 하늘 높이. 부서지는 꿈들은 밤하늘에 별이 될 거야. 난 그동안 연습장에 낙서처럼 의미 없이 살아왔어. 많은 세월 내가 나를 가두고 습관처럼 살아왔어. 바람 같은 세월인데 한 번뿐인 인생인데. 그냥 이렇게 살 순 없어. 꿈을 꾸는 세상만큼 그만큼만 다가오네. 나는 가야 해 나는 가야 해. 꿈을 찾아. 빈 하늘로 날아가는 새처럼. 희망의 나래를 펴네 하늘 높이. 부서지는 꿈들은 밤하늘에 별이 될 거야 …."

미 가야인의 제철 유목 생활(製鐵遊牧生活)이 시작되었다. 그들은 유목민(nomads)들이 초원을 찾아가듯이 제철 기술 유목민(steel technology nomads)들은 철광석과 땔감이 풍부한 곳이면 어디든지 찾아다녔다. 마치세계 근대사에서 1848년부터 1855년에 캘리포니아(California), 1851년호주의 빅토리아(Victoria), 1861년 뉴질랜드 오타고, 1896년 캐나다 유콘클론다이크, 1899년 알래스카에 골드러시(Gold Rush)의 바람과도 같았다. 부다 가야(Bodh Gaya) 제출 기술자들은 앞을 가로막고 있던 불확실성(不確實性)을 최소화하고자 가족과 이별을 해야 했다. B.C. 500년경에는천문항법(celestial navigation)이 없었다. 따라서 인문항법(human navigation)으로 배를 타고 갠지스강을 따라 벵골만이란 바다에 닿았다. 그리고건너편 미얀마(Myanmar)와 말레이시아(Malaysia)의 해변을 따라 싱가포르(Singapore) 남단까지 왔다. 여기서는 뱃머리를 동으로 돌렸다.[175] 인도네시아(Indonesia), 필리핀(Philippines), 타이완(Taiwan), 제주도에서 김해(金海, Steel Sea)에 도착했다.

인도 부다 가야(Bodah Gaya)의 제철 기술자(製鐵技術者)가 한반도 남단에서 제철 산업기지(製鐵産業基地)를 건설했던 시기는 B.C. 350년 전후로 보고 있다. 물론 그들은 만민평등(萬民平等)의 불교 사상은 갖고 왔다. 그들은 B.C. 500년에서 B.C. 350년까지 오는 길목마다 고향 이름인가야(Gaya)를 만들어 놓았다. 여기서 가야(Gaya)란 '제철 생산 기지(steel production base)'를 만들었고, 지명을 오늘날까지 남겨놓았다. A.D. 48년에 허황후(許皇后)와 오빠 장유화상(長游和尙)이 불상과 불탑을 갖고 왔던건 이후 사건이다. 중국 내륙(中國內陸)과 일본 규슈(日本九州)를 통과하지

---

175   오운홍, 『전게서』, 2023. 8. 31. pp. 66~67

않았다.[176] 곧바로 제주도를 거쳐 한반도 남부에 풍요로운 제철 환경(철광석과 땔감)을 보고 봇짐을 풀었다. 가야인의 철 생산 기지마다 고향 지명 혹은 고국 명칭 가야를 붙였다. 고구려, 백제, 신라보다 앞선 B.C. 350년 이후로 보인다.[177] 심지어 같은 한반도 남부였던 신라 땅 울산 달천철장(蔚山達川鐵場)을 중심으로 석탈해 철 생산 기지(昔脫解 鐵生産基地)를 건설한 것은 B.C. 2세기로 봐서 '제철 기술의 틈새(steelmaking technology gap)'는 지척이라도 천 리(咫尺就是千里)였다.

가야 제철 유목민(Gaya steel nomads)도 유라시아 초원 유목민(Eurasian grassland nomads)들과 같이 가는 곳마다 고향의 지명 가야(Gaya)를 남겨놓았다. 그들의 지명 가야에 철기 문화(鐵器文化)를 창조했고, 그들이 떠난 뒤에도 제철 기지(steel-making base)로 역할을 했다. 그들이 고향을 떠나게 된 이유를 살펴보면 i) B.C. 6세기 코살라 왕국(Kosala Kingdom)이 부다 가야 등을 침입하여 종교적 핍박을 가했다. ii) 이후 곧 바로 불교가 만민평등을 주창했다. iii) 카스트(Caste) 신분 제도에서 최하층 천민으로 2, 3중의 사회적 압력을 받아왔다. iv) 부다 가야 당시 사회에서 가장 약한 연결고리를 담당하고 있던 제철 기술자(steel engineer)에게 가뭄과 홍수의 피해로 철 생산 환경(iron production environment)까지도 최악이었다. v) 그들에게는 호구지책이 당면과제였다. 제철 환경이 좋은 곳을 찾아 떠나는 방안만이 유일한 탈출구였다.

---

176 『상게서』, p. 64: "동남아시아 지역에 '가야(Gaya)' 지명을 검색하여 요약하면, i) 동남아시아 철기 문명 시작은 인도에서 동남아시아 방향으로 인도화(Indianlization) 과정, ii) 미얀마와 한반도까지 그 넓은 공간이 거의 같은 시기인 B.C. 4세기에 출현, 즉 한반도 낙동강 유역에서도 B.C. 350년 철기 유적이 발견, iii) 철기 문명 전파에 중국 본토나 일본 규슈로 간 흔적은 거의 없었다."

177 『상게서』, p. 60

가야(Gaya)의 본질은 철 생산 기지(steel production base)였다

한편, 귀족처럼 개천(開天), 역성혁명(易姓革命) 혹은 건국(建國)과 같은 '정치적인 야욕을 가질 심리적 여유(psychological freedom to have political ambitions)'조차도 없었다. 오직 제철을 통한 호구지책(糊口之策)에만 매달렸다. vi) 따라서 선진 제철 기술로 삶을 보다 윤택하게 하는 철 생산 기지를 만들어 같이 먹고살자는 데 기존 토착 세력들과도 큰 저항을 받거나 갈등을 빚지 않았다. 오히려 첨단 철제 무기로 세력 확장에 도움이 된다고 생각했다. 한반도 남부의 가야 연맹체를 군사연맹체(military alliance) 혹은 국가연합운영체(national joint operation body)로 군사적 혹은 정치적 색채로 봐왔다. 그러나 최근에는 '제철 생산 기지 공동 경영체(joint operating body of steel production base)'로 보는 경향이 생겨나고 있다.[178]

이런 주장이 나오고 있는 배경에서는 한반도 6가야 가운데 김해(金海, Steel Sea) 지역에 자리 잡았던 금관가야(金官伽倻)의 i) 금관(金官)이란 '철(金) 생산을 총괄하던 관청(官)'을 의미한다. ii) 제철 왕국 6가야에서 생산했던 덩이쇠가 모여들었던 집산지(鐵鋌集散地)가 바로 금관가야(金官伽倻)였다. iii) 그곳에서는 6가야 철 생산 기지에서 하지 못했던 첨단 기술의 제2차 가공 단계 단련, 품질 관리, 물류 및 안전한 배송 등 담당했다.[179] iv) 이

178　『상게서』, p. 70: "(金官伽倻란 의미) 한반도의 경우 6가야 가운데 김해(金海, 철의 바다) 지역의 금관가야를 빼놓고 다른 가야를 왕국, 특히 국가로 볼 수 있는지에 대해 학계는 논의해야 한다. 김해 금관가야는 철 생산기지(鐵生産基地)라기보다 i) 6가야의 덩이쇠 집산지(鐵釘集産地)로써 중계무역기지(中繼貿易基地)로 볼 수 있다. 이와 달리 금관가야(金官伽倻)를 제외한 다섯 가야를 철 생산 재련 기지로 볼 수 있다. 이와 같은 생산 기지의 중심체를 지키는 성곽 등 안보체계를 놓고, 행정 체계를 갖춘 국가의 통치 체계로 볼 수 있느냐 하는 문제에 대해 선뜻 답할 수 없는 일이다."

179　『상게서』, p. 229: "김관가야(金官伽倻)란 i) 김해(金海, 철 바다)의 지리적 위치(地理的

를 통해서 부가가치를 높여 국제 교역에서 6가야 공동 이익을 도모했다.[180]

이어 v) 최근 김해시 대성동 제57호 고분에서 3명의 순장 여성(殉葬女性)이 발굴되었다. 머리맡에 가야 철검이 나왔고, 순장 여성의 단련된 신체로 봐서 '가야의 여전사(Gaya female warrior)'로 봤다. 이를 기반으로 A.D. 400년 중국 대륙 동해안에 있었던 광개토대왕의 남정(南征)을 한반도에다가 '고구려의 가야 정벌'을 기정사실(旣定事實)로 역사적 해석을 해왔다. 그러나 사실은 금관가야의 물류(운송과 개송)에서 안전 경비를 담당했던 여성 경호 요원(female security guard)이었다. 가정을 오랫동안 떠나서 제철 사업에 종사했기에 구성원들 사이에 동물적 본능이 있었기에 오늘날 에스코트 여성(escort girl)[181]으로 역할을 했다. 한 마디로 국가 전쟁에 참여했던 병사가 아닌 금관가야 원팀의 한 구성원(business one-team)[182]이었다.

位置)로 보아 낙동강과 남해가 이어지는 길목이라 철 생산물의 집합소가 되었고, 해상 교역의 항구 도시가 되었다. 또 하나 이곳에 철(鐵) 시장이 형성되어 국제시장(國際市場)뿐만 아니라 내수시장(內需市場)도 형성되었다. ii) 제철 공정상(製鐵 工程上)에 있어, 철광석에서 철을 뽑아내는 제련(製鍊)과 시우쇠(低炭素鋼)를 강철로 만들기 위한 제강(製鋼)과정과 대장간에서 강철을 두드려 벼르며 철기를 만드는 단야 공정(鍛冶工程)을 거치게 된다. 고대에는 제강(製鋼)과 단야(鍛冶)를 합해 단야(鍛冶)라고 했다. 가야 시대는 제련(製鍊)은 철 생산 기지에서, 단야(鍛冶)는 철 수집상(鐵蒐集商)이 모여있던 김해지역 금관가야에서 했다. iii) 물류 과정(物流過程)에서 경쟁에서 선택되는 우수한 제품만 생존했던 당시는 김해의 철 유통 관련 집단은 우수한 철 제품을 수출하기 위해 철 상품을 규격화하고 품질을 개선하는 작업을 했다. 이렇게 국내외 시장과의 연결, 제철 생산 기지에서 수집해 단야 공정(鍛冶工程)을 통해 품질 개선을 하여 중계 교역을 하는 게 금관가야(金官伽倻)의 몫이었다."

180   『상계서』, 『한국사 미스터리 5』: 가야인, 나라 세우러 온 것이 아니다. 시간의 물레, 2023. 8. 31., p. 70

181   에스코트(escort), 나무위키 2024. 3. 12.: "호위(護衛)와 매춘(賣春)을 겸하고 있다. … 콜걸(call girl)이나 여성 에스코트로 불리는 사람들을 뜻하는 말로, 보통의 매춘업 종사자처럼 자신이 하는 일을 공공연하게 드러내거나 매춘업소에 소속되어 일하지 않는다. 대신 일종의 대행사 같은 업체에 소속되어 있다."

182   오운홍, 『한국사 미스터리 5』: 가야인, 나라 세우러 온 것이 아니다. 시간의 물레, 2023. 8. 31. p. 268: "대성동 57호 고분의 여전사는 철제품 수집상의 원팀이었다."

김수로와 석탈해의
제철 기술 배틀 게임(Steel Technology Battle Game)

B.C. 4세기보다 정확하게는 B.C. 350년경 한반도 남부 오늘날 김해(金海, 쇠바다)에 도착하여 최적 피신처[183] 혹은 지상 낙원을 건설할 대상지에 첫발을 내디디었다. 이어 그들의 뒤를 따랐던 가야 제철 유목인들은 B.C. 2세기경에는 일본 규슈(九州)에 머물면서 제철 기술을 전파하여 '다파나국(多婆那國)'에도 철의 생산 기지를 남겼다. 이들은 대한해협을 건너서 울산(蔚山) 자철석 광산이었던 달천철장(達川鐵場)을 중심으로 제철 문화를 꽃피웠다. A.D. 43년에 석탈해(석탈해)를 중심으로 한 제철 세력이 김수로 왕에게 '제철 기술 배틀 게임(steel technology battle game)'으로 왕위에 도전장을 내놓았다.

가락국기에서 '도술 게임(Magic Game)'으로 비유했는데 이를 제철 기술로 다시 풀이하면, 김수로왕의 제철 기술에서 석탈해 세력을 짓눌릴 수 있었던 것은 한 마디로 기술적 우위였다. 기술적 우위를 구체적으로 오늘날 용어로 열거하면, i) 석탈해(昔脫解)의 제철 기술은 B.C. 2세기에 일본 규슈의 '다파나국(多婆那國)'에서 도입하여 100년 내외 기술 연마를 하지 못했으나 김수로의 가야 제철 기술을 B.C. 4세기부터 300년 이상 숙련 과정을 가졌다. ii) 또한 달천철장(達川鐵場)에서 생산했던 막철덩이(雜鐵釘)에 비해, 6 가야 연맹체의 생산 기지의 풍부한 철광석과 땔감으로 경쟁적인 생산 기술 체제에서 금관가야를 집산지로 모아 와서 제2차 단련 가공을 했

---

183   『상게서』, p. 98: "가야인이 B.C. 4세기부터 정착한 한반도의 가야지역이 최적의 피신처가 될 수 있다."

다. 여기에다가 품질관리(品質管理)와 금관가야 등록상표(金官伽倻登錄商標, 金官)까지 마쳤다. iii) 한낱 제품에 있어서도 석탈해의 제철 생산품에는 비소(As) 성분이 많았고, 제2차 단련 가공을 하지 못해서 강도가 70%에도 미달되었다. iv) 제1차 제련에서 철광석/석회석의 황금 혼합비 등을 금관가야에서 산업 기밀로 관리했다.[184] 숯은 B.C. 30,000년경 동굴에서 살면서 동굴 벽화를 그렸다. 따라서 쇠를 녹이는 데 숯을 사용했다는 건 상식이었다.[185]

당시 제철 산업(製鐵産業)은 i) 토철(사철)과 석회석을 혼합해 야로(도가니)에 넣고 녹여 ii) 철 이외 잡석 물질을 가려내는 불순물 제거 작업을 하자면 쇳물을 끊어야 한다. iii) 막철(쇠)덩이를 3,000번 이상 망치질을 해서 잡석 성분을 다시 빼낸다. 담금질로 어느 정도의 단단한 강도를 내면 덩이쇠(鐵鋌) 혹은 철부(鐵斧)로 만들어서 제1차 가공품으로 판매한다. 이런 덩이쇠(鐵鋌)를 다시 망치질과 잘라 철검(칼), 철갑, 철모(창) 혹은 각종 농기구를 만들었다. 이렇게 제2차 가공(공정)을 다 한 뒤에 국제교역(國際交易)을 통해서 판매하게 된다. 이런 과정에서 등겨, 짚, 장작, 숯 등의 땔감을 무

---

184   『상게서』, p.181: "가야(김수로왕)가 석탈해(동신라)를 제철기술에 있어 우위에 있었던 사실은: i) 가야는 기원전 350년경에 진출하여 철 생산 기지를 마련했는데 동신라는 기원전 1세기에 진출하였기에 노하우에서 가야인들이 더 많이 쌓았다. ii) 제철 생산뿐만 아니라 제1차 제철 생산인 판상철부를 금관가야에서는 제2차 단련 기술을 통해서 강도를 높였다. iii) 동신라 석탈해는 비소(As)가 많이 함유된 울산 북구 달천 철광석(토철, 자철석) 제철이었으나, 금관가야에서는 내륙 우수한 철광석을 이동하여 생산하고, 제2차 단련과 품질 관리를 하여 국제적 교역에서도 주도권을 장악했다."

185   Joe Schwarcz PhD, Charcoal is one of the most important substances ever discovered, McGill University, Office for Science and Society, Separating Sense from Nonsense 20 Mar 2017: "The fact that charcoal burns better than wood was probably noted soon after man learned to control fire over a million years ago. The first use of charcoal for purposes other than providing heat was around 30,000 B.C. when cavemen used it as a pigment for drawing on the walls of caves."

한정 소모해야 한다. 제철 기지는 바로 오늘날 용어로는 생태 환경 파괴 산업(ecological environment destruction industry)이었다. 제철 산업이 들어선 뒤 3년 이내 100리 주변의 삼림 환경을 거의 파괴되다시피 한다. 철광석(鐵鑛石)보다 연료(땔감)가 풍부한 곳에다가 생산 기지(production base)를 옮겼다. 인도 북부 ▷ 인도 남부 ▷ 동남아시아(미얀마 ▷ 베트남 ▷ 말레이시아 ▷ 싱가포르 ▷ 필리핀) ▷ 제주도 ▷ 김해로 이동하게 되었다. 가야라는 철 생산 기지가 제철 환경을 따라 이동했다.[186]

석탈해(昔脫解)의 제철 생산 기지인 울산 달천철장에 제철 기술을 전파했던 일본 큐슈의 다파라국(多婆那國)은 주몽(朱蒙)과 같이 고구려를 건국했던 협보(陜父)[187]가 A.D. 3(유리왕 22)년경에 다파나국(多婆那國)이란 정권을 세운 뒤에 국호를 변경하지 않았다.[188] 삼국사(三國史)에서는 석탈해의 출생지 다파나국(多婆那國)[189]의 어원은 인도 타밀어로, '타파나(Tapana)'로 '태양(太陽, Sun)'을 의미하고 있다.『삼국유사(三國遺事)』에 석탈해

---

186 『상계서』, p. 41: "전통 사회의 제철 방식은 엄청난 양의 목제를 소모하는 작업이었다. 금방 삼림 생태계가 결딴나고 노천 철광석(露天鐵鑛石)이 동나자 제철인(製鐵人)들은 삼림과 철광석이 풍부한 곳으로 이동하지 않을 수 없었다. 이 과정에서 인도의 남부(타밀지역), 동남아시아, 중국, 한반도로 이동하게 되었다."

187 협보(陜父), 한국민족문화대백과사전: "동명왕 주몽(朱蒙)의 친구이다. 원래 부여왕의 신하였으나 고구려의 시조 주몽이 북부여에서 남쪽으로 옮겨올 때 오이(烏伊)·마리(摩離)와 함께 이주해 와서 고구려 초 주몽의 세력 기반 중 하나를 이루었다. 3년(유리왕 22) 대보(大輔)의 직책을 가지고 있으면서 정사를 소홀히 하는 유리왕을 간하다가 노여움을 사 좌천, 관원(官園)의 일을 맡게 되었다. 이에 분개하여 남쪽 한(韓)으로 이주해 갔다."

188 오운홍, 『한국사 미스터리 5』: 가야인, 나라 세우러 온 것이 아니다. 시간의 물레, 2023. 8. 31., p. 43: "필자가 제안한 '가야 연맹 이전 시기(B.C. 4세기~ A.D. 42)를 놓고 종합적으로 생각해보면 김수로왕이 가야를 건국한 것이 아니라 가야 땅에서 정권을 창출한 것이라고 말할 수 있다. 이는 고구려에서 피신한 협보(가 규슈의 다파라국(多婆羅國)에서 정권을 창출한 후에 국호를 변경하지 않는 사례와 비슷하다 하겠다."

189 三國史, 新羅本紀第一: "昔脫解尼師今 一云 吐解, 時年六十二. 姓昔, 妃阿孝夫人, 脫解本多婆那國所生也. 其國在倭國東北一千里 …."

의 아버지 함달파(含達婆)[190]가 용성국(龍城國)의 왕이라고 했다. 용성국 (龍城國)은 인도 남부의 촐라 왕국(Chola Kingdom) 도시들 가운데 대장간 과 철기 제작으로 유명했던 항구도시 나가파티남(Nagapattinam)[191]을 가 리켰다.[192]

인도 이야기를 한 김에 허황후(許皇后)의 고국이라는 아요디아(Ayod-hya)[193]은 『삼국유사(三國遺事)』에서 아유타국(阿踰陀國)[194]이라고 했다. 산

190 함달파(含達婆, 생몰 연도 미상): 탈해이사금(脫解尼師今)의 아버지이다. 다파나국(多婆那國)의 왕, 용성국(龍城國)의 함달파왕(含達婆王), 혹은 완하국(琓夏國)의 함달왕(含達王) 등 이라는 여러 가지 설이 있다. 『삼국유사』의 「석탈해설화」에 의하면 신라 해변가에 표착한 상자에서 나온 석탈해가 스스로 말하기를, "나의 아버지 함달파가 적녀국(積女國)의 왕녀를 맞아 왕비로 삼아 오랫동안 기도하여 나를 낳았다."라고 하였다. 그리고 함달파는 왜(倭)의 동북쪽 1,000리에 있는 용성국의 왕이라고 하였다.

191 Nagapattinam, Wikipedia: "Nagapattinam(nākappaṭṭinam, previously spelt Nagapatnam or Negapatam) is a town in the Indian state of Tamil Nadu and the administrative headquarters of Nagapattinam district. The town came to prominence during the period of Medieval Cholas(9th~12th century CE) and served as their important port for commerce and east-bound naval expeditions. The Chudamani Vihara in Nagapattinam constructed by the Srivijayan king Sri Mara Vijayattungavarman of the Sailendra dynasty with the help of Rajaraja Chola I was an important Buddhist structure in those times.

192 오운홍, 『전게서』, p. 176: "『삼국사(三國史)』에 석탈해(昔脫解)의 출생지 '다파나국 (多婆那國)'의 어원은 타밀어 '타파나(Tapana, 太陽)'에서 찾을 수 있다. 『삼국유사(三國遺事)』에 따르면 석탈해의 아버지 함달파가 용성국의 왕이라는 점. 그 용성국(龍城國)의 '용성(龍城)'은 당시 인도 남부의 촐라(Chola) 왕국 도시들 가운데 대장간과 철기 제작으로 잘 알려진 항구 도시 나가파티남(Nagappattinam)을 가리킨다."

193 The word 'Ayodhya' is a regularly formed derivation of the Sanskrit verb yudh, 'to fight, or wage war.' Yodhya is the future passive participle, meaning 'to be fought'; the initial a is the negative prefix; the whole, therefore, means 'not to be fought' or more idiomatically in English, 'invincible'. This meaning is attested by the Atharvaveda, which uses it to refer to the unconquerable city of gods. The ninth century Jain poem adi Purana also states that Ayodhya 'does not exist by name alone but by the merit' of being unconquerable by enemies. Satyopakhyana interprets the word differently, stating that it means 'that which cannot be conquered by sins'(instead of enemies).

194 三國遺事, 駕洛國記: "從容語王曰, 妾是阿踰陀國公主也. 姓許名黃玉, 年二八矣."

고녕가야(古寧伽倻)

스크리트어로는 '싸우자(to fight)'라는 의미를 가진 '아요디아(Ayodhya)'를 국명으로 하고 있다. 그곳은 부다 가야(Bodh Gaya)와 인도 북부에 위치하고 있으며, 타밀 남두(Tamil Nadu)의 나가파티남(Nagapattinam)까지 거리는 1,500km 정도 된다. 이곳은 힌디어와 타밀어를 같이 사용하고 있다. 그런데 허왕후(許王后)의 보주태후 허씨릉(普州太后許氏陵) 비문에 '보주태후(普州太后)'라고 새겨져 있다. 오늘날 사천성(泗川省) 안악현(安岳縣)에 있었던 보주(普州)에서 살았다.

허황옥(許黃玉) 집안이 이동했던 과정을 살펴보면, 아유타국(阿踰陀國) 출신으로 타밀 나두(tamil Nadu) 지역을 지나간 흔적이 없었다. 그 근거로는 쌍어문(雙魚紋, Gaya Mark)이 타밀 나두에는 없다. 이보다는 타밀 지역 사람들의 동양 진출 흔적이 많이 남아 있다. 기원전 일본 규슈(日本九州)의 다파나국(多婆那國)에 타밀인이 진출했다. 이들 세력 중에 철 상품을 따라 석탈해(昔脫解) 세력이 오늘날 주상절리(柱狀節理)로 유명 관광지가 된 경주시 양남면(陽南面) 수애(水南) 마을[195]에 진출한 흔적이 있다. 이를 감안하면 타밀인이 김해 지역까지도 진출했다.

허황옥(許黃玉)이 실제 태어난 곳은 오늘날 사천성 안악현(泗川省 安岳縣, E. 105도 15분, N. 30도 5분)의 보주(普州)다. 왜냐하면 보주태후(普州太后)라는 기록이 김해김씨세보(金海金氏世譜) 및 허왕후릉비문(許王后陵碑

---

195 변정용, 탈해의 고향, 수애와 제방천, 서라벌신문, 2012. 10. 22.: "2천여 년 전 제철기술자 집단인 석탈해 집안이 수애에서 철 제품을 생산하여 부자가 되어 서라벌로 진출했다고 한다. 그런 연유로 나아(羅兒)리는 신라의 아이가 태어난 고을이며, 나아에 속했던 솔알(松下), 모포(母浦), 자알(長下)은 월성원전 건설로 없어졌으며, 모포는 어린 석탈해를 키워준 아진의선이 살던 마을이었다. 현재는 나아의 중심인 수애만 남아 있다. 수애는 수남(水南)이라 한자 표기를 하였지만 한 음절로 발음하면 쇠(鐵)라는 말이 된다. 수애에서 시작한 탈해의 제철 사업은 번창하여 울산 북구에 있는 노천 광산인 달천 광산으로 확대된다. 달천은 원래는 탈해였으나 구전되면서 달내가 되고 내는 천(川)으로 오기되었다고 한다."

文)에 기록되어 있다. 중국 사천성 안악현 보주[196] 허씨사당(許氏祠堂)의 대문에 쌍어문이 있다. 신정기(神井記)라는 금석문에 허여황옥(許女黃玉)이 새겨진 명문이 있다. 어떤 사연으로 한반도 김해까지 와야 했는가? 아마도 후한서(後漢書) 기록에 따르면 A.D. 47(建武 22)년에 남만인(南蠻人)들이 촉나라 중앙정부에 대항해 두 차례나 봉기를 일으켰다.[197] 그 주동자에는 허성(許聖)이 있었다.[198] 따라서 촉나라 조정의 남만토벌(南蠻討伐)을 피해서 김해로 망명했다고 볼 수 있다.

196 普州, 維基百科: "普州, 中國古代的州. 北周建德四年(575年) 置, 治所在安岳縣(今縣北. 宋初移今治). 隋朝大業初廢. 唐朝武德二年(619年) 復置. 天寶元年(742年) 改爲安岳郡, 乾元元年(758年) 復爲普州. 轄境相當今四川省安岳, 遂寧, 樂至三縣及重慶市潼南縣部分地區. 宋先後屬梓州路及潼川府路. 寶祐後廢. 明朝洪武四年(1371年) 復置. 九年(1376年) 又廢."

197 오운홍, 『한국사 미스터리 5』: 가야인, 나라 세우러 온 것이 아니다. 시간의 물레, 2023. 8. 31., pp. 76~77

198 後漢書, 卷八十六·南蠻西南夷列傳第七十: "至建武二十三年, 南郡潳山蠻雷遷等始反叛, 寇掠百姓, 遣武威將軍劉尙將萬餘人討破之, 徙其種人七千餘口置江夏界中, 今沔中蠻是也. 和帝永元十三年, 巫蠻許聖等以郡收稅不均, 懷怨恨, 遂屯聚反叛. 明年夏, 遣使者督荊州諸郡兵萬餘人討之. 聖等依憑阻隘, 久不破. 諸軍乃分道幷進, 或自巴郡, 魚復數路攻之, 蠻乃散走, 斬其渠帥. 乘勝追之, 大破聖等. 聖等乞降, 復悉徙置江夏. 靈帝建寧二年, 江夏蠻叛, 州郡討平之. 光和三年, 江夏蠻復反, 與廬江賊黃穰相連結, 十餘萬人, 攻沒四縣, 寇患累年. 廬江太守陸康討破之, 餘悉降散."

03

정약용, 변진별고역명
가락고를 읽으면서

1.

정약용(丁若鏞)¹⁹⁹,
변진별고역명가락고(弁辰別考亦名迦洛考)

낙동강 물 섶 따라 옹기종기 살았던 가야 연맹체

변한에서 가라(迦羅, 伽耶 혹은 駕洛)를 밝히고자 그 발자취를 더듬어 본

다(弁辰明是迦羅. 而迦羅之跡). 가까스로 북사(北史)²⁰⁰와 수서(隋書)에서 살

펴보니(僅見於北史隋書), 여기선 신라와 고구려의 역사이지만(玆就羅麗史), (그 속에서) 가야에 대한 걸 추려(採取迦羅之事) '변진별고(弁辰別考)'를 쓰고 자 한다(爲弁辰別考). 이는 곧바로 의당 변한과 진한의 역사다(以當弁辰之 史). 진한과 변한(辰韓弁辰)은 초기엔 모두 6개의 국가였으나 뒤에는 각 12 개 나라였다(初皆六國. 後各十二). 이어 가라(迦羅, 伽耶)는 단 6개 나라가 있었는데(而迦羅只有六國者) 역사학자들은 6가야를 놓치고 말았다(史家 失其六也). 정약용 선생의 말씀이(鏞謂) 이러했다. "(삼국사를 저술할 때) 신라 의 역사를 썼다는 역사가라면 의당 (신라가 멸망시켰던) 가야국 본기(伽耶國 本紀) 한 부분을 작성했어야 했다(凡作新羅之史者. 宜作迦羅本紀一部). 마 땅히 진나라 본기(本紀)를 쓸 때 항우본기(項羽本紀)와 사례(義例)를 썼던 것처럼 저술했어야 했다(以當秦本紀, 項羽本紀義例). 그러나 김부식은 빠뜨 리고 쓰지 않았다(而金富軾闕焉不錄)."

이제 (三國史記의 雜誌) 신라와 고려의 지지(地志)를 살펴보면(今考羅, 麗 地志), 대체 가라 혹은 가야라는 국명이 있는데, 모두 6개 나라 이름이 나 오는데(凡得迦羅伽耶之名者. 總有六國) 김해(金海)의 금관가야 또한 대가야 (金海爲金官伽耶. 亦名大迦羅)가 있고, 함안(咸安)은 아라가야(咸安爲阿那 伽耶)와 또 다른 아시랑(亦名阿尸良)이다. 고성(固城)은 소가야이고 또 다 른 고자국(固城爲小伽耶. 亦名古自國)이 있었다. 이들 국가는 모두가 낙동 강(潢水)[201] 남쪽에 있는 골(縣)이다(此皆潢水以南之諸縣也). 여기 황수(潢

遂王其國. 初附庸于百濟, 百濟征高麗, 不堪戎役, 後相率歸之, 遂致强盛. 因襲百濟, 附庸於迦 羅國焉."

201   a. 丁若鏞, 經世遺表, 郡縣分隷: "영남성·황서성이란 지금의 경상도이다. 이 도에 황수(潢 水: 낙동강)가 있어, 남쪽으로 흐르는데, 물의 근원 가운데 하나는 태백산에서 나오고 하나는 소 백산에서 나온다." / b. 輿地圖書, 慶尙道, 善山山川: "… 洛東江 源出三陟府太白山黃池南過奉 化 禮安 安東 醴泉 龍宮 尙州流五百餘里入于府北飛鳳山後夾右藍山南過仁同府至于金海爲三

137
03 정약용, 변진별고역명가락고를 읽으면서

水) 낙동강(潢水)은 태백산황지(潢池)에서 발원하여(潢水發源於太白山之潢池), 상류에서 500리를 흘러 남서쪽으로 300여 리를 흐르고 함창 들판을 동쪽으로(西南流三百餘里. 至咸昌縣東) 흐르다가 남쪽으로 꺾어 흘려서 300여 리나 내려가서 함안에 이른다(折之爲南流三百餘里. 至咸安郡北). 또 다시 흐름을 꺾어 동쪽으로 100여 리를 돌아 김해 고을 북동쪽 황산산 어귀에 이른다(又折之爲東流百餘里. 至金海府東北, 黃山浦口). 남쪽으로 다시 돌아 김해 고을로 100여리를 더 흘러들어 동쪽으로 바다에 유입되는 물길을 낙동강이라 한다(又折爲南流至金海府. 東入海. 此所謂洛東江也).

낙동(洛東)이란 말을 언급하면(謂之洛東者), 낙동은 가락의 동쪽에 있다는 말이다(言在駕洛之東也). 함안에서는 남쪽이고 지리산 기슭(진주시) 남강(南江, 藍江, 淸川 혹은 濫水)[202]으로 흘렀다(又咸陽府南. 智異山之. 濫水出焉).[203]

江入于海 餘次尼津 卽鯉埋淵之下流在府東十一里 ….”

202 濫水(藍江): 경상남도 진주시(晉州市)에 있는 남강(南江)의 옛 이름으로 일명 청천강(菁川江) 혹은 청천(淸川)이라고 했다.

203 李滉(1501~1570), 『退溪集』, 「書院十詠」 4卷 「藍溪書院」(咸陽): “堂堂天嶺鄭公鄕, 百世風傳永慕芳. 廟院尊崇眞不忝, 豈無豪傑應文王.” / 姜翼(1523~1567), 『介庵集』 上 「初建濫溪書院, 得一絶示諸生.」: “爲憐吾道已寒灰, 月冷鍾城歲幾回. 凜凜遺風能起敬, 庶今狂簡幸知裁.” / 曺湜(1526~1572), 『梅菴逸稿』 卷 1, 「濫溪書院會話」(丁卯): “蘭室薰然氣正溫, 百年心事二三君. 厭厭夜話眠無足, 喜見東牕曉色分.” / 柳世彰(1657~1715), 『松谷遺集』 卷 1 「濫溪書院」: “天嶺千年邑, 宗師百世儒. 絃歌昔鄒魯, 禮讓今唐虞. 羅帶水如咽, 釖芒岑似吁. 山川前後態, 茹恨愁城隅.” / 柳汶龍(1753~1821), 『槐泉集』 卷 1, 「宿濫溪書院」: “東方千載說淵源, 繼開分明旨訣存. 若識形容有道處, 暾然板上退陶言.” / 閔在南(1802~1873), 『晦亭集』 卷 3 「次濫溪書院明誠堂韻」: “天人性命不相懸, 誠在中庸德最賢. 體本眞純心保赤, 功成位育理參玄. 萬微乍動前知驗, 一念纔差外誘遷. 高揭堂扁明示訓, 吾人同得降衷年.” / 崔琡民(1837~1905), 『溪南集』 卷 2 「濫溪院, 讀一蠹先生實紀, 有感.」: “百世高山一喟然, 花開四月寂寥篇. 時違端合斯人覺, 稷契何曾遺集傳.” / 鄭載圭(1843~1911), 『老栢軒集』 卷 1 「敬展濫溪書院」: “先生倡絶學, 一掃羅麗塵. 高景曷云足, 炙薰恨未身. 心香今始薦, 德義舊維新. 濫水流無盡, 勖哉吾黨人.” / 權雲煥(1853~1918), 『明湖集』 卷 1 「濫溪院, 酬河君宋運(琪鉉), 見贈.」: “濫溪秋日好, 邂逅舊時顔. 襟抱何珍重, 蒼然江上山. 共君三夜宿, 霜月滿亭顔. 惟是前頭事, 指證九仞山.” / 李之榮(1855~1931), 『訥菴集』 卷 1 「咸陽拜濫溪書院」: “濫水決決日夜淸, 院堂輪奐奉先生. 平時著作都灰燼, 泛泛風

남계(藍溪)를 속칭 청천(淸川)이라고도 했다(俗謂之淸川). 동쪽으로 흐르던 물길이 진주성 남측에 유입되어(東流至晉州城南) 북동쪽으로 방향을 틀어 함안군 북쪽에 이뤄(折之爲東北流. 至咸安郡北), 황수강(潢水江)에 합류하며 (與潢水合流), 대개 황수(潢水)와 남수(濫水)의 남쪽이다(凡在潢水濫水之南者). 가장 동쪽은 김해(金海)이고, 다음 서쪽은 웅천(熊川, 鎭海古名)[204]이고, 창원(昌原), 칠원(漆原, 咸安古名)[205], 함안(咸安), 진해(鎭海), 고성(固城), 사천(泗川)이고 가장 서쪽은 곤양(昆陽, 泗川古名)[206]이다(最東曰金海. 次西曰熊川. 曰昌原. 曰漆原. 曰咸安. 曰鎭海. 曰固城. 曰泗川. 最西曰昆陽). 신라 역사에서 이들을 포상팔국(浦上八國)[207]이라고 했으니(羅史謂之浦上八國) 이런 같은 가

蒲獨振聲." / 鄭奎榮(1860~1921), 『韓齋集』 卷 3, 「藍溪書院, 敬次退溪先生韻」: "山南鄒魯擅名鄉, 賴有遺風倡衆芳. 若使經綸需一世, 不難堯舜致吾王." / 崔秉軾(1867~1928), 『玉潤集』 卷 1, 「藍溪書院, 敬次退溪先生板上韻」: "先生生此鄉, 百世遺芬芳. 經綸如得試, 堯舜致君王." / 宋浚弼(1870~1940) 「藍溪書院, 用鄭先生頭流詩韻」: "藍溪四月理檣柔, 宿戒祠門已十秋. 欲問先生承授旨, 靑山無語水空流." / 朴亨東(1875~1920), 『西岡集』 「藍溪書院用板上韻」: "大賢祠宇鄉, 草木亦含芳. 絳帳何時輟, 遺風百世長."

204 웅천(熊川), 한국민족문화대백과: "경상남도 진해 지역의 옛 지명. 본래 신라의 웅지현(熊只縣)이었는데, 경덕왕 때 웅신(熊神)이라 고쳐 의안군(義安郡: 지금의 창원시)의 영현으로 삼았다. 1018년(현종 9) 금주(金州: 지금의 김해)에 예속시켰다. 조선 세종 때 첨절제사(僉節制使)를 두었고, 문종 때 웅천으로 고쳐 현감을 두었다. 1510년(중종 5) 왜구를 평정하였다고 하여 도호부로 승격되었으나 뒤에 현으로 복구되었다."

205 漆原, 한국민족문화대백과: "경상남도 함안지역의 옛 지명. 원래 신라의 칠토현(漆吐縣)인데, 경덕왕이 칠제(漆隄)로 고쳐 의안군(義安郡: 지금의 昌原)의 영현(領縣)으로 하였다. 고려 초에 칠원으로 고쳤고, 1018년(현종 9)에 김해부(金海府)의 속현(屬縣)이 되었으며, 1390년(공양왕 2)에 감무(監務)를 두었다."

206 한국민족문화대백과, 昆陽: "신라 때의 이름은 자세하지 않으나, 고려 시대에는 곤명현(昆明縣)이라 하였고 1018년(현종 9) 진주(晉州)에 예속되었다. 1419년(세종 1) 군 북쪽의 소곡산(所谷山)에 어태(御胎)가 봉안되었다고 하여 남해현(南海縣)과 합쳐 곤남군(昆南郡)으로 승격시켰다."

207 浦上八国, 维基百科: "浦上八国(포상팔국) 是对朝鲜三国时代位于今日庆尚南道西南地区八个伽倻国家的统称. 浦上八国地处洛东江西部地区, 在 《三国史记》 和 《三国遗事》 中都有记载. 浦上八国虽称是八国, 但在史书上仅仅出现5个国, 其位置大约为现在马山到泗川, 巨济岛一带的地区, 此外包括咸安郡昆阳地域. 浦上八国中的保罗国即为三国遗事中的发罗郡,

야국 관련 소국을 지칭했다(蓋指此類). 이곳은 옛 변한과 진한의 고토였다
(此皆古弁辰之地也). 경주(慶州)는 진해(鎭海)에서 정북으로 2백 리, 낙동강
동쪽 멀리에 있었다(慶州在金海直北二百里. 遠在潢水之東).

객관적 잣대 중국 역사서에서 가야국의 모습은?

중국의 역사서(漢史)[208]에서는 변진한(弁辰韓)은 한반도(辰韓)의 남쪽에
있었고, 이들을 지칭한다(漢史所謂弁辰在辰韓之南者. 此之謂也). 또한(又)
고령은 대가야(高靈爲大伽耶), 성주는 벽진가야(星州爲碧珍伽耶), 함창은
고녕가야(咸昌爲古寧伽耶) 등이 낙동강의 서쪽에 있었기에(皆在潢水之西)
낙동강(潢水)의 동쪽 고을에는 가락의 흔적이 전혀 없었다(而潢東諸縣, 絶
無駕洛之跡.)[209]. 황수(潢水)란 그런 연유로 마땅히 낙동강이라고 불렸으며

位于今全南罗州市一带. 目前学界一般认为, 当时金官伽倻独揽了韩半岛对东亚地区的海上贸
易, 引起了众多伽倻国家的不满. 为了反对金官伽倻对海上贸易的蚕食, 韩半岛南海岸数个伽倻
国家组成了反对金官伽倻的联盟, 也就是所谓的浦上八国. 金官伽倻不敌浦上八国, 向新罗求
救. 新罗在209年遣昔于老讨伐浦上八国, 大败之, 俘虏六千余人. 浦上八国浦上八国为: 骨浦
国(골포국), 位于今庆尚南道昌原市. 昌原市同邑的茶壶离乳迹, 出土有公元1世纪的茶壶. 佛母
山发现三国时代的铁矿. 城山区的城山贝冢, 亦发现制铁的遗址. 足以证明骨浦国在朝鲜半岛南
海岸的雄厚国力. 漆浦国(칠포국), 位于今庆尚南道咸安郡漆原县. 古史浦国(고사포국), 亦作古
自国(고자국), 即弁韩的古资弥冻国(고자미동국). 六伽倻中的小伽倻. 位于今庆尚南道固城郡.
史勿国(사물국), 位于今庆尚南道泗川市的小国. 保罗国(보라국), 即马韩的不弥国(불미국). 位
于今全罗南道罗州市."

208　漢史(한사): 한나라의 역사를 저술한 사마천의 사기(史記)를 칭하나, 사기에서 한사를 초
록한 『한사열전초(漢史列傳抄)』 혹은 『한사간람(漢史簡覽)』을 지칭하기도 하나, 최근에 일
본인이 저술한 『한사일반(漢史一斑)』은 아님. 일반적으로 중국의 고대 역사서를 총칭하는 것
으로 『사기(史記)』, 『삼국지』, 『수서(隋書)』 등의 고대 역사서를 총칭함.

209　a. 매림역사문화 TV, 2024. 1. 10. [사상 최초 공개] 여기서 절대로 나오면 안 되는 역사 유
적 안동에서 가야 고분, You Tube: "(낙동강 동쪽 안동에서 발견된 거대 무덤은) 덮개돌은 두께
가 40cm, 길이 130cm, 폭이 30cm 정도의 돌널무덤들이 여러 개가 하나의 큰 무덤으로 이뤄
진 가야식 무덤으로 …." / b. 가야 역사의 비밀 열쇠(가야 고분군), 국사편찬위원회, 우리역사넷
(contents.history.go.kr): "가야는 철이 풍부했지만 고구려, 백제, 신라처럼 고대 국가로 발전

(澮水之稱洛東江, 固其宜也), 동서 위도로부터 언급하자면(若論東西緯度), 고령(高靈)에서 동쪽으로 직선 상에 경주(慶州)가 있다(高靈東直慶州). 성주(星州)는 고령(高靈)에서 북쪽으로 40리(星州在高靈之北四十里), 함창(咸昌)은 성주(星州)에서 140리 북쪽에 있었다(咸昌在星州之北百四十里).

중국 역사(漢史)에선 여전히 변진한(弁辰韓)이라고 부른다(漢史, 猶謂之弁辰). 남쪽에 있었던 금관가락국(金官駕洛國)[210]이 변진한을 총괄하는 우두머리 왕국이었기(在南者金官駕洛國. 爲弁辰之總王)에, 남쪽에 위치하면서도(北斗拱辰[211]에 반하지만) 우두머리(首露, 金官)란 뜻으로 금관가야국이라고 불렸다(故得云在南). 그렇게 했음으로써 진한(辰韓, 伽耶聯盟體)과 함께 섞여서 살 수 있었다고 혹자들은 말한다(又或謂與辰韓雜居也). 오늘날 금관 가야국(今若於金官之國)과 포상팔국(蒲上八國)은 더하고(加之以浦上八國), 여기다가 또한 대가야(大伽倻), 성산가야(星山伽耶)를 그리고 고녕

하진 못해요. 여러 소국의 독립성이 상당히 강했기 때문이지요. 초기 가야 연맹은 금관가야가 이끌었어요. 금관가야는 지금의 김해 지방을 중심으로 김수로왕이 세운 나라에요. 금관가야는 낙동강 동쪽으로 세력을 넓히는 과정에서 왜와 함께 신라를 침략했어요. 위기를 맞이한 신라의 내물왕은 고구려 광개토대왕에게 도움을 요청했어요. 그러자 광개토대왕은 신라를 돕기 위해 군대를 보냈어요. 고구려의 공격을 받은 금관가야는 힘이 약해져 가야 연맹체를 이끌 수 없게 되었어요. 금관가야가 연맹체 주도권을 잃어갈 무렵 그것을 이어받은 나라는 대가야에요. 대가야는 바닷가와 가까웠던 금관가야와는 달리 소백산맥 깊숙한 곳인 지금의 고령 지방을 중심으로 발전했어요."

210   금관(金官) 혹은 수로(首露)라는 명칭은 오늘날 용어로 '우두머리(boss, head)'이라 뜻으로 금관가야국 혹은 수로왕(首露王)이라고 접두사로 사용했다가 금관(金官)에서 김해(金海)라는 지명이 나왔다. 금관이나 수로로는 당시 진변한의 총왕(總王) 혹은 가야 연맹체(伽耶聯盟體)의 맹주(盟主)였다. 오늘날 김해(金海)는 금관가야국(金官伽倻國, 42年 김수로왕) ▷ 금관국(金官國) ▷ 금관군(金官郡, 532年 法興王19年) ▷ 금관소경(金官小京, 680年 文武王20年) ▷ 김해소경(金海小京, 757년 경덕왕 16년) ▷ 김해부(金海府, 940年 高麗 太祖 23年) ▷ 김해시(金海市, 1981) 등으로 김해(金海)를 옛 지명에서 '김녕(金寧)'이라고 별칭했다.

211   북두공진(北斗拱辰): 북쪽이란 위에서 아래를 내려다보면, 북극성을 중심으로 뭇별들이 돌아가는 형성을 총칭함. 지정학상 중국은 남고북저(南高北低) 현상이고, 우리나라의 지형상 북고남저(北高南低) 현상이라서 최북단 고녕가야(古寧伽倻)가 맹주국이 되어야 함에서도 남쪽 금관가야국 총왕이라는 사실에 의아함이 중국 사서에 표기되어 있음.

가야(古寧伽耶)를 (又加以高靈星州咸昌等三國) 합친 숫자라고 할 수 있다 (恰充其數). 단지 포상팔국(蒲上八國)이란(但浦上八國)[212] 이른바 골포국(骨浦國)이란(所謂骨浦者) 오늘에도 창원(昌原)이라는 곳에(今合于昌原), 소위 칠포국은(所謂漆浦者) 오늘날 칠원이고(今之漆原), 고사포국은(所謂古史浦者) 고성(固城)을 지칭하는 것 같다(似指固城). 본명은 고자포국(本名古自浦)으로 나머지 나라는 고찰할 수 없다(餘不可考也).[213]

또한, 중국의 역사에 따르면(又按漢史), 변진한에 군미국(軍彌國)[214]과 감로국(甘路國)[215]이 있었다(有弁辰軍彌國. 弁辰甘路國). 오늘날 곤양(昆陽)[216]

---

212   日本書紀, 五六二年條: "卅三年春正月新羅打滅任那官家[一本云卅一年任那滅焉]. 總言任那, 別言加羅國安羅國斯二岐國多羅國卒麻國古嵯國子他國散半下國乞湌國稔禮國合十國."

213   포상팔국, 국사편찬위원회, 우리역사넷: "… 포상팔국에 관한 기록은 『삼국사』와 『삼국유사』에 보인다. 그러나 8개국 중 국명을 알 수 있는 것은 5개국으로 골포국(骨浦國)·칠포국(漆浦國)·고사포국(古史浦國) 혹은 고자국(古自國)·사물국(史勿國)·보라국(保羅國)이다. 이들은 대체로 경상남도 해안에 위치하여 있었다고 추정되고 있다. 보통 골포국은 창원 마산합포구로, 칠포국은 함안 칠원면으로, 고사포국은 고성 지역으로, 사물국은 사천 지역으로 추정되고 있다. 보라국의 경우에는 전라남도 나주의 발라(發羅)로 보는 견해 또는 섬진강 하구 부근에 위치한 문모라(汶慕羅) 섬으로 비정하는 견해 등이 제기되었지만 확실치 않다. 한편 함안에 위치한 안라국이 8국 중 하나로서 가라에 대한 공격을 주도했다는 견해도 있다 …."

214   군미국(軍彌國), 한국민족문화백과대사전: "삼국지 위지동이전 한조(韓條)에서 군미국(軍彌國)과 변군미국(弁軍彌國)을 삼한소국에 나란히 기록했음. 이를 다른 나라로 보면 24개국이 넘고, 근미국(軍彌國)은 진한에 속하며, 변군미국(弁軍彌國)은 변한에 속함. 이병도(李秉道) 박사는 군미국을 곤산(昆山, 오늘날 漆谷 若木面)으로 비정, 변군미국은 사천시 곤명면(昆明面) 일대로 추정함. 군미국(軍彌國)이란 발음상 현재의 구미(龜尾)라고 주장하기도 함.

215   감로국(甘路國), 한국민족문화대백과사전: "삼국지 위지동이전 한조(韓條)에 변한의 소국, 감로국(甘路國)은 오늘날 김천시 감천(甘川)유역 개령면(開寧面)과 감문면(甘文面)으로 비정됨. 삼국사 지리지에선 개령(開寧)은 감문소국(甘文小國) 즉 신라가 감문국을 점령하고 평화를 열겠다는 개령(開寧)이라고 지명을 개칭했고, 영현의 어모현(禦侮縣)을 금물현(今勿縣)으로 되돌려 놓았음. 감천(甘川)에서 천(川)을 훈독 물(勿)로 감물(甘勿), 이를 다시 감문(甘文) 혹은 감문국(甘文國)에서 금물(今勿)로 금물현(今勿縣)이 되었음. 한편으로 감천(甘川)에 천(川)을 '내(灘)'로 음독하여 '감내(甘嬭)', '감로(甘露) 혹은 감노(甘奴)로 표기했음. 이런 국명이 의미하는 바는 칵테일(cocktai, 화학적인 융합)과 같은 합중국(united states)이 아닌 지역적 특수성 및 독자적 통치권을 부여한 세이크 칵테일(shake cocktail, 물리적 융합)과 같은 소국 연합체였음.

216   곤양(昆陽): 경남 사천시(泗川市) 곤양면(昆陽面) 지역, 고려 초 곤명현(昆明縣), 조선 세

이라는 지명은 본래는 곤미(昆彌)였다(今之昆陽本名昆彌). 개령은 본명 감문국이었으며(開寧本名甘文國), 성주의 북쪽에 있었기에(在星州之北) 곧바로 군미국(軍彌國)으로 의심해 볼 수 있으나(疑卽軍彌) 감로(甘路)라는 음성 변화에서 온 것이다(甘路之聲轉也).

독로(瀆盧)[217]란 지명(瀆盧者)은 거제(巨濟, 裳郡海島)라는 사실(巨濟也)[218]을 이미 앞에서 살펴봤다(已見前). 비록 금관가야(金官伽倻)와는 해구(海口) 하나를 사이에 두고 있으나(雖與金官. 隔以海口), 독로국의 남쪽은 왜와 접경을 하고 있어(瀆盧南與倭接) 두려움은 다른 나라와는 달랐다(恐非他邑也). 거제도(巨濟島)에는 가라산(加羅山)이 있었고(巨濟有加羅山),『동국여지승람(東國輿地勝覽)』에서는 대마도(對馬島)를 가장 가까이서 바라볼 수 있었다(輿覽云, 望對馬島最近).

변진(弁辰) 12개 소국에(弁辰十二國) 있어 금관수로국(金官首露國)이란

종원(1419)년에 남해현(南海縣), 곤남군(昆南郡), 세종 19년에 곤명현을 진주의 금양부곡에 합쳐 곤양군(昆陽郡)으로 변천했음. / 新增東國輿地勝覽 31, 慶尙道, 昆陽: "昆陽郡, 本高麗昆明縣, 新羅時稱號未詳, 顯宗屬晉州, 本朝世宗元年安御胎于郡北所谷 …."

217 a. 독로국(瀆盧國), 한국민족문화대백과사전: "변한 12개국 하나, 삼국지 위지동이전 변진 전에 변진독로국(弁辰瀆盧國)이란 명칭이 나옴. 위치에 대한 정설이 없음. 정약용의 『아방강역고(我邦疆域考)』 변진별고(弁辰別考)에서 거제(巨濟)로 비정함에는 삼국사 지리지 거제군조에서 거제군은 문무왕 때 최초 상군을 설치하였던 바다의 섬이다."에서 상(裳)이라는 한자를 우리말 '두루기'가 독로(瀆盧)에 가깝다는 추정이었다. 다른 한편 동래(東萊)라는 학설은 조일 교통 요충지(朝日交通要衝地) 동래(東萊)를 미칭으로 독로(瀆盧)라고 했다는 주장임. / b. 독로국(瀆盧國): 三國志 魏志東夷傳 韓條: "弁辰亦十二國, 又有諸小別邑 各有渠帥 … 有已柢國·不斯國·弁辰彌離彌凍國 … 弁辰安邪國·弁辰瀆盧國·斯盧國·優由國·弁辰韓合二十四國 大國四五千家 小國六七百家總四五萬戶 … 其瀆盧國與倭接界 …."

218 거제시 역사, 제2편 역사, 거제시청(geoje.go.kr): 三國史記 卷34 地理志 巨濟郡條:"거제군은 문무왕 17(677)년에 처음으로 상군을 설치하였으며, 바다 가운데 섬이다(巨濟郡 文武王朝 說初裳郡, 在海一島)." 경덕왕은 거로현(巨老縣)을 명진현(溟珍縣)으로, 이는 본래 명진이현(溟珍伊縣)이었음. 송변현(松邊縣)을 남수현(南垂縣)으로, 최근 유적에서 '상사리(裳四里)'라는 명문 기화가 발견됨으로써 상군치소(裳郡治所)가 구체화되었으며, 이는 상군(裳郡) 주변을 상일리(裳一里)~상사리(裳四里)로 행정지명분화가 있었다는 해석이 가능함.

모두를 장악(皆隷) 감독하는 맹주국(皆隷金官首露之國)이며, 금관(金官)이란 황금 왕관으로 우두머리 관리자(黃金冠之首官)라는 뜻이다(金官者). 모든 변진국을 대표하는 총재 국왕(弁辰之總王也)이다. 대략적인 개국 시기는 한나라(漢) 광무(光武, B.C. 5 ~ A.D. 57)[219] 때 나라를 처음으로 개국했다(漢光武時. 始開其國).

김부식(金富軾, 1075~1151)이 쓴 『삼국사(三國史)』에서는(金富軾三國史云). 김유신의 12세 조부(祖父)가 수로왕이라니(金庾信十二世祖首露), 수로왕이 어디 사람인지 모르겠다(不知何許人也)[220]. 전한의 건무(建武) 18년 임인년에(以後漢建武十八年壬寅) 가락 지역 9 촌장들이 구지봉에 올라 바라봤다(登龜峰望駕洛九村). 드디어 그곳에서 건국 선언을 했다(遂至其地開國). 나라 이름을 가야로 했다(號曰加耶). 그 뒤에 금관국(金官國)이라고 주변 가야 연맹체에서 고쳐 불렀다(後改爲金官國)[221]. 이런 내용이(三國史記, 金庾信列傳) 김유신(金庾信, 595~673) 편에 적혀있다(出金庾信傳).

219 光武帝-中國の後漢時代の皇帝, 劉秀の諡(漢光武帝), 光武(元号)-大韓帝國で用いられた元号(1897년~1907년).

220 不知何許人也: i) 허(許)를 명사로 해석하면 "허씨(허황후) 사람들과는 어떻게 되는지 모르겠다."라고는 해석이 되고, ii) 허(許)를 부사로 "대략, ~쯤, 도대체"로 보면, "도대체 어떻게 인맥 관계가 그런지 모르겠다." iii) 물론 어조사 혹은 감탄사로 사용할 때는 "어째서 어허 인맥이 그렇다니 모를 뿐입니다."라는 풀이도 가능함. iv) "도대체 수로왕이 어디 사람인지 모르겠다."가 일반적인 해석임.

221 三國史記, 金庾信 列傳: "<金庾信>, 王京人也. 十二世祖<首露>, 不知何許人也. 以 <後漢> <建武> 十八年壬寅, 登 <龜峯>, 望 <駕洛> 九村, 遂至其地開國, 號曰 <加耶>, 後改爲 <金官國>. 其子孫相承, 至九世孫<仇亥(仇充)> , 或云 <仇次休>, 於 <庾信> 爲曾祖. <羅> 人自謂 <少昊金天氏> 之後, 故姓 <金>. <庾信> 碑亦云: "<軒轅> 之裔, <少昊> 之胤."則 <南加耶> 始祖 <首露> 與 <新羅>, 同姓也."

정인지(鄭麟趾, 1397~1478)가 쓴 『고려사(高麗史)』[222]에서는?

정인지(鄭麟趾) 등 세종대왕의 어명을 받아 관찬했던 『고려사』에서는(鄭麟趾高麗史云), 오늘날 김해시(金海市)는 고려 시대 금주(金州)[223]에 해당했다. 가락국(金州本駕洛國)의 도읍지였다. 신라(新羅) 유리이사금(儒理尼師今, 재위 A.D. 24 ~ A.D. 57) 18년, 후한 광무제(後漢光武帝) 건무(建武, A.D. 25

---

222 a. 『고려사(高麗史)』: 조선 세종의 명을 받고 김종서(金宗瑞), 정인지(鄭麟趾) 및 이선제(李先齊) 등이 왕명으로 저술한 역사서, i) 내용: 고려 왕조의 전반적 내용을 정리한 『관찬사서(官撰史書, 태조 왕건에서 공양왕까지 32명의 연대기인 세가 46권, 천문지에서 형법 10 조목 등의 49권, 연표 2권, 1,008명의 열전 50권, 목록 2권 총 139권 75책』, ii) 목적: 역성혁명 건국의 합리화, 고려 무신 정권기에 우왕(禑王) 창왕(昌王)까지 폐정을 권계(勸戒)하는 교훈을 찾고자 iii) 이전: 『국조보감(國朝寶鑑)』과 『증보문헌비고(增補文獻備考)』에 기술된 1454년 간행본 고려사는 현존하지 않음. 1455년 을해자(乙亥字) 주자본과 을해자 복각한 목판본에 세간에 전해옴. iv) 고려 말 이제현(李齊賢), 안축(安軸) 및 이인복(李仁復) 등이 편찬한 『국사(國史)』는 태조 ~ 숙종까지 본기(本紀)만 편찬하고 나머지는 미완성이었으나 현존하지 않음. 다만 말미에다가 써 붙였던 사찬(史贊)만이 『익재난고(益齋亂藁)』, 『고려사(高麗史)』 및 『고려사절요(高麗史節要)』로 전해짐. V) 1392년 태조 원년에 조준(趙浚), 정도전(鄭道傳), 정총(鄭摠)에 고려사 편찬의 하명으로 1395년 정월에 정도전과 정총이 편년체로 37권 서술 『고려국사(高麗國史)』를 편찬서는 현존하지도 않음. 『태조실록(太宗實錄)』과 『동문선(東文選)』에 정도전의 『진고려국사전(進高麗國史箋)』과 정총이 쓴 『고려국사서(高麗國史序)』만이 수록되어 있음. / b. 高麗史, 卷五十七 地理志, 金州條: "金州本駕洛國. 新羅儒理王十八年, 駕洛之長我刀干, 汝刀干, 彼刀干等九人, 率其民禊飮, 望見龜旨峯, 有非常聲氣. … 有金榼, 自天而降, 中有金色卵, 圓如日輪. … 開榼而視, 有一童子, 剖殼而生, 年可十五, 容貌甚偉. … 又稱伽倻, 後改爲金官國. 四境, 東至黃山江, 東北至伽倻山, 西南際大海, 西北界智異山. 卽位一百五十八年. 薨. 至九代孫仇亥, 齎國帑寶物, 降于新羅. 自首露以後, 居登王, 麻品王, 居叱彌王, 伊尸品王, 坐知王, 吹希王, 銍知王, 鉗知王, 至仇亥王. 亥, 《三國遺事》, 《駕洛國記》作衝. 有國, 凡四百九十一年, 新羅法興王, 旣受降, 待以客禮, 以其國爲食邑, 號金官郡. 文武王, 置金官小京. 景德王, 爲金海小京. … 陞爲金州牧. 忠宣王二年, 汰諸牧, 復爲金海府. 首露王墓, 在州西. 招賢臺. 〈在州東. 世傳, 駕洛國居登王, 登此臺, 招七點山旵始仙人, 旵始乘舟而來, 因名焉.〉 又有三分水.〈府東黃山江, 水奔流五十餘里, 分三浦入海, 俗呼爲三叉水.〉 屬郡二. 縣三."

223 [고려 시대의 김해] 금주(金州)의 위상, 행복도시 김해시, 김해시청(gimhae.go.kr), 2018. 8. 28.: "고려 시대 전국 10도 가운데 i) 금주(金州, 오늘날 金海市)에다가 영동도(嶺東道)의 주관 행정기관인 안동대도호부(安東大都護府)를 설치, ii) 금주(金州)의 행정구역은 함안(咸安), 의안(義安), 창원(昌原)의 2군, 합포(合浦, 馬山), 칠원(漆原), 응신(熊神, 진해)의 3현이 영속되었음. iii) 지방관 녹봉에서 금주방어사(金州 防禦使) 100섬을 받았으나 개성부사(開城府使) 86섬 10말보다 더 중요한 직책이었음.

~ A.D. 56) 17년 신축년(新羅儒理王十八年, 建武十七年)에 가락의 토후(土侯)였던 아도간(我刀干), 여도간(汝刀干) 및 피도간(彼刀干) 등 아홉 명의 추장들이 백성들을(駕洛之長我刀干, 汝刀干, 彼刀干等九人) 통솔해 3월 3일(삼짇날, 禊浴日) 목욕 재계(沐浴齋戒)한 뒤에 음복을 나누고 있었다(率其民禊飮). 이때 거북 고인돌(龜旨)[224]이 있는 산봉우리(龜山洞 81-2番地)를 바라다보니(望見龜旨峰), 상서스러운 소리(祥瑞音)와 기운(瑞氣)이 서리고 있었다(有非常聲氣). 그곳으로 가서 봤다(就視之). 어두커니 서 있는(節 혹은 高麗史節要)[225] 한 어린아이가 있었는데(節, 有一童子) 나이는 가히 15세 되어 보이고(年可十五), 용모가 아주 범상스럽지 않았다(容貌甚偉)[226]. 모여든 군중들 모두가 절을 하며 축복의 예의를 극진히 다했다(衆皆拜賀盡禮). 어린아이

---

224   한석봉의 글씨로 '구지봉석(龜旨峯石)'이라고 새겨진 고인돌은 i) 길이 2.4m×넓이 2.10m×높이 1.0m, 무게는 8.736톤(= 2.4×2.1×1.0×2.6×70%)의 비교적 작은 B.C. 4~5세기의 추장의 무덤으로 보이는 고인돌의 덮개돌로 보임. 8.736톤의 고인돌을 산 정상까지 이동하는데 87명에서 100명의 장정이 필요하며, 이를 백성들에게 부역시킨다면 217명 이상의 인력 동원이 필요하고, 이런 백성을 동원하자 280호 이상이 주변에 거주했으므로 2,296명 이상이 주변에 살았음. ii) 가락국 건국 당시는 철(鐵, iron)의 고대어 청동기보다 강하다는 뜻으로, '굳이(굳은 쇠)' 혹은 '구지(이두 표기 仇知) 돌이라고 칭했으며, 거북 모양과 고어 발음을 종합해서 '구지(龜旨)'로 표기되었음. 현존하는 지명에서도 대구시 달성군 구지면(仇知山部曲에서 求智面), 부여시(夫餘市) 백마강 구드레 나루터 등이 남아 있음. iii) 이 정도의 자연부락이 9개였다면 2,520호(가)에 20,664명 이상의 백성들이 살았다는 추산이 됨. 따라서 이천가(二千家) 혹은 이만백성(二萬百姓)이라는 백리소국의 여건은 충분히 갖췄음.

225   說文解字, 節: "約, 纏束也. 竹節如纏束之狀. 吳都賦曰. 苞筍抽節. 引伸爲節省, 節制, 節義字, 又假借爲符卩字. 从竹, 卽聲." 해석에는 i) 형용사로 묶여있는 것처럼 '우두커니 서 있는(節)', ii) 부사로 '때마침(節)' 등 해석이 가능함. iii) 1452년에 저술한 『고려사절요(高麗史節要)』를 표시한 것으로 봄이 타당하나, 여기서는 문맥을 살리기 위해서 형용사로 풀이함.

226   15세 나이에 비범한 용모와 신장으로 봐서는 i) 전한에서 신나라를 건국했던 왕망의 왕족이었거나 혹은 귀족으로 있다가 망국 유민으로 한반도에 유입되어 와서 살았는데 당시 토착 세력보다 부유한 면모를 풍겼으며, ii) 당시 최첨단 철 제련 기술을 갖고 온 강력한 신진세력을 받아들이고자 갈등 없이 받아들이고자 했던 유화적 표현임. iii) 어린아이의 때깔이 가난의 얼굴이 아닌 부유한 피부와 의복 등을 보고 순진한 마음으로 받아들이고자 윤색한 표현임.

는 하루가 다르게 영리해지면서(童子日就歧嶷)227, 신장(身長)은 9척228이나 되었다(身長九尺). 9인의 추장(九干)들은 드디어 그를 받들어 임금으로 모셨다(九人遂奉以爲主). 그가 바로 수로왕이다(卽首露王也). 국호를 가락(國號駕洛) 또한 가야라고 불렸으며(又稱伽倻), 그 뒤 금관국(金官國)이라고 고치게 되었다(後改爲金官國). 사방의 국경은 동으로는 황산강(四境東至黃山江, 오늘날 낙동강), 동북쪽은 가야산(伽倻山)에 이르렀다(東北至伽倻山). 서남 경계는 남해 바다(大海)에 접해 있었고(西南際大海)229, 서북 경계는 지리산(智異山)에 이른다(西北界智異山). 즉위하신 지 158년이 되는 해에 붕어하셨다(卽位一百五十八年薨).

227　歧嶷(기억)이란 표현을 역사에서는 높은 산 고갯마루에 뭉게구름처럼 신비스러움(歧嶷)을 '6, 7세의 어린아이가 매우 영리함'을 비유한 표현의 사례를 찾아보면, i) 太白逸事, 高句麗國本紀: "斯盧始王, 仙桃山聖母之子也. 昔有夫餘帝室之女婆蘇. 不夫而孕, 爲人所疑. 自嫩水, 逃至東沃沮, 又泛舟而南下. 抵至辰韓奈乙村, 時有蘇伐都利者, 聞之, 往收養於家而及年十三. 歧嶷夙成, 有聖德. 於是, 辰韓六部, 共尊爲居世干. 立都徐羅伐, 稱國辰韓. 亦曰斯盧 …"ii) 三國史節要, 卷2 癸丑: "漢建武二十九年 新羅儒理王三十年 高句麗慕本王六年 太祖王元年 百濟多婁王二十六年 … 琉璃王孫宮(一名於漱)立之 宮生而能視 幼而歧嶷 年七歲太后垂簾聽政 太后扶餘人也."iii) 诗經, 大雅篇 生民: "克岐克嶷, 以就口食." 谓六, 七岁. iv) 三國史記, 高句麗本紀第3, 太祖大王: "大祖大王 或云国祖王, 諱宮. 小名於漱, 琉璃王子古鄒加再思之子也, 母大后扶餘人也. 慕本王薨, 太子不肖, 不足以主社褉, 國人迎宮繼立. 王生而開目能視, 幼而歧嶷. 以年七歲, 大后垂簾聽政." 등이 있다. '갈림길 기(岐路)'를 '6개 발가락 기(跂足)'로 상통(相通)함으로써 6~7세의 어린아이가 영리함을 표현하기도 함.

228　九尺長身 혹은 九尺이란 표현은 오늘날 미터 단위로는 후한 척간법(後漢尺貫法)에 따르면 1척은 22.5cm(23cm), 조선 세종 때는 31.1cm로, 오늘날은 30.333cm 정도이다. 당시 후한의 1척 22.5cm로 환산하면 9척은 202.5cm로 장신이었다. 청동기 시대의 남성의 평균 신장은 오늘날보다 더 컸다.

229　『가락국기(駕洛國記)』에서는 가야국의 남단을 대마도 국미성(國尾城, 오늘날 金田山城)까지로 적었으나, 삼포왜란 등으로 국경 문제가 야기될 소지를 아예 제거하고자 『세종실록지리지(世宗實錄地理志)』 이후 관찬 서적에는 국미성 표기는 금기되었다. 정약용 선생께서도 아예 남단 국경(南端國境)을 기술하지 않았다.

2.

『고려사(高麗史)』, 『고려사절요(高麗史節要)』 등 고서지학에서

『고려사 지리지(高麗史 地理志)』 등에서
당시 금주(金州, 金氏之州)에 대해

『고려사 지리지(高麗史 地理志)』를 보고(見地理志) 말하기를(又云) 오늘날 김해(金海)인 금주(金州)에 김수로왕의 묘지가 있는데(金州有首露王墓) 서쪽에 있으며(在州西), 초현대(招賢臺)는 동쪽에 있다(招賢臺, 在州東). 세상에 전해지는 바엔 가락국 거등왕(世傳駕洛國居登王)이 이곳 초현대(招賢臺)[230]에 올라(登此臺)와서, 칠점산(七點山)에 사시는 참시선인(旵始仙人)[231]

---

230 초현대(招賢臺, 김해시 안동 685-2번지) 혹은 초선대(招仙臺): 금관가야 2대 거등왕이 국태민안의 터전을 잡고자 인재를 널리 하고자 하는데 이곳에서 현명한 인재를 초대하겠다는 의미를 담았던 마애석불이 있는 곳을 일면 초선대(招仙臺)라고도 함(招賢臺, 在金海府東七里. 石上有駕洛居登王像. 鄭麟趾高麗史云, 金州有招賢臺. 世傳駕洛國居登王. 登此臺. 招七點山旵始仙人. 旵始乘舟而來. 因名焉, 又名招仙臺).

231 칠점산(七點山) 참시선인(旵始仙人): 『동국여지승람(東國輿地勝覽)』에 기록한 신선의

148
고녕가야(古寧伽倻)

들을 초청하자(招七點山旵始仙人), 참시선인들은 배를 타고 왔다고(旵始乘舟而來) 해서 초현대(招賢臺, 招仙臺)라고 불렸다(因名焉).

『동국사략(東國史略)』에서 언급하기는(東史略云) 초기 가락국은 오늘날 김해에 9간이 있었는데(初駕洛, 今金海, 有九干) 9간은 지역 백성들이 자신들의 의결을 거쳐 추장을 세웠다(各總其衆爲酋長). 구간들 음력 3월 3일 세칭 삼진날에 목욕재계(沐浴齋戒)하는 계욕행사(禊浴行事)를 수행(脩)[232]하던 참에(九干脩禊事) 때마침 구지산 봉우리에 뭔가 보였기에(適見龜峯), 이상스러운 서기(瑞氣)가 있었다(有異氣). 곧 그곳으로 쫓아가서(就) 보니 6명의 남아가 있었다(就得六男).『고려사절요(高麗史節要)』에서는 처음으로 국가가 생겨나자(始生者) 나라님으로 삼고자 추대를 시작했다(推始生者爲主). 황금알에서 성씨 김씨(因金卵姓金)를, 처음으로 시작한다고 봐서(以始見) 수로(首露, 오늘날 머리)라는 이름을 붙였(名首露)다. 나라 이름은 '위대한 가락국가(大駕洛)'라고 했다(國號大駕洛).

권근(權近, 1352~1409)[233] 선생이 저술한『동국역대총목(東國歷代總目)』에서(權近著, 東國總目云), 가장 먼저 나라를 세웠으니 대가락국이 되었다

이야기는 '가락국 2대 거등왕 때 칠점산(오늘날 김해공항 일대)에 신선이 살았다. 이들 아침 햇살을 받아서 세상에 비춰준다는 의미에서 참시 선인(旵始仙人)이라고 했다. 거등왕은 시간이 날 때 초선대에 나가서 참시 선인들을 불러서 세상 이야기를 하면서 놀기도 했다. 참시 선인(旵始仙人)들은 고(琴) 악기를 안고 배를 저어와 흥을 돋워주었다. 때로는 바둑을 두기도 했으며, 왕이 앉았던 연화석(蓮花席)과 바둑을 두던 기국석(棋局石)이 지금도 남아 있다고 기록하고 있다.

232 수(脩)는 분명히 '고기 저밀 수(脩)'는 모양이 비슷한 '닭을 수(修)'로 상통하여 있음.

233 權近의 저술로 알려진 『東國史略』은 조선 전기 박상이가 단군 조선부터 고려 말까지 기록한 역사서이다. 『동국통감(東國通鑑)』을 저본으로 축약한 책이다. 박상(朴祥, 1474~1530)가 편찬했다는 표기는 없다. 조선총독부 발간 『조선도서해제(朝鮮圖書解題)』에서 권근(權近)으로 오기했음. 박상이의 저술을 확인하는 서지학적 근거는 김휴(金烋, 1597~1639)의 『해동문헌총록(海東文獻總錄)』, 임보신(任輔臣, 출생 미상 ~ 1558)의 『병진정사록(丙辰丁巳錄)』 등에 기록이 있다.

(始生者, 爲大駕洛). 나머지 5인들은 5개 가야국의 국왕이 되었으니(其餘五人, 爲五伽倻主) 아라가야(曰阿羅伽耶)이고, 고녕가야(曰古寧伽倻)이며, 대가야(曰大伽倻), 성산가야(曰星山伽倻) 그리고 소가야(曰小伽倻)라고 언급하고 있다.

정약용의 별고 논문(鏞案)에서는 수로왕이 개국한 연도(開國年度)에 대한 언급에 있어(鏞案首露開國之年),『삼국사(三國史)』에 의하면 후한 광무제(後漢光武帝)의 건무 18년(三國史以爲漢光武十八年)으로 봐서 임인년이다(壬寅年). 그러나『고려사(高麗史)』에서는 유리이사금(儒理尼師今) 18년으로(高麗史以爲儒理王十八年) 신축년(辛丑年)에 해당하여(辛丑年) 1년이라는 차이가 생기는 바이다(所差一年也). 우리나라 역사가들은(東史諸家) 대립되는 주장엔 삼국사(三國史)에 의존해서(竝從三國史) 임인년을 따르는데(從壬寅) 오래 역사서에 비중을 무겁게 둔다(貴古也)[234].

또한 정인지(鄭麟趾)의『고려사(高麗史)』에 의하면(又按鄭史), 황금으로 된 상자(金械 혹은 金樻)에 황금알(金卵)이 있었다는 이야기(有金樻金卵之說)는 눈알이 튀어나올 만큼 허망하고 비류하다(妄誕鄙俚)[235]. 나머지 부분을 이제 깎아버리고『삼국지 위지동이전(三國志 魏志東夷傳)』을 언급하면

---

234 洪良浩, 稽古堂記: "古者當時之今也. 今者後世之古也. 古之爲古. 非年代之謂也. 盖有不可以言傳者. 若夫貴古而賤今者. 非知道之言也. 世有志於古者, 慕其名而泥其跡. 譬如學音者, 執追蠡而拊土鼓, 不知韶武之變." /《莊子·外物》: "夫尊古而卑今, 學者之流也."

235 망탄비리(妄誕鄙俚)란 오늘날 표현으로 '터무니없고 비열하다(absurd and despicable)'라는 뜻이다. 유사한 단어로는 허망부실(虛妄不實), 황탄불경(荒誕不經), 광망(狂妄) 및 방사(放肆) 등이 있다. 표현 사례를 들면, I) 漢書·卷六四上·朱買臣傳: "守邸驚, 出語上計掾吏, 皆醉, 大呼曰: 妄誕耳." ii) 五代史平話·周史·卷下: "君臣相謏, 偷安度日, 翰林學士常夢錫屢言馮延巳等妄誕不足信." iii)《朱子語類》卷二七: "聖人雖有心, 也自是不欺誑, 不妄誕" iv) 宋 陳鵠《耆舊續聞》卷二: "本事詞載榴花事極鄙俚, 誠為妄誕.", v)《西湖佳話·雷峰怪跡》: "嘗思聖人之不語怪, 以怪之行事近乎妄誕而不足為訓." vi) 引明 朱鼎《玉鏡臺記·王敦反》: "書生不自量, 對吾主恁妄誕猖狂."

고녕가야(古寧伽倻)

(今竝刪之余謂漢史魏志), 모두를 진한 변한의 임금으로(皆云辰韓弁辰之王) 대다수가 마한(馬韓)[236]의 사람으로 국왕이 되었다(皆以馬韓人爲之). 이 말이 당시의 상황에 적합한 사실처럼 들린다(此當時之實聞也). 진한의 석탈해나(辰韓之昔脫解) 변진의 김수로(弁辰之金首露)는 모든 계통은 서한(馬韓, 西韓) 사람이다(皆係西韓之人)[237]. 그리고 신라와 백제는 나중에는(而新羅, 百濟後世) 결국은 원수지간으로 신라 사람(東韓 혹은 新羅)이 된다(竟成仇隙, 新羅之人). 이전에 백제로부터 명을 받았다는 부끄러움을(恥其前代受命百濟) 근본적으로 피하기(諱) 위해(諱其根本), 이윽고 황금 상자에 든 황금알이라는 설화를 만듦으로써(遂造櫝卵之說) 어리석은 세속 사람들을 속일 수 있었다(以欺愚俗). 이를 『삼국유사(而三國遺事)』같은 곳에 게재하여 항간 설화와 아울러 퍼지게 했다(竝載委巷之說). 정인지(鄭公)는 이런 의도를 모르고 (고려사에서) 탈락시켜 버렸다(鄭公不知刪落耳).

이제까지 권근(權近)의 저술로 잘못 알려진, 박상(朴祥, 1474~1530)의 『동국사략(東國史略)』에 의하면(又按東史略) 육란설화(六卵說話)가 나오는데(有六卵之說), 이는 『동국총목(東國總目)』에도 마침내(而東國總目遂云) 수로왕의 6 형제로 표기하고 있었다(首露王兄弟六人). 6개 가야 국가의 시조가 되었다고 묘사하고(粉) 있는데(分作[238]六伽倻之始祖), 이들 모두에 대한

---

236 마한은 고구려 옛 강역에 있었던 나라로 동부여 쪽을 지칭하고 있다. 서기 20년 동부여가 고구려 대무신왕에 의해 멸망하자, 망국 유민으로 한반도 변진국으로 흘러들어 왔던 소호 김천씨의 후손들로 보고 있다.

237 三國史記, 新羅本紀 第一, 赫居世 居西干: "三十九年(B.C. 19年), 馬韓王薨. 或說上曰, 西韓(馬韓) 王前辱我使, 今當其喪征之, 其国不足平也. 上曰, 幸人之災, 不仁也. 不從, 乃遣使弔 …."

238 분작(分作)은 글자 그대로 해석한다면, '농사에서 해를 건너서 나눠 지음(分作)'이라고 하고, 저술에서도 분권하여 저술하는 것을 말할 수 있다. 여기서는 뭔가 윤색해야 하고, 근본적으로 수치를 감춰야 할 목적이 있는 경우는 분칠해서 저술하거나 묘사하는 것을 '분작(粉作)'이라고 적

뒷사람들이 설화를 펼치고 있다(此皆後人推演爲說). 그래서 증명할 자료가 부족하다(不足徵也).239 오직 최치원만이 대가야의 시조를 뇌질주일(惱窒朱日, 일명 伊珍阿鼓, 또는 內珍朱智)이라고 제시했다(唯崔致遠以爲大伽耶始祖朱日).240 금관국 시조를 뇌질청예(惱窒靑裔)라고 제시해(金官國始祖靑裔) 같은 어머니의 형제라고 했으니(爲同母兄弟) 대가야를 상세하게 볼 수 있게(詳見大伽耶) 필요한 근거를 제시했다고 하겠다(此必有據之言也).241

김부식(金富軾)의 『삼국사』 등 문헌(文獻)에서 가야(伽倻)에 대해

김부식(金富軾)은 『삼국사』에서(金富軾云) 남쪽 금관가야국의 시조를 수로(首露)라고 했으며(南加耶始祖首露), 신라 왕족 김씨(金氏)와 조상을 같이 하는 성씨라고 했다(與新羅同姓也). 또한(又云) 신라 김씨들은 스스로 소호 김천씨(少昊金天氏)의 후예이기에(羅人自謂少昊金天氏之後) 따라서 김씨라고 했다(故姓金). 홍만종(洪萬宗, 1643~1725)이 말하기를(洪萬宗云) 왕비허씨(王妃許氏)는 남쪽 천축국의 공주로(南天竺王女), 아들을 9명이나 낳았는데(生九子) 2명만이 어머니 성을 따랐다(而二子從母姓). 오늘날에

어야 함에도 상통관계의 한자를 이용해서 '분작(分作)'으로 표기했음.

239 論語 八佾篇: "子曰, 夏禮, 吾能言之. 杞不足徵也. 殷禮, 吾能言之. 宋不足徵也. 文獻不足故也, 足則吾能徵之矣."

240 대가야, 국사편찬위원회, 우리 역사넷(contents.history.go.kr): "이진아시왕(伊珍阿鼓王) 뇌실주일이 대가야(大伽倻)를 건국하였다. 후대 왕 가실(嘉室)이 12현금(絃琴)을 만들어서 12개월을 형상화하고 이름을 가야금(伽倻琴)이라 하였다. 후대 왕 도설지(道設智)에 이르러 신라(新羅)에 항복하니 16대 왕업을 전하고 572년을 이어 왔다."

241 오늘날 함창(고령)가야의 시조 고로왕(古露王)을 수로의 2째, 3째 혹은 4째 동생이라는 함창 김씨의 족보나 고로왕릉비 명문이 있다. 정약용 선생이 이를 알았다면 "諺云首露次弟, 古露爲古寧王"라는 구절을 덧붙였을 것이다.

와서는 김해 김씨(今之金海金氏)와 허씨(許氏) 모두는 수로왕의 자손인 셈이다(許氏皆首露之子孫也).

수로왕(首露王)은 158세까지 천수(天壽)를 누렸다(王壽至一百五十八). 정약용의 별고(논문)와 정인지의 『고려사』에서(鏞案鄭史) 김수로왕의 재위가 158년이라는데(首露王在位百五十八年) 홍만종의 158세의 수명을 살았다고 하니(洪說以爲享壽百五十八年), 일반 상식에 따르면(揆之常理) 홍만종의 주장이 옳을 것 같으나(洪義似長) 지금 정인지(鄭麟趾)의 『고려사』를 따르는 건(然今從鄭史) 소위 고문헌(古)에다가 희귀함에 무게감(貴重)을 두는 것이다(所以貴古也). 수로왕 35년에(首露王三十五年) 군사를 동원하여 신라를 침공했다(發兵侵新羅). 이로부터 이후 20여 년 동안(自玆以後二十餘年)에 전쟁은 끊임이 없었다(戰爭不息). 변한과 진한은 갈라져서(截, 斷絶) 자연적으로 둘이 되었다(辰韓, 弁辰之截然爲二). 정확하게도 이것이 원인이었다(良以此也)[242].

신라 역사에 있어서(新羅史云)[243] 탈해이사금(脫解尼師今, 재위 57~88년) 21년(脫解王二十一年), 즉 후한 장제(後漢章帝, 재위 75~88) 건초 2년(A.D. 77년)에 들어(漢章帝建初二年) 가을 8월(秋八月) 아찬 길문(阿飡吉門)이 가야군을 대적하여(與加耶兵) 황산진 입구에서 싸움을 하여(戰於黃山津口) 천여 명의 머리를 자르는(首級) 전과를 올렸다(獲一千餘級). 파사왕(婆娑王) 8년(婆娑王八年), 후한 장제(章帝) 말년(漢章帝末年 A.D. 87년) 가을(秋)에 하

---

242 畫墁錄: "河北設五都倉, 講好高麗, 良以此也, 然功未絶而上賓, 是天未欲燕薊之民歸中國乎?" 良有以也, 百度百科(baike.baidu.com): "释义 良: 的确, 诚然; 以: 所以, 原因. 指某种事情的产生是确有些原因的, 出处 曹丕 《与吴质书》: "少壮真当努力, 年一过往, 何可攀援! 古人思秉烛夜游, 良有以也."

243 『疆域考(渤海疆域考)』 卷二 渤海考: "新羅史云 景明王五年〔朱梁末帝時〕 二月 靺鞨別部達姑衆來寇北邊 時堅權〔高麗太祖王建臣〕 鎭朔州 〔今春川〕 率騎擊大破之."

명이 떨어졌는데(下令曰): "이 나라를 다스림에 있어(國家), 서쪽으로는 백제와 이웃하여 있고(西隣百濟) 남쪽은 가야와 연접해 있다(南接加耶). 나의 덕은 능히 백성을 편안하게 하지 못하고(德不能綏) 위엄은 이웃 나라에 두려움을 주기엔 부족하니(威不足畏) 마땅히 성루(城壘)를 수리해 침질(侵軼)[244]에 대비하라(宜繕葺城壘, 以待侵軼)!" 그달에 가소성(加召城, 在居昌)과 마두성(馬頭城, 今未詳)의 두 성을 쌓았다(二城).[245]

신라 파사왕(婆娑王) 15년, 후한 화제(和帝) 6년(十五年 漢和帝六年 A.D. 94) 봄 2월(春二月) 가야 도둑들이 마두성을 둘러쌌다(加耶賊圍馬頭城). 아찬(阿飡) 원길(元吉)을 파견하여(遣阿飡吉元) 장수와 기마병 1천 군사(將騎一千)로 격퇴하자 마두성을 버리고 도주했다(擊走之). 2년 뒤, 17년 가을 9월(十七年秋九月) 가야 사람들이(加耶人) 남방 변방 국경(南鄙)을 기습하였으므로(襲南鄙) 성주 장세(長世)를 덤으로(追加) 보내 막게 했으나(遣加城主長世拒之)[246] 적들로부터 죽임을 당했다(爲賊所殺). 국왕은 분노하여 용병 5천 명을 인솔하여(王怒率勇士五千) 친히 출전하여 패배시키고(出戰敗之), 사로잡은 자와 죽은 병사들이 많았다(虜獲甚多). 18년 봄 정월에(十八年 春正月) 군사를 일으켜 가야정벌을 하고자 했으나(擧兵欲伐加耶), 가야 국왕(其國主)이 사신을 파견하여 사죄를 청하는 바람에(其國主遣使請罪) 끝내 그만두고 말았다(乃止).

---

244   侵軼: "【後漢·馮衍傳】 軼范蠡之絕迹. 又 【集韻】 侵軼也. 【左傳·隱九年】 懼其侵軼我也. 又屈軼, 草名 【博物志】 堯時有草生於庭 …."

245   三國史記, 新羅本紀(玉山書院本) 卷第一: "六年, 春正月. 百濟犯邊.二月, 以吉元爲阿飡. 夏四月, 客星入紫微. 八年秋七月, 下令曰. 朕以不德, 有此國家. 西鄰百濟, 南接加耶, 德不能綏. 威不足畏, 宜繕葺城壘, 以待侵軼. 是月 築加召·馬頭二城."

246   "遣加城主長世"를 해석하면 i)"성주 장세(長世)를 추가로 파견하다." 혹은 "가성주(加城主) 장세(長世)를 파견하다." iii) "가야(加) 성주(城主)였던 장세(長世)를 파견하다."로 해석할 수 있다.

정약용이 황산진(黃山津)이라고 하는 건(鏞案黃山津者) 낙동강이 남해로 흘러 들어가는 입구를 말하고 있다(潢水入海之口也). 오늘날 양산군(梁山郡)에서 서쪽으로 십여 리 되고(在今梁山郡西十餘里), 금관부 사이를 흐르는 물길로 서로를 바라보며(與金官府隔水相望), 두 나라가 서로 다투고 있었다(二國之戰). 이미 황산진(黃山津)이 있던(旣在黃山津口) 쪽은 가야로(則加耶者) 금관가야였다(金官也). 또한 가소성(加召城, 오늘날 慶北 淸道郡 伊西面)을 기준으로는 정비됨을 봐선 백제 영토였다(又按加召城, 所以備百濟也). 마두성(馬頭城, 오늘날 慶南 居昌郡)[247]은 갖춤을 봐서는 가야 땅이었다(所以備加耶也). 오늘날 청도(淸道)에서 동쪽 백여 리(今淸道郡東百餘里), 마곡산 기슭에 있었으며(有馬谷山) 경주에서 남쪽이었다(在慶州之南). 마두성(馬頭城) 혹은 마곡산(馬谷山)의 정상이었다(馬頭城或在此山之頭也). 그로부터 50년 후(其後五六年) 가야와 신라는(迦羅新羅) 홀연히 화목을 도모했던 흔적이 있었는데(忽有和睦之跡), 뜻한 바는 파사왕 중년에(婆娑王中年) 가야(迦羅)가 화해를 빌어왔기에(迦羅乞和) 잠시간 서로가 화친의 국면으로 치우쳤다(而暫相親附也).

---

247 三國史記, 卷一, 新羅婆娑尼師今本紀: "八年秋七月, 下令曰, 朕以不德, 有此國家, 西鄰百濟, 南接加耶, 德不能綏, 威不足畏 …."

3.
김수로왕은 화전술수(和戰術數)로
신라의 넋을 뺐다

김수로왕의 쾌도난마가 신라 국왕의 골칫거리를 해결

『삼국사기 신라본기(三國史記 新羅本紀)』에 언급하기를(新羅史云)[248] 파사이사금(婆娑尼師今) 23년(婆娑王二十三年), 후한화제(後漢和帝) 14(A.D. 102)년 가을 8월(和帝十四年 秋八月) 음즙벌국(音汁伐國), 안강현(安康縣)의 옛 나라로(古安康縣) 왕성 경주(慶州)에서 북쪽으로 30리에 있었다(在慶州 北三十里). 이와 더불어 실직곡국(與悉直谷國) 오늘날 삼척에 있었던(今三 陟) 국가와의 국경으로 다투다가(爭疆) 신라 국왕에게 가 국경문제를 판단 해달라고 요청했다(詣王請決). 국왕에 판단 결정하기에는 너무 어려운 문

---

248 三國史記, 新羅本紀 第1卷 婆娑尼師: "二十三年(A.D. 102年), 秋八月, 音汁伐國與悉直 谷國爭疆, 詣王請決. 王難之謂, "金官國首露王, 年老多智識." 召問之. 首露立議, 以所爭之地, 屬音汁伐國. 於是, 王命六部, 會饗首露王. 五部皆以伊湌爲主, 唯漢祇以位卑者主之. 首露怒, 命奴軦, 殺漢祇部主保齊而歸. 奴逃依音汁伐主陁鄒干家. 王使人索其奴, 陁鄒不送. 王怒, 以 兵伐音汁伐國, 其主與衆自降. 悉直·押督二國王來降.""

제라서(王難之謂), "금관가야국의 수로왕은 연로하시고 지혜가 많으시니 (金官國首露王年老多智), 초빙하여 자문을 구하자(召問之)."라고 말했다. 김 수로왕을 모시고 와서 의견을 수렴하고(首露立議), 다투는 지역이(所爭之 地) 음즙벌국(音汁伐國)에 속한다고 결정을 해주었다(屬音汁伐國). 이를 계 기로 국왕은 6부 제후(왕)들에게(於是王命六部) 수로왕을 위하여 (국빈 예우 로) 이찬이 주관하여 잔치를 베풀어 주어라(會饗首露王) 명했다. 그런데 5 부는 모두가 이찬 이상 주관자로 참석했다(五部皆以伊湌爲主). 유독 한지 부(漢祗部)만이 이찬 이하 낮은 계급을 주관자로 참석시켰다(唯漢祗部以 位卑者主之). 자신을 무시한 처사라고 수로왕은 격노했고(首露怒), 부하직 원 탐하리(命奴耽下里)에게 지시했다. 한지부(漢祗部)에서 주관자로 참석 했던 보재(保齊)를 죽이라고 하고는 귀국했다(殺漢祗部主保齊而歸). 한지 부(漢祗部)는 원래 가리부였으며(加利部) 성씨는 배씨(裵氏)였다(漢祗部, 本 加利部姓裵).[249]

정약용 선생의 글에선 수로왕을 나이 16세에 즉위하였기에(鏞案首露王 生十五歲卽位) 이때(A.D. 102년)는 75세(則是年七十五歲)로 노령이었다(亦云 老矣). 그로부터 4년 뒤에는(後四年) 신라와 가야가(新羅迦羅) 거듭하여 침 략과 정벌을(復相侵伐者) 10여 년 동안 했다(十餘年). 그것이 있고부터 뒤 에는(自是厥後) 양국 사이에 80년간 아무런 일이 없었음에도(兩國無事者 八十年) 수로왕은 세상을 떠났다(而首露王薨). 신라 역사에선(新羅史云) 파 사왕 27년(婆娑王二十七年) 후한 상제 원년(漢殤帝元年, A.D. 106) 가을 8월

249 三國史記, 新羅本紀 第1卷, 儒理尼師今條: "九年春 改六部之名 仍賜姓 楊山部爲梁部 姓李 高墟部爲沙梁部 姓崔 大樹部爲漸梁部. 一云牟梁 姓孫 干 珍部爲本彼部 姓鄭 加利部爲 漢祗部 姓裵. 明活部爲習比部 姓薛."/ 三國史記(玉山書院本) 卷第一: "姓孫; 于珍部爲本彼部, 姓鄭; 加利部爲漢祗部, 姓裵; 明活部爲習比部, 姓薛, 又設官有十七等: 一曰伊伐湌, 二曰伊尺 湌, 三曰迊湌, 四曰波珍湌, 五曰大阿."

(秋八月) 마두성 성주에게 명령을 내려서 가야를 정벌하도록 했다(命馬頭城主伐加耶).

지마왕 4년(祇摩王四年) 후한 안제(安帝) 9년(漢安帝九年, A.D. 115년) 봄 2월(春二月) 가야가 남쪽 국경을 노략질했다(加耶寇南邊)[250]. 가을 7월에(秋七月) 국왕이 친히 나가서 가야를 정벌하였다(親征加耶). 보병과 기병을 거느리고 낙동강을 지나가는데(帥步騎度黃山河)[251], 가야군 병력은 숲속에 복병을 깔아놓고 기다리고 있었다(加耶人伏兵林薄以待之). 지마왕이 이를 바로 알아차리기 전에(王不覺直前) 매복했던 병정들이 뛰어나와 몇 겹이고 둘러 쌌다(伏發圍數重). 국왕은 군사들에게 호령하여 치열한 백병전으로(王揮軍奮擊) 포위망을 겨우 뚫고 물러났다(決圍而退).

다음 해(5년) 가을 8월(五年秋八月) 장수를 보내서 가야국을 공략하게 하고(遣將侵加耶), 국왕은 정예 병력 1만을 거느리고 후미를 이어갔다(王帥精兵一萬以繼之). 가야는 성벽을 굳게 닫고서는(嬰城)[252] 철벽 방어를 했다(加耶嬰城固守). 그때 마침 비가 오래 내렸으므로 국왕은 끝내 되돌아왔다(會久雨乃還). 정약용의 논문에선 이후 80년간(鏞案八十年) 도대체 아무런 일도 하지 않았는지(都無一事者), 역사 속에서 갈 길을 잃고 말았다(史失之也)고 적고 있다. 수로왕이 붕어하고(首露王薨), 아들 거등왕(居登王)

---

250 寇는 명사로는 '원수, 왜구, 도적' 등이나, 동사로는 '침입하다' 혹은 '약탈하다'로 해석한다. 사례로는 後漢書 卷65, 皇甫張段列傳: "東羌, 先零五六千騎寇(侵入)關中 …." 三國志, 卷30, 魏書 烏丸鮮卑東夷傳: "其人 … 不寇(掠奪)鈔." 등이 있다.

251 度黃山河(渡黃山河)를 '황산하(낙동강)을 지나가다(過黃山河).' 혹은 '황산하를 건너가다(渡黃山河).'로 해석을 쉽게 할 수 있다. 비슷한 渡와 度의 상통으로 사용했다.

252 嬰城(영성): 성을 둘러싸고 철두철미하게 지킨다는 표현으로 농성(籠城), 철옹성(鐵瓮城), 아성(牙城), 금성탕지(金城湯池) 등으로 표현하고 있다. 삼국사에서는 영성(嬰城)이라는 표현을 많이 사용하고 있다. 사례로는 삼국사 권2 아달라이사금조: "백제는 어린애처럼 성을 감싸고 나오지 않았다(百濟嬰城守不出)."

이 왕위에 올랐다(子居登王立). 즉위한 뒤 3년(旣立三年), 신라에게 화친을 청하였다(請和於新羅). 이때는 후한 헌제 건안 6(A.D. 211)년이었다(此漢獻帝建安六年也).

남해 해상권을 금관가야가 독식하자 포상팔국이 항거하다

신라 역사(三國史記新羅本紀)에 의하면(新羅史云), 201년 제10대 내해왕 6년(奈解王六年 漢建安六年) 봄 2월(春二月)에 가야국에서 화친을 요청해 왔다(加耶國請和). 내해왕 14(A.D. 209)년 가을 7월에(十四年秋七月) 남해 해변에 있던 8개 나라가(浦上八國) 가야국 침략을 도모했다(謀侵加羅). 가야국에서는 왕자를 보내어 구원을 요청했다(加羅王子來請救). 신라 국왕은 태자 우노(太子于老)와 이벌찬 이음(伊伐飡利音)에게 명하였다(王命太子于老與伊伐飡利音). 6부에 가서 장졸을 모아(將六部兵), 가야국에 출동해서 구원해주고 오라고 했다(往救之). 포상 8국(蒲上八國)의 장수들을 공격해 죽이고(擊殺八國將軍), 빼앗긴 땅을 되찾아주었고, 6,000명을 사로잡아 돌아왔다(奪所虜六千人還之). 내해왕 17(A.D. 212)년 봄(十七年春) 건안 17년(建安十七年) 가야국에서 왕자를 인질로 보내왔다(加耶送王子爲質).

정약용(丁若鏞)은 포상팔국(鏞案浦上八國者)을 보기를, 오늘날 창원(昌原), 칠원(漆原), 함안(咸安), 고성(固城)의 땅으로(今昌原, 漆原, 咸安, 固城之地) 이미 앞에서 살펴봤듯이(已見前) 본래 모두가 가야에 속했다(本皆迦羅之屬). 다 같이 변한의 민족이었었으나(同是弁辰之族) 수로왕이 새삼스럽게 붕어했다고(而首露新薨) 8국이 변란을 일으켰다(八國作亂). 돌아가신 거등왕께서(故居登王) 신라에 구원을 요청하기도 했다(請救於新羅也).

삼국사 열전 가운데 물계자전에서(勿稽子傳云) 포상 8국(浦上八國)이 다 같이 가야국(柯羅國[253], 金官國, 金海) 정벌을 도모하자(同謀伐柯羅國), 가야 국에서는 신라에 구원병을 요청하는 사신을 보냈다(柯羅遣使請救). 신라 국왕은 왕손 내음에게(王使王孫㮦音) 인근 부족과 6부 병력으로 나가 싸워 구원하라고 하였다(率近部及六部軍往救). 드디어 8국 병력을 패배시켰다(遂敗八國兵). 3년 뒤(後三年) 골포(骨浦) 즉 합포(合浦), 지금의 창원에서(骨浦, 即合浦, 今合于昌原), 칠포(漆浦) 지금의 칠원(漆原), 고성(固城)으로 생각되는(漆浦, 今漆原 古史浦 疑固城) 고사포(古史浦) 세 나라의 사람들이(三國人) 와서 갈화성(碣火城, 蔚山)을 공략했다(來攻碣, 火城). 지금은 자세하지는 않지만(今未詳), 신라 국왕은 출병시켜 가야국을 구원했다(王率兵出救). 그들을 크게 패하도록 한 장수는 물계자였다(大敗三國之師勿稽子). 수십 명의 적군을 척살해 수급을 획득했다(斬獲數十餘級).

정약용의 논문(弁辰別考亦名駕洛考)에서 이미 언급했다시피(鏞案旣云), 바다 가운데라고 말하지 않고 항구에서라고 말한 건(浦上不云海中), 즉 오늘날 거제도 남해(則今巨濟南海)로 표현함에 의도한 바는 없었다(不在計也). 지금으로 봐서는 포상(浦上)이라기보다 육지였다(今浦上之地). 동쪽은 창원으로부터(東自昌原) 서쪽은 곤양까지(西至昆陽)의 8개 읍락으로 보인다(恰爲八邑). 그러나 함안이나 고성은(而咸安, 固城) 본래 가야국의 이름이었다(本有加耶之名). 골포와 칠포는(骨浦, 漆浦) 이미 신라 역사에서 밝혀졌다(已著新羅之史). 8개 읍락을 포상팔국(蒲上八國)이라는 건 의심할 바 없

---

253 柯羅(가라, 迦羅, 伽倻): 정약용 선생은 가라(柯羅)라고 표기하였으나 『삼국사(三國史)』 물계자열전(勿稽子列傳)에서 '아라국(阿羅國)'으로 표기하고 있어, 언덕 아(阿)가 도낏자루 가(柯)와 비슷하여 상통관계로 사용했음. 물론 오늘날 'koro(柯羅)' 지명의 섬이 있지만, 가야(伽耶)를 표기했음.

었다(八邑之爲浦上八國無疑). 연혁에 있어 따지자면(縱有沿革) 그리 심하게 서로가 멀어지지는 않는다(不甚相遠也).

당시 가락국(駕洛國)의 남제(南齊) 등 외교 관계를 살펴보면

후한(後漢) 연호 건안 이후 268년(建安以後二百六十八年), 가락국의 흔적이 역사책에서는 글로는 남지 않았다(迦羅之跡, 史冊無文). 남쪽 제나라(南齊) 고제(高帝) 건원 원(建元元, A.D. 479)년에 이르러서(至齊高帝建元元年) 가락국의 하지왕이(迦羅國王荷知) 남제에다가 사신을 보냈다(遣使于南齊). 남제서(南齊書) 만동남이전(蠻東南夷傳)에서 기록하기를(南齊書東南夷傳云)[254] 가락국(駕洛國, 金官伽倻)은 삼한의 종족이다(加羅國三韓種也). A.D. 479년 건원 원년에(建元元年) 가락국 하지왕(駕洛國 荷知王)이 사신을 보내서 (조공을) 바쳤다(國王荷知使來獻). 그러나 남제의 국왕은 조서(詔書)를 내려(詔曰) "널리 헤아려 비로소 (남제 조정에) 올리다니(量廣始登), 먼 오랑캐까지 감화되었구나(遠夷洽化). (그대) 가락국 하지왕(加羅王荷知)이 바다 밖에서 관문을 두드리며(款關海外), 동쪽 먼 나라에서 폐백까지 바쳤으니(奉贄東遐) 가히 (가락국 하지왕을) 보국장군 본국왕(輔國將軍本國王)에 제수할 만하구나(可授輔國將軍本國王)."라고 했다.

정약용의 논고(鏞案)에선 김수로왕(金首露王)의 자손 가운데(鏞案首露子孫) 좌지왕(坐知王), 질지왕(銍知王), 겸지왕(鉗知王) 등이 있다(有坐知王, 銍知王, 鉗知王之等). 소위 하지왕이란(所謂荷知) 이들 3명의 국왕 가운데 한

---

254 南齊書, 卷58, 列傳 第39 蠻東南夷傳: "加羅國, 三韓種也. 建元元年, 國王荷知使來獻. 詔曰, 量廣始登. 遠夷洽化. 加羅王荷知款關海外, 奉贄東遐. 可授輔國將軍本國王 …."

분이라고 했다(當是三知之一也). 그로부터 3년 뒤에(後三年) 삼한이 평화로운 연합을 하여(三韓連和) 고구려군을 막아냄으로써(以拒句麗) 이는 또한 동방가락국의 위대한 사업이었다(此又東方之大事也).

신라의 역사서에(新羅史云)는 소지왕(炤智王) 3년 남제(南齊) 고제(高帶)[255] 3(炤知王三年, 齊高帶三年, A.D. 481)년 봄 3월(春三月) 고구려와 말갈이(高句麗與靺鞨) 북방 국경까지 침입했다(入北邊). 호명성(狐鳴城, 竹嶺與鷄立嶺之間城)[256] 등 7개의 성을 취하고(取狐鳴等七城), 미질부성(彌秩夫城, 오늘날 興海城)까지 군대가 밀고 들어왔는데(又進軍於彌秩夫). 오늘날 흥해(今興海)에서 신라군대는 백제 및 가야에(我軍與百濟加耶) 지원병을 받아서 도별로 나눠서 협공하여 그들을 방어했다(援兵分道禦之). 소지왕 18(A.D. 496)년 봄(十八年春) 가야국에서 흰털 꿩을 예물로 보내왔다(加耶國送白雉). 그 꿩의 꼬리는 5척(五尺, 당시 척관법 1척은 22.5cm로 1.125m)이나 되었다(尾長五尺).

정약용의 논문에서는 『동국여지승람』에서(鏞案輿地勝覽) 미질부(彌秩夫)란 곳은(彌秩夫者) 오늘날 흥해군(興海郡)이라고 했다(今之興海郡也). 호명성 등 7성은(狐鳴等七城) 비록 상세하지는 않으나(雖不可詳) 이미 7성을 취하고(旣取七城) 흥해까지 진군했다는 것으로(乃進興海), 즉 오늘날 청하

---

255   고대(高帶): 고제(高帝)의 표기를 '제왕 제(帝)'를 유사한 한자인 '띠 대(帶)'로 오기한 것은 상통으로 봐서 넘기고 있으나, 사학자들에는 그렇게 표기한 뒤 배경을 살피기도 하며, 국가 간의 관계가 원활하지 못하여 고의적인 표기가 아니기에 대학자이신 정약용 선생님의 "낮술에 너무 취하셔서 오기를 하신 것으로 보임(晝醉甚記, 以帶替帝)."

256   호명성(狐鳴城), 한국민족문화대백과사전: 5세기 중반 이후 신라와 고구려는 소백산맥의 죽령(竹嶺)과 계립령(鷄立嶺)을 기점으로 서로 대치했다. 죽령은 경상북도 영주시와 충청북도 단양군을, 계립령은 경상북도 문경시와 충청북도 충주시를 잇는 고개이다. 고구려는 백제의 한성을 공략한 이후, 신라에 대한 공격을 본격화했다. 481년 3월 고구려는 말갈군과 함께 신라의 북변을 침입했다. 호명성 등 7성을 점령하고, 미질부(彌秩夫: 경상북도 포항시 흥해면)까지 남하하였다.

(清河), 영덕(盈德), 영해(寧海), 평해(平海), 진보성(眞寶城) 등(則今淸河, 盈德, 寧海, 平海, 眞寶之等) 다른 곳도 아닌 그 지역이었다(即其地也). 당시 죽령은(當時竹嶺) 오래 이전에 개통되었던 길이다(久已開路). 후한 영제 때에 길이 열렸다(漢靈帝時開).

고구려는 단양 등지의 읍락을 점거하고(句麗已據丹陽等數邑), 그곳을 죽령으로부터 길을 내었다(其自竹嶺之路). 직선 상 경주(新羅)의 북쪽 요충지가 분명했다(直衝慶州之北明矣). 백제는(百濟者) 마한이고(馬韓也), 신라(新羅者)는 진한이며(辰韓也), 가라는(迦羅者) 변진으로(弁辰也) 이렇게 3한(백제, 신라 및 가야)이 연맹을 맺어(三韓會盟) 고구려를 막아내었다(以擯句麗).

그동안 초빙되어 향음(聘享)257을 받으면서 유세했던 흔적들은 있으나(其間聘享游說之跡) 위험의 연결고리로 보기에는 참으로 기이함이 많다(必多奇偉瓌詭之觀). 그러나 문헌상 아무런 근거들이 남아있지도 않으니(而文獻無徵) 슬픈 일이다(悲夫). 이때 삼한 가운데(此時三韓之中) 신라만이 아무런 문서에 기록이 없다니 황당하고 애매할 뿐이다(新羅猶荒昧無文). 신라 조정이 중국에 초빙을 받았는지(其朝聘中國), 혹은 백제에 붙었는지(或附庸於百濟)258 아니라면 가야에 붙었는지(或附庸於迦羅), 중국 역사서에도(中國之史) 명증한 기록이 적혀 있지 않다(厥有明驗).

---

257 聘享: 聘问献纳, 聘问必有宴享, 故聘, 享连文. 《仪礼·聘礼》: "受夫人之聘璋, 享玄纁。郑玄注: 享, 献也. 既聘又享, 所以厚恩惠也." / 《左传·昭公三十年》: "先王之制, 诸侯之丧, 士吊, 大夫送葬; 唯嘉好、聘享、三军之事於是乎使卿." / 《管子·轻重戊》: "天子幼弱, 诸侯亢强, 聘享不上." / 《史记·平准书》: "王侯宗室朝觐聘享, 必以皮币荐璧, 然后得行."

258 附庸: 작은 나라가 큰 나라에 딸려서 붙음 혹은 남의 힘에 기대어 따로 서지 못함. / 附庸(英語: Vassal), 又可翻譯爲封臣或陪臣, 指的是一种在歐洲的封建制度下, 向封建主效忠以獲取領地与保護的下級, 有着嚴格的契約關系, 即使是領主也不能隨更改內容. 附庸与封建主之間是效忠与保護的關系. 封建主將領地封給附庸, 承認他們對領地的特權. 作爲交換, 附庸向封建主宣誓效忠, 且需要爲封建主提供軍事上的支持. 如果附庸拒不履行義務, 封建主有權將其領地收回.

4.
북사(北史)[259] 등 중국사서(中國史書)에서의
가야(駕洛)국은?

북사(北史), 양서(梁書) 및 수서(隋書)에서 나타난 가야의 모습은?

중국 역사서 북사(北史) 신라전에선(北史新羅傳云) 신라왕은 본래 백제인이고(新羅王本百濟人), 바다로 도망쳐 신라로 잠입했고(自海逃入新羅), 드디어 그곳에서 국왕이 되었다(遂王其國). 그렇기에 처음에는 백제에 붙어서 다스렸다(初附庸于百濟).[260]

---

259 李延寿, 北史, 維基文庫: "唐李延寿撰. 延寿表进其书, 称"本纪十二卷、列传八十八卷", 为 《北史》, 与今本卷数符合. 《文献通考》 作八十卷者, 误也. 延寿既与修 《隋书》 十志, 又世居北土, 见闻较近, 参核同异, 于 《北史》 用力独深, 故叙事详密, 首尾典赡. 如载元韶之奸利, 彭乐之勇敢, 郭琬沓龙超诸人之节义, 皆具见特笔, 出郦道元于 《酷吏》, 附陆法和于 《艺术》, 离合编次, 亦深有别裁, 视 《南史》 之多仍旧本者, 迥如两手. 惟其以姓为类, 分卷无法, 《南史》 以王, 谢分支, 《北史》 亦以崔, 卢系派, 故家世族, 一例连书, 览其姓名, 则同为父子, 稽其朝代, 则各有君臣, 参错混淆, 殆难辨别, 甚至长孙俭附 《长孙嵩传》, 薛道衡附 《薛辨传》, 遥遥华胄, 下逮云仍, 隔越抑又甚矣. 考延寿之叙次列传, 先以魏宗室诸王, 次以魏臣, 又次以齐宗室及齐臣, 下逮周, 隋, 莫不皆然 …."

260 北史卷九十四 東夷傳(新羅傳): "新羅者, 其先本辰韓種也. 地在高麗東南, 居漢時樂浪地. 辰

고녕가야(古寧伽倻)

양서(梁書)[261] 신라전(梁書諸夷列傳新羅條)[262]에서는 이렇게 말한다. "신라는 워낙 작은 나라라서(其國小) 스스로 사신을 보내고 대접할 능력이 없었다(不能自通使聘). 보통(普通)[263] 2(A.D. 521)년에 비로소 백제를 따라서(始隨百濟) 지역특산물을 조공으로 상납했다(奉獻方物). 백제가 고구려를 정벌할 때(百濟征高麗) 전쟁의 부역 등을 고구려도 감당하지 못하자(不堪戎役) 서로가 군사를 통솔하여 되돌아갔다(後相率歸之). 드디어 백제는 강성하게 되었다(遂致强盛). 신라는 백제를 벤치마킹(benchmarking)해(因襲

韓亦曰秦韓. 相傳言秦世亡人避役來適, 馬韓割其東界居之, 以秦人, 故名之曰秦韓. 其言語名物, 有似中國人, 名國爲邦, 弓爲弧, 賊爲寇, 行酒爲行觴, 相呼皆爲徒, 不與馬韓同. 又辰韓王常用馬韓人作之, 世世相傳, 辰韓不得自立王, 明其流移之人故也. 恒爲馬韓所制. 辰韓之始, 有六國, 稍分爲十二, 新羅則其一也. 或稱魏將 <毌丘儉> 討高麗破之, 奔沃沮, 其後復歸故國, 有留者, 遂爲新羅, 亦曰斯盧. 其人雜有華夏高麗百濟之屬, 諸本雜訛作辯, 據隋書卷八一新羅傳改. 兼有沃沮不耐韓濊之地. 其王本百濟人, 自海逃入新羅, 遂王其國. 初附于百濟, 百濟征高麗, 不堪戎役, 後相率歸之, 遂王其國, 遂致强盛. 因襲百濟, 附庸於迦羅國焉. 傳世三十, 至眞平. 隋書作傳祚 福位歲祿, 至金眞平. 按通典卷一八五新羅傳云其王姓金名眞平, 引隋東蕃風俗記云金姓相承, 三十餘葉. 這迎此裏眞平上當脫金字. 以隋開皇十四年, 遣使貢方物. 文帝拜眞平上開府樂浪郡公 <新羅王>.

261 梁書, 維基百科: "唐姚思廉奉敕撰. 《唐書》 思廉本傳稱. 貞觀三年. 詔思廉同魏徵撰. 《藝文志》 亦稱 《梁書》, 《陳書》 皆魏徵同撰. 舊本惟題思廉, 蓋徵本監修, 不過參定其論讚 【案此據史通古今正史篇. 魏徵總知其務. 凡有論讚. 徵多預焉之文】, 獨標思廉, 不沒秉筆之實也. 是書 《舊唐書·經籍志》 及思廉本傳俱云五十卷, 《新唐書》 作五十六卷.

262 梁書 卷4 列傳第48 諸夷列傳(新羅傳): "新羅者, 其先本辰韓種也. 辰韓亦曰秦韓, 相去萬里, 傳言秦世亡人避役, 來適馬韓. 馬韓亦割其東界居之, 以秦人, 故名之曰秦韓. 其言語名物有似中國人. 名國爲邦, 弓爲弧, 賊爲寇, 行酒爲行觴, 相呼皆爲徒, 不與馬韓同, 又辰韓王常用馬韓人作之, 世世係. 辰韓不得自立爲王, 明其流移之人故也. 恒爲馬韓所制. 辰韓始有六國, 稍分爲十二. 新羅則其一也. 其國在百濟東南五千餘里. 其地東濱大海, 南北與句驪百濟接, 魏時曰新盧, 宋時曰新羅, 或曰斯盧.其國小, 不能自通使聘, 普通二年(A.D. 521), 王姓募名秦, 始使使隨百濟奉獻方物. 其俗呼城曰健牟羅. 其邑在內曰啄評, 在外曰邑勒. 亦中國之言郡縣也. 國有六啄評, 五十二邑勒, 土地肥美, 宜植五穀, 多桑麻, 作縑布, 服牛乘馬. 男女有別. 其官名, 有子賁旱支. 齊旱支, 謁旱支, 壹告支, 奇貝旱支. 其冠曰遺子禮. 襦曰尉解, 袴曰柯半 靴曰洗 其拜及行與高驪相類. 無文字, 刻木爲信. 語言待百濟而後通焉.

263 연호보통(年號普通), 위키피디아: "보통(普通)은 중국 양(梁) 무제(武帝)의 두 번째 연호이다. 520년에서 527년 3월까지 7년 3개월 동안 사용하였다. 같은 시기에 사용된 다른 연호로는 북위(北魏)에서 사용한 신귀(神龜: 518년 ~ 520년), 정광(正光: 520년 ~ 525년), 효창(孝昌: 525년 ~ 528년)이 있다.

百濟) 가락국에 붙어서 다스리게(附庸) 되었다(附庸於迦羅國焉). 이어져 30대(傳世三十) 진평왕에 이르러(至眞平), 수나라 개황 14(A.D. 594)년에 사신을 보내 지역특산물을 조공으로 올렸다(遣使貢方物於隋)." 수서에서도 같은 내용을 적고 있다(隋書亦云).[264]

정약용의 논문에선 제(齊)[265]나라 소제연간(蕭帝年間)에(鏞案蕭齊之時)

[264] a. 北史, 卷九十四 列傳第八十二 四夷: "新羅者, 其先本辰韓種也. 地在高麗東南, 居漢時樂浪地. 辰韓亦曰秦韓. 相傳言秦世亡人避役來適, 馬韓割其東界居之, 以秦人, 故名之曰秦韓. 其言語名物, 有似中國人, 名國爲邦, 弓爲弧, 賊爲寇, 行酒爲行觴, 相呼皆爲徒, 不與馬韓同. 又辰韓王常用馬韓人作之, 世世相傳, 辰韓不得自立王, 明其流移之人故也. 恆爲馬韓所制. 辰韓之始, 有六國, 稍分爲十二, 新羅則其一也. 或稱魏將毌丘儉討高麗破之, 奔沃沮, 其後復歸故國, 有留者, 遂爲新羅, 亦曰斯盧. 其人雜有華夏, 高麗, 百濟之屬, 兼有沃沮, 不耐, 韓, 滅之地. 其王本百濟人, 自海逃入新羅, 遂王其國.初附庸於百濟, 百濟征高麗, 不堪戎役, 後相率歸之, 遂致强盛. 因襲百濟, 附庸于迦羅國焉.傳世三十, 至眞平. 以隋開皇十四年, 遣使貢方物. 文帝拜眞平上開府, 樂浪郡公, 新羅王. 其官有十七等: 一曰伊罰幹, 貴如相國, 次伊尺幹, 次迎幹, 次破彌幹, 次大阿尺幹, 次阿尺幹, 次乙吉幹, 次沙咄幹, 次及伏幹, 次大奈摩幹, 次奈摩, 次大舍, 次小舍, 次起士, 次大烏, 次小烏, 次造位. 外有郡縣. 其文字, 甲兵, 同於中國. 選人壯健者悉入軍, 烽, 戍, 邏俱屯營部伍. 風俗, 刑政, 衣服略與高麗, 百濟同. 每月旦相賀, 王設宴會, 班賚群官. 其日, 拜日月神主. 八月十五日設樂, 令官人射, 賞以馬, 布. 其有大事, 則聚官詳議定之. 服色尙畫素, 婦人辮髮繞頸, 以雜彩及珠爲飾. 婚嫁禮唯酒食而已, 輕重隨貧富. 新婦之夕, 女先拜舅姑, 次卽拜大兄, 夫. 死有棺斂, 葬送起墳陵. 王及父母妻子喪, 居服一年. 田甚良沃, 水陸兼種. 其五穀, 果菜, 鳥獸, 物産, 略與華同. 大業以來, 歲遣朝貢. 新羅地多山險, 雖與百濟構隙, 百濟亦不能圖之也." / b. 隋書 卷81列傳 第46 東夷傳: "新羅國, 在高麗東南. 居漢時樂浪之地. 或稱斯羅. 魏將毌丘儉討高麗, 破之. 奔沃沮. 其後復歸故國, 留者遂爲新羅焉. 故其人雜有華夏高麗, 百濟之屬, 兼有沃沮不耐韓獩之地. 其王本百濟人, 自海逃入新羅, 遂王其國, 傳祚至金眞平. 開皇十四年, 遣使貢方物. 高祖拜眞平爲上開府, 樂浪郡公新羅王. 其先附庸於百濟, 後因百濟征高麗. 高麗人不堪戎役, 相率歸之. 遂致强盛. 因襲百濟附庸於迦羅國, 其官有十七等. 其一曰伊罰干, 貴如相國. 次伊尺干次迎干, 次破彌干次大阿尺干, 次阿尺干次乙吉干, 次沙咄干次及伏干, 次大奈摩干次奈摩, 次大舍次小舍, 次吉士次大烏, 次小烏次造位. 外有郡縣, 其文字甲兵同於中國, 選人壯健者悉入軍烽戍邏, 俱有屯管部伍. 風俗刑政衣服, 略與高麗百濟同. 每正月旦相賀, 王設宴會, 班賚群官. 其日拜日月神, 至八月十五日, 設樂. 令官人射, 賞以馬布, 其有大事. 則聚群官詳議而定之. 服色尙素, 婦人辮髮繞頭. 以雜綵及珠爲飾. 婚嫁之禮, 唯酒食而已. 輕重隨貧富. 新婚之夕, 女先拜舅姑, 次卽拜夫. 死有棺斂, 葬起墳陵. 王及父母妻子喪, 持服一年. 田甚良沃, 水陸兼種. 其五穀果菜鳥獸物産, 略與華同. 大業以來, 歲遣朝貢. 新羅地多山險. 雖與百濟構隙, 百濟亦不能圖之.

[265] 齊(479~502年) 是中國歷史上南北朝時期南朝第二個朝代. 爲蕭道成所建. 史稱南齊(以與北朝的北齊相區別) 或蕭齊, 有時亦與南梁合稱齊梁. 以齊爲國號, 源於讖緯之說. 《讖書》云: 「金刀利刃齊刈之」, 意卽 「齊」 將取代 「宋」(因爲南朝宋皇族爲劉姓) 京城, 建康, 國君

고녕가야(古寧伽倻)

신라의 군장(新羅君長)을 이사금, 마립간 등으로 칭했던 것 같은데(猶稱尼師今, 麻立干) 이에 대해 올바르게 알 수 있는 기록문이 하나도 없다(則其無文可知也). 삼한 국가 가운데(三韓之中) 백제가 가장 강성했으며, 많은 기록이 있었다(百濟最强最文). 양서 신라전에서도(梁書新羅傳云) 신라엔 문자가 없어서(新羅無文字) 나무를 깎아서 편지를 대신했다(刻木爲信). 신라와 대화를 해야 할 때는 백제인을 중간에 넣어 소통했다고 한다(語言待百濟而後通焉). 신라는 오래전부터 복속되었기에(新羅自古服屬) 그렇게 남의 나라에 부용하는 게 그다지 이상하지 않았다(其附庸無怪也). 이미 특별히 백제에 부용했고(而旣別百濟), 마침내 가야라는 나라에도 부용했다(又乃附庸於迦羅者).

어찌 기록된 문헌에 의하지 않고서는(豈非文字之技) 오히려 가야에도 그렇게 하지 않았겠는가(反遜迦羅而然乎)? 다시금 변한(가야)에서 흘러내린 물길은 남해(朝天)[266]에 이르렀다(且自辰弁水路朝天). 즉 가야국은 곧바로 조천바다(朝天海)의 입구에 살았기에(則迦羅直居海口), 노(櫓) 젓는 일을 배우고 익혔다(習知舟楫之事). 신라는 육지 깊숙한 곳에서 살았기에(新羅深居陸地) 피혁 혹은 폐물과 같은 제품을 조공으로 거래했을 뿐이다(但

姓氏, 蕭 君主(479~482, 高帝蕭道成(開國)(501~502, 和帝蕭寶融, 亡國)

266　a. 조천(朝天): i) 조정에서 천자를 알현하다(朝庭之謁天子), ii) 아침 하늘(朝天), iii) 지명으로는 제주도 북제주군 조천읍(朝天邑)이 있다. iv) 중국에 조공을 바치는 데 출발 시점이었다. v) 서양 사람들에게 항해에 출륙하는 항해 거점이었다. 제주도(濟州島)의 조천(朝天)에 대해선, 이수광(李睟光)이 지은 「조천가(朝天歌)」 혹은 신흠(申欽)의 『상촌집(象村集)』에 나오는 「조천곡(朝天曲)」 혹은 「조천록(朝天錄)」이 있다. 조선 시대 객사였던 조천관(朝天館)이 아직도 있다. 특히 이덕형(李德馨)이 명나라에서 사신으로 가면서 그렸던 '조천도(朝天圖)'가 국립박물관에 소장되어 있다. 정약용 선생은 조천(朝天)을 크게는 남해이고, 제주도를 가리키고 있다. / b. 朝天圖, 朝鮮 仁祖 2年(1624), 李德馨等一行由海路出使明朝, 傳報仁祖卽位消息. 《朝天圖》 描繪的就是這段旅程的情景, 共25幅. 李德馨在畵卷最后寫道, 制作此畵是爲了給經海路去往中國的使臣提供參考. 這件作品從一个側面爲我們展現了在明, 淸交替時期韓國通過海路与明朝交流的歷史事實.

輸皮幣之供). 그런 형세로서 부득이 가야(伽倻)를 주인으로 섬기는 건 어쩔수 없었다(其勢不得不迦羅爲主). 그래서 신라는 (가야에) 부용했다(而新羅附庸也).267

중국 역사서에서 동쪽 나라의 일을 기록하기에는(中國之記東事者) 비록 의문을 가졌으나(雖有懸聞), 조정에 초빙하기까지(至於朝聘) 중국에 취했던 흔적(中國之跡)으론 받아들이지 않았다는 오류를 범했다(不容有誤). 북사나 수서는(北史隋書) 모두 믿을 수 있는 문헌이다(皆信文也). 남사와 제나라의 양서(南史及齊梁書) 또한 마땅히 참고해야 한다(亦宜參考).

통전(通典)268에 언급된 바는(通典云) 신라는 강성했다(新羅强盛). 가야

267 강남욱, 『정약용의 삼국 영토 인식 연구』: 『아방강역고』를 중심으로(A Study on territories of the three ancient Korean countries of the Jeong Yak Yong), 제주대학교 교육대학원, 석사 학위 논문, 역사교육, 2012년 2월, p. 36: "… 習知舟楫之事, 新羅 深居陸地, 但輸皮幣之供, 其勢不得不迦羅爲主, 而新羅附庸也 …."

268 通典, 維基文庫: "《通典》 二百卷, 〈內府藏本〉 唐杜佑撰. 佑字君卿, 京兆萬年人. 以蔭補濟南參軍事, 歷官至檢校司徒, 同中書門下平章事, 守太保, 致仕, 諡安簡.事跡具 《唐書》 本傳.先是, 劉秩仿 《周官》 之法, 摭拾百家, 分門詮次, 作 《政典》 三十五卷.佑以爲未備, 因廣其所闕, 參益新禮, 勒爲此書. 凡分八門: 曰 《食貨》, 曰 《選擧》, 曰 《職官》, 曰 《禮》, 曰 《樂》, 曰 《兵刑》, 曰 《州郡》, 曰 《邊防》. 每門又各分子目.序謂旣富則敎, 故先 《食貨》.行敎化在設官, 任官在審才, 審才在精選擧, 故 《選擧》, 《職官》 次焉. 人才得而治以理, 乃興禮樂, 故次 《禮》, 次 《樂》. 敎化隳則用刑罰, 故次 《兵》, 次 《刑》. 設 《州郡》 分領, 故次 《州郡》, 而終之以 《邊防》.所載上溯黃, 虞, 訖於唐之天寶. 肅, 代以後, 間有沿革, 亦附載註中. 其中如 《食貨門》 之 《賦稅》, 載 《周官》 貢賦, 而太宰所掌九貢之法失載.載北齊租調之法, 河淸三年令民十八受田輸租調, 而露田之數失載. 錢幣不載陳永定元年制四柱錢法, 榷酤不載後周榷酒坊法. 《選擧門》 不載齊明帝時制士人品第有九品之科, 小人之官復有五等法. 《考績》 不載宋, 齊間治民之官以三年, 六年爲小滿遷換法. 《職官門》 如 《周禮·地官》 有舍人上士二人掌宮中之政, 乃云中書舍人魏置. 又 《隋書》 大業時改內史監, 爲「內書監乃僅雲改內史侍耶爲內書侍郞」. 又集賢殿書院載梁有文德殿藏書, 不知宋已有聰明觀藏書之所. 似此之類, 未免間有掛漏. 《兵門》 所列諸子目, 如分 《引退取之》, 《引退佯敗取之》 爲二門, 分 《出其不意》, 《擊其不備》, 《攻其不整》 爲三門, 未免稍涉繁冗. 而火獸, 火鳥之類, 尤近於戲劇. 《州郡門》 分九州以敘沿革, 而信都郡冀州當屬兗, 而誤屬冀. 又極詆 《水經》 及酈道元 《水經註》 爲僻書, 詭誕不經, 未免過當. 《邊防門》所載多數萬裏外重譯乃通之國, 亦有僅傳其名不通朝貢者.旣不臨邊, 亦無事於防, 題曰 《邊防》, 名實亦舛. 然其傳取五經群史, 及漢魏六朝人文集,奏疏之有裨得失者, 每事以類相從. 凡歷代沿革, 悉爲記載, 詳而不煩, 簡而有要. 元元本本, 皆爲有用之實學, 非徒資記問者可比. 考唐以前之掌故

를 벤치마킹해서(因襲加羅) 임나와 같은 소국을 멸망시켰으며(任那諸國滅之)[269], 삼한 땅까지도 병합시켰다(竝三韓之地). 임나란 오늘날 충주를 말한다(任那, 今忠州也).[270] 그로부터 15년 뒤(後五十一年) 가야는 그 나라로 인

者, 茲編其淵海矣. 至其各門徵引 《尙書》,《周書》 諸條, 多存舊誌.如 《食貨門》 引 《尙書》 「下土墳墟」 註, 謂 「墟, 疏也」. 與孔疏所引 《說文》 「黑剛土也」 互異. 又 「瑤琨筱簜」 註, 筱, 竹箭; 簜,大竹. 亦傳疏所未備. 《職官門》 引 《周官》 太宰之屬有司會, 逆群吏之治而聽其會計, 註云: 「逆謂受也, 受而鉤考之, 可知得失多少.」 較賈公彦疏頗爲明晰.似此之類, 尤頗有補於經訓. 宋鄭樵作 《通志》, 與馬端臨作 《文獻通考》, 悉以是書爲藍本. 然鄭多泛雜無歸, 馬或詳略失當, 均不及是書之精核也."

269   任那日本府, ウィキペディア(Wikipedia): "任那日本府(みまなにほんふ)は, 古代朝鮮半島にあったとするヤマト王権の出先機関ないし外交使節, またその学説. 『日本書紀』を中心に, 複数の古文書にそれらの存在を示唆する記述がある. 1991年(平成 3年), 日本の「前方後円墳」 と類似した様式の墓が朝鮮半島南部で発掘され, 倭系集団の存在が浮上した. 2010年(平成 22年) に日韓歴史共同研究委員会は, 任那日本府(原表記「在安羅諸倭臣等」) に関しては, 史料を無視してでも, その存在を極小化したい韓国側と, 史料に基づいて大和王権への臣従関係が認められるとする日本側と対立し共通見解の確定には至らなかった. 倭(古代日本)が朝鮮半島南部に設置した統治機関として 『日本書紀』 に言及されているものである. 少なくとも, 下記に列挙される史実を根拠として, 倭国と関連を持つ何らかの集団(倭国から派遣された官吏や軍人,ヤマト王権に臣従した在地豪族, あるいは倭系百済官僚, 等々)が一定の軍事的·経済的影響力を有していたと考えられている. i) 『日本書紀』をはじめ, 中国や朝鮮の史書でも朝鮮半島への倭国の進出を示す史料が存在する(倭·倭人関連の朝鮮文献) (倭·倭人関連の中国文献). ii) 『広開土王碑』に倭が新羅や百済を臣民としたと記されているなど, 朝鮮半島での倭の活動が記録されている. iii) 新羅·百済·伽耶の勢力圏内で日本産のヒスイ製勾玉が大量に出土(高句麗の旧領では稀)しているが, 朝鮮半島には勾玉に使われるヒスイ(硬玉)の産地はなく, 東アジア全体でも日本の糸魚川周辺とミャンマーしか産地がないことに加えて, 最新の化学組成の検査により朝鮮半島出土の勾玉が糸魚川周辺遺跡のものと同じであることが判明している. 幾多の日本列島独特の墓制である前方後円墳が朝鮮半島の全羅南道で発見されているが, この地は任那四県とよばれる広義の任那の一部である. iv) 『宋書』 倭国伝のなかで451年, 南朝宋の文帝が倭王済(允恭天皇に比定される)に 「使持節都督·新羅·任那·加羅·秦韓·慕韓六国諸軍事」 の号を授けた記述や 478年, 南朝宋の順帝が倭王武(雄略天皇に比定される)に 「使持節都督倭·新羅·任那·加羅·秦韓·慕韓六国諸軍事安東大将軍倭王」 の号を授けたと記述している."

270   林泰輔, 「加羅の起源『史學雜誌』 2卷 25號, 1891; 「加羅の起源續考」 『史學雜誌』 5編 3號, 1894; 『支那上代之硏究』 1927. / 津田左右吉, 「韓史に見える廣義の加羅及び駕洛國記の六伽耶に就いて」 『朝鮮歷史地理』 1, 1911; 「任那疆域考」 『朝鮮歷史地理』 3, 1913. / 井上秀雄, 「任那諸國の地理的條件」 『小葉田淳敎授退官記念國史論集』 31~46, 1971. / 鬼頭淸明, 「加耶諸國の史的發展について」·「任那日本府の問題」 『日本古代國家の形成と東アヅア』 1977 / 末松保和, 「任那問題の緖末」 『歷史任那興

169

해(迦羅竟以其國) 신라에 투항하였다(降于新羅). 이는 양나라 무제(南梁武帝)[271]가 찬탈(簒奪)했던 나라가 31년째 될 때다(此梁武帝簒國之三十一年也). 이로부터 진한(辰韓)과 변한(弁韓)이 합쳐서(於是乎辰韓弁辰) 하나가 되었다(合而爲一).

나라가 망하면, 백성만이 망국 유민(亡國流民)이 될 뿐이다

신라 역사서에선(三國史記 新羅本紀, 新羅史云) A.D. 524년 법흥왕 11년(法興王十一年) 양(梁)나라 무제(武帝) 보통 5년(梁武帝普通五年) 가을 9월에(秋九月) 법흥왕이 궁궐을 나와 남쪽 국경에 새로 개척한 땅을 순찰하는데(王出巡南境拓地), 가야 국왕도 그곳에 왔기에 서로 마주쳐 만났다(加耶國王來會).[272] A.D. 532년 법흥왕 19년, 중대통[273] 4년(十九年, 中大通四年)

亡史』 1卷 7號, 1948; 『任那興亡史』 1960, 吉川弘文館.

271 梁武帝蕭衍(464年 ~ 549年 6月 12日), 字叔達, 小字練儿, 南蘭陵郡東城里(今江蘇省丹陽市埤城鎮東城村)人. 南朝梁開國皇帝(502年 4月 30日 ~ 549年 6月 12日 在位), 西漢相國蕭何的二十五世孫, 南齊丹陽尹蕭順之之子. 蕭衍出身蘭陵蕭氏. 南齊時以門蔭入仕, 爲 '竟陵八友' 之一. 齊明帝時担任雍州刺史, 參与抵御北魏入侵. 永元二年(500年), 起兵攻討東昏侯蕭宝卷, 擁戴南康王蕭宝融称帝, 次年攻陷建康. 中興二年(502年), 接受蕭宝融 '禪位', 建立南梁. 蕭衍統治初期, 留心政務, 糾正宋, 齊以來的弊政. 爲使各州郡置于自己的控制之下, 采取了更換异己,任用親信, 兼以討伐的方針; 改定 '百家譜', 寬待宗室, 注重調和門閥世家与寒門素族之間的矛盾. 軍事上抵御北魏南侵, 一度在鐘離之戰取胜, 維持了南北均勢; 后數次發動北伐, 但戰果不大. 在位中后期, 大興佛敎, 修建寺院, 三次舍身同泰寺, 并隨着年齡增長, 開始怠于政事. 太清二年(548年), 東魏降將侯景發動叛亂, 次年渡江攻破建康, 蕭衍被囚死于建康台城, 享年八十六歲. 謚号武皇帝, 廟号高祖, 葬于修陵.

272 三國史記, 卷四, 新羅本紀 第四 法興王條: "四年 夏四月, 始治兵部, 七年 春正月, 頒示律令, 始制百官公服, 朱紫之秩. 九年, 春三月. 伽倻國王遣使請婚, 王以伊飡比助夫之妹送之. 十一年 秋九月 王出巡南境拓地, 伽倻國王來會. 十二(A.D. 525)年 春二月 以大阿飡伊登爲沙伐州軍主. 十八年 春三月, 命有司修理隄防, 夏四月, 拜伊飡哲夫爲上大等, 摠知國事, 上大等官, 始於此, 如今之帝相…."

273 大通(南梁), 維基百科: "中大通(529年 十月 ~ 534年 十二月)是梁武帝蕭衍的第四個年

금관가야 국왕(金官國主) 김구해가 왕비와 3명의 아들(金仇亥與妃及三子)
장남은 노동(長曰奴宗)이고, 차남은 무덕이며(仲曰武德), 셋째 아들은 무력
을 데리고(季曰武力), 나라 곳간(國帑)에 있었던 보물을 다 갖고 와 투항을
했다(以國帑寶物, 來降). 신라 국왕은 예의를 갖춰 그들을 예우하여(王禮待
之), 상등(上等)이란 귀족 작위를 내주었으며(授位上等), 가야국 본국을 식
읍(食邑)으로 삼도록 했다(以本國爲食邑). 막내아들 무력은(子武力) 각간의
벼슬에까지 올라갔다(仕至角干).[274]

『삼국사(三國史)』 김유신 열전에서(金庾信傳云) 수로왕(首露王)의 자손들
이 혈통을 이어받았다(首露子孫相承). 9세손인 구해왕(仇亥王, 仇充王, 仇
衡王)[275]까지 내려왔다(至九世孫仇亥). 다시 말해 구해왕(仇亥王)[276] 다음에
서 왕위 상속이 끝나게 되었다(或云仇次休). 김유신(金庾信)에게 있어서는

號, 共計 5年餘. 大通(527年 三月 ~ 529年 九月)是梁武帝蕭衍的第三個年號, 共計2年餘."

274　《三國史記 卷第四 新羅本紀 第四》: "… 十九年, 金官國主, 金仇亥與妃及三子長. 曰奴宗,
仲曰武德, 季曰 武力, 以國帑寶物來降, 王禮待之, 授位上等, 以本國爲食邑子. 武力, 仕至角干."

275　仇衡王(きゅうこうおう, 生没年不詳)は, 金官伽倻の第10代にして最後の王(在位: 521
年 ~ 532年). 讓王とも. 廟号は世宗. 父は鉗知王, 母は淑である. 王妃は桂花, 息子に金奴宗,
金武德, 金武力がいる. 本国は食邑. 当時の金官伽倻は, 西隣の卓淳国, 安羅国と伽倻南部の
連合を結び, 百済との同盟関係を継続した. 仇衡王はその最後の王であり, 520年代 後半にな
ると, 新羅の異斯夫らの侵攻を受けた. 532年に降伏し, 妻子とともに新羅の王都に遷され,
貴族である真骨身分と金姓(新金氏)を与えられた, 異説として, 韓国の言語学者姜吉云(カン・
ギルウン) によれば, 仇衡王は禅讓後に日本に渡来し, 後に 「志帰嶋大王」 のちの欽明天皇
(509年~571年、在位: 539年~571年) として即位したと唱なえている.

276　금관국(金官: 加耶國)의 마지막 임금, 김유신(金庾信)의 증조(曾祖), 신라 법흥왕 19
년(532)에 신라에 항복, 법흥왕에게서 상등(上等)의 위(位)와 금관국을 식읍(食邑)으로 받았음.
백성을 버리고 신라에 투항하여 신라귀족(진골)으로 김유신 등의 세력가로 후손들에게는 영화
를 안겨다 주었으나, 망국 백성들은 포로(노예)로 혹은 떠돌이 유민으로 오늘날 보트 피플(boat
people)로 고초를 당해야 했기에 망국의 국왕을 '원수 같은 구(仇)'와 '돼지 새끼 해(亥)'로 구해
왕(仇亥王, Enemy-like Pig King)이라고 하거나, '돼지 해(亥) 자' 대신에 비슷한 모양의 '더 할
충(充)'으로 구충왕(仇充王)이라고 했으며, 아주 좋게는 "저울대를 원수들에게 넘겨준 왕(구형
왕)"이라고 표기함.

구해왕(仇亥王)이 증조부가 되는 셈이다(於庾信爲曾祖父).

『정인지(鄭麟趾)』의 고려사 지리지에서는(鄭麟趾地理志云), 수로왕(首露王)의 9대손 구해왕이(首露王九代孫仇亥) 나라 곳간(國帑)에서 보물들을 훔치다시피 갖고(賮國帑寶物),277 신라로 가서 투항했다(降于新羅). 수로왕에서부터 이후(自首露以後), 거등왕(居登王), 마품왕(麻品王), 거질미왕(居叱彌王), 이시품왕(伊尸品王), 좌지왕(坐知王), 취희왕(吹希王), 질지왕(銍知王), 겸지왕(鉗知王)278, 구해왕(仇亥王)에까지 내려갔다(至仇亥王).

『삼국유사』 가락국기에서는(三國遺事駕洛國記) 구해왕(仇亥王, the pig king like an enemy)이라는 험악한 표현을 구형왕(仇衡王, the enemy king to weigh political scale incorrectly)으로 표기했으며(仇亥作仇衡), 국운(國運)은 대체 491년간 이어졌다(有國凡四百九十一年). 신라 법흥왕 때(新羅

277 재(賮): '가져갈 재(賮)'는 유사한 상통관계(相通關係)의 한자로는 '가져갈 재(齎)'의 속자로 혹은 '갖춰 제(齊)' 자로도 사용하고 있어 전후 문장에 따라서 해석을 함. 여기서는 '불법적으로 훔쳐서(不法的盜齎)'라는 의미를 담고자 상이(相異)스러운 속자(俗字)를 쓴 모양임. 康熙字典 【备考·酉集】【贝】賮·康熙笔画: 15·部外笔画: 8 【字汇补】俗齎字. 说文解字 持遗也. 从贝齐声. 祖鸡切. 说文解字注: "(齎)持遗也. 周礼掌皮. 岁终则会其财齎. 注, 予人以物曰齎. 今时诏书或曰齎计吏. 郑司农云, 齎或为资. 外府. 共其财用之币齎. 注, 齎, 行道之财用也. 聘礼曰. 问几月之齎. 郑司农云, 齎或为资. 今礼家定齎作资. 玄谓齎资同耳. 其字以齐次为声. 从贝变易. 古字亦多或. 玉裁按. 此郑君不用许书说. 谓齎资一字. 声义皆同也.

278 a. 질지왕(鑕知王, 혹은 銍知王) 및 겸지왕(鎌知王 혹은 鉗知王)에서는 '가야 제철 왕국(伽倻製鐵王國)'의 절정기 국왕답게 왕명에 쇳덩이(鐵釘)를 의미하는 쇠 금(金) 자가 포함된 '질(鑕 혹은 銍)'와 '겸(鎌 혹은 鉗)'가 들어갔다. 당시는 오늘날 양산시 물금철광(勿禁鐵鑛)에서 채광으로 동아시아에서 제철 부국이었다. 산화철의 붉은 물로 가야 시대는 물금철산(勿禁鐵山)을 '황산(黃山)'이라고 했고, 앞에 흐르는 물길을 황산강(黃山江 혹은 黃山河)이라고 했다. 신라와 가야는 제철 부국을 위하여 400년 이상 쟁취각축(爭取角逐)을 했던 곳이다. / b. 박정애, 물금 철광산, 양산의 새로운 명물로 주목, 양산신문(yangsanilbo.com), 2015. 9. 8.: "신라 가야를 비롯한 고대 국가들은 강이 국경이었다. 평화로울 때는 교류와 소통의 공간이지만 그렇지 못할 때는 전선(戰線)이기도 했다. 낙동강이 문헌 기록에 황산하(黃山河)로 처음으로 나타나고, 『삼국사』 제조사에 신라 2대 남해왕 즉위부터 제사를 지낸 곳이 황산하다. 황산진구(黃山津口)라는 말도 이 무렵이다. 진구(津口)란 나루터를 말하는 것으로 황산진구는 우리나라 최초의 나루로 기록되고 있다."

고녕가야(古寧伽倻)

法興王) 이미 항복을 받았으나(旣受降), 예의를 갖춰 대우한다고(待以客禮) 가야 본토를 식읍으로 내주었다(以其國爲食邑). 그곳을 가야국 맹주(金官 伽倻國王)가 살았던 곳이라고 금관군(金官郡)이라고 불렸다(號金官郡). 문무왕 때에는 금관소경을 설치했고(文武王置金官小京), 경덕왕 때는 김해소경이 되었다(景德王爲金海小京).

장약용의 논문에서 가락국은(鏞案迦羅之國) 후한(後漢) 무제중년(武帝中年)에 가야국 건국을 시작으로(始建於漢光武中年) 남양(南梁) 무제중년(武帝中年)에 멸망까지를 국운으로 봤다(卒亡於梁武帝中年). 따라서 후한서(故後漢書) 삼국지(三國志), 진서(晉書) 등에서 모두 삼한열전(三韓列傳)에다가 적어넣었다(皆立三韓列傳). 남북사에 이르러서는(至南北史) 수당서에서(隋唐書) 비로소 백제, 신라가 있었고(始有百濟, 新羅), 마한과 진변은 없어졌다(無馬韓, 辰弁). 가야는 변진으로 되었으니(迦羅之爲弁辰) 왜 그렇게 되었는지 분명하지는 않다(不旣明甚乎). 그러함에도 삼국지 위지(三國志魏志)와 북사(北史)에서(然且魏志北史), 모두가 백제는 마한으로 기록되었는데(皆以百濟爲馬韓), 신라까지도(至於新羅) 즉 북사(北史)에서는 진한(辰韓)이 남긴 민족으로 적고 있다(則北史謂之辰韓遺種). 당서(唐書)에서는 그걸 변한의 먼 후손(苗裔)[279]이라고 적었으니(唐書謂之弁韓苗裔) 그 사유를 살펴보면(由是觀之) 마한은 최종적으로 백제가 되었고(馬韓之終爲百濟), 진한과 변한은 결국은 신라가 되었으니(辰韓, 弁辰之終爲新羅)[280] 명약관화해

---

279 苗裔(묘예, descendants of a distant future): 먼 후대의 자손들 해석, 사례로는 『삼국유사』에서 "新舊唐書云. 卞韓苗裔在樂浪之地."라는 표현을 정약용 선생은 묘예(苗裔)라는 표현을 인용했음. 물론 이외에도 구당서(舊唐書) 동이전에서 "新羅弁韓之苗裔也", 당서(唐書) 동이전에서 "新羅弁韓苗裔也", 그리고 『삼국사(三國史)』에서 "三國祖先豈古聖人之苗裔也" 이와 유사한 표기로는 예기(禮記)에 "苗九黎之後" 혹은 "九黎爲苗民先祖"라는 표현이 있음.

280 東國史略 卷1 三韓條: "弁韓[弁一作卞 今平壤] 立國於韓地 不知其始祖年代. 屬於辰韓

의심할 바가 하나도 없다(確然無疑).

　그러나 우리나라 사학자(東儒)들은 이런 가야를 버리고(而東儒舍此迦羅)[281], 특별하게 변진을 구하고자 한다(別求弁辰). 목적도 없이 사방을 찾아 헤매는 꼴이라서(西摸北撈)[282], 우리나라 한반도를 두루 살펴보았으나(轍環靑丘), 변한의 땅은(而弁韓之地) 끝내 어쩔 수 없었으니(終不可得) 어찌 안타깝지 않을 수가 있겠는가(豈不惜哉)? 한마디로 말해서(一言以蔽曰)[283] 변진한(弁辰)은 진한의 남쪽이고(在辰韓之南), 남부 해안에선 왜와 접경을 했다(南與倭接). 변진한이란 가라국(가야)이다(弁辰者, 迦羅也).

　중국 역사서가 우리나라 가야에 대해 적기를(東史云), 금관 가야국은(金

亦統十二國 權近曰 後漢書以爲 卞韓在南 辰韓在東 馬韓在西. 其謂卞韓在南者 蓋自漢界遼東之地而云爾 非謂卞韓在辰馬二韓之南也. 崔致遠因謂 馬韓麗也. 卞韓百濟也 誤矣."

281　舍: '집 사(舍) 자'는 여기서는 '버릴 사(捨) 자'로 해석을 해야 하는 것은 박학다식한 정약용 선생님께서 모를 리는 없고, 아무도 낯설이 과하여 '버릴 사(捨)'를 쓰신다고 '집 사(舍)'를 쓰신 모양임. 그러나 다산 선생님의 후예들은 하나같이 舍는 捨의 속자(俗字)라고 함. 공자 선생님도 『논어(論語)』 자한편(子罕篇)에서 "공자께서 냇가에 계시면서 말씀하시길, '물이 흘러감이 이와 같도다. 주여로 쉬지 않구나(子在川上 曰 逝者如斯夫 不舍晝夜).'"라고 적었고. 여기서 '사(舍)' 자는 '쉬지 않는다(止息).'는 뜻으로 사용했음. 한자를 모국어로 사용하는 중국인 대학자들도 "붓만 잡으면 잊어먹는 글자(執筆忘字)"라고 한자의 어려움을 실토하고 있음. 보다 전문적으로 언급하면 舍: 1. 客館. 2. 處所; 住宅. 3. 古代服喪者所居. 4. 宮府. 5. 府庫. 6. 虛擬的宅舍. 7. 對自己的家或親屬的謙稱. 8. 星次, 星宿運行所到之處. 9. 古代軍行三十里爲一舍. 10. 軍隊住宿一夜. 11. 止息. 12. 居止; 止宿. 13. 保留. 14. 安置. 15. 中, 正著目標. 16. 「舍人」 的簡稱. 宋, 元戲曲小說中稱官家子弟, 猶言 「少爺」. 17. 代詞, 表示疑問, 相當於 「啥」. 18. 通 「赦」. 免罪. 19. 通 「予」. 讚許; 給予. 20. 同 「捨」, 放下; 放棄. 21. 放出; 釋放. 22. 罷, 廢止. 23. 離開. 24. 解; 免. 25. 佈施. 26. 通 「釋」. ① 放置. ② 喜悅. 捨: 1. 放下; 捨棄. 2. 施予; 佈施. 3. 離開. 4. 佛敎名詞. 也稱 「行捨」. 5. 通 「舍」. 軍行一宿. 6. 姓. 등이 있어 해석할 때는 주의가 필요함.

282　东捞西摸(dōng lāo xī mō): 解释谓盲目地四处求索, 出处宋·朱德 《答廖子晦》: "盖性命之理虽微, 然就博文约礼实事上看, 亦甚明白, 正不须向无形象处东捞西摸, 如捕风系影" 繁体東撈西摸.

283　一言以蔽曰: 한마디로 말해서(to speak in a word, or in short), 사자성어로는 '일이이폐(一言以蔽)'라는 표현을 일상에 사용함. 더 자세하게 언급하면 一言以蔽: 出自 《论语·为政》: "《诗》 三百, 一言以蔽之, 曰: '思无邪.' 近义词: 一言蔽之, 总而言之.

官國), 수릉(首陵, 首露王陵) 옆에 처음부터 시조(金首露王)의 사당(祠堂)을 세웠다(初立始祖廟於首陵之側). 이른 봄날에는 셋째 날과 일곱째 날짜에 제사 드렸으며(享祀必於孟春三日七日), 한여름에는 단오절에(仲夏重五) 한가을에는 다섯째 날과 보름날에 제사를 올렸다(仲秋五日十五日). 구형왕에 이르려(逮至)[284] 왕위를 잃게 되었다(逮仇衡失位). 영규라는 아간이 있었는데(有英規阿干)[285], 제사를 잘못 지내다가 화를 당해 사당에서 뛰쳐 나왔다(奪廟而享淫祀). 당시는 단오절 치성을 드리고 있었다(當端午致告). 대들보가 내려앉아 깔려 죽었다(梁壓而死). 그 뒤를 계림이 이어받아 치세를 해왔다(後圭林繼世). 88세에 세상을 떠났다(年八十八而卒). 그의 아들 간원(簡元)이 이어받아 청결하게 제사(克禋)[286]를 지내니(其子簡元繼而克禋) 미담(僊說)이 생겨났다(出僊說). 정약용의 논문(鏞案)에서는 규임(圭林)이 뒤를 이어받았다는 건(鏞案圭林繼世者) 제사를 받는 것뿐이지(奉祀而已) 국통(國統)을 받아서 부흥시켰다는 게 아니었다(非其國統再興也)고 봤다.

---

284 逮至[dǎi zhì]: 等到, 《墨子·尚贤中》: "逮至其国家之乱, 社稷之危, 则不知尚贤使能以治之." / 刘安 《淮南子》: "逮至尧之时, 十日并出. 焦禾稼, 杀草木, 而民无所食." / 汉·张衡 《东京赋》: "逮至显宗, 六合殷昌." / 唐·元稹 《唐故工部员外郎杜君墓系铭序》: "逮至汉武, 赋 《柏梁》 而七言之体具." / 宋汪莘 《水调歌头(岁暮书怀)》: "遐想炎黄以上, 逮至汉唐而下, 几个费经营. 巢许有真意, 无责自身轻."

285 준필(俊必), 한국민족문화대백과사전: "아간(阿干) 영규(英規)의 아들이다. 단오절 알묘제(謁廟祭) 때 발광한 상태에서 가야 시조를 모신 김해의 수로왕 묘에 제사(淫祀)를 지내다가 삼헌(三獻)이 끝나기도 전에 질병을 얻어 집에서 죽었다. 이에 앞서 아버지 영규도 단오절에 제사를 지내다가 사당의 대들보가 까닭 없이 무너지는 바람에 압사하였다. 이러한 일련의 사건을 신라 말에 김해지방의 새로운 지배세력으로 대두한 호족세력과 옛 가야 왕족의 후손들 간의 주제권(主祭權)을 둘러싼 대립으로 보기도 한다."

286 인(禋): 〈动〉(1) 祭名, 升烟祭天以求福(sacrifice to Heaven), 禋, 洁祀也. 一曰精意, 以享为禋. 《说文》/ 精意以享禋也. 《国语·周语》/ 厥初生民, 时维姜嫄. 生民如何? 克禋克祀, 以弗无子诗·大雅·先民》/ (2) 又如: 禋天(祀天); 禋祀(古代祭天的一种礼仪. 先燔柴升烟, 再加牲体或玉帛于柴上焚烧); 禋柴(燔柴升烟以祭天); 禋礼(升烟祭天之礼仪) / (3) 泛指祭祀[sacrifice]。如: 禋宗(祀六宗); 禋樽(供禋祀用的酒杯); 禋祠(祭祀).

5.
오늘날 고령(高靈) 땅,
대가야(大伽倻)에 대해서는

어째서 금관가야보다 더 크지 않는데도 대가야(大伽倻)라고 하는지?

대가야란(大伽耶者) 당시 조선 시대 고령현(高靈縣)에 도읍했다(今之高靈
縣). 또한 변진 12개국 가운데 하나였다(亦弁辰十二國之一也). 그 나라의 시
조는 이진아시(伊珍阿豉)로 아시왕(阿豉王)이다(其始祖阿豉王). 사실은 금
관가야의 김수로왕과는 어머니를 같이하는 형(異父兄弟)이다[287](實爲首露

---

[287] 문화재적 가치 재조명과 향후 과제(자료집), 김해시, 김해시청 대회의실, 2020. 10. 16.
pp. 13~14: "최치원의 釋利貞傳을 살펴보면, ① "伽倻山神 正見母主는 곧 天神 夷毗訶之에 감
응한 바 되어 大伽倻王 惱窒朱日과 金官國王 惱窒靑裔 두 사람을 낳았다(異父兄弟)." ② 그러
니 뇌질주일은 이진아시왕의 별칭이고, 靑裔는 수로왕의 별칭이다. ③ 그러나 가락국 옛 기록의
육난설과 더불어 모두 허황하여 믿을 수 없다. 또 釋順應傳에는, ④ "대가야국의 月光太子는 正
見의 10세손이요, 그의 아버지는 異惱王(異腦王)이다. 신라에 청혼하여 夷粲 比枝輩의 딸을 맞
이하여 태자를 낳았다." ⑤ 그러니 이뇌왕(異腦王)은 뇌질주일(惱窒朱日)의 8세손이 된다. 그러
나 역시 참고할 것이 못 된다."

王之同母兄).288 이런 사유로서 특별하게 대가야(大伽倻)라고 칭하게 되었다(以故別謂之大加耶). 김부식(金富軾)의『삼국사 지리지(三國史記地理志)』에서(金富軾地理志云) 고령군은(高靈郡) 대가야국의 터전으로 되어 있다(本大加耶國). 정인지의『고려사 지리지(鄭鱗趾地理志云)』에서도 고령군은(高靈郡) 대가야국의 본토다(本大伽倻國)라고 했다. 시조는 이진아시왕이고(始祖伊珍阿豉王) 일명 내진주지(內珍朱智)라고 했다(一云內珍朱智).

최치원(崔致遠)이 쓴『석이정전』에서는(崔致遠釋利貞傳云) "가야산(伽倻山)에 사셨던 정견모주(正見母主)께서(伽倻山正見母主) 하늘의 신 이비가지(夷毗訶之 혹은 夷毗訶)에 대해 감응한 바(爲夷毗訶之所感) 대가야 왕이 된 뇌질주일(惱窒朱日)을 낳았고(生大伽倻王惱窒朱日), 금관가야 수로왕 뇌질청예(惱窒靑裔)와 두 아들을 낳았다(金官國王惱窒靑裔二人)."라고 했다.『신증동국여지승람(新增東國輿地勝覽)』에서는(輿地勝覽云) 뇌질주일(惱窒朱日)은289은 이진아시왕의 별칭이 되었고(爲伊珍阿豉王之別稱), 청예(靑裔)는 수로왕의 별칭이 되었다(靑裔爲首露王之別稱).

정약용의 논고에서는 "김수로왕(鏞案首露王)은 당대 위엄과 덕성에 대해서 온 천하에 무성했다(當時威德竝盛). 구월(甌越)290지역을 병탄하자

---

288 新增東國輿地勝覽 卷二十九, 高靈縣, 建置沿革條: "按崔致遠釋利貞傳云. 伽倻山神正見母主. 乃爲天神夷毗訶之所感 生大伽倻王惱窒朱日. 金官國王惱窒靑裔二人. 則惱窒朱日爲伊珍阿豉王之別稱. 靑裔爲首露王之別稱. 然與駕洛國古記六卵之說, 俱荒誕不可信. 又釋順應傳, 大伽倻國月光太子. 乃正見之十世孫. 父曰異腦王, 求婚于新羅. 迎夷粲比枝輩之女, 而生太子. 則異腦王, 乃惱窒朱日之八世孫也. 然亦不可考."

289 내질주일(惱窒朱日)을 '뇌실주일(惱室朱日)'로 표기한 게, 질식(窒息)할 때에 '막을 질(窒)'자를 알고 있으나 '집 실(室)'로 대신한 건 아마도 상통관계(相通關係)를 알고 사용한 것으로 보임.

290 甌越[Ōuyuè] 명사 1. 저장(浙江)성 융자(永嘉)현 일대의 옛 이름. 2. 하이난다오(海南島)의 옛 이름

(竝呑甌越之域), 남쪽 다른 곳에서(有類南佗) 우예분쟁(虞芮之訟[291], 新羅內

邑汁伐和悉直谷之疆域紛爭)이 생기자(平斷虞芮之訟) 멀리 서백(西伯, 周 文

王)[292]이 가서 해결했듯이 (솔로몬이 지혜로운 군왕임을 밝혔던)[293] 그런 사례를

291　a. 虞芮之訟(yú ruì zhī sòng): 周初虞國與芮國因爭田而訴訟, 連年不決, 後受西伯仁風
的感召, 而停息了爭訟. 見 《史記. 卷四. 周本紀》. 虞芮之訟, 百度百科: "虞(在今山西平陸縣),
芮兩國之君爭田, 久而不決, 説: 「西伯昌是有德之人, 讓他來裁定吧.」 於是他們一起來到周
地, 到了周邊境, 看到周人耕田的互相讓地邊, 走路的互相讓道; 進入周都邑, 又看到周人男女不
同路, 斑白不提攜; 到了周朝庭, 更發現周人士讓大夫, 大夫讓卿, 有禮有節. 兩國國君非常慚愧,
説: 「我們真是小人, 不要再踏進君子的朝廷裏啦。」 於是兩國國君讓出所爭之地作爲間原. /
b. 우예지송(虞芮之訟): 중국 주(周, B.C. 1046 ~ B.C. 771)나라 문왕(文王, 일명 西伯)이 오랫
동안 숙적관계인 우(虞)나라와 예(芮)나라가 국경 문제를 다투고 있었기에 문왕(西伯)은 i) 현장
에 가서 이야기를 듣기도 전에 문왕이 왔다는 사실 하나만으로, ii) 하찮은 문제로 속 좁게 다툰
점을 부끄러워하면서, iii) 서로 양보하며 동시에 예의를 지키면서 서로를 존중하게 되었다(군왕
의 지도력 일명 카리스마로 겸양지심을 잦게 했음). 이는 오늘날 국제 연합(United Nation)의 국
제사법 현장 법정판결을 하고자 했으니 저절로 해결되는 사례였다. 이 사례는 『시경(詩經)』 대
아편(大雅篇) 면(緜)에서 "… 虞芮質厥成, 文王厥厥生. 予曰有疏附, 予曰有先後. 予曰有奔奏,
予曰有御侮 …." 조선 시대 『용비어천가』 제11장에 "虞芮(우예) 質成(질성)ᄒ누로 方國(방국)
이 해 모ᄃ나 至德(지덕)이실씨 獨夫受(독부수)ᄅ 셤기시니 / 威化振旅(위화진려) 후시누로 興望
(여망)이 다 몯ᄌᆞ봉나 至忠(지충)이실씨 中興主(중흥주)를 셰시니 …."라고 이성계를 칭송함에 사
용되었음.

292　서백(西伯): ① 평안도 관찰사를 달리 이르는 말. 동백(東伯)은 강원도 관찰사를 가리킴.
[유사어] 서경감사(西京監司). [참고어] 관찰사(觀察使). ② 백(伯)은 장(長)이니, 제후(諸侯)의
장(長)을 말함임. 은(殷)나라 주왕(紂王) 때 문왕(文王)이 서백(西伯)이었고, 또한 무왕의 아버지
를 서백창(西伯昌)이라고 했다. 은주왕이 서백을 유리(羑里)에 가두었더니, "서백이 이미 여러 나
라를 쳐 이겼거늘 조이가 두려워서 달려와 임금에 고하였다(西伯旣戡黎 祖伊恐 奔告于王, 商書
西伯戡黎)."라고 하였다. 또한, 두보의 시 「봉황대(鳳凰臺)」에서는 "서백은 이제 적막하니 봉
황의 소리 또한 머나멀구나(西伯今寂寞 鳳聲亦悠悠)"라고 읊었다.

293　The Tale of King Soloman's Justice: Once upon a time, there was a king
named David who ruled over the land of Israel. While David was the king of
Israel, the country expanded ten times greater than it had been during King
Saul's administration. As time passed by, David had grown old and sickly, and
he realised his life on this earth was nearing its end. One amongst David's many
sons, adonijah, plotted to usurp the throne. He wasn't, however, a good man.
He attempted to usurp David's throne despite David's weakness. David became
concerned. He desired to pass on his throne to a worthy successor. David's wife
had an idea when he was worried. She suggested that their son Solomon become
the next king. David consented right away. He convened a conference of the
officials and proclaimed Solomon as the ruler of Israel. Since David had nominated

남겼다(遠追西伯)."[294]라고 했다.

　그 후로부터 국운이 150년까지 이어졌다(厥享國百五十年). 남해안 8개 읍락인 포상팔국(蒲上八國)은 말과 행동이 일치하게(翕然)[295] 두려움에 떨면서 순종(讋伏)[296]했으며(翕然讋伏), 감히 불순한 짓거리를 부릴(蠢動)[297] 생각조차 할 수 없었다(罔敢蠢動). 이렇게 됨에는 변진한의 맹주였기 때문이다(此弁辰之霸主也). 그러나 고령(高靈)은 작은 고을(區區)[298]의 취락지였

Solomon, the people were willing to accept him as their leader. Before he died, David counselled Solomon to follow God's way and he would be successful in everything he did. David died not long after. Solomon had a vision one night. "What do you want?" said a voice in Solomon's dream. Solomon only responded by requesting the wisdom he needed to be a good king. Solomon received everything he asked for, and God blessed him. Two women entered the courtroom one day while Solomon had been seated there. They were quarrelling about a little baby boy. Both of them claimed to be mothers.

294　三國史記 新羅本紀 婆娑尼師今: "二十二(101)年 春二月, 築城名 <月城>. 秋七月, 王移居 <月城>. 二十三(102)年 秋八月, <音汁伐國> 與 <悉直谷國> 爭彊, 詣王請決. 王難之, 謂 <金官國> <首露王> 年老多智識, 召問之. <首露> 立議, 以所爭之地, 屬 <音汁伐國>. 於是, 王命六部, 會饗 <首露王>. 五部皆以伊湌爲主, 唯 <漢祇部> 以位卑者主之. <首露> 怒, 命奴 <耽下里> 殺 <漢祇部> 主 <保齊> 而歸. 奴逃依 <音汁伐> 主 <陁鄒干> 家. 王使人索其奴, <陁鄒> 不送. 王怒, 以兵 <伐音汁伐國>, 其主與衆自降. <悉直>·<押督>二國王來降. 冬十月, 桃李華. 二十五年春正月, 衆星隕如雨, 不至地. 秋七月, <悉直> 叛, 發兵討平之, 徙其餘衆於南鄙."

295　翕然(흡연): (1) 말과 행동이 일치하는 모양. (2) 화합(和合)하는 모양. / 天下翕然, 大安殷富(천하가 화합하니 매우 평안하고 풍요롭다.)

296　讋伏(섭복): 두려움에 떨면서 감히 말도 제대로 못함(因恐惧而不敢动弹).

297　준동(蠢動): 불순(不順)한 세력(勢力)이나 보잘것없는 무리가 법석을 부리는 것.

298　區區(qū qū): I) 微小(자질구레한). 形容微不足道, 如: 「區區小事, 何足掛齒.」 《左傳. 襄公十七年》: 「宋國區區, 而有詛有祝, 禍之本也.」 《舊唐書. 卷一一一. 列傳. 張鎬傳》: 「臣聞天子修福, 要在安養含生, 靖一風化, 未聞區區僧敎, 以致太平.」; ii) 自稱的謙詞(구구한, 구차한). 謙稱卑微不足稱述. 漢. 李陵. 〈答蘇武書〉: 「區區之心, 切慕此耳.」 元. 馬致遠 《陳摶高臥》 第一折: 「實不相瞞, 區區見五代之亂, 天下塗炭極矣, 常有撥亂反治之志, 奈無寸土為階.」; iii) 志得意滿的樣子(충만한 모양). 《商君書. 修權》: 「今亂世之君臣, 區區然皆擅一國之利, 而管一官之重, 以便其私.」, iv) 摯誠, 愛戀(집착스럽게 아끼는), 《文選. 古詩十九首. 孟冬寒氣至》: 「一心抱區區, 懼君不識察.」 晉. 李密 〈陳情表〉: 「母孫二人更相為命, 是以區區不能廢遠.」 《樂府詩集. 卷七十三. 雜曲歌辭十三. 古辭. 焦仲卿妻》: 「新婦謂府

君, "

지만(然而高靈以區區一縣之聚) 특별히 대가야라고 부른 데에는(特謂之大加耶者) 그곳 국왕이 김수로왕의 형이기에 때문이다(以其爲首露王之兄也). 따라서 대가야가 북에 있기에 남가야라고 했다(故金官曰南加耶).

삼국사 신라본기에서(新羅史) 고령(高靈)의 대가야를 북가야(北伽倻)라고 했고(高靈曰北加耶). 또한, 금관가야를 하가야(下伽倻)라고 불렀고(又金官曰下加羅), 고령(高靈)의 대가야를 상가야(上伽耶)라고 했다(高靈曰上加羅). 즉 가야금의 신선(仙人) 우륵의 12곡명에는「하가라도(下加羅都)」와「상가라도(上加羅都)」가 있다(卽于勒仙人琴曲之名)[299]. 모두가 김수로왕을 개인적(私)[300]으로 존경을 표명하는 호칭이었다(皆首露私尊之稱). 만일 국왕의 패권을 논할 것 같으면(若論主霸之國), 금관가야가 변진(가야 연맹체)을 총괄하는 국왕(總王, 盟主)이었다(金官爲弁辰之總王也).

만약 가야 국가의 건국 연도를 언급하면(若其建國之年) 의심스러운 건 역시 후한(後漢) 광무제(光武帝) 건무(建武) 18(A.D. 42, 壬寅)년에(疑亦漢光

吏: 『感君區區懷, 君既若見錄, 不久望君來.』」, v) 迂腐固執(고착되어 썩은) 死心眼兒. 《樂府詩集. 卷七十三. 雜曲歌辭十三. 古辭. 焦仲卿妻》:「阿母謂府吏:『何乃太區區!』」《隋書. 卷六十四. 來護兒傳》:「大丈夫在世當如是.會爲國滅賊, 以取功名, 安能區區久事隴畝!」 v) 拘泥 設限(구애되어 있는), 《抱朴子. 外篇. 百家》:「譬若鍼灸者, 術雖殊而攻疾均焉, 狹見之徒, 區區執一.」《三國演義》 第四三回:「豈亦效書生, 區區於筆硯之間, 數黑論黃, 舞文弄墨而已乎?」 vi) 辛苦奔波, 苦心營求(고심고심하는) 《董西廂》 卷一:「光陰暗把流年度。休慕古, 人生百歲如朝露。莫區區, 好天良夜且追遊, 清風明月休辜負!」 元. 鄭光祖 《倩梅香》 第二折:「小生區區千里而來, 只爲小姐這門親事.」

299 우륵 선생이 일찍이 지은 가야금 12곡명은 「하가라도(下加羅都)」·「상가라도(上加羅都)」·「보기(寶伎)」·「달기(達己)」·「사물(思勿)」·「물혜(勿慧)」·「하기물(下奇物)」·「사자기(獅子伎)」·「거열(居烈)」·「사팔혜(沙八兮)」·「이사(爾赦)」·「상기물(上奇物)」 등이 있었다.

300 사(私): '개인적인' 책 제목으로는 황준헌(黃遵憲)이 쓴 『사의조선책략(私擬朝鮮策略)』에서 '개인적으로 헤아려 본(私擬)'이라는 뜻을 담았고, 『조선왕조실록』에 "사사로이 입은 은혜에(私恩) … (其書曰: "雖當專意於正統, 豈得盡絶於私恩? 稱爲皇伯父濮國大王可也. 祭文稱皇伯母者, 雖(接) 此禮而定之, 論其事, 大相不同. 所謂伯父者, 皇帝之伯父也, 如皇子皇孫之類 …)."라는 표현이나. 일제식민지 때 "공적인 것이 우선되고 개인적인 건 뒤 순위(선공후사)"라는 표현을 많이 사용했음.

武建武十八年) 비로소 그들 나라가 개국했다(始開其國). 수로왕과 같이(與
首露王) 5개 분국의 국왕(分長: 分國之君王)들이 두 번씩이나 건국 행사(分
長二國)을 했는지는 아래에 상세하게 살펴보고자 한다(義詳下節).

정약용 논문에서 언급한 가락고기의(鏞案駕洛古記) '6개 알 전설(六卵之
說)'은 비록 믿음이 가지 않는다(雖不可信). 하지만 최치원의 정견모주(政見母
主)의 두 아들 전설(崔孤雲正見二子之說)은 반드시 터전을 잡은 바가 있다(必
有所本). 원래 산신(正見母主)과 천신(夷毗訶之)의 전설이 있었는데(原有山神天
神之說) 이런 것은 황당(荒唐, 혹은 荒誕)[301]한 출처의 이야기다(此其荒誕處). 수
로왕 형제가 갈라서 금관가야와 대가야를 세웠다(首露王兄弟分立). 백제 건
국에 있어 비류(必如沸流)와 온조가 건국한 사례를 쏙 빼다 박았다(溫祚之事
矣)[302]. 8세손 이뇌왕 때 이르러서(至八世孫異腦王時) 대가야는 사신을 신라
에 파견하여 정략결혼을 청원했다(大加耶遣使請婚於新羅). 이때는 바로 남
양(南梁) 무제(武帝) 보통(普通) 3(A.D. 464)년이었다(此是梁武帝普通三年也).

301　황탄(荒誕, 허황하여 눈알이 튀어나올 정도), 황당(荒唐, 허황하여 당황(唐惶)스러울 뿐)
혹은 황망(荒亡)으로 시작되는 황탄불신(荒誕不信), 황당무계(荒唐無稽), 황탄무계(荒誕無稽),
황당지언(荒唐之言). 황망은 사랑이나 주색에 빠져 있는 모습을 『맹자(孟子)』 양혜왕하편(梁
惠王下編)에서 '유연황망(流連荒亡)'에서 유래했음.

302　로물루스 형은 팔라티노 언덕에서 건국했고, 동생 레무스는 아벤티노 언덕에서 건국 선
언을 했다. 결국은 동생은 죽음을 당했다. 오늘날 로마 여행을 하면, 파라티노 언덕은 의외로 정
상이 넓고 평탄하여 로마 황제들이 멋진 궁전과 부대시설 그리고 2개의 옥상 전망대까지 만들
었다. 동생이 건국했던 아벤티노 언덕에서는 전차 경기가 행해졌던 대운동장, 서면 포로 로마
노 폐허와 카피톨리노 언덕이 눈 아래 보인다(Romulus, the older brother, founded the
nation on the Palatine Hill, and his younger brother, Remus, declared the founding
of the nation on the Aventine Hill. In the end, his younger brother died. Today,
when you travel to Rome, you will see that Paratino Hill is a wide and flat summit,
so the Roman emperors built a wonderful palace, auxiliary facilities, and even
two rooftop observatories. On the Aventine Hill, where his brother founded the
country, you can see the large stadium where chariot races were held, the ruins of
the Roman Forum and the Capitoline Hill below).

삼국사 신라본기에서(新羅史云) 법흥왕 9(A.D. 523)년 봄(法興王九年春), 가야 국왕이 사신을 보내서 청혼을 하자(加耶國王, 遣使請婚) 국왕은 이찬 (王以伊飡)으로 하여금 비조부(比助夫)의 여동생을 보내라고 했다(比助夫 之妹, 送之). 최치원이 쓰신『석순응전』에서는(崔致遠釋順應傳云) 대가야국 의 월광태자는(大伽倻國月光太子) 정견모주(正見母主)의 10세손으로 이어 졌다고 했다(乃正見之十世孫). 아버지 이뇌왕은(父曰異腦王), 신라에 청혼 을 요구했고(求婚于新羅), 이찬(夷粲) 비지배(比枝輩)의 딸을 맞아 들였으며 (迎夷粲比枝輩之女), 그래서 태자를 낳았다(而生太子)[303].『동국여지승람(東 國輿地勝覽)』에서는(輿地勝覽云) 이뇌왕(異腦王)은 곧 뇌질주일(惱窒朱日, 이진아시(伊珍阿豉)의 8세손이라고 했다(乃惱窒朱日之八世孫也).

가야는 신라에 전략혼(戰略婚)뿐만 아니라 국가 사직까지도

정약용의 논문은 김부식의 삼국사를 근거로(鏞案金富軾之史) 대체로 가 야 6국으로(凡迦羅六國) 통칭 가야라고 하다는데(通稱加耶) 똑 부려지게 분별할 바가 없다(無所標別). 지금의 현실로서는 신라는 남쪽 경계와 황산 진(黃山津)이 있다(今以事在新羅南界及黃山津者). 이는 금관가야와 연결되 어 있어(繫之金官) 이런 사실에까지 이어져 있다(至於此條). 다시 최고운 선

---

303 比助夫=比枝輩, 신라 당시의 발음은 같았으며, 한자로 표기함에 각기 달랐던 것으로 보이 며, 伊飡=夷粲도 같다고 봐야 한다는 게 통설임. 한국민족문화대백과사전에서는 "관등은 이찬 (伊飡)이었다. 522년(법흥왕 9) 3월 가야의 왕이 신라에 청혼하여 왕명에 의하여 그는 누이를 대 가야 이뇌왕(異腦王)에게 시집보냈다. 이로써 두 나라는 혼인동맹으로 친선을 도모하였다. 그러 나 『동국여지승람』 고령현조(高靈縣條)에 인용한 최치원(崔致遠)이 지은 「석순응전(釋順應 傳)」에는 '이찬(夷粲) 비지배(比枝輩)의 딸'이라고 하여 누이가 딸로 기재되어 있다. 비조부(比 助夫)와 비지배(比枝輩)는 신라말의 동음이기(同音異記)로 보겠다. 이 신라 왕족의 딸이 낳은 자 식이 대가야의 마지막 임금인 월광태자(月光太子)였다." 이런 점을 정약용은 '황탄불신(荒誕不 信)'이라는 표현마저 못 할 정도였다고 묵언을 남기고 있음.

생의 글을 근거로 보면(更據崔孤雲之文), 대가야와 연결되는 것이나(繫之 大加耶國) 사뭇 잘못된 것으로 보이지 않다(庶不謬也). 마지막 손자 도설지 왕(道設智王) 때에 이르러(至末孫道設智王時) 대가야는 결국은 신라에 멸 망하였다(大加耶竟爲新羅所滅). 그때가 진나라(陳) 문제(文帝) 천가(天嘉) 3(A.D. 562)년간의 일이었다(此是陳文帝天嘉三年也).

신라 역사(三國史記 新羅本紀)에 의하면(新羅史云) 진흥왕 23년(眞興王 二十三年) 진나라 문제 천가 3(A.D. 562)년이 되던 해(陳文帝天嘉三年) 가을 9월(秋九月)이었다. 가야가 반역을 하자(加耶叛)[304], 국왕은 이사부에게 토 벌하라고 명령하였다(王命異斯夫討之). 사다함을 따라가게 했고(斯多含副 之), 사다함은 5천 명의 기병을 통솔하여(斯多含領五千騎) 먼저 몰고 들어 가서 전단문(栴檀門)에 백기를 꽂았다(先馳入栴檀門立白旗). 성안에서는 두려움으로 허겁지겁할 뿐이었다(城中恐懼不知所爲). 이사부는 병장을 이 끌고 그곳에 도착했다(異斯夫引兵臨之). 일시에 총공격하여 항복하게 만 들었다(一時盡降).

정인지(鄭麟趾)의 고려사 지리지(高麗史 地理志)에서는(鄭麟趾地理志云) 대가야국은(大伽倻國) 시조 이진아시왕(伊珍阿豉王)로부터(自始祖阿豉王) 도설지왕까지(至道設智王) 대체 16세 520년 동안 국가 경영을 했다(凡十六

---

304 백승충, '加耶叛' 기사의 재검토, 부산대학교, 한국민족문화연구소(Center for Korean Studies Pusan National University), 한국민족문화, Vol. 61, 2016, 323~361(39쪽): "(요약 정리) 가야반(伽倻叛, 伽倻之叛逆)은 i) 금관가야 대 대가야가 신라에 반역, ii) 가락국의 정치 형 세가 반역의 경향, iii) 악사 우륵과 강수의 선조 등이 집단사민(集團徙民) 혹은 관산성 전투의 패 배 등에 잔여 세력의 반란, iv) 금관가야나 대가야를 소국으로 취급하지 않고 가야 총 연맹체에 반하는 경향성, v) 구형왕의 신라에 투항은 멸망에 동기부여 도설지왕, 금관국과 대가야의 형제 지간 멸망을 가세, vi) 구형왕의 재위 연수 연장을 위한 도설지왕을 탈지이질금(脫知爾叱今)으로 둔갑 등. vi) 백제와 군사 동맹을 하여 관산성 전투에 신라군을 협공, viii) 한반도 남부에서 무게 중심을 잡아가던 금관가야가 투항하자 신라로 '기울어진 운동장(un-leveled playground)'을 만들고자 했음."

世五百二十年). 신라 진흥왕은 대가야를 멸망하게 했으니(新羅眞興加滅之) 대가야의 그곳을 대가야군이라고 했다(以其地爲大伽倻郡). 정약용의 논문에서 가야반역(伽倻叛)을 (鏞案加耶叛者) 대가야라고 했다(大加耶也). (왜냐하면) 금관가야는 이미 멸망했었다(金官旣亡). 대가야만 홀로 남았기 때문(大加耶獨存)이라고 설명했다. 중국 고사에 원래는 노(魯) 나라로서(本以魯) 그 나라를 방어하려고 했으나(衛之國), 갑작스럽게(遽) 우(虞)나라를 잃고 보니 곽(虢)나라에(遽失虞) 의지하게 되었던 꼴이었다(虢之依).305 반역을 도모하겠다는데 비분(悲憤謀叛)하여 끝내 그들 나라를 멸망시켰다(遂滅其國也).

또한 김부식(金富軾)이 쓴『삼국사』의 근거에 의하면(又按金富軾之史), 이미 멸망했기에 (판단의 표식 될 것이 이미 없어졌지만(旣無標別), 곧바로 그런 것이 바로 가야 반역(伽倻叛逆)이라는 것이다(則所謂加耶叛). 금관가야

305　a. 韓非子, 解老, 山西大学哲学学院(zxxy.sxu.edu.cn) 2013. 10. 7.: "夫治国者以名号为罪, 徐偃王是也. 以城与地为罪, 虞, 虢是也. 故曰: "罪 … 所以说徐偃王施行仁义而徐亡了国, 子贡机智善辩而鲁失了地. 由此说来 …." / 春秋本義, 卷十, 维基文庫(ctext.org): "左氏曰晋侯复假道于虞以伐虢宫之奇 / 谏曰虢虞之表也虢亡虞必从之晋不可啓冦不可玩一之谓甚其可再乎. 谚所谓辅车相依. 唇亡齿寒者其虞虢之谓也. 公曰晋吾宗也岂 …." / 淮南子, 人间训, 维基文庫(zh.wikisource.org), 2020. 5. 14.: "晋献公欲假道于虞以伐虢, 遗虞垂棘之璧与屈产之乘. 虞公惑于璧与马, 而欲与之道. 宫之奇谏曰: "不可! 夫虞之与虢, 若车之有轮, 轮依于车, 车亦依轮" / 春秋左传, 义法, 文史综览(historychina.net): 故有得神以兴, 亦有以亡, 虞, 夏, 商, 周皆有之. 王曰: … 内史过往, 闻虢请命, 反曰: 虢必亡矣, 虐而听于神. … 史嚚曰: 虢其亡乎. 吾闻之: 国将兴, 听于民; 将亡 …." // b. 가야 연맹체가 처음에는 6형제의 의리를 존중하여 6개 가야국을 합동 건국 행사를 거행하여 A.D. 42년 3월 15일에 동시 등극하여 대관식을 했다. 그러나 국익을 지나치게 추구하다가 i) 남해의 해상권(朝天海上權)을 김해(金海)가 장악했던 포상 8국의 반란으로 사천(泗川)이 중심지가 되었다. ii) 대가야(大伽倻)가 후반기 맹주가 되어 백제와 협공전으로 금관가야를 공격했다. iii) 총왕이란 금관가야는 막무가내로 막내아우 소가야(小伽倻)를 없애고자 했다. iv) 가야와 백제는 군사 동맹으로 신라를 공략하자 신라는 고구려에 지원을 요청하는 바람에 고구려의 남정(南征) 프로젝트가 가동되었다. 그 뒤로 가야 총연맹의 무게중심은 대가야로 기울어졌다. v) 대가야는 백제와 신라를 공략하다가 멸망을 자초했다. 한마디로 "제철 제국 가야도 끝내 그들의 연맹체인 차가운 덩어리 쇠를 녹여내지 못하고 스스로 멸망을 자초했다(Even the iron empire of Gaya was unable to melt the cold lump of iron that was their alliance and brought about its own destruction)."

가 아니란 건 반드시 그렇지 않다(未必非金官也).306 그렇게 하다가 금관가야의 망하는 길을 따라갔다(然金官之亡). 이로부터 이미 31년이 지난(今已三十一年) 구해왕의 세 왕자들이(仇亥三子) 같이 신라의 벼슬을 받았고(竝仕新羅), 그렇게 해서 가락국 백성들을 유리걸식(遊離乞食)하게 망국 유민을 만들었다(駕洛遺民). (믿었던 위정자들에게 백성이 받은 배신감은) 어찌 이보다 더한 배반이 있겠는가(何以畔倍)?

다시, 정인지의 고려사를 근거로 말하면(且據鄭史), 대가야는 참으로 진흥왕이 멸망시킨 바가 되었다(大加耶寔爲眞興王所滅) 그럼 대가야는 후한 광무제 건무 18(A.D. 42)년에 시작하여(而自漢光武建武十八年) 남진 문제 천가 3(A.D. 562)년까지 이어져(至陳文帝天嘉三年) 519년간 영위되었다(爲五百一十九年). 즉 그 국가 운영 햇수가(則其歷年之數) 서로 실제와 합치되는 것 같으나(恰與相合) 차이는 단 1년이다(所差唯一年耳). 그렇게 1년 차이란(其差一年者) 옛날 기록이라도 크게 대수일 수도 있으니(古記或擧大數). 혹자는 대가야의 건국을 건무 19(A.D. 43)년이라고 하고 있어(或大加耶建國在建武十九年) 수로왕이 건국한 뒤에 한 해 차이다(差後於首露也).307

또한 최고운(崔孤雲)이 말씀한 월광태자의 아버지 이뇌왕에게(又按崔

---

306   오늘날 법률용어로는 미필적 고의(未必的 故意)다. 설명은? 미필적 고의(未必的故意, 영어: gross negligence, dolus eventualis)란 자기의 어떤 행위로 인해 범죄 결과가 일어날 수 있음을 알면서도 그 행위를 행하는 심리 상태를 말한다.

307   이진아시(伊珍阿豉), 나무위키(namu.wiki), 2023. 7. 6.: "2010년 MBC 드라마 「김수로」에서 배우 고주원은 이진아시 역을 담당 … 천군 이비가와 정견모주 사이에서 태어나서 수로와는 이부형제(異父兄弟)가 되며 수로의 이부동생이다. 자신이 천군 자리에 오를 것이라는 사실을 믿어 의심치 않으며 성장해가나 점차 수로에게 열등감을 느낀다. 나중에 수로가 어머니인 정견모주의 친아들임이 밝혀지고 나서 입지가 점점 좁아지기에 창천곡으로 자기를 따르는 천군단 100여 명을 이끌고 떠나서 따로 살림을 차린다. 이는 금관가야와 대가야라는 형태에서의 분화 기준을 보여주기 위한 드라마적 형태로 보인다. 수로보다는 조금 딸려도 충분히 왕좌의 능력을 보여주는 인물로 그려진다."

孤雲以月光太子之父異腦王) 시조가 되는(爲始祖) 뇌질주일(惱窒朱日)에겐 8세손이 된다(朱日王八世孫). 즉 이때까지 9명의 국왕이 왕위를 전해 받아왔다(則此時唯九王傳授矣). 시조 왕을 아울러 9명의 국왕이다(竝始祖 爲九). 대가야는 16개 국왕이 내려왔는데 오로지(大加耶十六王) 나머지 5 개 국왕들은(尙餘五王) 국가 운영 기간 40년 동안에 지나지 않았다(不應 四十年之間). 보통 3년에 신라와 청혼을 하고(請婚在普通三年) 마지막 국왕의 나라가 망하는 데까지 가는 데 햇수는 40년이다(下距末王亡國爲四十一年). 일곱 분의 국왕을 기준으로 언급하면(據傳七王) 이같이 말할 수 있다(以此言之).

최고운(崔孤雲)의 말에 대해 정인지(鄭麟趾) 고려사에서는(崔說鄭史) 뭔가 반드시 하나의 오류가 있다고 했다(必有一誤). 그분의 말씀이 다 옳지 않다(不可曰兩合也). 이뇌왕(異腦王) 이상의 국왕은 14분이었다(異腦王以上凡十四王). 혹시(만일) 그들 형제간에 왕위를 세습한 경우가 많았지만(或其兄弟世及者多). 비록 8세 사이라고 해도(雖八世之間) 당연히 열세 명 혹은 열네 명의 국왕으로 자리를 이어받을 수 있다(亦當得十三四王). 정인지의 고려사 지리지에서는(鄭麟趾地理志云) 고령은 옛 대가야라는 나라가 있었기에(高靈古大伽耶國) 현 남쪽에는 궁궐 옛터가 남아있고(縣南有宮闕遺址), 옆에는 돌우물(石井)이 있는데(傍有石井) 지역 사람들은 '임금님 우물(御井)'이라고 전해지고 있다(俗傳御井). 소가야라는(小加耶者) 즉 변진의 고자국이고(卽弁辰古資國), 오늘 고성현(固城縣)에 있었고(今之固城縣也), 신라 지증왕(智證王)이 소가야를 멸망시켰다(新羅智證王滅之).

6.

가야 사람들의 마음을 담은
가얏고의 탄금성

기울어진 신라의 운동장에서 뛰었던 가야 선수는 역부족

『동국사략(東國史略)』에 의하면(東史略云), 지증왕 5년(智證王六年), 양무제 천감 4(梁武帝天監四年, A.D. 505)년에 이사부를 보내(遣異斯夫) 소가야국을 정벌했다(取小加耶國). 삼국사 신라 본기 이사부(異斯夫) 열전에선(新羅史異斯夫傳云), 지증왕 때(智證王時) 신라 국경에 접해있는 곳에 공식적인 기마 습격(騎馬襲擊)이 있었는데(爲沿邊官襲) 이는 거도(도읍지)의 세력 장악을 위한 계책이었다(居道權謀).[308] 기마 놀이 같은 연극으로 잘못 봤으

---

308 거도(居道): 신라 탈해이사금(脫解尼師今) 때 장군, 『삼국사(三國史記)』 거도열전(居道列傳)에 기록이 있으나, 간(干) 벼슬을 가졌으며, 거주는 신라 국경 지역 우시산국(于尸山國, 오늘날 蔚山廣域市 蔚州區)과 가칠산국(居漆山國, 釜山廣域市 東萊區)에 살았으며, 이곳은 신라의 국경에 위협적인 존재였다. 두 나라를 병합하려고 계책을 낸 게 군사를 시켜서 말 타는 놀이(馬技, 騎馬戱)를 하게 했다. 몇 해 동안 속하니 모두가 경계심을 풀었고, 당연시되었을 때에 병합했다. 이런 기록은 『동국통감(東國通鑑)』, 『동사강목(東史綱目)』에 탈해이사금 23년(A.D. 79)에 벌어졌다. 삼국사 탈해이사금 23년 봄 2월에 "별이 동쪽과 북쪽에 나타났다가 20일 만에

나(以馬戲誤) 가야 혹은 가라에 속했던 작은 두 나라를 빼앗았다(加耶, 或云加羅 國取之). 기마 놀이(馬戲)라는 이로써 우시산국(于尸山國, 오늘날 蔚山蔚州)과 거칠산국(居漆山國, 오늘날 釜山東萊)를 멸망시켰으니(所以滅于尸山國), 삼국사(三國史) 거도열전(居道列傳)에서 자세하게 볼 수 있다(詳見居道傳).[309]

정약용의 논고에서는 우시산국이 항복한 건(鏞案于山國之來降) 지증왕 11년으로(在智證王十一年). 즉 소가야를 정벌함으로써 거두어들인 것이다(則小加耶之伐取). 당연히 그 이후에 일이었다(當在其後). 동국사략에는 6년에 있었다고 하나(東史略六年之說) 이는 잘못되었다(誤矣). 아라가야는(阿那加耶者) 오늘날 함안군에 있었다(今之咸安郡也). 신라 법흥왕이 그 나라를 멸망시켰다(新羅法興王滅之). 『동국사략(東國史略)』에서는(東史略云) 법흥왕 25년(法興王二十五年), 양무제(梁武帝) 대동 4(梁武帝大同四年, A.D. 538)년에 아시량국(阿尸良國, 阿羅伽倻國)을 정벌해 멸망시켰다(伐阿尸良國滅之). 정인지(鄭麟趾)의 『고려사 지리지(高麗史地理志)』에서는(鄭麟趾地理志云) 함안은 본래 아라가야국이었다(咸安本阿那伽耶). 법흥왕 때에 그 나라가 멸망되었기에(法興王滅之) 함안군이 되었다(以其地爲郡). 수서 탕제기에서(隋書煬帝紀云) 대업 4(A.D. 608)년(大業四年) 3월에 백제, 왜 그리고

사라졌다는 기록만 남아있다(二十三年, 春二月, 慧星見東方, 又見北方, 二十日乃滅)."

309 AGENCIES, Egypt intelligence official says Israel ignored repeated warnings of 'something big' The Times of Israel, 9 October 2023: "Mounting questions over Israel's massive intelligence failure to anticipate and prepare for a surprise Hamas assault were compounded Monday when an Egyptian intelligence official said that Jerusalem had ignored repeated warnings that the Gaza-based terror group was planning 'something big'- which included an apparent direct notice from Cairo's intelligence minister to the prime minister. The Egyptian official said Egypt, which often serves as a mediator between Israel and Hamas, had spoken repeatedly with the Israelis about 'something big' without elaborating."

가라사국(百濟倭迦羅舍國)이 중국 수나라에 나란히 사신을 보내 지방특산물을 조공했다(竝遣使貢方物).[310]

정약용의 논고에 가야국의 멸망에 대해서(鏞案迦羅之亡) 양(梁) 무제(武帝) 31(在梁武帝三十一年, A.D. 533)년에 대가야의 망국이 있었고(大加耶之亡), 진무제(陳文帝) 천가 3(A.D. 562)년에(在陳文帝天嘉三年) 이때도 가야사국(伽倻舍國)이란 있었다(此云迦羅舍者). 어떤 사람은 6가야 가운데(或者六加耶之中) 한 나라였으나 하필 멸망한 나라였다니(有一後亡者歟)?[311] 지금도 밝혀내지 못하고 있다(今不可考). 또한, 가야 가실왕은(又加耶嘉悉王) 12줄의 현악기 가야금을 만들었다고(製十二弦琴) 지금까지 전해져 내려오고 있다(至今流傳).

김부식(金富軾)의 『삼국사 악지』에서(金富軾樂志云) 대가야국에 가실왕이 있었는데(加耶國嘉實王) 그는 당나라의 악기 5현금을 보고(見唐之樂器) 가야금을 만들었다(造加耶琴). 드디어 성열현(省熱縣)의 악사인 우륵에게 명령을 내려(乃命樂師省熱縣人于勒) 12곡을 작곡하게 했다(造十二曲). 1년 열두 달을 본떠 12줄의 현으로 음률을 만들었다(以象十二月之律). 그 뒤 우륵 선생은 장차 나라가 어지러워질 것을 알아차리고(後于勒以其國將亂), 악기를 갖고(携樂器) 신라 진흥왕에게 투항했다(投新羅眞興王). 국왕

310 　隋書, 卷三帝紀第三, 煬帝上: "… 大業四年春正月乙巳, 詔發河北諸郡男女百餘萬開永濟渠, 引沁水, 南達于河, 北通涿郡.庚戌, 百僚大射於允武殿.丁卯, 賜城內居民米各十石.壬申, 以太府卿元壽爲內史令, 鴻臚卿楊玄感爲禮部尚書.癸酉, 以工部尚書衛玄爲右候衛大將軍, 大理卿長孫熾爲民部尚書.二月己卯, 遣司朝謁者崔毅使突厥處羅, 致汗血馬.三月辛酉, 以將作大匠宇文愷爲工部尚書.壬戌, 百濟, 倭, 赤土, 迦羅舍國. 竝遣使貢方物 …."

311 　歟(yú): 置於句末, 表疑問, 反詰等語氣. 多用於文言文中. 相當於「嗎」. 唐. 柳宗元〈連山郡復乳穴記〉:「斯其爲政也, 而獨非祥也歟?」表示感嘆的語氣. 多用於文言文中. 相當於「啊」,「吧」. 漢. 武帝〈詔賢良〉:「未知所濟, 猗歟!偉歟!」宋. 蘇軾〈留侯論〉:「嗚呼! 此其所以爲子房歟!」

은 그를 받아들였고(王受之), 국원성(國原城)에다가 안착을 시켰다(安置國原). 그곳은 오늘날 충주다(今忠州).

유리걸식하는 망국 유민의 마음을 가얏고가 대신한다네!

끝내 대내마(大柰麻) 주지계(注知階), 고대, 사만덕을 보내(乃遣大柰麻注知階, 古大, 舍萬德), 악공 수업을 이어받도록 했다(傳其業). 3인이 이미 지은 12곡이 전해오는데(三人旣傳十二曲), 5곡으로 축약 선곡하여(約爲五曲) 국왕 앞에서 연주를 했다(奏之王前). 국왕이 감상하시더니 크게 기뻐했다(王聞之大悅). 신하 가운데 한 분(諫臣獻議)이 "망국의 가야국 음악은(加耶亡國之音) 그렇게 감상할 가치가 없습니다(不足取也)."라고 간언을 올렸다. 국왕은(王曰) "가야 국왕이 음란해서 스스로 멸망하는 게지(加耶王淫亂自滅), 어째서 음악이 무슨 죄가 있다는 말인가(樂何罪乎)?"라고 끝까지 연주하라고 하시고(遂行之), 위대한 음악가가 되게 하라고 했다(以爲大樂).

가야금에는 2가지 음조가 있는데(加耶琴有二調) 첫째는 하임조이고(一河臨調), 둘째는 눈죽조로(二嫩竹調) 된 곡은 모두 185곡이나 있다(共一百八十五曲). 우륵이 지은 바는 12곡인데(于勒所製十二曲) 첫째라는 하가라도(一曰下加羅都), 둘째는 상가라도(二曰上加羅都, 今高靈), 셋째는 보기(三曰寶伎), 넷째는 달기(四曰達己, 今義城多仁), 다섯째는 사물(五曰思勿, 今泗川) 여섯째 물혜(六曰勿慧, 今咸安利安) 일곱째 하기물(七曰下奇物), 여덟째 사자기(八曰師子伎) 아홉째 거열(九曰居烈, 今居昌), 열째 사팔혜(十曰沙八兮) 열한 번째 이사(十一曰爾赦) 열두 번째 상기물(十二曰上奇物)이다.[312]

312 거열(居烈), 한국민족문화대백과사전: "… 가야금 12곡의 내용과 『삼국사(三國史)』 잡

정약용의 논문(고)에서 성열(省熱)이란 곳은(鋪案省熱者) 사열(沙熱)이다 (沙熱也). 사와 성의 소릿값이 가깝다(沙與省聲近). 사열(沙熱)이란(沙熱者) 오늘날 청풍이다(今淸風也). 우륵 선생이 청풍(于勒游於淸風)과 충주 사이에 놀려 나왔다(忠州之間). 그런 연고로 충주에는 탄금대가 있고(故忠州有彈琴臺), 충주에서 남쪽으로 5리에(在州南五里) 사휴정(四休亭)이란 정자가 있는데(四休亭), 서쪽 2십 리에 연꽃 연못(荷潭)이 있는데 그 위에 있었다 (在州西二十里荷潭之上). 우륵과 모두가 그곳에서 연주하면서 놀이를 즐겼다(皆于勒之所嘗游也). 즉 하임궁이란(則河臨宮者) 오늘날 안동 땅에 있지 않는가(疑在今安東地)? 의심도 하지만 안동에 임하라는 옛 현이 있었다(安東有臨河故縣). 임하(臨河)란 게 그렇게 하임(河臨)이 되었다(臨河之爲河臨). 마치 임진(臨津)이 앞뒤가 바뀐 진임(津臨)이 되었던 것과 같다(猶臨津之爲津臨).313

문헌을 통해서 살펴볼 때(文獻通考曰), 변한의 나라에서는 고(瑟, 현악기로 伽倻琴)가 있었는데(弁韓國有瑟) 그 모양은 비파(筑, 琵琶 혹은 pipa314)를

지의 지명을 확인하여 경남 거창(居昌)은 거열(居烈), 의성군(예천군) 다인(多仁)은 「달기(達己)」, 고령(高靈) 지방 「상가라도(上加羅都)」, 경상남도 사천(泗川)의 「사물(思勿)」, 함안군 이안(利安)은 「물혜(勿慧)」 호명된 것으로 봄."

313 경기도 장단(長湍)의 옛 지명을 임진(臨津)이 앞뒤가 바뀐 진임(津臨)이 된 적이 있다. 즉 오아홀(烏阿忽) 혹은 진림성(津臨城)라고 했다. 역사적으로 i) 백제 오아홀(烏阿忽)이 고구려가 빼앗고는 곧바로 진임성(津臨城)으로 변경했다. ii) 다시 신라가 차지하자 경덕왕 때는 임진성(臨津城)으로 고치고 개성군의 영현으로 했다. 고려 현종 때는 장단(長湍)이라고 했다고 공양왕 때는 감무를 설치했다. iii) 1414년(태종 14년)에는 장단과 합쳐 읍호를 임단(臨湍)으로, 세조 대는 임진(臨津)으로 다시 장단(長湍)에 합쳤다.

314 Pipa, Wikipedia: "… There are some confusions and disagreements about the origin of pipa. This may be due to the fact that the word pipa was used in ancient texts to describe a variety of plucked chordophones of the period from the Qin to the Tang dynasty, including the long-necked spiked lute and the short-necked lute, as well as the differing accounts given in these ancient texts. Traditional Chinese narrative prefers the story of the Han Chinese Princess Liu Xijun sent to marry a

닮았고(其形如筑), 줄을 튕겨서 소리를 내는데(彈之有音), 곡조는 동이족의 금(琴315, 伽倻琴 혹은 玄鶴琴)에 속하기(曲與胡琴類)에 즐겁게 튕겨볼 수 있었다(見樂考). 가얏고(伽倻琴)라는 이름값을 가히 할만하다고 정약용은 생각했다(鏞案我邦琴瑟之可以得名者). 유일한 가얏고(伽倻琴)의 한 종류뿐이니 말이다(唯有伽倻琴一種而已). 마씨(馬氏)는 끝내 인정하시는 말씀이(馬氏乃云) "변한국에는 고(琴)란 현악기가 있었는데(弁韓國有瑟), 그 모양은

barbarian Wusun king during the Han dynasty, with the pipa being invented so she could play music on horseback to soothe her longings. Modern researchers such as Laurence Picken, Shigeo Kishibe, and John Myers suggested a non-Chinese origin. The earliest mention of pipa in Chinese texts appeared late in the Han dynasty around the 2nd century A.D. According to Liu Xi's Eastern Han dynasty Dictionary of Names, the word pipa may have an onomatopoeic origin (the word being similar to the sounds the instrument makes), although modern scholarship suggests a possible derivation from the Persian word 'barbat', the two theories however are not necessarily mutually exclusive. Liu Xi also stated that the instrument called pipa, though written differently (枇杷; pípá or 批把; pībǎ) in the earliest texts, originated from amongst the Hu people (a general term for non-Han people living to the north and west of ancient China). Another Han dynasty text, Fengsu Tongyi, also indicates that, at that time, pipa was a recent arrival, although later 3rd-century texts from the Jin dynasty suggest that pipa existed in China as early as the Qin dynasty(221~206 B.C.). An instrument called xiantao(弦鼗), made by stretching strings over a small drum with handle, was said to have been played by labourers who constructed the Great Wall of China during the late Qin dynasty. This may have given rise to the Qin pipa, an instrument with a straight neck and a round sound box, and evolved into ruan, an instrument named after Ruan Xian, one of the Seven Sages of the Bamboo Grove and known for playing similar instrument. Yet another term used in ancient text was Qinhanzi(秦漢子), perhaps similar to Qin pipa with a straight neck and a round body, but modern opinions differ on its precise form …."

315 崔世珍, 訓蒙字會(1527): "… 1256 琴(고 금), 1257 瑟(비화 슬) …." / 여기 '고(go)'란 '풀리지 않게 틀어서 묶은 매듭'을 의미하며, 세시풍속으로 '고 싸움' 및 '고 풀기' 등의 지방 민속놀이가 있었고, 가얏고 혹은 거문고 등은 줄의 끝맺음(고)을 강조함은 '마음과 마음의 묶음'을 상징성이다. 묶음에는 '해이해진 자신의 마음을 단단히 묶고' 그리고 '지역사회의 한 마음으로 묶음'을 의미하고 있다. 일본에서는 가얏고와 같은 현악기를 '고토(goto, 琴, こと)'라고 하고 있다 (… しかし, この「こと」は, 「琴」ではなく, 正しくは 「箏」という漢字を用います. 普段, あまり箏に馴染みのない方にとっては, 「箏」でも 「琴」でも, どちらも一緒だと思われているかもしれませんが, 實は 「箏」と 「琴」は異なる樂器なのです …)

비파와 같으면서도(其形如筑) 가야란 즉 변한이다(則伽耶之爲弁韓). 어찌 이보다 더 분명할 수 있겠나(豈不明甚)? 그 고(가얏고)라는 악기가(謂之瑟者) 12현의 있어 그 모양에서는 큰 차이가 있다(絃有十二, 其形差大也)."

04
고녕가야대관을 기반한
가야 연맹체의 타임라인

1.
함창 김씨 족보,
고녕가야대관(古寧伽倻大觀)[316]에서

고녕가야[317] 고로왕(古寧伽倻 古露王)의 탄생 설화[318]

함창 김씨(咸昌金氏)의 시조 고녕가야왕(古寧伽倻王)은 서기 42(新羅 儒理王 18, 後漢世祖 建正18, 壬寅)년 3월 계욕일(禊浴日)에 가락국(駕洛國) 북쪽 3리가량(三里許) 구지봉(龜旨峯)에 강림탄생(降生)했다. 이때 이곳에서 나라의 이름이나 군신(君臣)의 칭호(title)도 없이 구간(九干: 9명의 酋長)인 아도간(我刀干), 피도간(彼刀干), 오도간(五刀干), 유수간(留水干), 유천간(留天干), 오천간(五天干), 신귀간(神鬼干) 등이 각각 추장이 되어 9,100호

---

316   金子相, 金午相, 古寧伽倻大觀, 咸昌金氏宗親會, 中和堂印刷所, 1979. 10.

317   三國史記, 卷第三十四, 雜志第三, 地理: "… <古寧郡>, 本 <古寧加耶國>, <新羅> 取之, 爲 <古冬攬郡>(一云 <古陵縣>), <景德王> 改名, 今 <咸寧郡>. 領縣三: <嘉善縣>, 本<加害縣>, <景德王> 改名, 今 <加恩縣>. <冠山縣>, 本 <冠縣>(一云 <冠文縣>), <景德王> 改名, 今 <聞慶縣>. <虎溪縣>, 本 <虎側縣>, <景德王> 改名, 今因之."

318   上揭書, pp. 61~62

(九一百戶) 7만5,000명(七萬五千人)의 백성(百姓)을 거느리고 있었다.

이날 9간들이 백성(百姓) 200~300명을 거느리고 목욕(沐浴)을 마친 뒤(後) 강변에서 연회(宴會)를 열고 있었다. 그때(際) 구지봉(龜旨峯)에서 마치 사람 소리로 "게 누구 있느냐?" 하는 소리가 났다. 그러자 9간들이 "저들은 여기 있습니다." 하고 대답했다. 이어서 말했다.

"나는 천상 금륜왕(金輪王)의 아들이다. 황천(皇天)이 우리들에게 명하여 나라를 세우고, 임금이 되게 하셨다. 그래서 우리가 이곳에 내려왔으니, 너희들이 구지봉(龜旨峯) 꼭대기 흙을 파서 뿌리며 '거북아, 거북아, 머리를 내놓아라. 머리를 내놓지 않으면 통째로 구워 먹으리라(龜何龜何, 首其現也. 若不現也. 燔灼而喫, 駕洛國記)!' 하고 노래하며 춤을 추어라."

이에 9간들이 그 말대로 노래하며 춤췄다. 과연 구지봉(龜旨峯)에 이상(異狀)한 기운(氣運)이 돌고 얼마 뒤에 붉은색 줄(紫纓)에 묶인 황금색 상자(金盒, 혹은 金櫃)가 하늘로부터 내려왔다. 황금색 상자(金盒, golden box)를 열어보니 그 속에 여섯 개의 황금알(金卵, golden egg)이 있었다. 이를 구간들의 순서에 따라서 아도간(我刀干)이 그걸 집으로 모셔 두었다. 다음날 9간과 백성들이 함께 모여 다시 금합(gold box)을 열어봤다. 용모(容貌)가 단정(端整)하고 위엄(威嚴)이 있는 15세가량(假量)의 6동자(六童子)가 태어났다(年可十五, 容貌甚偉, 降生史蹟世譜, 世德實記). 십여 일(十餘日)이 지나니 신장이 9척(203cm)이나 되는 장대(壯大)한 사내들이었다. 뭇 백성이 우러러 모두 임금으로 모시겠다고 결정했다. 그 가운데(中) 제일(第一) 먼저 강생(降生)한 수로(首露, 首先露出)를 왕(王)으로 삼았다(以其首出 故稱首露, 東國史略). 그를 국왕으로 김관국(金官國)을 세우게 하였다. 나머지 5인(餘五人)으로 각각 가야국(伽倻國)을 세워 왕(王)이 되었다(餘五人 各爲

五伽耶王, 漢書朝鮮傳). 즉 김고로왕은 함창(咸昌)에 고녕가야(古寧伽倻)를 세웠다. 이어, 함안(咸安)에 아라가야(阿那伽倻), 고령(高靈)은 대가야(大伽倻)[319], 성주(星州)는 벽진가야(碧珍伽倻), 고성(固城)은 소가야(小伽耶)가 건국되었다.

황금알(金卵, Gold Egg)에서 탄생하였으므로 성(姓, Surname)을 김(金, Kim)이라고 하였다(出於金卵, 故以金爲姓, 東國史略). 또한 금합(金盒, golden box)이 붉은 끈(紫纓, 붉은색 끈, Red Ribbon)으로 묶여 내려왔으므로 자영김씨(紫纓金氏)라고도 했다. 함창(咸昌)에 입국(立國)하였으므로 고녕가야의 후손은 본관을 함창(咸昌)이라고 했다. 이렇게 해서 함창 김씨(咸昌金氏)가 생겨났다.

'젖과 꿀이 흐르는 함창 땅(乳蜜流鄕, 咸昌)[320]'에 고녕가야의 깃발이 휘날렸다

김해 구지봉(龜旨峯, Turtle's Message Peak)에서 6개의 알이란 이적(異蹟)으로 강생(降生)하신 6분 가운데 고녕가야(古寧伽倻) 태조왕(太祖王, 古露王)께서는 서기 42년(西紀四十二年, 新羅儒理王 18年) 함창(咸昌)에다가 3월 15일에 도읍(都邑)을 정했다. 그리고 그곳에 건국(建國)했다. i) 개국초

319　古寧伽倻, 維基百科(wikiwand.com): 古寧伽倻(韓語)是朝鮮三國時期由伽倻聯盟傳說的六伽倻之一, 在今天大韓民國的慶尚北道尚州市咸昌邑. 星山伽倻前身是伽倻的叫沙伐國的小國發展而來, 522年古寧伽倻和新羅結成婚姻關係. 出於這個原因, 古寧伽倻沒有參與538年百濟和大伽倻對新羅的進攻. 但是, 根據 《三國史記》 和 《日本書紀》, 562年, 古寧伽倻被新羅滅亡, 這一年在大伽倻南方被滅. 今天的咸昌金氏的血統起源可以追溯的古寧伽倻的君王.

320　The land flowing with milk and honey, Hamchang. Deuteronomy 26:9: "He brought us to this place and gave us this land, a land flowing with milk and honey."

(開國初)에 관산(冠山, 오늘날 聞慶), 회계(會稽, 오늘날 虎溪), 가선(嘉善, 오늘날 加恩) 등을 영현(領縣)으로 하여, ii) 이안천(利安川)과 영강변(潁江邊)의 기름진 넓은 땅(乳蜜流鄕)에 터를 잡았다. iii) 재악산(宰岳山)을 진산(鎭山)으로 동(東)쪽에 고산덕봉(孤山德峰)인 국사봉(國師峰)을, 서(西)쪽엔 대가산(大駕山), 남에는 오봉산(五峯山)과 국사봉(國祀峰), 북(北)쪽에 금대산(金帶山)을 왕도(王都)의 성산(城山)으로 했다. 외곽에는 계립령(鷄立嶺), 즉 조령(鳥嶺)의 험준(險峻)함으로 둘러 쌓았다.

이같이 산수(山水)가 명려(明麗)하고 인심(人心)이 순후(淳厚)하였다. 학문(學問)을 숭상(崇尙)하고 농상(農桑)에 힘써 풍요롭고 평화로운 나라(a rich and peaceful country)가 이룩되었다. 당시 신라(新羅)는 개국후(開國後) 98년으로 3대 유리왕(儒理王) 18년이었다. 고구려(高句麗)는 78년으로 대무신왕(大武神王) 25년이었다. 백제는 개국 59년으로 2대 다루왕(多婁王) 15년이었다. 이러하여 3국(三國)이 모두 개국초(開國初)의 영민(英敏)한 군주(君主)들이 자국의 세력(勢力)과 영토(領土)를 확장(擴張)하고 있었다.

당초(當初) 경기(京畿), 충청(忠淸), 전라지방(全羅地方)의 마한(馬韓) 54개국과 낙동강(洛東江, 黃山江)을 중심으로 동쪽의 진한(辰韓)이 12개국, 서쪽에 변한(弁韓)이 12개국 등으로 도합(都合) 74개국이 형성되었다. 대소(大小)의 부족국가(部族國家)가 점차 그 세력(勢力)에 따라 분합(分合)과 흥망(興亡)을 거듭했다. 그 가운데 백제(伯濟 후일에 百濟)와 사로(斯盧, 후일 新羅)가 가장 강성(强盛)하여 신라(新羅)가 3국을 통일(統一)할 때까지 전후 500여 년간(五百餘年間) 인근(鄰近)의 소국(小國)을 병합(倂合)하여 왔다. 이러한 당시의 상황(狀況)을 보아 개국초(開國初)에는 일정한 국경(國境)이나 국민(國民)이 없었다. 군주(君主)를 중심으로 세력에 따라 분합(分合)되었으며, 혈연(血緣)과 지연(地緣)에 따라서 동맹(同盟)하여 외세(外勢)를 막고, 자국(自國)의 안전(安全)을 도모(圖謀)하였다.[321] 오늘날 용어로 세력의 창칼이 크게 작동하는 '힘 싸움(power game)'이 횡행했던 시대였다.

화전양면(和戰兩面)으로 가야와 신라의 잦은 갈등

따라서 가야국(伽倻國)도 수로왕(首露王)의 금관국(金官國)을 맹주(盟主)로 육가야(六伽倻)가 자연히 동맹(同盟)하여 강국(强國)에 대항(對抗)하여 외침(外侵)을 막는 동시(同時)에 인근 소국(鄰近 小國)을 병합(倂合)하여 세력(勢力)을 확장(擴張)하였다. 그리고 가야연맹(伽倻聯盟)은 지리적 관계(地理的關係)와 세력(勢力)의 백중(伯仲)으로 인하여 신라(新羅)와 충돌(衝突)이 가장 많았다. 이를 신라 역사(新羅 歷史)에서 간추려보면 아래와 같다. i) A.D. 77년 황산진(黃山津, 梁山市 勿禁) 대전(大戰)에서 가야(伽倻)가 대패(大敗)하여 군병(軍兵) 천여명(千餘名)이 참획(斬獲)되었다. 그 전공(戰功)으로 신라 주장(新羅主將) 아찬(阿湌) 길문(吉門)이 파진찬(波珍湌)으로 승급(昇級)했다. ii) A.D. 94년 가야(伽倻)가 신라(新羅)의 마두성(馬頭城)을 포위접전(包圍接戰)하였다. iii) A.D. 96년 가야(伽倻)가 신라 남비(南鄙)를 습격하여 가소성주(可召城主) 장세(長世)를 참살(斬殺)하였다.

뒤이어 신라왕(新羅王)의 친정(親征)에 의하여 가야(伽耶)가 물러났다. iv) A.D. 106년 신라(新羅) 마두성주(馬頭城主)로 하여금 가야(伽耶)를 습격하였다. v) A.D. 115년 신라(新羅) 6대 지마왕(祗摩王)이 가야(伽耶)를 친정(親征)하려다가 황산하(黃山河, 梁山市 勿禁)에서 대패하였다. vi) A.D.

---

321 金子相, 金午相, 前揭書, p. 67

116년 지마왕(祇摩王)이 또다시 친정(親征)하였으나 전공(戰功)을 이루지 못했다. vii) A.D. 201년 가야(伽倻)가 신라(新羅)에 화친(和親)을 요청했다. viii) A.D. 209년 가야가 포상팔국(蒲上八國, 朝天海岸八村邑)으로부터 침략(侵掠)을 받았을 때 신라(新羅)에게 구원을 요청하자 신라(新羅)는 태자(太子) 우노(于老)와 이음(利音)을 보내 구원했다.

ix) A.D. 212년 가야(伽耶), 신라(新羅), 백제(백제)가 연합(聯合)하여 고구려(高句麗)와 말갈(靺鞨)의 침략군(侵掠軍)을 고명칠성(孤鳴七城)에서 이하서(泥河西) 쪽으로 격퇴(擊退)하였다. x) A.D. 505년 신라(新羅) 지증왕(智證王) 6년 이사부(異斯夫)가 마숙희(馬叔戱, 乘馬競技를 假裝하여 襲擊하는 戰術)를 이용해 가야(伽倻)를[322] 패망시켰다. xi) A.D. 522년 가야(伽倻)와 신라(新羅)가 통혼(通婚, intermarriage)하였다. xii) A.D. 524년 가야(伽耶)와 신라(新羅)의 국왕(國王)끼리 남쪽 국경에서 정상회담(頂上會談, top talks)을 하였다. xiii) A.D. 532년 법흥왕(法興王) 19년 금관가야(金官伽倻) 국왕 김구해(金仇亥, 仇衡王)가 왕비(王妃) 및 노종(奴宗), 무덕(武德), 무력(武力)의 3 태자와 함께 신라(新羅)에 투항하였다(駕洛立國十世四百九十一年).

이때 신라(新羅)는 구형왕(仇衡王)에게 상등(上等) 벼슬을 주었고, 금관가야국(金官伽倻國) 영토(領土)를 식읍(食邑)으로 주었다. xix) A.D. 562년 진흥왕(眞興王) 23년에 가야 연맹 중 대가야(大伽倻) 안라(安羅) 함안(咸

---

322 三國史記, 異斯夫列傳: "異斯夫 【或云苔宗】, 姓金氏, 奈勿王四世孫, 智度路王時, 爲沿邊官, 襲居道權謀, 以馬戱誤加耶 【或云加羅】 國取之, 至十三年壬辰, 爲阿[何]瑟羅州軍主, 謀幷于山國, 謂其國人愚悍, 難以威降, 可以計服, 乃多造木偶師子, 分載戰舡, 抵其國海岸, 詐告曰, 汝若不服, 則放此猛獸踏殺之, 其人恐懼則降, 眞興王在位十一年, 太寶元年, 百濟拔高句麗道薩城, 高句麗陷百濟金峴城, 主[王]乘兩國兵疲, 命異斯夫出兵, 擊之, 取二城增築, 留甲士戍之, 時, 高句麗遣兵來攻金峴城, 不克而還, 異斯夫追擊之大勝."/ 丁若鏞의 저서 我邦疆域考의 弁辰別考亦名駕洛考에서는 東國史略을 인용하여 '소가야(小伽倻)'로 기록하고 있음. / 여기서 미숙희(馬叔戱)는 오늘날 특수군사적전으로, 실례로는 2022년 연초 러시아 특수군사작전을 우크라이나에 전개하여 2022년 2월 24일 공식적으로 전쟁이라고 용어로 전환하였음.

安) 등이 침략(侵略)하는 것을 이유로 신라는 주장(主將) 이사부(異斯夫)와

부장(副將) 화랑(花郞) 사다함(斯多含)으로 하여금 평정(平定)하게 하였고,

병정한 그곳에 대야주(大耶州)를 설치했다(伽倻立國十六世五百二十年).[323]

---

323   上揭書, pp. 68~69

04 고녕가야대관을 기반한 가야 연맹체의 타임라인

2.

강성한 삼국의 정립(鼎立) 속에서
가야 연맹체의 곡예(曲藝)

청동기 토착 세력과 건국 세력의 충돌을 피하고 안착에 최선을

건국 초기(建國 初期)에는 특별한 국경 충돌(國境衝突, border conflict) 없이 지내다가 A.D. 70년대에 들어와서는 월경전(越境戰, cross-border warfare)이 시작되었다. 초기(初期)에는 신라(新羅)가 우세(優勢)했으나 A.D. 100년대에는 한때는 가야(伽倻)가 우세(優勢)하기도 했다. 200년대에서 500년 초까지 평온(平穩)을 유지(維持)하여 때로는 신라(新羅)를 후원(後援)하기도 했다. 한편으론 구원(救援)을 받기도 했다. 통혼(通婚, inter-marriage), 정상회담(頂上會談, top talks) 등으로 평화(平和)를 구가(謳歌)하다가 급기야(及其也) 신라(新羅)가 강성(强盛)해지자 맹주격(盟主格)인 금관국(金官國)이 먼저 병합했다. 남은 대소(大小)의 가야연맹세력(伽倻聯盟勢力)이 백제(百濟)와 연합(聯合)하여 나라를 보존(保存)하고자 했다. 그러나 신라(新羅)는 평정할 절호의 기회를 한 번도 놓치지 않았다. 결국, 가야 연맹체는 종언(終焉)을 고(告)하고 말았다.

한편, 당시(當時) 주변국(周邊國)들의 존망상황(存亡狀況, life and death situation)을 살펴보면 i) A.D. 102년 음즙벌국(音汁伐國, 安康)과 실직곡국(悉直谷國, 三陟) 양 소국 간에 국경 갈등이 발생하여 금관가야 김수로왕이 가서 현명한 판결을 했다. 이 판결에 심리적 압박을 받았던 압독국(押督國, 慶山) 등이 신라에 병합 혹은 투항하였다. ii) A.D. 106년 비지국(比只國, 昌原)과 다벌국(多伐國[324], 大丘)[325]을 병합으로써 초팔국(草八國, 草溪) 등이 신라(新羅)에 스스로 투항(投降)했다. iii) A.D. 231년 감문국(甘文國, 金泉)이 신라(新羅)에 병합(倂合)되었다. iv) A.D. 236년 골벌국(骨伐國, 永川)도 신라(新羅)에 병합(倂合)되었다. v) A.D. 248년 사벌국(沙伐國, 尙州市 沙伐國面)이 신라에 넘어갔다. vi) A.D. 297년 이서고국(伊西古國, 淸道郡 伊西面) 등이 신라(新羅)로 투항병합(投降倂合)했다.

이같이 주변(周邊)의 소국(小國)들이 신라(新羅)에 병합(倂合)되어 점차 강성(强盛)하여지니 이에 대항(對抗)하기 위하여 육가야 연맹(六伽倻 聯盟)이 취했던 바는 무엇이을까? 이를 추정하고자 『신라사(新羅史)』 및 『위국지(魏國誌)』에서 기록된 가야연맹기록(伽倻聯盟記錄)을 뽑아 밝혀보면 i)

---

324 多伐國(A.D. 106년 신라에 병합, 오늘날 大丘): i) 일부 사학자는 일본서기에 '탁순(卓淳)'으로 보고 임나일본부와 연계하기도 하나, ii) 가야(가야)역사에서는 포상팔국(蒲上八國)의 하나인 오늘날 창원(昌原)에 있었던 국가 탁순(卓淳)이며, iii) 최근에 창원시 도로개발에서 '탁순국(卓淳國)' 명문 목간이 발견되었음. iv) 따라서 대구는 다벌국(多伐國)이라는 사실은 A.D. 101년 병합된 압독국(押督國)에서 '다벌국의 앞에 있는 나라(前多伐國)'를 음역한 것으로 이병도(李秉道) 박사는 주장했음.

325 배종덕, 『배종덕의 역사 산책』 『일본서기』 신공황후 49년의 '신라 7국' 위치, 울산제일일보(ujeil.com), 2022. 11. 16.: "탁순(卓淳)에 집결, 신라를 공격해서 깨뜨리고 비자발(比自拔)·남가라(南加羅)·녹국(鹿國)·안라(安羅)·다라(多羅)·탁순(卓淳)·가라(加羅) 7국을 평정했다. 그리고 군사를 옮겨 고해진(古奚津)에 이르러 남만(南蠻) 침미다 …."

A.D. 392년 신라 내물왕(新羅 奈勿王 37年) 때의 가야 연맹체(Gaya Con-federacy)는 남가야(南加耶, 金海: 魏志 狗倻國), 비자체(比自体, 昌寧: 魏志 不斯國), 안라(安羅, 咸安: 魏志 安羅國), 임나(任那, 高靈, 魏志 彌烏邪馬國), 반파(半跛, 星州: 魏志 伴路國) 및 졸마(卒麻, 金山: 魏志 走曹馬國)[326] 등으로 되어 있었다. 즉 함창(咸昌)의 고녕가야(古寧伽倻)는 누락(漏落)되어 있었다. 이에 대해 추측하면 지리적(地理的)으로 단합(團合)이 가능한 지역만이 연맹(聯盟)하였다. 함창(咸昌)은 신라(新羅)와 백제(百濟)의 완충 지대(緩衝地帶, buffer zone)로서 좋게 표현하면 강성함으로 독립적 국가 운영을 했다. 그러나 반대인 경우는 유사시 백제와의 결속이 예상되어 연맹체에서 제외시켰을 수도 있다.

또 한편 인근 사벌국(尙州市 沙伐面)이 248년대 신라(新羅)에 토벌로 평정(討平)되었다. 그곳에다가 사벌주(沙伐州)를 설치했다. 그렇게 함으로써 함창(咸昌)이 그 사벌주(沙伐州)에 병합(倂合)되지 않았다. 신라 신문왕(神文王) 때 i) 처음으로 상주(尙州)에까지 강역을 이어갔다는 사실(事實)이라든지, ii) 가야연맹(伽倻聯盟)의 최종국(最終國)인 대가야(大伽倻)가 백제(百濟)와 동맹(同盟)을 시도(試圖)한 점으로 미뤄 봐 iii) 고령(高靈)과 성주(星州)에 위치하였던 대가야(大伽倻)와 성주가야(星州伽倻, 碧珍伽倻)가 신라(新羅)의 강세(强勢)에 밀렸다.

따라서 육가야(六伽倻) 가운데 가장 백제(百濟)와 인접해 있는 함창(咸

---

326 졸마국(卒麻國), 한국민족문화대백과사전: "변한 12소국 가운데 하나. 『삼국지(三國志)』 위서 동이전에 수록된 삼한 소국 이름. 중국 상고음(上古音)에 '주조마국'도 한자음 입각해 위치가 비정됨. 『일본서기(日本書紀)』 흠명기(欽明紀)에 가야의 졸마국(卒馬國)과 같은 나라로 추정되는데, 위치는 조마부곡(助馬部曲)이 있던 지금의 경상북도 김천시 조마면 일대로, 그러나 경상남도 밀양시 솔리마(率理馬), 거창군 가조(加祚), 함안군 칠원(漆原)과 마산 일대에 각각 비정하기도 함. 562년 다른 가야 소국들과 함께 신라에 병합."

昌)과 연합(聯合)하여 이곳을 거점(據點)으로 끝까지 신라(新羅)에 대항(對抗)하다가 끝내(終乃) 평정(平定)되었다.[327] 이러한 근거로는 금관국(金官國)을 항복시켰을 때는 i) 왕에게 상등(上等)의 벼슬을 주고, ii) 영토(領土)를 식읍(食邑)으로 주며, iii) 태자와 왕손을 중용(重用, 武力太子 金庾信의 祖父)하였다. 이에 반해 대가야(大伽倻) 등은 백제(百濟)와 동맹모반(同盟謀叛)하였다고 하여 왕(王)은 물론 그 자손(子孫)과 유적을 민멸(泯滅)시켰다. 대개(擧皆) 나라의 도읍지(都邑地)는 주(州)를 설치(設置)함이 상례(常例)였다. 그러나 함창(咸昌)은 군(郡)으로 격하(格下)시켰다. 이들로 미루어 볼 때 끝까지 나라를 지켜왔다는 것으로 추측(推測)된다. 그 후 함창(咸昌)은 처음 고동람군(古冬攬郡) 또는 고릉(古陵)으로 부르다가 고려(高麗) 광종(光宗) 때 함녕(咸寧)으로 개칭되었다. 조선조 태종(太宗) 때 다시 함창(咸昌)으로 개칭되어 감무(監務) 또는 현감(縣監)을 두어왔다.

일목요연(一目瞭然)하게 가야국의 체계를 살펴보고자

고원평지(高原平地)가 물이 흐르는 빈틈으로 물길(江, river verb to divide and cut off besides)이 생기고, 평지(平地)가 깎여 분수령(分水嶺, divide)이 생겨나더니 아예 산(山, mountain)을 만들게 되듯이 역사에도 작은 사건 혹은 사태로 인해서 갈림길(岐路), 분렬(分列) 혹은 내분(內紛)이 생겨서 태

---

327 고녕가야(古寧伽倻)는 3가지 역사적 관점에서 매몰되었다고 할 수 있다. i) 임나일본부설에서 고녕가야는 그림자조차 없기에 아예 거론조차 되지 않고 있으며, 심지어 고녕가야(古寧伽倻) 명칭에 대해서 이병도(李秉道) 박사는 古寧 혹은 咸昌이 웅주거목(雄州巨牧)이 아니기에 진주(晉州)가 거렬(居烈)에 속한다는 논리를 내놓았다. ii) 사벌국(沙伐國)에 고녕가야(古寧伽倻)이 사라졌다. 즉 고녕가야가 바로 사벌국이라고 인식하기까지 사서 기록 중심의 좁은 색안경이 있다. iii) 마지막으로 오늘날 가야문화 유네스코 등록에 빠진 것은 그동안 고녕가야의 역사정립에 주역을 맡아야 할 분들이 손 놓고 있었다는 사실이다.

산준령(泰山峻嶺) 같은 국가 역사(國家歷史)에 분수령(分水嶺)이 생기게 된다. 이런 틈새 작전으로 '의리의 돌쇠 6 형제(6 brothers, men of loyalty)'가 가야국을 세웠다. 육가야 연맹체(六伽倻 聯盟體, 6-Gaya Confederacy)를 결성해 왔다. 그러나 i) 남해 앞바다의 해상권(朝天海上權)을 금관국 김해(金海)가 시침(時針)이 되어 돌아가고 있었다. 해상권으로 이득이 빼앗긴다는 사실을 보고 포상팔국(蒲上八國)에서는 더 이상 참지 못했다. 그래서 들고일어났다. ii) 이를 계기로 가야 연맹체(Gaya Confederacy)에 '의리의 돌쇠(men of loyalty)'들이 갈라서서 전기가야(前期伽倻)와 후기가야(後期伽倻)로 양분되는 계기가 되었다. iii) "이득을 보면 의리를 생각하라(見利思義)."를 잊고 합종연횡(合從連橫)하는 바람에 A.D. 400년 전후하여 고구려의 '남정(南征: 南進政策, 南邦征伐)'과 신라의 '삼한일통(三韓一統)'을 가야 연맹체는 자초하게 되었다.

이에 따른 자세한 분열상을 살펴보면 i) 전가야국(前加耶國)으로는 가락가야(駕洛伽倻)로 오늘날 김해(金海), 아라가야(阿羅伽耶)는 오늘날 함안(咸安), 고녕가야(古寧伽倻)는 오늘날 함창(咸昌)에서, 대가야(大伽倻) 고령(高靈), 성주의 벽진가야(碧珍伽倻), 그리고 소가야(小伽倻) 오늘날 고성(固城)에 있었다. ii) 후가야국(後伽倻國)으로는 소가야(小伽倻)는 오늘날 고성(固城), 금관가야(金官伽倻) 김해(金海), 고녕가야(古寧伽倻) 함창(咸昌), 비화가야(非火伽倻, 前大伽倻) 오늘날 창원(昌原), 아시량가야(阿尸良伽耶, 前阿羅伽倻) 오늘날 진주(晉州), 성산가야(星山伽倻, 前碧珍伽倻) 성주(星州)로 변동을 했다.

이어 6 가야국의 국왕세계(國王世系)를 살펴보면, i) 가락가야(駕洛伽耶 혹은 金官伽倻, 10代王)의 왕세계통(王世系統)은 수로왕(首露王, 42년~199

년), 거등왕(居登王, 199년~253년), 마품왕(麻品王, 253년~291년), 거질미왕(居叱彌王, 291년~346년), 이시품왕(伊尸品王, 346년~407년), 좌지왕(坐知王, 407년~421년), 취희왕(吹希王, 421년 ~451년), 질지왕(銍知王, 451년~491년), 겸지왕(鉗知王, 491년~521년) 그리고 구형왕(仇衡王 혹은 仇亥王, 521년~532년)이 있었다. ii) 아라가야(阿羅伽倻, 3代王)는 아로왕(阿露王, 42년 ~ 재위 연도 미상), 보덕왕(普德王, 재위 연도 미상) 그리고 순평왕(順平王, 재위 연도 미상)이었다. iii) 고녕가야(古寧伽倻, 3代王)에서는 고로왕(古露王, 白珍, 42~156년), 마종왕(摩宗王, 156~220년) 그리고 이현왕(利賢王, 220~254년)이었다. iv) 대가야(大伽倻, 14代王 혹은 16代王)는 대로왕(大露王), 이진왕(伊珍王), 아시왕(阿豉王), 정견왕(正見王), 뇌질왕(惱窒王), 주일왕(朱日王), 이견왕(異見王), 청의일왕(靑衣日王), 이제왕(夷祭王), 비기왕(比技王), 이뇌왕(異惱王), 일광왕(日光王), 도설왕(道設王) 및 지지왕(智之王) 등이다.[328] v) 벽진가야(碧珍伽倻, 3代王)는 벽로왕(碧露王, 42년 ~ 재위 연도 미상), 니차왕(尼次王: 재위 연도 미상) 및 유충왕(幼冲王: 재위 연도 미상 ~ 400년경)이다. vi) 소가야(小伽耶, 9代王) 말로왕(末露王, 42~145년), 대아왕(大阿王, 145~162년), 미추왕

---

328   대가야의 역대 국왕, 위키백과: "반파국 또는 대가야의 왕은 금관가야의 왕과 비교해 봤을 때 기록이 부족하다. 시조 이진아시왕(伊珍阿豉王)으로부터 도설지왕(道設智王)까지 16대 520년간 존재했다. 박창화의 『남당유고』에서 대가야 왕 세계가 전해지나 고대 국가임에도 아내와 딸에게 왕위를 물려주는 등 논란이 많아 확실하지 않다. 다른 사적에서도 대가야의 왕들이 등장하나 그 세계를 추정하기는 어려움이 많다. 『일본서기』에서 등장하는 기본한기(己本旱岐), 『신증동국여지승람』에서 금림왕(錦林王), 《남제서(南齊書)》 『만동남이전(蠻東南夷傳)』에서 하지왕(荷知王)이 등장한다. 이들을 종합하여 정리하면: 이진아시왕(伊珍阿豉王, 32~177년), 아수왕(阿修王, 177~219년), 우리왕(宇理王, 219~254년, 아진아시왕의 서자), 효도왕(孝道王, 254~318년, 아수왕의 손자), 수극왕(守克王, 318~377년), 모가왕(慕可王, 377~428년), 사가왕(舍訶王 혹은 錦林王, 428~479년), 성국왕(誠國王 혹은 荷知王, 479~494년, 수극왕의 증손자), 이뇌왕(異腦王, 494~529년), 찬실왕(贊失王, 529~554년, 성국왕의 동생), 11~15대 왕명 및 재위 연도 미상, 도설지왕(道設智王, 재위 연도 미상~562년, 이뇌왕의 아들. 대가야의 마지막 왕) 등으로 밝혀진 것임.

(味鄒王, 162~235년), 소우왕(小于王, 235~277년), 아도왕(阿島王, 277~345년), 질노왕(叱駑王, 345~371년), 차아왕(車阿王, 371~412년), 달노왕(達駑王 혹은 達挐王, 412~450년) 그리고 이형왕(而衡王, 450~554년)이 있었다.[329]

---

329 金子相, 金午相, 前揭書, pp. 71~72

3.
하늘의 뜻에 따라
천손(天孫)이 강생(降生)하시어!

천손을 내려보냈던 우주란(宇宙卵)이란
운송캡슐(transport capsule)

동서고금을 통해서 속칭 '우주란(宇宙卵, cosmic egg)'을 통해서 하늘의 뜻이 땅에 이뤄지도록 지상의 인간을 다스릴 국왕 혹은 구세주를 내려보냈다. 우주란(宇宙卵)이란 알을 깨뜨리고 태어난 천손은 세상을 다스린다. 이를 강생(降生, incarnation), 성육신(成肉身, incarnation) 혹은 공현(恭顯, epiphany)이라고 했다. 하늘에서 인간 세상에 내려보내는 운송수단이 알 모양의 캡슐이다. 이런 의도, 수단 및 방법을 총칭하여 난생신화(卵生神話)라고 했다.

오늘날에도 방향과 모양을 달리한 난생신화는 계속되고 있다. 우주 탐사에 탐사 캡슐(探査卵, exploration capsule)을 사용하는 우주 세계를 정복하려는 창조 이야기도 새로운 양상의 난생설화다. 이와 반대로 지하에 있는 광부를 구제할 때에는 지하 암반을 천공한 뒤에 '불사조(不死鳥, Phenix) II'라는 알 모양의 구조 캡슐(救助卵, rescue capsule)을 내려보내서 구조하는 것도 난생설화(卵生說話)다. 이런 지하난생설화(地下卵生說話) 혹은 지하구조사례(地下救助事例)로는 2010년 8월 6일 칠레 구리 광산에서 지하 700m에서 33명이 69일간 갇혀있었다. 이때 아프가니스탄(Afghanistan)에서 우물을 파던 미국 기술자가 Plan B 드릴로 700m 구조공(救助孔)을 팠다. 그 구멍에다가 불사조(不死鳥, phenix) 캡슐(卵)로 전원을 안전하게 구조했다. 이후에 여러 차례 알 모양의 운송 캡슐로 지하 혹은 수중에서 구조했다.[330]

우리나라의 난생신화(卵生神話)를 살펴보면, 박혁거세(朴赫居世, B.C. 69 ~ A.D. 4)의 강생을 『삼국사(三國史)』를 비롯해 『삼국유사(三國遺事)』 및 『제왕운기(帝王韻紀)』 등에서 기록하고 있다. "고허촌장(高墟村長) 소벌공(蘇伐公)이 양산(陽山) 기슭을 바라보니 나정(蘿井) 옆 수풀 속에서 말이 꿇어앉아 울고 있었다. 쫓아가서 보니 말은 홀연히 사라졌고, 그 자리에는 다만 큰 알이 있었다. 이를 깨뜨리니 어린아이가 나왔다. 그 아이를 데리고 집으

330　Sydney Hartman, This Day in History: Chilean miners rescued after 69 days underground, WMUR Oct 13, 2023: "On Oct. 13, 2010, 33 miners in northern Chile were rescued after spending more than two months underground. The copper and gold mine collapsed on Aug. 5, and they were trapped for 69 days- nearly half a mile underground -until they were rescued … After the collapse, the 33 men, ranging in age from 19 to 63, moved to an underground emergency shelter area with a limited supply of food and water. They were not able to communicate with emergency officials. Engineering and mining experts from around the world worked tirelessly to free them. On Aug. 22, rescuers were able to drill a small hole traveling from the surface down to the miners- 2,300 feet underground. Not long after, the men sent up a note that translated in English to, "We are fine in the shelter, the 33 of us …."

로 가서 자식으로 양육했다. 십여 세가 되지 매사가 뛰어났고, 성장하여 6부 사람들이 신비하게 생각한 나머지 그를 B.C. 57년 4월 15일 왕으로 삼았다. 박(瓠)처럼 큰 알이라서 성씨를 박(朴)씨로 했다. 그에게 칭호를 거서간(居西干)이라고 했다."[331]

또한 고구려(高句麗)는 부여(夫餘)에서 선조(先祖)가 나왔는데, 부여왕(夫餘王)이 일찍이 하백(河伯)의 딸을 방안에다가 감금시켰다. 그렇게 했음에도 햇빛을 받게 되어 몸을 돌려 피신했는데 햇살이 따라와서 비췄다. 얼마 후에 임신하더니 큼직하게 닷 되들이 알(五升之卵)을 하나 낳았다. 부여왕(夫餘王)은 그 알을 개에게 던져주었다. 그러나 개들이 먹지 않았고, 돼지에게도 주었으나 그들 역시 먹지 않았다. 길목에다가 버렸더니 소와 말들도 피해 다니기에 들판에다가 버렸다. 그랬으나 뭇 새들이 깃털로 알을 덮어 주었다. 부여왕(夫餘王)은 알을 깨뜨려서 없애라고 했다.

그러나 결국은 사람들이 그 어머니에게 몰래 돌려주고 말았다. 어머니가 따뜻한 곳에 놓아두었더니 사내아이가 껍질을 깨뜨리고 태어났다. 그가 성장하여 이름을 '주몽(朱蒙)'이라고 했다. 이름의 뜻은 "활을 잘 쏜다(善射也)."라는 말이다. 부여 사람들은 그가 사람의 소생이 아니라서 없애 버리자고 했다. 결국은 제거하지 못하고 말을 키우는 일을 맡게 했다. 그는 부여(夫餘)를 떠나서 흘승골성(紇升骨城)에 정착하여 살았다. 끝내는 고구

---

331 三國史記卷一, 新羅本紀第一, 始祖赫居世居西干: "始祖姓朴氏, 諱赫居世. 前漢孝宣帝五鳳元年甲子, 四月丙辰 一曰正月十五日.即位, 號居西干. 時年十三, 國號徐那伐. 先是, 朝鮮遺民分居山谷之間, 爲六村, 一曰閼川楊山村, 二曰突山高墟村, 三曰觜山珍支村 或云干珍村., 四曰茂山大樹村, 五曰金山加利, 六曰明活山高耶村, 是爲辰韓六部. 高墟村長蘇伐公, 望楊山麓, 蘿井傍林間, 有馬跪而嘶. 則往觀之, 忽不見馬, 只有大卵, 剖之, 有嬰兒出焉. 則收而養之, 及年十餘歲, 岐嶷然夙成. 六部人以其生神異, 推尊之, 至是立爲君焉. 辰人謂瓠爲朴, 以初大卵如瓠, 故以朴爲姓. 居西干辰言王 或云呼貴人之稱 …."

려(高句麗)를 건국했으며, 인간으로서 고씨(高氏)의 시조가 되었다.[332]

이 같은 난생신화(卵生神話)는 세속의 때가 잔뜩 묻은 기록이다. 보다 신비성을 더하여 "큼직한 닭알만 한 기운이 하늘에서 내려와서 인간의 몸속으로 들어가서 임신을 하게 하여 세상에 태어나게 했다(有氣如大鷄子, 天來降感, 故有娠而降生)." 표현하기도 했다. 중국정사(中國正史)인 북사(北史)의 기록은 옮기면, 백제는 그 선대가 대체로 마한과 같은 종족으로 색리국(索離國)에서 나왔다.

옛 선인(遊牧民)들은 하늘이 인간에게 생명을 내려보낼 때는 새들을 통해 내려보낸다고 믿었다. 대표적으로 i) 솟대(일본에서 도리)에 새들이 하늘의 뜻에 따라 생명(靈魂)을 내리고 새로운 생명(영혼)을 거두어 하늘로 갖고 간다고 믿었다. ii) 네팔 등지 산악 지역에서는 검 독수리(golden eagle)에게 시신(屍身)을 도끼로 토막 내어 던져줌으로써 하늘에 영혼을 갖고 반납하는 조장(鳥葬, bird funeral)을 한다. iii) 한반도에서는 고대 천문학과 연계해서 북두칠성 자미원(北斗七星 紫微垣)에 있는 '하늘닭(天鷄, heaven hen)'이 하늘의 뜻에 따라 알을 지상에 낳아서 국왕을 강생(降生)시킨다고 믿었다. iv) 심지어 하늘이 풍년을 지상에 내리는데 빗물방울(雨滴, rain-

---

332　北史, 東夷列傳, 高句麗傳: "高句麗, 其先出夫餘, 王嘗得河伯女, 因閉於室內, 爲日所照, 引身避之, 日影又逐, 旣而有孕, 生一卵, 大如五升. 夫餘王棄之與犬, 犬不食; 與豕, 豕不食; 棄於路, 牛馬避之; 棄於野, 衆鳥以毛茹之. 王剖之不能破, 遂還其母. 母以物裹置暖處, 有一男破而出. 及長, 字之曰朱蒙. 其俗言 「朱蒙」 者, 善射也. 夫餘人以朱蒙非人所生, 請除之. 王不聽, 命之養馬. 朱蒙私試, 知有善惡, 駿者減食令瘦, 駑者善養令肥. 夫餘王以肥者自乘, 以瘦者給朱蒙. 後狩于田, 以朱蒙善射, 給之一矢. 朱蒙雖一矢, 殪獸甚多. 夫餘之臣, 又謀殺之, 其母以告朱蒙, 朱蒙乃與焉違等二人東南走.中道遇一大水, 欲濟無梁. 夫餘人追之甚急, 朱蒙告水曰: 「我是日子, 河伯外孫, 今追兵垂及, 如何得濟?」 於是魚鼈爲之成橋, 朱蒙得度. 魚鼈乃解, 追騎不度. 朱蒙遂至普述水, 遇見三人, 一著麻衣, 一著衲衣, 一著水藻衣, 與朱蒙至紇升骨城, 遂居焉. 號曰高句麗, 因以高爲氏. 其在夫餘妻懷孕, 朱蒙逃後, 生子始閭諧. 及長, 知朱蒙爲國王, 卽與母亡歸之. 名曰閭達, 委之國事. 朱蒙死, 子如栗立."

drop)이라는 '풍년 알(豊年卵, good harvest eggs)'을 내려서 가뭄을 다스린다고 믿었다.

그런데 금관가야(金官伽倻) 김수로왕(金首露王)의 난생신화(卵生神話)는 '검붉은색 새끼줄(紫繩)'에다가 '황금 상자(金盒)'를 달아서 하늘에서 내려보냈는데(唯紫繩自天垂而着地, 尋繩之下, 乃見紅幅裏金合子), 마치 오늘날 표현으로 '붉은색 리본으로 묶은 선물상자(red-ribbon-tied gift box)'로 하늘의 뜻을 땅에다가 전달했다. 내용물은 "태양처럼 둥글고 빛나는 황금 알 6개가 있었다(有黃金卵六圓如日者)."라는 표현은 많은 상징성과 신비성을 담았다. 하늘의 뜻은 '홍익인간(弘益人間, for the common good of all mankind)'혹은 '광명이세(光明理世, ruleing the world with fairness)'였다. 물론 관점에 따라 불교적 윤색(佛敎的 潤色)이 있었다. 또한 천손강림(天孫降臨)을 강조하기 위한 미화도 있었다.

신라가 강성한 원인(渡來人 吸入力)과 가야국에 부용(附庸)한 사유

중국 대륙(中國大陸)에서는 춘추전국(春秋戰國) 시대의 열국들을 B.C. 230년경 진시황(秦始皇)이 중원을 통일하기 위한 만리장성 등과 같은 국가적 대형 토목 공사에 시도 때도 없이 동원되는 공역을 피해 한반도 삼한으로 대거 흘러들어 왔다. 이들은 B.C. 220년경 공검지(恭儉池) 등의 농경용 저수지를 건설했다. B.C. 194년 연 나라 위만(衛滿)의 고조선을 침략, B.C. 108년 한사군(漢四郡)의 설치, B.C. 8년 전한(前漢)에 이어 왕망(王莽)의 신(新)나라가 A.D. 22년에 멸망했다. 이들 황실 혹은 호족(豪族)들은 죽음을 피해 한반도 땅으로 건너왔다. 이전에 A.D. 20년 고구려 대무신왕(大

武神王) 3년에 동부여(東扶餘)를 정벌했다. 이때 소호 김천씨(少昊金天氏)의 후손들이 망국 유민(亡國流民)으로 한반도 남쪽으로 내려왔다.[333] 이들은 1956년 대구시 비산동(飛山洞) 선사 시대 유적 발굴에서 부여식(扶餘式) 안테나형 동검(觸角式銅劍)을 발견함으로 달구벌(達句伐)까지 내려왔음이 밝혀졌다. 이곳에서 갈라져서 일파는 김해(金海)로 나머지 일파는 경주(慶州)로 다시 옮겨갔다. A.D. 42년 김수로왕(金首露王)은 구야국(狗倻國)을 A.D. 262년 신라 제13대 미추이사금(味鄒尼師今, 출생 미상 ~ 284)으로 등극해 김씨 왕국(金氏 王國)을 마련했다.

한편으로 B.C. 57년에 서라벌 6부 촌장이 박혁거세를 거서간(居西干)에 추대함으로써 건국되었다. 통치영토(疆域)는 사람들이 하루에 걸을 수 있는 백리강역으로 면적은 1,200㎢(20km×20km×3.14) 정도였다. 거주했던 민호(民戶)는 수천여 명의 백성들로 구성되었다. 그러나 어로기술(漁撈技術)을 앞세운 해상 세력(渡來人)이었던 석탈해 집단(昔脫解集團)이 A.D. 43년에 김수로왕에게 왕권 도전에서 실패했다. 그들은 서라벌로 들어와서 A.D. 57년에 제4대 탈해 이사금(脫解尼師今, 재위 57년 11월 ~ 80년 8월)으로 통치를 시작했다. 신라 제26대 진평왕(眞平王, 재위 579~632년) 이후에 줄곧 김씨 출신이 왕위에 올랐다. 기존 세력과의 갈등 없이 왕통을 받았다는 사실에 역사학자들에게 해결해야 할 수수께끼 하나를 남겨 놓았다.

김씨(金氏)의 신라 유입(도래)에 대해서는 중국 정사『수서(隋書, 622년 편찬)』혹은『북사(北史, 659년 편찬)』에서는 "신라 김씨(金氏)는 원래 한(漢)나

333　三國史記 卷第四十一. 列傳 第一　金庾信 (上): "<金庾信>, 王京人也. 十二世祖 <首露>, 不知何許人也. 以 <後漢> <建武> 十八年壬寅, 登 <龜峯>, 望 <駕洛> 九村, 遂至其地開國, 號曰 <加耶>, 後改爲 <金官國>. 其子孫相承, 至九世孫 <仇亥{仇充}> , 或云 <仇次休>, 於 <庾信> 爲曾祖. <羅> 人自謂 <少昊金天氏> 之後, 故姓 <金>. <庾信> 碑亦云: "<軒轅> 之裔, <少昊> 之胤."則 <南加耶> 始祖 <首露> 與 <新羅>, 同姓也."

라 때에 낙랑(樂浪)에 살았다, 그곳은 때로는 사라(斯羅)라고 했다(居漢時樂浪之地, 或稱斯羅). 그 나라의 왕은 본래 백제 사람이었다(其王本百濟人). 나중에 그들은 바다로부터 도망쳐 신라로 들어갔으며, 마침내 그 나라에서 왕이 되었다(自海逃入新羅, 遂王其國).[334] 왕통이 전해져 김진평에 이르렀다(傳祚至金眞平, 594년)."라고 기술되어 있다. 북방(北方) 낙랑지역의 김씨 세력(金氏)이 한반도로 유입해서 백제를 거쳐 신라로 귀화(歸化)하여 정착했다.

또 다른 일설(一說)에서는 위(魏)나라 장수 관구검(毌丘儉)이 A.D. 246(東川王 20)년 가을 8월에 고구려(高句麗)를 토벌해 격파했는데, 동천왕(東川王)은 옥저(沃沮)로 도망쳤다가[335] 그 뒤에 다시 고국으로 돌아갔는데, 이때 남아 있었던 자들이 마침내 신라(新羅)를 세웠다고 한다. 그 나라의 왕은 본래 백제인(百濟人)이었으나 바다로 도망쳐 신라로 도래(渡來)하여 그 나라의 국왕이 되었다. 당초에는 백제(百濟)에 부용(附庸)했다가 백제가 고구려를 정벌하자 신라에 귀화하니, 신라는 강성했다. 이런 연유로 백제를 습격하였고[336], 가라국(迦羅國)을 부용국(附庸國)으로 삼았다.[337]

334 隋書卷八十一 東夷列傳第四十六: "新羅新羅國, 在高麗東南, 居漢時樂浪之地, 或稱斯羅. 魏將毌丘儉討高麗, 破之, 奔沃沮. 其後復歸故國, 留遂爲新羅焉. 故其人雜有華夏·高麗·百濟之屬, 兼有沃沮·不耐·韓·獩之地. 其王本百濟人. 自海逃入新羅, 遂王其國.

335 三國史記 卷第十七, 高句麗本紀第五, <東川王>: "二十年秋八月, <魏>遣<幽州>刺史<毌丘儉>, 將萬人, 出<玄菟>來侵. 王將步騎二萬人, 逆戰於<沸流水>上, 敗之, 斬首三千餘級. 又引兵再戰於<梁貊>之谷, 又敗之, 斬獲三千餘人. 王謂諸將曰: 「<魏>之大兵, 反不如我之小兵. <毌丘儉>者<魏>之名將, 今日命在我掌握之中乎.」 乃領鐵騎五千, 進而擊之. <儉>爲方陣, 決死而戰, 我軍大潰, 死者一萬八千餘人. 王以一千餘騎, 奔<鴨淥原>."

336 隋書, 東夷列傳, 新羅傳: "傳祚至金眞平, 開皇十四年, 遣使貢方物. 高祖拜眞平爲上開府·樂浪郡公·新羅王. 其先附庸於百濟, 後因百濟征高麗, 高麗人不堪戎役, 相率歸之, 遂致強盛, 因襲百濟附庸於迦羅國 …."

337 北史, 列傳, 新羅傳: "或稱魏將毌丘儉, 討高麗破之, 奔沃沮, 其後復歸故國, 有留者, 遂爲新羅, 亦曰斯盧. 其人雜有華夏·高麗·百濟之屬, 其人雜有華夏高麗百濟之屬. 諸本 雜 訛作

제철 용융 기술로도 연맹체를 녹여 규합하지 못하고 소멸했다

『삼국사(三國史)』혹은『삼국유사(三國遺事)』에 기록된 역사 기록에서 가야와 관련된 사건을 중심으로 타임라인(time line)을 그려본다면, A.D. 42년에 6 가야국이 연맹체로 3월 15일 왕위 등극을 동시에 추진했다. A.D. 43년 석탈해가 건국되어 기틀도 잡히지 않는 구야국(금관가야) 김수로왕을 찾아가서 왕권에 도전을 시도했다가 실패했다. A.D. 48년에 궁성을 완비하고 허황옥을 왕비로 받아들이게 되었다. A.D. 57년에 14년 전에 김수로왕에게 왕권 쟁취에 실패했던 석탈해는 신라 제4대 석탈해이사금(昔脫解尼師今, 재위 A.D. 57~ A.D. 80)으로 등극하였다. A.D. 77년에 신라는 가야의 황산나루(黃山津)를 침공하여 물금철산(勿禁鐵山)의 제철권을 장악하고자 했으나 실패했다. 제5대 파사이사금(婆娑尼師今, 재위 A.D. 80 ~ A.D. 112)이 들어선 뒤 A.D. 96년 신라가 가야 남경을 침공하였다. A.D. 102(婆娑尼師今 23)년 음집벌국(音汁伐國, 今安康)과 실직곡국(悉直谷國, 今三陟)이란 소국 간에 분쟁을 해결하지 못하다가 김수로왕에게 심판을 요청했다. 수로왕은 화친 차원을 넘어 제철기술 부용관계(製鐵技術附庸關係)까지 이어졌다. 신라는 이를 계기로 A.D. 108년에는 한반도가 가뭄으로 시달리고 있을 때 다벌국(多伐國, 達句伐), 비지국(比只國, 昌寧) 및 초팔국(草八國, 陝川草溪) 3국을 병합했다. A.D. 115년 신라는 가야 황산강(오늘날 洛東江)을 전선으로 전투를 전개했으나 대패했다.

용광로(鎔鑛爐)에서 각종 잡철(各種 雜鐵)을 용융시키듯이(like melting

辯, 據隋書卷八一新羅傳改. 兼有沃沮·不耐·韓·濊之地. 其王本百濟人, 自海逃入新羅, 遂王其國. 初附庸于百濟, 百濟征高麗, 不堪戎役, 後相率歸之, 遂致强盛. 因襲百濟, 附庸於迦羅國焉."

miscellaneous iron in a blast furnace) 가야 연맹체(伽耶聯盟體, Gaya Con-federacy)를 만들었던 금관가야에 대해 연맹체 내에서 i) 남해 해상권, 혹은 ii) 내륙 진출로 등에 국익상 상호 갈등을 녹이지 못해 결국 A.D. 209년에 소가야를 중심으로 포상팔국 반란이 발생했다. 금관가야를 공격하자 신라 구원병을 받아 진압했다. A.D. 212년에는 신라지원을 받아 금관가야 연합군은 갈화성(竭火城)에서 소가야(小伽倻)를 격파했다. 이를 계기로 가야 연맹체(Gaya Confederacy)는 남북으로 갈라지는 계기가 되었다. A.D. 297년 신라는 청도 이서국(伊西國)을 정벌하여 진한(辰韓)을 통일했다. A.D. 313년 고구려는 낙랑군을 한반도에서 축출했다. A.D. 400년 고구려는 금관가야를 격파하는 남방 정벌(南邦征伐)로 추진함에 따라 전기가야 연맹(前期伽倻聯盟, Early Gaya League)은 해체되었다.

가야 연맹체(伽耶聯盟體, Gaya Confederacy)가 사라짐에 따라 각자도 생(各自圖生)의 길을 걸어야 햇다. A.D. 458년에 가야는 불교를 수용했다. A.D. 479년에 대가야(大伽倻)는 남제(南齊)에 사신을 보냈다. 가야는 섬진 강 일대를 확보했다. A.D. 513년 백제는 대가야의 기문(己汶)과 대사(滯沙)를 점령했다. A.D. 522년에 대가야(大伽倻) 이뇌왕(異腦王)은 신라 공주와 혼인을 요청해 정략혼(政略婚)으로 군사 동맹을 맺었다. A.D. 529년 신라와 대가야의 혼인 동맹(婚姻同盟, marriage alliance)은 파기되었다.

한편으로 갈등의 역학 관계를 풀고자 안라국(安羅國)에서 가야 부흥을 위한 국제 회의를 개최했다. 사실 '안라고당회의(安羅高堂會議)'[338]는 신라,

---

338 Konfederasi Gaya, Universitas Sains Dan Teknologi Komputer(2k.stekom. ac.id/ensiklopedia), 2023: "Gaya adalah nama dari sebuah konfederasi yang berlokasi di lembah Sungai Nakdong di Korea bagian selatan, [1] yang berkembang dari Konfederasi Byeonhan dari periode Samhan. Periode tradisional yang digunakan para sejarawan untuk rentang waktu sejarah gaya adalah tahun 42

백제, 가야 및 왜가 참여했던 국제 회의였다.[339] 그 회의에 대해『일본서기 (日本書紀)』에도 기록이 남아 있다. A.D. 532년에 신라는 금관가야국(金官 伽倻)을 복속시켰다. A.D. 541년 4월 백제와 아라가야(阿羅伽倻)의 제1차 사비회의(泗沘會議)[340]를 개최했다.[341] A.D. 544년 11월에 제2차 사비회의 (泗沘會議)[342]를 개최했으나 무산되었다.[343]

- 532 Masehi. Berdasarkan bukti arkeologis dari abad ke-3 sampai abad ke-4, diketahui Gaya berkembang dari gabungan beberapa kota bertembok Byeonhan. Selanjutnya Gaya diserap ke dalam kerajaan Silla, salah satu dari Tiga Kerajaan Korea. Sisa-sisa dari kebudayaan Gaya yang tersisa hanyalah komplek-komplek pemakaman yang berisikan benda-benda persembahan yang sudah diekskavasi oleh para arkeolog. Beberapa makam besar yang berasal dari akhir abad ke-3 sampai abad ke-4 seperti makam Daeseong-dong di Gimhae dan Bokcheon-dong di Busan diketahui sebagai makam dari anggota kerajaan Gaya."

339 '安羅高堂會議'의 성격과 安羅國의 위상(The Nature of 'Anragodang Conference(安 羅高堂會議)' and the Position of AnraGuk(安羅國), The Journal of Korean history, 2004 no. 14, 2004년, pp. 7~39: "In 529 A.D., An international conference was hold in AnraGuk, one among Gaya Kingdoms which was located in Haman(咸安) in these days, according to Nihonshogi(日本書紀). The purpose of conference was to reconstruct the south kingdoms of Gaya, the Nakara(南加羅) and Takgitan(喙己呑), etc. which had been …."

340 제1차 사비회의 참석국의 구성원: 백제: 성왕 외 다수. 안라국: 하한기(下旱岐) 이탄해(夷 呑奚), 대불손(大不孫), 구취유리(久取柔利) 외 다수. 반파국: 상수위(上首位) 고전해(古殿奚) 외 다수. 졸마국: 한기(旱岐) 외 다수. 산반하국: 한기(旱岐)의 아들 외 다수. 다라국: 하한기(下旱岐) 이타(夷他) 외 다수. 사이기국: 한기(旱岐)의 아들 외 다수. 자타국: 한기(旱岐) 외 다수. 안라왜신 관: 키비노 오미(吉備臣) 외 다수.

341 日本書紀, 欽命天王條: "夫建任那者, 爰在大王之意. 祇承敎旨. 誰敢間言. 然任那境接 新羅. 恐致卓淳等禍. 【等謂喙己呑·加羅. 言卓淳等國, 有敗亡之禍.】

342 제2차 사비회의 참석국의 구성원: 백제: 성왕 외 다수. 안라국: 하한기(下旱岐) 대불손(大 不孫), 구취유리(久取柔利) 외 다수. 반파국: 상수위(上首位) 고전해(古殿奚) 외 다수. 졸마국: 군 (君) 외 다수. 산반하국: 군(君)의 아들 외 다수. 다라국: 이수위(二首位) 흘건지(訖乾智) 외 다수. 사이기국: 군(君) 외 다수. 자타국: 한기(旱岐) 외 다수. 고자국: 한기(旱岐) 외 다수. 안라왜신관: 키비노 오미(吉備臣) 외 다수.

343 사비회의(泗沘會議), 나무위키: "541년 4월과 544년 11월, 2차례에 걸쳐 열린 백제와 가 야의 국가 회담으로 안라 회의 이후 1차 사비회의, 2차 사비회의 순으로 백제 - 가야 - 신라의 신 경전이 펼쳐졌다. 국내 사서인 『삼국사기』 등에는 기록되지 않았으며 『일본서기』 〈흠명

칼을 내려놓고 악수를 해왔던 손으로 다시금 창과 칼을 잡았다. 즉 A.D. 548년 독성산성(禿城山城) 전투가 발발되었다. 고구려와 아라가야의 밀통이 발각되어 쇠퇴의 길을 걸었다. A.D. 554년 백제(百濟)와 대가야(大伽倻)는 신라 관산성(管山城)을 공략했으나 대패하였다. 백제 성왕(聖王)이 이 전투에서 전사(戰死)하는 결과를 초래했다. A.D. 561년 신라는 아라가야(阿羅伽倻)를 복속시켰다. A.D. 562년에는 대가야(大伽倻)까지를 복속시킴으로써 가야국은 한반도에서 소멸했다.

역사가들은 제철 왕국 가야 연맹체(製鐵王國 伽倻聯盟體)가 결국은 연맹체 자체를 용융시켜서 신라처럼 제국으로 거듭나지 못했다고 평가한다. 심하게는 융합은커녕 오히려 분열(分裂)과 각자도생(各自圖生)으로 한반도에서 사라졌다. 이에 반해 신라는 황금을 용융시켜서 황금 제국(黃金帝國, golden empire)으로 거듭났다. 드디어 삼한일통(三韓一統)의 꿈까지 이룩하였다.

기〉 2년(541년) 4월조와 5년(544년) 11월조에만 아래의 내용이 적혀져 있다. 다만 이 기록에서도 『일본서기』 특유의 윤색과 왜곡이 어느 정도 적용되었다는 점은 유의하여야 한다. 이를 두고 '임나 부흥회의'나 '임나 재건 회의' 또는 '임나 복건 회의' 등으로 부르기도 하지만, 가치 중립적으로 '사비회의'라고 적는 경우가 많다. '임나(任那)'는 가야 일대를 부르는 말로, 현재 우리가 쓰는 '가야 연맹'이라는 용어와 비슷한 용도로 쓰였으며 그 중 지도국인 안라국을 지칭하기도 했다. 이하에 쓰이는 가야 연맹은 임나와 같은 의미로 쓰인 것이다."

4.
사람이 일을 도모하지만
성사는 하늘이 한다(謀事在人, 成事在天)

신라는 '가야 연맹 건국의 황산강 물길'을
'삼한일통의 낙동강 물길로'

B.C. 108년 위만의 고조선 멸망으로 망국 유입이 한반도 동단 이곳에 까지 유입하여 청동기 토착 세력으로 정착했다. 육부촌장 체제(六部村長體制)로 부족 국가를 이끌어왔다. B.C. 57년 알천 양산 촌장(閼川 楊山村長)을 중심으로 육부 촌장은 박혁거세(朴赫居世)를 거서간(居西干)으로 추대했다. 그날은 4월 15일[344]에 남천(南川), 알천(閼川)[345], 남산(南山)을 중심

---

[344] 나무위키, 신라 건국일: 갑자년(기원전 57년) 음력 4월 병진일 또는 1월 15일. 『삼국사기』에 의하면 신라의 건국을 기원전 57년으로 전하고 있으며, 『삼국유사』 역시 동일한 사실을 전하고 있다. 그러나 『삼국사기』 「신라본기」의 3세기 이전 기사는 연대의 신빙성이 의심받고 있는 상태이기에 기원전 57년이 실제 건국 연도인지에 대해서도 논란이 있다.

[345] 나무위키, 알천양산촌(閼川楊山村): 신라 건국기의 씨족집단. 신라 건국기의 씨족집단. 초기 사로육촌(斯盧六村) 중의 하나이다. 『삼국사기』에 의하면, 고조선의 유민이 경주에 정착하

으로 하는 백리강역(면적 1,200㎢ 정도)에 수천백성(數千百姓)의 사로소국(斯盧小國)을 건국하였다. 뒤이어 A.D. 242년 후한의 관구검(毌丘儉)이 고구려 환도성이 함락됨에 따른 망국 유민으로 귀화하여 진평왕(眞平王) 등의 신라 왕족(新羅王族)으로 대두되었다. 사로국(斯盧國)은 한반도 동단소국(韓半島 東端小國)으로 시작하였으나 '새우잠 고래꿈(蝦睡鯨夢, shrimp sleep whale dream')을 버리지 않았다. 결국은 삼한일통(三韓一統, One Unification of Three Koreas)을 꿈꾸는 '신라 천년(新羅千年)'이란 마스터플랜(masterplan)을 마련해 추진했다. 비록 소국으로 출발했지만 '누에가 거대한 뽕잎을 먹어치우듯이(蠶吃桑葉, silkworm's eating mulberry leaves)' 삼한 54개 소국을 하나씩 병탄시켰다.

잠취상엽(蠶吃桑葉)은 "천년 사직을 새롭게 펼친다(新羅千年, New Development of 1000-Yrs Empire)."의 일부 강역 확장 전략(疆域擴張戰略)에 지나지 않았다. 전략의 핵심 과정을 요약하면, i) 형산강(兄山江)과 금호강(琴湖江) 수변 소국을 병탄한다. ii) 금호강 물길로 황산강(黃山江)이란 가야 연맹체(Gaya Confederacy) 건국 물길에 허리 부분을 잘라낸다. iii) 황산강(오늘날 洛東江)의 낙동진(洛東津, 沙伐國)에 백제 정벌 병참기지(百濟征伐兵站基地)를 건설한다. iv) 고녕가야를 병탄함으로써 고구려 방어 기지(高句麗防禦基地)를 구축한다. v) 금관가야 및 대가야 공략을 하기로 계략을 세웠다. 한마디로 가야 연맹체의 건국 물길(일명 건국의 고속도로)이었던 황산강(黃山江)을 삼한일통 정벌의 물길로 역이용했다.

전초작업(前哨作業)으로 형산강변 국가와 금호강 국가를 병탄하기로 했다. 즉 A.D. 102년 파사이사금(婆娑尼師今)은 음즙벌국(音汁伐國, 오늘날

여 구성하였다고 하는데, 남천(南川) 이남, 남산(南山) 서북 일대에 위치하였다.

安康)과 실직곡국(悉直谷國, 오늘날 三陟)이 양국 간에 국경 문제로 다툼하는 걸 '손 안 대고 코 풀기(blowing ones nose without touching)'로 김수로왕(金首露王)을 국제 재판관으로 판결을 요청했다. 신라 국왕이 아닌 김수로왕의 판결을 따르지 않는다고 두 나라를 협박하였다. 두 나라는 신라에 투항했다. 이를 보고 있던 오늘날 경산에 압독국(押督國)도 겁을 먹고 투항했다. 그럼에도 저항의 낌새가 있어 보여 A.D. 106년에는 아예 싹을 잘라버리고자 병탄했다. A.D. 108년 홍수 등 천재지변으로 식량 기근이 가중되어 전국 10 도(道)에 진휼미(賑恤米)를 풀었다. 그럼에도 불구하고 민심이 진정되지 않았다. 신라 국왕은 이때를 틈타 '내란을 잠재우고자(to quell the civil war)' '금호강 강역병탄(琴湖江 疆域倂呑)' 작업에 들어갔다. 도미노 게임(domino game)처럼 비지국(比只國, 安康), 다벌국(多伐國, 達句伐 오늘날 大邱) 그리고 초팔국(草八國, 오늘날 陜川 草溪面)을 하나씩 정벌했다. 이로 인하여 가야 연맹체의 건국 물길(낙동강)의 허리(脊椎)에다가 비수 꽂는 작업이 완수되었다. 그렇게 하여 '가야 연맹체의 허리(the waist of the Gaya Leagu)'를 두 동강 내었다.

　B.C. 300년에 로마 제국(Roma Empire)은 i) 신속한 군단 병력의 이동, ii) 병참과 물류의 원활한 보급, iii) 정복한 민족과 교역 및 통행을 통해 하나의 로마 제국을 건설했다. 이런 제국 통일을 위한 수단으로 '로마 가도(이탈리아어 Viae Romanae, 영어 Roman Roads)346' 혹은 '아피아 가도(Via Appia)'

346　Wikipedia, Roman roads: "The Roman Empire in the time of Hadrian (r. 117~138), showing the network of main Roman roads. Roman roads(Latin: viae Romanae[wiae̯ ro ma nae̯]; singular: via Romana[wia ro ma na]; meaning 'Roman way') were physical infrastructure vital to the maintenance and development of the Roman state, and were built from about 300 B.C. through the expansion and consolidation of the Roman Republic and the Roman Empire. They provided efficient means for the overland movement of armies, officials, civilians, inland

를 건설했다. 군단 앞에 반드시 곡괭이 부대(건설공병대)가 동원되었다. 육지의 길에는 반드시 동절기 진흙탕, 우수기에 도로 유실 등의 문제가 빈발하기에 반드시 군사 전용도로를 포장해야 했다. 이를 동양에서 벤치마킹했던 분은 B.C. 221년 진시황(秦始皇)이었다. 그는 중원통일(中原統一)을 위해 신속한 병참 보급을 하고자 나무로 오늘날 철로와 같이 고속도로를 만들었다. 나무 레일(wooden rail) 위에 말이 달리는 목침고속마로(木枕高速馬路, wood-railed horse highway)였다. 그렇게 하지 않았다면 오늘날 우크라이나를 침공하는 러시아 전차가 꼼짝달싹도 못 하는 '진흙 장군(泥土將軍, Rasputitsa)'에게 발목을 달쌉 잡힌 꼴을 당했을 것이다. 왜냐하면, 러시아는 '동장군(冬將軍, General Frost)'처럼 흉노족의 초원의 혹한이 기다리고 있었기 때문이었다.

이를 충분히 간파한 신라의 전략팀은 가야 연맹체(Gaya Confederacy)가 황산강을 '건국의 고속도로(highway of founing states)'사용했다는 사실을 역이용해 진시황(秦始皇)의 나무기찻길(wooden rail way)을 대신하는 '삼한일통의 물길(Waterway of Three Koreas & One Unity)'로 만들었다. 병참 보급로를 위해 i) 사벌국과 화친을 통한 낙동진(洛東津)을 백제 정복의 병참 기지(兵站基地, logistics base)로 구축했다. ii) 고녕가야를 회유하여 철제 무기 및 군량비의 보급기지(補給基地, supply base)로 확보했다. iii)

---

carriage of official communications, and trade goods. Roman roads were of several kinds, ranging from small local roads to broad, long-distance highways built to connect cities, major towns and military bases. These major roads were often stone-paved and metaled, cambered for drainage, and were flanked by footpaths, bridleways and drainage ditches. They were laid along accurately surveyed courses, and some were cut through hills, or conducted over rivers and ravines on bridgework. Sections could be supported over marshy ground on rafted or piled foundations."

백제 정복을 위한 화령재(化寧峙, 320m/sl)를 서정벌로(西征伐路)와 고구려 방어(정복)를 위한 계립령(鷄立嶺, 489m/sl)의 북정벌로(北征伐路)로 개척했다. iv) 낙동진 병참기지 및 오늘날 안계에다가 아시촌 소경 보급 기지를 설치해 소국 병합 전략에 돌입했다.

낙동진(洛東津)은 A.D. 63년 철제무기 교역, 황산강에 최대 해산물 집산지, 소금 창고(조선 시대 단밀면 쪽에 집산)가 집결되었다. 낙동진(洛東津)을 신라는 병참 기지로 만들고자, 사벌국(沙伐國)을 다양한 방안으로 접근하여 군사적 통제하에 두었다. 사실 최근 선사 시대의 출토 유물을 통해서 볼 때 사벌국(沙伐國)은 B.C. 2세기에 이미 청동기 문화(沙伐國)가 발달되었다. 황산강(낙동강)의 풍부한 해산물 집산지로 강력한 정치 세력이 자리 잡고 있었다.[347] 신라는 병참 기지화를 위해서 A.D. 152년경에는 오늘날 낙동면 - 내서면 – 화서면 - 화북면으로 화령재(達匕 ▷ 沓(畓)達匕 ▷ 化寧)를 넘어 충북 보은으로 가는 백제 정벌로를 마련했다. 이어 A.D. 156년 낙동진(洛東津)에서 계립령(鷄立嶺)을 넘어 충북 청풍(忠北 淸風)으로 고구려 정벌로를 개척했다. A.D. 158년에 오늘날 영주시 풍기면(豐基面)에서 죽령(竹嶺, 689m/sl)을 넘어 충북 단양(忠北 丹陽)으로 고구려 정벌로까지 확보했다.

---

347 사벌국(沙伐國), 사량벌국(沙梁伐國), 위키 백과사전: "상주 지역은 기원전 2세기~기원 전후 시기에 속하는 청동유물이 다수 출토되는 대표적인 지역 가운데 하나이므로, 일찍부터 독자적인 정치 세력을 형성한 것으로 추정된다."

황산강(洛東江)의 북진로 확보의 소국병탄작전(小國倂呑作戰)

신라가 낙동진 병참기지(洛東津 兵站基地)를 확고하게 정착시키기 위해 주변 소국이 침탈할 위험성을 완전히 제거하기 시작했다. 주변 소국이 소리소문없이 하나씩 사라지게 하는 전략이었다. A.D. 185년에 오늘날 의성군에 있었던 소문국(召文國)을 병합했다. A.D. 231년 오늘날 김천에 있었던 감문국(甘文國)을 병탄시켰다. 이를 통해 백제와 협공전(挾攻戰, pincer battle)을 할 위험성 소지를 사전에 제거했다.[348] 신라에 부용(附庸, 傾斜)하기 전에 사벌국에서는 손익 저울질을 해야 했다. 신라의 간섭으로 막히는 일이 많아지기 때문이다. 피해당하는 사례가 늘어나자 일부 내부 세력(內部勢力)에서는 신라의 적대국인 백제로 쏠리는 낌새가 있었다. 이를 신라에서 호시탐탐 눈여겨봤다. 백제에 부용한다는 병탄의 꼬투리(a pod to be annexed)를 잡았다. 이참에 한 인물이 백제에 귀순(歸順)하자 이를 빌리로 A.D. 249년에 석우로(昔于老)와 군사를 급파하여 토벌하고 말았다. 사벌국의 '사벌소경(沙伐小京)'이라는 예우보다 사벌주(沙伐州)라는 토벌국 통치 행정 기구를 설치했다.[349]

그런데 전기 가야 연맹에서 최북단에 외톨박이로 있으면서도 '웅주거목(雄州巨牧)' 오늘날 용어로는 '황금알을 낳는 거위(The Goose That Laid

---

348　金富軾, 三國史記, 卷第四十五, 列傳第五 昔于老: "<昔于老>, <奈解>尼師今之子. (或云角于<水老>之子也.) <助賁王> 二年七月, 以伊湌爲大將軍, 出討 <甘文國> 破之, 以其地爲郡縣."

349　a. 金富軾, 三國史記, 卷第四十五, 列傳第五 昔于老: "<沾解王> 在位, <沙梁伐國> 舊屬我, 忽背而歸 <百濟>, <于老> 將兵往討滅之." / b. 석우로(昔于老): 첨해왕 재위원년에 사벌국이 반란을 일으키자 석우로를 파견해 이를 평정하고 사벌국을 폐지해 사벌주를 설치하였다. 이는 신라 역사상 첫 주(州)의 설치 사례이다. 재위 이듬해인 248년 고구려와 화친하였다. 249년에는 서불한 석우로의 실언으로 왜가 쳐들어와 우로를 죽였다.

the Golden Eggs)' 역할을 하고 있었던 고녕가야가 있었다. 특히 공검지(恭儉池)를 중심으로 오늘날 함창평야(咸昌平野)라는 곡창이었다. 또한, 옆에는 영강(潁江) 및 내성천의 용주벌 등의 '비옥한 초승달(fertile crescent)'에서 산출된 양곡은 신라 변방의 군량미 보급기지(軍糧米補給基地)로 최적지였다. 삼한일통의 대업을 위해서는 반드시 마련되어야 병참기지였다. 이곳 고녕가야에서 당시 첨단 철제 무기를 확보하지 못한다면 고구려 방어에선 '속 빈 강정(doughnut)'이 될 수밖에 없었다. 그래서 결국은 오늘날 용어로는 '빨대 꽂기(inserting straws)' 혹은 '뿌리 도려 고사시키기(Cutting out the roots and withering)' 작전에 돌입했다.

A.D. 42년 3월 15일에 금관가야국과 같이 6가야 연맹체로 고녕가야가 건국되었다. 주변 소국들이 신라에 병탄되는 모습을 보면서 언젠가 정벌을 당한다는 우려가 염두(念頭)에서 떠나지 않았다. 고녕가야 정벌의 낌새만으로 청야산성전(清野山城戰)에 들어갈 때는 군량미 병참기지를 상실할까 우려했다. 최악의 경우는 농경지 초토화 작업에 들어감을 우려했다. 즉 오디세이(Odysey)에서 "정복지를 황폐화하기 위해서 농경지에 소금을 뿌려서 쟁기질을 해 수십 년간 농사가 되지 않는 황무지로 만들었다(In order to devastate the conquered lands, salt was sprinkled on agricultural land and plowed, turning it into a wasteland for decades)." 이를 군사 작전 용어로 '농경지 초토화(農耕地焦土化)'다. 정복당하는 나라 백성들이 정복자에게 최후로 저항하는 수단이었다.

신라(新羅)의 고녕가야 정복 계책은 『손자병법』에서 "농경지 초토화 계책을 못 쓰게 하는 것(上兵伐謀)."350이었다. A.D. 249년 석우로가 사벌국

---

350   『孫子兵法·謀攻篇』原文为: 故上兵伐谋, 其次伐交, 其次伐兵, 其下攻城. 攻城之法,

토벌함으로써 이웃에 있던 고녕가야(古寧伽倻)는 천붕지통(天崩之痛)을 겪었다. 요행스럽게도 왕계(王系)를 이어갔다. 사실 A.D. 249년에서 A.D. 254년까지 5년간은 국왕이면서도 신라가 어떻게 손을 볼지? 갖은 고민 속에 지옥처럼 하루하루를 살았다. 신라는 마치 "고양이가 쥐를 갖고 놀다가 잡아먹는다(猫玩後鼠食, A cat plays with a mouse and eats it)." 꼴을 보였다. 겁주는 방법은 주변 소국이 하나하나 소리소문없이 사라졌다. 따라서 고녕가야는 A.D. 42년에 건국하여 고로왕(古露王, 42~156), 마종왕(摩宗王, 156~220) 그리고 마지막 이현왕(利賢王, 220~254)으로 왕계는 끝을 내렸다. 그해는 A.D. 254년으로 한반도(韓半島)에서는 신라(新羅)는 첨해이사금(沾解尼師今) 8년이고, 고구려(高句麗)는 중천왕(中川王) 7년이고, 백제 고이왕(古爾王) 21년에 해당하였다.

첨해이사금(沾解尼師今) 8(A.D. 254)년에 『삼국사(三國史)』에서는 고녕가야의 병탄이라는 기록은 없다. 그해 삼국사의 기록은 하나도 없다. 뭔가를 감추었는지를 재위 7년째는 "초여름 4월에 궁궐 동쪽 연못에서 용이 나타났다. 금성 남쪽에 누워있던 버드나무가 저절로 일어났다, 5월에서 7월까지 2개월간 비가 하나도 오지 않았기에 국왕은 명산대천에 기우제를 지냈

为不得已. 修橹轒輼, 具器械, 三月而后成; 距闉, 又三月而后已。将不胜其忿而蚁附之, 杀士卒三分之一, 而城不拔者, 此攻之灾也。故善用兵者, 屈人之兵而非战也, 拔人之城而非攻也, 毁人之国而非久也, 必以全争于天下, 故兵不顿而利可全, 此谋攻之法也. 【注解】① 上兵伐谋: 上兵, 上乘用兵之法. 伐, 功劳, 活用作动词, 建功. 谋, 谋略. 伐谋, 凭谋略建功, 此句意为: 用兵的最高境界是用谋略战胜敌人, 达到不战而屈人之兵. ② 其次伐交: 交, 交合, 此处指外交. 伐交, 即进行外交斗争以争取主动. 当时的外交斗争, 主要表现为运用外交手段瓦解敌国的联盟, 扩大、巩固自己的盟国, 孤立敌人, 迫使其屈服。③ 修橹轒輼: 制造大盾和攻城的四轮大车. 修, 制作、建造. 橹, 藤革等制成的大盾牌. 轒輼, 攻城用的四轮大车, 用桃木制成, 外蒙生牛皮, 可以容纳兵士十余人. ④ 具器械: 具, 准备. 意为准备攻城用的各种器械. ⑤ 距闉: 距, 通 '具', 准备; 闉, 通 '堙', 土山. 为攻城做准备而堆积的土山. ⑥ 将不胜其忿而蚁附之: 胜, 克制、制服. 忿, 忿懑、恼怒. 蚁附之, 指驱使士兵像蚂蚁一般爬梯攻城.

04 고녕가야대관을 기반한 가야 연맹체의 타임라인

다. 끝내 비가 왔으나 기아가 심해 도적 때가 들끓었다(七年夏四月, 龍見宮東池. 金城南臥柳自起. 自五月至七月不雨, 禱祀始祖廟及名山, 乃雨. 年饑, 多盜賊)." 재위 9년째는 "가을 9월 백제가 침입해 왔다. 일벌찬(一伐湌) 익종(翊宗)을 보내서 괴곡(槐谷, 오늘날 槐山)의 서쪽에서 역전세(逆戰勢)로 돌려놓았다. 그는 적에게 죽음을 당했다. 겨울 10월에는 백제가 봉산성(烽山城)을 공격해 공략했으나 함락하지 못했다(九年秋九月, 百濟來侵. 一伐湌翊宗, 逆戰於槐谷西, 爲賊所殺. 冬十月, 百濟攻烽山城, 不下)."[351]라고 기록했다. 즉 비밀리 고녕가야의 거세작전(去勢作戰)을 벌였다. 그러나 발본색원하지는 못했다. 40년 뒤에 후환을 없애고자 고녕가야와 사벌주의 호족 80호를 솎아내어(剗除貴族) 사도성 성내 전략촌에다가 옮겨 감시 감독을 하게 하였다. 물론 왜구가 침입할 때는 화살받이로까지 내몰고자 했다.

이보다 자세하게 살펴보면, 유례이사금(儒禮尼師今, 284~298) 때 들어와서 A.D. 286년에 들어오자 1월에 백제에서 사신을 보내서 화친을 요청했다. 그런데 3월에 가뭄이 들어 민심이 흉흉한 한데 왜구(倭寇)가 습격하여 방화와 겁탈을 자행하며 1,000명을 전쟁 포로로 잡아갔다. 끝내 백제와 왜구가 신라를 방심시키고자 합작(新羅放心合作, collaboration that catches Silla off guard)으로 했다는 사실이 드러났다. 293년 9월에 왜구가 사도성(沙道城, 盈德東海岸)을 공격했으나 평정했다.

신라는 동해안의 왜구 방어를 고민한 나머지 '이이제이(以夷制夷, Useing

---

351 金富軾, 三國史記, 新羅本紀, 沾解尼師今: "二年, 春正月, 以伊湌長萱爲舒弗邯, 以參國政.二月, 遣使高句麗結和. 三年, 夏四月, 倭人殺舒弗邯于老. 秋七月, 作南堂於宮南, 〈南堂或云都堂.〉 以良夫爲伊湌. 五年, 春正月, 始聽政於南堂. 漢祇部人夫道者, 家貧無諂. 工算算, 著名於時. 王徵之爲阿湌, 委以物藏庫事務. 七年, 夏四月, 龍見宮東池. 金城南臥柳自起. 自五月至七月不雨, 禱祀始祖廟及名山, 乃雨. 年饑, 多盜賊. 九年, 秋九月, 百濟來侵. 一伐湌翊宗, 逆戰於槐谷西, 爲賊所殺. 冬十月, 百濟攻烽山城, 不下 …."

고녕가야(古寧伽倻)

barbarians to control barbarians)' 방안을 강구 했다. 오늘날 용어로 총알받이(bullet canister)로 쓸 소국(小國)을 물색하던 가운데 고녕가야의 '호족 솎아내기(剗除貴族, weeding out the nobles)'를 생각해 내었다. A.D. 294년 봄 2월에 영덕 동해안의 사도성(沙道城)을 개축(改築)했다. 곧바로 사벌국(沙伐州)과 고녕가야국의 호족 80호를 사도성으로 강제로 옮겨 사도성 전략촌(沙道城 戰略村) 안에서만 거주하게 했다(十年春二月, 改築沙道城, 移沙伐州豪民八十餘家).352 이렇게 사민 정책을 실시하여 그들을 고려 초에 괴시(槐市)마을로 이주하였다. 여말삼은(麗末三隱) 가운데 한 분인 목은(牧隱) 이색(李穡, 1328~1396)이 태어난 마을로 함창 김씨(咸昌金氏)가 터전을 잡았다.353 1630년대에 영양남씨(英陽南氏)가 입향해 오늘날 영양남씨(英陽南氏) 집성촌이 되었다.

---

352   金富軾, 三國史記 卷第二 新羅本紀 第二 <儒禮> 尼師今: "三年春正月, <百濟> 遣使請和. 三月, 旱. 四年夏四月, <倭> 人襲 <一禮部{郡}>, 縱火燒之, 虜人一千而去. 六年夏五月, 聞 <倭> 兵至, 理舟楫, 繕甲兵. 七年夏五月, 大水, 月城頹毁. 八年春正月, 拜 <末仇> 爲伊伐湌. <末仇> 忠貞有智略, 王常訪問政要. 九年夏六月, <倭> 兵攻陷<沙道城>, 命一吉湌 <大谷> 領兵救完之. 秋七月, 旱·蝗. 十年春二月, 改築 <沙道城>, 移 <沙伐州> 豪民八十餘家 …."

353   김영조, 『목은 이색의 고향 괴시리 전통마을』, 우리문화신문, 2013. 6. 9.: "이는 고려 말 대학자인 목은 이색(牧隱, 李穡: 1328~1396)의 졸기(卒記)로 『태조실록』 9권(1396년)에 있는 기록이다. 그는 경상북도 영덕 괴시마을에서 태어났다. 세상에 널리 알려지지 않은 이곳은 고색창연한 기와집이 즐비한 곳으로 영양 남씨 집성촌이다. 괴시리의 다른 이름은 호지촌(濠池村)인데 그런 만큼 주변에는 동해로 흘러드는 송천(松川) 주위에 늪이 많다. 목은 선생은 뛰어난 문장가로 원나라에서 이름을 떨쳤으며 고국으로 돌아오는 길에 들른 중국 구양박사방(歐陽博士坊)이란 마을이 호지촌과 풍경이 비슷하다 하여 그 이름을 따 괴시마을(槐市)로 부르기 시작했다."

5.

죽음의 눈물고개를 넘고 넘어
고녕, 김해, 그리고 사도성까지

가슴에 고향 이름만을 안고 망국 유랑민(亡國 流浪民)으로

가야 건국 세력은 가락국기(駕洛國記)에서 기록된 '북천강신(北天降神)' 설화를 봐서는 중국 대륙에서 내려온 i) B.C. 8년 전한과 A.D. 23년에 멸망했던 신(新) 나라의 황실 일족 즉 김일제(金日磾)의 후손으로 봤다. ii) 1956년 대구시 비산동에서 출토된 안테나식 동검으로 봐서 A.D. 20년 고구려 대무신왕 3년에 멸망한 동부여의 소호 김천씨(少昊金天氏)의 후손들이 남하하여 대구에서 김해와 경주로 양분하여 건국했다고 봤다. iii) 신라 김씨는 A.D. 242년 후한의 관구검(毌丘儉)이 고구려 환도성이 함락됨에 따른 피란(망명)유민으로 귀화했다. 여기서 공통성은 망국 유민이 도래하여 망국의 슬픔을 잊고자 건국 드라마를 전개했다는 사실이다.

동서고금(東西古今)을 막론하고 유랑 민족의 공통점은 자신들이 살았던 고향 이름을 갖고 다닌다는 것이다. 새로 개척한 도시에 고향 이름을 붙이거나, 자신과 후손들의 성씨(姓氏)로 혹은 성씨의 관향(貫鄕)으로 붙인다. 심지어 민족성을 상징하는 전설(傳說)과 세시풍속(歲時風俗)을 준수한다. 고녕가야(古寧伽倻)를 연구하기에는 관련 함창 김씨(咸昌 金氏)의 족보와 세족들의 집성촌(集姓村)을 연구해야 역사적 퍼즐을 짜 맞춰갈 수 있다.

함창 김씨(咸昌 金氏)는 고녕가야(古寧伽倻)의 도읍지 고녕(古寧)의 오늘날 함창(咸昌)으로 관향을 쓴다. 고로왕 김고로(金古露, 白珍)를 시조(始祖)로 한다. 중시조(中始祖)로는 고려 명종(明宗) 때 정사공신(定社功臣) 문정공(文貞公) 덕원군(德原君) 김종제(金宗悌)와 충경공(忠敬公) 덕양군(德陽君) 김종계(金宗繼) 형제를 중시조로 한다. 오늘날 함창 김씨(咸昌 金氏)의 집성촌으로는 충북 청주시, 옥천군(이원면 건전리), 영동군(양산면 호탄리)이 있고, 경북으로는 영주시(가흥동, 풍기면 순흥리), 상주시(함창읍, 공성면 인창리, 이안면, 공검면, 중동면), 영덕군(영해면 괴시리), 영풍군(단산면 사천리) 및 의성군(다인면, 구천면, 안계면, 비안면, 단밀면)이 있다. 그리고 전라북도 남원시(사매면)와 경기도 남양주시(연천군, 장수군, 진접읍, 하동군)도 있다.

관향(貫鄕)으로 쓰는 함창(咸昌)은 A.D. 42년 3월 15일에 건국했던 고녕가야국(古寧伽耶國)의 도읍지였다. A.D. 254년 신라에 병합되어 고동람군(古冬攬郡, 또는 古陵郡)이 고녕가야 도읍지에 설치되었다. 이후, 경덕왕 때 행정구역 명칭을 고녕군(古寧郡)으로 개칭되었다. 임내구역(任內區域)은 관산(冠山), 가선(嘉善), 호계(虎溪) 등이었다. 고려 961(광종12)년 함녕군(咸寧郡)으로 고쳤고, 현종 때 상주(尙州)에 귀속시켜 함창(咸昌)으로 고쳤다. 명종(明宗) 때에 감무(監務)를 설치했다. 조선 시대 1413(太宗 13)년에 현감(縣監)을 두었다. 1914년 행정구역 개편 때 상주군(尙州郡)에 병합되어 함창면(咸昌面)이 되었다. 1980년 함창읍(咸昌邑)으로 승격했다.

고녕가야(古寧伽倻)는 김수로왕(金首露王)의 동생 고로왕(古露王) 백진(白珍)이 A.D. 42(新羅儒理王 18)년 3월 15일에 오늘날 함창(古陵縣, 속현 嘉善縣, 冠山縣, 虎溪縣)을 중심으로 건국했다. 제2대 마종왕(摩宗王) 그리고 3대 이현황(利賢王)을 끝으로 213년간 국권을 유지한 고대 부족국가였다. 그러나 신라 첨해왕(沾解王) 9(A.D. 254)년 7월에 장수 병박(兵薄)의 침략을 받아 중과부적이었다. 결국은 가야 연맹(伽倻 聯盟)을 결성해 대적했으나 끝내 막아내지 못했다. 결국은 전시조정(戰時朝廷)을 김해(金海)로 옮겼지만 끝내 국권(國權)을 회복하지 못하고 말았다.354

고녕가야(古寧伽倻)는 오늘날 지정학상(地政學上) 신라와 백제의 완충지대(緩衝地帶, buffer zone)였다. 신라가 고녕가야를 병합한 이유는 가야 연맹체(伽倻 聯盟體)가 백제와 군사 동맹(軍事 同盟)을 도모하고자 한다는 사실에 착안했다. 즉 i) 물리적 거리감에서 가야 연맹체의 구심점 가야산에서 가장 멀리 떨어진 나라가 고녕가야(古寧伽倻)였다. ii) 멀리 있는 친척 가야 연맹체보다 이웃사촌 같은 백제와의 군사 동맹을 결성하는 걸 가장 우려했다. 마지막으로 iii) 신라의 대가야 정벌에서 가야 연맹체 가운데 가장 '언약한 고리(sodft link)'에 해당했다. 6 가야 연맹체 가운데 가장 타격감이 있어 볼링 게임에서 '킹핀 스트라이킹(kingpin striking)'의 성과를 낼 수 있는 곳을 고녕가야로 봤다.

물론 고녕가야(古寧伽倻)가 그렇게 쉽게 무너지지는 않았다. 가야 연맹체는 물론 인접한 백제 부족과도 연합하여 함창을 거점으로 신라군에 저항했다. 신라는 이를 예상하고 인접한 백제 부족의 원정을 사전에 차단하

354 김희근, 『고녕가야국의 고토』, 2천여 년의 어제와 오늘, 고령가여국 역사연구회, 함창터사랑, 제일인쇄소, 2023년 11월 p. 6

는 성동격서(聲東擊西)를 전개했다. 끝까지 대항하다가 결국은 평정되었다. 그러자 작은 불씨가 살아나지 않게 하고자 발본색원(拔本塞源)하는 차원에서 '고녕소경(古寧小京)'이라고 예우해 주지도 않았다. '옛 고녕가야 찬바람만이 잡히는 고울(古冬攬郡)'이라고 격하시켰다. 신라가 황실과 왕족을 소탕하고자 하는 낌새를 미리 알아차리고, 소리소문없이 망국 유랑민(亡國 流浪民)으로 '죽지 않으려면 꼭꼭 숨어라(不死而深隱).'라는 은폐 전략을 펼쳤다. 오늘날 함창 김씨의 집성촌이 당시 피란 은둔지(避亂 隱遁地)였다. 물론 일부는 신라의 적대국인 백제에도 흘러들어 갔다. 대부분이 고녕가야(古寧伽倻) 고국의 주변에 은둔(隱遁)하면서 국권회복 투쟁(國權回復鬪爭)을 계속하였다. 신라 입장에서는 이를 무시하거나 방치했다가는 화근이 된다고 생각했다. 유례왕 10(A.D. 293)년 2월에 고녕가야국(古寧伽倻國)과 사벌국(沙伐國)의 유민들 가운데 신라에 항거하는 왕족과 호족 80여 가구를 오늘날 영덕(盈德)의 사도성(沙道城)으로 강제적으로 이주시켰다.[355] 망국 유랑민(亡國 流浪民)으로서 국성(國姓) 함창 김씨(咸昌 金氏)라는 성씨를 감추거나 국권 회복(國權 回復)을 위한 항쟁으로 흔적까지 없앴다.

왜구 침략의 화살받이로 고녕가야 호족을 사도성 전략촌에 이주

오늘날 동해 해안변 영덕(盈德)은 신라 시대 왜구(倭寇)의 침략이 잦았던 변방이었다. 이곳에 설치했던 사도성(沙道城)은 왜구 침입을 방어하고자 쌓았다. 따라서 당시 성내 전략촌은 최대 위험 지역이었다. 사도성(沙道城)의 위치에 대해서는 문헌상 미상지(未詳地)로 남아 있어 추정하기가 어

355 三國史記, 新羅本紀 2 儒禮尼師今條: "… 十年春二月 改築沙道城 移沙伐州豪民八十餘家."

렵다.『삼국사(三國史)』기록으로는 A.D. 162(阿達羅王 9)년에 국왕이 순행하여 성을 쌓는 사람들을 위로하였다.[356] A.D. 232(助賁王 3)년 7월에는 이찬 우로가 사도성에서 싸울 때 바람을 따라 불을 놓아서 배를 태우니 왜병들이 물에 뛰어들어 죄다 죽었다.[357] 그리고 A.D. 292(儒禮王 9)년 6월 왜구가 사도성(沙道城)을 공격하여 함락당하자 왕이 일길찬 대곡(大谷)을 시켜 사도성(沙道城)을 수복하도록 했다. 이듬해 성을 개축하여 사벌주(沙伐州)의 호족 80여 호를 이주시켰다는[358] 기록이 있다. 사도성 전략촌에 사벌주의 호족을 강제로 이주시킨 목적은 i) 고녕가야국 재건 세력을 발본색원하고, ii) 사도성 안에 가두어서 관리 감독하고자 하며, iii) 동시에 전투 시에는 자연적으로 화살받이가 되기에 일반 백성에게 애민군주임을 보여주고, 다른 한편으로 저항하면 이렇게 죽는다는 협박을 할 수 있었기에 일석삼조(一石三鳥)의 전략이었다.

영해(寧海) 사도성(沙道城)[359]에 대해 지금까지 공식적으로 연구되었거나

356 三國史記, 新羅本紀, 阿達羅尼師今: "阿達羅尼師今立, 逸聖長子也.身長七尺, 豐準有奇相.母, 朴氏, 支所禮工之女; 妃, 朴氏內禮夫人. 祇摩王之女也 … 八年, 秋七月, 蝗害穀.海魚多出死. 九年, 巡幸沙道城, 勞戍卒."

357 三國史記, 新羅本紀, 助賁尼師今: "助賁尼師今立, 〈一雲諸貴〉 姓昔氏, 伐休尼師今之孫也. 父骨正 〈一作忽爭〉 葛文王. 母, 金氏玉帽夫人, 仇道葛文王之女; 妃, 阿爾兮夫人, 奈解王之女也. 前王將死, 遺言以壻助賁繼位. 王身長, 美儀未. 臨事明斷, 國人畏敬之 … 四年, 夏四月, 大風飛屋瓦. 五月, 倭兵寇東邊. 秋七月, 伊飡於老與倭人戰沙道, 乘風縱火焚舟, 賊赴水死盡."

358 三國史記, 新羅本紀, 儒禮尼師今: "儒禮尼師今立, 『古記』 第三, 第十四, 二王同諱儒理, 或雲儒禮, 「未知孰是」 助賁王長子. 母, 朴氏, 葛文王奈音之女.嘗夜行, 星光入口, 因有娠, 載誕之夕, 異香滿室 …九年, 夏六月, 倭兵攻陷沙道城, 命一吉飡大谷, 領兵救完之. 秋七月, 旱, 蝗."

359 사도성(沙道城), 『한민족문화대백과사전』: "경상북도 영덕군 해안지역에 있었던 것으로 추정되는 삼국 시대 신라 시기의 성곽. 『삼국사기』에 미상지분(未詳地分)으로 남아 있어 정확한 위치를 추정하기는 어렵다. "162년(아달라왕 9) 왕이 이곳을 순행하여 성을 쌓는 사람들을 위로하였다.", "232년(조분왕 3) 7월 이찬 우로(于老)가 사도성에서 싸울 때 바람을 따라 불을 놓아

위치가 비정된 바는 없다. 그러나 몇 가지 관점에서 살펴보면 오늘날 영덕군(盈德郡) 동해안을 살펴보면, 침입자 왜구의 전략상 '큰 파도가 없이 잔잔해 편안한 삶을 살 수 있는 바다(無派寧海)'라는 영해(寧海)가 있다. 이곳은 동해 해변에 침입한 왜구가 송천(松川)이란 물길을 이용해서 내륙 기습에 최적 자연조건을 갖고 있다. 왜구 방어 입장에선 송천을 통해 내륙으로 약탈하는 왜구를 방어하기 가장 좋은 고지대로는 태백산에서 남북으로 뻗어 내린 형제봉(兄弟峯, 703m), 명동산(明童山, 812m), 봉화산(烽火山, 409m)이 있어 이들을 청야 산성전(淸野山城戰)을 전개하기에 적합하다.

침입과 방어의 종합적 측면에서 대낮(白日) 왜구(倭寇)의 침입은 상대산(上臺山, 183.7m)에서 발각하여 해안에 접근하자마자 초전박살을 낼 수 있다. 그러나 대부분 심야에 어선으로 위장하여 송천(松川)의 물길을 이용해 내륙기습을 했다. 내륙기습약탈전(內陸奇襲掠奪戰)을 대비와 방어하는데 대소산(大所山, 278.2m, 朝鮮時代 烽燧臺)를 등지고 배수진(背水陣)으로 앞에 많은 호수 및 늪(濠池)을 이용하는 방어전을 전개했다. iv) 232년(助賁王)경에 내륙 기습을 차단하기 위한 송천(松川, 솔 여울) 섶에 형성된 호지(壕池, 天然垓子)를 이용하고, 방어진지로 사도성(沙道城)을 쌓았다. 축성공법(築城工法)은 주변 산에서 목재를 구해 중심축에다가 장횡단축목책(長橫短軸木柵)을 박고, 천변과 주변의 토석으로 판축토성(板築土城)을 쌓았다. 특이하게 겉면에는 주변에 가장 흔했던 모래를 3~4m 쌓아서 올라가면 흘려내서 접근이 어렵게 했다.

서 배를 태우니 왜병들이 물에 뛰어들어 죄다 죽었다.", "292년(유례왕 9) 6월 왜병이 사도성을 공격하여 함락당하자 왕이 일길찬 대곡(大谷)을 시켜 성을 수복시켰고 다음 해에 성을 개축하여 사벌주(沙伐州: 지금의 尙州)의 부호 80여 호를 와서 살게 하였다."라는 등의 『삼국사기』의 기록으로 보아서 상주와 가까운 해변 지역의 지명이 되므로 영덕군에 있었을 것으로 추측된다.

『삼국사』에 의하면, 292(儒禮王 9)년 6월에 왜국에 함락되자 다시 수축했다. 오늘날 성내리를 아예 전략촌(戰略村)으로 만들고 사벌주(沙伐州, 오늘날 尙州)에서 고녕가야(古寧伽倻) 국권 회복 운동(國權回復運動)을 전개하던 호족 80여 호를 사도성(沙道城)으로 이주시켜 살게 했다. 오늘날 우리나라 DMZ(비무장지대)의 대성동처럼 사도성의 방어 체제를 강화했다. 오늘날 성내리(城內里)란 지명은 고려말 왜구의 침입으로 폐허가 된 성벽을 1384(우왕 10)년에 새로 쌓았다. 이때 김을보(金乙寶, 1354~1424)의 도움으로 경주(慶州)와 안동(安東)의 병졸 2천 명을 동원하여 1개월간 개축했다. 이때도 토석혼축(土石混築)으로 쌓았으나 조선 시대 들어와서 영해도호부 부사(府使) 박쟁시(朴崝時, 출생 미상 ~ 1456)의 주도로 1448(세종 30)년에 석성(石城)으로 수축했다. 관아 건물을 사도성 내에 세웠다.

역사적으로 살펴보면 신라 시대는 우시군(于尸郡), 통일신라 경덕왕(景德王) 16(757)년 유린군(有隣郡)으로 명주(溟州, 오늘날 江陵)의 영현, 고려 태조 23(940)년에는 예주(禮州), 현종 때 방어사(防禦使)를 두었다. 고종 16(1259)년에 위사공신(衛社功臣) 박송비(朴松庇, 출생 미상 ~ 1278)[360]의 관향(貫鄕)이라는 덕원소도호부(德原小都護府)로 승격되었다. 뒤이어 다시 예주목(禮州牧)으로 승격, 충선왕 2(1310)년 영해부(寧海府)로 강등했다. 조선 시대 태조 6(1397)년에 진영을 설치해 병마사와 부사(僉節制使)를 겸직했다. 태종 13(1315)년 진을 폐지하고 도호부(도호부)로 개칭했다. 성종 때는 단양(丹陽)이라고도 별칭, 고종 32(1895)년 안동부 소관의 영해군(寧海郡)으로 변경되었다. vii) 오늘날 괴시리(槐市里) 호지촌(濠池村, 전통마을)

---

360 박송비(朴松庇, 출생 미상~1278)는 경상도 예주(禮州)[영해(寧海)] 출신으로 1258년(고종 45) 집정 최의(崔竩)를 제거하는 데 공을 세웠다. 위사공신(衛社功臣)에 녹훈되었으며, 관직은 참지정사(參知政事)에 올랐다. 성씨의 관향은 영해이다.

은 1260년경 함창 김씨가 들어왔고, 명종 연간에 수안 김씨(遂安金氏), 영해 신씨(寧海申氏)가 입주했다. 1630(인조 8)년경에 영양 남씨(英陽南氏)가 입주했다.

그런데 '사도성의 이야기(Tale of The Castle Sado)'는 1946년 7월 20일에 남편 안막과 오빠 최승일과 함께 월북했던 최승희(崔承喜, 1911~1969)[361]가 1953년에 극본을 쓰고 직접 안무(按舞)를 맡아서 5막 6장, 50여 분의 무용극을 만들었다. 이후에 천연색 영화로도 제작되었다. 1967년 최승희 숙청설 이후에는 일체 봉인되었다. 중국을 경유해 우리나라에 알려졌다. 1998년 8월 8일에서 8월 10일까지 서울 호암아트홀에서 연극을 상연했다. 줄거리는 한 마디로 일본의 침략에 항거하는 신라인(新羅人)들의 영웅적인 투쟁을 형상화한 민족 무용극(民族舞踊劇)이다. 시대적 배경은 신라 조분이사금(助賁尼師今) 때 경주 동해안에 우뚝 서 있는 사도성(沙道城)에서 주인공인 성주의 딸 금희(錦熙)와 어부 출신 무사(武士) 순지와의 사랑과 애국충절(愛國忠節)을 그려내었다.

---

361   최승희(崔承喜, 1911~1969) 무용가, 강원도 홍천 출생, 본관 해주(海州), 작품으로는 「초립동」, 「화랑무」, 「신로실불로장구춤」, 「사도성 이야기」 등

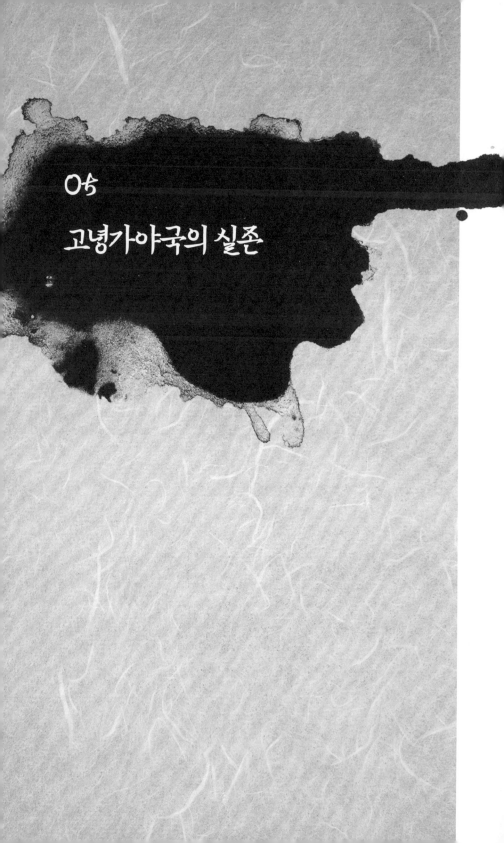

05

고녕가야국의 실존

1.

'고녕가야국'의 실존 여부 관련,
사학자(강단, 재야) 간 논쟁의 고찰

변진한(弁辰韓) 국가의 하나로 건국한
'고녕가야(古寧伽耶)',
그 이름으로 인한 논쟁의 발생

오늘날 고녕가야(古寧伽耶, 일명 咸昌伽耶)를 언급하면 i) 오늘날 고령군(高靈郡) 지명과 오늘날 함창읍(咸昌邑) 옛 지명 고녕(古寧)의 소릿값이 같아 혼용하게 되어 논란(혼란)이 발생했다. ii) 따라서 역사 전문가들도 고령 대가야(高靈 大伽耶)와 함창 고녕가야(咸昌 古寧伽耶)를 동일시 혹은 바꿔 사용하곤 한다. iii) 그랬다고 고령가야(古寧伽耶)를 두음법칙을 무시하고 고녕가야(古寧伽耶, Gǔ níng jiāyé)로 표기함이 옳지 않다고들 하고 있으나, 고녕가야(古寧伽耶)는 녕(寧) 자가 뒤에 있으므로 두음법칙과 전혀 무관하게 녕(寧)의 소릿값 그대로여야 한다. 일예로, '창녕(昌寧)'도 '창령'이라 읽지 않고 '창녕'이라 읽는다. iv) 따라서 해명이 길더라도 정공법으로 고녕가야라고 표기해야 할 판이다. 중국어 위키페디아(維基百科)에서는 고녕가야(古寧伽倻) 항목에 '522년에 고녕가야와 신라의 성혼관계(古寧伽倻和新羅結成婚姻關係)'가 있었다고 적고 있다. 그 이유로 삼국사(三國史)와 일본서기(日本書紀)를 근거로 제시하고 있다. 뭔가 잘못된 게 있지 않을까? 254년에 멸망한 고녕가야(古寧伽倻)가 어떻게 국혼을 추진했는지 의아해서 찾아봤더니 고녕(古寧, Gǔníng)과 고령(高靈, Gāo líng)이란 한글을 같이 읽음에 착오를 범했다.[362] 최근 재야사학자(在野史學者)들은 "고녕가야(古寧伽倻)"라고 원래대로 사용하고 있다. 필자의 입장에서는 당연히 고녕이라 읽음이 맞다고 본다.

고녕가야(古寧伽倻)를 언급하기 전에 오늘날 함창 옛 고녕(古寧)에는 AD 290년경에 진수(晉壽)가 편찬한 『삼국지(三國志)』에서 언급하고 있는 '호로국(戶路國)'이 고녕(古寧)에 있었기에 고녕가야(古寧伽倻)는 그곳에 건국도 존속도 할 수 없다는 주장을 한다. 그들의 주장을 옮기면 "호로국(戶路國)은 진한 12소국 중의 하나이다. 삼국지(三國志) 위서(魏書) 동이전(東夷傳) 한조(韓條)에는 삼한 소국들의 이름이 열거되어 있는데, 이들 소국 이름은 당시 중국 상고음(上古音)에 따랐을 것으로 보인다. '호로(戶路)'[363]의 중국

362 古寧伽倻, 維基百科(臺灣): "古寧伽倻(韓語: 고녕가야) 是朝鮮三國時期由伽倻聯盟傳說的六伽倻之一, 在今天大韓民國的慶尙北道尙州市咸昌邑. 星山伽倻前身是伽倻的叫沙伐國的小國發展而來, 522年古寧伽倻和新羅結成婚姻關係. 出於這個原因, 古寧伽倻沒有參與 538年百濟和大伽倻對新羅的進攻. 但是, 根據 《三國史記》 和 《日本書紀》, 562年, 古寧伽倻被新羅滅亡, 這一年在大伽倻南方被滅. 今天的咸昌金氏的血統起源可以追溯的古寧伽倻的君王."

363 三國志卷三十, 魏書三十, 烏丸鮮卑東夷傳 第三十韓(弁辰)傳: "弁辰亦十二國, 又有諸小別邑, 各有渠帥, 大者名臣智, 其次有險側, 次有樊濊, 次有殺奚, 次有邑借, 有已柢國, 不斯國, 弁辰彌離彌凍國, 弁辰接塗國, 勤耆國, 難彌離彌凍國, 弁辰古資彌凍國, 弁辰古淳是國, 冉奚國, 弁辰半路國, 弁樂奴國, 軍彌國, 弁軍彌國, 弁辰彌烏邪馬國, 如湛國, 弁辰甘路國, 戶路國, 州鮮國, 馬延國, 弁辰狗邪國, 弁辰走漕馬國, 弁辰安邪國, 弁辰瀆盧國, 斯盧國, 優中國. 弁,辰

상고음(上古音)은 '루올루(ruo—luo)'이고, 북경음(北京音)은 '슐루(xu-lu)'인
데 대체로 우리나라 한자음에 가깝다. 그 위치에는 고녕가야(古寧伽耶)가
있었다. 또 신라 때 고릉군(古陵郡)이었다는 데 착안하여 경상북도 상주시
함창읍 일대로 비정했다. '호로(戶路 북경음 hùlù)'는 중국 상고음(上古音)에
서 '궈뤄(guelue)'로 발음되어 '고녕(古寧, gǔníng)' 또는 '고릉(古陵, gǔlíng)'
과 음이 비슷하기에 그렇게 비정했다. 이와는 달리 같은 연유로 '골벌국(骨
伐國, Gǔfáguó)'이 있던 경상북도 영천시 일대로 비정하기도 했다. 고녕가
야(古寧伽倻)는 진변한 연맹체의 일원으로서 맹주국과 여러 가지 형태의
결속관계(結束關係)를 성립한 채, 토착적인 세력 기반을 유지하면서 3세기
이후까지 개별적인 성장을 지속하다가 신라에 점령되었다."라고 한국민족
문화백과사전은 기록하고 있다.

고대 국가의 위치를 단순하게 발음상으로 비정(比定)하는 것을 두고 "똥
을 싼다."라는 비근한 표현을 한다. 대구(達句伐)의 삼한 시대(三韓時代)의
소국을 『일본서기(日本書紀)』에 의하여 '탁순국(卓淳國 혹은 㖨淳國)'이라 하
여 발음상 '달구벌(達句伐)'에 가깝다고 비정했다가 1986년 이후 몇 차례
창원시(昌原市) 도계동 고분군 발굴에서 A.D. 2~5세기 출토된 유물을 통
해 '탁순국(卓淳國)'을 창원으로 비정하게 되었다.364 고대 국가의 위치를 찾

韓合二十四國, 大國四五千家, 小國六七百家, 總四五萬戶. 其十二國屬辰王. 辰王常用馬韓人作
之, 世世相繼. 辰王不得自立爲王."

364　a. 탁순국, 한국민족문화대백과사전: "… 신라에 병합된 시기는 534년에서 541년 사이에
해당하며, 『일본서기(日本書紀)』 흠명기(欽明紀)에 나오는 아리사등(阿利斯等) 또는 기능말
다간기(己能末多干岐)가 창원탁순국의 마지막 지배자로 추정된다. 탁순국에 대한 기록은 『일
본서기(日本書紀)』 신공기(神功紀)와 흠명기에만 나오는데, 그 위치에 대하여서는 종전까지 대
체로 지금의 대구 지방으로 비정하고 있었으나, 최근 출토 유물의 성격이나 문헌 사료의 서술을
대비, 고증하여볼 때 대구는 적합하지 않으며, 경상남도 창원으로 비정하는 것이 타당하다는 견
해가 제시되었다. / b. 탁순국, 한국민족문화백과사전, "… 창원 도계동 고분군은 2세기 중엽부터 5
세기까지의 나무널무덤, 덧널무덤, 돌덧널무덤의 변천을 계기적으로 살펴볼 수 있는 창원 지역의 대

는 데는 단순하게 판단하지 말아야 한다. 보다 신중성을 더하고자 i) 발음상 유사성, ii) 지역적 특성, iii) 문화적 동질성, iv) 접근이 가능한 문헌상 고찰, v) 현장탐사 등을 통해 분석과 종합적인 고려를 한 뒤에 '학문적 진리 탐구 차원(academic truth-seeking dimension)'에서 접근해야 한다.

그렇다면 사벌국(沙伐國)은 출토된 청동기 유물을 기반으로 볼 때 건국 시기는 B.C. 2세기경부터 황산강 유역의 풍부한 해산 자원(海産資源)과 수상 교역(水上交易)의 요충지(要衝地)로 기원 전후까지 청동기 세력을 형성하여 독자적인 소국을 형성했다. 강역(疆域)으로는 오늘날 상주시 일대를 중심으로 사방 40리 소국(百里小國)을 형성했다. 세력권(勢力圈)은 오늘날 경북 북서부와 충청도 동부 지역을 권역으로 했다. 전한과 왕망(王莽)의 신(新)나라 황실 일족의 해상 집단 세력이었다. 그러므로 전한의 첨단 제철 기술을 갖고 A.D. 42년경 '황산강 건국 벨트(黃山江建國帶)'로 하여 함창에 고녕가야(古寧伽倻)를 건국했다. 최근엔 기존 청동기 토착 세력이 완강한 저항과 사자 몫(lion's share)을 요구했다. 그러나 뒷심 부족으로 건국을 막지 못했다. A.D. 64년경부터 신라는 고녕가야와 화친을 추진하여 i) 낙동진(洛東津)에다가 신라의 백제 정벌 병참 기지를 마련했다. ii) 화령재를 백제정벌로로 개척했고, iii) AD 156년 계립령을 고구려 정벌로로 개척함에 지원까지 했다. 그럼에도 iv) 신라는 A.D. 249년에 백제에 기울어진 낌새를 차리고 A.D. 254년에 고녕가야를 병탄시켰다. 또한, 그런 감정으로 병탄 후도 고녕가야(古寧伽倻)의 도읍지를 소경(소경)으로 예우하지 않았다. 고동람군(古冬攬郡)으로 격하시켜 통치했다. 곧이어 먼저 병탄 된 사벌국

표적인 무덤군이다. 탁순국(卓淳國) 주7의 소재지로 비정되는 창원 지역 유력 집단의 무덤군으로 추정된다."

주(沙伐國州) 혹은 사벌주(沙伐州)라는 통치 기구에 포함시켰다.

지정학상 위치 논쟁으로 고녕가야(古寧伽倻)는 '그림자 국가(shadow state)'로 단정되는가?

고녕가야(古寧伽倻)라는 명칭에서부터 오늘날의 고령군(高靈郡)이란 지명과 혼돈·착각하여 고령(高靈)에 있었던 가야로 오해를 하기 쉽다. 최근 재야사학(在野史學)에서는 '고녕가야(古寧伽倻)'라고 이미 확정하여 강단사학과의 혼란이 가중되고 있다. 현재 '고녕가야(古寧伽倻)' 역사를 정립하기 위해 해결해야 할 선결 과제는 i) 가야산(伽倻山)을 중심으로 한 가야 연맹에서 북쪽 진한의 소국(沙伐國)으로 강역을 차지하기에는 지정학적 위상으로 진한계 소국설(辰韓係小國說)이 거론되고 있다. ii) 고녕가야(古寧伽倻)의 명칭에서 경덕왕 이후에 고녕(古寧)으로 불렸기에 신라에 반기를 들었던 호족세력[365]의 명분상 고녕가야로 참칭했다는 주장(豪族僭稱說)이 있다.

여기에다가 iii) 가야 연맹 시대(伽耶聯盟時代)부터 있었던 것이 아닌 대가야(大伽倻)의 멸망 이후 우륵(于勒)의 중원경(中原京, 오늘날 충주) 사민에 따른 많은 가야 호족(伽倻豪族)이 북쪽으로 이동함에 따라 함창에 머물렀던 호족이 고려 태조 23(940)년경에 고녕가야(古寧伽倻)라고 불렀다는 유입호족지칭설(流入豪族指稱說)이 있다. iv) 실증 역사학 혹은 고고학상의

---

365 三國史記, 卷二, 新羅本紀 儒禮尼師今: "十(AD 293)年春二月, 改築沙道城, 移沙伐州豪民. 八十餘家…."

유적 유물이 고녕가야의 존재를 입증해주는 역사적 고문헌(歷史的 古文獻)은 물론 제1차적 역사 자료(第一次的 歷史資料, primary historical data)의 빈곤함이 바로 극복해야 할 과제다.[366]

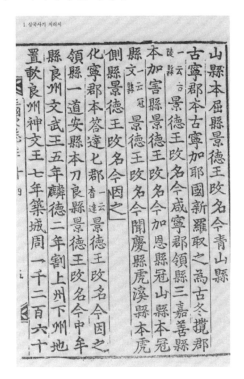

이 가운데 가장 많이 거론되고 있는 지정학상(백제와 신라의 접경지역) 강역문제(疆域問題)는 i) 오늘날 함창읍, 이안면, 공검면, 문경시(점촌읍)는 BC 57년에 건국한 신라와 BC 18년에 건국한 백제가 각축하고 있던 접경 지역

366   a. 김태식, 가야연맹사(加耶聯盟史), 일조각(一潮閣), 1993. 12. 1.: "… 최근 들어서 남익희, 김세기, 이영호 등의 현대 고고학자들 사이에서 상주에 있었다는 고녕가야가 가야 구성국이 아니었을 가능성이 크고 삼국유사의 기록은 후대의 변형된 인식이란 설이 주목받고 있다. 이 주장의 경우 가야계 소국인 고녕가야라는 것은 나말여초에 처음 등장한 관념적인 가상의 국가에 불과하며, 처음부터 존재하지 않았던 나라가 된다." / b. 김태식, 초기 고대 국가론, 강좌 한국 고대사, 2권, 가락국가 사적개발 연구원, 2003, pp. 47~86

(接境地域)이었다. ii) 실증사학계(實證史學界)에서는 가야 연맹체 소국들은 가야산(伽倻山)을 중심으로 강역을 형성했는데 고녕(咸昌)은 북쪽으로 너무 떨어져서 진한계(인근 沙伐國이 신라계) 소국에 속했기에 첨해이사금(沾解尼師今, 재위 247~ 261) 때, 신라에 병합되었다는 주장이다.

한편 iii) 일본인 역사학자(日本人 歷史學者) 나가 미치오(なかみちよ, 那河通世, 1851~1908)[367]의 고녕가야(古寧伽倻)는 휴인국(休忍國)과 발음이 비슷하다. 가야 제국 강역 밖에 있으며, 가야산에서 많이 멀다. 경상도 북서쪽에 치우쳐 있어 경주와도 떨어져 있다(古寧伽倻は休忍國と發音が似ている. 伽耶諸國の疆域の外にあり, 伽耶山から多く遠い. 慶尚道北西に偏っており, 慶州とも緩んでいる)고 했으나 큰 문제 없이 받아들였다.[368] iv) 실증역사학자인 이병도(李秉道)의『한국 고대사 연구(韓國古代史研究)』[369]에서 '고령(古寧)'이 진주(晉州)의 옛 지명 '거타(居陀)' 혹은 '거열성(居烈城)'[370]과 발음이 비슷하다고, 가야제국에서 지리적 중요성(雄州巨牧)으로 봐 고녕가야(古寧伽倻)를 진주(晉州)의 소국으로 비정했다. 대가야 우륵 선생의 가야

367　那珂通世(なか みちよ, 1851年 2月 6日 ~ 1908年 3月 2日) は, 南部藩出身の明治時代の歴史學者, 文學博士. 學問領域及び教科名としての 「東洋史」 創唱者とされる.

368　고녕가야, 나무위키: "… 과거 일본의 역사학자인 나가 미치오(1851~1908)는 '고녕가야는 휴인국과 소리가 비슷하다. 가야 제국의 강역 밖에 있으며 가야산과 많이 멀다. 경상도 북서쪽에 치우쳐 있어 신라와도 떨어져 있다.'라고 말하며 기존의 기록을 큰 문제 없이 받아들이는 인식을 하기도 했다."

369　이병도, 한국고대사연구, 박영사(博英社), 1976, A5판, 804쪽

370　고녕가야, 나무위키, "… 엄밀히 따지자면 이것도 완전히 확정된 이야기는 아니다. 대개 자타국이 진주시의 옛 이름인 '거타(居陀)', '거열성(居烈城)' 때문에 진주시로 비정되는 건 사실이지만 거창군 역시 옛날 이름이 '거타(居陀)', '거열(居烈)'이라 거창군이 자타국이라는 학설도 있기 때문이다. 즉, 진주시와 거창군은 고지명이 같다. 그런데 이러한 이유로 고녕가야 진주설이 비판받기도 한다. 똑같은 논리를 적용하면 거창군 역시 고녕가야의 후보지인데 이 가능성은 왜 배제하냐는 것."

금 12곡 가운데 제9곡 '거열(居烈, 거주민이 벼수확에 환희를 부른 향가)'[371]이 있는 것으로 봐서 후대에 함창(咸昌) 혹은 진주(晋州)로 비정(比定, specification) 하는 건 모두가 과오(過誤, mistake)다.[372] 최근에는 진주시의회에서도 진주는 소가야에 속했다고 주장했다.

왕사(王史)에 있어서도 가락국기(駕洛國記) 등의 역사적 문헌에도 고로왕이 둘째 왕임은 기록하나, 그 강역이 함창임은 기록된 것이 아닌 함창 김씨 족보(咸昌金氏族譜)를 기반으로 지난 1979년 작성한 『고녕가야대관(古寧伽倻大觀)』에 A.D. 42년 3월 15일 태조 고로왕(古露王)이 건국하여 3대 걸쳐 213년 만에 254년 신라 첨해왕(沾解王, 재위 247~261) 때 신라에 병합되었다. 293년에 오늘날 영덕 해안지역 사도성(沙道城)으로 호족 80여 호가 사민정책(徙民政策)으로 이주시켰다. 이때 고녕가야 왕족(古寧伽倻王族)임을 표시하고자 했다는 주장도 있다. 고녕(古寧, 혹은 古陵)이란 지명은 경덕왕(景德王) 때에 개명된 것으로 봐서 이후 고녕가야(古寧伽倻)가 생겼다는 주장도 있다. 즉 고려 광종(光宗) 12(A.D. 961)년에 함녕군(咸寧君)으로 개명하였기에 나말여초에 고녕가야(古寧伽倻)를 기록했다는 주장도 있다.

또 하나의 기록상 취약점은 고로왕의 재위 기간이 A.D. 42년에서 A.D.

371　거열, 한국민족문화대백과사전, 신라 진흥왕 때 우륵(于勒)이 지은 가야 금곡. 우륵이 지은 열두 곡 중의 아홉째 곡명이다. 『삼국사』 지리지에 의하면 거열이라는 명칭은 본래 거타(居陁)라고 불리던 옛 지명을 경덕왕 때 개명한 데서 유래되었는데, 지금의 경상남도 거창 지방의 옛 이름으로 밝혀진 바 있다. 이 악곡은 우륵이 현재의 거창 지방에서 불리던 노래를 가야 금곡으로 편곡한 것으로 추정된다. 이러한 추정은 경상북도 예천군 다인 지방의 「달기(達己)」나 고령 지방의 「상가라도(上加羅都)」, 또는 경상남도 사천 지방의 「사물(思勿)」이나 함안군 이안 지방의 「물혜(勿慧)」 등의 가야 금곡에서 확인된다.

372　고녕가야, 전게서, "대표적으로 이병도 등의 역사학자는 고녕가야의 '고령'이 진주시의 고 지명인 '거열'과 음이 비슷하다는 것과 가야제국 내 지리적 중요성 등의 이유를 들어 고녕가야를 진주에 비정했다. 즉, 다시 말하자면 함창 지역과는 별개로 '고녕가야'라는 가야 구성국이 진주에 존재했고 후대에 그 위치가 함창으로 잘못 비정되었다는 것이다."

156년까지 115년간이라는데 당시 평균 수명이 50세 이하였기에 비현실적이라는 주장이 있다. 2대 마종왕(摩宗王)은 A.D. 156년에 A.D. 220년으로 64년, 3대 이현황(利賢王)은 A.D. 220년에서 254년으로 마지막 왕이 되었다. 가야 연맹체의 총 왕인 수로왕(首露王)의 재위 기간이 A.D. 42년부터 199년까지 157년간보다는 덜하다. 결국은 오십보소백보(五十步笑百步)다. 물론 일본서기(日本書紀)에서도 재위 기간이 70년에서 120년까지 여러 왕조의 기록이 있다. 이는 당시 가야 연맹 구성국의 소국(小國)으로서 자율적인 국왕 교체(國王交替)까지도 어려웠다는 사실로 해명되어야 할 것이다.

국가 건국 조건에서
'고녕가야'는 과연
허구였나?, 실체였나?

국가 삼대 요소(國土, 國民 그리고 主權)와
건국의 3W(Water, Way and Will)

현재 합천읍 머리매길(윤직리) 경원목장 뒷산인 머릿산 거북돌(신흥3리 340의 9)은 당시는 고녕소도(古寧蘇塗)로 청동기 시대에 설치된 많은 고인돌 가운데 하나였다. 남두육성의 성혈이 있어서 오늘날 천문학적인 세차를 계산하여 지금부터 2,307년 전으로 산출되어 김해시 구지봉(龜旨峯)의 '구지봉석(龜旨峯石)'과 비교한 결과는 B.C. 300년대 거의 같은 시기에 세워졌다. 구지봉에 서린 '6개 알 신화(六卵神話)'에서 6개 가야국왕 탄강설화(伽倻國王誕降說話)는 한반도에 진시황제(秦始皇帝)의 망국유인(亡國流

民)으로 들어올 때부터 건국회맹(建國會盟)이 시작되었다. 한반도 삼한에
는 54개 소국(小國)으로 특히 변한(弁韓)과 진한(辰韓)은 12개씩 소국을
건국했다. 당시는 속칭 백리소국(百里小國)이었다. 진한(辰韓)에는 진나라
에서 망명 유민이 특별히 많아 삼국유사(三國遺事)에서는 B.C. 206년 진
나라의 멸망으로 '진나라의 진한(秦國之辰韓)'이라고 해서 '진한(秦韓)'으로
적었다. 이어 A.D. 8년에 멸망한 전한(前漢)과 A.D. 23년 왕망(王莽)의 신
(新)이 멸망하자 왕족들은 한반도로 망국 유민이 유입되었다.

다른 한편으로 A.D. 22년 고구려의 대무신왕(神武大王)이 동부여(東扶
餘)를 멸망시키자 유민들이 남으로 이주하여 달구벌까지 왔다. 유입되었
다는 고고학적 증거로 1956년 대구시 비산동(飛山洞)에서 부여식 안테나
형 동검이 발견되었다.[373] 즉 동부여(東扶餘) 망국 유민들이 달구벌까지 와
서 김해(金海)와 경주(慶州)로 양분되었다. 김해(金海)로 갔던 소호 김천씨
(少昊金天氏)[374] 후손들은 김수로왕을 옹립해 김관 가야국을 건국하였다.

---

373 안테나식 동검(antenna 式銅劍), 한국민족문화대백과사전(encykorea.aks.ac.kr): "청
동기 시대나 철기 시대 곤충의 촉각 모양이나 두 마리의 새가 부리를 마주하고 있는 모양의 칼자
루 끝장식을 가진 동검. 이칭: 촉각식 검, 쌍조형 안테나식 동검 … 호암미술관 소장. 1956년 대구
광역시 서구 비산동의 와룡산 기슭에서 발견되었으나, 매장 문화재 신고가 이루어지지 않고 골동
품상을 거쳐 분산되었기 때문에, 정확한 유구의 성격이나 유물의 종류는 파악할 수 없다."

374 少昊, 维基百科(自由的百科全书): "昊又作皞, 皓, 颢, 又称青阳氏, 金天氏, 穷桑氏, 云阳
氏. 或称朱宣. 姓己, 名挚(亦作质, 鸷), 为黄帝之子, 生于穷桑(今山东省曲阜北), 建都于曲阜. 传
说他能继承太昊的德行, 故称少昊或小昊. 又 鸷, 乃手执鹰隼之意, 故少昊名 鸷(传说少昊养有
猛禽鹰隼作为宠物, 故名 '鸷'). 司马迁在 《史记》 中没有将少昊列为五帝之一, 少昊的统治范
围应该比黄帝时期有所缩小. 亦有另一传说四凶之一穷奇为少昊之子, 少昊还是殷商始祖帝喾
(玄鸟氏) 的祖父(另一传说帝喾祖父为玄嚣). 他曾以鸟作官名, 并设有管理手工业和农业的官. …
在 《山海经》 中, 蓐收是他的助手, 少昊表示秋天收割之金神. 少昊死后, 成为白帝. 今有少
昊陵, 位于今山东省曲阜市城东旧县村. 文献记载, 据《左传》, 前 525年, 郯子访问鲁国时, 列
举古代帝王. 少皞氏为鸟师. 在大皞氏之后. 始祖名挚, 即位时有凤鸟到, 故以鸟来命名, 郯国为
其后裔. 《逸周书》 记载, 赤帝曾任命蚩尤统治少昊之地. 随着蚩尤势力变大, 与赤帝在涿鹿
发生战争. 赤帝不敌, 求助于黄帝. 黄帝击败蚩尤, 让天下恢复和平. 黄帝重新任命少昊为鸟师,
统理五帝之官 《越绝书》 则称炎帝传位于黄帝, 黄帝任命少昊治理西方. 由蚩尤辅佐. 后裔,

고녕가야(古寧伽倻)

경주로 갔던 김씨 일족은 262년 1월에 제13대 미추이사금(味鄒 尼師今)을 시작으로 김씨 왕조 신라(金氏王朝新羅)를 열었다.

한반도는 유라시아(중국대륙) 왕조의 멸망으로 망국 유민(亡國流民)들이 밀려 들어와서 건국의 열풍이 잠시도 잠자지 않았다. B.C. 57년 서라벌에서 6촌 부족장들이 박혁거세(朴赫居世)를 거서간(居西干)으로 추대해 사로국(斯盧國)을 건국했다. 이를 계기로 '작은 나라 만들기(creating a small country)' 열기는 다시 달아올랐다. A.D. 42(壬寅)년에는 오늘날 구야(狗耶, 오늘날 김해)와 고녕(古寧, 오늘날 함창)에서는 토착 부족(貴族)들을 규합하여 가야국(水邊國)을 건국하기로 합의했다. 맏형 수로(首露, 首陵 혹은 靑裔)375은 임인년(壬寅年, A.D. 42년) 3월 3일376(上巳日, 建武十八年壬寅三月禊浴

汉族中金姓]与台姓据说起源自少昊氏. 朝鲜半岛的新罗曾认为自己为少昊后裔. 见 《三国史记》 金庾信传."

375   三國遺事, 駕洛國記: "… 始現故諱首露. 或雲首陵(首陵是崩後諡也) …."삼한 시대 사내 이름에 붙이는 특이한 명칭은 i) A.D. 23년 신(新)나라 망국 유민에게 유행했던 사내 이름은 가야계(伽耶係)에서는 '수로(suro, 首露)', '고로(goro, 古露)'가 있었다. ii) 반면에 진나라 혹은 전한의 망국 유민 신라계(신라계)에서는 '따로(taro, 大櫓)', '수로(suro, 水路)' 혹은 '하나로(hanaro, 花郎)' 등이 있었다. 맏형(首露), 미녀(水路), 꽃사내(花郎) 등이다. 현재 유지하고 있는 나라는 일본이다. 맏형은 '따로(台郎 太郎)' 다음은 '지로(次郎)'라고 한다. 가네 따로(金太郎), 아오야기 코타로(靑柳綱太郎), 아소타로(麻生太郎), 호리 쇼우따로(堀勝太郎) 등과 지로(次郎) 가네 지로(金次郎), 미나미 지로(南次郎), 오시타도 지로(大下藤次郎), 도끼지로(堀壽次郎), 오사라기 지로(大佛次郎, おさらぎ じろう), 지로따로(次郎太郎, じろうたろう)가 우리나라에도 아직도 김태랑(金太郎), 남차랑(南次郎) 등으로 남아 있다.

376   계욕(禊浴)이란 계욕(禊浴) 계음연(禊飲宴)이라고 한다. 계는 불계(祓禊)란 말이다. 불계는 제계목욕하여 심신을 맑게 하고 천지신명에게 양재구복(禳災求福)의 치성을 드리는 제의를 말한다. 한나라 대의 예제에는 3월 상사(上巳)에 특히 동으로 흐르는 물에서 심신의 숙구(宿垢)를 제거하였으나 위(魏) 이후로는 상사 일을 다만 3일로 정하여 춘계를 행하게 되었다. 춘계라 함은 계춘, 즉 3월 3일에 행하는 계욕을 말함이니 이에 대하여 7월 14일에 행하는 계욕을 추계라고 한다. 우리나라의 계욕도 동으로 흐르는 물에서 행한다고 한다(정중환, 「가락국기의 건국신화」, ≪가야문화≫ 4, 가야문화연구원, 1991, 112쪽).

之日)377 건국 제전을 개최했다. 같은 달(三月) 보름날(滿月天)378에 6 형제들이 일제히 같이 대관식을 거행했기에 둘째379동생인 고로왕(古露王, 이름 白珍 혹은 古陵)은 고녕가야(古寧伽倻)의 국왕으로 추대되었다.(6가야 형제 순서에 대해서는 '6란설'과 '6형제설'에 순서가 각각 다르나, 본서에서는 가락국기의 '6난설'을 근거로 한다.).380 즉 구야국(狗倻國 나중에 金官伽倻), 고녕가야국(古寧伽倻國) 외 4개의 가야 국가도 같은 날에 국왕으로 즉위했다. 이어 낙동강(당시 黃山江) 물줄기를 따라 산기슭마다 가야국이 줄줄이 세워졌다. 낙동강(黃山江, Nakdong River)은 오늘날 용어로는 '건국의 고속도(high way of states

377 三國遺事, 駕洛國記: "… 開闢之後, 此地未有邦國之號, 亦無君臣之稱. 越有<我刀干>·<汝刀干>·<彼刀干>·<五刀干>·<留水干>·<留天干>·<五天干>·<神鬼干>等九刀者, 是酋長, 領總百姓, 凡一百戶, 七萬五千人. 多以自都山野, 鑿井而飮, 耕田而食. 屬<後漢><世祖><光武帝><建武>十八年壬寅三月禊浴之日, 所居<北龜旨>(是峯巒之稱, 若十朋伏之狀, 故云也)有殊常聲氣呼喚, 衆庶二三百人集會於此, 有如人音, 隱其形而發其音曰: 「此有人否?」"

378 김진우, 족보 이야기(122) 함창 김씨: DTNews24(dtnews24.com), 2011. 10. 7.: "함창 김씨(咸昌金氏)의 시조(始祖) 고녕가야국(古寧伽倻國) 태조(太祖) 고로대왕(古露大王)은 단기(檀紀) 2375년 임인년(壬寅年) 3월 15일 함창(咸昌)에 도읍하여 개국(開國)하였고 …."
한편, 가락국기에서 "그는 그달 보름날에 왕위에 올랐다(其於月望日卽位也)는 기록으로 건국일로 주장하기도 한다. 그러나 가락국기 첫머리에서 '삼월 3일(三月禊浴日)'로 불교식으로 삼월상사일을 표현했다.

379 이점호, 가야 역사를 찾아서(10) 고녕가야, 경남신문(knnews.co.kr>news), 2017. 9. 11.: "셋째 동생 고로왕(古露王 재위 115년)이 나라를 세운 후 2대 마종왕(摩宗王 재위 65년)을 거쳐 3대 이현왕(利賢王 재위 35년)까지 215년간 이어졌다고 …."日本上古史は伝説や故事を暗記してストーリーテリング(story telling)する氏族を任命して代々ストーリーテラー(story teller)を養成したが、これを 「カダリベ(語部, かたりべ)」 とした. 700年代の日本の古事記や 720年頃の日本書紀は, カダリベの暗記された物語をそのまま記録する因にある王朝が100年を超えることが多かった.

380 a. 고녕가야, 위키피디아: "고녕가야(古寧伽倻)는 현재의 경상북도 상주시 함창읍에 위치했던 가야 중 하나이다. 가락국 시조 수로왕(首露王)과 함께 구지봉에서 태어난 6명의 동자 중에서 넷째인 김고로(金古露)가 건국하였다." / b. 함창 김씨, 위키피디아: "시조 고녕가야국(古寧伽倻國) 태조(太祖) 고로왕(古露王)은 42년 3월에 함창(咸昌)에 도읍하여 개국(開國)하였고, 2대 마종왕(摩宗王) 3대 이현왕(利賢王)을 끝으로 213년간 통치(統治)한 국가이다."

building)'이었다.[381] 한반도에 망명 유민으로 들어옴에 따라 중국에서 첫 번째 통일 제국 진나라(秦國), 두 번째 통일 제국 전한(前漢, 西漢), 그리고 신나라 대국을 호령했던 왕망(王莽)의 후예답게 국가 경영의 솜씨를 보여 주고자 가야 연맹체(6伽倻國)를 결성했다. 비록 나라의 규모는 백리강역(百里疆域) 혹은 천가백성(千家百姓)이라는 소국과민(小國寡民)에 속했다.[382]

고녕가야(古寧伽倻) 건국의 실체를 확인하고자 함에 있어 i) 역사적인 관련 사항을 구구절절(句句節節) 나열하는 역사 소설을 쓰거나, ii) 북유럽의 사가(Saga)나 수메르(Sumer)의 길가매시(Gilgamesh)와 같은 대서사시로 묘사하는 방안이 있다. 그러나 iii) 오늘날 젊은이들에 맞아떨어지는 '판단 모형(判斷模型, judgment model' 혹은 '건국 방정식(建國方程式, state-founding equation)' 등으로 수리적 진단(數理的 診斷)이 가능한 '매트릭스(Matrix)'와 같은 방안을 모색해 봤다. 현재 시점에 건국 가능성(建國 可能性)을 판단하기에는 i) 민주주의 국가의 3요소인 국민, 영토 및 주권을, ii) 전략적 가능성을 살펴보자면 SWOT(Strength, Weaknesses, Opportunities & Threat) 분석도 가능하다. 그러나 현재 시점에서 과거 시점을 판단해야 하는 과제이기에 i) 전쟁이나 국책에 적용했던 손자병법 시계편(孫子兵法 始計篇)의 5사7계(五事七計)를 행렬식(matrix)으로 모형을 만들어서 진단할

---

381   Naktong River, Naktong Basin, South Korea, Britannica(britannica.com): "Flowing slowly over old hilly districts, the Naktong River has formed a fertile delta plain along Chin Bay; including the plain, approximately one-fourth of the river's basin is used for the cultivation of crops. The river also supplies water for use in the cities along its course ….."

382   가야(加耶), 한국민족문화대백과사전(encykorea.aks.ac.kr): "가야 소국의 내부 구조: 2~3세기에 변진 12국은 각기 2,000호 정도를 지배하는 독립 세력이었지만 상대적으로 규모에 차이가 있었다. 하나의 소국이 2,000호라면, 그 인구는 1만 명 전후일 것으로 추정되는데, 그 정도의 규모를 하나의 '국가'로 보기에는 조금 미흡하다. 하나의 소국은 일률적인 규모가 아니어서, 소국에 따라 최대 5,000호에서 최소 600호로 이루어진 경우도 있었다."

수도 있다. ii) 서양에서는 도시 형성의 판단모형으로 사용하는 3W(water, way and will) 항목으로 모형화할 수 있다. iii) 여기서는 과거 제왕들이 건국 가능성을 타진하기 위해서 사용했던 맹자의 천시(天時), 지리(地利)와 인화(人和)를 항목으로 건국 방정식을 만들어서 판단하고자 한다. 고녕가야의 실체를 실증하는 작업은 36계(三十六計)의 용어를 빌리면 제14계 '차시환혼(借屍還魂)'[383]에 해당한다. 풀이하면 "죽은 시신을 빌려서 영혼을 불어넣어 사람으로 살려낸다."이다. 고녕가야의 삶의 쓰레기(trash of life) 혹은 죽음의 실체(reality of death)에 해당하는 유적(오봉산 고분군, 남산고성, 고인돌 성혈....), 지명(쇠실마, 돗질마, 왕도마, 崇德山, 大駕山, 屛風山....) 및 풍습(三台星 封禪, 머리매 머릿돌 蘇塗, 五鳳 性穴....) 등을 영혼이라는 '보이지 않는 끈(invisible string)'으로 연결을 통해 고녕가야의 형상을 만들어 내보이는 작업(project)이다.[384]

여기서 건국 방정식(建國方程式, state-founding equation)은 뒤에서 언급하고 있어서 그대로 인용하면, 고녕가야(古寧伽倻) 건국 방정식을 3항 고

---

383 百度百科, 借屍還魂選自三十六計: "三十六計或稱三十六策, 是指中國古代三十六個兵法策略, 語源於南北朝, 成書於明清. 它是根據我國古代卓越的軍事思想和豐富的鬥爭經驗總結而成的兵書, 是中華民族悠久文化遺產之一. 三十六計一語, 先於著書之年, 語源可考自南朝宋將檀道濟(一公元 436年), 據 《南齊書·王敬則傳》: 檀公三十六計, 走為上計, 汝父子唯應走耳. 意為敗局已定, 無可挽回, 唯有退卻, 方是上策. 此語後人虞相沿用, 宋代惠洪 《冷齋夜話》: 三十六計, 走為上計. 及明末清初, 引用此語的人更多. 於是有心人採集彙書, 編撰成 《三十六計》. 但此書為何時何人所撰已難確考."

384 「차시환혼(借屍還魂, 시체가 돌아왔다)」, 나무위키, 2012년 3월 29일 개봉, 한국영화 110분 상영시간, 이범수, 류승범, 김옥빈 등 관객 수 986,923명을 기록했다. 줄거리는 "매사 이성적이고 치밀한 연구원 '현철'(이범수)과 매번 말보다 행동이 앞서는 '동화'(김옥빈) 공통점 없는 이들은 시체를 훔쳐 각자의 목적을 이루기 위해 의기투합한다. 하지만 모든 게 완벽해 보였던 그들은 예상치 못한 인물 '진오'(류승범)의 등장으로 위기를 맞게 되고, 목적은 다르지만, 원하는 단 하나! 시체를 훔치기 위해 셋은 한 팀이 되어 본격적인 작전에 나선다. 하지만 그와 함께 또 다른 목적으로 시체, 그리고 이들을 쫓는 일행들의 추격이 시작된다."

252
고녕가야(古寧伽倻)

차함수로F(a, b, c)=∫(10a+12b+∞c)[385]라고 제시했다. 가장 먼저 천시(天時)란 오늘날 용어는 건국할 수 있는 절호기회(絶好機會) 혹은 최적기 타이밍(timing)이었나를 타진함이다. B.C. 206년에 진(秦)나라, A.D. 8년 전한(前漢) 그리고 A.D. 23년 신(新)나라의 멸망으로 망국 유민이 한반도에 줄줄이 들어오고 있었으며, 한반도의 기존(토착) 세력들에게 B.C. 57(甲子)년 6월 8일 사로국(신라), B.C. 37(甲申)년 고구려, B.C. 18(癸卯)년에 백제가 건국하였다. A.D. 23년에 왕망(王莽)의 신(新)나라가 멸망하자 왕족(귀족)들이 500여 척 대선단(大船團)으로 한반도에 망명하고부터는 그들은 대제국 경영의 솜씨를 '별나라(辰國)'에서 발휘하자고 건국회맹(建國會盟)을 수차례했다. 한반도에 정착하면서 18년간 낙동강 물길을 통해 서로 연락하면서 서로 도와주었다.[386] 천시(天時), 지리(地利) 및 인화(人和)를 종합해서 오늘날 마스터플랜(master-plan)인 '임인건국복안(壬寅建國 腹案)'을 실행하고자 배달소도(倍達蘇塗)에서 약정했다. 결국은 A.D. 42(壬寅)년 구지봉(龜旨峯)에서 음력 3월 3일(三辰, 禊浴 혹은 上巳)에 첫머리(首)를 드러내었다(露出)는

385　국제 수학 올림픽에서 출제되었던 2a+2b+2c=148에서 a=2, b=4, c=7이라는 답이 나오듯이 가야 건국 방정식에서 숫자가 아닌 어떤 십간(십간), 십이지(십이지)와 인구 단위(천 혹은 만인)가 나오기를 바라면서 모델링 방정식을 제시한다.

386　a. 이양재, 가야국의 실체와 『가락국기』 (27), 통일신문 (tongilnews.com), 2022. 8. 9.: "고녕가야(古寧伽倻)는 가야 연맹체를 구성하는 여섯 가야 가운데 하나이다. 낙동강 상류 지역인 지금의 경북 상주, 문경에 위치했다고 전한다. 『삼국유사』와 『삼국사』에 육가야(六伽倻)의 하나로 기록하고 있다. 뚜렷한 유물이나 유적이 발견되지 않으며, 자세한 기록도 전해지지 않아 상대적으로 이른 시기에 신라에 흡수된 것으로 추정된다." / b. 他們經營著一個名爲 「倍達和白」 得民主決策機構和一個平底船浮船上演壇. 並透過經營覆蓋遼東, 朝鮮半島和日本列島的網路來支持全國協會. 結合龜旨峯和六卵的故事, 九連山六潢的故事, 伽倻山正弦母親的故事, 勾勒出一個大綱. 換句話說, 這三個要點是: I) 在遠東彊域形成爲了和平共同體, 包括朝鮮半島的六伽倻和日本列島的大和; ii) 統一連接遠東亞洲的國家聯邦的蘇塗誓言(龜, 石頭, 墓碑等), iii) 朝鮮半島的控制權由第一個建國的金首露國王掌握.

의미에서 수로(首露, 始現故諱首露)[387]왕으로 추대했다.[388] 추대가 곧바로 건국 선언이 있었다. 이어서 배달화백(倍達和白)의 후원 아래 속칭 '낙동강 물길 건국 연대(駕洛水開闢會盟: 속칭 水上演壇)'가 가동되었다.

고녕가야 건국 사업은 오봉남산(五鳳南山)에서 3월 15일(次巳日 혹은 滿月星天, F(壬寅, 禊浴, 萬人) = $\int (10^{壬寅} + 12^{禊浴} + \infty^{萬人})$에는 고로왕 추대와 건국 선언이 이어졌다. 대가야(大伽倻, 高靈)의 건국 주인공 이진아시(伊珍阿豉, 생몰 미상) 일명 내진주지(內珍朱智) 혹은 뇌질주일(惱窒朱日)[389]이 임인년(壬寅年, A.D. 42년) 차양월 하사일(次陽月上巳日), F(次陽, 上巳, 萬人)= $\int (10^{次陽} + 12^{上巳} + \infty^{萬人})$에 오늘날 대가야읍(大伽倻邑) 장기리(場基里) 알 터(卵基, 巖刻畵所在)에서 초대 국왕으로 추앙과 건국 선언을 했

---

387 三國遺事, 駕洛國記: "始現故諱首露."

388 『삼국유사(三國遺事)』에 향가 「해가(海歌)」와 「헌화가(獻花歌)」의 대상이 되는 성덕왕(聖德王) 때 순정공(純貞公)의 아내가 미모가 뛰어나서 '최고의 미녀'라는 의미로 '수로부인(水路夫人, 生歿未詳)'이라고 했다. 용모가 뛰어났으므로 깊은 산, 큰 연못을 지날 때 자주 신물(神物)에게 납치되었다. 최고라는 의미로 '수로부인(水路夫人)' 혹은 '수로왕(首露王)' 등이 있다. 오늘날에도 고대어 수리(修里)와 수로(水路)가 최고(最高), 최고(最古) 혹은 맏형(伯兄) 등으로 사용되었다. 단오를 수릿날, 최고봉을 수리봉(修里峰) 등 지명, 독수리(doksuri), 수리부엉이 등 조류 명칭, 최근 온 누리의 최고라는 수리온(Surion)은 국산 헬리콥터 명칭에도 사용했다. 망국 유민으로 한반도에 들어온 흉노족은 첫째를 '수로(首露)', 넷째 '고로(goro, 古露 = 古寧之首露)' … 등으로 금관가야의 김수로왕, 고녕가야의 고로왕은 형제간인 모양이다. 여기 이슬 로(露) 자 '옛 조상의 은덕(遠露)'을 잊지 않겠다고 서열에 사용하고 있다. 때로는 고로왕(古露王)에 옛 고(古)자 있다고 해서 수로왕의 형이라고 주장하고 있다. 그렇다면 일본어 '고(go, 五)'에 따르면 다섯 번째 아우(弟)라는 뜻이라는 주장이다. 둘째 동생은 대가야의 이진아시(伊珍阿豉)로 6형제와는 이복동생으로 다른 5명과는 이름 자체가 다르다. 아라가야의 김아로왕은 셋째로 '아라의 수로(阿露, 阿羅之首露)'이고, 다섯째는 성산가야의 김벽로왕은 '벽진의 수로(碧珍之首露, 碧露)'이며, 막내는 소가야의 김말로왕로 '막냇동생 수로(末之首露, 末露)'라고 통칭되었던 칭호다.

389 뇌질주일(惱窒朱日), 한국민족문화대백과사전: "삼국사(三國史), 고령군조(地理志), 대가여국 시조 이진아시(伊珍阿豉) 혹은 내진주지(內珍朱智, 군주명)이었으나, 『동국여지승람(東國輿地勝覽)』 고령현조에는 최치원(崔致遠)이 지은 「석이정전(釋利貞傳)」을 인용해 가야산신(伽耶山神) 정견모주(正見母主)가 천신(天神) 이비가지(夷毗訶之)에 감응되어 대가야왕 뇌질주일(惱窒朱日)과 금관국왕 뇌질청예(惱窒靑裔)의 두 사람을 낳았다. '아시(阿豉)'는 우리 고어의 '아기', '아지'로서 '아지(阿只)', '알지(閼智)'로도 표기되었다.

다.[390] 이와 같은 건국 방정식(建國方程式)은 마치 '페르마의 마지막 정리 (Fermat's Last Theorem, FLT)'인 $A^n + B^n = C^n$을 닮아있다. 이제까지 300년 이상 밀레니엄 난제(millennium conundrum)로 남아 있었다. 어떤 면에서는 '페르마의 마지막 정리'는 인공지능(AI)을 통해서 쉽게 풀릴 수도 있다. 그러나 고녕가야(古寧伽倻)의 건국 방정식은 백가쟁명(百家爭鳴)의 주장, 시각과 이념의 차이로 꽈배기만을 만들어가고 있다.

다음으로 지리(地利)는 오늘날 용어로는 지정학적 혹은 전략적 요충지를 선택하는 것이다. 낙동강 물길을 따라 올라오다가 용주산(龍珠山)을 여의주로 5마리의 용들이 꿈틀거리는 '다섯 물 거리(五江里, 穎江, 利安川, 乃成川, 黃山河, 渭江)'를 봤다. i) 강성한 고구려가 계립령(鷄立嶺)으로 쏟아질 경우를 고려해서, ii) 삼한에서 북녘 하늘에 있는 함지(咸池)에 해당하는 공검지를 옆에 두고 있는 고녕(古寧)들로 들어와서 대상지를 찾았다. 고녕가야의 도읍지 함창은 험준한 계립령(鷄立嶺, 鳥嶺)으로 인해 백제와 경계를 이루고 있었다. 그곳은 낙동강의 길고 넓은 상류(長源)였다. 천문학상 밤에는 북두칠성, 남두육성, 삼태성 등의 별빛이 쏟아졌다. 날 밝으면 먹거리가 풍부해 봉황이 날아드는 봉서지(鳳棲地)였다. iii) 오늘날 함창, 점촌 및 용궁은 100리 벌판을 2일간 발걸음으로 측정해 보니, 오늘날 상주시 면적 1,254.78㎢ 정도인, 백리강역(百里疆域)이 되었다. 백리강역(百里疆域)이란 동서남북(사방) 100리로 면적은 둥근 원으로 본다면 1,256㎢

---

390 전호태, 고령 장기리 암각화 연구, 한국고대사학회, 한국고대사연구, 제88호, 2017. 12., pp. 291~300: "(초록) … 고령 장기리 암각화는 가야산신 정견모주와 대가야 건국시조 이진아시왕은 고구려의 부여신 유화와 등고신 주몽처럼 대가야의 실질적인 시조로 신화적 존재이자 역사적 인물로 이해되어야 한다. 가야산 여신 정견모주가 낳은 두 개의 알 가운데 하나가 알 터 근처에서 깨어 시조왕 이진아시를 출현시켰다고 한다. 이 전승은 알터 암각화 바위가 대가야의 성소였고 국가적 제의가 이루어지던 장소였음을 확인시켜 준다 …'"

(=20km×20km×3.14)가 되었다. 도읍지를 찾아보니, 당시 신라, 백제, 가야가 각축을 벌였던 당시 상황에 따라 자연히 국방을 위한 성곽이 있었다. 그 성지가 지금도 남아 있다. 상주시 낙동면에 성 밑, 성골, 성둑 등으로 불리는 자연마을 주변에 쌓아졌던 가야성을 비롯해 낙동강과 위강(渭江)이 합류하는 상안(上岸) 능선 따라 축조한 봉황산성(鳳凰山城)과 오늘날 이안리(利安里) 덕봉(德峯) 3면에 쌓은 토성이 있다. 남쪽의 오봉산(五峯山)에도 옛 성이 있었다. 성내산(城內山)을 성안에 두고 주위를 에워싼 도성(都城)과 숭덕산(崇德山)을 등지고 이안천(利安川)을 따라 지연적인 지형을 이용해 쌓은 왕성(王城)이 있었다. 그리고 조령(鳥嶺) 아래 마원(馬院) 뒷산의 마고산성(麻故山城)과 후방에 마성의 뒷산 중복에 쌓은 고모산성(姑母山城) 등이 주로 백제의 침입을 방어할 목적으로 쌓은 성이다.[391] iv) 오봉산 남산에 궁성(宮城)과 도읍성(都邑城)을 쌓았다. 오봉산(五峯山)은 도읍의 안산(案山, table mountain)으로 고분들은 모두 북향(北斗注死, 干寶之搜神記)이며, 산정의 다섯 봉우리가 거의 일(一)자 형(上部在平坦地)을 이루고 있다. 고구려 주몽(朱夢)이 건국했던 오녀산성(五女山城)과도 같았다. 백성들이 사는 왕도지(王都地)는 오늘날 왕도동(王都洞)이다. 왕도농(土都洞), 누교(樓橋), 천제(天祭)를 올린 국사봉(國祀峯), 즉위 의식을 올린 승통산(承統山), 도읍의 동산인 덕봉(德峯), 군사들을 통솔하던 통사대(統師臺)가 있었던 국사봉(國師峯)이 있다. 왕도의 마을이었던 증촌(曾村), 구향(舊鄕), 신덕(新德), 등촌(村) 이름이 그대로 사용되고 있다. 이는 옛 고녕가야가 있었

---

391 이점호, 가야 역사를 찾아서(10) 고녕가야, 경남신문(knnews.co.kr/), 2017. 9. 11. "남쪽의 오봉산(五峯山)에도 옛 성이 있으며 성내산(城內山)을 성안에 두고 주위를 에워싼 도성과 숭덕산(崇德山)을 등지고 이안천을 따라 자연적인 지형을 이용해 쌓은 왕성(王城)이 있다. 그리고 조령(鳥嶺) 아래 마원(馬院) 뒷산의 마고산성(麻故山城)과 후방에 마성의 뒷산 중복에 쌓은 고모산성(姑母山城) 등이 주로 백제의 침입을 방어할 목적으로 쌓은 성이라고 전해온다."

다는 이름 남김(遺名證據)이다.392 v) 지역 생산 물산(物産)을 고려해 살펴보니 막구리산(莫求利山)에 구리, 쇠실마을(오늘날 金谷里)에 사금 채취가 가능했다. 기존 토착 귀족의 오봉산 고분군(五峯山 古墳群)393 산기슭 돗질(陶質) 마을에서 껴묻기 흙 그릇(明器爲死者器也)394을 생산했다. vi) 대가산(大駕山)은 『함창현지(咸昌縣誌)』에 "가야국왕이 놀이를 위해 이곳을 행차하셨기에 대가산이라고 했다(大駕山伽倻王. 遊幸干此 故名之)."라고 적혀 있다. 군(郡)에서 북쪽으로 2리에 있는 상염지(上鹽池)는 국왕이 가뭄에 고민하는 백성을 생각했던 땀방울이 떨어져 소금 연못(上國王行, 下汗鹽淵, 曰上鹽池)을 이뤘다는 전설이 있었다.

마지막으로 인화(人和)가 가장 중요했기에 정착하고부터 곧바로 토착 세력(귀족)들과 친목을 도모했다. 늘 건국을 위해서 지원하고 도움을 요청했다. 매년 고녕소도(古寧蘇塗)에 참석하여 잦은 천재지변을 극복하는 데 앞장을 섰다. 귀족들의 도움으로 함창 들(오늘날 台封里)에 북두칠성에서 3개의 천상제단(上台, 中台, 下台)395을 상징하는 삼태성(三台星 혹은 三神星)396

---

392 이점호, 가야 역사를 찾아서(10) 고녕가야, 경남신문(knnews.co.kr/), 2017. 9. 11.

393 자세한 자료가 필요하시면 상주시청 문화예술과 고분군 전시팀 박재관 054-537-6791, 상주박물관 관장 윤호필 054-536-6160(대표전화), 학예사 이진혁 054-536-5707에 연락을 취하여 구할 수 있음.

394 禮記, 檀弓: "夫明器鬼器也 祭器人器也. 孔子謂 … 死者而用生者之器也 不殆於用殉乎哉. 其曰明器 神明之也. 塗車芻靈 自古有之 明器之道也 孔子謂爲芻靈者善 謂爲用者不仁 不殆於用人乎哉."/ 世宗實錄, 五禮遷奠儀: "明器 神明之也 象似平時而作 但麤惡而小耳."

395 三台星(読み)さんたいせい, 精選版 日本国語大辞典: "「三台星」 の意味·読み·例文·類語, さんたい‐せい 【三台星】 古代中国での星座の名。西洋天文学の大熊座のうち、北斗七星の南にある六星。上台二星·中台二星·下台二星が距離を隔てて連なっている。これを司馬·司徒·司空の三公にあてた。三台。三公。三能。三衡。三奇。天柱。 ※ 職原鈔(1340)上 「三公者象二天之三台星一也」"

396 三台星簡單介紹(ziwei.my/za-xing): "三台星的特性, 三三台星, 五行屬戊土, 陽土, 輔日之光輝又名 '科名', 主文墨, 主貴. 主北斗之權, 掌淸貴之宿, 專主文章做官, 吉慶之事. 三台星之

별이 보이는 곳(台封山 혹은 台封)에서 제단을 쌓았다. 그리고 성신제(星神祭)를 올려 봉선(封禪)397을 받았다.398 아마도 봉선(封禪)을 받았다는 건, 우리가 잘 알고 있는 칠성경(七星經)399 혹은 삼칠주(三七呪)400 등을 봉독

性格, 爲耿直无私, 有威儀, 逢吉加吉祥. 三台星若逢太陽星同度, 對照, 及三合, 可增其之光輝, 十二宮中无失陷 … 三台星于命盤十二宮中的意義: 三台星入命宮, 命主爲有職有權有地位的人, 面黄白色, 圓長臉, 中矮身材, 面帶威嚴. 三台星性嚴肅. 耿直无私, 心直口快, 干脆利落, 光明磊落, 做事喜親自動手, 不隨便委托他人, 有仁義之心, 好交友, 且朋友都不錯, 人緣好, 心地善良, 好動, 不耐靜, 性急多疑, 講排場, 喜怒哀樂藏于心里, 不露于形色. 具有排兵布陣的能力, 有謀略胆識, 有一定的組織能力和社會地位 …."

397 司馬遷, 史記, 封禪書: "自古受命帝王, 曷嘗不封禪? 蓋有無其應而用事者矣, 未有睹符瑞見而不臻乎泰山也. 雖受命而功不至, 至梁父矣而德不洽, 洽矣而日有不暇給, 是以即事用希. 傳曰 「三年不爲禮, 禮必廢; 三年不爲樂, 樂必壞.」 每世之隆, 則封禪答焉, 及衰而息. 厥曠遠者千有餘載, 近者數百載, 故其儀闕然堙滅, 其詳不可得而記聞云. 尚書曰, 舜在璇璣玉衡, 以齊七政. 遂類于上帝, 禋于六宗, 望山川, 遍群神. 輯五瑞, 擇吉月日, 見四嶽諸牧, 還瑞. 歲二月, 東巡狩, 至于岱宗. 岱宗, 泰山也. 柴, 望秩于山川. 遂覲東后. 東后者, 諸侯也. 合時月正日, 同律度量衡, 修五禮, 五玉三帛二生一死贄. 五月, 巡狩至南嶽. 南嶽, 衡山也. 八月, 巡狩至西嶽. 西嶽, 華山也. 十一月, 巡狩至北嶽. 北嶽, 恆山也. 皆如岱宗之禮. 中嶽, 嵩高也. 五載一巡狩. 禹遵之. 後十四世, 至帝孔甲, 淫德好神, 神瀆, 二龍去之. 其後三世, 湯伐桀, 欲遷夏社, 不可, 作夏社. 後八世, 至帝太戊, 有桑谷生於廷, 一暮大拱, 懼. 伊陟曰 「妖不勝德.」 太戊修德, 桑谷死. 伊陟贊巫咸, 巫咸之興自此始. 後十四世, 帝武丁得傅說爲相, 殷復興焉, 稱高宗. 有雉登鼎耳雊, 武丁懼. 祖己曰 「修德」 武丁從之, 位以永寧. 後五世, 帝武乙慢神而震死. 後三世, 帝紂淫亂, 武王伐之. 由此觀之, 始未嘗不肅祇, 後稍怠慢也 …."

398 三台星君, 百度百科: "三台星君又稱三台華蓋星君, 中國民間信仰之一. 卽上台虚精開德星君, 中台六淳司空星君, 下台麴生司祿星君. 《無上黄籙大齋立成儀》 卷五二, 三台星天之陛官, 旦爲龍, 晝爲蛇, 暮爲魚. 三神者, 三台之靈也. 《雲笈七籤》 卷二四: 三台有六星, 兩兩而起勢, 橫亘北斗第二{鬼勺} 星之前, 一曰天柱, 乃王公之位. 在天曰三台, 在人曰三公. 西近文昌二星曰上台, 爲司命主壽; 次二星曰中台, 爲司中主宗室; 東二星爲下台, 爲司祿主兵. 又曰上台司命爲太尉, 中台司中爲司徒, 下台司祿爲司空. 一曰泰階上台上星護助天子, 下星爲女後; 中台上星爲諸侯, 下星爲卿大夫, 下台上星爲士, 下星主庶人, 所以和陰陽而理萬物也. 《太上玄靈北斗本命延生眞經注》 卷三: 三台者乃中天之大化, 北斗之華蓋也. 故稱 華蓋星君. 《太上老君說益算神符妙經》: 三台星君共增祿壽, 令無禍殃."

399 七星經: "七星如來. 大帝君, 北斗九辰, 中天大神. 上朝金闕, 下覆崑崙, 調理綱紀, 統制乾坤. 大魁貪狼, 文曲巨文, 祿存廉貞, 武曲破軍. 高上玉皇, 紫微帝君, 大周天際, 細入微塵. 何災不滅, 何福不臻, 元皇正氣, 來合我身. 天罡所指, 晝夜相輪, 俗居小人, ○○生, ○○○, 好道求靈. 生我, 養我, 護我, 形我, 許身形. 尊帝急急, 如律令 …."

400 三七呪: "至氣今至, 願爲大降, 侍天主, 造化定, 永世不忘. 萬事知."

(奉讀)함으로써 천지신명(天地神明)께 제왕의지(帝王意志)를 표명하는 제문을 올렸다. 이런 역사적 설화가 서린 곳이라서 오늘날 태봉리(台封里)이란 곳이 바로 '삼태성 봉선(三台星之封禪)'을 받았던 곳이다.

A.D. 42(壬寅年) 3월 15일(中巳日 혹은 次巳日, 檀君王儉御天祭日)[401] 오봉산 남산고성(南山古城)에서 고녕가야 건국 선언을 하면서 오랫동안 머리를 드러내었다고(古現故諱古露) 고로왕(古露王, 재위 42~156년)[402]으로 추앙을 받아 등극하게 되었다. 여기서 삼태성(三台星)은 새벽녘에 시각을 알리는 오늘날 '오리온자리(Orion)'에 있는 속칭 '오리온 허리띠(Orion's Belt)' 혹은 '삼형제별(three-brothers' stars, 三太星)'이 아니다. 이를 동양 고대 천문학 28수의 서방 백호 7수(西方白虎七宿)를 담당하는 삼수(參宿)에 해당하는 별이며, 각종 『삼국사』, 『조선왕조실록』 및 『성변등록(星變登錄)』에서는 삼수(參宿)의 '벌성(伐星)', 필수(畢宿)의 '삼기성(三旗星)'이라고 적고 있다.

고녕가야 시대 A.D. 156년경 백성(民家)을 추정하기 위해 고녕소도(古寧蘇塗)의 거북돌(머릿돌)을 실측해보니(앞에서 언급한 걸 다시 요약하면) 남북 길

---

401 조홍근, 금관가야 연대기, 참한역사신문, 2020. 10. 23.: "A.D. 42년 3월 15일 단군왕검(檀君王儉) 어천제일(御天祭日)을 기하여 구야국(金官國, 金官伽倻國)에서 9개 마을 추장(九干)들이 김수로왕 6형제를 왕으로 추대하였다. 6형제를 금관국(狗倻國), 대가야(伊珍阿豉, ?~?), 성산가야, 고녕가야(咸昌), 아라가야(咸安, 阿尸良國) 및 소가야(固城)을 건국하여 다스리게 했다." 6가야 건국을 선언과 동시에 6형제가 국왕으로 등극하고 김수로왕으로부터 가야 국왕으로 임명과 동시에 파견되었다는 해석이 가능함. 대부분의 가야 관련 성씨 족보에서는 이렇게 서술하고 있음.

402 a. 고로왕의 재위 기간 42년~156년은 115년간 재위했다는 기록은 허위가 아니라, 일본서기에는 100년 이상 되는 재위 기간(在位期間)은 10여 회나 된다. i) 실제로 당시는 100년 이상 생존했다기보다 임명했던 천자국 혹은 연맹체의 임명권(고녕가야의 경우는 금관가야) 국가에 왕권이 흔들렸거나 전쟁 등으로 내부정치에 분주했다. ii) 임명권 국가(사대국가) 혹은 패견권 국가가 핑계를 들어서 임명 혹은 파견을 하지 않는 경우다. 일본서기의 국왕(제후)는 초기는 가야국에서 나중에는 백제국에서 임명권 혹은 파견권을 고의로 행사하지 않았기 때문이다. / b. 丁若鏞, 弁辰別考 亦名迦洛考: "雖與金官. 隔以海口. 漬盧南與倭接. 恐非他邑也. 巨濟有加羅山. 輿覽云, 望對馬島最近. 弁辰十二國, 皆隸金官首露之國. 金官者. 弁辰之總王也. 漢光武時. 始開其國."

이가 2.1m, 동서 2.07m, 높이는 0.62m, 육면체에서 27%가 풍화 작용 등으로 없어졌다. 무게(重量, 돌 비중 2.6)는 5.115톤으로 추산되었다. 이 정도의 큰 돌을 이동하는 데 50여 명의 장정이 필요하고, 부역에 참여 인원은 적어도 200여 명으로 지역 주민은 호당 1명씩, 최대 참여는 70% 정도 본다면 260여 호에 호당 8.2인으로 2,132명 내외가 주변 마을에 살았다. 그 뿐만 아니라, 고로왕(古露王) 왕릉[403] 봉분작업(封墳作業)에 참여했던 인원을 추정하고자 실측을 하니 왕릉의 둘레가 46.8m로 반지름 7.45m의 반구(半球)로 봉분 토사량(封墳土砂量)을 계산하니 1,731.45톤, 오늘날 8톤 트럭으로 200대 분량의 성토작업(盛土作業)에 동원 인력은 4,327인 정도였다. 이를 기준으로 민가(民家)는 5,626호로 호당 8.2인으로 환산하면 46,135인이 100리 범위에 살았다는 계산이 나왔다.

당시는 청동기 시대의 말기라서 문자의 기록이 없다고 하더라도 어딘가 암각화(청동기 혹은 토기에 그림) 혹은 고인돌 성혈로 남겼을 것이라고 몇 년간 선사 시대 기록 유적(출토물)을 찾아봤다. 2023년 11월 29일 11시경에 대가야읍 장기리(大伽倻邑 場基里) 알 터(卵基)에 있는 1971년 4월 24일부터 29일에 조사했으며, 양전동 암각화라고 했다.[404] 낙동강으로 유입하는

---

403 a. 金子相, 金午相, 古寧伽倻大觀, 咸昌金氏宗親會, 中和堂印刷所, 1979. p. 72: "古寧伽倻王陵: i) 古露王陵, 位置 咸昌面 曾村里 七番地, 面積 墓地 2,350坪, ii) 王妃陵, 位置 咸昌面 曾村里 20番地, 面積 墓地 3,309坪, ii) 由來傳說: 西紀 42年 新羅 儒理王 18年 金海 龜旨峯에 異蹟으로 降生하여 이곳 함창에 古寧伽倻國을 建國하신 太祖王의 王陵으로 계좌(癸坐)이고 서릉(西陵)이라고 하며 東麓 임좌(壬坐)의 릉은 王妃陵으로 동릉(東陵)이라고 한다. 1592년(선조 28년) 관내 능 아래 본손(本孫)과 외손(外孫)인 本道 觀察使 김수(金睟), 본읍현감(本邑縣監) 이국필(李國弼) 등이 告由한 후 階前에 매립된 碑碣을 열어본 결과 음각으로 된 자획으로 古寧伽倻王陵임을 확인하게 되었다. 1712년 肅宗 38年 王命에 의하여 墓碑와 石物을 建立하였고, 그 후 屢次에 改堅하여 현재에 이르고 있다. 王陵에는 每年 3月 3日과 10月 1日에 子孫이 모여 大祭를 奉享하고 있다." / b. 新增東國輿地勝覽, 下卷六五四圖面六八五 咸昌古跡條: "伽耶王陵, 在縣南二里. 世傳本縣, 金氏爲其裔.立碑守護, 歲祭之."

404 장기리 암각화, 국사편찬위원회, 우리역사넷(contents.history.go.kr), 2024. 1. 14.: "고

2개의 개울물이 합류(두물거리, Mesopotamia)하는 초승달 모양 선상지(新月煽狀地)로 물고기 알 터였다. 지역주민들은 속칭 알터(卵基)라고 했다. 그곳에 게시된 실측도를 보고 분석을 해왔다.[405] 오늘까지 아무런 실마리를 찾지 못했다. 몇 번이고 실사 노트북(research notebook)을 읽었다. 구글 GPS로 측정한 좌표는 북위 35도 42분 44초, 동경 128도 17분 29.9초였다. 검파형암각화(劍把形巖刻畫, sword-hiltd petroglyphs) 속에는 3개(三台星, 제왕과 제후를 점지), 4개, 5개, 6개 혹은 7개의 성혈이 있다.

오늘날 책, 텔레비전 혹은 SNS(Social Network System) 같은 정보통신 매체를 통해 각종 정보를 얻었지만 청동기 시대(靑銅器時代) 혹은 철기 시대 초기(鐵器時代初期)엔 '하늘의 별'을 보고 i) 계절 변화, ii) 기후변동, iii) 농사철을 무슨 일을 해야 하는지를 알았다. 천관(天官), 일관(日官) 혹은 왈자(曰子)라는 분들은 iv) 초신성(超新星)이 나타나면 새로운 나라가 건국한다고 예상했다. v) 별똥별(유성)을 보고 국왕의 변고를 예언했다. vi) 화성이 유난히 붉게 타거나 인근 별을 침범하면 전화(戰禍)를 예상했다. vi) B.C. 3년 2월에 혜성(Halley's Comet)이 나타났다는 삼국사의 기록이 있다.[406] 이

령 장기리 암각화는 1971년에 발견되어 그해 4월 24일~29일에 걸쳐 조사되었다. 발견 당시 양전동 알터 암각화로 불렸는데, 대곡리 반구대 암각화, 천전리 암각화에 이어 세 번째로 발견된 암각화이다. 그림은 너비 6m, 높이 3m의 바위면 한가운데와 좌우에 여러 겹의 동그라미가 있고(3점) 그 주위의 바위 전면에 29점의 방패형 신상 그림이 새겨져 있다. 크기는 18~20cm 내외이며, 이 밖에 불분명한 사각형 내부에 열십자형의 그림 한 점이 있다. 암각화가 새겨진 바위 전방 270여 미터 지점에 하천이 흐르고 있다. 이 하천이 감아 도는 북쪽 언덕 알터 마을이 암각화가 있는 곳이며, 본래 암각화가 새겨진 바위는 앞의 하천과 접한 상태였으나 물길이 바뀌면서 현재는 강과 떨어져 있다."

405 고령 장기리 암각화(高靈 場基里 岩刻畫)는 경상북도 고령군 대가야읍 알터 마을 입구에 있는 높이 3m, 너비 6m의 경상 누층군 하산동층 암벽에 새겨진 바위 그림의 암각화(Petroglyph)이다. 1976년 8월 6일 대한민국의 보물 제605호로 지정되었다.

406 三國史, 新羅本紀, 朴赫居世條: "五十四年春二月己酉星孛于河鼓 …."

는 오늘날 이스라엘이라는 땅에 구세주(Jesus Christ) 탄생을 예고했다. 즉 12월 24일(聖誕節)에 동방박사 세 사람이 현장을 확인했다.[407]

고구려 고분에서 별자리를 벽화에 그린 안악 1호 고분, 덕흥리 고분, 각저총(角抵塚), 무용총(舞踊塚), 삼실총(三室塚), 장천 1호 고분 등 22기의 고분에서 별자리 그림(星座畵, constellation picture)이 남아 있다. A.D. 5~6세기 아라가야(阿羅伽倻) 사람들이 무덤방 덮개돌(天蓋石)에다가 남두육성(南斗六星, 궁수자리) 등 125개의 별자리 성혈을 새긴 함안 말이산(咸安末伊山) 제13호 고분(사적 제515호)이 2018년 12월 18일에 발굴되었다.[408] 고구려 고분벽화의 성좌화(星座畵)를 기반으로 장기리(場基里) 암각화(巖刻畵, petroglyphs)를 분석해 본다면, 동두오성(東斗五星, 청룡과 봄철 농경), 서두사성(西斗四星, 백호와 가을철, 추수), 남두육성(南斗六星, 삶, 여름과 벼농사 책력을 관장), 북두칠성(北斗七星, 죽음, 자미원은 제왕의 운세, 백성의 수명) 등이 인간 세상을 관장했다. 서양에서는 북두칠성에 대한 믿음은 신약성서 요한계시록(The Revelation to John)에서는 7개의 천상의 황금 촛대(seven

---

407 a. Three Kings Day(www.nj.gov): "Three wise men, or Magi as they were known, whose names were Caspar, Melchior, and Balthasar, traveled a far distance to pay homage to Christ." / b. According to 'scholars' the star that appeared over Bethlehem, Halley's Comet. Quora(quora.com), 2023. 2. 2.: "According to 'scholars' the star that appeared over Bethlehem during the birth of Jesus was actually Halley's Comet. I guess the wise men weren't so wise then? A: There were several candidates for the star of Bethlehem, including Halley's comet, Venus, Jupiter, a supernova and many others."

408 이기환의 흔적의 역사, 고구려 고분과 아라가야 왕릉의 남두육성…그 깊은 뜻은?, 경향신문, 2019. 1. 4. "… 5~6세기 아라가야인들은 왜 남두육성을 무덤방 덮개돌에 새겨 넣었을까. 지난해 12월 18일 아라가야 왕릉급 고분인 함안 말이산 13호분(사적 제515호)에서는 전갈자리와 궁수(사수)자리 등의 별자리 125개가 새겨진 덮개돌이 확인됐다. 더욱 특이한 것은 별자리가 새겨진 구덩식 돌덧널 무덤방의 벽면이 붉게 채색되어 있었다는 것이다."

golden lampstands)에 비유[409]하는 등 동양보다 더 다양한 설화가 있다.

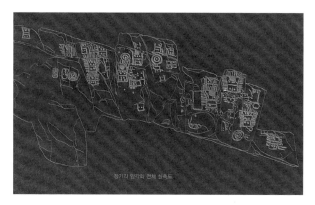

자료출처: 현장 안내판 촬영, 장기리 암각화 전체 실측도

천향검파(天向劍把, sword hilt pointing towards the sky)[410]는 하늘이 국왕을 낳아 지상에 강림(誕降)시킴을 의미한다. 4중 동심원(노예, 백성, 귀족 및 국왕)은 로마 시대 태양 신앙에서는 태양을 의미했지만, 난생설화의 동이족에겐 알(부화)은 국왕(탄생), 새로운 세상(개벽, 개천 혹은 건국)을 의미했다. 즉 개천(開天). 개벽(開闢)이나 개국(開國)을 말했다. 바로 '태양과 같은 새로운 세상(光明理世)' 혹은 '새로운 나라의 건국(開闢新歲)'이었다. 배달

409   Revelation 1:12~16: "12 I turned around to see the voice that was speaking to me. And when I turned I saw seven golden lampstands, 13 and among the lampstands was someone like a son of man, [a] dressed in a robe reaching down to his feet and with a golden sash around his chest. 14 The hair on his head was white like wool, as white as snow, and his eyes were like blazing fire. 15 His feet were like bronze glowing in a furnace, and his voice was like the sound of rushing waters. 16 In his right hand he held seven stars, and coming out of his mouth was a sharp, double-edged sword. His face was like the sun shining in all its brilliance."

410   지향검파(地向劍把, sword hilt pointing towards the earth)는 인간을 출산하는 여성의 성기로 보며, 미국, 몽고, 알타이 혹은 호주 등에서는 사실적인 출산장면을 그린 암각화가 많이 발견되고 있다. 그러나 우리나라의 청동기 암각화는 돌의 신성정화력(神聖精華力)을 믿고 암각화였다.

소도(倍達蘇塗)에서 회맹(會盟)했던 '임인건국복안(壬寅建國腹案)'이란 대
기획(master-plan)이 천기(天機)를 암각화로 남겼다.

자료 출처: 한국향토문화전자대전, 제44호 고분 발굴 당시 사진

즉 대가야 건국 군주(建國君主) '이진아시(伊珍阿豉)'411의 이름에 '아시(asi,
阿豉)'는 신라어는 오늘날 '봉황(鳳凰)'이다. 혹은 오늘날 '아기(兒童)', '아지(송
아지, 망아지, 강아지)' 등의 뜻도 있다. 고려말로는 '첫째(최초, 첫 번 혹은 맏)'이다.
현재까지 '아시 빨래, 아시 벌초, 아시 김매기, 아시 적삼, 아시 치마…'라는
말을 사용하고 있다. 그뿐만 아니라 '정견모주(正見母主)'412 설화에서 '내진

---

411 수로왕(惱窒靑裔) ▷ 금관국 이진아시(惱窒朱日, 內珍朱智) ▷ 아로왕(아라가야) ▷ 고로
왕(고녕가야(咸昌)) ▷ 성산가야 ▷ 소가야 순으로 6형제로 보고 있음. 정견모주(正見母主)의 아
들은 이진아시, 또 다른 정견모(政見母)의 아들로는 수로왕, 아로, 고로, 벽로, 말로 등 5형제로 보
임. 이를 최치원은 석이정전(釋利貞傳)에다가 이진아시(伊珍阿豉, 둘째)와 수로왕(맏형)은 이복
형제라고 판단했음. 왕명으로 수로(首露, 첫째), 아로(阿露, 셋째) 고로(古露, 넷째), 벽로(碧露,
다섯째), 그리고 말로(末露, 막내) 등은 유사하기 때문. 이렇게 볼 수 있는 근거로는 三國遺事의 6
난설, 高麗史의 6형제설, 정약용의 我邦彊域考의 6형제, 석순응전(釋順應傳)을 종합하여 6형제
의 순위를 정리했음.

412 首露王, ウィキペディア: "生年 42年 3月 3日, 没年 199年 3月 20日, 父天神夷毗訶之母
正見母主 首露王(しゅろおう, 수로왕) は, 金官加羅国の始祖と伝えられている古代朝鮮半島
の王で, 金海金氏の始祖. 首露王は 158年間国を治めたとも伝えられている. 妃は阿踰陀(あ
ゆだ)国の王女と伝わる許黃玉. 阿踰陀国についてはインド, タイ, 中国, 日本などの説あるが,

주지(內珍朱知)' 혹은 '뇌질주일(惱窒朱日)'은 맏형이다.[413] 맏형답게 가야 건국 마스터플랜(master-plan)을 구상해 A.D. 42년 전후 암각화를 새겼다.

고령군 대가야읍 지산리(池山里) 산8번지 지산동고분군(池山洞古墳群)에서 제44호 고분은 A.D. 475년 쇠퇴기 이전 즉 대가야 연맹체(大伽倻聯盟體) 번성기(繁盛期)에 조성했다. 왜냐하면, 36인의 순장자(殉葬者)를 껴묻은 대형 고분이다. 현장 안내문에 있는 봉분은 장축(동서) 27m, 단축(남북) 25m의 타원형 대형 분묘(楕圓形大形墳墓) 속칭 포주박 반쪽 모습이다. 발굴 당시의 규모를 기반으로 봉분(封墳) 당시 총 토사량(總土砂量)으로 i) 봉분조성(封墳造成) 때 동원 인력 산출, ii) 1호당 1인 부역(負役), iii) 70%가량이 봉토 작업(封土作業)에 참여, iv) 호당 거주 인구를 8.2인으로 추계한다고 가정한다. 이를 기반으로 당시 대가야의 민가(백성) 수를 탄성 추계한다.

타원구(楕圓球封墳)의 체적 산출공식은 4/3(장축 반경 13.5m)×(단축 반경 12.5m)×(높이 6m)×(흙의 비중 2.4)/2로 계산하면, 4,219톤(8톤 트럭 528대 분량)으로 산출된다. 이를 1인당 1일에 400kg(흙 바지게로 20짐) 봉토한다고 하면 10,548인의 동원 인력(動員人力)이 필요하다. 동원 인력의 1.3

インドのアヨーディヤーが最有力である. 伝説ではクジボン(クジの岳)に降臨したという. 『新増東国輿地勝覧』 には加耶山の女神である正見母主と天神 『夷毗訶之』(イビガジ) から(惱窒朱日・内珍朱智)が生まれた. その内珍朱智の異名が首露王であって金官加羅国を建国したと記録されている. 内珍朱智の兄である惱窒朱日の異名は伊珍阿豉(イジンアシ)で大伽耶を建国した ….”

413 新增東國輿地勝覽, 卷二十九, 高靈縣, 建置沿草: "本大伽倻國【詳見金海府山川下】自始祖伊珍阿豉王【一云 内珍朱智】 至道設智王 凡十六世五百二十年 【按崔致遠 釋利貞傳云, 伽倻山神, 正見母主, 乃爲天神夷毗訶之所感, 生大伽倻王惱窒朱日. 金官國王惱窒靑裔二人, 則惱窒朱日, 爲伊珍阿豉王之別稱, 靑裔, 爲首露王之別稱, 然與駕洛國王古記六卵之說, 俱荒誕不可信, 又釋順應傳, 大伽倻國月光太子, 乃正見之十世孫, 父曰異腦王, 求婚于新羅, 迎夷粲比枝輩之女, 而生太子, 則異腦王, 乃惱窒朱日之八世孫也, 然亦不可考.】"

배로 민가는 13,712호였다. 호당 8.2인으로 봐도 백리강역(百里疆域)에 112,438명 내외의 백성들이 살고 있었다. 물론 사방백리(四方百里)에 11만2천여 인 이상의 백성들이 살았겠지만 정확한 강역을 모르기에 단순하게 탄성추계(彈性推計, elastic extrapolation) 했다.

사실, 역사란 뭘까 하는 본질을 생각하면, 1961년 애드워드 카(Edward Hallett Car, 1892~1982)의 저서 『역사란 무엇인가(What is history)?』[414]에서 "역사는 오늘과 과거의 끊임없는 대화(history is an unending dialogue between the past and the present)."라고 개념을 정리할 때에는 현대 첨단 과학처럼 빈틈조차 없는 해석, 교훈, 그리고 재구성 등의 여지가 있다.

그래서 우리나라 역사학자들은 "고구려가 삼국을 통일했다면 우리나라의 영토는 만주까지 확장되었을 것이다."라는 주장도 한다. 심지어 유명 국립대학교 한국사 교수마저도 "A.D. 689년에 신문왕이 달구벌(達句伐) 천도를 하고자 했던 곳이 오늘날 대구가 아니라, 팔거현(八莒縣)이었던 칠곡이다."라는 주장까지 하고 있다. 학문강역(學問疆域)에서 변동이 없기에 이곳 또한 '학문적 해량(學問的海諒, scope of academic forgiveness)'이다. 그러나 '임나일본부론(任那日本府論)'을 정립하는 데 고녕가야(古寧伽倻)를 무시하거나 뭉개버리고자 하는 건 학문강역(學問疆域)을 함몰시키는 행위다.

심지어, 일본서기(日本書紀, にほんしょき)는 A.D. 720년에 편찬되었다. A.D. 1145(고려 인종23)년에 『삼국사(三國史)』를 관찬했다. 일본서기가 삼국사보다 425년이나 앞서서 저술되었다. 그러나 '임나일본부론(任那日本府

---

414   Edward Hallett Carr, What Is History? University of Cambridge & Penguin Books Publication, 1961, 224page

論)'에서는 일본서기(日本書紀)만이 '술이부작(述而不作)'이라는 춘추필법으로 써졌기에 믿을 수 있다고 삼국사를 불신할 수 없다. 당시 일본서기를 편찬할 때에 삼국사처럼 고대 역사를 기반으로 저술했다기보다 '가타리베(語部, かたりべ, storytellers)'[415]의 이야기를 기반으로 적었기에 한 왕조가 100년을 넘는 경우가 허다하다. 체면이나 듣는 사람의 구미에 맞춰서 엿가락처럼 늘였다.

물론 『삼국유사(三國遺事)』의 '가락국기(駕洛國記)'에서도 김수로왕(金首露王, 재위 A.D. 42~199)[416]은 158년 동안 재위에서 있었다. 고녕가야(古寧伽倻)의 고로왕(古露王, 재위 A.D. 42 ~ A.D. 156)도 115년간 통치를 했다는 역사적 기록을 믿기 어렵다. 이는 오늘날에서도 허구이고 불신거리가 된다. 그러나 오늘날과 다른 당시의 '보이지 않는 새끼줄(不視索, invisible rope)'을 찾아낼 수 있는 역사적 기술의 여지(餘地)를 만나게 된다. 통치국가(屬國, 分國 및 方國) 혹은 연맹체(盟主國 및 聯盟國) 등의 관계도 고려해야 한다.

오늘날 과학의 모태를 만든, 찰스 다윈(Charles Darwin, 1809~1882)[417]은

---

415 語部(かたりべ)1) 古代の口頭伝承にたずさわった集団. 朝廷と諸國にいて, 神話や伝説などを語り伝えることを職務とした. 2) 自らの伝聞や体験を後世に語り伝える人. 古代の職業部の一つ. 古伝承を語り伝えて宮廷の儀式で奏上した. 『延喜式(えんぎしき)』によると, 踐祚大嘗祭(せんそだいじょうさい)に, 伴宿禰(とものすくね), 佐伯(さえき) 宿禰は, 美濃(みの) 8人, 丹波(たんば) 2人, 丹後(たんご) 2人, 但馬(たじま) 7人, 因幡(いなば) 3人, 出雲(いずも) 4人, 淡路(あわじ) 2人の語部を率いて參加し, 語部の古詞(ふるごと)を奏した. 「其(そ)の音, 祝詞(のりと)に似たり」という古詞の内容は現在伝えられていないが, おそらく天皇霊の「死と再生」の始源の物語や, その継承の由來伝承であったと想像される. それが宮廷儀礼に取り入れられる以前の段階には, 地方豪族の首長權継承にあたって, 各地の聖水における御阿礼(みあれ)(神の誕生)や御贄(みにえ)貢進の壽詞(よごと)として, さまざまに伝えられたもので, その背景には新嘗(にいなめ)の神事が存在したようである. 現在, 確認される語部の分布が, 東は遠江(とおとうみ), 美濃, 西は出雲, 備中(びっちゅう)の範囲を出ないので, 案外早い時期に宮廷の儀礼に入れられたと考えられている.

416 三國遺事, 駕洛國記: "… 開皇曆云, 姓金氏, 盖國世祖從金卵而生, 故以金爲姓爾 …."

417 Charles Robert Darwin FRS FRGS FLS FZS JP(/ dɑ rw n/[7] DAR-win; 12

1859년 11월 24일에, 『종의 기원(the Origin of Species)』이라는 저서를 출간했다. 현대과학에서는 대자연의 스토리 텔링(story telling)에 불과했다. 그러나 오스트리아 그레고어 멘델(Gregor Mendel, 1822~1884)은 1856년 수도원 정원에 심었던 완두콩으로 7년간 실험을 통해 1865년 멘델의 법칙(Mendel's law)이라는 논문을 발표하여 유전 법칙의 수치(계량)화를 했다. 1962년에는 제임스 왓슨(James Dewey Watson, 1928년생)이 유전자의 이중나선(DNA) 구조를 밝혀내어 입체화함으로써 생명공학의 새로운 길을 열었다. 고녕가야의 역사도 현재는 스토리 텔링 수준의 역사이지만 앞으로 지질학, 고생물학, 고고학, 고인류학, 고미술학, 문화인류학 등에서 학제 간 연구를 통해 '개구리 뜀 이론(Frog-Leaping Theory)'에 따르면 반드시 평면적 정량화(연대, 수치화 등)가 이뤄질 것이다. 이를 기반으로 구체적이고 입체적인 위상 기하학과 같은 고녕가야 역사(古寧伽耶歷史)의 참모습을 볼 것이다.

'보이지 않는 끈(invisible string)'으로
세상만사가 연결되어

현재 한반도에서 대표적인 철광산지(鐵鑛山地)인 양양(襄陽), 홍천(洪川)

February 1809 ~ 19 April 1882) was an English naturalist, geologist and biologist, widely known for his contributions to evolutionary biology. His proposition that all species of life have descended from a common ancestor is now generally accepted and considered a fundamental concept in science. In a joint publication with Alfred Russel Wallace, he introduced his scientific theory that this branching pattern of evolution resulted from a process he called natural selection, in which the struggle for existence has a similar effect to the artificial selection involved in selective breeding. Darwin has been described as one of the most influential figures in human history and was honoured by burial in Westminster Abbey.

및 포천(蒲川)의 철광상(鐵鑛床) 구조를 살펴보면 선(先) 캠브리안(Precambrian) 변성퇴적광상(變性堆積鑛床, metamorphic sedimentary deposit)이다.[418] 상주시(尙州市)도 이와 유사하나 철광 산지가 아닌, 서쪽 옥천 습곡대와 동쪽 경상 분지(慶尙盆地) 사이에 끼어 있는 선(先) 캠브리안 영남지괴(嶺南地塊)에 자리 잡고 있다. 암석은 전체적으로 편암류(片巖流)이나 화강암화(花崗巖化)로 형성된 준편마암류(準片麻巖流, subgneisses)다. 충북과 경북 경계에 팔음산(八音山) 서쪽 경사면에는 월명광산(月明鑛山)이 있고, 상주시에는 같은 광맥상(鑛脈上)의 득수광산(得水鑛山)에서 토상흑연(土狀黑鉛, soil graphite)이 산출된다.

흑연(黑鉛)과 제련(製鍊)에 있어 오늘날처럼 용광로 이전에 도가니를 사용했다. 점토를 구워 만든 도가니(china clay)에 선철, 고철, 이외 첨가물 등을 넣고 코크스로(coke furnace)에서 1,600℃ 정도 3시간 구워준 다음 위에 뜬 규소(硅素) 등 불순물(슬래그)을 버리고, 아래쪽 강철을 얻는다. 흑연도가니(graphite pot)는 2,500℃까지 가열할 수 있어 재료는 흑연, 점토, 실리카(silica)[419] 및 왁스석(wax stone)으로 만들었다. 흑연도가니로는 아연, 주석, 구리, 황동, 금과 같은 비철금속과 합금 제련에 사용했다. 인상흑연(鱗狀黑鉛, impression graphite)과는 달리 토상흑연(soil graphite)은 불순물

---

418   Jieun Seo1, Seon-Gyu Choi1, Young Jae Lee, Etsuo Uchida, Review of the Mesozoic Iron Mineralization in South Korea, Journal of the Geological Society of Korea - Vol. 57, No. 4, 31 Aug 2021 pp. 615~628: "In the Korean Peninsula, the Yangyang, Hongcheon, and Pocheon iron deposits have been considered as metasediment origin deposits formed during Precambrian."

419   이산화규소($SiO2$) 또는 미네랄 석영으로 알려진 실리카는 화학 성분인 실리콘의 파생 혼합물이며, 지각의 59%를 구성하고 있어 일반적인 흙의 가장 큰 비중을 차지합니다. 실리콘은 산소와 결합하여 규산염을 형성하며, 이는 가장 흔한 광물질입니다. 오늘날 반도체의 원료는 실리카 모래(99.999% 이상 순도)로 석영 기둥을 만들어 자른 것이 반도체 와이퍼가 된다.

이 많아 정제 과정을 거쳐야 사용할 수 있다. 현재 상주시에 광구수(鑛口數)는 49개 가운데 채광이 가능한 광구(鑛口)는 겨우 14개 정도에 불과하다.

광산물(鑛産物)로는 석탄(石炭)과 석회석(石灰石)이 주로 생산되었다. 주요 산지는 은척면(銀尺面)과 화남면(華南面)에 있다. 계림광산(桂林鑛山), 함원광산(咸元鑛山) 및 상원광산(上元鑛山)에서는 무연탄을 채광한다. 철광(鐵鑛)이나 사철(沙鐵)은 한반도 어디서나 구할 수 있었기에 가야 제철(製鐵) 혹은 제강(製鋼)기술에 3대 요소인 흑연도가니, 석회석(石灰石 혹은 白雲石 dolomite, 내화벽돌 보호와 불순물 제거용도) 그리고 고열연료 석탄이 이곳에서 모두 생산되었다. 이와 같은 사실은 고령가야가 가야 연맹체(Gaya Confederacy)의 제철 산업에 피벗 역할(pivot role)을 했다. 석회규산염광물(石灰硅酸鹽鑛物) 등으로 구성되어 있고, 화강암이 석회암이나 돌로마이트(Dolomite)에 관입했을 때 열수(熱水)에 의한 물질교환을 통해서 형성된 변성암이 스카른(skarn)과 관련된 광상지질(鑛床地質)에 가장 풍부한 유형이다.

상주시 선(先)캠브리아 시기(Precambrian) 암석으로 구성된 영남지괴(嶺南地塊)에다가 단층(斷層)이 많아서 상주와 속리산 일대는 지진이 활발한 편이다. 최근 기상청 기록으로는 1978년부터 2021년 10월까지 이곳에 지진 발생은 회수는 94회, 주변보다 높은 빈도다. 1978년 5.0 규모의 속리산 지진, 2019년 7월 21일 3.9, 2020년 1월 30일 3.2와 11월 8일 2.9 등이 이어지고 있다. 진앙(震源地, epicenter)은 대부분 20km 이내에서 발생하고 있다. 경주시는 삼국사에서도 40회[420]나 성벽이 무너지고 백성이 죽

420　『三國史』, 新羅本紀: "儒理尼師今 11(34)年 京都 地裂泉湧 夏六月 大水 … / 脫解尼師今 8(64)年, 十二月 地震 無雪. / 婆娑尼師今 14(93)年 冬十月 京都地震 … / 阿達羅尼師今 17(170)年 秋七月 京師地震 霜雹害穀. / 奈解泥師今 34(229)年 秋九月 地震 冬十月 大雪

는 오늘날 진도 4~7도 정도 지진(地震)을 기록하고 있다. 최근 2003년부터 2023년까지 4.0 미만의 60여 회나 지진이 발생했다. '황금 제국(黃金帝國, gold empire)' 신라(新羅)가 되게끔 70~80% 정도 고순도 구상정금(球狀精金)이 사금이 산출되는 경주의 특징은 지진과 황금 생성(黃金生成)에 상관관계가 있었다.

지진(地震)과 황금산출(黃金産出)과 상호관계(相互關係, relationship)에 대해 현대과학에선 "지표면 아래 지하수에는 금 성분을 비롯한 미네랄(유황, 철분 등)이 고농도로 함유되어 있다. 따라서 지진에 의해 물이 기화함으로 인해서 광물 금이 응고될 수 있어서 과학자들은 지진의 영향을 받은 지역에선 석영과 금이 많이 산출되는 데 연관성을 갖고 있다고 본다."[421]라고

深五尺 … / 基臨尼師今 7(304)年 秋八月 地震 泉湧 九月 京都地震 壞民屋有死者 / 奈勿尼師今 33(388)年 夏四月 京都地震 六月又震 冬無氷 / 訥祇麻立干 42(458)年 春二月 地震 金城南門自毁 / 慈悲麻立干 14(471)年 三月 京都地裂 廣二丈 濁水湧 冬十月 大疫 / 慈悲麻立干 21(478)年 春二月 夜赤光如匹練 自地至天 冬十月 京都地震 / 智證麻立干 11(510)年 夏五月 地震壞人屋 有死者 冬十月 雷 / 眞興王 1(540)年 冬十月 地震 桃李華 / 善德王 2(633)年 二月 京都地震 / 文武王 4(664)年 三月 地震 (中略) 八月十四日 地震 壞民屋 南方尤甚 / 文武王 6(666)年 春二月 京都地震 / 孝昭王 7(698)年 二月 京都地動 大風折木 (中略) 秋七月 京都大水 / 聖德王 7(708)年 二月 地震 夏四月 鎭星犯月 / 聖德王 17(718)年 三月 地震 夏六月 震皇龍寺塔 始造漏刻 (中略) 冬十月 流星自昴入于奎 衆小星隨之 天狗隕艮 / 聖德王 21(722)年 二月 京都地震 / 聖德王 22(723)年 夏四月 地震 / 聖德王 24(725)年 春正月 白虹見 三月 雪 夏四月 雹 (中略) 冬十月 地動 / 孝成王 1(737)年 夏五月 地震 秋九月 流星入太微 / 孝成王 6(742)年 春二月 東北地震 有聲如雷 夏五月 流星犯參大星 / 景德王 2(743)年 秋八月 地震 / 景德王 24(765)年 夏四月 地震 (中略) 六月 流星犯心 / 惠恭王 3(767)年 夏六月 地震 (中略) 秋七月 三星隕王庭 相擊 其光如火散 / 惠恭王 13(777)年 春三月 京都地震 夏四月 又震 / 惠恭王 15(779)年 春三月 京都地震 壞民屋 死者百餘人 太白入月 設百座法會 / 元聖王 3(787)年 春二月 京都地震 (中略) 夏五月 太白晝見 秋七月 蝗害穀 八月辛巳朔 日有食之 / 元聖王 7(791)年 冬十月 京都雪三尺 人有凍死 (中略) 十一月 京都地震 / 元聖王 10(784)年 春二月 地震 / 哀莊王 3(802)年 秋七月 地震 / 哀莊王 6(805)年 冬十一月 地震 / 興德王 6(831)年 春正月 地震 / 景文王 10(870)年 夏四月 京都地震 (中略) 秋七月 大水 冬 無雪 國人多疫 / 景文王 12(872)年 夏四月 京師地震 秋八月 國內州郡 蝗害穀 / 景文王 15(875)年 春二月 京都及國東地震 星? 于東 二十日乃滅 / 神武王 2(913)年 夏四月 隕霜 地震 / 神武王 5(916)年 冬十月 地震 聲如雷 / 敬順王 2(928)年 六月 地震 / 敬順王 6(932)年 春正月 地震"

421   Can earthquakes create gold? Earthquakes Turn Water Into Gold - Gifographic

한다. 따라서 경주와 고녕가야 도읍지 함창에서 지진의 빈도가 높은 것이 구상정금(球狀精金)과 순도 높은 사금산출(砂金産出)에 상관관계가 있다. 최근 사이언스 과학 전문지에서도 "금맥상(金脈床)은 지진으로 순식간에 생성될 수 있어, 지각 깊은 곳에 있는 단층대(斷層帶, fault zones)를 따라 금, 규산염 광물과 같은 용해된 물질이 풍부한 액체로 채워진 작은 공동은 대지진 중에 이전 크기의 최대 13만 배까지 갑자기 확장될 수 있다."[422] 라는 새로운 연구 분석이 나왔다.

- Mocomi Kids(mocomi.com): "In the case of the earth, the water beneath the surface carries a high concentration of minerals including gold. Hence, vaporization of the water causes the mineral gold to solidify. This is why scientists are linking earthquakes to the discovery of quartz and gold in affected areas."

422   Science Shot: Earthquakes Deposit Gold in Fault Zones, Science(science. org), 2013. 3. 17.: "Gold deposits may be created in a flash—literally. Along fault zones deep within Earth's crust, small cavities filled with fluids rich in dissolved substances such as gold and silicate minerals can expand suddenly to as much as 130,000 times their former size during a major earthquake, a new analysis suggests."

2.
봉황의 신고복지(神皐福地)에
고녕가야의 둥지를 틀다

길라잡이 키별(箕星)을 따라 한반도 남부까지 유입

최근 고고학에서는 지금부터 10만 년 전 호모 에렉투스(Homo erectus)가 단양군 석회동굴에서 구석기 시대를 살았다. 이보다 더 앞서 30만 년 전까지 소급하는 연천(漣川) 한탄강(漢灘江)에서 발굴된 아슐리안 주먹 돌도끼로 구석기 시대(舊石器時代)부터 살았다는 사실이 입증되었다. 1960년에 3만 년 전의 호모 사피엔스(Homo sapience)로는 흥수(興洙) 아이라는 4~6세 남자아이의 시신이 발굴되었다. 한강 유역 석회암지대에 2,000여 군데의 동굴에서 빙하기를 보내고 신석기 농경 시대를 열었다. 이어서 청동기 시대를 개막했으며 고조선이란 국가를 건설했다.

평화로웠던 한반도에 신생국가 건국의 바람이 불었던 때는 i) B.C. 230년 전후로 한 진시황(秦始皇)의 만리장성(萬里長城) 공역(貢役)을 피하고자 실향민(失鄕民)들이 유입되었다. ii) B.C. 194년 연나라의 위만(衛滿)이 고조선을 정복함으로써 망국 유민이 들어왔다. iii) B.C. 8년 전한(前漢)의 멸망과 A.D. 23년 왕망(王莽)의 신(新) 나라가 멸망하자 황실 호족들이 신천지를 찾아 한반도로 들어왔다. 건국도화선(建國導火線)에 불을 붙인 건 iv) A.D. 20년 고구려 대무신왕(大武神王)이 동부여(東扶餘)를 정벌함으로써 소호 김천씨(少昊金天氏)의 후예들이 한반도 남부 달구벌(達句伐)까지 흘러들어왔다. 이들은 김씨 건국(金氏建國) 프로젝트를 완수하고자 김해(金海)와 경주(慶州)로 갈라져서 책임을 완수하게 되었다.

당시는 청동기 농경 사회라서 농사책력(農事冊曆)이고, 인문항법 시대(人文航法時代)의 항해에 길잡이 역할을 했던 '별자리 나침판(star compass)'으로 남두육성(南斗六星)과 기성(箕星)[423]을 따라 한반도로 유입했다. 지구촌에 생명체가 생겨난 뒤에 곤충, 조류 혹은 동물은 하나같이 별자리(은하수)를 보고 이동했다. 지금부터 3,400년 전에 페니키아(Phoenicia) 해상들이나 하와이(Hawaii) 사람들도 동이족(東夷族)의 '28수 성좌 나침판'과 유사한 별자리 나침판(star compass)을 갖고 있었다. 8괘 방향에서는 손방(巽方, 오늘날 동남쪽)에서 농사를 관장하는 키별(箕星)[424]을 쫓자 한반

---

423 기성(箕星), 한국학중앙연구원(dh.aks.ac.kr): "기성(箕星)은 그중에서 동방 청룡(靑龍)을 이루는 7번째 별자리로서, 『천문류초(天文類抄)』에 따르면 청룡의 항문에 해당한다. 기성은 네 별자리가 직사각형 모양을 이루고 있어서 농사일에 사용하는 키를 닮았다."

424 기성(箕星), 대순진리회 여주본부도장(webzine.daesoon.org): "28수(宿) 중 일곱 번째 별자리인 기수(箕宿)는 각수(角宿)·항수(亢宿)·저수(氐宿)·방수(房宿)·심수(心宿)·미수(尾宿)와 함께 목기운(木氣運)을 맡아 다스리는 동방청룡 7수(宿)에 속하며, 청룡의 항문에 해당한다. 『천문류초(天文類抄)』에 따르면 기수는 3개의 별자리로 구성되어 있으며, 그중에서 기수의 수거성(宿距星)인 기성(箕星)은 주홍색인 4개의 별로 이루어져 있다. 기수는 후궁, 팔풍(八風), 변방부족을 주관하며 28수를 관장하는 신명들 중에서 경감 04신명이 관장한다. 기성은 24절후 중 망종(양력 6월 6일경) 때에 동쪽에서 떠오른다. "보리는 망종 전에 베라."는 속담은 망종을 넘기면 보리가 바람에 쓰러지는 수가 많으므로 이를 경계해야 한다 하여 망종과 바람의 관계를 간접적으로 표현한 말이다. 이는 망종에 뜨는 기성을 알곡과 쭉정이를 가려내는 키라고 생각한 것

도에 들어온 이유는 바로 세세연년(歲歲年年) 풍년을 꿈꿨기 때문이다.

한편 동이족에게는 4대 영물로 용(龍), 봉(鳳), 호랑이(虎), 거북(龜)를 4방위의 수호신으로 믿었다. 고구려의 고분벽화의 사신도(四神圖), 4방위 수호신으로 동창용(東蒼龍), 서백호(西白虎), 남주작(南朱雀), 북현무(北玄武)에 대한 신앙을 가졌다. 이를 별자리와 합쳐 '28수 성좌(二十八宿星座)'라는 입체적인 별자리 나침판(星座方向)을 만들었다. 생활 혹은 예절상 방향으로는 i) 천신(天神) 혹은 국왕에게 북향을, ii) 산 사람은 동천(東天), 죽은 사람은 서천(西天)에서 남동여서(男東女西)의 질서까지 만들었다. iii) 조선 시대 국조오례(國朝五禮)에서는 아예 북방신위(北方神位)를 규정하고 사직과 사당을 북쪽에 배치했다. 국왕의 상징으로 북향재배(北向再拜)까지 예절 방향(禮節方向)을 정했다.

과 관련이 있다. 바람을 내서 쭉정이를 날려버린다고 하여 옛사람은 기성을 바람을 다스리는 풍백(風伯)이라고도 하였던 것이다. 그림에서 보는 바와 같이 기성은 키의 형태를 지니고 있다. 또한 『풍속통의(風俗通義)』에는 "바람을 다스리는 것은 기성이다. 기성이 키를 까부르고 드날리니, 능히 바람의 기운을 이르게 한다."고 기록되어 있다. 기성을 다른 말로 천계라고도 하는데 이는 『주역』에서는 바람을 뜻하는 손괘(巽卦)를 닭(鷄)이라고 한 데서 나온 말로 추측된다. 기성은 그냥 바람이 아닌 동·서·남·북과 동남·동북·서북·서남 등 여덟 곳에서 부는 팔풍을 주관한다. 그러므로 기성이 밝으면 바람이 잘 통하여 곡식이 잘 익게 되고, 어두우면 바람이 심하게 불어 피해를 본다고 여겼다. 게다가 바람은 목기(木氣)이기 때문에 나무가 물속에 들어가면 썩듯이 기성이 은하수로 들어가면 나라에 재앙이 생겨 기근(飢饉)이 심해진다고 하였다. 기성 밑에 3개의 주홍색 별로 이루어진 목저(木杵)는 나무로 만든 절굿공이를 뜻한다. 절굿공이는 곡식을 찧는 도구이기에 목저는 곡식을 찧는 일을 주관하며, 세 개의 별이 곡식을 찧는 형상으로 세로면 풍년이 들고 가로면 굶주리게 된다고 한다. 목저 옆에 어두운 빛을 내는 1개의 별은 강(糠)이다. 강은 '쌀겨 강' 자로 곡식을 까부를 때 생기는 찌꺼기를 말한다. 이 별이 밝으면 풍년이 들고 어두우면 기근이 들며, 보이지 않으면 기근이 심해져 백성들이 피폐하게 된다고 한다. 『홍연진결(洪煙眞訣)』에 따르면 하늘의 현상이 인세에 영향을 준다고 믿어 땅에 별자리를 대응해 놓았다. 우리나라 땅에서 기수는 함경북도 명천(明川)·경흥(慶興)·온성(穩城)·경원(慶源)·종성(鍾城)·무산(茂山)·회령(會寧)·갑산(甲山)·삼수(三水)에 해당한다.

신고복지(神皐福地) 고녕(古寧) 땅에 봉황이 둥지를 틀다

함창읍(咸昌邑, Hamchangeup)은 경상북도 상주시의 행정구역 읍(邑)으로 면적 43.37㎢, 인구는 2022년 2월 현재 3,451호에 6,274명(호당 1.8인), 밀도는 144.7명/㎢이다. 오늘날 함창읍사무소는 중앙로 135에 있다. A.D. 42년[425]에 태조 고로왕(太祖古路王, 白眞)이 이곳에 '고녕가야(古寧伽倻, Gǔníng jiāyē)'를 건국하여 도읍했던 왕도지(王都地)였다. 왕도의 품격에 어울리는 성스러운 산(聖山)들인 조선 시대 함창현(咸昌縣)의 진산(鎭山)이었던 재악산(宰岳山, 770m)[426], 대가산(大駕山, 325m)[427], 숭덕산(崇德山, 231m), 오봉산(五鳳山 혹은 五峰山), 봉황대(鳳凰臺), 태봉산(台封山, 三台星

425   A.D. 42년: 삼국유사에선 청도 이서국이 신라정벌(유리이사금)로 멸망했으며, 이서국의 태자는 서남쪽으로 가서 나라를 세웠으니 대가야(반파국)의 이진아시왕이었고, 일본서기에선 일본으로 건너가 이자나기(이서국 출신)은 신(神)으로 탄생, 금관가야에서는 3월 3일에 구지봉에서 6개의 알로 새로운 세상을 열었으며, 3월 15일 15척(高麗史) 9척의 신장으로 수로왕(首露王, 聯盟國盟主, 總王) 등 6형제가 가야 국왕으로 등극하여 아라(咸安), 성산(星州), 고령(咸昌), 대가야(高靈), 소가야(固城) 등을 다스렸으며, 수로왕은 가야 연맹체(Gaya Confederacy)의 총왕이 되었음. 따라서 한반도 명망과 건국이 있었던 개벽의 한 해였음.

426   작약산(芍藥山), 한국지명유래집(terms.naver.com): "조선 시대 함창현의 진산으로 재악산(宰嶽山)으로 기록되어 왔다. '재악' 지명은 『세종실록지리지』(함창)에 "진산은 재악이다." 라는 기록에 처음 등장한다. 『신증동국여지승람』(함창)에는 "재악산은 현의 서쪽 13리에 있는 진산이다."라고 기록되어 있다. 청구요람(청구요람)에서 재악산(梓岳山)으로 표기하고 있다."

427   대가산(大駕山), 네이버 백과: "대가산은 경상북도 상주시 이안면 흑암리와 양범리에 걸쳐 있는 산으로 높이는 325m이다. 한감산, 한가매라고도 불리는데, 한국지명총람(韓國地名總覽)에는 산의 모양새가 큰 가마처럼 생겼다고 하여 붙여진 이름이라 소개하고 있다. '해동지도(海東地圖)'와 '청구도(靑丘圖)'에는 다른 한자 표기의 대가산(大駕山)이 표시되어 있고 1872년 지방지도에 현재와 같은 '아름다울 가(佳)' 자의 대가산(大佳山)이 확인된다. 흥미로운 것은 '호구총수(戶口總數)'(함창편)에 하서면(현 이안면)에 속한 대가리(大佳里)라는 동리 명칭이 있다.

276
고녕가야(古寧伽倻)

之封禪山)⁴²⁸, 덕봉(德峰), 막구리산(雜銅山 혹은 靑銅山)⁴²⁹ 등이 에워싸고 있다.⁴³⁰ 천혜 보금자리(둥지)답게 광활하고 비옥한 평야가 펼쳐지고, 아가씨 젖가슴 같은 언덕(丘陵)과 홀뫼(獨山)들이 몽실하고도 통통하게 짜여 있어 풍요롭고도 평화스러운 '하늘이 틀어 만든 복된 땅(神皐福地)'이다. 따라서 이런 곳에 '국가 사직의 둥지(國家社稷之鳳巢, the phoenix nest of the national community)'를 틀었다.

오늘날 풍수지리를 조금이라도 아시는 분들은 함창을 둘러싸고 있는 산 이름이 범상스럽지 않게, i) 국가 재상들이 모여든 산봉우리 재악산(宰

428　a. 봉선(封禪): 옛날 중국에서 천자(天子)가 흙으로 단(壇)을 만들어 하늘에 제사 지내고 땅을 정(淨)하게 하여 산천에 제사 지내던 일. // b. 함창읍, 태봉리(台封里) / 태봉들, 2019. 12. 23.: "태봉리(台封里) 남쪽에 있는 들. 태봉산(台封山) 부근이다." 창원시 마산합포구 진동면 태봉리에 있는 자연마을 태봉(台封)은 탯줄을 묻었던 곳으로 와전되고 있음. 그러나 함창의 태봉은 고녕가야의 태조가 "삼태성으로부터 봉선(삼태성지봉선)"을 받았던 곳이므로 전승되어 왔다. // c. 封禪, "禮記曰: 昔先王因天事天, 因地事地 因名山升中于天中成也. 祭天告以成功也. 河圖眞紀曰: 王者封太山 禪梁甫, 易姓奉度, 繼崇功也. 河圖會昌符云. 漢太興之道, 在九代之王, 封于太山, 刻石著紀, 禪于梁甫, 退考功. 春秋含孳紀: 天子所以昭察, 以從斗樞, 禁令天下, 係體守文. 宿思以合神, 保長久, 天子受符. 以辛日立號. 史記曰: 齊桓公欲封禪. 管仲曰: 古封太山, 禪梁甫. 七十二家, 夷吾所記. 十有二焉. 無懷氏封泰山, 禪云云. 顓頊封泰山, 禪云云. 神農封泰山, 禪云云. 炎帝封泰山. 禪云云. 黃帝封泰山, 禪亭亭. 帝嚳封泰山, 禪云云. 堯封泰山 禪云云. 舜封泰山, 禪云云. 禹封泰山, 禪會稽 湯封泰山. 禪云云, 周成王封泰山 … 禪社首 皆受命 然後得封禪 古之封禪 鄗上之黍 北里之禾 所以爲盛 江淮之間 一茅三脊 所以爲籍 東海致比目之魚 西海致比翼之鳥 然後有不召而自至者 十有五焉 …." // d. 孫星衍, 漢官六種, 漢官儀卷下: "漢官儀曰: 封禪太山, 旣漢官儀作卽. 武帝封處, 累其石, 登壇置玉牒書封石此中, 復封石撿. 又曰: 元封封禪, 書按當作書, 有白氣, 夜有光. 下天關石門, 又曰有玉龜. …."

429　막구리(雜銅)란 구리만 정선한 것이 아니 잡(금)석과 혼합된 구리라는 뜻이다. 유사한 말로는 막철(잡철), 막된장, 막되어 먹은 등으로, 막구리는 당시는 청동, 합동, 백동 등으로 구리와 잡금석을 뜻했다. 따라서 막구리산(雜銅山)의 의미는 i) 구리 이외 다른 금속과 같이 산출되거나 (雜銅屬), ii) 다른 금속과 같이 사용해야 하는 정도의 구리만이 산출된 산이다. iii) 마지막으로 마구잡이로 발굴했던 구리산이라는 뜻도 있다. 이들은 종합하면 청동기 시대의 구리 산출지(靑銅山)를 의미하고 있다.

430　함창읍, 위키백과(ko.wikipedia.org): "옛 왕도의 성산인 재악, 대가산, 숭덕산, 오봉산, 봉황대, 태봉, 덕봉, 막구리산 등이 사방을 에워싸고 있어 광활하고 비옥한 평야를 펼치고 야산과 구릉과 독산들이 알맞게 배치되어 풍요롭고 평화스러운 마을을 이루었다."

岳山), ii) 국왕의 어가(御駕, 국왕이 타는 꽃수레)를 상징하는 대가산(大駕山), iii) 국왕의 덕망을 숭상하는 숭덕산(崇德山), iv) 국가의 태평성대(太平聖代)를 기원하고자 날아든 봉황 떼거리의 봉황대(鳳凰臺), 그리고 v) 인덕으로 백성을 다스린다는 덕산(德山)이 있다.

좀 더 깊이를 더하면, 지역 주민들은 오봉산(五峯山)이라고 하나, 문화재청 홈페이지에서는「오봉산록(五鳳山麓)」이라는 기록이 있다.[431]

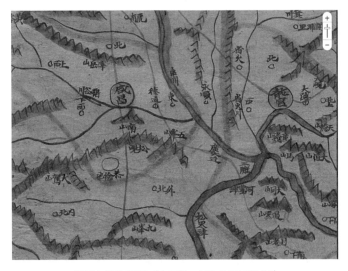

朝鮮古分道地圖三(金正浩, 순조 34년 1834년)

---

431 경상북도 기념물, 함창 오봉산 고분군(咸昌 五峰山 古墳郡), 문화재청 홈페이지(heritage.go.kr): "셋째 군은, 둘째 군의 동남쪽 신흥2리의 뒷편 야산에 분포한 고분군이다. 삼국 시대 이후 오봉산록(五鳳山麓)에는 성벽 둘레가 약 1.37km 정도의 남산성(南山城)이 해발 238m에 조성되어 있었다. 이 산성과 일대의 고분군은 무관하지 않을 것으로 생각되며, 고분의 규모 면에서 상주 지역 내에서는 병성산 고분군과 필적할 만한 고분군으로서, 함창 지역에는 사벌국 세력에 비견할 만한 지방 세력이 기원 초부터 형성되었을 것임을 시사하는 바가 크다."

고녕가야(古寧伽倻)

산 이름에서 봉황대(鳳凰臺)나 지명 봉서리(鳳棲里)에서도 '상스러운 평화 상징 새'인 봉황(鳳凰)이 나오고 있다.『장자(莊子)』의 '추수편(秋水篇)'에서는 "원추(鵷鶵)라는 봉황새는 벽오동나무가 아니면 머물지 않고, 대나무 열매가 아니면 먹지를 않는다. 맑고 단물이 아니면 마시지 않는다(非梧桐不止, 非練實不食, 非醴泉不飲)."432라는 기록이 있어서 예천(醴泉) 혹은 감천(甘泉)이라는 지명이 있었으나 그것보다도 인근에 '봉황 샘(鳳泉)'이 있다. 바로 오늘까지도 봉천사(鳳泉寺)가 남아 있다.

앞서 운양(雲養) 김윤식(金允植, 1835~1922)433 선생은 「오봉산(五鳳山)의 맑은 산바람(五鳳晴嵐)」라는 한시를 읊었으니, "(할머니 치맛자락처럼) 헐렁하게 빈 오봉산엔 싱싱하고 푸른 기운이 쌓여 들었네(山空蒼翠積). 햇볕이 쏟아내리니 아리따운 (아가씨) 노을마저 어지럽게도 물들인다(日照綺霞紛). 나무꾼들의 태평가는 숲 그늘 속에서도 메아리친다네(樵歌饗林樾). 사람들은 산허리에 걸친 구름 속에서 들락거릴 뿐이라네(人在半嶺雲)."434

5마리의 봉황들이 오방 수호신(五方守護神)으로 버티고 있는 오봉산 자락에는 고녕가야(古寧伽倻)의 토착 세력(귀족)들이 자자손손에게 유택(幽宅)을 마련하여 오늘날 면적 318,632㎡(함창군 신흥리 고분군)에 700여 기(基) 오봉산 고분군을 형성했다. 1998년 4월 13일에 오봉산 고분군이 문화재로 등록되었다. i) 오봉산에서 신흥리 쪽으로 흘러내린 3개의 지맥능

<hr>

432   莊子, 秋水篇: "惠子相梁, 莊子往見之. 或謂惠子曰. 莊子來, 欲代子相. 於是惠子恐, 搜於國中三日三夜. 莊子往見之, 曰南方有鳥, 其名鵷鶵, 子知之乎. 夫鵷鶵, 發於南海而飛於北海. 非梧桐不止, 非練實不食, 非醴泉不飲, 於是鴟得腐鼠, 鵷雛過之, 仰而視之."

433   운양 김윤식(雲養 金允植, 1835~1922)은 봉서 유신환(鳳棲 兪莘煥, 1805~1859)과 헌재 박규수(瓛齋 朴珪壽, 1807~1876)의 문하에서 배웠던 한문학 마지막 세대의 문장가라고 할 수 있다. 그가 남긴 문집으로는 『운양집(雲養集)』, 『운양속집(雲養續集)』, 『음청사(陰晴史)』 및 『속음청(續陰晴)』 등이 있다.

434   金允植, 花井七詠, 五鳳晴嵐: "山空蒼翠積, 日照綺霞紛, 樵歌饗林樾, 人在半嶺雲 …."

선(地脈稜線)과 자락에 자리 잡은 소형석곽(小形石槨)과 중형급 고분이 대부분이다. ii) 검은 동(黑銅) 마을에서 돗질(陶質 혹은 陶室) 마을까지 이어지는 산자락 하락부(下落部)와 정상부(頂上部)에는 중대형급 고분이 이어 자리를 잡았다. iii) 그 가운데는 직경(直徑)이 24m를 초과하는 대형 분묘(大形 墳墓)도 있다. 출토된 유물로는 토기류(土器類), 금동류(金銅類), 마구류(馬具類) 등이 있다. iv) 제3군은 제2군의 남동측 신흥2리 뒷산에 집산(集散)된 고분군이다. v) 삼국 시대 이후 오봉산록(238m/sl)에 있는 남산고성(南山古城)은 둘레 1.37km 정도의 고동람군(古冬攬郡) 치소였으며, 통치성(統治城)으로 운영되었다.435 현장에서 보면, 오늘날 도시계획론 '조망과 피신 이론(Prospect & Refuge Theory)'의 관점에서 주요 조망권역(主要眺望圈域)은 함창읍(咸昌邑) 북쪽으로 계립령(鷄立嶺, 오늘날 聞慶鳥嶺)436을 착안했다.437 남산고성(南山古城)의 북향 착안점(北向着眼點)이 의미하는 바

---

435 경상북도 기념물 함창오봉산고분군(咸昌 五峰山 古墳郡), 국가유산청 홈페이지 (heritage.go.kr)

436 계립령(鷄立嶺)이란 고구려를 비하하는 '수탉이 서 있는 고개'라는 의미로 신라 아달라왕 3년에 처음으로 고갯길을 개척했다. 고구려 본날 상군이 "계립현, 죽령 서쪽이 우리에게로 돌아오지 않으면 나도 돌아오지 않겠다."라는 결의를 다짐했던 전략적 요충지(戰略的 要衝地)이다. 다른 말로는 '지름길 고개(捷徑, short-cut path)'라는 지릅(지름 혹은 기름)재이란 고유어와 한자로 유티(油峙, 지름재 혹은 기름재), 경티(徑峙, 지름채) 등이 있다. 계암(鷄巖)이란 바위가 있고, '수탉을 잡아라'라는 설화와 역사적 사실이 서려 있는 신라의 북방 방어의 핵심 전략 지점이다. 계립(鷄立)이 "고구려라는 수탉이 신라를 지켜보고 있다."라는 경계심을 자아내게 하는 명칭이다.

437 이진혁, 상주 함창 남산고성(南山古城)의 축성 배경과 성격(The constructional background and character of Namsan Goseong Fortress in Hamchang, Namsan Goseong Fortress), 한국불교사학회 한국불교사연구소, 한국불교사연구, 2021, vol., no. 20, pp. 129~154 (26pages): "실제로 남산고성에서 조망할 수 있는 가시권을 분석하면, 주 가시 영역은 남쪽 상주 지역이 아닌 북쪽의 함창읍 일대임을 알 수 있다. 이러한 점을 종합하였을 때, 남산고성은 5세기 후엽 대 고구려의 남진을 대비하기 위해 방어성으로 축조되었을 가능성이 크고 고분군과의 관계를 고려하였을 때, 삼국 시대 고동람군(古冬攬郡)의 치소로써 통치성으로도 운영되었던 것으로 판단된다."

를 신라 때 주적이 고구려(高句麗)였다면 해석한다. 그러나 고녕가야(古寧伽倻) 때는 대륙 유목민(大陸遊牧民)으로 굶주림을 해결하고자 했던 기마기사단(comitatus) 급습에 대비했다.[438]

남산고성(南山古城)은 절벽과 골짜기를 이용한 토석 혼축(土石 混築)의 포곡형 토성(包谷形 土城)으로 둘레(城周) 1.37km(혹은 1.4km), 폭(城幅) 4m 정도이고, 성벽의 높이는 고녕가야(古寧伽倻) 당시는 도성(都城)으로 2~3m, 신라 때는 청야산성전(淸野山城戰)을 대비한 4m 이상으로 짐작된다. 남쪽 봉우리는 봉수대와 연계되어 있고, 피라미드 모양 제단이 설치되어 있다. 인근에 있는 지금부터 2,080년 전 보은(報恩) 삼년산성(三年山城, 포곡식 둘레 1.68km), 화북(華北)의 견원산성(甄萱山城, 둘레 650m), 단양(丹陽) 적성(赤城, 둘레 922m) 및 영춘 온달산성(溫達山城, 둘레 683m)보다도 1,000년 이상 앞서 축성되었다.

---

438   尙州 新興里 古跡群(1), 學術照查報告書 第7冊, 韓國文化財保護財團, 釜山國土管理廳, 1998, p. 36: "동쪽으로는 洛東江 上流의 支流인 利安川이 西에서 東쪽으로 흐르며 유적에서 4.5km 지점에서 穎江(川)과 合流해 退江里에서 洛東江 本流와 合流한다. 利安川과 영강 주변으로 咸昌平野가 넓게 형성되어 있으며, 그 주변으로는 200~400m가량 산들이 병풍처럼 에워싸고 있다. 남쪽에는 오봉산(五峯山, 239m)이 유적 전체를 에워싸고 있다."

고차원 건국 방정식을 어떻게 풀었을까?

건국 소국명	서력기원	동양간지
로마 제국(Roma)	B.C. 753년 4월 21일	戊子年
고조선(古朝鮮)	B.C. 2333년 10월 3일	戊辰年
서라벌(徐羅伐)	B.C. 57년 6월 8(丙辰)일	甲子年
고구려(高句麗)	B.C. 37년	甲申年
백제(百濟)	B.C. 18년	癸卯年
금관가야(金官伽倻)	A.D. 42년 3월 3(上巳)일	壬寅年
고녕가야(古寧伽倻)	A.D. 42년 3월 15(下巳)일	壬寅年
대가야(大伽倻)	A.D. 42년(次陽月下巳日)	壬寅年
고려(高麗)	A.D. 918년	戊寅年
조선(朝鮮)	A.D. 1392년 7월 17일	壬申年

B.C. 853(戊子)년 4월 21일 로물루스(Romulus)는 로마의 테베 강(The-
bes River)이 내려다보이는 팔라티노 언덕(Palatine Hill)에서 불을 피워놓
고 이리저리 뛰어다니면서 알몸을 정화하고 깃발을 꽂으면서 로마 건국을
선언했다. 소로 밭을 갈아서 왕국이 들어설 자리에 경계를 지어놓고 이어
서 성벽을 쌓고 나라를 세웠다. 삼국사에 의하면 B.C. 37(甲申)년 고주몽
(高朱蒙)은 비류수(沸流水)가 흐르는 오녀산(五女山, 820m)에 돌 제단을 쌓
고, 정화의식(淨化儀式, 火淨化 혹은 水淨化)을 거친 뒤에 고구려 건국 선언
을 하며 오녀산성(五女山城)을 쌓았다.

특히 고녕가야(古寧伽倻) 건국 선언은 함창 오봉산(五峯山 혹은 五鳳山,
240m/sl)에서 아침의 앞 물(潮水)인 이안천(利安川)을 바라보면서 쌓았던

282
고녕가야(古寧伽倻)

남산고성(南山古城)이었다. 이곳은 저녁의 뒷물(汐水)로는 계립령(鷄立嶺)에서 흘러내리는 영강(潁江), 내성천(乃成川), 낙동강 상류수(洛東江 上流水) 등에서 풍요로운 먹거리를 마련할 수 있었다. 고구려 고주몽(高朱蒙)이 오녀산성(五女山城)과 고녕가야의 김고로(金古露)의 오봉산성(五鳳山城)에서 건국 선언을 한 공통 분모는 i) 동이족(東夷族)이고, ii) 동부여(東夫餘)에서 망명했다는 점이 있었다.

마치 하늘나라를 건국했다는 에덴 언덕(Eden Hill)에서는 "강 하나가 에덴에서 흘러나오면서 동산을 적시고, 에덴을 지나는 네 줄기로 갈려져 네 강을 이루었다(A river watering the garden flew from Eden; from there it was separated into four headwaters). 첫째 강이 비손(Pishon)이고, 둘째 기혼(Gihon) 인데, 셋째 유프라테스(Uphrates)이며, 넷째 티그리스(Tigris)다."[439]라고 성경 창세기에 기록하고 있다.

바로 '신이 직접 틀어 만든 에덴동산(Garden of Eden created by God himself)'처럼 오봉산(五鳳山, 240m, 朝水 利安川)에다가 A.D. 42(壬寅)년 고로왕(古露王) 백진(白珍 혹은 古陵)은 고녕가야(古寧伽倻) 건국 선언(建國宣言)을 했다. 이어 곧바로 초대 국왕으로 추대를 받았다. 그곳에다가 오봉산 도성(五鳳山都城)과 궁궐을 조성했다. 삼국유사의 가락국기에서는 '6란설'에 의해 6형제가 A.D. 42년에 같은 날 합동으로 건국선언을 했다고 기록했다. 그런데 다른 실질 사서의 기록에서는 사실, 고로왕(古露王)의 아버

---

439   Genesis 2:10~14: "A river watering the garden flowed from Eden; from there it was separated into four headwaters. The name of the first is the Pishon; it winds through the entire land of Havilah, where there is gold. (The gold of that land is good; aromatic resin[a] and onyx are also there.) The name of the second river is the Gihon; it winds through the entire land of Cush. The name of the third river is the Tigris; it runs along the east side of Ashur. And the fourth river is the Euphrates."

지는 A.D. 23년에 전한의 귀족 왕망(王莽)의 신(新)나라가 멸망하자, 한반
도로 온, 망국유민이었다고 한다. 가락국기(駕洛國記)에서는 망국 유민들
이 낳은 아들 6형제들이 대략 15세 이상 되었기에 A.D. 42년 3월 3일(삼짇
날)에 합동으로 금관가야국 구지봉(龜旨峯)에서 건국 선언을 했다. 3월 15
일(三月望日)에 합동으로 국왕 즉위와 대관식도 올렸다. 6가야 연맹체가
이렇게 탄생했다.

한편 B.C. 188년 위만(衛滿)의 침입과 B.C. 108년 한사군(漢四郡) 설치
로 한반도로 유입되었던 선인들은 B.C. 57(甲子)년 6월 8일(丙辰日) 서라벌
6 촌장들이 박혁거세를 거서간(居西干)에 추대했다. "백리강역(百里疆域)
과 만인백성(萬人百姓)이란 소국과민(小國寡民)[440]"으로 건국했다. 이같이
가야 건국 세력(伽倻建國勢力)들도 건국 준비를 위해 '배달화백(倍達和白,
Utopia-Opening Meeting)'이란 건국회맹단(建國會盟團體, nation founding
organization)을 결성했다. 요동·강남, 한반도 및 일본 열도(對馬島, 九州)를
아우르는 '온 누리 솟대(四方蘇塗)'라는 극동아시아 네트워크(Far East-Asia
Network)까지 결성하여 운용해 왔다.

오늘날 젊은이들의 표현으로 당시 건국 방정식(建國方程式)은 생각하는
것 이상으로 복잡했다. 이렇게 복잡한 건국 방정식(자물쇠)을 당시 소위 위
정철학(爲政哲學)이란 천운십간(天運十干), 지세십이지(地勢十二支)와 인
화단결(人和團結)이란 열쇠로 열었다. 가장 솔직하게 풀이한 맹자(孟子)의
구절은 "하늘이 준 천시(天時)를 아무리 잘 타고 나도, 지리적 이점을 살려
야 하고, 지리적 이점보다도 인화가 가장 중요하다(天時不如地利, 地利不如

---

440 孟子, 梁惠王上篇: "孟子對曰: 地方百里而可以王. 百里小國也. 然能行仁政, 則天下之民
歸之矣. 王如施仁政於民, 省刑罰, 薄稅斂, 深耕易耨. 省, 所梗反. 斂, 易皆去聲. 耨, 奴豆反."

人和).”441 당시는 건국의 3대 요소를 천시(天時), 지리(地利)와 인화(人和)로 봤다. 즉 건국 방정식(3항 고차식) = 천지(a)+지리(b)+인화(c)로 표기한다. 따라서 고녕가야(古寧伽倻) 건국 방정식을 오늘날 젊은이들의 3항 고차 함수로 표시하면 $F(a, b, c) = \int(10^a + 12^b + \infty^c)$이다. 물론『손자병법(孫子兵法)』시계편(始計編)에서 제시하는 '도·천·지·장·법(道天地將法)442'이란 5개 항의 행렬 방정식(行列方程式, row-and-column equations) 혹은 매트릭스(matrix)로 풀이할 수도 있었다.

고녕가야의 초대 고로왕(古露王)의 이름은 고릉(古陵) 혹은 백진(白珍)이다. 그는 건국 방정식을 풀고자 고민했던 장소가 고스란히 전해지고 있다. 오늘날 고녕가야 건국과정을 연구할 수 있는 열쇠를 던져주고 있다. 당시 부도지(符都誌)에서 언급한 "(제왕이 되는) 황금척(黃金尺)443은 깊고도 먼 곳에서 오는 법이니, 그 형상은 삼태성이란 별의 예시(例示) 같도다."를 굳게 믿었다.444 천만다행으로 함창읍의 동내 지명에 태봉리(台封里)가 현

441　孟子, 公孫丑下章: "孟子曰. 天時不如地利, 地利不如人和. 三里之城, 七里之郭, 環而攻之 而不勝. 夫環而攻之, 必有得天時者矣. 然而不勝者, 是天時不如地利也. 城非不高也, 池非不深也, (兵革)非不堅利也, 米粟非不多也. 委而去之 …."

442　孫子兵法, 始計篇: "孫子曰 兵者 國之大事 死生之地 存亡之道 不可不察也. 故經之以五事, 校之以計而索其情. 一曰道, 二曰天, 三曰地, 四曰將, 五曰法.道者 令民與上同意也 故可與之死 可與之生 而民不畏危.天者 陰陽 寒暑 時制也. 地者 遠近 險易 廣狹 死生也. 將者 智 信 仁 勇 嚴也. 法者 曲制 官道 主用也. 凡此五者 將莫不聞 知之者勝 不知者不勝."

443　김성대, 상주군 은척면(銀尺面), 경북일보(kyongbuk.co.kr), 2016년 10월 18일: "경상도라는 지명이 경주에 금척(金尺, 건천읍)과 상주에 은척(銀尺, 은척면)이 있는 것에 착안해 작명됐을 정도로 은자골(은척면 옛 이름)은 유래 깊은 곳이다. 즉 특히 옛날에 죽은 사람도 살린다는 금자(尺)와 은자(尺)가 있었는데 사람들이 하염없이 늘어나 나랏님도 걱정할 지경이었다고 한다. 백성이 계속 늘자 임금은 결국 자를 땅에 묻기로 했는데 금으로 만든 자(金尺)는 지금의 경주 건천읍에, 은으로 만든 자(銀尺)는 지금의 상주시 은척면에 묻었다고 전해진다. 따라서 은척에 있는 산은 은자가 묻힌 산이라 해 '은자산(Silver Ruler Mountain)'이라 부르고 은척면은 은자산의 이름을 따서 '은자골'로 불려지게 됐다."

444　符都誌, 澄心錄追記, 第九章金尺三台星: "是故 金尺之由來, 其源甚遠其理深邃. 而其形

존하고 있다. 즉 삼태성(三台星)의 봉선(封禪)을 받았다는 곳이라는 뜻이다. 제왕이 되고자 했던 누군가 하늘에 있는 삼태성(三台星)[445]으로부터 천부금척(天賦金尺)을 달라고 축도했다. 별이 잘 보이는 들판 언덕(野丘)에다가 제단을 쌓으며, 제례 의식을 갖춰 며칠이고 천부금척(天賦金尺)을 달라고 축원했다. 결국은 김고로(金古露)는 삼태성(三台星)[446]으로부터 봉선(密封禪行, 黃金尺)을 받아내고 말았다. 그곳을 옛사람들은 태봉산(台封山) 혹은 태봉 언덕(台封丘陵)이라고 했다. 오늘날에는 태봉리(台封里)라는 이름만 아직도 남아 있다.

중국 고대사에서 봉선(封禪)이란 "옛날 중국에서 천자(天子)가 흙으로 단을 만들어 하늘에 제사를 지내고, 나라 터전(땅)을 정하게 하여 산천에 제사를 지내는 일."이라고 했다. 그러나 국왕이 되고자 했던 사람들은 "하늘로부터 제왕의 길을 열어달라고 기원(祭而祈天, 開王之道)."하면서 하늘의 허락을 받았다는 표시로 선민의식(選民儀式, electorate ceremony)으로 추앙을 받았다. 중국에선 태산봉선(泰山封禪)[447]으로 한무제(漢武帝)를

象則如三台之例. 頭含火珠 四節而五寸, 其虛實之數九而成十, 此則天符之數也. 以故 能度大地造化之根 能知理勢消長之本. 至於人間萬事無不測察, 而規矩於氣門 心窺命根 則能起死回生云, 眞可謂神秘之物也."

445 위키실록사전, 삼태성(三台星)은 태미원에 속하는데, 태미원은 하늘의 천자와 대신들이 정무를 보는 관서를 의미한다. 삼태성은 문창성(文昌星)의 남쪽에서 태미원 서쪽 담장의 북쪽까지 이르는 넓은 지역에 걸쳐 있다. 삼태성은 상태(上台)·중태(中台)·하태(下台)로 구성되고, 둘씩 짝지어 늘어선 모양이 층계와 닮았다. 천제(天帝)가 태미원을 오르내릴 때 쓰는 계단이다.

446 晋書, 天文志上: "三台六星, 兩兩而居……西近文昌二星曰上台 …次二星爲中台 … 東二星曰下台." / 《步天歌》: "北門西外接三台, 与垣相對无兵灾."

447 封禪, "禮記曰: 昔先王因天事天, 因地事地 因名山升中于天中成也. 祭天告以成功也. 河圖眞紀曰: 王者封太山 禪梁甫, 易姓奉度, 繼崇功也. 河圖會昌符云. 漢太興之道, 在九代之王, 封于太山, 刻石著紀, 禪于梁甫, 退考功. 春秋含孳曰: 天子所以昭察, 以從斗樞, 禁令天下, 係體守文. 宿思以合神, 保民久久, 天子受符. 以辛日立號. 史記曰: 齊桓公欲封禪. 管仲曰: 古封太山, 禪梁甫. 七十二家, 夷吾所記. 十有二焉. 無懷氏封泰山, 禪云云. 顓項封泰山, 禪云云. 神農封泰

비롯하여 줄줄이 태산에 올라 봉선제(封禪祭)를 올렸다.

사실, 고로왕 백진(古露王, 白珍 혹은 古陵)은 태봉제(台封祭)에서 삼태성(三台星)으로부터 확실한 봉선(封禪)을 받았다는 천부금척(天賦金尺)을 확보하지 못했다. 그러나 당시 고령소도(古寧蘇塗)였던 머리매(頭山, 신흥3리 머리매길 340-9, 경원목장 뒷산)에 있는 솟대(蘇塗)에서 토착 세력의 추앙을 받았다. 천부금척 대신에 머릿돌448로부터 신탁을 받았다. 거북 돌(南頭北尾之龜巖)의 신탁은449 i) 큰 성혈(大星穴)은 북향필성(北向畢星, 五車星과 咸池星)을 향하고 있으니 치산치수(治山治水)를 잘하라. 여기서 함지성(咸池星)이란 해가 서쪽으로 넘어가서 빠지는 못으로 하늘의 곡창을 채우기 위해 지상의 농경을 관장하는 있는 별(爲天穀倉, 使地上豊)에서 백성의 하늘은 먹거리다(民以食爲天). ii) 전체 6개의 성혈은 남두육성(南斗六星)을 향해 농경시필기(農耕始畢期)를 잘 지켜서 만인백성(萬人百姓)에게 연연세세(年年歲歲) 풍년이 들도록 잘 다스릴 것을 약속하라. 마지막으로 iii) 거북 머리 부분 등에 3발 모양의 3개 성혈(性穴, cup-mark)은 삼태성으로 기원했던 바인 "백성을 하늘같이 모시라(爲民如侍天)."하는 지시였다. iv) 현재 머릿돌(頭巖)은 화강암(花崗巖)으로 2km 내외의 신흥2리 야산에서 채취해서 이동했다. 거북 알림 바위(龜旨巖)로 머리가 서 함지성(咸池星, 畢星)

山, 禪云云. 炎帝封泰山. 禪云云. 黃帝封泰山, 禪亭亭. 帝嚳封泰山, 禪云云. 堯封泰山 禪云云.舜封泰山, 禪云云. 禹封泰山, 禪會稽 湯封泰山. 禪云云, 周成王封泰山 … 禪社首 皆受命 然後 得封禪 古之封禪 鄗上之黍 北里之禾 所以爲盛 江淮之間 一茅三脊 所以爲籍 東海致比目之魚 西海致比翼之鳥 然後有不召而自至者 十有五焉 …."

448　머릿돌 이외에 조상돌 혹은 거북 돌이라고도 하며, 2024년 3월 현장답사로 실측한 결과: GPS 상 좌표 북위 36도 34분 23초, 동경 128도 12분 48.6초였다.

449　孫星衍, 漢官六種, 漢官儀卷下: "漢官儀曰: 封禪太山, 旣漢官儀作卽. 武帝封處, 累其石, 登壇置玉牒書封石此中, 復封石揜. 又曰: 元封封禪, 書按當作晝, 有白氣, 夜有光. 下天關石門, 又曰有玉龜 …."

혹은 삼태성(三台星)을 향하게 했으나, 조선 시대 선조(宣祖) 혹은 숙종(肅宗) 때 풍수지리설(風水地理說)에 의해 남두북미(南頭北尾)의 산지맥(山地脈)을 있게 하는 연구암(連龜巖)으로 위치를 변경했다.

항 목	서 울	이어도	달서 진천동	함창 신흥3리
북 위	37도 34분	32도 57분	35도 50분	36도 34분
좌표 분산	2,254분	1,977분	2,150분	2,194분
BP 연도	BP 3,000	현재	BP 1,874	BP 2,307

함창 신흥3리의 머리 매(頭山)의 머릿돌 혹은 거북알림돌(龜旨巖)은 GPS상 좌표를 기준으로 남두육성(南斗六星)이 지금부터(BP) 3,000년 전 청동기 시대에는 오늘날 서울 하늘에서도 볼 수 있었으나 오늘날은 제주도 이어도 이남 적도로 가야 보인다는 천문학적 세차를 이용해서 함창 머리매길(신흥3리)의 머릿돌(혹은 거북돌)에 새겨진 남두육성(南斗六星)을 보

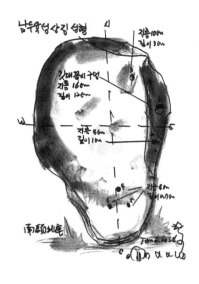

고 새겼다고 가정하면 천문학적 계산을 하면 지금부터 2,307년 이전 (BP 2,307년)으로 추정된다. 따라서 B.C. 267년경 청동기 시대 토착 세력들의 고인돌 혹은 제단으로 사용하면서 성혈(性穴)을 새겼다.

2024년 1월 8일 오전 11:00 시경 머리매길 경원목장(耕園牧場) 뒷산에 있는 머리매 머릿돌(花崗巖)을 실측한 결과는 남북길이 2.10m, 동

서길이 2.07m, 높이 0.62m 규모의 사암이었다. 무게를 환산하면 5.115톤 (= 2.1m×2.07m×0.62m×비중 2.6에 현존 비율 73%) 정도였다. 이를 2020년 고창군에서 고인돌 설치 모의실험에서 굴대 위에 동아줄 당겨서 이동할 때 동원 인력으로의 장정 1인당 실험치(0.05톤)로 환산하면[450] 102여 명 이상의 장정을 동원했다. 백성의 호구당 1인씩 동원했으며, 70%가량이 작업에 참여했고, 그 가운데 고인돌 이동에 동원된 장정이 25% 정도라고 가정한다면, 100명의 4배인 400명(戶)의 주민들이 작업에 참여했다. 당시 민가 호수는 1.3배가 520호 내외로 추산되었다. 청동기 혹은 가야 국가 당시 통계에 의하면 가구당 8.2인[451]이 살고 있었기에 4,264명 이상이 살고 있었다. 따라서 머릿돌로 소도를 만들 당시 인근 10리에 5,000여 명의 백성이 살고 있었다.

이상을 미루어봐서 동부여(東扶餘)가 고구려의 대무신왕(大武神王) 3(A. D. 20)년 멸망하자 소호 김천씨(少昊金天氏)의 후예들은 망국 유민으로 한반도 남부 달구벌(達句伐)까지 들어왔다. 두 번 다시, 더 이상 망국 유민이 되지 않기 위한 신생 국가 건설(新生 國家 建設)의 꿈을 이룩하고자, i) 김해(金海) 방향으로 갔던 일족은 구야국(金官伽倻)인 A.D. 42년에 6 가야 연

---

450 고인돌 세우는 데 필요 인원은 어느 정도 될까? (m.cafe.daum.net/ccshistory), 2024. 1. 9.: "한반도의 지석묘는 대략 기원전 5, 6세기경부터 기원 전후 무렵 사이에 축조된 것들. 수천 년 전 그 무거운 돌을 옮기는 데는 과연 몇 명이 동원됐을까? 서양 고고학자들의 연구와 실험에 따르면 열 지어 놓은 둥근 통나무 위에 약 1t 무게의 돌을 올려놓고 옮기는 데에는 약 10명의 성인 남자가 필요하다. 지석묘가 집중적으로 몰려있는 전북 고창의 경우, 바둑판식(남방식) 지석묘의 덮개돌은 평균 50~150t 길이 5~6m, 폭 4~5m, 두께 3~4m 정도. 고창군 운곡리의 21호 지석묘는 약 297t. 1t에 10명이 필요하니, 2,970명의 인력이 동원됐을 것이다. 모두 젊은 남자였을 것이다. (유태용 한양대박물관 연구원)

451 一然, 三國遺事, 駕洛國記(文廟朝, 大康年間. 金官知州事文人所撰也. 今略而載之): "開闢之後. 此地未有邦國之號. 亦無君臣之稱. 越有我刀干. 汝刀干. 彼刀干. 五刀干. 留水干. 留天干. 神天干. 五天干. 神鬼乾等九干者. 是酋長領總百姓凡一百戶. 七萬五千人."

맹체를 건국했다. ii) 경주(慶州) 방향으로 갔던 다른 일족은 A.D. 262년 신라 제13대 미추이사금(味鄒尼師今, 출생 미상 ~ 284)으로 김씨 왕국(金氏 王國)으로 자리를 잡았다.

고녕가야(古寧伽倻)

3.
쇠실 마을에 사금 채취와
막구리산에선 청동(막구리)을

고녕가야의 지형과 지질 구조에 사금(砂金, sand gold) 산출은?

먼저 함창(古寧伽倻)의 지형을 크게 보면, 경상북도의 서부에 위치하고, 소백산맥의 치맛자락에 놓여있다. 산지맥으로 동쪽과 서쪽은 남북으로 뻗어 내려오고 있다. 두 손으로 감싸고 있는 낙동강 주류(主流)는 남천(南川), 북천(北川), 영강(潁江 혹은 錦川), 이안천(利安川) 등이 함창(咸昌) ▷ 점촌(店村) ▷ 용궁(龍宮)의 100리 벌이 흘려내려 젖줄을 형성하고 있다. 동(東)쪽은 갑장산(甲長山, 806m), 서(西)편으로 천봉산(天鳳山, 435m), 남(南)은 백화산(白華山, 933m), 북(北)에 속리산(俗離山, 1,057m)으로 고요한 한반도에 '하늘이 손수 도끼를 들고 쪼아 만들었던 유일한 행복의 터전(天斧神作, 神皇福地)'이었다. 화강편마암과 화강암이 100리 벌의 지반(地

盤)을 형성하고 있다.452 편암류의 화강암화로 생성된 준(準) 편마암류(片麻巖流)에는 고기(古期) 관입암류(貫入巖流)인 화강암이 부정합(不正合)으로 겉을 덮었다. 중생대 퇴적암류와 관입한 불국사 화강암류(佛國寺 花崗巖流)로 구성되었다.

금광(金鑛) 혹은 금맥(金脈)은 화강암 지층(花崗巖 地層)에서 틈이 난 곳에 마그마가 끼어드는데 지진 등으로 마그마가 끓어오를 때 금, 은, 동, 아연 및 납 등이 끼어들어서 지층 사이에 금광맥(熱水鑛脈)을 만든다. 금광맥이 있는 광상(鑛床, deposit)에는 석영(石英), 납 등의 잡석이 같이 산출되고 있다. 화강암 지층에 흰색(수정) 광맥이나 검정색(납) 광맥이 있으면 대다수가 노다지 금맥이 된다.453 이런 금맥이 노출되어서 침식작용으로 식각(蝕刻)되어서 부서져 하천으로 흘러내린 게 바로 사금(砂金, sand gold)이다. 지진이 잦은 경주(慶州)에 순도가 70~80%의 구상정금(球狀精金)까지 산출되고 있다. 상주(尙州) 지역은 경주보다 지진의 빈도와 강도가 낮아 구상정금(球狀精金) 산출은 어렵다. 해당 산악에 노두조사(露頭調査)를 하지 않았지만 지금도 사금이 산출되고 있다.

특히 고녕가야(古寧伽倻) 때에 이안천(利安川), 조령에서 발원하는 영강(永順川)이 합류하는 두물거리(兩水里)인 금곡리(金谷里)는 개울물에서 걸러졌던 '콩알 금싸라기(豆金粒)'를 채취했다. 쇠실마을(金谷里)의 지질을 살펴보면, 고령(함창지)역에는 전반적으로 화강암과 편마암 계통의 지질 구

---

452 상주시, 위키백과사전(ko.wikipedia.org), 2024. 1. 9.

453 금광을 개발하다가 패망으로 돌아간 일본인들이 금맥을 못 찾도록 하고자 흰색 금맥을 솔나무를 태워서 검게 혹은 송진을 발라서 놓고 도주하기도 했기에 오히려 쉽게 금맥을 찾도록 했다는 일화가 있었음. 노다지란 일반적으로 1톤의 금광석에 5g 정도의 정금이 산출되며, 노두조사를 하면 흰색(수정) 혹은 검은(납)색에 반짝이는 것이며, 대부분은 유황 냄새가 나는 황동석, 황철석 등에서 많이 나오고 있음.

292
고녕가야(古寧伽倻)

조를 하고 있어 모나자이트(monazite) 등의 암석에 금 성분이 혼합된 사금(砂金, sand gold)을 채취했다. 금곡리 편암류(金谷里片巖流)는 북장사 단층을 따라 단층동측(斷層東側)인 모서면, 대포리에서 내서면 평지리, 북장리, 외서면 가곡리, 연봉리 북부와 공검면 오태리, 사벌국면(沙伐國面) 덕가리와 함창읍(咸昌邑) 금곡리 및 신덕리까지 분포되어 있다. 사금(砂金)이 산출되었기에 옛 지명은 '쇠실마을(金室)'이라고 했다가 한자명 금곡리(金谷里)로 불렸다. 오늘날까지 사금촌(砂金村) 쇠실마을(金谷里)을 찾아보면, 공주시(公州市) 신풍면 쇠실마을(新亭里), 예천군(醴泉郡) 은풍면(殷豊面, 이전 下里面) 쇠실마을(金谷里), 보성군(寶城郡) 득량면 쇠실마을(金谷里, 백범 김구 선생의 은거지), 봉화군(奉化郡) 재산면 각산리의 쇠실마을, 의성군(義城郡) 다인면 용곡리 쇠실마을(光德里) 등 아직도 남아 있다.

인류의 최초 금 채취(gold panning)는 명확하지 않았으나 최고 금제 유물은 불가리아(Bulgaria)의 바르나 네크로폴리스(Varna Necropolis)에서 발견되었다. B.C. 4,700년에서 B.C. 4,200년경 건설되었던 도시 국가로 봐서 최초 금 채취는 BP 7,000년경으로 추정된다.[454] 사금 채취(sand gold paning)는 고대 로마 기록에서도 나온다, 대부분은 두물거리(Mesopotamia) 혹은 산허리에서 하천물에 씻어내고(sluices, 水扰), 몇 번이고 방통(方桶, pan)과 같은 원시적인 도구로 선금(panning, 選金) 과정을 통해서 채취(ruina montium)했다.[455] 이렇게 보면 "병풍산 금광을 열어 금동관을 만

454 Gold mining, Wikipedia, When was the first gold mine?: "The exact date that humans first began to mine gold is unknown, but some of the oldest known gold artifacts were found in the Varna Necropolis in Bulgaria. The graves of the necropolis were built between 4700 and 4200 B.C., indicating that gold mining could be at least 7000 years old."

455 Gold panning, Wikipedia, When was gold first panned for?: "The first

들었으며…."456라는 주장도 지질 구조에서는 채금(採金) 가능하다. 단지 당시 A.D. 42년경 청동기 혼용(青銅器 混用)과 철기 도입 시기(鐵器導入時期)로써 산금 채광 기술(山金採鑛技術)이 있었다니 신비스러울 뿐이다.

황금광상(黃金鑛床)을 배태(胚胎)하는 모암(母巖)은 대부분 화강암(花崗巖)과 화강편마암(花崗片麻巖)이다. 중생대 말기(中生代 末期)에 관입한 화강암과 성인적(成因的) 관계를 갖고 있다.457 따라서 고녕가야(古寧伽倻)보다 앞서 B.C. 57년에 박혁거세(朴赫居世)가 건국 선언(建國 宣言)을 했던 사로국(斯盧國) 왕성 경주(慶州, 徐羅伐) 주변 산하에서 사금(砂金, sand gold)을 많이 채취했다. 경주사금(慶州砂金)은 일반사금(一般砂金)보다 금 순도가 20% 정도 높은 70~80%의 구상사금(球狀砂金, bead-shaped sand gold)이었다.458 신라 시대 사금 채취 비결은 황금(19.32), 모래(2), 철(7.85), 수은(13.6), 오스미늄(osmium, 22.5)459이라는 비중을 이용했다. 즉 물

---

recorded instances of placer mining are from ancient Rome, where gold and other precious metals were extracted from streams and mountainsides using sluices and panning(ruina montium)."

456 지정 스님, 「일제는 왜 함창고녕(古寧) 가야를 지웠나?」 ⑪함창 공갈못과 전방후원분(前方後圓墳), 불교신문(ibulgyo.com), 2022. 3. 28.: "함창 고녕(古寧)가야 시소인 태조 김고로(金古露)는 상주 함창에 펼쳐진 평야를 바라보고 그곳에 말을 멈추고 여장을 풀었다. 그리고 물을 막아 농사를 짓고 낙동강 모래를 채로 쳐서 사철을 채취하여 무쇠 칼을 만들었다. 병풍산 금광을 열어 금동관을 만들었으며 하늘에 제사 지내기 위해 소도(蘇塗)를 정하고 부족들의 무덤 자리로 오봉산을 택했다."

457 금, 한국민족문화백과사전: "… 우리나라에서는 주로 심열수 내지 중열수충진맥상광상에서 금이 산출되어 소위 조선식 금은광맥(朝鮮式金銀鑛脈)이라 일컬어지고 있을 정도이다. 광상이 배태된 모암(母巖)은 주로 화강암(花崗巖)과 화강편마암(花崗片麻巖)이며, 중생대(中生代) 말기에 관입한 화강암과의 성인적 관계가 깊다."

458 '황금의 나라' 신라 구슬 사금 발견 … "세계적으로 희귀한 사금?". 중앙일보, 2015. 3. 7. / 신라 '황금 유물' 비밀 풀려 … 구슬 사금 대량 발견, KBS 뉴스, 2015. 3. 7.

459 osmium: The Heaviest Metal. The heaviest metal is osmium, which has, bulk for bulk, nearly twice the weight of lead. The specific gravity of gold is about 19 1/4, while that of osmium is almost 22 1/2.

의 비중보다 무거운 사금이 물 아래로 가라앉는 성질을 이용해 '물속 작업(sluices & panning)'을 했다. 즉 방통(方桶) 혹은 함지박(gold-scanning pan)과 같은 사금 채취 접시(砂金大鉢) 등으로 모래를 담아 막대기로 휘휘 젓어가면서 흐르는 물에서는 무거운 건 밑으로 가라앉게(浸金) 된다. 윗부분에 뜨는 모래 등의 잡동사니를 제거(除雜)한다. 오늘날 채금 용어(採金用語)론 수리 채금법(水利採金法, gold mining method with water-precipitation)이다. 모래 금(砂金)은 자연적인 풍화 작용으로 암석에서 금 성분이 암석에서 분리되어 흘러내린 구상정금(球狀精金)으로 생겼다. 선금(選金, gold-picking)과 야금(冶金, metallurgy) 과정을 거쳤기에 큰 기술이나 적은 노력으로도 채금이 쉽다. 오늘날은 채금 기술의 발달로 사금보다 산금 채광에 주력하고 있다.

당시 사금 채취(砂金採取)의 전체 모습을 볼 수 있는 것이 있다. 즉 신라 고분(新羅古墳) 출토 유물으로는 1926년 서봉총(瑞鳳塚, 제129호)에서 스웨덴 황태자 구스타프 아돌프(Oscar Fredrik Wilhelm Olaf Gustaf adolf, 1882~1973, 재위 1950~1973)가 발굴한 4~5세기에 제작된 '순금제 허리띠(金製銙帶)'이다.[460] 신라 시대 여성용 금제 허리띠에 달린 장식으로 족집게

---

460 Yoon On Shik, New Secrets of Silla Royal Family Tombs Revealed during the Re-excavation of Seobongchong Tomb, Unearthing the Past, National Museum of Korea: Quarterly Magazine, vol. 42, April. 2016: "⋯ Three years later, the south mound was excavated in an archaeological survey funded by Percival David of the United Kingdom. The north mound excavation work received greater public attention because the site was visited in person by Gustaf VI adolf in 1926, while he was still the Swedish Crown Prince. However, the Japanese people in charge of the excavation failed to publish their findings, the customary way to conclude such a project, and they then returned to their home country upon Japan's defeat in World War II. As a result, the details of the archaeological survey were never properly publicized to this day."

(tweezers), 향수 통(perfume bottle), 실타래(skein of thread) 등이 달려 있었다. 이는 사금 채취 툴 세트(gold-panning tool-set)를 완비한 사금 채취 벨트(gold-panning kit belt)였다. 자세하게 설명하면 i) 실타래로 만든 비단 실솔(絲刷, silk brush)로 모래 속에 숨어있는 사금(砂金, sand gold)을 살살 쓸어 담고(蒐金), ii) 모래 속에서 금싸라기를 족집게로 골라내어(選金), iii) 콩알 구상정금(球狀精金)을 '금싸라기 통(gold scum container)'에 집어넣었다(保金).

'신의 대장간(god's forge)' 화산에서
불을 훔쳐 야로(melting pot)를 만들다

장난꾸러기 시절에 배가 고파지면, 감자나 옥수수를 구워 먹고자 주변에서 i) 차돌과 쇠붙이 조각을 구하고, ii) 마른 쑥(수리취) 잎을 주워 비벼서 솜털처럼 만든 후, iii) 쇠붙이 조각으로 차돌에다가 세차게 부딪쳐 불똥 튀게 한 뒤에 잽싸게 솜털에 불을 붙여서 불쏘시개를 마련한다. 그 불로 감자 꾸지(earth oven)를 해 먹었다. 그렇게 할 수 있었던 건 할아버지가 부싯돌(燧石) 대신에 차돌에다가 쇳조각을 부딪쳐 불을 켜시는 걸 봤다.

지난 2022년 해외여행으로 카스피해(Caspian Sea) 연안에 있는 아제르바이잔(Azerbaijan)에서 바쿠(Baku, 인구 234만 명)로 갔다. 그곳에서 65km 남쪽 차량으로 1시간 정도에 있는 고부스탄국립공원(Gobustan National Park)엔 암각화 경관지구(巖刻畵景觀地區)인 지질 경관지구(地質景觀地區)가 있었다. 그곳엔 석기 시대와 청동기 시대의 사람들이 살았다는 흔적들이 가득하다. 지하에 매장된 아황산가스 등으로 인해 진흙이 끓어오는 진흙 화산 활동이 활발하게 작동되고 있었다.

특히 압세론(Absheron) 연안에는 지금부터 4,000년 동안 꺼지지 않는 '불타는 산(Yanar Dagh, burning mountain)'⁴⁶¹이 있다. 땅속에 천연가스가 산소를 만나 산 곳곳에 화염이 불타고 있다. 나라 이름(name of state)이 '아제르바이잔(Azerbaijan)', 즉 '꺼지지 않는 불의 나라(land of unquench-able fire)'이다. 아테시가 사원(Atashgah Zoroastrian Fire Temple)은 바쿠(Baku) 시내에 있어 배화교(拜火敎) 혹은 '조로아스타교(Zoroastrianism)'가 탄생한 배경지였다.

실제로 지금부터 700만 년 전 아프리카 사바나(African Savannah) 초원의 화산 불로 인해 동물과 식물에 큰 영향을 끼쳤다. 인류는 i) 최초의 불을 발견하고, ii) 따라가면서 신비하게 봤다. iii) 불이 지나간 곳에 새까만 재를 남기고, iv) 죽음 동물과 식물을 주워서 먹었고, v) 불을 피하고자 '매복했던 동물의 떼죽음(mass death of ambushed animals)'을 횡재로 생각했다. vi) 불을 이용한 동물 사냥과 싸움도 시도했다. 불을 사용하는 단계를 보면 제1단계는 지금부터 150만 년 전 아프리카에선 엿보기(peeking step) 단계였다. 제2단계는 단순한 불씨 보존 단계로 천천히 타는 동물의 마른 배설물을 연료로 추가하여 불씨를 살려갔다. 제3단계는 다양한 이용 단계로 i) 밤에 불을 밝히고(햇불, 등불), ii) 추위를 쫓고자 보온(불구덩이, 화덕, 난로), iii) 동물 사냥(햇불 사슴사냥, 햇불 물고기잡이 등), iv) 방충제(모깃불, 빈대잡이 등), v) 익혀 먹기(과일, 물고기, 짐승고기 등) 그리고 vi) 불을 이용한

---

461   Yanar Dagh(Azerbaijani: Yanar Da , lit. 'burning mountain') is a natural gas fire which blazes continuously on a hillside on the Absheron Peninsula on the Caspian Sea near Baku, the capital of Azerbaijan(a country which itself is known as 'the Land of Fire'). Flames jet into the air 3metres(9.8ft) from a thin, porous sandstone layer. [1] [2] administratively, Yanar Dagh belongs to Absheron District of Azerbaijan.

토기와 청동기(철기) 제련을 하게 되었다. vii) 제사장(혹은 주술사)들은 '불춤 (fire dance)', '불의 심판(judgment of fire)' 및 '불의 궁전(palace of fire)' 및 '횃불의 혈맹(clan pledge of torch)' 등을 제사 의식(祭祀儀式)에 도입해 자 기들의 권력 유지(勸力維持)에 적극적으로 이용했다.

고고학적인 실증 유적(archaeological evidence)을 찾아보면, 지금부터 100만 년 전 북부 케이프 지역(Northern Cape Province)의 원더윅 동굴 (Wonderwerk Cave) 유적지가 있었다. 그러나 습관적으로 불을 사용했다 고는 볼 수 없다. 상습적으로 사용한 증거는 지금부터 40만 년 전에서 30 만 년 전까지로 추정되는 이스라엘(Israel) 케셈 동굴(Quesem Cave)에선 단 하나의 난로를 반복적으로 사용했다. 그걸 사용해 고기를 구워 먹었던 흔적이 남아 있었다.

한편 불(火)에 대한 고조선어(悉曇語 혹은 산스크리트어)를 살펴보면 일반 명 사로 '불피우는 곳(要塞地 혹은 村落)'이란 의미로 삼한 시대에선 '비리(卑離, 마 한어)' ▷ '부루(夫婁: 고구려어)' ▷ '부리(夫里: 신라어 및 백제어)'였다. 또한, '부여 (夫餘)'로 파생되어 성씨가 되었다. 관직명으로는 '부루(夫婁)' 혹은 '품리(稟 離)'로 불렸다.[462] 유사한 말로는 불내(不耐) 혹은 불이(不而) 등이 있었다. 일 반적인 지명에 '~불(弗)', '~벌(伐)' 혹은 '발(發)~' 등으로 음역하여 붙인 지명이 많았다. 『사기(史記)』나 『관자(管子)』에 나오는 '발조선(發朝鮮)' 혹은 '불조선(不 朝鮮)'은 '불: 밝음(光明)' 혹은 '불: 터 혹은 움터(地域)'로 의역을 했다. 『삼국사

---

462 申采浩(1880~1936), 朝鮮史研究草, 古史上吏讀文名詞解釋法: "(二)는 「불」이니, 三 韓의 「卑離」와 百濟의 「夫里」와 東扶餘·北扶餘·卒本扶餘·泗沘扶餘 等의 「扶餘」와 推火· 音汁火 等의 「火」와 不耐城의 「不」과 沙伐·徐羅伐 等의 「伐」이 다 「불」로 讀할 者니, 「불」은 平地의 義요 都會의 義라. 淸朝 乾隆皇帝의 欽定 《滿洲源流考》에 三韓의 卑離를 곧 淸朝 官名의 貝勒(패리)와 같은 者라 하였으나, 그러나 이를 百濟의 地理志와 對照하면 牟盧卑 離는 毛良夫里요, 辟卑離는 波夫里요, 如來卑離는 爾陵夫里요, 監奚卑離는 古莫夫里니, 卑離 는 國名이요 官名이 아니니, 그 詳細는 拙著 《前後三韓考》에 보이니라."

(三國史)』에서 사비성(泗沘城) 인근을 '고막부리(古莫夫里)'라고 했다. 신라 십정(十停) 가운데 제2정은 '고량부리정(古良夫里停)'이 설치되었다. 오늘날 충청남도 청양군 청양읍 일대였다.『삼국지(三國志)』 위지동이전(魏志東夷傳)에서는 마한에서는 '감계비리국(監奚卑離國)'처럼 소국 지명에다가 '비리(卑離)'라고 칭호했다. 오늘날 대구(大丘)를 신라 시대 때는 '달구벌(達句伐)'이며, 현풍(玄風)엔 신라 십정(十停) 가운데 제4정 '삼량벌정(參良火停)'이라고 했다.

현재 우리나라 제주도의 굼부리, 태국(Thailand)에서 '~부리(buri)'란 지명은 취앙부리, 칸차나부리, 싱부리, 사라부리, 쁘라친부리, 펫차부리, 랏차부리, 논타부리 등 수십 곳이 넘는다. 이는 고대 인도어(산스크리트어)가 불교를 통해서 전승되었다. 베트남(Vietnam) 혹은 라오스(Laos)에서도 지명으로 사용되고 있다.

막구리산(莫求利山, 175.9m)[463]의 구리로
청동제 무기를 만들었다

먼저 고령(古寧, 오늘날 咸昌)의 선사 시대의 문화 유적을 살펴보면, 구석기 시대(舊石器時代) 이래 이곳에 터전을 잡고 살았다는 고고학적 유물(考古學的 遺物)로는 신상리(洛東面 新上里) 구석기 시대 유적(舊石器時代 遺蹟)이 발굴되었다. 청동기 시대의 유물로는 고인돌(支石墓, dolmen), 선돌(立石, menhir) 그리고 주거했던 집터 수혈유구(竪穴遺構, pit ruins)가 지속적인 발굴이 되고 있다. 고인돌은 낙동강(洛東江)을 내려다보는 구릉지 경

---

463 막구리산에 대한 구글 GPS로는 상주시 합창읍 교촌리 산2-2번지이고, 좌표는 북위 36도 34분 5초, 동경 128도 9분 33초로 측정되었음.

사면(丘陵地 傾斜面) 혹은 작은 개울물 섶 야산 언덕에 5~10기(基)씩 무더기(群集)를 이루고 있었다. 청리선사 유적(靑里先史遺蹟)에 15기씩 2개 지석묘군 등이 있다. 축조 형태는 고인돌(支石墓)의 윗돌(上石)이 하부석관(下部石棺)의 뚜껑인 개석식(蓋石式)이다.[464]

고녕(咸昌)의 청동기 문화가 실존할 수 있었던 근본적인 금속 원료인 구리(이두문 求利, 영어 Copper, 라틴어 Cuprum)를 채광했던 막구리산(莫求利山, 靑銅山, 175.9m/sl)이 오늘날 함창읍 교촌리 사재미골(山祭堂谷)과 토끼골을 접해 솟아 있다. 여기서 막구리(莫求利)란 알짜배기 구리(空求利)가 아닌 잡석과 혼성된 구리(miscellaneous)를 채취했던 산이다. 오늘날 사용되는 말로는 '막 된장(mixed soybean paste)', '막벌이꾼(hard earner)', '막살이(hand-to-mouth life)', '막걸리(濁酒)' 등 용어가 있다. 부사(副詞)로는 '마구' 혹은 '이제 막(혹은 방금)'이고, 형용사(形容詞)로 '정선하지 않은(not selected)' 혹은 '혼잡(mixed)'이란 뜻으로 사용하고 있다. 막구리산에서 채광한 막구리로는 주석, 아연, 니켈 등을 혼합하여 속칭 잡동(雜銅, miscellaneous copper)이란 합금 제품을 만들었다. 누른 색의 황동(黃銅) 혹은 유동(鍮銅, 구리 + 주석 + 아연, 일명 놋쇠), 흰색의 백동(白銅, 구리 + 니켈)을 제련해서 단련했다. 사실 구리 배합 비율이 높으면 초기에는 황색이지만 산화구리(酸化銅) 녹청(綠靑, verdigris)이 생기면 청동(靑銅)이다. 오늘

---

464 상주시 역사, 상주시청 홈페이지(sangju.go.kr), 2024. 1. 9.: "상주 지역에 남아 있는 대표적인 청동기 시대 유적은 지석묘, 입석 그리고 주거지역이다. 지석묘는 낙동강이 내려다보이는 구릉 사면이나 낙동강으로 흘러드는 소하천변에 위치한 평지가 야산과 연결되는 구릉 사면에 군집을 이루어 위치한다. 현재 상주시 헌신동, 부원동, 중덕동 등 약 10개소 이상의 유적이 알려져 있다. 지석묘는 대체로 5~10기가 하나의 군집을 이루어 위치하며, 이들 가운데 정식으로 발굴 조사된 것으로는 청리 지방공단 조성사업 사전조사에서 조사된 15기가 있다. 청리 유적에서 조사된 15기는 경사면 위쪽과 아래쪽 2개 군(群)으로 나누어져 소규모 군집을 형성하고 있다. 축조 형태는 지석묘의 상석(上石)이 하부 석관(석곽)의 뚜껑 역할을 하는 개석식(蓋石式)이다."

날 역사에서 청동기 시대(靑銅器時代, bronze age)라고 하나 청동 제품(靑銅製品)의 녹청을 다 벗기면 모두가 노란색이다.

금속 제련 기술에 합금 기술이 선진 기술이라는 관점에 보면 분명히 청동기 시대(靑銅器時代)가 철기 시대(鐵器時代)보다 뒤에 와야 한다. 그러나 옛날 선인들은 금속이 녹는 높은 온도 즉 용융점(熔融點, melting point)이 '454℃ 장벽(철 1,539℃ - 구리 1,085℃)'을 실감했다. 나뭇가지, 볏짚 혹은 왕겨 등의 일반 땔감으로 불을 피워서는 800℃까지 올릴 수 있었다. 그래서 주석 231.96℃, 납 328℃, 아연 420℃, 알루미늄 660℃까지는 녹일 수 있었다.

그러나 더 단단한 금속을 얻기 위해 고용점(高融點) 금속을 녹이고자 숯을 만들었다. 숯불로는 961℃, 금 1,063℃ 그리고 구리 1,085℃까지는 녹여서 청동기를 개막하였다. 이 정도의 불 작업(fire-working technique)으로 동시에 흙을 빚어서 토기(土器段階)를 제작하는 데도 적용되었다. 노천 가마(露天窯, open-air kiln)로는 800℃까지 올려서 토기를 구워내었다. 고열을 얻기 위해서는 i) 땔감을 장작으로 교체하고, ii) 반지하(半地下) 가마(semi-underground kiln) 혹은 오름 가마(ascending kiln)를 만들었다. iii) 동시에 불 때는 작업에서도 '불 가두기(fire keeping)' 및 '불 조절(fire operation)' 기술을 개발해 iv) 1,200℃까지 올릴 수 있게 되었다.

토기(土器)나 도기(陶器) 제작에 있어 태토(胎土, 토기 흙) 속에 1,200℃ 이상 고열에서 석영(石英)이 유리로 녹아내리는 '유리화 현상(琉璃化 現狀, Vitrification)'이 발생한다. 유리화 현상을 넘어서야 완전한 방수 처리가 되는 도기 단계(陶器段階)까지 발전했다. 통일신라 시대는 도기 단계를 넘어섰으나 중국 송나라(宋, 960~1279)에서 경덕진(景德鎭) 도자기가 생산

되었던 10세기 이후 고려 중기에 들어와서 도자기(陶磁器)를 생산하고자 노력했다. 그러나 불과 35℃ 장벽에서 부딪쳐 수백 년 동안 기술을 쌓아 '1,235℃ 자기의 꽃(磁器化現狀)'을 피웠다. 12세기에 들어와서는 독자적인 고려청자(高麗靑瓷)를 생산하게 되었다.

4.
고녕가야는 철기 시대를
개막하고자 사력을 다했다

쇳덩이에다가 불꽃을 입혀 쇳물로 녹아내리게 하는 미인계(美人計)

옛사람들은 쇳덩이를 묵직한 의지가 굳은 남자로 따뜻한 불꽃을 아리따운 여성의 가슴으로 생각했다. 따라서 쇳덩이에 불꽃을 입혀 빨간 쇳물을 내리게 하는 걸 36계 미인계(美人計)로 생각했다. 그래서 배화교(拜火敎, Zoroastrianism)에서는 '빛은 보이도록 하려는 의도(the attempt of light to become visible)'로 믿었다. 무색의 빛(White)을 인지할 수 있는 일종의 베일 역할로 봤다. 따라서 "색상은 항상 종교나 시, 일상생활에서 상징적인 역할을 해왔습니다."[465] 오늘날 물리학(physics)에서 불꽃의 색깔과 온

---

465 COLOR, Encyclopaedia Iranica, What are the colors of Zoroastrianism?: "White is the color of the faces of the blessed on Doomsday, and the inhabitants of paradise are dressed in white and green silk, indicating the heavenly light in which they are clad. White is also the garment of priests in many religions, including Zoroastrianism … Colors are defined as 'the attempt of light to become visible.'

도의 관계를 살펴보면, 불꽃의 색깔을 노란색(yellow), 귤색(orange), 붉은색(red), 흰색(white)과 그리고 파란색(blue)으로 구분했다. 관상쟁이의 말에 "새파란 촉촉한 입술의 도화녀는 무쇠 남성을 녹인다(藍脣桃女, 融鐵男性)." 했듯이 파란색 불꽃이 무쇠를 녹인다. 불꽃 색깔과 온도를 정리하면, 일반적으로 고열에서는 흰색(white)과 푸른색(blue)이 나온다. 온도로 봐서는 붉은색(red) 불꽃은 525~1,000℃ 정도, 선명한 붉은색(vibrant red)은 1,000℃를 넘어서고, 귤색(orange)은 1,100~1,200℃, 흰빛(white) 화염은 1,300~1,500℃이며, 푸른색(blue) 화염은 2,500~3,000℃ 정도다.[466]

따라서 쇠붙이를 녹였던 대장간의 불꽃은 푸른색으로 '도깨비불(鬼火)' 혹은 '도화녀 입술(桃女之脣)'이라고 했다. 천문학(Astrology)에서도 밤하늘 별 온도를 관찰할 때 색깔에 따라서 표면 온도를 구분하는데, 붉은색(reds) 3,000K[467], 귤색(orange) 4,000K, 노란색(yellow) 6,000K, 흰색(white) 10,000K, 푸른색(blues)은 25,000K로 판별한다.[468] 별의 색깔과

They act as a kind of veil through which the colorless light can be perceived. Hence colors have always played a symbolic role in religion, poetry, and daily life."

466   Why is fire red and yellow?- DNR News Releases, Iowa Department of Natural Resources(iowadnr.gov), 2016. 12. 8.: "The main color in the flame changes with the temperature. Something is red ho." from 977 degrees Fahrenheit to 1,830 degrees. Orange flames burn at 2,010 to 2,190 degrees. The hottest flame, white, burns at an incredible 2,370 to 2,730 degrees."

467   What does K mean in star temperature? A star of spectral type K, somewhat cooler than the Sun and appearing orange in colour. K-type stars on the main sequence have surface temperatures in the range 3,900~5,200K, while giants are about 100~400K cooler, and supergiants a few hundred degrees cooler still.

468   The Colors of the Stars From Hottest to Coldest- Science Notes(sciencenotes.org), 2022. 4. 10.: "The colors of the stars indicate their surface temperatures. There are five star colors: blue, white, yellow, orange, and red. The hottest stars are blue, with temperatures around 25,000K. Red is the color of the coldest stars, which have surface temperatures of approximately 3,000K."

거리와의 상관관계는 성립되지 않는다는 게 통설이다.[469] 그러나 별 온도와 질량이 상관관계는 성립된다. 태양 질량의 10배가 넘는 매우 무거운 별은 가장 뜨겁다. 이들은 일반적으로 파란색이다. 질량이 태양의 절반 미만인 작은 별은 가장 차갑고 일반적으로 빨간색으로 빛난다(Smaller stars, with less than half the mass of the Sun, are the coolest and usually glow red.).[470]

철(鐵, iron)는 한반도의 고대어로는 '굳은 쇠(堅金)'라는 뜻에서 '굳(구디, 釗)'이었으나 신라어로는 '굳이(gudi, 이두문仇知)', 백제어론 '굳으(gud, 句茶)'라고 했다. 현재 남아 있는 지명으로는 달성군 구지면(求智面)에 신라 때 구지산 부곡이 있었다. 김제시(金堤市) 금구면(金溝面)을 신라 시대 때는 구지지산현(仇知只山縣)이라고 했다.[471] 부여 백마강에 있는 '구드레 나루터(金來津)'는 철을 일본에 거래했던 나루터였기에 일본에서는 백제를 '구드레 나루터(金來津)'를 연상해서 백제(百濟)를 '구다라(gudara, くばら,

469 17.2 Colors of Stars – Astronomy - UCF Pressbooks(pressbooks.online. ucf.edu), Does distance affect the color of a star?: "The color of a star therefore provides a measure of its intrinsic or true surface temperature(apart from the effects of reddening by interstellar dust, which will be discussed in Between the Stars: Gas and Dust in Space). Color does not depend on the distance to the object."

470 Colours of Stars - The Schools' Observatory(schoolsobservatory.org): "How is a stars color related to its mass? The temperature of a star depends on how much mass it has. Very massive stars, which can be over ten times the mass of the Sun, are the hottest and usually glow blue. Smaller stars, with less than half the mass of the Sun, are the coolest and usually glow red."

471 仇知只山縣, 읍면동 순례 ⑪ 금구면, 김제 시민의 신문(m.gjtimes.co.kr), 2001. 12. 3.: "『구지산』이 어찌 '금구'가 되었는가는 『구지』(仇只)는 『구지』로서 … 금구면은 김제의 동쪽 관문으로 김제로부터 14㎞ 동북쪽으로 14㎞의 전주와 …."

句茶灘)'라고 했다.[472] 가야(伽倻)에서는 쇳덩이(鐵鋌)을 '나라님의 쇠덩이 (國主之鋌)'이라는 뜻에서 '임금(任金)'이라고 했다. 그래서 가야 국왕의 장 례에서는 간혹 쇳덩이를 묘실 밑바닥에 깔고 그 위에다가 시신이나 부(순) 장품을 올려놓았다.

김해시 국가사적 제429호 구지봉(龜旨峰)은 『삼국유사』에서 금관가야 (狗倻國)의 건국신화(建國神話)가 서린 거북바위(龜巖)가 있다[473]. 오늘날 구지봉(龜旨峯)은 당시 고대어로는 '굳뫼(鐵山)' 혹은 '굳이봉(鐵峰)'으로 볼 때 철산지(鐵産地)와 연관성이 있다. B.C. 500년에서 B.C. 400년경 고인돌 (支石墓, dolmen) 가운데 김수로왕 탄강신화(金首露王 誕降神話)가 있는 한 석봉 명필가의 글씨로, '구지봉석(龜旨峯石)'은 A.D. 42년 당시 지방 호족 (고인돌 세력)이었던 구간(九干)들로부터 추대를 받아서 구야국(狗倻國, 金 官伽倻)을 건국한 왕이 되었다. 고인돌을 실측한 결과 i) 길이 2.4m×넓이 2.10m×높이 1.0m, 무게는 8.736톤(= 2.4×2.1×1.0×2.6×70%)의 비교적 작은 고인돌로 추장 무덤의 덮개돌로 보였다. ii) 고인돌 무덤을 만들 때의

---

472 구드래, 위키백과, 2024. 1. 10.: "구드래라는 이름은 '큰 나라'라는 말이라는 설도 있으며 백제에서 왕이나 왕족을 칭하던 말인 '어라하'라는 말에 큰이라는 뜻인 '구'가 결합하여 만들어 졌다는 설도 있다. 백제의 사비성의 나루라는 의미를 가지고 있다. 일본에서 백제를 부르는 말이 '구다라'인데 이 구드래 나루의 이름에서 유래했다는 설도 있다."

473 한석봉의 글씨로 '구지봉석(龜旨峯石)'이라고 새겨진 고인돌은 i) 길이 2.4m×넓이 2.10m ×높이 1.0m, 무게는 8.736톤(= 2.4×2.1×1.0×2.6×70%)의 비교적 작은 B.C. 4~5세기의 추 장의 무덤으로 보이는 고인돌의 덮개돌로 보임. 8.736톤의 고인돌을 산 정상까지 이동하는데 87 명에서 100명의 장정이 필요하며, 이를 백성들에게 부역시킨다면 200~300인 이상의 부역할 인 력 동원이 필요하고, 이런 백성을 동원하자 900~1,000호가 주변에 거주했으로 8,200명 이상이 살았음. ii) 이 정도의 자연부락이 9개였다면 9,000호에 7만5천 명 이상의 백성들이 살았다는 추 산이 됨. 따라서 이만백성(二萬百姓)이라는 백리소국의 여건은 충분히 갖췄음. 다른 한편, 가락 국 건국 당시는 철(鐵, iron)의 고대어 청동기보다 강하다는 뜻으로, '굳이(굳은 쇠)' 혹은 '구지(이 두 표기 仇知)' 돌이라고 칭했으며, 거북 모양과 고어 발음을 종합해서 '구지(龜旨)'로 표기되었 음. 현존하는 지명에서도 대구시 달성군 구지면(仇知山部曲에서 求智面), 부여시(夫餘市) 백마 강 구드레 나루터 등이 남아 있음.

동원인력 추산은, 통나무 굴대와 동아줄로 장정이 당긴다면 8.736톤/0.1 톤으로 87명에서 100명의 장정이 필요하다. 그때 부역에 참여한 백성은 200~300명이었다. 인근 민가 호수는 900~1,000호 정도였다. 백성의 수 는 8,000여 명 내외였다. 이를 기준으로 건국 당시 민가는 9,100(1,000호 ×9간)호 정도, 75,000명 내외의 백성들이 살았다는 탄성추계가 나왔다. 한마디로 백리소국(百里小國)의 이만백성(二萬百姓)으로 가야맹주국(伽倻 盟主國)이 건국되었다.

역사의 뒷모습을 살펴보면, 청동기(靑銅器, Bronzeware) 생산은 B.C. 2,100년에서 B.C. 1,600년경 중국 하왕조(夏王朝, Xia Dynasty) 때부터 본 격적으로 시작되었다. 당시 장인들은 신석기 시대 말기(新石器 末期)로 용 산 문화(龍山文化)[474]에 발달한 구리 가공법을 기반으로 청동기를 제작 하였다.[475] 중동과 아시아 일부 지역에서 청동기 시대(靑銅器時代, bronze age)는 B.C. 3300년부터 B.C. 1200년까지 지속하였다. 여러 가지의 요인 에 의해 거의 같은 시기에 사라졌다.[476] 가장 큰 요인은 철기 시대라는 "장

474　龍山文化, ウィキペディア(Wikipedia): "竜山文化(りゅうざんぶんか, 龙山文化, 拼音: Lóngshān wénhuà: ロンシャン・ウェンフア, 紀元前 3000年頃 ～ 紀元前 2000年頃)は, 中国 北部(華北) の黄河中流から下流にかけて広がる新石器時代後期の文化である. 黒陶が発達 したことから黒陶文化ともいう。"

475　ANCIENT CHINESE BRONZE CULTURE, National Museum of Korea(issuu. com/museumofkorea/docs/nmk, National Museum of Korea: Quarterly Magazine, vol. 57: "Bronzeware production began in earnest during the Xia Dynasty 21st-16th century B.C.E. Xia craftsmen produced bronzeware by applying copper working methods developed during the Longshan Culture of the late Neolithic Era. They used Neolithic Era earthenware as their model for producing the earliest bronzeware."

476　How many years ago was the Bronze Age?, Bronze Age- Definition, Weapons & Facts HISTORY, 2018. 1. 2.: "In the Middle East and parts of Asia, the Bronze Age lasted from roughly 3300 to 1200 B.C., ending abruptly with the near-simultaneous collapse of several prominent Bronze Age civilizations."

강에 뒷물결이 앞 물결을 밀어낸다(長江後浪推前浪)."[477]라는 중국 속담처럼 뒷물결 철제 문화(鐵製文化)가 앞 물결이었던 청동 문화(靑銅文化)를 밀물처럼 쓸고 나갔다.

쇳덩이를 최초로 녹였다(ferrous metallurgy)는 기록은 존재하지 않지만, B.C. 1200년 이전 선사 시대부터 시작되었다. 많은 고고학자는 운석(隕石, meteorite)에서 나온 철을 사용했던 게 시초라고 한다. 용광로(bloomeries)를 사용해서 제련했다는 유적으로는 인도(India), 아나톨리아(Anatolia), 코카서스(Caucasus) 등에서 B.C. 1200년경에 시작했다.[478] 최초 철 제련은 후기 청동기 시대(靑銅器時代) 아나톨리아의 히타이트인(Hittites Anatolia)에 의하여 이뤄졌다. 그들은 철 가공에 대한 독점권을 유지했으며, 그걸 기반으로 제국을 건설했다.[479] 고고학에서는 B.C. 5,000년에서 B.C. 3,000년 사이에 고대 이집트의 히타이트인이 철을 발견했다. 히타이트(Hittite) 사람들은 철을 망치로 두들겨 무기를 만들었다. 그들은 경제 성장(經濟成長)만이 아닌 부국강병(富國强兵)에 적극적으로 활용했다.[480] 청동제 무기를 대체한 철제 무기를 광범위하게 사용한 시기는 한때 아나톨리아의 히타이

---

477 (諺語)比喩人事更迭, 代代相承, 一代勝過一代. 如: 「俗話說 『長江後浪催前浪, 一代新人換舊人.』你又何必戀戀不忘你的經理職位呢?」

478 History of ferrous metallurgy, Chem Europe(chemeurope.com), encyclopedia: "The smelting of iron in bloomeries began in the 12th century B.C. in India, Anatolia or the Caucasus. Iron use, in smelting and forging for tools, appeared in ….."

479 Ferrous metallurgy, Wikipedia, When was the first iron smelted?: "The development of iron smelting was traditionally attributed to the Hittites of Anatolia of the Late Bronze Age. It was believed that they maintained a monopoly on iron working, and that their empire had been based on that advantage."

480 Which country produced the first iron weapons?, google, 2019. 4. 17.: "Archeologists believe that iron was discovered by the Hittites of ancient Egypt somewhere between 5000 and 3000 B.C.E. During this time, they hammered or pounded the metal to create tools and weapons."

트(Hittites, Anatolia)에 의해 독점되었다. B.C. 1,000년 초기가 되어서야 비로소 근동(북아프리카, 남서아시아) 전역에서 급속히 퍼졌다.[481]

'철의 제국(鐵之帝國, Iron Empire)'의 터전을 고녕(古寧)에서 다졌다[482]

한반도 삼한 시대(三韓時代)는 청동기 문화에 기반을 두고 있었다. 유라시아 북방 초원 지대를 주름잡았던 스키타이 유목민(Scythian nomads) 기마 전사단(騎馬戰士團, Comitatus)의 침입을 자주 받았다. 전국칠웅(戰國七雄)을 통합한 진시황제(秦始皇帝)는 B.C. 221년에 중원을 첫 번째로 통일시켰다. 진시황의 중원 통일은 오래가지 않았다. B.C. 202년부터 A.D. 8년까지 고조 유방(劉邦)이 두 번째로 중국을 통일해 전한(前漢)을 건국했다. 전한(前漢) 말기 권신 왕망(王莽, B.C. 45 ~ A.D. 23)이 A.D. 9년에 상안으로 도읍지를 옮겼다. 그리고 국명을 '신(新)'으로 하고 A.D. 23(癸未)년까지 1대 14년간 제국을 경영하다가 멸망했다.

물론 이전에서 많은 망국 유민(亡國流民)들은 죽음을 피하고자 일부는 육지로 혹은 해상로를 통해 한반도로 대거 유입했다. 유목민(遊牧民)이나

---

481 Who made the first iron weapons? The history of iron casting part 1- The C.A. Lawton Co.: "The widespread use of iron weapons which replaced bronze weapons rapidly disseminated throughout the Near East (North Africa, southwest Asia) by the beginning of the 1st millennium B.C. The development of iron smelting was once attributed to the Hittites of Anatolia during the Late Bronze Age."

482 이양재, 가야국의 실체와 『가락국기』 (27), 통일신문 (tongilnews.com), 2022. 8. 9.: "가야국은 고조선의 무사(武士) 세력이 남하하여 세운 국가로 본다. 한반도 최남단의 국가인 가야국의 유물에서 보이는 갑주(甲冑)라든가 무구(武具) 및 마구(馬具)가 고구려 고분벽화에 나오는 모습과 같다. 가야국이 대륙의 세력 고구려와 무관하다고 말할 수 없는 것이다."

망국 유민(亡國流民)들은 무거운 고향 땅을 갖고 갈 수 없어 가벼운 귀중품, 서책(목간, 족휘, 점토판 등), 고향 이름(지명, 산천명 혹은 부족명) 그리고 풍습(민속, 언어, 예술 등)을 말과 배에 싣고 고국을 떠났다. 그래서 유목민들은 어디를 가더라도 지명은 옛 고향 이름을 붙였다(Wherever nomads went, they named places after their old hometowns).[483]

B.C. 202년 진나라 멸망, B.C. 195년 위만조선, B.C. 108년 한사군 설치 등으로 중국 왕조 멸망으로 인해 한반도와 일본열도 망국 유민이 흘려 들어왔다. 한반도에서는 삼한의 52개 소국, 가야(伽倻)와 삼국(신라, 고구려 및 백제)이 건국했다. 일본에서도 한반도(韓半島) 도래인(渡來人, とらいじん)[484]에 의하여 농경 기술(農耕技術), 청동기(靑銅器), 그리고 철기 문화(鐵器文化)가 도입되었다. 이로 인해 야요이 시대(弥生時代, やよいじだい)[485]를 불려

---

483 How Nomads Shaped Centuries of Civilization, History, Smithsonian Magazine(smithsonianmag.com), 2022. 9. 20.: "After towns and cities were built, and more people settled permanently, the word nomad came to describe those who lived without walls and beyond …."

484 維基百科, 渡來人(とらいじん, Toraijin): 渡來人廣義而言是古大和(日本的舊稱)對朝鮮, 中國, 越南等亞洲大陸海外移民的稱號, 約4至7世紀從外地遷移到大和的人口被考古學者稱爲「渡來人」, 不過主要仍是代稱由東亞遷徙而來的移民史, 主要來自黃河流域, 山東半島, 長江流域, 遼東半島, 朝鮮半島, 渡來人通常是因國內戰爭頻繁或隨文化交流傳播而移居日本, 這些擁有高度文明的渡來人傳入諸如農耕技術, 土木建築技術, 以及燒製陶器, 鍛鐵, 紡織等農業文明. 戰前叫歸化人. 他們多數是漢人, 在樂浪郡與帶方郡被高句麗攻陷後被逼移民百濟再前往日本.

485 ウィキペディア(Wikipedia), 弥生時代(やよいじだい, 旧字体: 彌生時代)は, 日本列島における時代区分の一つであり, 「日本で食糧生産が始まってから前方後円墳が出現するまでの時代 [1]」とされる. 年代としては 紀元前 10世紀から紀元後3世紀中頃までにあたる. 採集経済の縄文時代の後, 水稲農耕を主とした生産経済の時代である. 弥生時代後期後半の紀元 1世紀頃, 東海·北陸を含む西日本各地で広域地域勢力が形成され, 2世紀末畿内に倭国が成立した[一般的に 3世紀中頃古墳時代に移行したとされるが, 古墳時代の開始年代には異論もある.

왔다.486 이렇게 보면 오늘날 한·중·일 관계는 유식하게는 '순망치한(脣亡齒寒)'이었다. 한마디로는 '방파제 없는 밀물의 해안(無堤萬潮, high tide coast without breakwater)'이었다.

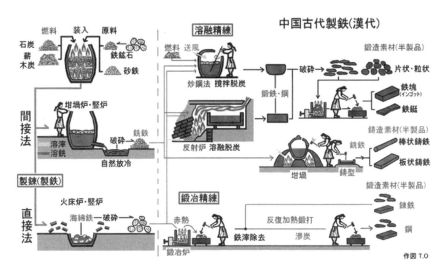

資料出處: 中國古代製鐵法圖(漢代)

청동기 문화(靑銅器 文化)가 주류였던 한반도에 한나라(신나라)의 국가기밀이었던 첨단 제철 기술이 흘러들어 왔다. 제련 기술은 "쇠만을 녹이는 것이 아닌 토착 세력을 녹여내는 데도 매우 효과적이었다(不于熔鐵, 對熔本勢. 非常有效)." 당시 신(新)나라 망국 유민들이 갖고 한반도로 유입된 제철기술을 짐작하기 위하여 중국 고대 전한 제철법(前漢製鐵法)을 살펴보

486 弥生時代とはいつからいつまで?歷史や文化をわかりやすく解説, 和樂(intojapan-waraku.com), 2023. 1. 16.: "弥生時代とは, 紀元前 9, 8世紀から 紀元後 3世紀ごろまでを指す時代区分で, およそ1000年続きました(紀元前 3世紀頃からの約 600年間とする考え方もあります). 縄文時代と古墳時代の間に当たり, 朝鮮半島の文物がもたらされ, 後期には卑弥呼が出現しました."

면 보면 위 그림과 같다.[487] 가야 제철 기술과의 비교 연구가 향후 있기를
바란다.[488]

『삼국유사(三國遺事)』및 양서(梁書)[489]『동이전(東夷傳)』에서도 진나라의
망국 유민(亡國流民)이 '키 별자리(箕星, 八卦巽方)'에 있는 '별나라(辰國)'로
유입되었다고 진한(秦韓)이라고도 표현했다. 이들은 중국 대륙에서 대제
국을 경영했던 경험과 지식으로 한반도에 건국과 국가 경영을 했다. 이때
유입된 망국 유민들 가운데 흉노족 휴도왕(匈奴族 休屠王) 태자 김일제(金
日磾, B.C. 134 ~ B.C. 86)의 후손으로 김해에선 가야 왕족 혹은 신라 왕족
이 되었다. 김유신(金庾信) 묘비(墓碑)에서도 "헌원(軒轅)의 후예이고 소호
(少昊)[490]의 자손이다(軒轅之裔, 少昊之胤)."[491]라고 새겨져 있다.[492] 최근에

---

487   中國古代の製鐵法の図, 図のようにフイゴを使用して鑄鐵が製造されていた. 宗応星
『天工開物』(1637) (大橋周治 『鐵の文明』 岩波書店, 1983年, pp. 10~11.

488   製鐵の渡來と古代考察の陥穽, 古代の製鐵事情, 日本刀の地鐵, 2013年 9月 1日
(ohmura-study.ne): "… 吉田光邦氏は 「中國科學技術史論集」 で 「華北は火山岩系の磁
鐵鉱, 赤鐵鉱が多く, 磁鐵鉱は融点が高い爲に, 爐は一層高溫に向かわなければならなかっ
た. 高溫を得る爲に各種送風装置が考案され, 排(はい)という輔(ふいご)を發明した. 一方, 河
南, 湖北では水成岩の赤鐵鉱, 鏡鐵鉱, 褐鐵鉱, 砂鐵である. 華北の磁鐵鉱に比して概して低
い溫度で還元できる. 原始的な床型や竪爐で充分還元できた … と埋蔵資源の觀点でこの差
異を考察している …."

489   梁書, 東夷列傳, 新羅條: "新羅者, 其先本辰韓種也. 辰韓亦曰秦韓, 相去萬里, 傳言秦世
亡人避役來適馬韓, 馬韓亦割其東界居之, 以秦人, 故名之曰秦韓. 其言語名物有似中國人, 名
國爲邦, 弓爲弧, 賊爲寇, 行酒爲行觴. 相呼皆爲徒, 不與馬韓同. 又辰韓王常用馬韓人作之, 世
相係, 辰韓不得自立爲王, 明其流移之人故也; 恒爲馬韓所制."

490   山海經, 大荒東經: "少昊屬金, 在西方. 他的母親是天山的仙女皇娥, 東海之外大壑, 少
昊之國." / 春秋, 白帝少昊: "少昊, 己姓, 一說嬴姓, 名摯, 号金天氏, 又称 朱帝, 白帝, 西皇, 窮
桑氏, 空桑氏, 在位84年, 壽百歲崩, 其后代郯子國尊爲高祖 …."

491   金富軾, 『三國史記』 列傳 第一金庾信上: "金庾信, 王京人也.十二世祖首露, 不知何許
人也. 以后漢建武十八年壬寅. 登龜峯, 望駕洛九村. 遂至其地, 開國号曰加耶. 后改爲金官國,
其子孫相承. 至九世孫仇亥, 或云仇次休, 于庾信爲曾祖. 羅人自謂少昊金天氏之后. 故姓金, 庾
信碑亦云. 軒轅之裔, 少昊之胤. 則南加耶始祖首露. 与新羅同姓也."

492   김유신의 가계, 국사편찬위원회(poshukach.com) 삼국사 권 제41 열전 제1 김유신 전:

는 A.D. 22년 고구려 대무신왕 3년에 동부여의 멸망으로 한반도 남부를 유입했다고도 한다.

한반도에 들어온 흉노족 후예들은 청동기 문화(青銅器文化)의 기반이었지만 스키타이족(Scythian people)의 선진 야금 기술(先進冶金技術, advanced metallurgical technology)이었던 철제 문화를 갖고 왔다. 당시 한반도는 청동기 시대(青銅器時代, bronze age)로 고인돌과 청동기 기반에 토착 세력들은 대세(大勢)를 간파했기에 선진 문화를 아무런 저항 없이 (without any resistance) 받아들었다. 쇠를 녹이는 대장간(forge)에서 나오는 푸른 화염(火焰)을 보고 '도깨비불(鬼火)' 혹은 '혼불(魂火)'이라고 했다. 어릴 때(1950년대) 시골 밤중에 산막 대장간에서 야간 작업하는 대장장이의 번득거리는 움직임과 새어 나온 파란 불꽃은 누가 봐도 도깨비불이었다. 그 불로 인해 넋을 앗아간다고 해서 당시 어른들은 혼불이라고 했다.

특히, 대형 선단(大形船團)을 이끌고 해상으로 망명의 길을 열었던 신나라 국왕왕망(國王王莽)의 황실 일족은 한반도에 흩어지면서 '가야산 기슭과 황산 물 섶'에다가 가야(伽倻)라는 이름으로 작은 나라를 세웠다. 그렇게 하여 가야 연맹체(Gaya Confederacy)를 결성했다.[493] 줄기에 따라 고구마가 열리듯이 주렁주렁 가야 연맹체의 나라가 열렸다. 그들은 갖고 온 야금기술을 썩이지 않고 구리, 주석, 아연을 제련했다. 다른 한편으로 산기슭

"유신비(庾信碑)에서도 또한 '헌원(軒轅)의 후예요 소호(少昊)의 자손이다.'라 하였으니, 곧 남가야(南加耶) 시조(始祖)인 수로와 신라왕은 같은 성이었다."

493 김종성, 철의 제국 가야, 역사의 아침, 2010, 278: "가야라는 철의 용광로는 연맹체라는 한계만큼은 녹여버리지 못한 것이다." / 製鐵の渡來と古代考察の陷穽, 古代の製鐵事情, 日本刀の地鐵, 2013年 9月 1日(ohmura-study.ne): "ガヤは韓民族史では一つの韓民族の爐であった. 亡國遺民として製鐵道具の爐のように辰弁韓の先着勢力を溶かしてガヤゴム(Gaya Sword)を作った.しかし,カヤ建國會盟すなわちカヤ連盟体という瘼鐵を溶かすことができず, 亡國を招いた."

물 섶에서 모래 금(砂金)과 모래 쇠(沙鐵)를 채취해 금관(金冠)과 무기(武器)를 만들었다.

가야 시대에 유명한 철산(鐵山)을 간략하게 살펴보면 i) 금관가야(金官伽倻)에서 김해철산(金海鐵山), 황산철산(黃山鐵山, 勿禁鐵山), 양산494철산(梁山鐵山) 등이 있고, ii) 대가야(大伽倻)의 철산으로는 야로철산(冶爐鐵山. 陝川), 척지산철산(尺旨山鐵山. 山淸), 모대리사철광(毛臺里沙鐵鑛) 등이 있고, iii) 소가야(小伽耶) 철산으로는 천성철산(千城鐵山)이 있다. 지명에 붉은 홍(紅), 붉은 적(赤), 누를 황(黃) 혹은 붉은 자(紫) 등이 들어가는 곳에는 대부분이 산화철로 모래 철광(沙鐵) 혹은 붉은 벽돌(酸化鐵塼)의 재료로 사용했다. 오늘날 부산 복천동 유적에서는 대량으로 철 제품이 발굴되는 것으로 봐서 제철 산업이 번창했다고 볼 수 있다.

가야의 야금 기술(冶金技術)은 당시 동아시아에서는 최첨단 기술(high technology)이었다. 먼저 한반도에 들어와서 서라벌 소국을 건국하였으나 후생가외(後生可畏)의 가야의 철제 무기에 두려움을 느꼈다. A.D. 247(丙寅)년 첨해왕(沾解王)이 등극하고부터 일취월장하는 가야 연맹체(伽倻聯盟體)에 대응해 철제 무기 제작을 위한 오늘날 '방위산업체(防衛産業體, Defense Industry)'와 같은 '논공(論工, 武器製造廠)'을 설치하고, '국방과학기술원(國防科學技術院, Agency for Defense Development)'과 같은 '구지산부곡

---

494 詩經, 韓奕編: "奕奕梁山, 維禹甸之. 有倬其道, 韓侯受命. 王親命之, 纘戎祖考. 無廢朕命, 夙夜匪解, 虔共爾位. 朕命不易, 幹不庭方, 以佐戎辟. 四牡奕奕, 孔脩且張. 韓侯入覲, 以其介圭, 入覲于王. 王錫韓侯, 淑旂綏章. 簟茀錯衡, 玄袞赤舃. 鉤膺鏤錫, 鞹鞃淺幭, 鞗革金厄. 韓侯出祖, 出宿于屠. 顯父餞之, 淸酒百壺. 其殽維何?炰鼈鮮魚. 其蔌維何?維筍及蒲. 其贈維何? 乘馬路車. 籩豆有且, 侯氏燕胥. 韓侯取妻, 汾王之甥, 蹶父之子. 韓侯迎止, 于蹶之里. 百兩彭彭, 八鸞鏘鏘, 不顯其光. 諸娣從之, 祁祁如雲. 韓侯顧之, 爛其盈門. 蹶父孔武, 靡國不到. 爲韓姞相攸, 莫如韓樂. 孔樂韓土, 川澤訏訏. 魴鱮甫甫, 麀鹿噳噳. 有熊有羆, 有貓有虎. 慶旣令居, 韓姞燕譽. 溥彼韓城, 燕師所完. 以先祖受命, 因時百蠻. 王錫韓侯, 其追其貊. 奄受北國. 因以其伯. 實墉實壑, 實畝實藉. 獻其貔皮, 赤豹黃羆."

(仇知山部曲, 玄風仇知部曲과 金堤仇知部曲)'을 비밀리 두 곳에 설치했다.

동시에 가야 연맹체(Gaya Confederacy)의 '약한 고리(弱環)'를 끊고자 살펴봤더니 가장 북방에 있던 고녕가야(古寧伽倻)가 오늘날 볼링 게임에 킹핀(kingpin)에 해당하고 가장 약한 고리였다. 지명으로 가리현(加利縣)이라고 붙인 연유에는 '고녕가야는 볼링 게임판에 킹핀(古寧伽倻爲加利縣)'이라고 정복 의지(征服意志)를 담았다. 즉 『주역(周易)』에서 "이(利) 자의 의미는 화합을 가져다주는 것이다(利者義之和也)."[495]라고 생각했다. 따라서 신라는 곧바로 복속기회(服屬機會)를 탐색하고 있었다. 첨해왕(沾解王)은 노련한 장수들과 병사를 보내서 "신라의 옛 친구라고 여겨왔는데 언제부터 배신을 당기고 백제에 붙었구나(沙梁國舊屬我, 忽背而歸百濟)."라는 핑계로 토벌해 없애 버렸다.[496] 그렇게 했음에도 후환이 두려워서 유리왕(儒理王) 10년(A.D. 293, 癸丑) 2월에 사도성(沙道城, 영덕 동해 해안선 성벽)을 개축하고, 사벌국(沙伐國) 혹은 고녕가야국(古寧伽倻)의 호족 80여 호를 사민(徙民)시킴으로[497] 볼링 게임에서 킹핀을 때려 10개의 핀을 동시에 쓰러뜨리는 정책(kingpin striking strategy)을 구사했다.

사도성(沙道城)은 오늘날 용어로 전략촌(戰略村)이다. 평화 때는 완충지대(緩衝地帶)이고 전시에는 총알받이와 저지지대(沮止地帶)로 역할을 한다. 우리나라 휴전선 400m 이내에 있는 남한 대성동(臺城洞) 자유 마을

---

495   周易, 文言傳: "文言曰 元者 善之長也. 亨者 嘉之會也. 利者 義之和也. 貞者 事之幹也. 君子體仁 足以長人. 嘉會 足以合禮. 利物 足以和義. 貞固 足以幹事. 君子行此四 …."

496   三國史, 新羅本紀, 沾解王條: "沙梁國舊屬我, 忽背而歸百濟. 于老將兵往討滅之."

497   三國史, 新羅本紀, 儒理王條: "儒理王十年春二月, 改築沙道城, 移沙伐州豪民 八十餘家 …."

(Taesung Freedon Village)[498]이 신라 사도성에 해당한다. 좋게 말해 군 부대의 보호를 상시로 받는다. 다른 말로 감시와 감독을 받아야 한다. 즉 야간 점호, 통행금지와 출입신고 등은 필수적이다.

이렇게 시작하여 신라는 결국은 가야 연맹체(伽倻聯盟體)를 해체하고, 가야국의 첨단 금속 기술 가운데 하나인 철의 단조 기술(鍛造技術, forging technology)을 얻어야 했다. 신라는 가야 단조 기술(伽倻鍛造技術)을 이어받아 철제 농기구(鐵製農器具)를 대량 생산함과 동시에 무기는 물론 도끼, 칼, 대패, 톱 등은 물론이고 예리한 철제 공구(鐵製工具)까지 제작함으로써 관련 금속 산업과 예술 공예를 부흥시켰다. 이는 곧 토목 건축 기술(土木建築技術, civil engineering technology)을 발전시켜 대형 사찰, 대형 불상(철불, 석불 및 목불)은 물론 섬세한 왕관, 반가사유상(半跏思惟像) 등의 예술 작품까지도 가능하게 했다.[499] A.D. 682년 6월에는 단순한 기술뿐만 아

498 나무위키 대성동 마을: "공동경비구역 인근에 위치한 마을이다. '대성동 자유의 마을'이라고도 불린다. 정전 협정에 따른 남방 한계선 이북 비무장지대에 남아 있는 유일한 남측 마을이다. 2024년 기준 49세대 총 138명이 거주 중. 조금만 옆쪽으로 가면 바로 군사분계선이, 북쪽으로 올라가면 판문점이 있으며, 바로 코앞에는 북한 인공기가 보이며, 북한 기정동 마을도 육안으로 흐릿하지만 볼 수 있다. … 말만 경기도 파주시 땅이지 사실상 유엔 사령이라고 봐도 된다. 다만 유엔은 국가가 아니므로 토지 소유를 못 하기 때문에 소유는 파주시가 하되 위임받은 유엔군으로부터 통치를 받는다. 그렇다고 해서 이곳이 치외법권 지역은 아니다. 군부대 아니면 농지다. 경작권이 주어지지만 토지에 대한 소유권은 가질 수 없다. 북한의 도발이 심했을 때는 농사짓는 데 경호원으로 대한민국 육군 병력이 따라가기도 했다. 한 마디로 전혀 안 그런 것 같지만 살벌한 동네다. 마을 안에도 무장한 군인들이 있고, 버스 타고 가다가 잘 보면 위장해놓은 초소 같은 게 보이기도 한다. 농지로 가는 길에도 탈북하는 북한군들을 안내하는 표지판, 전화와 무전기 등이 설치되어 있다. 즉 전쟁이 터지면 3분 만에 쑥대밭이 될 동네. 휴전 이후 초기 14년간은 참정권이 제한된 채 살아왔다가 1967년이 돼서야 투표권이 주어졌다. 이후 대성동 주민들은 투표일에 모두 함께 마을 밖으로 외출한다. 그래서 대성동 마을 사람들의 투표율은 매번 거의 100%에 이른다 …."

499 가야의 제철 기술, 신편한국사, 우리역사넷(contents.history.go.kr) 2024. 1. 9.: "가야의 금속 기술은 그 시기 동아시아의 선진 첨단기술이었다. 이 가야의 선진 첨단 기술은 신라의 기술자들에 의해서 잘 계승되었다. … 가야에서 발전하여 신라로 이어진 첨단금속기술 중에 또 하나 철의 단조 기술이 있다. 신라의 금속 기술자들은 농기구를 대량 생산하는 데서 그치지 않고 우

니라 예술적 감각을 살리기 위한 색채(色彩)와 디자인(design)을 전담하는 채전감(彩典監)500을 설치했다.

수한 철제 공구를 만드는 한 차원 높은 기술을 개발했다. 도끼와 칼에서 망치와 끌과 대패, 그리고 톱의 제작이 그것이었다. 강하고 예리한 철제 공구의 제작은 신라의 토목건축 기술에 혁신적인 변화를 가져왔다. 6세기 후반부터 시작된 신라의 대사찰과 석탑의 건립은 우수한 철제 공구의 개발 제작으로 가능해진 것이다."

500 三國史, 新羅本紀 第八神文王: "六月陰, 又置工匠府監一人, 彩典監一人."

5.

한국 역사 가운데 다중 나선
(多重螺旋, Multiple Helix)의 가야 역사

가야사는 소라 껍데기(海螺殼, conch shell)를
닮은 다중 나선 구조

한국사의 고대사(古代史)로 가야 역사(伽倻歷史)를 연구하는 사람으로 가장 큰 불만은 i) 일제 식민지 시대(日帝植民地時代)에 선배 사학자들이 '임나일본부설(任那日本部說)'로 한국 고대사에 황칠을 했다고 비난하면서도, ii) 해방 이후 80년이 다가오는데도 가야 고분 발굴에는 일본 학자들과 품앗이를 하면서 패총 혹은 고분에 조개 껍데기 하나까지 일본 오키나와(沖縄, うちなあ) 산출 '고호우라(ゴホウラ)' 혹은 '이모가이(イモガイ)'라고[501]

---

501 조재원, 가야 시대 최고 조개 장식 말갖춤새서 오키나와 서식 조개류 껍질 확인, 매일신문, 2017. 8. 16.: "대성동 91호분 출토 조개 장식 말갖춤새(貝馬粧具)에 사용된 조개 29점 중 20점은 오키나와 등 열대 해역에 서식하는 '고호우라(ゴホウラ)'로, 9점은 같은 열대 해역에 서식하는 '이모가이'(청자고둥, イモガイ)로 밝혀졌다. 이 같은 사실은 지난 2016년 12월에 대성동 고분박물관을 방문하여 조개 장식 말 갖춤새를 조사한 일본 구마모토대학(熊本大学)의 기노시타 나오

명명하면서 발표하는 건, 바로 '새로운 임나일본부설(新任那日本部說)'을 만들고 있다[502]. 물론 좋게 보면 지구촌에서 이웃하는 '학자들 사이 품앗이 (collaboration between scholars)'로 볼 수 있다. 그러나 일본 역사학자 지인은 아예 노골적으로 "한국의 역사학자들은 맛있는 엿을 굳이 손때 묻혀 가면서 꽈배기(multiple helix structure)를 만들어 더럽고 맛없게 먹고 있다(韓国の歴史学者はおいしいタフィーと自分たちの手で汚れたタフィーを混ぜて多重らせん構造を作り, 汚くて味のないものを食べる)."[503]라고 한다.

더욱 가야 역사는 i) 역사적 문헌을 기반으로 일목요연하게 체계화도 되지 않았고, ii) 고고학 등 학제 간 연구를 통한 입체적이고 정량적 분석 등을 통한 현대과학으로 입증되지도 않았다. 어떤 면에서는 육란신화(六卵神話, 三國遺事, 駕洛國記)과 6형제 설화(高麗史, 釋順應傳 혹은 釋利貞傳)가

코(木下尚子) 교수팀과 대성동 고분박물관의 공동 연구에 의해 확인되었다. 기노시타 교수는 오키나와 산 조개 제품을 가지고 오키나와와 일본, 한국, 대만 간 교류를 연구해 온 이 분야의 권위자로 대성동 91호분의 고호우라와 이모가이는 4세기대 '왜' 왕권 내에서 수집·선별해 국제 외교의 물건으로서 파형동기 등과 함께 선물로 가야의 왕족에게 전달한 물품으로 추측했다."

502   木下尚子(熊本大學), 「金海大成洞91号墳出土のゴホウラ·イモガイ製品−貝装馬具とその位置付け−」 『金海 大成洞 古墳群』 博物館学術叢書第19册, 2017. pp. 175~202. / 木下尚子, 貝殻集積からみた先史時代の貝交易, 国立歴史民俗博物館学術情報リポジトリ (rekihaku.repo.nii.ac.jp), 2021: "本論は, 科研費共同研究の一環としておこなった貝殻の炭素14年代測定結果(較正年代)にもとづく考古学的考察である. 沖縄諸島の先史時代遺跡に残る大型巻貝(ゴホウラ·イモガイ)の集積を対象に, 16遺跡で検出された弥生時代併行期の貝殻集積27基のうちから, ゴホウラとイモガイの貝殻合計51個を選んで測定し, 結果を整理してその歴史的意味を示した. 貝殻集積は北部九州と沖縄諸島間の貝殻の交易(貝交易)に伴う諸行為によって, 貝殻産地に残されたものである. 考察では, 上記年代値に, 貝殻消費地で ある北部九州の弥生遺跡に残るゴホウラ·イモガイ腕輪の時期を加えて比較した.この値は, すでに公表されている貝輪着装人骨を含む弥生人骨の炭素14年代を介して確定したものである. こうして導いた較正年代67例をもとに, 1,200kmの海域をはさんだ産地と消費地間の時間的関係を整理し, 弥生時代から古墳時代にわたる貝交易の動向を以下の6群に分けて述べた."

503   Korean history scholars mix the delicious taffy with their hand -dirty, creating a multiple helix structure and eating it dirty and tasteless.

꽈배기처럼 꼬여 있다. 이들 신화(神話, myth)나 설화(說話, traditional sto-ry)가 창조된 태생적 기반을 자세하게 살펴보면, i) 가야산 해인사를 창건한 사연에 대해서 순응대덕(順應大德)이 중국 신림(神琳)의 제자로 구법(求法)할 때 남조(南朝) 양(梁)나라 보지공(寶誌公, 418~515)이 쓴『답산기(踏山記)』를 읽었는데 "우두산(牛頭山, 오늘날(伽倻山) 서쪽에 별비로대가람 해인사(別毘盧大迦藍 海印寺)를 세워라."라고 적혀있었다. ii) 우리나라(海東)의 화엄불법의 초조(華嚴佛法之初祖)는 의상대사(義湘大師, 625~702)이고, 순응대덕(順應大德)과 이정선백(利貞禪伯)은 화엄불법(華嚴佛法)에 법손(法孫)이었다.[504] iii) 신라 제40대 애장왕(哀莊王) 3(A.D. 802)년 순응(順應)이 갑자기 입적(入寂)하자 이정(理貞)이 뒤를 이어 그해 10월에 해인사 창건을 마무리했다.

　'해인사(海印寺)'는 '화엄경(華嚴經)'의 '해인삼매(海印三昧)'[505]라는 구절에서 따온 말이다. iv) 최치원(崔致遠)은 898년 진성여왕(眞聖女王)에게 '시무십여조(時務十餘條)'를 던지고, 신선처럼 유람하다가, 해인사 화엄종계 거두였던 현준(賢俊, 친형)[506]에게 가족들의 입 벌이를 위해 투탁(입산)했다.

504　순응과 이정, 가람의 향기, 월간 해인, 1988년 03월, 제78호: "한국 화엄 철학의 여명기-순응(順應) 스님과 이정(理貞) 스님 역사의 물줄기를 거슬러 올라가 해인사의 창건에 대한 모습을 더듬어보면, 해동 화엄 불교의 초조(初祖)의 상대사(625~702)와 만날 수밖에 없다. 왜냐하면, 해인사의 창건은 신라 시대 그 도도한 화엄종의 정신적 기반의 확충과 선양이라는 기치 아래 이른바 신라 화엄 십찰(十刹)의 하나로 세워진 절이며 …."

505　海印三昧(読み)かいいんざんまい(英語表記)sāgara-mudrā-samādhi, 精選版日本国語大辞典 「海印三昧」 の意味. かいいん‐ざんまい【海印三昧】(名) 仏陀が 「華厳経(けごんきょう)」 を説く時に入ったとされる三昧の境地の名. 静かに澄みわたった海面に万象が映るように, 悟りを得た仏の心にいっさいが現ずることを示したもの. 禅定(ぜんじょう). ※正法眼蔵(1231~1253) 海印三昧 「諸仏諸祖とあるにかならず海印三昧なり」 / かいいん‐ざんまい 【海印三昧】 仏語. 仏が華厳けごん経を説いたときに入ったという三昧. 一切の事物が映し出される, 静かに動じない仏の心. 海印定かいいんじょう.

506　현준(賢俊), 한국민족문화대박과사전: "… 본관은 경주(慶州). 일명 현준(賢雋, 賢雋, 玄

고녕가야(古寧伽倻)

900년경에 법보종찰 해인사(法寶宗刹 海印寺)에 대한『해인사선안주원벽기(海印寺善安住院壁記)』507를 쓰는데, 순응과 이정 설화 속에서 v) 가야산 정명모주(正見母主, 伽倻山女神)가 대가야의 이진아시(伊珍阿鼓 혹은 惱窒朱日)를 낳고, 가야 국왕인 이부동생 수로(首露 즉) 뇌질청예(惱窒靑裔)을 기록에 넣었다.

한편, 고려 제11대 문종조(文宗朝) 태강 2(太康二, A.D. 1076)년에 금관지주사(金官知州事)를 지낸 한 문인이라고 가락국기(駕洛國記)508 서문에서 밝히고 있다. 최근 학술 논문에서 김양감(金良監)509이라고 하나, 1889년

準)이라고도 한다. 아버지는 최견일(崔肩逸)이며 동생은 신라 하대의 문장가 최치원(崔致遠)이다. 집사시랑(執事侍郞)인 최인연(崔仁渷), 견당사(遣唐使) 수행원인 최서원(崔栖遠)의 4촌 내지 6촌 형이다 ….”

507 신라가야산해인사선안주원벽기(新羅伽倻山海印寺善安住院壁記), 한국민족문화대백과사전: “900년(효공왕 4)에 최치원(崔致遠)이 쓴 해인사에 관한 기록. 본래의 제목은 ‘신라가야산해인사선안주원벽기(新羅伽倻山海印寺善安住院壁記)’이다. 제목으로 보아 해인사 선안주원이라는 건물의 벽에 썼던 기록이며, 『동문선』 권 64에 수록되어 전한다. 이 벽기의 전반부에는 신라 불교사에 관한 자료가 전하고 있다. 선덕여왕 때 지영(智穎)과 승고(乘固)가 중국 유학을 다녀와 처음으로 대덕(大德)에 뽑혔다고 한 것은 다른 기록에는 보이지 않는 자료이다. 또한, 이 벽기에는 당시 신라 불교의 여러 요소를 유가(瑜伽)·화엄(華嚴)·계율(戒律)·소승(小乘)의 넷으로 소개하였다. 이 글에 의하면, 순응대덕(順應大德)이 해인사를 창건한 것은 802년(애장왕 3)이다. 순응은 신림(神琳)의 제자로 중국에 유학해서 교(敎)와 선(禪)을 익혔고, 귀국해서는 국가의 선발함을 받았다. 해인사 창건에는 성목왕태후(聖穆王太后)의 도움이 있었으며, 순응이 입적한 뒤에는 이정선백(利貞禪伯)이 그를 계승하여 공을 세웠다. 창건 이후 100년 사이 승과에 5명이 뽑혔고, 3명이 연창(演暢)을 위하여 자리를 베풀었다.

508 신편 한국사, 고대 정치와 사회, 가야의 성립, 국사편찬위원회, 우리역사넷, 2024. 1. 23.: “가야 건국 설화는 2종류가 전승되는데, i) 고려 문종조 후반 김관지주사(金官知州事)가 찬술한 『가락국기(駕洛國記)』에 김해 가락국 김수로왕 신화, ii) 신라 말기 최치원이 찬술한 『석이정전(釋利貞傳)』에 고령 대가야국 이진아시왕(大加耶國 伊珍阿鼓王) 신화가 전해지고 있다. 동일(同一) 가야국 시조가 서로 다른 2명으로, 이는 두 지역에 각기 다른 내용으로 전해진 데에는 매우 이례적인 사건으로 가야사 전개 과정에 비범함을 예시하고 있다.”

509 徐暻淑, 「駕洛國記」의 歷史的 性格, 이화여자대학교, 교육대학원, 사회과학교육 전공 역사교육 분야, 석사 학위 논문, 1986년 8월 총 46면: “(抄錄) 「駕洛國記」는 高麗 文宗代 金官知州事를 역임했던 金良監이 저술한 11세기의 歷史物로서, 현재 「三國遺事」 卷二 紀異篇에 略載되어 있다. 그런데, 지금까지는 國文學 분야에서의 단편적인 연구만 있었을 뿐이고, 歷史

수로왕릉에 설치했던 숭선전신도비(崇善殿神道碑)의 비문에서는 "문종이 지김주사(知金州事) 김양일(金良鎰)에게 명하여 가락국기를 짓게 했다(高麗文宗, 當首露王御極之舊甲壬寅. 特命知金州事金良鎰, 修陵園, 備禋祀事, 具載良鎰所撰碑文)."[510][511]라고 새겨져 있다. 이를 일연(一然, A.D. 1205 ~ A.D. 1299)은 1281년과 1283년 사이에 삼국유사(三國遺事)에다가 가락국기(駕洛國記)를 요약 정리하면 서문에다가 "고려 문종 때 태강 연간에 금관지주사(金官州知事) 문인(文人)이 편찬했다고 요약 정리해 실었다(高麗文宗廟, 大康年間, 金官知州事, 文人所撰也. 今略而載之)." 1145년에 관찬된 『삼국사(三國史)』보다도 앞선 『가락국기(駕洛國記)』이기에 "오래된 기록을 더 소중하게 여긴다(貴古也則)."는 원칙에 따라야 했다. 불교적 윤색이 많다고 하나 가락국기(駕洛國記)는 가야사의 최고원전(最古原典)이다. 가야 역사에 대해 『가락국기(駕洛國記)』 > 『삼국사(三國史)』 > 『삼국유사(三國遺事)』 > 『고려사(高麗史)』' 신빙성을 정약용(丁若鏞)은 자신의 저서 『아방강역고(我邦疆域考)』에서 「변진별고역명가락고(弁辰別考亦名駕洛考)」라는 논문으로 '귀고야(貴古也)'[512]로 결론을 내렸다.

이런 연유로 우리나라 국사편찬위원회(國史編纂委員會)에서도 가야 역

學 분야에서는 거의 硏究가 없는 실정이다 …."

510 가락국기 저술, 행복 도시 김해시 관광포탈(gimhae.go.kr), 2018. 8. 29.: "수로왕릉에 있는 숭선전신도비(崇善殿神道碑, 1889년)에는 문종이 지김주사(知金州事) 김양일(金良鎰)에게 명하여 짓게 하였다고 전하고 있습니다. 1076년에 김해에서 가락국의 역사로 편찬된 「가락국기」는 가장 오래된 『삼국사』(1145년)보다 70년 앞서 편찬되었습니다."

511 金海崇善殿神道碑文: "… 高麗文宗, 當首露王御極之舊甲壬寅. 特命知金州事金良鎰, 修陵園, 備禋祀事, 具載良鎰所撰碑文."

512 貴古賤今(《ㄨㄟˋ 《ㄨˇ ㄐㄧㄢˋ ㄐㄧㄣ): "推崇古代的事物, 而鄙視當代的. 南朝宋, 范曄 〈獄中與諸甥姪書以自序〉: 「恐世人不能盡之, 多貴古賤今, 所以稱情狂言耳.」 也作 「貴遠賤近」."

사(伽倻歷史)에 대해 "가야 지역에는 가락국 김수로왕(金首露王) 건국 신화 외에도 또 다른 건국 신화(建國神話)가 전해진다.『신증동국여지승람(新增東國輿地勝覽)』에서는 대가야의 이진아시왕(伊珍阿鼓王)이 건국 신화다."[513]라고 가야 건국 신화의 이중나선 구조를 만들고 있다.『신증동국여지승람(新增東國輿地勝覽)』은 국가 통치를 위한 인문지리서 혹은 행정 통계자료를 위해서 관찬했다. 그런데 우리나라 국사학계에서 i) 역사책, 인문 지리책 혹은 통계 자료를 구분하지 못하고 있다. ii) 역사 고증의 진정성(歷史考証の眞正性, authenticity of historical research)에서 같은 비중으로 평가하고 있다니 속된 말로 "똥·오줌을 못 가리고 있다." iii) 이렇게 함으로써 가야 건국 신화 하나도 통일하지 못하는데 종교적 윤색(宗敎的 潤色, religious polish)을 판단하겠다는 건 가야 역사를 다중나선 구조(multiple helix structure), 즉 속된 말로 꽈배기를 만들 뿐이다.

수로왕이 맏형이고 6형제들의 출생 순위는?

가야 역사(伽倻歷史)를 처음으로 접하면 당장 해결해야 할 문제는 육란신화(六卵神話)와 육형제설화(六兄弟說話)에 대한 해석이다. 왜 알(卵, egg)이냐는 질문에 답으로. 2017년 1월 29일부터 홍콩 방송(Hong Kong television broadcast)에서 48시간용 드라마「홍콩사랑(Loving Hong Kong, 愛香港)」의 부제 '계란 속의 꿈(雞蛋裡的夢想, Dream in Egg)'을 방영했는데

---

513   대가야국 이진아시왕 건국 신화의 전승과 성립, 국사편찬위원회, 우리역사넷(contents. history.go.kr//): "가야 지역에는 가락국의 김수로왕 건국 신화 외에도 또 다른 건국 신화가 전해진다. 『신증동국여지승람』 29권 고령현 건치연혁 조에 전해지는 대가야의 이진아시왕(伊珍阿鼓王) 신화이다. 이는 신라 말의 유학자 최치원이 해인사 승려인 이정(利貞)의 전기에 기록한 그의 조상들의 계보이다."

"달걀 속에는 어떤 꿈이 숨겨져 있을까요, 타인의 이상한 시선을 견디고 마음으로 부화시킬 수 있을까요(雞蛋裡藏著甚麼夢想, 又會否耐得住旁人奇異的目光, 用心將它孵化出來)?"[514]라는 기획 의도였다.

같은 맥락에서 우리나라에서는 고구려 시조 고주몽(高朱蒙), 신라 시조 박혁거세(朴赫居世), 신라 제4대 임금 석탈해(昔脫解) 그리고 가야 시조 김수로왕(金首露王)은 모두가 알에서 탄생했다. 여기서 알(卵, egg)은 하나같이 i) 백성들이 하늘에 빌었던 건국의 꿈을 성취할 주인공이 감춰져 있었다. ii) 기존 토착 세력들도 화합하여 알을 부화시켜 '건국이라는 새로운 꿈'을 성취했다.

송나라 선종(禪宗)의 화두집(話頭集) 『벽암록(碧巖錄)』에 나오는 '즐탁동시(啐啄同時)'[515]는 건국대업(建國大業)이었다. 물론 동양 고대 천문학 혹은 도교에서는 북두칠성 자미원(北斗七星紫微垣)에 살고 있다는 하늘 닭(天鷄)의 알을 지상에 있는 천강자손(天降子孫), 즉 천손(天孫)에게 내려준다고 믿었다. 고대 우주관은 '천원지방(天圓地方, round heaven and square earth)'의 모양을 하고 있다. '우주란(宇宙卵, Cosmic Egg)' 혹은 '세상 알(世上卵, World Egg)'을[516] 인류의 축복(祝福)으로 지상에 사는 천손에게만 내

---

514 雞蛋裡的夢想 - 香港集作 『愛香港』 拍攝48小時計劃(m21.hk/48hours) 2017-01-29: "一隻雞蛋裡究竟藏著甚麼夢想, 你又會否耐得住旁人奇異的目光, 用心將它孵化出來)?"

515 碧巖錄; "… 便可以自由自在, 展啐啄之機, 用殺活之劍 …."

516 World egg, Wikipedia: "The world egg, cosmic egg or mundane egg is a mythological motif found in the cosmogonies of many cultures that is present in Proto-Indo-European culture and other cultures and civilizations. Typically, the world egg is a beginning of some sort, and the universe or some primordial being comes into existence by 'hatching' from the egg, sometimes lain on the primordial waters of the Earth. The modern cosmological versions of this idea are called the emergent Universe scenarios."

려준다고 믿었다.517 난생신화(卵生神話)는 우리나라뿐만이 아니라, 인도, 중국, 동남아시아에도 나오고 있다. 일본 고전에서는 『일본령이기(日本靈異記, にほんりょういき)』와 『해도기(海道記, かいどうき)』 등에 난생설화가 나오고 있다.

　오늘날 동서양이 다 같이 부활절날에는 '부활의 계란(Easter Egg)'을 먹는다.518 "나는 부활이요 생명이니 나를 믿는 사람은 죽더라도 살겠고, 또 살아서 믿는 사람은 영원히 죽지 않을 것이다."519라고 예수가 외쳤듯이 부활을 상징한다. 부활절(復活節, The Day of Resurrection)은 지구촌 대다수 국가에 연중 최대 명절이다. 예수가 십자가형 선고를 받고, 십자가형을 받은 지 3일째 되는 주일이다. 다른 한편으로는 "새로운 세상을 열겠다."라는 건국(建國), 개천(開天) 혹은 개세(開歲)의 뜻으로 알(卵, egg)을 사용한 사례로는 헤르만 헤세(Hermann Hesse, 1877~1962)가 1919년에 발표한 『데미안

517　卵生神話(読み)らんせいしんわ, 日本大百科全書(ニッポニカ): "卵生神話(らんせいしんわ), ある人物が卵から生まれたという筋(すじ)をもつ神話. その多くは, 王家や支配者の家の祖先である英雄の出自伝承となっている. 卵から宇宙, 天地が生じるという 「宇宙卵」 の観想は, インドの 『ベーダ』 やギリシアのオルフェウスの賛歌, エジプト, フィンランド, 中国などにもみえるが, 族祖や王族の始祖の伝承に超自然的な卵生が伝わっているのは, 台湾, ビルマ(ミャンマー), インドのアッサム, フィリピン, セレベス, ボルネオ, フィジーなど, 主として南アジアからインドネシアにかけてである。 『三国史記』 や 『三国遺事(いじ)』 で, 高句麗(こうくり), 新羅(しらぎ), 伽羅(から)などの古朝鮮の王朝の始祖伝承に卵生神話が盛んにみえるが, このことはほかの民族の始祖伝承が主として南方系伝承であることと関連させて, その系統づけに示唆を与えるものである …."

518　Easter egg, Wikipedia: "Although eggs, in general, were a traditional symbol of fertility and rebirth, in Christianity, for the celebration of Eastertide, Easter eggs symbolize the empty tomb of Jesus, from which Jesus was resurrected."

519　John 11:25-26: "Jesus said to her, "I am the resurrection and the life. The one who believes in me will live, even though they die; and whoever lives by believing in me will never die. Do you believe this?"

(Demian: The Story of Emil Sinclair's Youth)』520에서도 "새는 바동거리면 알에서 나온다. 그 알은 새에겐 세상이다. 태어나려는 새는 먼저 세상을 깨뜨리고 태어난다. 새는 신(神)에게로 날아간다."521라고 표현하고 있다.

맏(첫째)	둘 째	셋 째	넷 째	다섯 째	막 내
金首露	伊珍阿豉	金阿露	金古露	金碧露	金末露
金官伽倻	大伽倻	阿羅伽倻	古寧伽倻	星山伽倻	小伽倻
金海	高靈	咸安	咸昌	星州	固城

출처: 위키, 6가야 자료 정리와 재구성

이야기를 다시 가야 역사로 돌아가면, 가락국기(駕洛國記)에 나오는 육란신화(六卵神話)에서는 고로대왕이 두 번째이나, 고려사(高麗史) 혹은 아방강역고(我邦疆域考) 등에서 육형제(六兄弟)로 현실화 작업을 해서 넷째로 했다. 이미 최치원은 900년경에 『해인사선안주원벽기(海印寺善安住院壁記)』를 작성하면서 아버지를 '이비가(夷毗訶, 경상도 사투리 애비가 혹은 이비가)'를 그대로 적었다. 어머니를 '애미가(愛彌訶)'라고 불교의 팔정도(八正道)의 '정견(正見)'을 인용해 '세상을 바로 보는 어머님(正見母主)'이라고 적었다. A.D. 42년에 이서국(伊西國, 오늘날 淸道)이 신라에 병합되자 왕족들이 서남쪽으로 망명하여 나라를 세웠다. 그 나라의 군주는 '이진아시(伊珍阿豉,

---

520 Demian, Wikipedia: "The Story of Emil Sinclair's Youth is a bildungsroman by Hermann Hesse, first published in 1919; a prologue was added in 1960. Demian was first published under the pseudonym 'Emil Sinclair', the name of the narrator of the story, but Hesse was later revealed to be the author; the tenth edition was the first to bear his name."

521 Hermann Hesse, Demian: The Story of Emil Sinclair's Youth: "The bird fights its way out of the egg. The egg is the world. Who would be born must first destroy a world. The bird flies to God …."

고녕가야(古寧伽倻)

이름 惱窒朱日)'가 국왕이었다. 김수로왕(金首露王)의 이름은 '뇌질청예(惱窒靑裔)'이고, 이진아시(伊珍阿豉)는 정견모주(正見母主)가 낳은 이부동생(異父同生)이라고 밝혔다. 아시(阿豉 혹은 阿尸)'라는 이름으로 어머니가 '물 무당 시(豉)'임을 한자로 표시했다. 시골 초등학교에 다니면서 물방개(豉)를 잡아서 다리를 떼고 "너 엄마(무당) 장구 치고, 너 아바이(박수) 춤추고…"라는 노래를 하면 날개를 퍼덕거리면서 뱅글뱅글 돌아가는 걸 즐거워했다. '아시(阿尸)'란 신라말은 '봉황'이다. 고려말로는 아직도 '처음(첫 번째)' 혹은 '맏(伯)' 등의 뜻으로 '아시 빨래(삶기)' 혹은 '아시 논 메기(밭갈이)' 등은 오늘날도 사용하고 있다. 따라서 불교윤색(佛敎潤色)이란 신비성을 다 파괴한 뒤 세속화했다.

예술적 창작 작품인 오페라 「허황후」와 「김수로」 드라마에서 이진아시(伊珍阿豉, 생몰 연도 미상)를 형으로 김수로왕(金首露王)을 동생으로 묘사하고 있다. 김해 김씨에서는 아무리 창작이라고 하지만 역사적 사실을 왜곡해선 안 된다고 반박하고 있다. A.D. 42년 신라의 정벌로 오늘날 청도군의 이서면에 있었던 '이서국(伊西國)'의 왕손이 낙동강 서남쪽으로 가야 건국했으며, 다른 한편으로는 일본에 도래하여 일본 최초 건국신(建國神)으로 이자나기(伊邪那岐命)로 대팔주국(大八州國)을 건국했다. 부여어로는 '이스(伊西)'는 여자 무당을 칭했다. 『일본 고사기(古事記)』에서는 이자나기(伊邪那岐命), 『일본서기(日本書紀)』에서는 이자나기(伊弉諾神)로 표기하고 있다.

정견모주(政見母主)[522]라고 기록한 역사가의 의도는?

동이족(東夷族)의 특이성은 건국 군주(建國君主)의 난생신화다. 사마천 (司馬遷)의『사기은본기(史記殷本紀)』에서 은나라를 건국 군주 '설(契)'의 어 머니 간적(簡狄)은 유용씨(有娀氏)의 딸로 제곡(帝嚳)의 두 번째 비가 되었 다. 세 사람이 목욕하러 갔을 때 검은 새(玄鳥)가 그 알을 떨어뜨린 것을 보 고 간적이 이를 삼키고 임신을 해 설을 낳았다.[523] 이를 시초로 고구려, 신 라, 가야에까지 난생설화가 이어졌다. 서양에서도 예수 탄생처럼 성령으로 잉태하거나 처녀생식(parthenogenesis)을 주장해왔다. 우주 달력(cosmic calendar)에서 '춘분점 세차(春分點 歲次)' 현상으로 인해 2,000년간 물고 기자리(Pisces)에서 최근에는 물병자리(Aquarius)로 옮겨가고 있다. 그러 나 기원전부터 현재까지 물고기자리에 있었다. 보이는 건 반대쪽의 처녀자 리(Virgo)이기에 이를 따라 해석했다. 그래서 동서양이 공동으로 모계 사 회였다. 고대 중국에서도 춘추전국 시대 8대 성씨 한자에 모두 하나같이 '계집 녀(女)'가 들어갔다. 8대 성씨로 희(姬), 강(姜), 사(姒), 영(嬴), 운(妘), 규(嬀), 요(姚) 및 길(姞)씨가 있었다. 이는 모계사회였음을 단적으로 입증 하고 있다. 다시 말하면, 모계 사회는 어머니는 알고 아버지는 모른다. 정확 하게는 아버지를 알 필요가 없었다.

정견(政見, political view)이란 '정치적인 의견 혹은 식견'을 의미하기

---

522 권력 창출 혹은 유지를 위하여 전략적인 혼인 등을 통해서 협력관계를 형성함에서 부수적 으로 생겨나는 생명체 인간으로서 맺어지는 어머니 역할을 칭함. 기존도착세력과 갈등 혹은 전쟁 등을 피하기 위한 전략적 혈연 관계를 맺는 화친 방안임.

523 司馬遷, 史記, 殷本記: "殷契, 母曰簡狄. 有娀氏之女, 爲帝嚳次妃, 三人行浴. 見玄鳥墜 其卵, 簡狄取呑之, 因孕生契, 契長而佐禹治水有功 …."

에, 정견모(政見母)란 "정치적 견해를 같이하는 여성들이 새로운 왕권(王國) 건설을 위하여 어머니로 헌신하는 여성들을 칭한다(Women who share the same political views refer to women who devote themselves as mothers to the construction of a new royal power)."라고 해석한다. 오늘날 인권 문제 등으로 상상조차 할 수 없었던 일들이 청동기 혹은 철기 초창기에서는 가능했다. 여사제(女司祭)와 성행위를 통한 강신제(性降神祭, sex séance), 왕권 유지를 위한 미실(美實)이란 이름의 여색 제공(女色提供, female-sex providing), 신분 보증용(花郞) 임신부와 간음(摩腹子制, belly-rubbing system) 등을 용인했다. 오늘날 표현을 빌리면 '정치적인 씨내리(political seeding mother)'가 정견모주(政見母主)였다. 신라 초기 역사에서는 천관녀(天官女), 색공부족(色供部族), 마복자 화랑(摩腹子花郞) 등이 통했던 신라 초기엔 '전략적인 혼인 제도(strategic marriage system)'인 정견모주(政見母主)가 생겨났다.

인류는 400만 년 전부터 지구촌에 살아왔으나 지금부터 8,000만 년부터 조직사회를 형성했던 개미는 인간 이상으로 화친(和親)과 협력(協力)을 해왔다. 거대한 황금 트럼펫(golden trumpet tree)의 썩은 나무줄기를 통째로 차지해 '개미 대제국(Great Empire of Ants)'을 건설하는 중앙아메리카(Central America) 코스타리카(Costa Rica), 고산지대(highland) 폰테 베리레(Ponte Verire)에 서식하는 아즈텍 여왕개미(Azteca queen ant)가 현존하고 있다.[524] 그들은 전략적 협업(戰略的協業, strategic collaboration)을 통해 개미 제국을 건설하고, 더 협업이 필요하지 않으면 곧바로 상대방 여

---

524 최재천, 아즈텍 제국의 왕권 다툼, Aztec 개미 여왕들 간의 사회성 갈등과 협동, 서울대학교 생물학과, 한국동물학회, 1995, 제16회 생물학과 심포지엄 강연회, 1995. 10. 1., pp. 51~53

왕개미를 제거하는 참수작전(斬首作戰, decapitation strike)에 들어간다. 권력을 절대로 나누지 않고 독점 창출 작업(monopoly creation work)을 한다. 개미도 춘추전국 시대(春秋戰國時代)를 평정하고자 합종연횡(合從連橫)이라는 화친과 협업 전략(friendship and collaboration strategy)을 구사한다.[525]

다시 정견모주(政見母主)로 화제를 돌리면, 여성들이 제정일치(祭政一致)에 희생되는 것을 불교윤색이란 색동옷을 입혔다. 그게 바로 가야산 '정견모주(正見母主)' 설화다. '올바르게 보고 행동했던 어머니들(正見母主)'[526]이라고 불교의 팔정도(八正道)의 무지개 색깔의 색동옷이 정견모주였다. 그런데 최치원(崔致遠)은 『석이정전(釋利貞傳)』 혹은 『석순응전(釋順應傳)』에서는 불교의 정견(正見)이란 색동옷을 벗겨버리고, '정치적 견해를 같이하는 어머니들(政見母主)'이라고[527] 오늘날 '정치적 씨내리(political surrogate

---

525　Michele Lanan, Spatiotemporal resource distribution and foraging strategies of ants (Hymenoptera: Formicidae) Myrmecol New, Dec 16. 2014.: "In many cases, ant species use a combination of different foraging strategies to collect diverse resources. It is useful to consider these foraging strategies not as separate options but as modular parts of the total foraging effort of a colony."

526　東國輿地勝覽 卷29 高靈縣: "本大伽倻國 【詳見金海府山川下】 自始祖伊珍阿豉王 【一云 內珍朱智】 至道設智王 凡十六世五百二十年 【按崔致遠 釋利貞傳云, 伽倻山神, 正見母主, 乃爲天神夷毗訶之所感, 生大伽倻王惱窒朱日. 金官國王惱窒靑裔二人, 則惱窒朱日, 爲伊珍阿豉王之別稱, 靑裔, 爲首露王之別稱, 然與駕洛國王金記六卵之說, 俱荒誕不可信, 又釋順應傳, 大伽倻國月光太子, 乃正見之十世孫, 父曰異腦王, 求婚于新羅, 迎夷粲比枝輩之女, 而生太子, 則異腦王, 乃惱窒朱日之八世孫也, 然亦不可考.】"

527　一鼓 김명수, <대쥬신 제국사 42- 구야의 김수로왕>, 망한 불쥬신의 왕손 이비가, 한반도 동남방 미오야마국 왕이 되다, 빛 곧 그림자(blog.naver.com/san195), 2020. 4. 28.: "망한 불쥬신(卞朝鮮)의 왕손 이비가(夷毗訶, 夷毗詞, 夷毗訶之), 한반도 광활한 호남 지역은 이미 진출한 강력한 세력으로 험난한 소백산맥을 넘어 동남방 미오야마국(彌烏邪馬, 高靈) 지역에 안착하여 나라를 세워 국왕이 되었다. 당시는 제정일치로 군장이 제사상이고 산신을 모시는 무당의 권한까지 장악했다. 미오야마(彌烏耶馬) 혹은 미오사마(彌烏邪馬) 지역의 곰산(龕山, 오늘날 伽倻山) 기슭에 도착한 이비가(夷毗訶)는 토착 원주민과의 세력 다툼이 있었다. 현지 중심 세력의 제사장 혹은 산신 사제였던 정견모주(政見母主)와 정략 청혼을 했고, 뜻을 같이하여 세운 나라가

mother)'라고 까밝히고 말았다. 결국은 왕권은 '정치적 씨내리(政見母主, political seeding)'를 통해서 새로운 왕국이 태어나는 것이다.[528]

새로운 고대 국가의 탄생을 위해서 희생된 여성들을 '시조모(始祖母)'로 숭배하는 성모신앙(聖母信仰)을 만들었다. 오늘날 용어로는 '성처녀 신화(聖處女神話, Holy Virgin Myth)'이다. 삼국유사를 저술한 일연스님의『선도성모(仙桃聖母)』는 불교보다는 도교적 윤색(潤色)이다. 출중한 미모와 학식을 소유한 여성(美實)으로 아름다운 정기(精氣)를 제공하는 진골을 색공진골(色供眞骨)이라고 했다. 이런 제도는 고려 시대 혹은 조선 시대에서는 왕비 명문(王妃名門)으로 미화되었다. 신라 때는 대원신통(大元神統)이라는 혈통 계승자가 있었다. 화랑세기에서 색공제(色供制, sex-offering system)와 쌍벽을 이뤘던 게 마복자 제도(摩腹子制度, belly-rub system)였다. 아이의 아버지를 엄마가 정해 줄 수 있게 하는 제도(摩腹子制度) 아니 풍속이었다. 소지마립간(炤智麻立干)에게 마복자(摩腹子)가 7명이라는 뜻의 마복칠성(摩腹七星)으로는 벽아부인(碧我夫人)의 아들 위화랑(魏花郎), 보혜(寶兮)의 아시공(阿時公), 준명공주(俊明公主)의 수지공(守知公), 홍수(洪壽)의 이등공(伊登公), 보옥공주(寶玉公主)의 이사부(異斯夫), 묘양(妙陽)의 비량공(比梁公), 그리고 가야의 융융공주(肜肜公主)의 융취공(肜吹公)이 있었다.

미오야마(彌烏耶馬국) 혹은 미오사마국(彌烏邪馬國)이라고 했다."

528 丁仲煥, 古墳의 秘話(43), 慶北의 高靈郡은 彌烏邪馬國, 부산일보, 1959.12.28.: "『석리정전』에는 '가야산 신 정견모주가 천신인 이비하에 소감(所感)되어 대가야왕 뇌질주일(惱窒朱日)과 금곽국왕 뇌질청예(惱窒靑裔) 두 사람을 탄생하였다'(伽倻山神 政見母主 乃爲天神夷昆訶之所感 生大伽倻王惱窒朱日 金冠國王惱窒靑裔二人)라고 하였고 이에 대하여서 승람 편찬자는 말하기를 …." / 정신교, 대가야의 역사와 문화 소고(小考), 시니어 매일(seniormaeil.com), 2020. 1. 13. "가야국의 건국에는 금관가야의 김수로(金首露)왕과 가야산(伽倻山) 산신인 정견모주(政見母主)에 의한 두 가지 신화가 있다. 6세기 이후부터 금관가야가 쇠퇴하면서 고령 지역은 대가야의 도읍으로서 번성하였으나, 대가야가 망하면서(562년), 신라에 병합되어 대가야군, 고령군으로 바뀌었으며, 고령읍은 최근에 대가야읍(大伽倻邑)으로 개칭되었다 …."

다시 한번 최치원 선생의 표현에 감탄할 수밖에 없다. 오늘날 '씨내리 아버지(surrogate father)'를 당시 이두로 음역한 '이비가(夷毗訶)' 혹은 '이비가지(夷毗訶之)'로 표기했다. '삼국 시대의 가야 시조 설화에 나오는 천신(在三國時, 伽倻祖之傳, 說話中天神)'이라고 해석했다. 그런데 이 말은 오늘날 경상도에서도 "아 애비가(夷毗訶, 아비가 혹은 이비가)?"라고 속된 말을 그대로 노골적으로 사용했다. 어머니는 "아 애미가(愛彌訶 혹은 이미가)?"라고 했다. 이렇게 이두로 음역한 게 한자를 아는 사람에겐 참으로 흥미롭게도 "오랑캐 같은 놈이 바지 벗고 덮치더니 욕되게 했다(夷毗訶, A barbarian-like guy took off his pants, attacked me, and insulted me)."라는 뜻을 담고 있다. 더욱 '이비가지(夷毗訶之)'는 성행위를 그대로 묘사해서 "뭐 같은 놈이 바지 벗고 찌~익 싸곤 푸~욱 죽더니 사라졌다(夷毗訶之, Some guy took off his pants and ran away)." 당시 정황을 한 폭의 생생한 풍속화를 눈앞에다가 그려주고 있다.

오늘날에는 그런 작태는 없을 것 같으나, 여전히 '정자 제공자(精子提供者, sperm donor)' 혹은 '대리부(代理父, surrogate father)' 그리고 '대리모(代理母, surrogate mother)'와 같은 뜻으로 빈번히 언론에 등장하고 있다. 권력 창출 혹은 권력 유지를 위해 '희생(犧牲, sacrifice)' 심지어 '순장조(殉葬組, burial group)'[529]까지도 우리나라에선 현재도 있다. 물론 '여의도 문법(Yeouido grammar)', '정치공학상 순장(political engineering burial)' 혹은 '권력 구조역학(power-structure dynamics)'이라는 용어를 써가면서 완

---

529 '끝까지 갈' 이재명 순장조 리스트, 일요시사, 2022. 11. 28. / [뉴스+] "지금 나가면 역적"… 발 묶인 文 '순장조', 이데일리언, 2022. 2. 17. / [여랑야랑] '존경하는' 윤석열 / 홍남기, 순장조 낙점? 채널A언론사, 2021. 12. 09. / 위기의 문재인 정부, 마지막 순장조 내각으로 임기 말 국정 동력 확보할까, 대한경제 2021. 3. 24.

곡한 표현을 한다.

당시 고대 국가에서 이런 이벤트가 맡겨진 '왕권 창출 여성 역할(王權創出女性役割)'이라고 인식했다. 아무리 나쁘게 표현하더라도 조선 시대 연산군 때에 '말놀이에 나온 여성' 혹은 1979년 10월 26일 대통령 시해사건(弑害事件) 때 '안가 현장에 있었던 여성' 혹은 북한 용어로는 '기쁨조, joy-providing girls' group)'가 오늘날에도 정견모주(正見母主)에 해당한다.

6.
구지봉(龜旨峯) 구지가(龜旨歌)에
나타난 건국 드라마

문화 인류학(cultural anthropology)과
문학 심리학(literary psychology)의 입체적 이해

B.C. 3,400년부터 이었던 고대 이집트 알렉산드리아 도서관(Bibliotheca Alexandrina)에서 기원전 4세기 말부터 3세기 중반까지 관장을 역임했던 유클리드(Euclid)가 저술했던 기하학(Geometry)을 정리했던 『기하학 원론(Geometry)』이 13권 가운데 6권에서 기록된 "평면상 삼각형에 있어 내부 3각의 합은 180도다."라는 공리(公理)는 2,300년이 지난 오늘날까지도 중학교 수학 교과서에서도 나오고 있다. 물론 1854년 괴팅겐대학교 (Universität Göttingen)에 교수로 첫 강의를 했던 베른하트 리만(Bernhard Riemann, 1826~1866)이 "구형(球形) 상에서 삼각형의 내부 3각의 합은 270도다."라는 사실을 입증했다. 이를 실마리로 하여 알베르트 아인슈타

인(Albert Einstein, 1879~1955)은 물리학에 도입되어 빛이 곡면에선 휘어지진다는 '상대성 원리(Principle of Relativity)'를 주장하게 되었다.

『삼국유사(三國遺事)』 가락국기(駕洛國記)에 나오는 신라 향가 「구지가(龜旨歌)」로 단순하게 고대 국문학적인 분석으로만 이해하기에는 너무 진부(陳腐)하다. 모르는 걸 그냥 묻어버리고 있다. 역사학적인 접근으로는 단순한 해석은 호기심과 아쉬움을 남긴다. 고대 신라어였던 방언(方言), 향찰(鄕札), 이두(吏讀) 등으로 풀이해야 한다. 그리고 여기서 끝내지 않고 일본 고사기(古事記), 만엽집(萬葉集)까지 확장되고 있다.

복잡한 얘기는 접어두고, 여기서는 가야 연맹체의 건국제전(建國祭典)에 불렸던 노래 구지가(龜旨歌)에 대해 녹아내린 문화와 심리상태를 간략하게 입체적으로 분석한다. 문화 인류학(cultural anthropology)과 문학 심리학(literary psychology)을 적용하여 당시 상황을 입체화를 시도한다.

가장 먼저 문화 인류학(cultural anthropology)에서 구지봉(龜旨峯)에서 구지가(龜旨歌)를 부르며 건국 선언을 했던 건국 선언 제전(建國宣言祭典)에서는 i) 제정일치(祭政一致) 군장 시대(君長時代)의 "희생물을 태움으로써 대의명분은 살아난다(By burning sacrifices, a cause is revived)."라는 번제 문화(Burnt Offering Culture)였다. ii) 받아들이지 않으면 죽이겠다는 협박적인 설득 방법론으로 칼춤 문화(Sword Dancing Culture)가 자리잡았다. iii) "대중을 위해서 그대들은 여기서 조용히 죽어주세요(For the sake of the public, please die quietly here)." 희생을 강요하는 인민재판 문화(Kangaroo Court Culture)까지 스며들었다. iv) 동서양이 공유했던 '우리가 남인가?' 하는 의리의 돌쇠가 펼치는 회맹 문화(會盟文化)가 강자 중심으로 뭉쳤다. v) 화합과 경축을 맞이하는 축제 문화(Festival Culture)가 전반적으로 녹아있었다. 가락국기(駕洛國記)에 나타나는 건국 제전은 한 마디로 신생건국세력이 토착 세력(土着基盤勢力)을 향한 '기획된 협박적 설득의 드라마(planned drama of threatening persuasion)'였다.

다음으로 문학 심리학(literary psychology) 측면에서 접근하면, 복잡하게 입체화하기보다 단순하게 평면적으로, i) 기존 평화를 유지하고자 하는 토착 세력의 입장과 ii) 망국 유민(亡國流民)으로서 새로운 땅(新天地)에다가 새로운 세상(新世界)을 열겠다는 신생 건국 세력(新生建國勢力)과 토착 세력은 양분되었다. 그래서 하나의 같은 사항이라도 심리적인 상황 이미지(situation image)는 상반되었다. 따라서 구지가(龜旨歌)의 거북(龜), 머리(首), 내놓다(現), 굽기(燔灼), 먹는다(喫) 등의 단어 하나하나가 입장에 따라 달리 해석되어야 한다. 단어가 묶어내는 연결 의미(連結意味)도 구절 의미(句節意味)도 다를 수밖에 없다. 건국 세력의 입장에서는 한마디로 말하면 가락 국기(駕洛國記)에서 「구지가(龜旨歌)」는 조선 건국의 「용비어천가(龍飛御天歌)」였다. 신진 건국 세력의 합리화 논리만을 노래했다.

동서양의 고대 역사를 통해서 세계적인 대제국 로마의 건국 선언 제전을 살펴보면『플루타르크 영웅전(Vitae parallelae)』에 따르면 늑대 젖을 먹고 두 형제는 자랐다. 로물루스(Romulus)와 레무스(Remus) 형제는 자신을 따르는 무리를 이끌고 B.C. 753년(혹은 B.C. 752년) 2월 15일 팔라티노 언덕(Palatine Hill)에서 건국 선언을 했다. i) 언덕 위에 깃발을 꽂았고, ii) 불구덩이를 파서 황툿불(우등불 혹은 모닥불)을 놓았다. iii) 모두가 알몸으로 불을 이리저리 뛰어넘으며 정화 의식(purification by fire)을 했다.[530] iv)

---

530 Transformation, Pollution, Purity- Purification rite Britannica(britannica.com): "Fire is thus viewed as a powerful transformer of the negative to the positive. Because of such properties, fire is commonly found in purification rites throughout

그리고 건국 선언을 했다. v) 제물 혹은 희생물을 태워서 하늘에게 알렸다. vi) 마지막으로 소와 말로 주변 밭을 갈아서 성벽과 궁전의 위치를 그렸다. vii) 그려진 그림대로 성벽을 쌓고 궁궐을 지었다. 그런데 동생 레무스 (Remus)는 이곳이 적지가 아니라고 하면서 성벽 쌓기를 방해했다. 그러다가 결국 아우는 살해되었다.[531] 이런 건국 선언 제전 의식(建國宣言祭典儀式)은 오늘날 루페르칼리아(Lupercalia)라는 이름으로 고대 로마의 축제가 되었다. 정화, 건강과 다산을 촉진하는 민족적 축제행사가 되었다. 매년 2월 15일 루퍼칼 동굴(Lupercal cave)이 있는 팔라티노 언덕(Palatine Hill)에서 개최하고 있다. 이때도 동물 희생물을 태우고, 루페르카 축제(Feast of Luperca)도 개최되고 있다.[532]

김수로왕(金首露王)이 금관가야(金官伽倻) 혹은 가야 연맹체(伽倻聯盟體)의 건국 제전을 할 때 많은 고민을 했다. 고민 끝에 고주몽(高朱蒙)이 B.C. 37년 오녀산성(800m/sl)[533]에 터전을 잡았던 사례를 벤치마킹했다.

---

the world. Polluted persons may be required to walk around, jump over, or jump through fire. Polluted items may be singed, fumigated, or smoked."

531   Founding of Rome, Wikipedia: "⋯ The brothers then decided to establish a new town but quarrelled over some details, ending with Remus's murder and the establishment of Rome on the Palatine Hill ⋯."

532   Romulus held a festival on the Palatine Hill, Lupercalia History, Traditions & Changes(Study.com), 2023. 1. 11.: "Lupercalia was a festival in ancient Rome that promoted purification, good health, and fertility. The Lupercalia festival took place on February 15 every year in Palatine Hill at the Lupercal cave. The Lupercalia festival began with an animal sacrifice, followed by the Feast of Lupercal."

533   오녀산성, 위키백과: "오녀산성(五女山城)은 중국 랴오닝성(遼寧省) 번시시(本溪市) 환인현(桓仁縣) 오녀산(五女山)에 위치한 산성(山城)이다. 해발 800미터 높이에 이르는 절벽의 천연 지세를 그대로 이용하여 쌓은 고구려 특유의 테뫼식 축성 양식을 보여 준다. 오녀산성은 대체로 직사각형 모양으로, 남북 길이 1,500m, 동서 너비 300m이고, 전체 약 8km이다. 압록강의 지류인 훈강은 비류수(沸流水)로 비정되는데, 오녀산성은 그 중류인 환인 저수지(桓仁水庫) 북서쪽 기슭에 위치하고 있다. 산성은 200m 높이의 절벽 위에 위치하고 있어 천연의 요새가 되어 왔다.

동쪽과 남쪽의 경사가 완만한 곳에는 성벽을 설치하였다. 한 번도 함락된 적이 없는 성이다. 오녀산성은 고구려의 첫 도읍지인 홀본성(忽本城) 또는 졸본성(卒本城)으로 비정된다. 중국의 《위서》(魏書) 동이전에 흘승골성(紇升骨城)이라는 이름으로 처음 언급되었다. 『광개토대왕비』에는 홀본성(忽本城)이라고 하고, 삼국 시대 관련 다른 기록들은 대체로 졸본성(卒本城)이라 쓰고 있다. 《삼국유사》에서는 해모수가 건국한 북부여의 수도를 흘승골성이라고 언급하고 있다. 《고려사》 공민왕조에는 오로산성(五老山城) 또는 우라산성(于羅山城)으로 쓰여 있다. 조선 후기의 학자 안정복은 《동사강목》에서 오녀산성의 옛 이름인 우라산성의 발음이 위나암성에서 비롯된 것으로 보고 고구려의 국내성은 이곳에 있었다고 주장하였다. 노태돈은 《삼국사》 고구려 본기 대무신왕 11년(서기 28년) 7월조에 기록된 을두지의 발언에서 묘사되는 위나암성의 지형이 오늘날 오녀산성의 모습과 부합해 오녀산성이 졸본성이 아닌 서기 3년(유리왕 22년)에 천도한 국내 위나암성(尉那巖城)이라고 주장하였다. 그는 고구려의 집안 지역 천도를 산상왕 재위기로 보며, 졸본성을 환인 댐에 의해 수몰된 나합성(喇哈城)으로 비정하였다."

534　三國史記卷第十三, 高句麗本紀第一始祖東明圣王琉璃王: "始祖東明圣王, 姓高氏, 諱朱蒙.〈一云鄒牟; 一云衆解.〉先是, 扶餘王解夫婁老无子, 祭山川求嗣. 其御馬至鯤淵, 見大石, 相對流淚. 王怪之, 使人轉其石, 有小儿, 金色蛙形.〈蛙, 一作蝸.〉王喜曰: "此乃天賚我令胤乎!" 乃收而養之. 名曰金蛙. 及其長, 立 爲太子. 后其相阿蘭弗曰: "日者, 天降我曰: '將使吾子孫立國于此, 汝其避之. 東海之濱有地, 号曰迦叶原, 土壤膏腴宜五谷, 可都也'". 阿蘭弗遂勸王, 移都于彼, 國号東扶餘. 其旧都有人, 不知所從來, 自称天帝子解慕漱, 來都焉. 及解夫婁薨, 金蛙嗣位. 于是時, 得女子于太白山南优渤水, 問之, 曰: "我是河伯之女, 名柳花. 与諸弟出游時, 有一男子, 自言天帝子解慕漱, 誘我于熊心山下鴨邊室中, 私之.卽往不返, 父母責我无媒而從人, 遂謫居优渤水. 金蛙異之, 幽閉于室中. 爲日所炤, 引身避之, 日影又逐而炤之. 因而有孕, 生一卵, 大如五升許. 王弃之与犬豕, 皆不食. 又弃之路中, 牛馬避之. 后弃之野, 鳥覆翼之. 王欲剖之, 不能破, 遂還其母. 其母以物裹之, 置于暖處, 有一男儿, 破殼而出, 骨表英奇. 年甫七歲, 嶷然异常, 自作弓矢, 射之, 百發百中.扶餘俗語, 善射爲朱蒙, 故以名云. 金蛙有七子, 常与朱蒙游戲, 其伎能皆不及朱蒙. 其長子帶素言于王曰: "朱蒙非人所生, 其爲人也勇, 若不早圖, 恐有后患, 請除之." 王不听, 使之養馬. 朱蒙知其駿者, 而减食令瘦, 駑者, 善養令肥. 王以肥者自乘, 瘦者給朱蒙. 后, 獵于野, 以朱蒙善射, 与其矢小而朱蒙殪獸甚多. 王子及諸臣又謀殺之. 朱蒙母陰知之, 告曰: "國人將害汝. 以汝才略, 何往而不可? 与其遲留而受辱, 不若遠适以有爲." 朱蒙乃与烏伊烏伊, 摩离, 陝父等三人爲友, 行至淹㴲水,〈一名盖斯水, 在今鴨綠東北.〉欲渡无梁, 恐爲追兵所迫, 告水曰: "我是天帝子, 何伯外孫. 今日逃走, 追者垂及如何?" 于是, 魚鼈浮出成橋, 朱蒙得渡, 魚鼈乃解, 追騎不得渡.朱蒙行至毛屯谷,〈《魏書》云: "至普述水."〉遇三人: 其一人着麻衣, 一人着衲衣, 一人着水藻衣. 朱蒙問曰: 朱蒙問曰: "子等何許人也, 何姓何名乎?" 麻衣者曰: "名再思", 衲衣者曰: '名武骨', 水藻衣者曰: '名默居', 而不言姓.朱蒙賜再思姓克氏; 武骨仲室氏; 默居少室氏.乃告于衆曰: "我方承景命, 欲啓元基, 而适遇此三賢, 豈非天賜乎?" 遂揆其能, 各任以事, 与之俱至卒本川.《魏書》云: "至紇升骨城."〉觀其土壤肥美, 山河險固, 遂欲都焉. 而未遑作宮室, 但結廬于沸流水上, 居之. 國号高句麗, 因以高爲氏.〈一云: 朱蒙至卒本扶餘, 王无子, 見朱蒙知非常人, 以其女妻之, 王薨, 朱蒙嗣位.〉時, 朱蒙年二十二歲, 是漢孝元帝建昭二年, 新羅始祖赫居世二十一年甲申歲也.四方聞之, 來附者衆.其地連靺鞨部落, 恐侵盜爲害, 遂攘斥之, 靺鞨畏服, 不敢犯焉.王見沸流水中, 有菜叶逐流下, 知有

고녕가야(古寧伽倻)

(東扶餘)에서 같이 살았던 동이족(東夷族)이였다는 동병상련(同病相憐)을 가졌다. ii) 동부여국의 망국 유민으로 토착 세력을 설득하는 데 번제(燔祭)의 화목제(和睦祭)라는 아이디어를 얻었다. 즉 '굴봉정촬토(掘峰頂撮土)'라는 제전 의식(祭典儀式)을 따랐다. 풀이하면 i) 하늘의 뜻을 바로 헤아릴 수 있는 산꼭대기를 택해(選峰頂), ii) 불구덩이 움을 파 황토불(혹은 우등불)을 피워놓고(掘火基), iii) 제물 혹은 희생물을 태워 냄새(연기)가 하늘에 올라가도록(以犧上響天), iv) 그 냄새로 인해 천제(天帝)와 성신(聖神)을 비롯한 천지신명이 강신해 주시옵기를 알리는(告天降神) 절차를 따랐다.

동서고금(東西古今)을 막론하고 건국 선언의 드라마 혹은 제전(祭典)을 봐선, i) 반대 세력을 처형하는 칼춤 제전(劍舞祭典), ii) 희생물을 태워가면서 협박하고 설득하는 번제 제전(燔祭祭典), iii) 사전 조율을 통해서 가무로 화목 축제(歌舞祝祭), vi) 사전 제거 작업(事前除去作業)을 통해 국민 화합을 가장한 국민축제도 있다. 우리나라 근대에 있었던 건국 선언은 칼춤 드라마(劍舞演出)가 대부분이다. 이성계의 조선 건국 선언은 위화도 회군으로 피투성이 칼춤으로 시작했다. 일본 제국으로부터 해방 후에도 5·16 군사 혁명, 12·12 사건 등의 건국 선언 이벤트(event)가 하나같이 칼춤 드라마(Sword Dancing Drama)였다. 아무리 국민 축제 혹은 민족 잔치를 가장한 일명 '홍문지회(鴻門之會)'에서 "항장(項莊)이 칼춤을 추고 있는 건 패공(沛公)을 죽이고자 함이다(項庄舞劍, 意在沛公)."535라는 뜻을 국민은 바

人在上流者.因以獵往尋, 至沸流國.其國王松讓出見曰: "寡人僻在海隅, 未嘗得見君子, 今日邂逅相遇, 不亦幸乎! 然不識吾子自何而來." 答曰: "我是天帝子, 來都于某所." 松讓曰: "我累世爲王, 地小不足容兩主, 君立都日淺, 爲我附庸, 可乎?" 王忿其言, 因与之斗辯, 亦相射以校藝, 松讓不能抗.

535 史记·项羽本纪: "今者项庄拔剑舞, 其意常在沛公也."

로 읽고 있었다. 우리나라 오늘날 정치 군인들의 표현으로는 "식탁 밑에 기관총(machine gun under the table)"을 감추는 짓이다. 가장 부드럽게 표한 국제적 용어는 "짜고 치는 고스톱(weetheart Dealing)"이다.

구지봉(龜旨峯) 건국 번제(建國燔祭)에서 불렸던 「구지가(龜旨歌)」

고대 제정일치 사회(古代祭政一致社會)에서 죗값으로 처벌을 받기보다 i) 재물이나 노비 등으로 대물을 바친다(代物贖罪). ii) 충성을 다하거나 공을 세워서 속죄(對忠贖罪)한다. iii) 자신의 생명을 대신하여 가축이나 노비를 대신하는 속죄(代命贖罪)가 있었다. 소, 말, 양, 비둘기 등을 인명대속(人命代贖)으로 불에 태우는 제전이 번제(燔祭, burnt offering)다. 창세기에서 아브라함(Abraham)이 외동아들 이삭(Isaac)을 불에 태워서 번제를 지내고자 했다.[536] 번제(burnt offering)는 희생물을 태움으로써 대명(代命) 혹

---

536 Genesis 22: Some time later God tested Abraham. He said to him, "Abraham! Here I am", he replied. Then God said, "Take your son, your only son, Isaac, whom you love, and go to the region of Moriah. Sacrifice him there as a burnt offering on one of the mountains I will tell you about." Early the next morning Abraham got up and saddled his donkey. He took with him two of his servants and his son Isaac. When he had cut enough wood for the burnt offering, he set out for the place God had told him about. On the third day Abraham looked up and saw the place in the distance. He said to his servants, "Stay here with the donkey while I and the boy go over there. We will worship and then we will come back to you." Abraham took the wood for the burnt offering and placed it on his son Isaac, and he himself carried the fire and the knife. As the two of them went on together, Isaac spoke up and said to his father Abraham, "Father?" "Yes, my son?" Abraham replied. "The fire and wood are here", Isaac said, "but where is the lamb for the burnt offering?" Abraham answered, "God himself will provide the lamb for the burnt offering, my son." And the two of them went on together. When they reached the place God had told him about, Abraham built an altar there and arranged the wood on it. He

은 대속(代贖)으로 사죄를 기원했다. 번제는 기원하는 목적에 따라서 i) 속죄를 위한 번제(贖祭), ii) 건강과 치유를 기원하는 건제(健祭), iii) 속죄와 치유를 동시에 기원하는 속건제(贖愆祭 혹은 贖健祭), 그리고 v) 사죄와 용서를 기반으로 화목을 도모하는 화목제(和睦祭)가 있었다. 건국 제전은 대부분이 화목을 도모하는 번제(燔祭)로 군이 말하면 화목제(和睦祭)다.

이스라엘의 현명한 선각자(先覺者)였던 솔로몬왕도 "(국왕으로 건국을 위해서) 예루살렘 북서쪽 기베온(Gibeon)으로 가서 거대한 제단(altar)을 쌓고, 1천 마리의 양을 희생물(sacrifice)로 불태우는 번제(burnt offering)를 드렸다. 그날 밤 솔로몬의 꿈에 천신이 강림하여 '네가 내게 뭘 주기를 바라는가?'537라고 현몽했다. "이틀날 백성들은 일찍 일어나 번제로 화목제(和睦祭)를 바쳤다. 그리고는 앉아서 먹고 마시며 일어나서 놀았다."538라고 구약성서『출애굽기(Exodus)』에 기록하고 있다. 동양에서도 불구덩이를 파고, 땔나무 위에 희생(犧牲)이나 폐백(幣帛) 등을 놓고, 태운 냄새(연기)가

---

bound his son Isaac and laid him on the altar, on top of the wood. Then he reached out his hand and took the knife to slay his son. But the angel of the LORD called out to him from heaven, "Abraham! Abraham!" "Here I am, " he replied. "Do not lay a hand on the boy." he said. "Do not do anything to him. Now I know that you fear God, because you have not withheld from me your son, your only son." Abraham looked up and there in a thicket he saw a ram [1] caught by its horns. He went over and took the ram and sacrificed it as a burnt offering instead of his son. So Abraham called that place The LORD Will Provide. And to this day it is said, "On the mountain of the LORD it will be provided." Abraham promised to burn his only son as a burnt offering.

537　1 King 3:4~5: "The king went to Gibeon to offer sacrifices, for that was the most important high place, and Solomon offered a thousand burnt offerings on that altar. At Gibeon the LORD appeared to Solomon during the night in a dream, and God said, 'Ask for whatever you want me to give you.'"

538　Exodus 32:6: "So the next day the people rose early and sacrificed burnt offerings and presented fellowship offerings. Afterward they sat down to eat and drink and got up to indulge in revelry."

하늘의 코를 찌르게 하는 제사를 번시(燔柴)라고 했다.[539] 번시(燔柴)는『조선왕조실록』에서 39번이나 나오고 있다. 1472(성종 3)년 4월 27일에 "도봉산 큰 바위 굴에 제사를 지내고 번시를 하면 반드시 비가 내릴 것이다."라고 주장하는 한 노인이 승정원(承政院)에게 얘기하자 승지(承旨)가 국왕(성종)에게 보고했다.[540]

김수로왕(金首露王)이 구지봉(龜旨峯)에 건국 선언 제전에는 거북(龜)을 희생물(犧牲物)로 바치면서 번시(燔柴)를 드리며 구지가(龜旨歌)를 불렀다. 구지봉(龜旨峯) 혹은 구지가(龜旨歌)에서 구지(龜旨)란 귀갑(龜甲)을 태워서 점을 쳐서 나타나는 쾌에 따르겠다는 의미다. 여기서 거북을 불에 태워서 배 껍질이 갈라지는 모양을 보고 길흉 등을 점쳤다. 여기서 점을 쳤던 건 바로 여기에 모인 세력들 가운데 누가 배신하겠나? 신의 알림이 나오면 불구덩이에 던져넣겠다는 의식이었다.

거북(龜)이란 겉은 껍질이란 갑옷을 입고 안에는 살이 있는 모양이다.[541] 동양에서 거북은 정의(正義), 부(富) 및 재록지위(財祿地位)는 물론 행운(幸運)과 길상장수(吉祥長壽)를 상징했다. 신석기 시대의 지위를 상징하는 사람들의 무덤에서 거북 장신구(裝身具)나 거북 모양의 명기(明器)가 나왔음

---

539 尔雅·释天: "祭天曰燔柴." 邢昺 疏: "祭天之礼, 积柴以实牲体, 玉帛而燔之, 使烟气之臭上达於天, 因名祭天曰燔柴也." / 《仪礼·觐礼》: "祭天, 燔柴 … 祭地, 瘗." / 《后汉书·礼仪志上》: "进熟献, 太祝送, 旋, 皆就燎位, 宰祝举火燔柴, 火然, 天子再拜, 兴, 有司告事毕也." / 清·陶澄 《登恒山》 诗: "燔柴有制存周典, 持节无人出汉宫." / 《骑士·双簧》: "燔柴正要着火的时候, 我却得了一番天来的惠雨."

540 成宗實錄 成宗三年四月二十七日(癸巳): "有老翁來告, 承政院曰 道峯山有大巖穴. 祭而燔柴. 則必雨. 承旨等以啓. 卽命內官曺疹往祭之."

541 龜 說文解字: 清代陳昌治刻本 【說文解字】 龜 【卷十三】 【龜部】 龜 舊也. 外骨內肉者也. 從它, 與它頭同. 天地之性, 廣肩無雄; 龜鼈之類, 以它爲雄. 象足甲尾之形. 凡龜之屬皆從龜., 古文龜. 居追切(注), , 亦古文龜.

을 봐서 신비한 힘이 있다고 믿었다. 귀갑(龜甲)을 보물로 여겼다.[542] 귀갑점 (龜甲占) 및 지수구문도(地數龜文圖) 등으로 신비를 풀고자 했다. 중국에 서 4대 길상영물(吉祥靈物)로 용(龍), 봉(鳳), 거북(龜)과 기린(麒麟)으로 봤 다.[543]

고대 서양에서도 각종 제전(祭典)에 거북이를 사용했는데 치유(治癒), 지혜(智慧), 영성(靈性), 건강(健康), 안전(安全), 장수(長壽), 보호(保護) 및 다산(多産)을 상징했다. 북미 원주민의 대부분 부족들에게는 동양과 유사한 상징성을 가졌다. 그들의 전설에서는 "거북이가 어머니 지구(Mother Earth)를 만들기 위해서 진흙을 거두어들이기 위해 원시 바다로 뛰어들었기에 오늘날 아들 지구를 창조할 수 있었다."[544]라고 믿고 있다. 오늘날 세계적으로 거북이는 지혜와 지식의 상징이다. 오늘날도 거북을 물, 달, 지구, 시간, 불멸, 다산을 의인화함에 사용하고 있다.[545] 일부 문화권에서 거북이가

542　a. 論語, 季氏篇: "… 且爾言過矣, 虎兕出於柙, 龜玉毀於櫝中, 是誰之過與?" / b. 翡翠玉龜的吉祥寓意(jadegia.com), 烏龜代表什么象征意義: "龜, 長久以來, 即被視爲正義, 財祿地位, 以及吉祥長壽的象徵. (二)財祿地位的象徵考古學家曾在新石器時代的許多墓葬中, 發現陪葬的龜殼, 有人認爲那是巫師作法的道具, 也有人認爲它代表著墓主的財富與地位. 古時的人們相信, 龜, 具有神秘的靈力, 因此, 將龜殼視爲寶物, 孔子曾說: 「龜玉毀於櫝中, 是誰之過與?

543　《礼記》: "把龜, 龍, 鳳, 鱗称爲 四龍"

544　The symbolism and use of turtles in ancestral rites in the West, What does the turtle represent in indigenous culture? Value of the turtle, The Turtle (Keya) Symbolizes Grandmother Earth (nativehope.org), 2020. 4. 13.: "To most tribes, the turtle also represents healing, wisdom, spirituality, health, safety, longevity, protection, and fertility. Some Native Americans believe that the turtle contributed to creation because the turtle dove into the primeval waters to retrieve mud to create Mother Earth."

545　Cultural depictions of turtles, Wikipedia: "Around the world the tortoise and/or turtle can be seen as a symbol of wisdom and knowledge, and is able to defend itself on its own. It can be regarded as personifying water, the moon, the Earth, time, immortality, and fertility."

물속에 잠겼다가 다시 떠오르는 능력에서 영적 재생(spiritual rebirth), 보호(protection) 및 변화(transformation)의 상징으로도 믿고 있다.[546]

　구지봉에서 거북을 건국 선언 제전에 사용한 의미는 하늘의 뜻을 헤아린다는 의미를 토착 세력 9간들에게 확실한 설득력을 심어주기 위함이었다. 제전(祭典)의 절차는 당시 동서양 건국 선언 제전의 일반적인 절차인 굴봉정찰토(掘峰頂撮土)를 지켰다. 구지가(龜旨歌)는 토착 세력 9간들에겐 사전조율을 통해서 협박보다는 설득의 의미로 받아들이게 되었기에 새로운 세상을 열겠다는 화합의 가무축제(歌舞祝祭)를 개최했다. 신진 건국 세력과 토착 세력 사이에 다른 의미로 받아들일 수 있는 구지가의 단어와 풀어보면 아래와 같다.

항 목	거북(龜)	머리(首)	번작(燔灼)	먹음(喫)
신진 건국 세력	천신의 사자	신의 계시	일심단결	통치 대상
기존 토착 세력	희생물, 저항 제거	저항자의 목	번제 희생물	번제 대상

고대 건국 제전(建國祭典)에 있어서 축복의 춤(祝福舞)

　오늘날 춤(舞, Dance)은 신체(몸)를 통해 무언가를 표현하는 예술의 일종이다. 사회적 상호작용 또는 표현의 수단이다. 영적인 의식 또는 공연 등에

546　Spiritual meaning of the Turtle, animal of power and amulet, Wikipedia(en. wikipedia.org), 2023. 7. 11.: "spiritual Rebirth and Protection: Some cultures view the turtle as a symbol of spiritual rebirth and transformation. The turtle has the ability to submerge underwater and then resurface, which represents renewal and spiritual protection."

서 춤을 춘다. 춤(Dance)의 기원은 산스크리트어(Sanskrit)의 탄하(Tanha)가 어원이다. '생명의 욕구'를 뜻한다. 중세 영어로는 Daunce 혹은 Dawnce였다. 독일어로는 Danson과 연결되었다. 장단에 맞추거나 흥에 겨워 몸동작을 하는 것이다. 성경에서 춤에 대한 다양한 사건이 언급되어 있다. 축제나 의식에서 신을 찬양하며, 동시에 은혜를 기뻐하는 행위로 소개하고 있다.

고고학적 증거는 인도의 유네스코에 세계문화유산인 '빔베트카 바위 은신처(Bhimbetka rock shelters)'다. 인도 중부 마디아프라데시주(Raisen District, Madhya Pradesh, India)에 있는 바위 동굴로 구석기 시대와 중석기 시대(中石器時代)의 인류 생활상이 나타나는 곳이다. 역사적 연대는 B.C. 3,300년경으로 소급된다. 이곳은 인도의 B.C. 10,000년 된 회화와 춤추는 사람을 그린 이집트의 무덤 벽화를 포함하고 있다.547 인도 대륙의 초기 인류 생활을 보여 주는 동시에 석기 시대 아슐리아 문화의 존재 증거로 받아들여진다. 기록으론 『성경(Bible)』과 『탈무드(Talmud)』에선 30여 가지의 춤 용어가 나오고 있다.

---

547 Bhimbetka rock shelters, wikipedia: "The Bhimbetka rock shelters are an archaeological site in central India that spans the Paleolithic and Mesolithic periods, as well as the historic period. It exhibits the earliest traces of human life in India and evidence of the Stone Age starting at the site in Acheulian times. It is located in the Raisen District in the Indian state of Madhya Pradesh, about 45 kilometres(28mi) south-east of Bhopal. It is a UNESCO World Heritage Site that consists of seven hills and over 750 rock shelters distributed over 10km(6.2mi). At least some of the shelters were inhabited more than 100,000 years ago. The rock shelters and caves provide evidence of human settlement and the cultural evolution from hunter-gatherers to agriculture, and expressions of prehistoric spirituality. Some of the Bhimbetka rock shelters feature prehistoric cave paintings and the earliest are dated to 10,000 B.C.E, corresponding to the Indian Mesolithic. These cave paintings show themes such as animals, early evidence of dance and hunting from the Stone Age as well as of warriors on horseback from a later time (perhaps the Bronze Age). The Bhimbetka site has the oldest-known rock art in India, [18] as well as is one of the largest prehistoric complexes."

고대 동양에서도 서양과 다르지 않았다. 의미를 분명히 하고자 소꼬리
(牛尾), 꿩 깃털(雉翎), 오색실(끈, 五色繩) 혹은 비단(羅紬)과 같은 소도구를
들고 춤을 췄다. 천도제(天道祭) 혹은 건국제전(建國祭典)에는 붉은 끈(紫
繩)과 나주(羅紬)로 새로운 길 혹은 신세계 펼침을 각인시켰다. 고대제전
(古代祭典)에서는 빼놓을 수 없는 표현이 바로 춤이었다.[548] 특히 기우제(祈
雨祭)에서는 춤으로 기우제를 지낸다고 해서 무우(舞雩) 혹은 무우제(舞雩
祭)[549]라고 했다. 심지어 '춤으로 빌려온 비(舞乞雨)'라는 표현까지 했다. 일
본에서는 '비를 빌려오는 춤(雨乞踊)'[550]이란 새로운 장르를 만들었다. 서양
에서도 춤은 종교의식에서 중요한 부분을 차지하고 있다. 의식에서 축하
이벤트, 희생 의식(sacrificial ceremonies) 또는 기타 종교 행사에 포함되
고 있다. 의식(Service)에서 춤 동작은 종종 깊은 상징적 의미(象徵的 意味)
를 가지며, 인간 영역과 영적 영역 사이(human and spiritual realms)에 의

548　舞 說文解字: "樂也. 用足相背, 从舛; 無聲. 舞, 古文舞从羽亡. 文撫切. 舞, 快乐地活动
手足. '舛' 用两足相背的形象, 表示众人一起踢踏跳跃. 字形采用 '舛' 作边旁, 采用 '無' 作声旁,
这是 古文写法的 '舞' 字, 字形采用 '羽, 亡' 会义, 表示头戴羽饰, 祭祀舞蹈, 悼念亡灵. 清代段
玉裁 【說文解字注】 樂也. 用足相背. 說从舛之意. 从舛. 蕪聲. 文撫切. 五部. 按諸書多作儛."

549　舞雩, 古代求雨时举行的伴有乐舞的祭祀. 《周礼·春官·司巫》: "若国大旱, 则帅巫而舞
雩." 舞雩台, 是鲁国求雨的坛, 在今山东省曲阜市南. 古代求雨祭天, 设坛命女巫为舞, 故称舞
雩. 雩, 古代求雨的一种祭祀 【舞雩】 1. 古代求雨时举行的伴有乐舞的祭祀. 《周礼·春官·司
巫》: "若国大旱, 则帅巫而舞雩." 2. 指舞雩台 《论语·颜渊》: "樊迟从游于舞雩之下." 3. 《论
语·先进》: "浴乎沂, 风乎舞雩, 咏而归." 后指乐道遂志, 不求仕进.

550　雨乞踊(kotobank.jp/word), 雨乞踊 (あまごいおどり): "民俗芸能. 降雨を祈願するた
めの踊り. 干ばつ·日照りの続いた時に臨時に踊られるのが本来であるが, 願いがかなって雨
が降った時にも御礼踊を行うことがあった. 現在では定期的に踊られる. 太鼓や鉦(かね)を
激しく打ち鳴らして踊る芸態が全国に広く分布しているが, これは太鼓や鉦の音を雷鳴に擬
しているからであり, 一種の類感呪術である. この種の芸態の踊りは, さまざまの飾り物を身
につける風流(ふりゆう) 系の踊りであり, 〈太鼓踊〉, 〈鉦踊〉, 〈念仏踊〉 などがこれにあ
てられる. また, 竜神が雨を呼ぶという信仰から, 獅子頭を竜頭に見たて獅子舞を雨乞踊とし
て踊ったり, 竜頭舞を演じたりするところも関東にはある. 一般に地域全体に関与すること
が多く, その組織も大規模で氏神の境内のほか水辺や山頂で踊る. 全国に流布しているが, と
くに干ばつに苦しんでいた関東, 近畿, 四国, 九州に特色のあるものが伝承されている."

사소통을 촉진하는 수단으로 생각했다.[551]

가락국기(駕洛國記)에서 구지가(龜旨歌)를 부르면서 이에 장단을 맞춰 뛰면서 새로운 국왕을 맞이하는 환희의 무용을 하였다는 표현(以之蹈舞. 則是迎大王. 歡喜踴躍之也)에서, i) 갈등을 해소하고 한 마음으로 맞이함이고(解憂行), ii) 새로운 세상을 다 같이 열망했음을 몸동작으로 표현했다(望新動). iii) 앞으로 두 번 다시 갈등을 겪지 않겠다는 다짐의 춤이었다(決心舞).

동이족(東夷族)의 호쾌한 호연지기를 잘 표현한 고구려의 춤에 넋을 빼앗겼던 이태백(李太白)이 지은 '고구려(高句驪)'라는 오언절구, "금 꽃으로 장식한 절풍모(折風帽)[552]쓰고, 백마처럼 유유히 돌아드네. 넓은 소매 너울너울 춤을 추니, 해동(한반도)에서 날아온 새와 같구나(似鳥海東來)."[553]에서 김수로왕의 풍모가 그려지고 있다. 한 마디로 "오지랖이 넓으면 춤추기 좋다(長袖善舞)."[554]라고 했듯이 이렇게 가야 건국까지 할 수 있었다.

551   Oni Aulia, Ritual and Spirituality in Movement: The Role of Dance in Religious Practice, Medium(medium.com/@oniaulia), 2023. 10. 20.: "Dance is often an important part of religious rituals. These rituals may include celebrations, sacrificial ceremonies, or other religious events. The dance movements in this ritual often have deep symbolic meaning and are considered a means of facilitating communication between the human and spiritual realms."

552   절풍모(折風帽): "삼국 시대에, 머리에 쓰던 고깔 모양의 건. 새의 깃털을 꽂거나 붉은 비단으로 만들어 금은 장식을 하였다."

553   全唐詩, 卷一六五, 樂府詩集 卷七八(雜曲歌辭一八), 李白, 高句驪: "金花折風帽, 白馬小遲回. 翩翩舞廣袖, 似鳥海東來."

554   韓非子 五蠹篇, 第十一章: "鄙諺曰: 「長袖善舞, 多錢善賈.」 此言多資之易為工也. 故治強易為謀, 弱亂難為計. 故用於秦者十變而謀希失, 用於燕者一變而計希得, 非用於秦者必智, 用於燕者必愚也. 蓋治亂之資異也. 故周去秦為從, 期年而舉; 衛離魏為衡, 半歲而亡. 是周滅於從, 衛亡於衡也. 使周, 衛緩其從衡, 之而嚴其境內之治, 明其法禁, 必其賞罰, 盡其地力以多其積, 致其民死以堅其城守, 天下得其地則其利少, 攻其國則其傷大, 萬乘之國, 莫敢自頓於堅城之下, 而使強敵裁其弊也. 此必不亡之術也. 舍必不亡之術而道必滅之事, 治國者之過也. 智困於內而政亂於外, 則亡不可振也."

06

블랙박스(Black Box)와
같은 가야 역사를 해체

1.
구지가(龜旨歌)에 나타난
고대 민속적 의미는?

『삼국유사(三國遺事)』에서 가락국기(駕洛國記)에 나오는 구지가(龜旨歌)는 국문학상 신라 향가다. 그러나 가락국기에 게재된 이유는 김수로왕(金首露王)의 등극제의(登極祭儀)에서 축도문(祝禱文)이고, 벽사 주문(辟邪呪文)이었다. 여기서 거북(龜)은 개인적인 만수무강(萬壽無疆)이고 국가에선 국태민안(國泰民安)을 상징하는 장수 동물이었다. 이런 구지가(龜旨歌)는 한반도에 생겨난 시기는 모계 사회에서 부계 사회로 넘어오는 시기인 B.C. 6세기 혹은 7세기다. 따라서 구지가는 신 맞이하는 노래(迎神君歌), 거북아 노래(龜何歌), 구지봉 신 맞이 노래(龜旨峰迎神歌)라는 의미로 봐야 한다.

"거북아, 거북아, 머리를 내어놓아라. 만일 내어놓지 않으면, 구워 먹으리라(龜何龜何 首其現也 若不現也 燔灼而喫也)"라는 등극제의에서 백성들의 마음을 담았다. 문화인류학적인 견해 혹은 문학 심리학의 해석을 떠나 단순하게 생각하면, 오늘날 표현으로는 "복지국가를 위해선 지도자들은 자신의 목을 내놓고 하셔야 합니다. 그렇지 않으시면 백성들에게 들볶여서 살아남지 못할 것입니다(For the welfare state, leaders must sacrifice their necks. Otherwise, you will be troubled by the people and you will not be able to survive)."라는 백성들의 마음을 담았다. 축복을 드리면서 동시에 국왕에게 다스림의 본질을 경각시키는 노래였다.

국왕의 마음속 깊숙이 자리 잡도록 하고자 연극 행위(演劇行爲)와 노래를 가미한 "산꼭대기에서 흙을 파서 모으는(掘峰頂撮土)" 연출을 했다.[555] 즉 i) 농경 사회의 근본이 농토를 개척하고 저수지를 만들어 경작해 추수하는 의미인 가래질과 타작하는 모습으로 시작했다. ii) 국태민안을 축도하는 신의 강림(降臨)을 위해 제단 혹은 신좌(神座)를 만들었다. iii) 만수무강(萬壽無疆)과 국태민안(國泰民安)의 상징인 거북을 본뜬 거북 모양 고인돌에다가 축도(祝禱)했다. 이와 같은 '굴정봉출토(掘頂峰出土)' 연출은 고대 동서양에서 건국제전에 하나같이 드러나고 있다. 가미하는 집단가무(集團歌舞)에 대해 『위지동이전(魏志東夷傳)』에서는 동이족의 특징으로 언급하고 있다.[556]

금관가야(金官伽倻)만이 거북을 상징으로 하는 구지봉(龜旨峯)과 구산동(龜山洞) 등이 있다. 고녕가야(古寧伽倻)에서도 머릿돌(거북 돌)은 거북이 모양의 남두북미(南頭北尾)의 방향으로 안치했다. 이곳에서 A.D. 42년 3월 15일에 고로왕(古露王)은 건국 선언과 등극했다. 최근 현장 답사에서 밝혔으나 오봉산 기슭 봉소제단성혈 고인돌도 거북 모양을 하고 있다.

---

555 三國遺事, 駕洛國記: "… 掘峯頂撮土歌之云 '龜何龜何, 首其現也. 若不現也, 燔灼而喫也.' 以之蹈舞. 則是迎大王歡喜踊躍之也 … 九干等如其言咸忻而歌舞. 未幾仰而観之, 唯紫繩…."

556 三國志卷 魏書 東夷傳: "… 轉有異同, 臣智 <激韓> 念, 攻 <帶方郡> <崎離營>. 時 … 歌舞, 飲酒晝夜無休. 其舞, 數十人俱起相隨, 踏地低 …."

2.
천강탄생(天降誕生) 혹은
강생(降生, incarnation)[557] 이란 의미는

당시 청동기 시대(靑銅器時代)는 고대 천문학이 지배하고 있었다. "북두칠성(北斗七星)은 인간의 죽음(冥府)을 다스리고, 남두육성(南斗六星)은 농경과 생명을 관장하고 있다고 믿었다(北斗主死, 南斗主生)."[558] 그래서 북두칠성이 있었던 북천(北天)이라는 하늘과 남두육성이 있는 남천(南天) 혹은 아침 해가 떠오르는 하늘인 조천(朝天)을 믿었다. 따라서 한반도는 대륙에서 한반도로 유입했던 민족을 천강자손(天降子孫, incarnation) 혹은 천손강림(天孫降臨, てんそんこうりん)[559]을 믿었다.『삼국유사(三國遺事)』뿐만 아

557 Oxford Languages: "1. the act of manifesting or state of being manifested in bodily form, esp human form. 2. a bodily form assumed by a god, etc."

558 东晋干宝 《搜神记》: "将南北斗并举, 称 南斗注生, 北斗注死, 凡人受胎, 皆从南斗过北斗. 所有祈求, 皆向北斗. 道教可能吸纳此说, 以为北斗掌管死籍, 南斗注录生籍, 约出于东晋中期的天师道典 《女青鬼律》 曰: 北斗主煞, 南斗注生. 早期天师道上章仪范 《赤松子章历·开度章》 云: 祈北斗落死籍, 南斗上生名, 延寿无穷."

559 a. ウィキペディア, てんそんこうりん: "天孫降臨(てんそんこうりん)とは, 天孫の邇邇藝命ににぎのみことが, 高皇産霊尊の意向によって, もしくは天照大御神の神勅を受けて葦

니라『삼국사(三國史)』의 기록까지도 천손강림(天孫降臨) 설화를 담고 있다. 일본 역사도 이와 같이 천손강림(天孫降臨, Descendants of Heaven)[560]을 표현하고 있다. 여기서 천손강림(天孫降臨)은 북방으로부터 유목민족들이 대거 남하하는 현상과 무관하지 않다. 유라시아 대륙의 최동단이자 한반도의 최남단인 가야 땅 역시 그러한 시대 흐름으로써 예외일 수는 없었다.[561]

동서고금(東西古今)을 막론하고 모든 민족은 천손강림(天孫降臨, てんそんこうりん)[562], 선민사상(選民思想), 천강탄생(天降誕生) 혹은 줄여서 강생(降生)이란 생각을 해왔다. 동양에서는 중국의 '대국천자(大國天子)', 일본의 '천황(天皇) 혹은 천왕(天王)'이란 용어는 바로 천손강림(天孫降臨, てんそんこうりん)[563] 사상을 담았다. 우리나라도 하늘로부터 '천계란(天鷄卵,

---

原の中津国を治めるために, 高天原から筑紫の日向の襲]の高千穂峰へ天降あまくだったこと. 邇邇藝命は天照大御神から授かった三種の神器をたずさえ, 天児屋命あまのこやねのみことなどの神々を連れて, 高天原から地上へと向かう. 途中, 猿田毘古神さるたひこのかみが案内をした. 『記紀(古事記と日本書紀)』 に記された日本神話である." / b. 天孫降臨芋燒酎: 720ml, 特價: 700 元, 25%, 『誕生於神之里, 豊潤自然磨出, 滑順口感又富有深度的美味』 100% 使用日本南九州産-黃金千貫, 該品種的澱粉質含量最高、最適合用於製作芋燒酎.因為是很珍貴的品種, 需要一根根手工整理、醸造, 將可能造成雜味的損傷處——摘除。再以低溫蒸餾方式, 此方式最大特色便是可保留原料 「甘藷」 富有深度的甘甜奔放. 且使酒質柔順好入喉, 即便是女性消費者, 也相當有人氣! 因為沒有傳統芋燒酎的芋臭味, 所以也不會搶料理的風采.尾韻俐落, 和魚類料理、煮物等整體日本料理, 即便是肉類料理也相當合拍!

560 Pouria Ebrahimi & Maryam Ghasemlou, Descendants of Heaven, Trafford Publishing, Mar. 30, 2009.

561 김종상, 『잊혀진 왕국 가야의 실체, 철의 제국 가야, 역사의 아침』, 2010. p.202: "김부식이 편찬한 『삼국사(三國史記)』의 연도를 100% 신뢰할 수 없지만, 이 시기에 '천손강림(天孫降臨, Descendants of Heaven)' 유형의 건국 신화가 많이 등장하는 것은 천(天, Heaven) 즉 북방으로부터 유목 민족들이 대거 남하한 현상과 무관하지 않아 보인다. 유라시아 대륙의 최동단이자 한반도의 최남단인 가야 땅 역시 그러한 시대 흐름으로부터 예외가 될 수 없었다."

562 天孫降臨, 維基百科, 天孫降臨(てんそんこうりん, Tenson kōrin): "天孫降臨是指日本神道中的太陽女神天照大神的孫子天津彦彦火瓊瓊杵尊, 从天降临苇原中国. 降临之时天照大神授三神器与他约定世代统治日本, 这是天壤无穷神敕, 是日本人称天孙民族的原因."

563 天孫降臨(てんそんこうりん)とは, 天孫の邇邇藝命ににぎのみことが, 高皇産霊尊の

고녕가야(古寧伽倻)

heaven-hen egg)' 혹은 '우주란(宇宙卵, world egg or cosmos egg)'564을 지상에 내려보내 건국시조(建國始祖)를 강생시킨다는 난생신화(卵生神話)를 가졌다. 서양의 '하늘 아버지(Heaven Father)' 혹은 고대 튀르크의 '텡그리(天父, Tenggri 安南語 撑 dank)' 사상이 하늘에서 내려와서 인간으로 탄생하는 것이 강생(降生, incarnation) 혹은 강세(降世, to give birth to this world)다.

특히 이스라엘(Israel) 사람들의 '신으로부터 선택받은 민족(選擇民族, people chosen by the God)'이라는 사상을 갖고 있었다. 그래서 "예수님이 강생했다(Jesus came down to heaven and was born)."라는 표현을 했다. 여기서 난생신화(卵生神話)는 동이족의 특성이라고 했다. 그건 모르는 말씀, 동남아시아는 물론이고 서양에서도 난생설화(卵生說話, egg-hatching story)가 있다. 여기서 알(卵, egg)이란 독일의 헤르만 헤세(Hermann Hesse)의 소설『데미안(Demian. Die Geschichte von Emil Sinclairs Jugend)』에서 "알에서 나오려고 새는 바둥거렸다. 알은 새의 세계이다. 새로는 알이라는 세상을 깨뜨리고 태어나야 한다. 새는 신(神)을 향해서 날아올랐다."565

意向によって, もしくは天照大御神の神勅を受けて葦原の中津国を治めるために, 高天原から筑紫の日向の襲 の高千穂峰へ天降あまくだったこと. 邇邇藝命は天照大御神から授かった三種の神器をたずさえ, 天児屋命あまのこやねのみことなどの神々を連れて, 高天原から地上へと向かう. 途中, 猿田毘古神さるたひこのかみが案内をした. 『記紀(古事記と日本書紀)』 に記された日本神話である.

564   World Egg, Wikipeida: "The world egg, cosmic egg or mundane egg is a mythological motif found in the cosmogonies of many cultures that is present in Proto-Indo-European culture and other cultures and civilizations. Typically, the world egg is a beginning of some sort, and the universe or some primordial being comes into existence by 'hatching' from the egg, sometimes lain on the primordial waters of the Earth."

565   Hermann Hesse, Demian. Die Geschichte von Emil Sinclairs Jugend: "The bird fights its way out of the egg. The egg is the world. Who would be born must first

3.
A.D. 43년 수로집단(首露集團)에서
'500척의 함선'이 의미하는 바는 뭘까?

B.C. 18년 한성(漢城)엔 건국한 온조(溫祚)의 백제(百濟)가 A.D. 660년 의자왕(義慈王) 때 멸망까지 678년간 한반도 서남부에 존속했던 왕국이 었다. 백제가 멸망하는 데 사비성(泗沘城)과 웅진성(熊津城)에서 A.D. 660년 8월 2일 의자왕(義慈王)은 자신을 호위했던 예식진(禰寔進, A.D. 615 ~ A.D. 672)[566] 장군에게 사로잡혀 끌러 웅진성(熊津城)을 나왔다. 신라 태종 무열왕(太宗武烈王)과 당나라 소정방(蘇定方)[567] 장수 앞에서 친히 술을 따

---

destroy a world. The bird flies to God. That God's name is Abraxas."

[566]　大唐 故左威衛大將軍 來遠縣開國子 柱國 禰公 墓誌銘 幷序: "公諱寔進, 百濟熊川人也. 祖左平譽多, 父左平思善. 幷蕃官正一品, 雄毅爲姿, 忠厚成性. 馳聲滄海, 效節靑丘. 公器宇深沉, 幹略宏遠. 虛弦落鴈, 挺劒飛猨. 夙稟貞規, 早標義節. 占風異域, 就日長安. 式奉文櫃, 爰陪武帳. 腰鞬珥鶡, 紆紫懷黃. 駈十影於香街, 翊九旗於綺禁. 豈與夫日磾之輩·由余之儔, 議其誠績, 較其優劣者矣! 方承休寵, 荷日用於百年. 遽促浮生, 奄塵飄於一瞬. 以咸亨三年五月廿五日, 因行薨於來州黃縣, 春秋五十有八. 恩加詔葬, 禮洽飾終. 以其年十一月廿一日, 葬於高陽原, 爰命典司, 爲其銘曰 溟海之東, 遠截皇風. 殂和飮化, 抱義志承. 榮簪紱, 接采鵷鴻. 星搖寶劒, 月滿雕弓. 恩光屢洽, 寵服方隆. 逝川遽遠, 悲谷俄窮. 烟含古樹, 霜落寒叢. 唯天地兮長久, 與蘭菊兮無終."

[567]　苏定方, 维基百科: 苏定方(592年~667年), 冀州武邑(今属河北)人, 原名烈, 字定方, 以字

고녕가야(古寧伽倻)

라 올림으로써 의자왕은 항복의 예를 다했다.

이 점에 대해 백제 백성(百濟百姓)의 자존심(自尊心)에서는 절대로 굴욕 패배(屈辱敗北)를 인정할 수 없었다. 이를 계기로 백제 부흥군(百濟復元軍)을 결성했다. 망국의 분노를 녹이고자 3년 7개월 동안 백제 복원 운동(百濟復元運動)을 전개했다. 3만여 명의 백제 부흥군(百濟復元軍)은 사비성(泗沘城)만을 제외한 200여 성(城)을 회복했다. 마지막 생사결단(生死決斷)은 백강전투(白江戰鬪)에 하게 되었다. 백제 부흥군(百濟復元軍)을 지원하는 병력으로 야마도(大和, 오늘날 對馬島와 九州) 군과 탐라(耽羅, 오늘날 濟州島) 군이 연합 지원했다. 병력 4만2천여 명의 군인과 400척의 전선(戰船)이 백강(白江)에 집결하여 최후 일전을 전개했다. 이에 맞서는 신라와 당나라의 병력은 당군 17,000명에다가 당나라 함선 170여 척이었다. 나당 연합군의 이간계(離間計, 내분)에 백제 복원 운동(百濟復元運動)은 실패(대패)하고 말았다.

한편 A.D. 43년 김수로 집단(金首露集團)의 수군 세력(水軍勢力)이 석탈해 집단(昔脫解集團)을 격퇴하는 데 500척의 함선으로 신라 땅까지 가는 것을 확인하고 되돌아왔다고 가락국기에 기록되어 있다. 당시 500척의 함선은 극동아시아에서 최대 해군력(最大海軍力)에 해당했다. 이들은 전한(前漢)을

行, 是中国唐代的将领. 他曾在西域, 辽东对多国作战, 因功勋卓著, 被封为邢国公. 乾封二年, 苏定方病逝, 享年七十六岁, 追赠左骁卫大将军、幽州都督, 谥号庄 … 龙朔三年(663年). 吐谷浑被吐蕃禄东赞所破, 苏定方奉命任凉州安集大使节度诸军, 郑仁泰、独孤卿云、辛文陵等, 负责对吐蕃的守备. 此外 18世纪中叶成书的 《如意宝树》 就予以引用说: "芒松赞时期与汉人交战, 汉兵来藏时, 大臣噶尔(禄东赞)战死疆场, 布达拉宫被烧毁." 但从敦煌遗书、 《西藏王臣记》 和 《新红史》 的记载可看出, 670年唐双方在大非川交战前几年便爆发了冲突. 乾封二年(667年), 苏定方病死, 终年七十六岁. 高宗在最初时尚不知情, 等从他处听说了苏定方逝世的消息后, 颇为悲伤痛惜, 责备侍臣道: "苏定方对国家有功, 按例应当褒奖封赠, 卿等不说, 致使死后荣宠未能及时颁下. 言及于此, 不禁哀伤悲叹." 于是立即下诏, 追赠苏定方为左骁卫大将军、幽州都督, 谥号 '庄'.

전복시키고 왕망(王莽)568이 신(新, A.D. 8 ~ A.D. 23)569 나라를 건국했던 황실

일족으로 중국 대륙에서 대제국(大帝國)을 통치했던 제국 수군력(帝國水軍

力, imperial naval power)이었다. 따라서 수로 집단 세력(首露 集團勢力)이 도

착하기 이전 B.C. 57년에 건국한 신라(新羅), B.C. 37년 고구려(高句麗), 그리

568 百度百科, 王莽: "王莽(前 45年~23年), 字巨君, 魏郡元城(今河北大名东)人, 汉元帝皇后
王政君之侄, 西汉新都侯王曼之子, 中国西汉改革家、政治家、新朝皇帝. 王莽早年折节恭俭, 勤
奋博学, 孝事老母, 以德行著称. 阳朔中为黄门郎, 迁射声校尉, 永始初封新都侯, 迁骑都尉, 光禄
大夫, 侍中. 绥和初代王根为大司马, 迎哀帝即位, 罢遣就国. 哀帝时, 王莽被迫告退, 闭门自守。
元后临朝称制后, 以王莽为辅政大臣, 出任大司马, 封 '安汉公'. 王莽总揽朝政, 逐诛灭异己, 广植
党羽, 以此获得了许多人的拥护. 孺子婴为帝时, 王莽以摄政名义据天子之位. 9年, 废孺子婴, 篡
位称帝, 改国号为新, 建年号为 '始建国'。进行了托古改制, 下令变法. 王莽将全国土地改为 '王
田', 限制个人占有数量; 奴婢改称 '私属', 均禁止买卖; 各家超出土地规定的, 要把地分给九族或
邻里; 无田的人家按照一夫百亩的标准受田; 违抗不遵者流放远裔. 次年, 王莽又下诏推行五均
六筦, 以控制和垄断工商业, 增加国家税收, 并由国家经营盐、铁、酒、铸钱, 五均赊贷等五业, 不
许私人经. 恢复五等爵, 经常改变官制和行政区划等. 23年, 王莽在绿林军攻入长安时被杀, 在位
15年, 死时 69岁. 王莽一直是一位备受争议的人物. 古代史学家以 '正统' 的观念, 认为其是篡位
的 '巨奸', 但近代却被很多史学家誉为 "中国历史上第一位社会改革家". 二十四史之一的 《汉
书》 把王莽列作 '逆臣' 一类, 近代学者胡适则评价王莽为 "中国第一位社会主义者."

569 世界史用語解説 授業と学習のヒント(y-history.net), 新: 中国で漢の王位を簒奪した
王莽が8年に開いた王朝. 復古主義的な政治で社会が混乱し、赤眉の乱、豪族の離反によっ
て23年、わずか15年で崩壊した. 西暦8年、漢の外戚であった王莽がたてた王朝.『周礼』
(しゅらい)による復古主義的な政策をとったが現実性を欠き、いずれも失敗し、各地の農民
の反乱、豪族の離反を招き、わずか15年で滅亡した. 新の理想主義と現実無視: 王莽は、原
理的な復古主義を唱える古文派の儒学者である劉歆(りゅうきん. 前漢の劉向の子)をブ
レーンとして、『周礼』や『礼記』などの儒教の経典に示された理想的社会を実現しようとし
た.まず、官職名を周の時代に復し、地方の行政組織も古代風に再編成した.さらに次々と制度
と規則を改めていったが、それらは実情に合わない形式的なものに過ぎず、かえって行政は
滞り、官吏は不正に走るようになった. 財政は塩・鉄・酒の専売に依存したが、一方で新しい通
貨を二十八種類も鋳造したため経済は混乱し、不安が広がった. 土地制度としては周の井田
制を復活させて、耕地をすべて公有として平等に分配するという理想を掲げた。これは豪族
の大土地所有を制限するという狙いがあったが、豪族の激しい反発を受け、不満を持つ豪族
は各地で反乱を起こすようになった. 赤眉の乱と豪族の離反: このような現実を無視した復
古主義政治は豪族の離反を招いただけでなく、農民の不満を強めていった. 17年、山東省の
琅邪(ろうや)で息子を役人に殺された呂母という女性が百人ほどを集めて反乱を起こすと、
翌18年には貧しい農民や浮浪者が集まり、数十万の勢力を持つ赤眉の乱に広がった.さらに
漢王朝の一族の劉玄や劉秀など、有力な豪族の離反が続き、まず23年、劉玄の軍が長安に入
って王莽を殺害し、新王朝はわずか15年で滅びた.

고 B.C. 18년에 백제(百濟)까지도 그런 병력을 갖추기는 어려웠다.

왜냐하면, 앞에서 언급한 A.D. 663년 8월 27일부터 8월 28일 양일간 백강(白江) 부근에서 당나라 함선이 170여 척이고, 백제, 탐라 및 야마도(왜)군의 함선이 400척이라고 했다. 극동아시아 최초 국제 전투에 총동원된 함성이 불과 570(당군 함선 170 + 백제·왜·탐라 연합군 400)척이었다. 이에 비교해도 A.D. 43년에 500척 함선이라니 전한(前漢)·신(新)이란 대제국의 망명 세력(亡命勢力, desperate forces)이 아니고선 설명되지 않는다.

1592년 임진왜란 때 이순신(李舜臣, 1545~1598)은 백의종군(白衣從軍)을 마치고, 해군을 없애고자 육군에 참전하라는 선조국왕(宣祖國王)의 어명에 불합리함을 설득하는 "신에게는 아직도 12척의 전선이 있고, 미천한 신은 죽지 않았으니(尙有十二, 微臣不死)"570 하는 장계를 올렸다. 비장한 마음으로 이순신 장군은 13척의 판옥선을 이끌고 명량해전(鳴梁海戰, 울돌목 싸움)에서 왜선 133척을 마주치게 되었다. 이순신은 왜군 모두를 수장시켰다. 1550년이 지난 1592년까지도 우리나라는 500척의 함선을 갖지 못했다. A.D. 42년의 500척의 함선은 얼마나 대단한 조천해상권(朝天海上權)을 장악했는지를 짐작할 수 있었다.

570　時朝廷以舟師甚單 <不可禦賊 命公陸戰 公啓曰>: "自壬辰至于五六年間, 賊不敢直突於兩湖者. 以舟師之扼其路也. 今臣戰船尙有十二, 出死力拒戰. 則猶可爲也. 今若全廢舟師, 則是賊之所以爲幸. 而由湖忠右達於漢水 此臣之所恐也. 戰船雖寡, 微臣不死, 則賊不敢侮我矣."

4.
김수로왕과 석탈해의
'도술 대결(Magic Game)'이 의미하는 바는?

    고려(高麗) 제11대 문종(文宗) 태강(太康) 2(1076)년 금관지주사(金官知州事)를 지낸 김양일(金良鎰)이 찬술한 가락국기(駕洛國記)였다. 일연(一然) 스님이 1281년경 군위군 인각사(麟角寺)에서 『삼국유사(三國遺事)』를 저술할 때 이를 요약 정리해 놓았기에 오늘까지 전해지고 있다. 『가락국기(駕洛國記)』에 의하면 A.D. 42년 3월 15일에 가야를 건국해 즉위한 지 1년이 안 되는 김수로왕을 석탈해(昔脫解)가 A.D. 43년에 찾아와서 "당신, 왕 자리를 빼앗으러 여기 왔도다(我欲奪王之位, 故來耳)." 하며 결투를 신청했다. "국왕은 하늘이 내는 법이니. 내가 내준다고 되는 게 아니다. 국민이 네게 맡긴 것이다(天命我俾卽于位 … 又不敢以吾國吾民, 付囑於汝)."라고 설득해도 막무가내(莫無可奈)였다. 결국은 도술 대결(道術對決)을 하기로 했다(若爾可爭其術). 석탈해(昔脫解)가 먼저 둔갑술을 쓰고, 김수로왕은 대응해 주었다. 석탈해는 순간적으로 매(解化爲鷹)로 변신하자, 김수로왕은 독수리(鷲)로, 다시 석씨가 참새(雀)로, 수로는 새매(鷂), 다시 석씨는 본래 인간(人

間)으로 돌아오자 수로도 본래의 인간(解還本身) 모습을 했다. 그러자 석탈해는 가슴을 땅에 대고 엎드려 항복을 하면서(解乃伏膺曰) 인사를 하고 물러났다.

석 탈 해	김 수 로
매(鷂)	독수리(鷹)
참새(雀)	새매(鷲)
인간(人間)	인간(人間)

임금 따먹기 도술 대결

이렇게 허황하게 도술 대결(道術對決)로 서술한 건 구체적으로 서술하기가 i) 부담스러웠다. ii) 이야기가 복잡해져 정치적 이해관계가 노골적으로 노출될 위험성이 높았다. iii) 방어적 입장(防禦的立場)을 견지하고 있었던 김수로 집단(金首露集團)에서 사전 정지 작업(事前整地作業, pre-leveling work)을 했다는 것도 은익(隱匿)시켰다. iv) 내부적인 분열 양상과 같은 치부를 드러내려 하지 않았다. iv) 현대판 소설『해리포터(Harry Potter)』[571]처럼 추상적인 '둔갑술 대결(遁甲術 對決, magic game)'로 표현했다.[572]

571 Harry Potter is a series of seven fantasy novels written by British author J. K. Rowling. The novels chronicle the lives of a young wizard, Harry Potter, and his friends Hermione Granger and Ron Weasley, all of whom are students at Hogwarts School of Witchcraft and Wizardry. The main story arc concerns Harry's conflict with Lord Voldemort, a dark wizard who intends to become immortal, overthrow the wizard governing body known as the Ministry of Magic, and subjugate all wizards and Muggles(non-magical people).

572 김종상, 잊혀진 왕국 가야의 실체, 철의 제국 가야, 역사의 아침, 2010. p. 121~124: "… 구체적으로 서술하기가 부담스러웠기 때문이라고 볼 수 있다. 이야기가 너무 복잡해지거나 정치적 이해관계가 지나치게 노골적으로 드러나고 또는 관련 집단들로부터 비판을 들을 소지가 있는 경우는 해당 사실을 아예 상징적으로 처리함으로써 분쟁의 소지를 줄인 것으로 볼 수 있다. … 김수로 집단은 사전정지작업을 벌였을 것이다. 김수로와 석탈해 간의 이와 같은 긴장 관계가 '재주 대결'이라는 상징적 장치를 통해서 묘사된 것으로 보인다."

사실 토착민(土着民)들 주요 여론의 흐름이 김수로(金首露) 쪽으로 기울었다. 먼저 정착한 김수로 집단(金首露集團)의 철기 기술(鐵器技術, iron technology)과 나중에 온 석탈해 집단(昔脫解集團)의 어로기술(漁撈技術, fishing technology)을 두 눈으로 직접 비교한 토착민들 사이에서 '김수로 우세(金首露 優勢)' 판정이 나왔다. 이와 같은 여론의 흐름을 새들의 둔갑술로 상징적(象徵的)인 묘사를 했다.[573]

도술 대결(道術對決)이 말하고자 하는 바는 i) 도교적인 윤색, ii) 배추의 하얀 속살을 감싸는 푸른 겉잎의 마술, iii) 제국의 관용과 대인배(大人輩)의 모습, iv) 천손강생(天孫降生)의 신비성을 고조시켰다. 당시 도교의 도술에는 연단술(鍊丹術, 서양의 鍊金術), 방중술(房中術), 둔갑술(遁甲術, 變身術, 變臉), 귀신소환술(鬼神召喚術), 축지법(縮地法), 결청지학(潔淸之學) 등이 있었다. 삼국사에서는 김유신(金庾信)의 적손(嫡孫)인 김암(金巖)[574]은 당나라에서 둔갑입성술(遁甲立成術, 혹은 六陣法)을 배워왔다. 『삼국유사(三國遺事)』에서는 비형랑(鼻荊郎)의 귀신소환술(鬼神召喚術)이 기록되어 있다. 초등(국민)학교 시절에 많이 읽었던 도술 소설로는 조선 시대의 『전우치전(田禹治傳)』과 『홍길동전(洪吉童傳)』이었다. 가락국기는 이들 도술 소설과도 닮았다.

이렇게 '도술 대결(道術對決, Magic Game)'로 분장을 했지만, 동서고금

---

573 상게서, p. 125: "토착민들의 여론이 김수로 쪽으로 기울었을 것이라고 추론할 수 있다. 먼저 정착한 김수로 집단의 철기 기술과 나중에 온 석탈해 집단의 어로 기술을 두 눈으로 직접 비교한 토착민들 사이에서 '김수로 우세'의 판정이 나온 것을 이같이 상징적 기업으로 처리되었다고 볼 수 있다."

574 위키백과, 김암(金巖, 생몰 연도 미상)은 8세기 신라의 점복가·병술가(兵術家)이자 관위는 이찬이고, 김유신(金庾信)의 현손(嫡孫)이다. 김윤중(金允中)의 서손(庶孫)이라 기록되어 있거나, 또는 김장청(金長淸)의 동생으로 되어 있거나, 또는 김원술(金元述)의 손자라고 되어 있거나 또는, 김원정(金元貞)의 손자라고도 한다.

의 정치사를 훑어보면 "권력은 부자간에도 나누지 않는다."라는 원칙이 있다. 삼국지의 조비(曹丕)와 조식(曹植)의 '칠보시(七步詩)'가 아니더라도, 조선 시대 태종(太宗 李芳遠)은 형제간에도 사정없이 칼을 들이대었다. 그렇다면 둔갑술로 매(鷹, hawk), 독수리(鷲, eagle), 참새(雀, sparrow), 새매(鷂, falcon)이란 왕위 쟁탈전(王位爭奪戰, battle for the king's crown)에 있어 석탈해(昔脫解)의 공격전 작전명(攻擊戰作戰名, attack operation name) 혹은 김수로왕의 방어전 암호명(防禦戰暗號名, defense code name)일 수 있다. 아니면 전투 지역을 암시할 수 있다. 오늘날 러시아(Russia)의 마트료시카(Matryoshka) 인형(doll)처럼 1개의 인형 속에 10개의 작은 인형이 숨겨져 있듯이 몇 겹으로 감추었다. 고차방정식 해법처럼 i) 인수분해(因數分解, factorization), ii) 역함수(逆函數, inverse function) 혹은 iv) 복함수(複函數, complex function)로 풀어야 한다. 아마도, 6가야(형제) 사이의 가슴 속 앙금, 석탈해(昔脫解)와 부화뇌동(附和雷同)한 집단 세력, 평소 국정 불만 세력, 후한(신라) 혹은 토착 세력의 이간계(離間計) 등을 종합해서야 비로소 행렬식(matrix)을 풀 수 있다.

5.
가야 둔갑술(遁甲術)이 주갑술(週甲術)로
『일본서기』에 나타나다니?

동서고금(東西古今)의 역사학자들에게는 역사적 사실(歷史的 事實, his-
toric fact)을 평가하는 데 유일한 황금률(黃金律, golden rule) 혹은 황금
작형(黃金酌衡, golden balance)이 바로 '귀고야론(貴古也論)'이다.[575] 오늘
날 용어로는 '원조론(元祖論)'[576]이다. 역사적으로 "오래된 것에 더 귀중하
게 평가한다(益古益貴)."라는 것이 원칙이다. 향토사를 연구하고자 현장실
사를 나가면 비문에도 '갑자(甲子)→을축(乙丑)→ ⋯ →계해(癸亥)'까지 60
간지(甲子)가 돌아가기에 서기(西紀), 단기(檀紀), 불기(佛紀), 혹은 공기(孔

---

575   a. 老子, 道德經: "古之所以貴此道者何. 而莫能行也. 故聖人之言云曰 ⋯ 古之所以貴此
道者何? 不曰求以得, 有罪以免邪? 故爲天下貴 ⋯ 人之生也柔弱, 其死也堅强. 萬物草木之生
也柔脆, 其死也枯槁. 故堅强者死 ⋯." / b. 貴古賤今, 敎育百科(pedia.cloud.edu.tw): "推崇
古代的事物, 而鄙視當代的. 南朝宋. 范曄 〈獄中與諸甥姪書以自序〉: 「恐世人不能盡之, 多
貴古賤今, 所以稱情狂言耳.」 也作 「貴遠賤近.」" / c. 丁若鏞, 我邦疆域考, 弁辰別考亦名迦
羅考: "高麗史, 以爲儒理王十八年, 辛丑年 所差一年也. 東史諸家, 三國史記, 竝從三國史, 從壬
寅貴古也."

576   洪良浩, 稽古堂記: "古者當時之今也. 今者後世之古也. 古之爲古. 非年代之謂也. 盖有
不可以言傳者. 若夫貴古而賤今者. 非知道之言也. 世有志於古者, 慕其名而泥其跡. 譬如學音
者, 執追蠡而拊土鼓, 不知韶武之變."

紀) 같은 객관적인 잣대가 없을 경우는 60년 혹은 120년이 같은 간지(干支)에 속하는 경우가 생긴다. 이를 잘 이용한 것이 역사 서술에 '주갑술(週甲術, 혹은 周甲術)'이다. 이런 둔갑법(遁甲術) 혹은 변신법(變身法)을 잘 이용한 역사서가 바로『일본서기(日本書紀)』다. 이들은 아마도『가락국기(伽洛國記)』에서 수로왕(首露王)과 석탈해(昔脫解)의 도술 대결(道術對決), 즉 둔갑술(遁甲術, transforming Taoist Magics)을 벤치마킹했다. 일본 역사를 60년 혹은 120년을 앞당겨 원조국조선(元祖國朝鮮)보다 앞서는 '이주갑인상(二周甲引上)'[577]이라는 마술(魔術)을 연출(演出)했다.[578]

1971년 공주에 발굴된 무령왕릉(武寧王, 462~523) 지석(誌石, record stone)에서 발견된 무령왕은 "계묘년 5월 병술 삭 7일 임진일에 붕어하셨다(癸卯年五月, 丙戌朔七日, 壬辰日崩)."라고 새겨져 있다. 즉『삼국사(三國史)』에는 재위 23(서기 523)년 5월에 세상을 떠났다(武寧王, 在位二十三年, 五月崩)고 한 치 오차도 없이 정확했다. 이에 반해『일본서기(日本書紀, 720年 編纂)』[579]에서는 초대 신무천왕(神武天王) 31(B.C. 632)년 4월에 일본이

577 　이주갑인상(二周甲引上), 위키백과(https://ko.wikipedia.org): "이주갑인상(二周甲引上)은 일본 역사서 일본서기의 편집자들이 일본의 역사 연대를 끌어올리려고 사실(史實)을 120년(2갑자)가량 앞당겼다는 가설이다." / 이주갑인상, 나무위키(https://namu.wiki): "2024. 1. 31. ─ 2(二)주기(周)의 갑자(甲), 즉 2갑자를 끌어(引) 올렸다(上)는 뜻으로, 일본의 고대 역사서 일본서기의 특정 부분에서 사건이 일어난 시대를 일괄적 …."

578 　[이덕일의 역사를 말하다] 주갑제라는 요술 방망이와 '일본서기', 경기신문(kgnews.co.kr), 2020. 9. 14.: "그래서 '일본서기'의 연대를 맞추는 온갖 기묘한 발상이 동원되었는데, 가장 대표적인 것이 주갑제다. 일본에서는 주갑제 대신 2주갑인상(二周甲引上)이란…." / '풍납토성, B.C. 2세기 축조' 탄소 연대 측정도 무시, 한겨레(hani.co.kr), 2009. 7. 1.: "<일본서기>는 60년 단위로 끊는 '주갑제(周甲制)'를 동원해 해석해야 한다. <일본서기> 진구(神功) 황후 섭정 55년(서기 255)조에 "백제의 초고왕이 …." / [이덕일의 역사를 말하다] 광개토대왕이 야마토 왜에 조공을 …. 경기신문(kgnews.co.kr), 2020. 9. 7.: "신공 9년은 서기 209년이다. 일본 극우파들은 60년, 혹은 120년씩 끌어올리는 주갑제(周甲制)를 사용해서 120년 끌어올려 329년의 일이라고 주장한다 …."

579 　ウィキペディア, 『日本書紀』(にほんしょき, やまとぶみ, やまとふみ)は, 奈良時代に

란 명칭(國號)은 사용했다고 기록하고 있으나 『삼국사(三國史)』에서는 문무왕 10(670)년에 "왜국이 국호를 일본이라고 고쳤다고 그렇게 불러달라는데, 스스로 해 뜨는 곳에서 가까이 있기에 일본이라고 했다(倭國更號日本, 自言近日所出以爲名)." 이렇게 1,302년이란 소급하는 마술을 부렸다.

그뿐만 아니라 『삼국사(三國史, 1145년)』[580]와 『일본서기(日本書紀)』의 기록을 진구천왕(神武天皇, A.D. 201 ~ A.D. 269)과 오진천왕(應神天王, A.D. 270 ~ A.D. 310)의 2대(왕조)에만 한정해서 비교한다면 다음과 같다.

i) 백제 근초고왕(近肖古王)의 사망에 대해, 『일본서기』는 진구 55(255)년 백제 고초왕(肖古王) 사망, 삼국사는 375년 근초고왕(近肖古王) 사망으로, ii) 백제 근구수왕(近仇首王) 즉위에 대해, 서기(書紀, 일본서기를 줄임)는 진구 56(256)년 백제 왕자 귀수(貴須) 즉위, 사기(史記, 삼국사를 줄임)는 376년 근구수왕(近仇首王) 즉위, iii) 백제 근구수왕 사망과 침류왕 즉위에 대해, 서기(書紀) 진구 64(264)년 백제 귀수왕 사망, 침류왕(枕流王) 즉위, 사기 384년 근구수왕(近仇首王) 사망과 침류왕 즉위로 적혀 있다.

그리고 iv) 백제 침류 앙(枕流王) 사망, 진사왕(辰斯王) 즉위에 대해, 서기(書紀) 진구 65(265)년 백제 침류왕 사망, 진사왕 즉위, 사기는 385년 침류왕(枕流王) 사망, 진사왕(辰斯王) 즉위, v) 백제 진사왕(辰斯王) 사망과 아화왕(阿花王) 즉위에 대해, 서기(書紀)는 오진 3(272)년 백제 진사왕 사망, 아

成立した日本の歴史書. 『古事記』と並び伝存する最も古い史書の1つで, 養老 4年(720年)に完成したと伝わる. 日本に伝存する最古の正史で, 六国史の第一にあたる. 神典の一つに挙げられる. 神代から持統天皇の時代までを扱い, 漢文·編年体で記述されている. 全30巻. 系図1巻が付属したが失われた.

580 ウィキペディア, 三国史記(さんごくしき)は, 高麗17代仁宗の命を受けて金富軾が撰した, 三国時代(新羅·高句麗·百済)から統一新羅末期までを対象とする紀伝体の歴史書. 朝鮮半島に現存する最古の歴史書. 1143年執筆開始, 1145年完成, 全50巻.

화왕 즉위, 사기엔 392년 진사왕(辰斯王) 사망, 아신왕(阿莘王) 즉위, vi) 백제 아화왕(阿花王) 사망과 직지(直支)가 왜국에 귀국에 대해 서기(書紀) 오진 16(285)년 백제 아화왕 사망, 직지(直支)가 왜에서 귀국, 사기에는 405년 아신왕(阿莘王) 사망 및 전지왕(腆支王) 즉위, vii) 백제 직지왕(直支王) 사망과 구이신왕(久爾辛王) 즉위에 대해 서기(書紀)에선 백제 직지왕 사망, 구이신왕(久爾辛王) 즉위로 다른 한편 사기(史記)에 420년 직지왕(直支王) 사망과 구이신황(久爾辛王)의 즉위가 게재되어 있다.

이렇게 120년(二周甲年) 연대 차이(年代差異, generational differences)가 나게 앞으로 소급했기에 원조론에서는 당연히 앞서고 있다. 그러나 이로 인해 한정된 국왕의 재위 기간이 70~120년이란 비상식적으로 늘어났다[581]. 당시 평균 생존(수명) 연수를 초과하는 결과를 낳았다.『일본서기(日本書紀)』의 왕조의 재위 기간을 살펴보면 제1대 신무천왕(神武天王)은 79(혹은 76)년, 제5대 효소천왕(孝昭天王)은 83년, 제6대 안녕천왕(安寧天王)은 102년, 제7대 효령천왕(孝靈天王) 76년, 제11대 수인천왕(垂仁天皇) 99년 등으로 이빨이 들어맞지 않고 있다. 치과의사(齒科醫師)처럼 전체적 역사 기록의 교합 체크(咬合檢査, Occlusal check)를 하지 않았기에 이렇게 들통이 나고 있다.

일본서기(日本書紀)가 720년에 편찬되었다. 삼국사(三國史)는 1145년에 편찬되었기에 425년이나 뒤졌다. 그래서 일본서기가 앞서가기에 '귀고야론(貴古也論)'에 따라 삼국사를 불신할 수 있다. 둔갑술을 잘못 하는 바람

---

581 [숫자로 보는 세계] 평균 수명 높은 나라 통계, VOA 한국어(voakorea.com), 2010. 2. 6.: "한국 통계청의 자료에 따르면 역사 속에 등장했다가 사라진 인류의 평균 수명은 신석기 시대 29세, 청동기 시대 38세, 그리스 시대 36세, 14세기 영국인 38세, 17세기 유럽인 51세, 18세기 유럽인 45세, 19세기 유럽인 65세, 20세기 유럽인 76세입니다."

에 세계적인 사학자(史學者)들에게는 오히려 불신을 사고 있다. 조선유생(朝鮮儒生)들이 말했던 "육갑(六甲) 떨고 있다." 혹은 "~칠갑(漆甲)한다."라는 비아냥을 받고 있다. 이렇게 둔갑술(遁甲術)을 활용한 임나일본부설(任那日本府說), 정한론(征韓論), 일선동조론(日鮮同祖論) 및 내선일체(內鮮一體)를 주장했던 그들에게 오늘날 일부 강단사학(講壇史學)에는 삼국사 불신론(三國史 不信論)과 일본 학자와의 품앗이를 추진하는 모습을 연출하고 있다. 이를 두고 일부 배운 사람들은 "육갑(六甲)을 떨고 있다."[582]라고 걱정한다. 2010년 3월 23일 한일역사공동위원회(2005년 발족 제3차 공동합의에서 임나일본부설(任那日本府說)에 대해 '일본(任那日本)의 사절'로 합의를 봤다.[583] 그럼에도 2015년 아베(安培) 정부에서는 합의를 뒤집고 정설(正

---

582 요사이 사용하는 말로도 속된 표현으로 '육갑 집는다.'는 능력을 초월한 행동을 하는 것 혹은 짐작하는 것이다. 초등학생이 주역을 이야기하는 때로 '육갑 집는다'라는 표현을 한다. 중학생이 영어원서를 들고 읽는 척하거나, 한문 고전을 읽는다고 야단법석을 떨 때 '육갑 떤다.'라고 한다. 아주 비하하는 욕설은 '병신이 육갑(六甲) 떤다.'라는 말도 있다. 칠갑(漆甲)에 대해서는 '칠갑한다'는 비아냥거림이고, '똥칠갑 한다.'라는 막말도 있다.

583 소심샘, 일본의 역사 왜곡 임나일본부설, 임나일본부설 폐기 합의, 2022. 2. 3. (blog.naver.com/snsd4859): "… 이후 2005년에 한일 역사공동위원회가 출범해 임나일본부설은 2010년에 임나일본부설은 거짓이며 용어 자체를 폐기하는 데 합의했습니다. 하지만 아베 신조 총리가 정부 출범을 하면서부터 임나일본부설이 부각되기 시작했습니다." / 한일 역사학자들 "임나일본부 근거 없다", MBC 뉴스(imnews.imbc.com), 2010. 3. 23.: "ANC 한일 양국 역사학자들로 구성된 한일역사공동위원회가 그동안 일본 측이 일방적으로 주장해 온 임나일본부설이 근거가 없다는 결론을 내렸다."/ 日 학계도 "임나일본부설은 잘못 …" 한일 공동연구서 용어 … 동아일보(donga.com), 2015.4.10. "2010년 한일역사 공동연구위원회에서 양국 학자들은 임나일본부라는 용어를 쓰지 않기로 합의까지 했다. 실제로 일본서기의 관련 내용이 어떻게 왜곡된 …" / 한일 공동연구 발표… '임나일본부설' 부적절, KBS 뉴스(news.kbs.co.kr), 2010. 3. 23.: "제2기 한일 역사연구공동위원회는 2년 반 동안 연구해 온 결과물을 오늘 발표합니다. 한국과 일본의 역사학자들이 한일 강제병합조약의 합법성과 …" / 한·일역사 공동연구위원회 "임나일본부 없었다." 경향신문(khan.co.kr), 2010. 3. 23.: "한·일 역사학자들의 공동 연구에서 일본이 그동안 주장해온 '임나일본부설'이란 용어 자체가 부적절하다는 결론에 도달한 것으로 22일 알려졌다." / 한일역사 연구위, 최종 보고서 발표, VOA 한국어(voakorea.com), 2010. 3. 24.: "… 임나일본부설이 폐기됐다고 합니다. 도쿄 현지를 연결해 자세한 소식 들어보도록 하겠습니다. 문) 먼저, 한일역사 공동연구위원회가 어떤 성격이고 …."

說)로 교과서에 게재하는 바람에 우리나라에서만 강단사학계와 재야사학계에서 사생결단의 공론화(公論化)가 이뤄지고 있다.

1594년 3월 7일 이순신(李舜臣, 1545 ~1598)에게 명 황제 어명 사칭 '금토패문(禁討牌文, 倭軍討伐禁止)'이 도착하였다. 곧바로 이순신(李舜臣, 1545~1598)은 강화술책(講和術策)이라는 현실을 직감했다. 곧바로 붓을 들어 "답담도사금토패문(答譚都司禁討牌文)"이라는 반박문을 작성했다. "… 일본 사람은 간사(奸詐)스럽기 짝이 없군요. 예로부터 신의(信義)를 지켰다는 말을 들어본 적이 없습니다. 그들은 교활하고 흉악하여 그 악랄함은 감추질 않습니다(日本之人, 變詐萬端, 自古未聞守信之義也. 兇狡之徒 尙不儉惡)…"584라고 선유도사(宣諭都司) 담종인(譚宗仁, 明使臣)에게 답장을 보냈다. 다시금 이제 우리는 이 말을 몇 번이고 곱씹어봐야 한다.585

---

584 李舜臣, 答譚都司禁討牌文: "… 日本之人, 變詐萬端, 自古未聞守信之義也. 兇狡之徒 尙不儉惡 …."

585 宣祖實錄 四九卷, 宣祖二七年三月七日: "接待都監啓曰: 譚相公宗仁四寸譚馮時, 自賊中出來, 昨夕入京. 大槪問之, 則以宗仁交代催促事, 西歸云. 傳曰: 令都監設酌, 以慰久在賊中之意, 賊中奇別, 仔細問啓. 接待都監堂上刑曹判書申點, 戶曹參判成泳啓曰: 臣等邀致(憑時)〔馮時〕于都監, 饋以茶酒, 從容談話, 先問譚遊擊眠食安否, 次問因何事, 前往顧軍門, 則答曰: 倭賊渡海無期, 故(擄)〔塘〕報于總督, 屢遣差人, 催督入歸矣. 且問賊徒見在幾何, 軍餉儲置幾何, 則答曰: 軍數則處處屯據, 未能的知其幾何, 大約三四萬矣. 軍糧則自其國陸續搬運, 多數積峙, 且修治房舍, 極其精潔, 而與此國人買賣海物, 安坐好食. … 且沈惟敬則與倭同心, 凡論議之時, 只以玄蘇, 行長及符通事稱名人密語, 不許他人聞知, 其所言, 必是割給此國三道之議也. 吾譚爺, 則據理直斥曰: 「爾等必須速爲渡海然後, 凡事可成矣. 以此倭人厚賂惟敬, 而薄待譚公矣. 惟敬多受銀兩寶物而來, 譚爺則拘留, 不許出送, 其苦莫甚. 此必惟敬之行間. 且問我國被擄人幾何, 則答曰: 當初被擄者雖多, 年少可用人, 則入送于其國, 其餘則轉輾買賣使喚, 而多有餓死者. 云. 且曰: 沈惟敬出來, 譚爺獨留, 俺等拔劍致辱, 惟敬屈而謝罪. 問: 沈公出來, 則倭賊入歸乎? 答曰: 請封請貢, 皆準則入歸, 不然則沈公雖來, 必無入歸之理. 大槪聽其言辭, 則與沈不和, 其咎沈之言, 亦不足盡信. 且問: 行長與淸正親密乎? 答曰: 行長善事關白之壻, 盡奪淸正兵權, 淸正憾恨, 兩間遂不相和矣. 行酒畢, 潛謂通事曰: 都元帥之軍, 每殺薪草零賊, 賊中諸將, 皆含憤告于行長, 必欲報復, 行長以講和大事當前, 姑置不許. 且劉摠兵軍, 近來專無致討之意, 只事買賣, 故倭賊等, 不以敵國待之矣. 劉將若移陣湖南, 則元帥必被賊患. 且言曰: 零賊見殺, 則行長輒怒曰: 我軍殺朝鮮人乎? 朝鮮人殺我軍乎? 每致詰責於譚爺, 此後零賊, 不須厮殺. 云. 其意思, 似是譚公不勝困辱, 而有此說也. 傳曰: 此啓辭下于備邊司."

6.
기술 속국(technological dependency)이란 '불편한 진실(Inconvenient Truth)'

거시적 시각(巨視的 視角, macro perspective)에서, 유라시아 대륙(Eurasia continent)의 '철제 기술(鐵製技術, iron technology)'과 태평양 대양(pacific ocean)의 '어로 기술(漁撈技術, fishing technology)'을 융합했던 가야는 '철의 제국(Iron Empire)'이라는 타이틀(title)로 '동아시아의 허브(Herbs of East Asia)'로 자리매김을 해갔다. 건국선행국(建國先行國, The first country to be founded)이었던 신라(新羅), 백제(百濟), 고구려(高句麗)에 빈틈을 파고들었던 '원초적 불편함(原初的 不便, original inconvenience)' 속에서 가야 국가가 태어났기에 더욱 경계와 긴장을 갖게 되었다. 한반도에서 권력 균형(權力均衡)에 의한 긴장이 조성됨과 동시 힘의 균형이 괴리(均衡乖離)될 때는 반드시 생사결단(生死決斷)의 전쟁은 예고되었다. 옛날 중국소설의 표현을 빌리면 "장강의 뒷물이 앞 물을 밀려내어 왔다(長江後波推前波了)." 오늘날 용어로 '투키디데스의 함정(Thucydides Trap)' 속으로 빠져들고 있었다.

미시적 관점(微視的 視角, micro perspective)에서는 김수로 집단(金首露 集團)이 도래하기 이전의 한반도(가야 땅)는 i) 유라시아 대륙의 극동 남단에 위치해 상대적 혹은 비교적 "대륙 문명의 손길(the touch of continental civilization)"에 벗어나고 있었다. ii) 정치적 체제(小國寡民體制)는 부족국가(百里小國) 혹은 9촌(九村, 九干)이란 후진단계에 머물고 있었다. iii) 따라서 고대국가체제를 갖추지 못했고, 강력한 왕권을 장악하지도 못했다. iv) 이런 빈틈을 파고들었던 대륙 문명에서 소외됨에 따른 반체제적(反體制的)인 집단(集團)이 이동하게 되었다. 이에 따라 v) 철기 기술(鐵器技術)을 가진 서북 쪽의 김수로(金首露)의 집단과 서남쪽 허황옥(許黃玉)의 집단 그리고 동북쪽 어로 기술(漁撈技術)을 앞에 세운 석탈해(昔脫解) 집단이 가야 땅에 들어와서 각축했다. 즉 유라시아 문명의 각축장(角逐場, competition arena)이었다. 가야국이란 "한반도 남단의 용광로(the melting pot at the southern tip of the Korean Peninsula)"가 등장했다.[586]

참으로 아이러니한 가야와 신라의 역학관계 변화다. A.D. 22년 동부여(東扶餘)의 망국 유민(亡國流民)으로 달구벌(達句伐)까지 같이 들어와서 각기 건국 과업을 위해서 경주(慶州)와 김해(金海)로 갈라졌다. 그러니 소호 김천씨(少昊金天氏)의 후손이라는 혈연관계는 잊을 수 없었다. 그러함에도 가야의 세력 팽창(勢力膨脹)으로 가장 직접 불이익을 당하거나 불편함을 겪는 나라는 국경을 맞댄 신라였다. 이렇게 '불편한 진실(Inconvenient

---

586   김종상, 잊혀진 왕국 가야의 실체, 철의 제국 가야, 역사의 아침, 2010. p. 209: "김수로 집단이 도래하기 이전의 가야 땅은 동아시아에서 상대적으로 낙후된 곳이었다. 9간이 통치하던 9촌은 후진적인 단계를 벗어나지 못했을 뿐만 아니라 강력한 왕권도 배출하지 못했다. 그러던 가야 땅이 서북쪽에서 도래한 김수로 집단, 동북쪽에서 도래한 석탈해 집단, 서남쪽에서 도래한 허황옥 집단을 맞으면서 신문명 건설의 무대로 떠올랐다. 유라시아적 융합이라 할 만한 결합을 통해 새로운 문명의 터전으로 부각된 것이다."

Truth)'은 까밝혀 본다면 i) 가야국 입장에서는 처음부터 악연으로 얽히게 되었다. 즉 신생 가야국을 인정할 수 없다고 '불복과 도전(disobedience and challenge)'을 표시하고 김수로를 위협했다. 실례로 김수로왕이 배척한 '석탈해 집단(昔脫解 集團)'을 받아준 국가가 바로 신라였다. 그뿐만 아니라 신라(新羅)는 석탈해 세력을 축출하기는커녕 그를 제4대 탈해이사금(脫解尼師今)으로 추대하였다.

그 당시 ii) 신라의 입장은 석탈해의 해상 세력(海商勢力)을 받아들여서 신생 가야국(新生伽倻國)을 견제(牽制)하고, 국제 역학 관계(國際力學關係)에서 우위를 선점하고자 했다. iv) 그러나 사실은 신라는 배격할 힘이 없어 수용하는 연약함을 보였다. 이후 신라는 가야에 알게 모르게 고개를 숙이고 들어왔다. 이런 속국(屬國) 혹은 상전국가(上典國家)임을 밖으로 내보인 사건이 바로 제5대 파사이사금(婆娑尼師今) 때 김수로왕(金首露王)을 오늘날 '유엔의 국제사법 재판관(UN international judge)'으로 신라 왕도(慶州)에 초빙했다. 국경 문제의 해결을 위해 김수로왕을 요청해 내정간섭(內政干涉)을 자청했다. 심지어 사은연회(謝恩宴會, thanksgiving banquet)까지 베풀어주었다.

7.
국제 재판관으로
김수로왕의 등장

서기 22년 동부여(東扶餘)가 고구려(高句麗)에게 멸망하면서 부여왕 대소(帶素)의 아우 세력이 오늘날 압록강(鴨綠谷) 인근 갈사수(曷思水)에 있는 훈춘지역으로 진출하여 갈사국(曷思國)을 건국하였다. 당시 부여의 다른 세력은 남하하여 달구벌(達句伐, 오늘 대구) 지역까지 내려왔다.[587] 그 고고학적 증거로는 대구시 서구 비산동(飛山洞) 고분(1956년 발굴)에서 부여식 안테나식 동검(칼자루 끝에 곤충 더듬이처럼 장식)이 발굴되었다. 달구벌에서 동부여 망국의 망명 세력이 양분되어 한쪽은 경주(慶州) 지역으로, 다른 하나는 김해(金海)지역으로 갈라졌다. 김해로 갔던 일파는 A.D. 42년에 김수로왕(金首露王)이 되었다. 경주로 간 세력은 A.D. 60 김알지(金閼智)로, 두각을 드러내었다. 그들은 소호 김천씨(少昊金天氏) 계통의 김일제(金日磾, B.C. 134 ~ B.C. 86) 후손이라는 사실이 김유신(金庾信)의 묘비에 기록되

587　三國史記, 高句麗本紀: "<曷思王>. 秋七月, <扶餘>王從弟, 謂國人曰: "我先王身亡國滅, 民無所依, 王弟逃竄, 都於<曷思>, 吾亦不肖, 無以興復."乃與萬餘人來投. 王封爲王, 安置 <那部> 以其背 …."

어 있다. 김유신(金庾信)은 금관가야 구해왕(仇亥王)의 증손이 된다. 즉 김구해(金仇亥) ▷ 김무력(金武力) ▷ 김서현(金舒玄) ▷ 김유신(金庾信)의 계보가 되는 것이다.

파사이사금(婆娑尼師今) 시대에 신라에는 여러 소국이 있었다. 음즙벌국(音汁伐國, 오늘날 安康邑)과 실직곡국(悉直谷國. 오늘날 三陟)이 국경을 놓고 분쟁이 있었다.[588] 당시는 백리소국(百里小國) 혹은 천명백성(千名百姓)으로 각축하고 있었기에 교역문제, 수리(水利)로 인한 홍수와 가뭄 등으로 국익이 상반되는 국경 분쟁이 발생했다. 보다 평화적으로 해결하고자 중앙국가 혹은 맹주 국가였던 신라에 분쟁 문제의 해소를 양국이 요청했다. 신라 국왕 파사이사금(婆娑尼師今)은 고민에 빠졌다. '우예지송(虞芮之訟)' 고사에서는 쾌도난마처럼 해결했다. 신라는 서백(西伯, 周文王)의 사례를 벤치마킹해서 가야 연맹체(Gaya Confederacy)의 맹주 김수로왕을 오늘날 국제 사법 재판관으로 모시기로 했다.[589]

이런 일이 있고 난 뒤에는 i) 가야 연맹체(Gaya Confederacy) 맹주(盟主)가 신라의 내부적 문제(內部的 問題)에 개입을 요청했다. 오늘날 국제적 외교관계(國際的 外交關係)에서 내정간섭(內政干涉, interference in internal affairs)을 요청했다는 의미였다. ii) 얼마 안 가서 일련의 자연재해로 신라

588　三國史記, 卷第一新羅本紀第一<婆娑> 尼師今: "… 二十三年秋八月, <音汁伐國>與<悉直谷國>爭疆, 詣王請決. 王難之, 謂<金官國><首露王>年老多智識, 召問之. <首露>立議, 以所爭之地, 屬<音汁伐國>. 於是, 王命六部, 會饗<首露王>. 五部皆以伊湌爲主, 唯<漢祇部>以位卑者主之. <首露>怒, 命奴<耽下里>殺<漢祇部>主<保齊>而歸. 奴逃依<音汁伐>主<陁鄒干>家. 王使人索其奴, <陁鄒>不送. 王怒, 以兵<伐音汁伐國>, 其主與衆自降. <悉直>·<押督>二國王來降. 冬十月, 桃李華."

589　김종상, 전게서, pp. 230~231: "파사이사금은 고민 끝에 밖에서 '재판관'을 데려오기로 했다. 그 재판관을 아름이 아닌 '금관국 김수로'였다. 가야연맹 맹주 김수로가 해결사로 초빙된 것이다... 왜냐하면 이때 금관가야 국왕은 가야연맹 맹주의 자격으로 신라에 초빙되었을 것이기 때문이다."

왕권은 추락을 거듭하자, 권력의 틈새를 메우고자 신라(新羅)는 가야(伽倻)로 '기울어진 운동장(傾瀉廣場, a slanted playground)'이 되었다. 결국은 신라의 사법권(司法權)을 가야 연맹체(Gaya Confederacy) 맹주(伽倻聯盟體盟主)가 행세했다.590 iii) 신라 중심으로 집필된『삼국사(三國史)』의 편찬자 김부식이 이렇게까지 표현을 했다는데 고민이 매우 컸던 것 같다.

서양의 종속국(從屬國, vssal state)은 종주국(宗主國, suzerain)의 법률적 지배에 비해 동아시아의 종속관계는 법률로부터 영향은 받지 않았다. 즉 형식적인 관계였다. 자세히 언급하면『예기(禮記)』왕제편(王制篇)에 "제후는 5년에 한 번씩 천자를 직접 알현하고, 천자는 5년에 한 번씩 제후를 순시한다."591 이로써 사대관계를 맺는 국가 간에 신하국(臣下國)의 군주가 상국(上國)의 군주에게 사신을 보내거나 아니면 직접 찾아가는 관행이 생겼다. 신라국의 군주가 상국(上國)의 군주를 직접 찾아가는 건 '친히 직접 찾아뵘(親朝)'이다. 여기서 조(朝)란 찾아뵙는다는 의미를 갖게 되었다.

590 상게서, p. 238: "그런 일이 있고 나서 얼마 후에 가야 연맹 맹주가 신라 내부 문제에 개입했다는 것은 일련의 자연재해로 신라 왕권이 추락한 틈을 타서 신라를 속국으로 만들었음을 의미한다. 신라가 속국이 되지 않았다면 가야 연맹체(Gaya Confederacy) 맹주가 신라에 가서 사법권을 행사했을 리 없다. 신라 국왕이 가야 연맹 맹주를 초빙했다고 기록되어 있지만, 삼국사가 기본적으로 신라 중심으로 서술되었다는 점을 감안하면 왜 그렇게 기록될 수밖에 없었는지를 봐야 하는 것은 어려운 일이 아니다."

591 a. 禮記 王制篇: "… 提出天. 子每五年一次巡守省視諸侯 …." / b. 孟子, 梁惠王下篇: "孟子曰, 天子適諸侯曰. 巡守巡守者巡所守也. 歲二月當巡守之年二月也. 岱宗泰山也. 柴燔柴以祀天也. 望望秩以祀山川也. 秩者其牲幣祝, 號之次第如五岳, 視三公四瀆, 視諸侯其餘視 …."

8.
가야 땅 토착
세력의 위기

지구촌의 첨단 문명(尖端文明)이었던 철기 문명(鐵器文明, Iron Age Civilization)은 '동진(東進)에 동진(東進)을 거듭하는(moving east after advancing east)' 동안에도 '한반도의 서남단 가야 땅(Gaya land at the southwestern tip of the Korean Peninsula)'에는 오래도록 후진적 단계(後進的 段階)에 머물러 있었다. 즉 현대적 표현으로는 경제, 사회, 정치적 그리고 군사적 측면에서 이 지역이 대륙 혹은 해양과의 접촉 기회가 적었다. 그래서 '비교적 후진성(比較的 後進性)'을 탈피하지 못했다. 이런 문화적 후진성(文化的 後進性)을 파고들었다. 청동기문명이 철기문명에 밀리게 되었다. 한반도로 유입되었던 망국 유민들에게 기존 토착 세력은 또다시 밀려나야 하는 위기에 놓였다. 마치 중국 속담에서 "장강의 뒷물이 앞 물을 밀어낸다(長江後浪推前浪, 世上新人趕舊人)."[592]라는 표현과 같았다.

철기 문명(鐵器文明)의 확산이 민족대이동(民族大移動, great national

---

592   增廣賢文, 上集: "長江後浪推前浪, 世上新人趕舊人."

migration)과 겹치면서 '가야 땅'은 위기에 직면했다. 문화 차원에서 철기 문화(鐵器文化)라고 표현했다. 사실적인 표현으로 재구성하면 눈으로 보이는 건 북쪽 나라에서 내려온 말(馬)까지도 철갑(鐵甲)을 했다.[593] 병정들의 손에는 햇빛에 번쩍거리는 철제 무기(鐵製武器)가 들려 있었다. 더욱 말발 굽 소리까지도 지축을 흔들었다. 병정들의 철제 무기는 햇살에 번쩍거림이 위압적(威壓的)이었기에 일전할 용기조차 앗아가 버렸다. 기존 토착 세력들에게는 딸을 줘서 접대했고, 결혼을 시키는 전략혼인(戰略婚姻)만이 할 수 있는 전부였다.

한반도를 향했던 유목인(遊牧民) 혹은 망국 유민(亡國流民)이 유입(도래) 되었다. 그때를 대관(大觀)하면, i) 중국 혹은 ii) 기존 고조선을 연나라 위만이 침입하여 위만조선(衛滿朝鮮, B.C. 194 ~ B.C. 108)의 B.C. 194년에 건국 했을 때, 다시 위만조선을 멸망시키고 한사군(漢四郡, B.C. 108 ~ A.D. 314)이 설치되었을 때(B.C. 108), 전한(前漢, B.C. 206 ~ A.D. 8)이 멸망했을 때(A.D.8), 그리고 전한의 왕족 왕망이 건국한 신나라(新, A.D. 8 ~ A.D. 23)가 멸망했을 때(A.D. 23년)였다. 망국 유민(亡國流民)들이 육지로 혹은 해상으로 한반도에 도래(流入)했다. 삼한 소국 혹은 신라[594], 백제 혹은 고구려 등의 한반도에 도래한 시기는 건국 연도를 역산하면 대략 짐작할 수 있다.

이렇게 볼 때 김수로 집단(金首露 集團)은 후한(後漢, A.D. 25 ~ A.D. 220)

---

593 김종상, 전게서, p. 45: "단순한 문화적 차원에서 철기문명의 소식이 들려오는 게 아니라 그것이 외래세력의 말발굽 소리와 함께 북쪽으로부터 들려오니, 남쪽의 바다를 등지고 있던 가야 토착 세력으로서는 공포심을 느끼지 않을 수 없었다."

594 北史, 列傳, 新羅: "或稱魏將毌丘儉討高麗破之, 奔沃沮, 其後復歸故國, 有留者, 遂爲 新羅, 亦曰斯盧. 其人雜有華夏·高麗·百濟之屬, 其人雜有華夏高麗百濟之屬 諸本 「雜」 訛作 「辯」, 據隋書卷八一新羅傳改. 兼有沃沮·不耐·韓·濊之地. 其王本百濟人, 自海逃入新羅, 遂 王其國. 初附庸于百濟, 百濟征高麗, 不堪戎役, 後相率歸之, 遂致强盛. 因襲百濟, 附庸於迦羅 國焉."

에 의해 멸망 당한 신(新)나라(新, A.D. 8 ~ A.D. 23) 황실의 일족이었다. 혹은 A.D. 22년 동부여가 고구려에 멸망하자 남하했던 소호 김천씨(少昊金天氏)의 후손들이었다. 뒤집어 말하면 후한(後漢) 입장에서는 전한의 황실 일족은 기득권 세력이다. 후한이란 신진 세력에 비우호적이었기에 제거해야 할 적대 세력(敵對勢力)이었다. 이런 상황을 피하고자 500여 척의 함선을 이끌고 한반도 남단으로 상륙 작전을 감행했다. 당시 이 정도의 대규모 함선으로 봐서는 이 집단은 신(新)나라가 멸망한 시기 A.D. 23년 이후에도 여전히 군사력을 보유했다. 이후에도 '신국 복원 운동(新國復元運動)'을 하지 않아도, 후한에 대한 반체제적 활동을 할 위험한 '눈엣가시(目にとげ, thorn in the eye)'였다. 허황옥 집단(許黃玉 集團)의 이동 경로에서 드러났듯이 이 집단 역시 후한에 대항했던 '반체제 세력(anti-establishment forces)'이었다. 따라서 두 집단은 가야 건국 이전부터 반체제 운동과 관련하여 상호 연대했다. 이런 인연이 있었기에 서로 멀리 떨어져 있었음에도 의사소통(communication)을 했다. 결국은 전략적 국제결혼(strategic international marriage)까지 추진했다.[595]

특히 김수로 집단(金首露集團)이 원래 거점인 가야 땅으로부터 상상조차 못 했던 먼 북쪽이었다는 점에서 가야 토착 세력(土着勢力)의 시각에서는 낯설었다. 아무것도 알지 못한다는 점에서 신비감(神祕感)을 자아냈다. 동

---

595 김종상, 전게서, pp. 169~170: "김수로 집단은 후한에 의해 멸망 당한 신나라 황실의 일족이었던 것으로 보인다. 400여 척 함선을 이끌고 가야에 도착한 사실에서 드러나듯이 이 집단은 신(新)나라가 멸망한 서기 23년 이후에도 여전히 군사력을 보유했다. 이는 서기 23년 이후로 이 이잡단 후한에 대한 반체제 활동에 종사했을 가능성이 큼을 의미한다. 한편 허황옥 집단의 이동 경로에서 드러나는 것처럼 이 집단 역시 후한에 대항한 반체제 세력으로 추정되고 있다, 따라서 두 집단은 가야건국 이전부터 반체제운동과 관련하여 상호 연대했을 가능성이 있다. 이러한 인연이 있었기에 서로 멀리 떨어져 있었음에도 불구하고 두 집단은 긴밀한 소통을 유지 할 수 있었던 것으로 보인다."

시에 가공할 세력으로 비추어졌기에 공포심은 대단했다. 여기에 500척이라는 함선을 눈앞에다가 보여주고, 북두칠성(北斗七星)이 있는 북쪽 하늘에서 내려보낸 자손(天孫降臨, the descendants of heaven family)들이라고 하니(天降子孫, 而北天來) 대적(對敵)한다는 건 꿈도 못 꿨다.

9.
김수로 집단과 토착 세력의
갈등에서 승률 75%의 도박

　가야 땅은 대륙에서 한반도에 서남단에 있었다. 소백산맥과 지리산맥이 가리고 있어 토착 세력은 진나라 혹은 위만조선 당시에 망국 유민(亡國流民)이었다. 그들은 청동기 문화 기반에 머물고 있었다. 낙동강 서편은 비교적 소국과민(小國寡民)이 밀집해 있었기에 철기 문명을 앞세워 파고들 틈새가 비교적 많았다. 기존 토착 세력과 정략혼(政略婚)596 혹은 연맹체 등

596　정략혼(政略婚): 시경(詩經), 한혁편(韓奕編)에서 한반도 동이족의 한(韓)씨 나라에 주(周)나라가 한후(韓侯)로 봉하고, 정략혼으로 외교를 개시함을 시로 읊었던 노래임. "크고 큰 양산(奕奕梁山) 우임금께서 다스렸던 양산이여) …." 여기서 기자(韓氏)조선, 삼한 54개국, 삼한일통, 정한론, 대한제국 및 대한민국이 생겨 나왔음. 시경o 한혁편의 원문은 詩經, 韓奕編: "奕奕梁山, 維禹甸之. 有倬其道, 韓侯受命. 王親命之, 纘戎祖考. 無廢朕命, 夙夜匪解, 虔共爾位. 朕命不易, 榦不庭方, 以佐戎辟. 四牡奕奕, 孔脩且張. 韓侯入覲, 以其介圭, 入覲于王. 王錫韓侯, 淑旂綏章. 簟茀錯衡, 玄袞赤潟. 鉤膺鏤錫, 鞹鞃淺幭, 鞗革金厄. 韓侯出祖, 出宿于屠. 顯父餞之, 清酒百壺. 其殽維何?炰鼈鮮魚. 其蔌維何?維筍及蒲. 其贈維何?乘馬路車. 籩豆有且, 侯氏燕胥. 韓侯取妻, 汾王之甥, 蹶父之子. 韓侯迎止, 于蹶之里. 百兩彭彭, 八鸞鏘鏘, 不顯其光. 諸娣從之, 祁祁如雲. 韓侯顧之, 爛其盈門. 蹶父孔武, 靡國不到. 爲韓姞相攸, 莫如韓樂. 孔樂韓土, 川澤訏訏. 魴鱮甫甫, 麀鹿噳噳. 有熊有羆, 有貓有虎. 慶旣令居, 韓姞燕譽. 溥彼韓城, 燕師所完. 以先祖受命, 因時百蠻. 王錫韓侯, 其追其貊. 奄受北國. 因以其伯. 實墉實壑, 實畝實藉. 獻其貔皮, 赤豹黃羆."

을 통해서 비교적 쉽게 건국할 수 있었다. A.D. 42년 3월 15일에 6가야 연맹체(伽倻聯盟體, Gaya Confederacy)를 건국할 수 있었다. A.D. 43년에는 건국 다음 해로 석탈해 집단(昔脫解 集團)이 신생 금관가야국(金官伽倻國)의 국왕이라는 허세를 꺾겠다고, 해양 세력의 어로 기술(漁撈技術)을 앞세워 왕권에 도전했다. 그러나 결과는 TKO(Technical Knock-out)를 당했다.

김수로왕(金首露王)은 자신의 왕권(王權)을 더욱 공고화(鞏固化)하고자 i) 가장 일반적인 토착 세력과의 전략적인 결혼(戰略婚, strategic marriage)도 고민했다. ii) 그러나 그것보다 황후배출 부족 세력이 비균형적 세력 비대화(非均衡的勢力肥大化)를 우려했다. iii) 황후 미배출 부족들의 소외감으로 뭉친 반체제적 담합에 괴리가 명약관화했다. iv) 이외 다양한 시각에서 갈등과 알력이 발생할 수 있다는 역학 관계를 고려했다. v) 천손강생(天孫降生)에 신비성을 유지하면서 연착륙 방안(軟着陸 方案, soft landing plan)으로 '천명배필(天命配匹, destiny marriage)' 계책을 채택했다.

"짐이 이곳에 내려온 건 천명 때문이다. 짐에게 짝을 지어 황후를 만들어주는 것 역시 하늘의 명이다. 경들은 염려 말라(朕降于兹, 天命也. 配朕而作后, 亦天之命. 卿等無慮, 駕洛國記)."라고 설득했다. 김칫국을 마시고 있던 9간들을 설득하여 갈등 요인을 근본적으로 제거했다. 따라서 예상외로 얻는 효과는 매우 컸다. 즉 둘의 혼인이 i) 하늘의 점지에 의한 신성한 결합임을 강조하는 ii) 동시에 국왕이 은밀히 결혼을 준비한 사실을 감춤으로써 iii) 토착 세력의 소외감, 즉 황후를 배출하지 못한 부족들의 이질감(異質感)과 신진 세력 간의 긴장감을 없앨 수 있었다. 참으로 묘한 '신의 한 수(God's sacred idea)'였다.[597] 한마디로 '등거리 내부 세력 균형(equidistant

---

597 상게서, p. 147: "이 코멘트의 공개는 둘의 혼인이 하늘의 점지에 의한 신성한 결합을 강조

internal force balance)'을 유지할 수 있었다.

　국가 기반이 확립된 A.D. 48년에 비로소 허황옥 집단 세력(許黃玉 集團)을 불러 들어서 황후를 맞이함으로써 연착륙을 할 수 있었다. 기존 세력과의 승률은 4 분의 3을 차지하고 있었다. 즉 75%의 승률로 금관가야국(金官伽倻國)의 국왕과 6가야국의 맹주를 장악하게 되었다.[598] 한마디로 말하면, 오늘날 '아보카도 크림 커피(Avocado cream coffee)'처럼 뜨거운 에스프레소(hot espresso)에다가 차가운 아이스크림(ice cream)을 조화시킨 것이다. 바로 청동기 문화와의 충돌 없이 '철의 제국 가야(The Iron Empire Gaya)'를 만들었다. 서로 어울리지 않을 것 같은 청동기 문화에다가 제철 기술을 접목하여 융합시켰다. 세력 간의 갈등까지도 용광로에 녹여서 '가야 제철 문화(伽倻製鐵文化)'라는 이정표(里程標, milestone)를 세웠다.

하는 동시에 국왕이 은밀히 결혼을 준비한 사실을 감춤으로써 토착 세력의 소외감을 달래기 위한 장치였다고 판단할 수 있다."

598　상게서, p. 205: "가야라는 왕국은 서기 42년에 세워졌지만 가야 문명의 기초가 놓인 것은 서기 48년이라고 할 수 있다. 왜냐하면, 토착 세력과 김수로 집단과 허황옥 집단이 결합할 때가 바로 48년이기 때문이다, 오래전부터 기야 땅에 터전을 잡고 살아온 토착 세력, 서기 42년에 유라시아 대륙의 북방에서 이주해온 김수로 집단, 서기 48년에 유라시아 대륙의 남방에서 이주해온 허황옥 집단, 이렇게 세 집단에 의해 가야 문명의 기초가 놓인 것이다. 이 시기에 가야 문명의 대주주로 참여하다가 김수로 집단에 배척을 당해 신라 쪽으로 활로를 모색한 석탈해 해상 집단도 있었다. 이렇게 본다면 가야 문명의 주역들은 4분의 3의 경쟁률을 뚫고 가야 문명 건설에 참여하게 되었다."

10.
포상팔국의 반란으로 가라(加羅)에서
안라가야국으로 중심 이동

내해이사금(奈解尼師今) 14(A.D. 208)년 포상팔국(蒲上八國: 骨浦國, 漆浦國. 古史浦國, 史勿國, 古自國, 保羅國 등)이 아라(阿羅, 혹은 丁若鏞 我邦疆域考 柯羅)에 공격을 도모하자 가라왕자(伽羅王子)가 신라에 구원을 요청했다. 구원병력 요청에 따라 신라 태자 우노(太子于老)와 이벌찬(伊伐湌) 이음(利音)이 6부 군대를 통솔하여 8국 장군을 죽이고 6,000명을 빼앗아 돌려보냈다.

당시 국제 정세를 살펴보면 극동아시아의 대제국 후한(後漢, A.D. 25 ~ A.D. 220)이 멸망했다. 그로 인해 망국 유민이 조천해안(朝天海岸)으로 들어오자 국제 정세는 급변했다. 김해 중심(金海中心) 조천 교역권(朝天交易權, 南海海岸交易)에 대한 불만을 가졌던 포상 8국(蒲上八國)이 연합했다. 그들은 가라(加羅) 혹은 안라가야(阿羅伽倻, 咸安 阿羅國)를 공격했다. 신라는 가라(加羅)에 지원 병력을 파견하여 반란의 진앙인 갈화성(竭火城)을 공략하자 패배했다. 주동했던 8개 소국은 결과적으로 흡수 병합되었다.

06 블랙박스(Black Box)와 같은 가야 역사를 해체

전기 가야 연맹(前期伽倻聯盟, Early Gaya Alliance)의 가라(金官伽倻) 맹주 권은 쇠퇴해졌다. 결과적으로 내륙 세력(內陸勢力)이 부상했으며, 후기 가 야 연맹(後期伽耶聯盟, Late Gaya League)의 중심 세력으로 부상하게 하는 변곡점(變曲點, inflection point)이 되었다.

물론 내해이사금(奈解尼師今) 6(A.D. 201)년 2월에 가야(伽倻)가 신라(新 羅)에 화친을 요청하여 반란을 대비했다. 208년 포상팔국의 반란을 막 아낸 이후에도 내해이사금(奈解尼師今) 17(A.D. 212)년 가야가 신라에 왕 자를 볼모로 보내면서 엎친 데 덮치는 신라의 후방 공격을 방어했다. 해 상 교역권(海上交易權)을 이미 장악하고 있었기에 이것이 아닌 강역 확장 (疆域擴張, territory expansion)을 위한 내륙 진출로 확보(內陸進出路確保, inland-access routes insurance)를 도모했다고도 해석할 수 있었다. 공격 을 받았던 안라가야국(安羅伽倻國)은 농업 지역을 막아내었고, 영토를 확 장했다. 후기 가야 연맹(後期伽耶聯盟, Late Gaya League)의 중심 세력으로 자리를 잡았다.

한편, 현해탄(玄海灘) 중심 국가 가야에서 일본에 '야마대국(邪馬台國, 耶 馬台國, やまたいこく)'599이란 30여 개 가야분국(伽倻分國)이란 소국으로 구 성되었다. 일본에서는 17세기부터 일본의 가야 분국설이 거론되어 아직도 다루고 있다. 야마대국(野馬台國)은 2~3세기에 일본 규슈(日本 九州)에 30

599　邪馬台国, ウィキペディア(Wikipedia)』2024. 2. 1.: "邪馬台国(やまたいこく/やまとこ く, 旧字体: 邪⬚馬臺國)は, 2世紀- 3世紀に日本列島に存在したとされる国(くに)のひとつ. 邪 馬台国は倭女王卑弥呼の宮室があった女王国であり, 倭国連合(邪馬台国連合)の都があった とされている. 古くから大和国(やまとこく)の音訳として認知されていたが, 江戸時代に新井 白石が通詞今村英生の発音する当時の中国語に基づき音読した. ことから「やまたいこく」の 読み方が広まった. 大森志郎は, 日本書紀景行紀に「夜摩苔」(やまと)があり, 苔と臺とは同音 であるから, 邪馬臺もやまとであるとする.日本の文献には邪馬台国や卑弥呼の存在は一切記 載は無く日本では存在は立証されていない. 所在地について, 今も議論が続いている."

고녕가야(古寧伽倻)

여 소국의 연합체로 존속했다. 2세기 후반 무녀(巫女)가 다스린 국가로 가야 연맹의 분신(分身, clone)이었다.[600] 야마대국(邪馬台國)의 '히미코(卑彌呼, ひみこ, 출생 미상 ~ 248)' 여왕이 김수로의 딸이었냐?[601] 하는 역사적 사실에 주목했다. 중국 사서 『삼국지(三國志)』[602], 『삼국사(三國史)』 아달라이사금(阿達羅尼師今) 조[603] 기록이 있으나 일본은 기록이 없다는 근거로 무시하고 있다.[604]

그렇다면 야마대국(邪馬臺國)의 위치는 일본 어디일까? 오늘날 일본에

600 邪马台国, 维基百科: "邪马台国, 亦称邪摩堆, 夜麻登及耶麻腾, 是《三国志》的 《魏志·乌丸鲜卑东夷传》 中 〈倭人〉 条(通称《魏志倭人传》) 记载之倭女王国名. 《魏志》 记载, 公元2世纪末日本的小国林立, 邪马台国是其中势力最为庞大的国家. 女王卑弥呼统率周围的奴国和伊都国等许多部落. 多次向魏国朝贡. 女王死后, 统治力量为之动摇, 后立同族的台与为王, 力图复兴. 当时的社会由王, 大人, 下户, 生口, 奴婢等各种身份构成. 王有主管祭祀的女王和负责政治, 军事的男王, 共同进行统治, 由大人协助. 下户受王和大人的支配. 关于邪马台国的所在地, 传统上有畿内与九州两种说法, 但因史料限制一, 尚无定论. 2010年琉球大学名誉教授, 海底遗迹研究会理事长木村政昭又提出琉球说. 中国语言学家郑张尚芳认为 '邪马台' 是日语 '大和'(日语: やまと Yamato?) 的音译, 按照这种说法, 邪马台国很有可能就是后世大和王权的前身. 魏志记载中的邪马台国已经存在着较为成熟的政府体制, 如掌管市场的官员名为大倭, 掌管外交的官员名为大夫, 并有着类似于中原刺史的一大率监督诸国. 《后汉书·倭传》载 "桓灵间, 倭国大乱, 更相攻伐, 历年无主, 有一女子名曰卑弥呼. 于是共立为王."

601 이종기, 가야 공주 일본에 가다, 책장, 2006: "김수로의 10남 2녀 중에서 금관가야 2대 거등왕이 즉위할 때 구름을 타고 떠나 딸 하나와 아들 하나가 바로 야마 대국 히미코 여왕 남매라는 것이다."/ 김종상, 잊혀진 왕국 가야의 실체, 철의 제국 가야, 역사의 아침, 2010. p. 250에 이종기의 글을 인용하고 있음.

602 三國志, 魏志倭人傳: "其國本亦以男子爲王, 住七八十年, 倭國亂, 相攻伐歷年, 乃共立一女子爲王, 名曰卑彌呼, 事鬼道, 能惑衆, 年已長大, 無夫婿, 有男弟佐治國. 自爲王以來, 少有見者. 以婢千人自侍, 唯有男子一人給飮食, 傳辭出入. 居處宮室樓觀, 城柵嚴設, 常有人持兵守衛 … 倭女王卑彌呼與狗奴國王彌弓呼素不和, 遣倭載斯. 烏越等詣郡, 說相攻擊狀. 遣塞曹掾史張政等因齎詔書黃幢, 拜假難升米爲檄告諭之. 卑彌呼以死, 大作冢, 徑百餘步, 狗葬者奴婢百餘人."

603 三國史記, 新羅本紀, 阿達羅尼師今條: "二十年, 夏五月, 倭女王卑彌乎, 遣使來聘 …."

604 히미코, 위키피디아: "히미코(일본어: 卑彌呼ひみこ, ? ~ 248년)는 일본의 고대 국가인 야마타이국(邪馬臺國)을 다스렸던 여왕이다. 봉호는 친위왜왕(親魏倭王). 그가 죽은 후 친족인 도요가 여왕으로 즉위했다. 삼국지 위지 왜인전과 삼국사 신라 본기 아달라이사금 조에 기록되어 있으나 일본의 문헌에는 기록되지 않았다."

06 블랙박스(Black Box)와 같은 가야 역사를 해체

서는 이도국(伊都國)이 현재의 후쿠오카현에 있었던 것으로 추정한다. 이
도국(伊都國)이 후쿠오카현(福岡縣)의 북쪽에 있었고 야마대국(邪馬臺國)
의 본거지가 그보다 남쪽에 있었다는 기록은 야마대국(邪馬臺國)이 한반
도와 가까운 규수(九州) 섬에 있었음을 보여주고 있다. 가야 맹주와 일본
분국(日本分國, Japan Branch)[605]으로 볼 수 있는 동질성이 있어야 한다. 현
재로는 규슈(九州) 구마모토현(熊本縣) 야스시로시(八代市) 마루야마(圓山)
가 가야의 금관성(金官城)과 마찬가지로 북두칠성(北斗七星)과 같이 일곱
개의 자성(子城)을 거느리고 있는 위치를 선정했다. 히미코(卑彌呼)를 향배
하는 묘견신궁(妙見神宮, 八代市妙見祭神宮)[606]에서 아유타 및 가야와 유대
를 보여주는 쌍어문(雙魚紋)을 사용하고 있다. 가야에서 출토된 돌거북(龜
蛇, きだ)을 묘견신궁(妙見神宮) 앞에 모시고 있는 점 등이 있다.[607]

605 분국(分國, branch state), 분신 국가(分身國家, clone state), 속국(屬國) 혹은 방국(方
國) 등의 용어가 있음.

606 八代神社(やつしろじんじゃ) は八代で最も大きな神社として人々の崇拝を集めてきま
した.その歴史は古く, 今から 1300年以上前の飛鳥時代(680年) に竹原の津に鎮座したのが
始まりとされています. 祀られている神は, 北極星と北斗七星を神格化した 「天御中主神(あ
めのみなかぬしのみこと)」 「国常立尊(くにとこたちのみこと)」 です. また, その昔, 妙見
神が亀と蛇が合体した想像上の動物 「亀蛇(きだ)」 の背に乗って海を渡ってきたという言
い伝えがあり, 交易が盛んな港町として繁栄した八代の歴史がうかがえます. 明治以降, 妙見
宮から八代神社に改称されましたが, 地元では今でも 「妙見さん」 と呼ばれ親しまれてい
ます.

607 김종상, 전게서, p. 256: "가야와 야마 대국의 동질성, 양국이 동질적이라는 증거로 야마
대국의 활동무대였던 규슈 구마모토현 야스시로시 마루야마가 가야의 금관성과 마찬가지로 북
두칠성 같은 일곱 개의 성을 거느리는 위치에 있었다는 점. 히미코를 모시는 묘견신궁에서 아유
타 및 가야와의 유대를 보여주는 쌍어문이 발견되었다는 점과 가야에서 출토된 돌거북이 묘견신
궁 안에도 있었다는 점을 제시하고 있다."

11.
청동기, 철기 시대 한반도에선
몇 명이 살았을까?

먼저 지구촌에 인류가 출현한 시기를 i) 1924년 에티오피아(Ethiopia)에서 오스트랄로피테쿠스(Australopithecus)를 발견해 300만 년에서 350만 년으로 추정했다. ii) 1990년 에티오피아(Ethiopia)에서 아르디피테쿠스 라미두스(Ardipithecus ramidus) 유골을 찾아 인류기원을 430만 년에서 450만 년 전으로 소급했다. iii) 2001년 아프리카(Africa) 차드(Chad) 루마이 사힐만트로투스 차덴시스(Rumai Sahilmantrotus Chadensis)로 700만 년 전으로 다시 소급 상승시켰다. 그렇다면 한반도에 인류가 출현한 시기는 i) 1978년 충북 청주시 상당구 문의면 노현리 두루봉 석회 동굴(金興洙가 채광했음)에서 4만 년 전에 살았던 4~6살짜리 남자(興洙)아이의 유골을 발견했다. ii) 같은 해 4월에 연천 미 공군 척후 병사 그레그 보웬(Greg L. Bowen, 1950~2009)에 의해 '아슐리안 주먹 돌도끼(Acheulean Hand-stone Ax)'를 발견함으로 전기 구석기(前期舊石器)의 유물로 35만 년 전으로 소급되었다. iii) 1980년 충주댐 건설을 위해서 단양군 도담리 금굴(석회동굴,

06 블랙박스(Black Box)와 같은 가야 역사를 해체

길이 80m, 너비 6m, 높이 9m)에서 호모에렉투스(Homo erectus)의 발견으로 지금부터 70만 년 전으로 다시 소급했다.

그런데 이렇게 지구촌에 출현했던 인류가 얼마나 살았을까? 윌리엄 메튜스(William Matthews, 1942~1997)[608]의 시집 '채소 상자 4(Vegetable Box 4)'에서 "이제까지 살다가 죽은 사람보다 오늘 살아가는 사람이 더 많다니 (there are now more of us / Alive than ever have been dead)."라는 구절이 나온다.[609] 결론적으로 지구촌에 살다가 갔던 사람은 대략 500억 명이다.[610] UN의 예측은 2080년에는 104억을 정점으로 20년 정도 유지하다가 감소세로 향할 것으로 보고 있다. 더 자세하게 지구에 출현했다가 죽은 인구를 살펴보면, i) 지금부터 100만 년 전에는 전 지구촌에 12만5천 명이었다. ii) 호모 사피엔스가 출현한 지금부터 3~4만 년 전 마지막 빙하기 뷔름(Würm) 빙기 때는 300만 명 정도였다. iii) 신석기 초기 1만 년 전에는 500만 명이었고, iv) B.C. 4,000년경 8,600만 명이었다. 기원후 1년에는 2.7~3.3억 명으로 추산된다. v) 1500년 이후 4.4~5.4억 명이다. vi) 1750년 이후에 8억 명이고, 1800년 이후 10억 명이며, 1900년에 16~17억 명으로 [611] 1982년에 46억 명으로 증가했다. 20세기에 들어와서는 대략 1% 정도의 인구 증가율(人口增加率)을 보였다.

---

608   William Procter Matthews III (November 11, 1942 ~ November 12, 1997) was an American poet and essayist.

609   CIARA CURTIN, Fact or Fiction?: Living People Outnumber the Dead, Scientific America(scientificamerican.com), MARCH 1, 2007: "Booming population growth among the living, according to one rumor, outpaces the dead …."

610   John No, Ble Wilford, 9 PERCENT OF EVERYONE WHO EVER LIVED IS ALIVE NOW, Share full article, The New York Times, Oct. 6, 1981.

611   Deveey E.S, The Human Population, Scientific America Vol 203, 1960

그렇다면 한반도(韓半島)에서는 얼마나 살았을까? 먼저 오늘날 우리나라는 전 지구촌에 최저 출산율과 최고 고령화를 당면하고 있다. 2020년 4월 통계청 인구 자료에선 1인 가구가 38.1%인 860만 가구로 가구당 인구는 1인에 접근하고 있다. 1960년대는 가구당 4.7명이었는데 급격히 핵가족화되었고, 이제는 1인 가구로 향하고 있다.

물론 고대사 기록을 보면 삼국 시대(三國時代) 백제(百濟)는 호당 4.7명이었고, 가야 시대의 통계는 8.2명이 나오고 있다. 따라서 청동기 이전에는 호당 8.2명 이상 10명 내외 거주했다. 문헌기록(文獻記錄)과 현재 인구를 종합하여 최소자승법(最小自乘法)으로 한반도에 살았던 인구를 탄성추계(彈性推計)하면 삼한 시대(三韓時代)는 482만 명 정도 거주했으며, 통일신라(統一新羅) 시대는 675만 명, 고려(高麗) 시대는 780만 명, 조선(朝鮮) 시대는 991만 명, 일본강점기(日帝强占期)는 1,293만 명 정도가 살았다.[612]

가야 건국 당시 청동기 시대의 토착 세력을 추계하기 위해 고인돌(支石墓), 도성(都城), 수장 고분(首長古墳), 강역 면적(疆域面積) 등을 계량 고고학(計量考古學, Quantifying archaeolog)을 기반으로 거주 인구를 추계할 수 있다. 이때는 당시 거주 인구를 잣대로 모델(Model)을 만들어야 한다. 그렇게 함으로써 합리적인 탄성추계(彈性推計, elasticity calculation)가 가능하다. 청동기 시대의 부족 국가를 소국과민(小國寡民), 백리소국(百里小國) 혹은 만인백성(萬人百姓)이라고 동양 고전에서 기록하고 있다. 건국 지원 세력은 그렇게 많지 않다.『삼국유사 고조선조(三國史記 古朝鮮條)』에 인

---

612 인구, 한국민족문화대백과사전(encykorea.aks.ac.kr), 2023.: "인구는 인간 집단의 계수(計數)로서 정치적, 경제적, 사회문화적으로 구획된 일정한 지역 내에 거주하는 주민이다. 그 지역에 사는 외국인이나 이민족도 포함된다. 인구 총수 추이만 보면 삼한 시대 482만 명, 통일신라 시대 675만 명, 고려 초기 780만 명, 조선 초기 991만 명, 일제강점기 초기 1,293만 명을 거쳐, 현재는 남한만 5천만 명이 넘는다."

용한『위서(魏書)』에 의하면 "환웅(桓雄)이 무리 3,000을 거느리고 태백산 정상 신단수(神壇樹) 아래에 내려왔다." 전한서(前漢書) 위만조선조(衛滿朝鮮條)에서는 연나라 사람(燕人) 위만(衛滿)이 망명하여 무리 1,000여 명을 모아 조선의 만이(蠻夷)와 연(燕)·제(齊)의 망명자를 지배하여 왕검성(王儉城)에 도읍했다. 또한『가락국기(駕洛國記)』에 기록된 금관 가야국 초기 인구는 9,100호에 7만5천 명(九干者是酋長領總百姓九一百戶七萬五千人)으로 호당 8.2명이 살았다.613

김해시 국가 사적 제429호 구지봉(龜旨峰)은『삼국유사』에서 금관가야(狗倻國)의 건국 신화(建國神話)가 서린 거북바위(龜巖)가 있다614. 오늘날 구지봉(龜旨峯)은 당시 고대어로 '굳뫼(鐵山)' 혹은 '굳이봉(鐵峰)'인 것으로 볼 때 철산지(鐵産地)와

613　三國遺事, 駕洛國記(文廟朝大康年間, 金官知州事文人所撰也, 今略而載之): "開闢之後, 此地未有邦國之號, 亦無君臣之稱. 越有我刀干·汝刀干·彼刀干·五刀干·留水干·留天干·神天干·五天干·神鬼干等九干者, 是酋長領總百姓九一百户七万五千人. 多以自都山野鑿井而飮耕田而食. 屬後漢世祖光正帝建正十八年壬寅三月禊洛之日, 所居北龜旨 是峯巒之稱, 若十明校勘 192伏之状, 故云也.有殊常聲氣呼喚. 衆庶二三百人集會於此, 有如人音隱其形而發其音曰."

614　한석봉의 글씨로 '구지봉석(龜旨峯石)'이라고 새겨진 고인돌은 i) 길이 2.4m×넓이 2.10m×높이 1.0m, 무게는 8.736톤(= 2.4×2.1×1.0×2.6×70%)의 비교적 작은 B.C. 4~5세기의 추장의 무덤으로 보이는 고인돌의 덮개돌로 보임. 8.736톤의 고인돌을 산 정상까지 이동하는데 87명에서 100명의 장정이 필요하며, 이를 백성들에게 부역시킨다면 200~300인 이상의 부역할 인력 동원이 필요하고, 이런 백성을 동원하자 900~1,000호가 주변에 거주했으로 8,200명 이상이 살았음. ii) 이 정도의 자연부락이 9개였다면 9,000호에 7만5천 명 이상의 백성들이 살았다는 추산이 됨. 따라서 이만백성(二萬百姓)이라는 백리소국의 여건은 충분히 갖췄음. 다른 한편, 가락국 건국 당시는 철(鐵, iron)의 고대어 청동기보다 강하다는 뜻으로, '굳이(굳은 쇠)' 혹은 '구지(이두표기 仇知)' 돌이라고 칭했으며, 거북 모양과 고어 발음을 종합해서 '구지(龜旨)'로 표기되었음. 현존하는 지명에서도 대구시 달성군 구지면(仇知山部曲에서 求智面), 부여시(夫餘市) 백마강 구드레 나루터 등이 남아있음.

연관성이 있다. B.C. 500년에서 B.C. 400년경 고인돌(支石墓, dolmen) 가운데 김수로왕 탄강신화(金首露王 誕降神話)가 있는 한석봉 명필가의 글씨로 '구지봉석(龜旨峯石)'은 A.D. 42년 당시 지방 호족(고인돌 세력)이었던 구간(九干)들로부터 추대를 받아서 구야국(狗倻國, 金官伽倻)를 건국해 왕이 되었다. 고인돌을 실측한 결과 i) 길이 2.4m×넓이 2.1m×높이 1.0m다. 무게는 8.736톤(=2.4×2.1×1.0×2.6×70%)의 비교적 작은 고인돌로 추장 무덤의 덮개돌로 보였다. ii) 고인돌 제단을 만들 때의 동원인력 추산에 있어, 통나무 굴대와 동아줄로 장정이 당긴다면 8.736톤÷0.05톤으로 174명에서 200명의 장정이 필요하다. 그때 부역에 참여한 장정은 적어도 200~300명이었다. 인근 민가는 900~1,000호 정도가 살았다. 백성의 수는 8,000여 명 내외였다. 가락국기의 기록은 건국 당시 민가는 9,100명(1,000호×9간)호 정도였다. 백성의 수는 75,000명(호당 8.2명) 내외라는 탄성추계가 나왔다. 한마디로 백리소국(百里小國)의 칠만백성(七萬百姓)으로 가야 맹주국(伽倻盟主國)이 건국되었다.

같은 방식으로 고녕가야(古寧伽倻) 건국에 있어서 구지봉 거북바위에 해당하는 머리뫼(首山) 거북 모양 머릿돌(화강암)을 현장실사 측정한 결과 남북 길이는 2.10m, 동서 길이 2.07m, 높이 0.62m 6면체의 73%의 암석으로 환산하니 5.115톤(=2.1m×2.07m×0.62m×

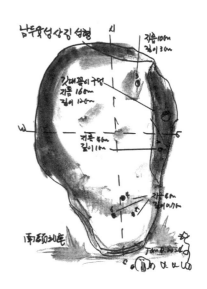

비중 2.6에 현존 비율 73%)이다. 이를 고창군에서 고인돌 설치 모의실험에서 통나무 굴대 위에 동아줄 당겨서 이동할 때 동원 인력으로의 장정 1인당 실험치(0.05톤)로 환산하니[615] 102여 명 이상의 장정이 동원되어야 했다. 백성의 호구당 1인씩 동원했다면, 70%가량이 작업에 참여했다고 가정할 수 있다. 그 가운데 고인돌 이동에 동원된 장정이 25% 정도라고 가정한다면, 100명의 4배인 400명(戶)이 작업에 참여했고, 거주호수는 3배가 1,200호 내외 민가가 있었다. 청동기 혹은 가야 국가 당시 통계에 의하면 가구당 8.2인[616]이 살고 있었기에 9,840명 이상이 살고 있었다. 따라서 머릿돌로 소도(蘇塗)를 만들 당시 인근 100리 근방에 10,000여 명의 백성이 있었다고 볼 수 있다.

2006년 김해시 구산동(龜山洞) 산38번지에 택지개발사업 도중에 우연히 발견한 무려 350톤에 달하는 거대한 청동기 시대 고인돌(사진상 붉은 사암)을 발견하여 2012년에 경상남도 역사 기념물 제289호 '김해 구산동 지석묘'로 지정했다. 2021년에 정밀 발굴 조사를 시작했고, 국가 사적 신청도 마쳤다.[617] 앞에 박석을 깔았고, 세척 작업을 하는 등으로 문화재 훼손

---

615   고인돌 세우는 데 필요인원은 어느 정도 될까? (m.cafe.daum.net/ccshistory), 2024. 1. 9.: "한반도의 지석묘는 대략 기원전 5, 6세기경부터 기원 전후 무렵 사이에 축조된 것들. 수천 년 전 그 무거운 돌을 옮기는 데는 과연 몇 명이 동원됐을까? 서양 고고학자들의 연구와 실험에 따르면 열 지어 놓은 둥근 통나무 위에 약 1t 무게의 돌을 올려놓고 옮기는 데에는 약 10명의 성인 남자가 필요하다. 지석묘가 집중적으로 몰려있는 전북 고창의 경우, 바둑판식(남방식) 지석묘의 덮개돌은 평균 50~150t 길이 5~6m, 폭 4~5m, 두께 3~4m 정도. 고창군 운곡리의 21호 지석묘는 약 297t. 1t에 10명이 필요하니, 2,970명의 인력이 동원됐을 것이다. 모두 젊은 남자였을 것이다. (유태용 한양대박물관 연구원)

616   一然, 三國遺事, 駕洛國記(文廟朝, 大康年間. 金官知州事文人所撰也. 今略而載之): "開闢之後. 此地未有邦國之號. 亦無君臣之稱. 越有我刀干. 汝刀干. 彼刀干. 五刀干. 留水干. 留天干. 神天干. 五天干. 神鬼乾等九干者. 是酋長領總百姓凡一百戶. 七萬五千人."

617   구산동 고인돌, 문화재 지표 조사 결과 보고서 – 한국문화유산협회(http://175.126. 62.16): "조사 대상 구역은 경남 김해시 구산동 산38번지(면적: 6,436㎡) 일원에 최대원 씨 외 3

으로 관계 공무원의 징계 처분까지 받았다. 구산동(龜山洞) 고인돌의 규모는 길이 10.0m, 너비 4.5m, 높이 3.5m로 무게는 350톤으로 추정된다.[618] 즉 계산은 350톤의 무게는 10.0m(길이)×4.5m(너비)×3.5m(높이)×2.6(돌의 비중)×85%(남은 부분) = 350톤이다.[619] 이를 기준으로 청동기 세력을 짐작하고자 고인돌 이동에 참여 인원을 추계하면, 1인당 0.05~0.1톤으로 환산해서 3,500에서 7,000여 명 이상이 이동 작업에 참여했다. 따라서 고인돌 주변 40km(백리소국)에는 21,000여 명이 살고 있었다.

명이 단독주택 신축을 계획하고 있는 부지이다. 김해시에서는 사업신청부지가 구 …."

618　윤성효, [김해] '세계 최대 크기 추정' 구산동 고인돌, 국가사적 추진, 오마이뉴스, 2021. 1. 4.: "세계 최대 크기로 추정되는 김해 구산동 지석묘(경남도기념물 제280호)의 국가사적 승격이 추진된다. … 구산동 지석묘는 길이 10m, 너비 4.5m, 높이 3.5m, 무게가 350t에 달하는 국내 최대 고인돌로써 2007년 구산동 택지개발지구 공사 중 발견됐다 …."

619　김해시 구산동 고인돌, 묘역 갖춘 지석묘로 확인, 경남도민일보(idomin.com), 2021. 8. 3.: "조사서 목관묘 발견, 청동기 시대 제단 논란 종지부, 김해시 구산동 고인돌이 '묘역을 갖춘 세계 최대 지석묘'라는 상징성과 함께 '가장 늦은 단계 지석묘'라는 역사적 가치가 입증됐다. 구산동 지석묘는 2007년 구산지구 도시개발사업 터에 포함돼 발굴조사가 시작됐다. 지석묘 상석은 길이 10m, 너비 4.5m, 높이 3.5m, 무게 350~400t 규모로 주위에 길이 85m 이상, 너비 19m 할석(깬 돌)을 깐 기단묘(基壇墓)다. 2007년 지금 자리에 보존 조치하는 것으로 결정돼 지하 5m 아래 묻혔다. 시는 2018년부터 지하에 보존된 지석묘를 노출하고 원형을 복원해 많은 사람들에게 가치를 알리고 역사 자원으로 활용하고자 유적공원을 만들 계획이다. 구산동 지석묘 정비사업은 지난해 12월 시작돼 올 3월 시굴조사를 거쳐 5월 발굴조사에 착수해 이달 완료했다."

06 블랙박스(Black Box)와 같은 가야 역사를 해체

12.
정략혼으로 틈새를 파고들어
조공 무역과 군사 동맹을

    정략결혼(政略結婚, arranged marriage) 혹은 정략혼(政略婚)이란 결혼 당사자의 의사에 따른 것이 아닌 가장(家長)이나 친권자(親權者)가 자신의 이익 혹은 목적을 위해서 수단으로 사용하는 결혼이다. 집안끼리, 집단 세력 혹은 국가 간에서도 정략혼(政略婚)이 이뤄진다. 일종의 화친, 외교, 동맹 등에 개시적 수단(開始的手段)으로 이용되었다. 국사 교과서에 나오는 공민왕(恭愍王)과 노국대장공주(魯國大長公主)의 결혼을 누구나 다 알고 있다.

    오늘날 우리나라를 대한민국(大韓民國)이라는 한(韓)나라의 기원을 더듬어 가면 문헌상 최초 출발점이 되는『시경(詩經)』한혁편(韓奕篇)에 기록된 한반도의 한후(韓候)가 다스렸던 나라다. 중국 고대 편년체 역사서『죽서기년(竹書紀年)』에 의하면 B.C. 11세기 "주나라 성왕 12년에 왕이 연(燕)나라로 하여금 한(韓) 후국(侯國)을 위해 성을 쌓게 하고 한후(韓侯)에게 명(爵位)을 내렸다(周成王, 十二年 王帥 燕師城韓 王錫韓侯命)." 기록하고 있다. 『시경(詩經)』한혁편(韓奕篇)에 나오는 시가를 옮긴다면, "크고 큰 양산(梁

山)을 우(禹)임금이 다스리셨다네(奕奕梁山, 維禹甸之). 밝으신 그 도리로 한후라는 작위를 받았네…. 한후가 장가를 들었으니 분왕(汾王)의 생질이고, 궤부(蹶父)의 따님이 되네(韓侯取妻, 汾王之甥, 蹶父之子). 한후가 아내로 맞이하려 궤씨네 마을까지 갔다네(于蹶之里)."[620]

　서양의 세계사(世界史)에서는 정략혼(政略婚)이 무게중심(重心, center of gravity)을 파악하는 돋보기(reading glasses)가 되고 있다. 합스부르크 오스트리아 제국(Habsburg Austrian Empire)의 마리 앙투아네트(Marie An-toinette)와 프랑스 왕국의 루이 16세(Louis XVI of the Kingdom of France)의 정략결혼은 오늘날에도 인구회자(人口膾炙)하고 있다. 이같이 가야 역사를 살피는 데 정략혼을 빼고서는 i) 기존 토착 세력과의 갈등 해소(正見母主), ii) 부용(附庸)과 동맹(同盟)으로 화친작동(和親作動)에 도화선(導火線)으로 사용했다. 529년 대가야 왕자와 신라의 공주로 국혼은 '상대방을 방심하게 하는 함정카드(trap card that catches the opponent off guard)'로 이용되었다. 533년 백제 성왕(聖王)이 신라 진흥왕(眞興王)에게 국혼을 위장하여 '일본과 백제의 신라 공략 기도를 은폐(concealment of Japan and Baekje's attempt to invade Silla)'하고자 했다. 결국은 낌새를 알아차리고, 534년 진흥왕 때 관산성(管山城) 전투로 신라 장군 도도(都刀)는 성왕(聖王)의 목을 베었다.[621]

620　詩經, 韓奕篇: "奕奕梁山, 維禹甸之. 有倬其道, 韓侯受命. 王親命之, 纘戎祖考... 韓侯取妻, 汾王之甥, 蹶父之子. 韓侯迎止, 于蹶之里 …."

621　三國史記 卷2, 新羅本紀 2: "百濟王明禮與加良來攻管山城. 主角干于德·伊湌耽知等 逆戰失利. 新州軍主金武力. 以州兵赴之, 及交戰, 裨將三年山郡高干, 都刀急擊殺百濟王."

13.

780곳/1만 기 가야 고분 속에서도
정사자료(正史資料)의 빈곤은 여전

 정약용(丁若鏞)의『아방강역고(我邦疆域考)』일부인『변진별고역명가락고(弁辰別考亦名駕洛考)』에서 "가락은 황산강(洛東江) 서측 강역(白虎疆域)으로 번성하였으나 동측 강역(靑龍疆域)에는 가야 문화의 흔적이 절대적으로 없다(駕洛疆域在, 西域于潢水, 絶無在東域)."라고 적고 있다. 정약용의 고찰처럼 대부분 오늘날 낙동강 서측 강역(白虎疆域)으로 하여 780여 곳에 흩어진 가야 고분(伽倻 古墳)은 작은 것까진 친다면 수만 기가 넘는다.[622] 그

---

622 세계유산 눈앞 가야 고분군 '가야 문명 역할 인정받은 것', 서울신문(seoul.co.kr), 2023. 5. 11.: "문화청에 따르면 가야와 관련된 고분군은 780여 곳에 달한다. 작은 규모까지 합치면 수십 만기 고분이 존재한다 ···." / 세계유산 가치 인정받은 '가야 고분군' 7곳 특징과 주요 유물, 대경일보(dkilbo.com), 2023. 5. 11.: "(가야) 관련 고분 수를 모두 따지면 780여 곳에 수십 만 기이며, 고분군은 대가야가 멸망하는 562년까지 꾸준히 조성돼 왔다. 각 정치체가 공존하며 지역에 따라 크고 작은 형태로 조성해 가야 문화는 물론 지난 1978년에 32호분에서 나온 금동관은 대가야의 공예 수준을 보여주는 작품으로써 인정받아 보물로 지정됐다." / 세계유산 가치 인정받은 '가야 고분군' 7곳 특징과 주요 유물은, 국민정책평가신문(people21.co.kr), 2023. 5. 11.: "문화재청 국가문화유산포털에 따르면 우리나라에는 가야와 관련한 고분군이 780여 곳에 분포하고 있다. 관련 고분 수를 모두 따지면 수십 만기이며, 고분군은 대가야가 멸망하는 562년까지 꾸준히 조성돼 왔다."

런데도 가야사를 연구하는 학자들의 말씀은 정사적인 자료가 빈곤하다는 '고고학적 원초자료(考古學的 原初資料)의 풍요 속에 정사적 문헌자료(正史的 文獻資料)의 빈약함(Amidst the abundance of archaeological raw materials, the paucity of historical literary materials).'을 호소하고 있다.

이렇게 '풍요 속의 빈곤'을 초래했던 것은 다름이 아닌 '삼족정립(三足鼎立, Three pillars)'이라는 '사고의 기본 틀(basic framework of thinking)'이다. 오늘날 용어로는 역사적 프레임(historical frame)에서 '틀 밖을 못 봤다.'라고 할 수 있다. 290년경 서진(西晉)의 진수(陳壽, 233~297)가 『삼국지(三國志)』라는 정사서(正史書)를 편찬했다. 우리나라에서는 사마천(司馬遷)의 『사기(史記)』와 『삼국지(三國志)』를 '춘추필법 역사서(春秋筆法 歷史書)'의 교과서로 삼았다. 따라서 1145년 김부식(金富軾)이 『삼국사(三國史)』를 편찬했다. 1283년 일연은 『삼국유사(三國遺事)』를 저술했다. 그들은 하나같이 『삼국지(三國志)』를 저본(底本)으로 했다. 즉 '삼국정립(三國鼎立)'이라는 '기본 틀(basic frame)'을 짜서 마치 벽돌을 찍듯이 틀밖에는 싸~악 훑어서 버렸다. 고구려(高句麗), 백제(百濟), 신라(新羅)라는 3마리의 호랑이의 세상에 있었다. 가야, 삼한, 발해 등은 호랑이의 먹잇감인 여우로 생각했다. 그래서 호랑이 먹잇감 여우들에 관한 기술은 의도적으로 하지 않았다. 겨우 아까워서 훑어내지 않았던 게 『삼국유사』에선 가락국기였다. "모시는 종년이 잘나면 공주만 초라해진다(If the maid who serves is prosperous, the princess becomes shabby)." 이를 경계해서 "화려하지만 사치스럽지 않게, 검소하면서 누추하지 않게(華而不侈, 儉而不陋)."[623]라는 기준에 맞췄다. 그러나 "풍요함을 사치스러움으로 착오(mistak-

---

623   金富軾, 三國史記, 百濟本紀第一: "溫祚王十四年, 春正月, (+來) 遷<(+漢山)> 都. 二月, 王巡撫部落, 務勸農事. 秋七月, 築城 <漢江> 西北, 分 <漢城> 民. 十五年, 春正月, 作新宮室, 儉而不陋, 華而不侈."

ing abundance for luxury)"했다. 가야 역사, 삼한의 54개 소국 등에 대해 '결과적 빈곤성(resultant poverty)'을 초래했다.

가야 고분에는 분명하게 무덤에 묻힌 사람들이 자신의 고향을 떠나올 때 갖고 온 문화적 유전자(文化的 遺傳子, cultural genes)를 간직하고 있다. 선인들이 말씀했던 사자성어 '수구초심(首丘初心)[624]', 즉 "여우도 죽을 때는 고향이 그리워서 머리를 고향 쪽으로 둔다."[625] 지구촌 인류는 아프리카에 출현하여 36회나 지구촌을 돌고 돌면서 "고향 땅은 말에 싣고 다니지 못해도 이름만은 지니고 다녔다(Even if I couldn't carry my hometown on a horse, I carried my name with me)." 이것이 바로 문화 유전자(cultural genes)로 표현되었다. 이런 유전자들을 죽어서는 무덤 속으로 고이 가져갔다. 지구촌에 같은 지명이 많은 이유는 고향 이름을 갖고 다녔기 때문이다. 어디에서 죽든지 수구초심(首丘初心)의 문화 유전자(文化遺傳子)만은 남기고 있다.

가야(Gaya)란 국명(國名)은 B.C. 563년 석가모니(釋迦牟尼)가 탄생하기 이전에 존속했던 고대 인도의 작은 국가의 이름이었다. 불교와 같이 극동아시아(極東亞細亞) 한반도 남단(南端)까지 이동하면서 고향 이름으로 나라를 세웠다. 물론 몇 대에 걸쳐서 이곳까지 이동했으면서도 '무릉도원(武陵桃源)'으로 확신했다. 혹은 오늘날 용어로 '유토피아(utopia)'의 대명사로 생각했다. B.C. 570년경 노자(老子)의 『도덕경(道德經)』의 『소국과민(小國寡

---

624 狐死首丘의 解説, 四字熟語辞典, こししゅきゅう 【狐死首丘】: "故郷を忘れないことのたとえ。また、物事の根本を忘れないことのたとえ。注記 「首」 は、頭を向けること。狐は死ぬとき, 自分のすんでいた穴のある丘の方角に頭を向けるという意から。「狐きつね死して丘おかに首かしらす」と読み下す. 出典 『礼記らいき』 檀弓だんぐう・上."

625 禮記, 檀弓篇: "大公封於營丘, 比及五世, 皆反葬於周. 君子曰: 樂, 樂其所自生, 禮不忘其本. 古之人有言曰: 狐死正丘首, 仁也 …."

民)』[626]의 이상향(理想鄕)이었다. 그들은 전한을 멸망시키고 신 나라를 건국했던 왕망의 황실 세력이었지만 해상 집단 세력을 형성하여 한반도 서부 남단에 도래하였다. 그러나 옛 고향 가야국을 문화 유전자로 버리지 않았고, 고스란히 무덤으로 남기고 있다.

지구촌의 해양 세력이 남긴 문화 유전자의 하나가 바로 '수평선이 바라보는 언덕(hill overlooking the horizon)'에 조망권(眺望圈)을 확보한 것이다. 오늘날 호주 시드니 항구가 보이는 '맥쿼리 부인의 의자(Mrs Macqua-rie's Chair)'라는 언덕이 있다. 남미 파나마(Panama), 멕시코(Mexico), 우루과이(Uruguay), 페루(Peru) 및 칠레(Chile) 등지에 20여 곳에 '신라 산(Cerro La Shilla)'이라는 높은 산들이 있다. 우리나라 역사학자들은 '신라 강역(新羅疆域, Silla territory)'이라고 주장하기도 한다. 그러나 이는 해상 세력 혹은 식민지국의 지도자들이 수평선이 바라다보이는 곳에서 의자를 놓고 지켜봤던 '의자 언덕(Chair Hill)'이라는 스페인어 표기다.

이런 해상 세력(海商勢力)의 문화적 유전자(cultural genes)가 가야 고분(伽倻 古墳)으로 남은 것이 바로 '산정횡혈식 석방 고분(山頂橫穴式 石房古墳, mountaintop rectangular Ishibo tomb)'이다. 산정(山頂)에 묘지를 설치하는 건 바로 서양에서 살아 있는 사람들이 '수평선이 바라보이는 의자 산(Chair Mountain overlooking the horizon)'을 만들었듯이 죽은 사람을 위해서 '조망권이 확보되는 산정에 무덤(grave at the top of the mountain with a clear view)'을 조성했다. 돌 방(石室 혹은 石房)에다가 시신을 눕히고 덮개돌을 올린 것은 봉토를 다지는 데 견고하면서 쉽게 구할 수 있었던 매

---

626   老子, 道德經: "小國寡民. 使有什伯之器而不用; 使民重死而不遠徙. 雖有舟輿, 無所乘之, 雖有甲兵, 無所陳之. 使民復結繩而用之, 甘其食, 美其服, 安其居, 樂其俗. 鄰國相望, 雞犬之聲相聞, 民至老死, 不相往來."

장 재료에 불과했다.

물론 신라, 백제 및 고구려의 북방(흉노)의 문화적 유전자 혹은 수구초심(首丘初心)들이 고분으로 남이 있는 것이 바로 적석총(積石塚), 적석목곽분(積石木槨墳) 혹은 적석석곽분(積石石槨墳) 등으로 나타나고 있다. 유라시아 북부 대초원지대를 주름잡고 살았던 유목민들은 이동하는 문화 유전자를 타고났기에 사람이 죽으면 땅을 파서 묻는다. 그리고 그 무덤 위에다가 주변에 돌을 모아서 쌓아서 야생동물로부터 조상의 시신을 보호하고자 했다. 또한, 나중에 돌아와서 다시 머물 때를 기약하면서 선돌, 사람 모양의 돌(石人像, balbal) 혹은 고인돌을 만들어 놓는다.[627] 그들은 한반도에 이동하고도 옛 선인들이 유목인으로 생활에서 했던 수구초심(首丘初心)을 잊지 않고 무덤을 만들었다. 고구려, 백제 혹은 신라의 왕릉을 보면 하나같이 과거 유목민의 문화적 유전자가 서린 '대초원을 달리면서 지평선을 바라다보는 조망권(view of the horizon while driving through the prairie)'을 확보하고자 지평선(地平線, horizon)이 바라다보이는 곳에서 무덤을 선정했다.

---

[627] 양민지, 손영훈, 미용수, 괵투르크 석인상과 발발(balbal)의 의미와 기능에 대한 고찰- 투르크 영혼관을 중심으로 -(Meaning and of Function of Göktürks Stone Statues and Balbal -Focusing on the Old Turks peoples's View of Soul-), 한국외국어대학교 외국학 종합연구센터 중동연구소, 중동연구 학술저널, 중동연구 제35권 제3호 2017. 10, 75~102(28page): "괵투르크의 석인상 및 발발의 전통은 조상령 숭배와 물신숭배를 바탕으로 조성된 투르크 민족의 상장례 풍습 가운데 하나로 … 묘주가 생전에 죽인 적을 형상화한 발발은 희생당한 이의 영혼이 저승에서도 묘주를 모실 것이라고 믿는 튀르크인의 영혼관에서 비롯된 것으로, 하나 이상이 무리 지어 혹은 줄을 이룬 형태로 발견되었다. 발발은 몽골·투르크 문화권에서 나타나는 독특한 장례 풍습 중 하나로 업적 과시뿐만 아니라, 고인에 대한 존경과 명예를 높이는 역할을 했다. 석상에 제사를 올리는 것은 투르크인이 믿었던 돌의 신성함과 조상령 숭배가 결합되어 나타난 풍습이다."

14.
중국 동해안에 있는 '임나가라(任那加羅)'를
왜 '가야(伽倻)'로 비정하는가?

임나일본부설(任那日本府說)에 단서가 된
『일본서기(日本書紀)』 구절은?

단도직입적(單刀直入的)으로 일본학자들이 임나일본부설(一名 三韓征伐)을 주장하고 있는 단서를 『일본서기』에서 찾고 있는데 그 구절을 살펴보면 "신공황후(神功皇后, じんぐうこうごう)[628] 49(249)년 봄 3월에 황전별(荒田別)과 녹아별(鹿我別)을 장군으로 삼아 구저(久氐) 등과 함께 군대를 거느리고 (바다를) 건너가 탁순국(卓淳國)에 이르러 장차 신라를 습격하려

---

[628] 神功皇后, ウィキペディア: "神功皇后(じんぐうこうごう、旧字体: 神⬚功皇后、成務天皇40年-神功皇后 69年 4月 17日)は, 日本の第14代天皇・仲哀天皇の皇后, 『日本書紀』 での名は気長足姫尊で仲哀天皇崩御から応神天皇即位まで初めての摂政として約 70年間君臨したとされる(在位: 神功皇后元年 10月 2日-神功皇后 69年 4月 17日). なお, 実在したとすれば後述の広開土王碑文, 三国史記や七支刀に加えて纒向遺跡の廃絶年代, 陵墓の年代などから総合して4世紀後半頃の可能性があるが, 実在の可能性が高く 『日本書紀』 編者が比定したとされる 「魏志倭人伝」 にあらわれる卑弥呼の生涯とは約 120年の差がある."

고 하였다. 이때 어떤 사람이 말하기를, '군대가 적어서 신라를 깨뜨릴 수 없으니, 다시 사백(沙白)·개로(蓋盧)를 보내어 군사를 늘려 주도록 요청하십시오.'라고 하였다. 이에 곧바로 목라근자(木羅斤資)와 사사노궤(沙沙奴跪)(두 사람은 그 성(姓)을 모른다. 다만 목라근자는 백제 장군이다.)에게 정병(精兵)을 이끌고 사백·개로와 함께 가도록 명하였다."

"(그리하여) 함께 탁순국(卓淳國, 오늘날 昌原)에 모여 신라를 격파하고, 비자발(比自㶱)·남가라(南加羅)·녹국(㖨國)·안라(安羅)·다라(多羅)·탁순(卓淳)·가라(加羅)의 7국을 평정하였다. 또한, 군대를 옮겨 서쪽으로 돌아 고해진(古奚津)에 이르러 남쪽의 오랑캐 침미다례(忱彌多禮)를 무찔러 백제에게 주었다. 이에 백제 왕 초고(肖古)와 왕자 귀수(貴須)가 군대를 이끌고 와서 만났다. 이때 비리(比利)·벽중(辟中)·포미지(布彌支)·반고(半古)의 4읍이 스스로 항복하였다. 그래서 백제 왕 부자와 황전별·목자근자 등이 의류촌(意流村: 지금은 州流須祇)에서 함께 서로 만나 기뻐하고 후하게 대접하여 보냈다. 오직 천웅장언(千熊長彦)과 백제 왕은 백제국에 이르러 벽지산(辟支山)에 올라가 맹세하였다. 다시 고사산(古沙山)에 올라가 함께 반석 위에 앉았다."

"백제 왕이 맹세하며 말하기를, '만약 풀을 깔아 자리를 만들면 불에 탈까 두렵고 또 나무로 자리를 만들면 물에 떠내려갈까 걱정된다. 그러므로 반석에 앉아 맹세하는 것은 오래도록 썩지 않을 것임을 보여 주는 것이니, 지금 이후로는 천년만년 영원토록 늘 (백제를) 서번(西蕃)이라고 칭하며 봄가을로 (일본 황실에) 조공하겠나이다(春秋朝貢).'[629]라고 하였다. 그리고 천

---

629 贡[gòng], 百度百科: '贡' 这种进献制度, 在中国有着悠久的历史. 一开始, 中央政府以此作为 '致邦国之用' 的方法, 属国或地方政府以 '进贡' 的方式表示臣服. 进贡者往往得不到什么赏赐作为回报, 但后来 '朝贡' 逐渐成为一种形式, 一种象征. 古时又有 '贡士' 之说. 地方上的杰出人才被举荐到中央政府, 就像进贡特产一样. 自唐代以来, 朝廷选拔人才, 由州县推荐的叫作 '乡贡' 白居易 《与陈给事书》: '尝勤苦学文, 迨今十年, 始获一贡.'他说的 '贡', 就是 '举荐',

웅장언을 데리고 도읍에 이르러 후하게 예우를 가하고 구저(久氏) 등을 보좌해 보냈다."[630]

임나일본부설의 실증증거로 제시하는 사항은?

스에마쓰 야스카즈(末松保和)의 임나일본부설의 요지를 추린다면 i)『삼

的意思. 唐代乡贡入选者可进京参加会试. 后来, 从各州县秀才中选拔上来的人, 可以入国子监学习, 这些人叫作贡生. 明清时期, 贡举制成为科举制度的一个重要组成部分. '贡'字的引申义主要是'拿出', '奉献', 如'贡献'一词, 本为'进献贡品'之意, 又作为名词, 指进奉的东西. 现代以来则多指把物资, 建议等等用于对国家, 公众有益的事, 如'我们要为祖国建设多作贡献', '他为国家的国防事业贡献了自己的一生' … 赏赐(Award) 史记·乐书: '歌曲曰: 太一贡兮天马下, 沾赤汗兮沫流赭.'

630 a. 日本書紀 卷9, [神功皇后] 册九年: "春三月. 以荒田別·鹿我別爲將軍, 則與久氏等, 共勒兵而度之, 至卓淳國, 將襲新羅. 時或曰, 兵衆少之, 不可破新羅. 更復奉上沙白·蓋盧, 請增軍士. 卽命木羅斤資·沙沙奴跪 【是二人, 不知其姓人也. 但木羅斤資者, 百濟將也.】 領精兵, 與沙白·蓋盧共遣之. 俱集于卓淳, 擊新羅而破之, 因以平定比自㶱·南加羅·㖨國·安羅·多羅·卓淳·加羅七國. 仍移兵, 西廻至古奚津, 屠南蠻忱彌多禮, 以賜百濟. 於是, 其王肖古及王子貴須, 亦領軍來會. 時比利·辟中·布彌支·半古四邑, 自然降服. 是以, 百濟王父子及荒田別·木羅斤資等, 共會意流村 【今云州流須祇】 , 相見欣感, 厚禮送遣之. 唯千熊長彥與百濟王, 至于百濟國, 登辟支山盟之. 復登古沙山, 共居磐石上. 時百濟王盟之曰, 若敷草爲坐, 恐見火燒. 且取木爲坐, 恐爲水流. 故居磐石而盟者, 示長遠之不朽者也, 是以自今以後, 千秋萬歲, 無絶無窮, 常稱西蕃, 春秋朝貢. 則將千熊長彥, 至都下厚加禮遇, 亦副久氐等而送之." / b. 임나일본부, 교양 우리역사, 사료로 본 한국사, 일본의 임나일본부 주장, 우리역사넷(contents.history.go.kr) / c. 神功皇后, ウィキペディア: 三韓征伐: "仲哀天皇9年4月, 松浦郡で誓約(うけい)を行った皇后は渡海遠征の成功を確信し, 神田を作ったのちに日田宮へ戻った. そして角髪を結って男装すると渡海遠征の全責任を負うことを宣言した. 9月には(筑紫夜須)にて大三輪神を祀り矛と刀を奉し船と兵を集めた. また草という海人を派遣して新羅までの道を確かめさせた. さらに軍規を定めて略奪, 婦女暴行, 敵前逃亡などを禁じ, 依網吾彦男垂見(よさみのあびこおたるみ)に航海の無事を祈らせた. 10月, お腹に子供(のちの応神天皇)を妊娠したまま筑紫から玄界灘を渡り朝鮮半島に出兵して新羅の国を攻めた. その勢いは船が山に登らんばかりだったという. 新羅の王は「吾聞く, 東に日本という神国有り. 亦天皇という聖王あり.」と言い白旗を上げ, 戦わずして降服し朝貢することを誓った.皇后は宝物庫に入って地図と戸籍を手に入れ, また王宮の門に矛を突き立てて宗主権を誇示した. 新羅王の波沙寐錦(はさ むきん)は微叱己知(みしこち)という王族を人質に差し出し, さらに金·銀·絹を献上した.これを見た高句麗·百済も朝貢を約束した. 帰国した後の12月14日, 皇后は筑紫で誉田別尊を出産した. 出産した土地を「生み」から転じて「宇美」という. そして穴門の山田邑で住吉三神を祀った."

06 블랙박스(Black Box)와 같은 가야 역사를 해체

국지(三國志)』위지왜인전(魏志倭人傳) 서두에 문구로 보아 3세기 중엽에 이미 변진 구야국 즉 임나가라(任那加羅)를 점유하고, 왜왕은 그 중계지를 통해 삼한에 통제력을 미치고 있었다. ii) 『일본서기(日本書紀)』 진쿠황후(神功皇后)의 7국 4읍 평정 기록을 보아 369년 당시 왜는 지금의 경상남북도 대부분을 지배했고, 전라남북도와 충청남도 일부를 귀복(歸服)시켜 임나 지배체제를 성립시키고 백제왕의 조공서약(租貢誓約)을 받았다. iii) 광개토왕비문(廣開土王碑文)에서 왜는 400년 전후 고구려군과 전쟁을 통해 임나(任那)를 공고히 하고, 백제에 대한 복속관계를 강화했다. iv) 송서(宋書) 왜국전(倭國傳)에 왜 5왕의 별호를 봐서 5세기에 외교적인 수단으로 왜, 신라, 임나가라와 심지어 백제까지도 영유권을 중국 남조로부터 인정받았다고 한다.

v) 남제서(南齊書) 가락국전 및 일본서기 게이타이왕(繼體王) 때에 기록으로 일본은 5세기 후반에 임나에 대한 통치력이 완화되기 시작 6세기 초반에 백제(百濟)에게 전라남북도를 임나 땅을 할양해 주었고, 신라(新羅)에게 남가라(南加羅) 등을 약탈당하다가 임나가 쇠퇴했다. vi) 『일본서기(日本書紀)』 긴메이 왕(欽明王) 때에 기록으론 540년대 이후 백제와 임나일본부(任那日本府)는 임나의 부흥을 도모했으나 결국은 562년에 신라가 임나관가(任那官家)를 토멸했다. vii) 일본은 임나고지(任那故址)에 대한 연고권을 가져서 646년까지 신라에게 공납(조)을 요구해 받았다.[631]

이에 대한 우리나라 역사학자 대부분은 일반적으로 스에마쓰 야스카즈(末松保和)의 임나일본부설을 i) 금과옥조(金科玉條)로 인식하거나, ii) 천의무봉(天衣無縫)에다가 난공불락(難攻不落)으로 수용하고 있다. 일부 학자

---

631   오운홍, 『한국사 미스터리 5』: 가야인, 나라 세우러 온 것이 아니다. 시간의 물레, 2023. 8. 31. pp. 189~190

는 비판을 금기시하거나 애써 외면하기도 한다. 그러던 가운데 1970년 후반에 들어와서 비로써 문제점을 제기하기 시작했다. 대표적으로 천관우(千寬宇, 1925~1991)의 관련 기록의 재해석을 통해 '왜의 임나 지배'가 아닌 '백제의 가야 지배'로 해석하고, 근초고왕이 369년에 가야정벌을 한 뒤에 백제권에 편입해 가야 지배를 위한 '파견군 사령부(임나일본부)'로 봤다. 그 파견군 사령부의 위치는 5세기에서 6세기 초는 김천과 달성 등의 낙동강 중상류에 있었고, 530년 이후에는 진주와 함안 등 낙동강 하류에 있었다.

다른 한편, 김현구(金鉉球)는 『일본서기』 긴메이기(日本書紀欽明期)의 기록은 백제의 가야 통치 기관으로 봤으며, 한 걸음 더 나아가 6, 7세기 백제(百濟)와 야마토(大和) 사이에 외교 관계의 특징으로 봐서 용병 관계(傭兵關係)로 파악했다. 이어 이근우(李根雨)는 게이타이기(繼體期) 이전의 4, 5세기 상황에 대해서는 천관우의 이론을 수용했다. 오늘날 국내 역사학자 일부에서는 임나일본부를 '안라왜신관(安羅倭臣館)'으로 보는 경향이 있다. 한반도 남부를 임나 세력 권역으로 혹은 영역을 축소하거나, 심지어는 야마오 유키히사(山尾幸久, やまお ゆきひさ)[632]의 지도(map)까지 인정하는 학자도 있다.[633]

632　山尾 幸久, ウィキペディア: "山尾幸久(やまお ゆきひさ, 1935年 12月 10日 ~ 2021年 11月 4日) は, 日本の歴史學者. 專門は日本古代史. 立命館大學名譽教授. 旧滿洲撫順出身. 後に, 滿洲での中國人との關わりや引き揚げ体驗の記憶が, 自らの歷史觀に大きく影響していたと回顧している. 1962年, 立命館大學二部(夜間) 文學部日本文學專攻に入學. 中國文學專攻の白川靜の授業を受講して學問に目覺めた. 北山茂夫と出會ったことにより日本古代史を志し, 一部(晝間) 文學部日本史學專攻に轉籍した. 卒業論文は 「魏志倭人伝の史料批判」で, 『立命館文學』 267号(1967年) に揭載された. 大學院修士課程に進學し, 1969年 に立命館大學文學部助手となった. そこから立命館大學に27年間勤務した. 北山の後任であったことから職責への意識が强く, 講義準備を熱心に行っていた. 1996年, 敎育産業化した大學への批判意識から, 定年の 5年前で退職した."

633　오운홍, 전게사. pp. 192~193

삼한을 한반도에 한정하지 말고,
중국 고대정사(古代正史)의 잣대로 따져보면

일본은 '임나일본부설 ▷ 삼한정벌론 ▷ 정한론' 논리를 전개해 왔다. 우리나라는 제3의 객관적인 중국 고대 정사를 기반으로 따지기는커녕 식민지 사관(植民地史觀) 혹은 뉴라이트(New Right) 사관에서는 삼국사 기록까지도 불신한다. 이렇게 됨에는 『사대사상(事大思想)』에서 '사기(史記)'라는 표기를 놓고도 "천자국은 사(史)이고 제후국은 기(記)다."라고 풀이하면서 『조선왕조실록』에서도 김부식이 저술한 『삼국사(三國史)』를 『삼국사기(三國史記)』라고 세조실록에서부터 9회나 표기했다. 이와 유사한 이야기가 1914년 조선총독부에서 『삼국사기(三國史記)』 번역본을 냄으로써 오늘날까지 '삼국사(三國史)'라는 본명을 밀어내고 '삼국사기(三國史記)'로 자리를 굳혔다.

임진왜란에 명나라의 지원군에 '재조지은(再造之恩)'을 입었다고 사대주의는 역사 기록에서도 나타났다. 1615년 한백겸(韓百謙)이 지은 『동국지리지(東國地理志)』에서는 중국 기준의 후한서(後漢書) 동해(渤海)와 서해(海河)634를 한반도에 적용해서 삼한을 한반도 안에다가 한정했다.635 오늘날

634　海河是中国华北地区最大水系. 海河干流, 干流起点为子北汇流口或三岔河口, 终点为大沽口, 干流长度有 76km, 72km 和 73km的说法, 它接纳了上游北运, 永定, 大清, 子牙, 南运河五大支流和300多条较大支流, 构成了华北最大的水系——海河水系. 这些支流像一把巨扇铺在华北平原上. 它与东北部的滦河, 南部的徒骇与马颊河水系共同组成了海河流域, 流域面积 31.8万平方公里, 地跨京, 津, 冀, 晋, 豫, 鲁, 内蒙古等 7省, 自治区, 直辖市.

635　상게서, pp. 140~142: "한백겸이 읽었던 후한서 동이전에서 동쪽과 서쪽은 바다를 경계로 하니 모두 옛 진의 땅이(東西以海爲限, 皆古之辰國也)라는 기록이 있다. 이 구절을 한백겸은 서해가 없으니 3면으로 둘러싸인 한반도에 딱 들어맞는 기록이라고 생각했다. 그리고 동이열전(東夷列傳)에서도 중국에서 본 동해(東海)는 발해(渤海)를 서해(西海)는 해하(海河)를 지칭한다는 사실을 몰랐다. 더욱이 후한서 동이열전의 한(韓)에는 마한, 진한, 변진의 3공이 있다. 마한

고녕가야(古寧伽倻)

까지 '마한=고구려, 백제. 변한=가야, 진한=신라'로 교과서에 나오는 등 공식화시켰다.[636] 이론 인해서『일본서기』의 삼한정벌론은 한반도 가야를 정조준하게 했다. 야아토(大和) 정권은 아스카(飛鳥時代, 592~710) 이전 중국 남동 해안에 축자국(筑紫國) 옆에 있었기에[637] 인근 지역 임나가라(任那加羅)를 정벌했다. 그런데 난데없이 한반도로 끌어들였고, 곧바로 '가야(伽倻)'로 비정했다.[638]

그뿐만 아니라, 고구려 광개토왕이 추진했던 중국 동해안 남정(南征)을 한반도 가야 남정(南征)으로 오판하도록 만들었다. 중국 동해안에 있었던 야마토 신공황후(神功皇后)와 백제 근초고왕(近肖古王) 사이에 366년에 용병평정계약(傭兵平定契約)을 맺었다. 용병평정계약이 바로 임나가라 정벌(任那加羅征伐)이다. 즉 오늘날 산동반도(山東半島, 古名青州)와 절강성

은 서쪽에 있는데 54개국, 북쪽으로 낙랑, 남쪽으로는 왜와 접한다(韓有三種, 一曰馬韓, 二曰辰韓, 三曰弁辰, 馬韓在西, 有五十四國, 其北與樂良, 南與倭接).를 두고 한반도로 확정 지은 것 같다. 한백겸은 왜의 위치를 오늘날의 일본 열도라고 생각했는데 …."

636   상게서, p. 17: "실제도 마한, 진한, 변한은 중국 대륙에 있었음에도 한반도에 한정시켜 역사를 왜곡한 장본인은 『동국지리지』(東國地理志, 1615년 편찬)에서 삼한을 한반도 남쪽에 마한, 진한, 변한을 배치했던 한백겸(韓百謙, 1552~1615)이다 …."

637   상게서, p. 142: "우리나라 삼국 시대에 해당하는 시기에 '야마토 왜(大和倭)'가 있었던 위치는 중국 남동해안이었다. 한백겸은 임진왜란 때 체험했던 '왜(倭)' 군은 710년 겐메이 덴노(元明天皇, 661년 ~ 721년 12월 29일)가 현재 나라현(奈良縣) 헤이조쿄(平城京)에 수도를 세우고 천도한 후 일본 열도를 통일한 왜라는 사실을 모르고 있었다. 한반도 남쪽 바다 건너 일본이 있고, 한강 북쪽에 대동강 유역에 한사군인 낙랑군이 있었다 하니 한강 이남이 진국이었다고 생각했다. 그 진국의 땅에 마한, 진한, 변진(弁辰)의 3종을 배치하고 있다. 이렇게 한반도에 한정한 데에는 백제와 상대 신라가 중국 땅에 존재했다는 사실을 몰랐기 때문이다."

638   상게서, p. 216: "당시 백제는 중국 대륙에 있었고, 또 중국 사서(中國史書)에 의하면 야마토(やまと, 大和, 倭)가 아스카시대(飛鳥時代, 592~710) 이전에는 중국 남동부에 있었다. 이를 근거로 중국 대륙에 있는 야마토가 중국에 있는 백제에 군대를 파송하는 데 중국 대륙에 있는 축자국(筑紫國)의 군사를 이용해야지 일본열도 규슈의 군대를 사용했다는 것은 이해하기 어렵다. 또 실행 가능한 일도 아니다. 따라서 축자국(筑紫國)은 중국 남동부에 있는 야마토(왜)의 이웃에 있었다."

06 블랙박스(Black Box)와 같은 가야 역사를 해체

(浙江省) 사이에 신라 영역 7국 4읍을 평정해 369년에 백제에게 이양했다. 이에 이어 371년에 평정한 신라지역에다가 백제는 도읍지를 옮겼다.[639] 이에 따른 용병 보상금(賞賜, awards)을 매년 분할 지급함을 『일본서기(日本書紀)』에서는 춘추조공(春秋朝貢)이라고 표기했다.

최근 일본에서는 신공황후를 "괴력을 가진 여전사이며, 신과 소통하는 신통력을 갖은 무녀(巫女)로 여성 천황이라는 뜻으로 신공황후(神功皇后)"[640]를 오락 게임의 주인공으로도 만들고 있다. 역사적 맥락을 짚어서 오늘날 일본인들의 표현을 빌리면, 임나일본부(任那日本府)는 '백제의 용병(Baekje's Mercenary)' 집단이었다. 이 용병 집단을 이끌었던 여전사(女戰士)가 바로 신공황후(神功皇后)가 된다.[641] 『일본서기(日本書紀)』 신공섭정전

---

639 상게서, p. 16: "넷째, 학계는 가야의 쇠락과 멸망원인을 고구려의 침공으로 보고 있다. 그런데 광개토왕의 남벌(南伐) 혹은 남방정벌(南方征伐)로 보고 있다. 이렇게 광개토왕의 남정(南征)을 한반도에 있는 가야에 적용함으로써 전혀 다른 역사를 만들어 내고 있었다."

640 刀剣ワールド, 神功皇后 戦国武将を支えた女剣士, (touken-world.jp): "彼女自身、刀剣や弓矢で戦った女武将だったのでしょうか? まずは、神功皇后の人物像を紹介しましょう. 古代日本の二大歴史書 古事記と日本書紀 ….'/ 神功皇后の女戰士, クラシックマネジメントグループ株式会社(cm-g.co.jp) 2024. Apri 18: "ロゴのモチーフは、福岡に所縁があり、歴史上最強の女戦士と謳われる神功皇后. 神功皇后は, 日本武尊(やまとたけるのみこと, 以後ヤマトタケル ….'/ 市川裕史, ジュディット・ゴーティエ「神功皇后」―翻訳と解説(市川裕史), Tsuda University(2.tsuda.ac.jp), 2018.: "… 凜々しい戦士が麗しい女王を見上げると, 女.王もうなじを傾けて戦士を見つめた. 彼女は建. 内の熱い魂のうちに勇猛さ, 知性, 献身, そし. ておそらく恋慕を読み取った ….'/ 陣内恵梨, 神功皇后図像の再検証, J-Stage(jstage. jst.go.jp), 2021: "しかしながら, 長志珠絵が指摘したように 「女性兵士と産む身体を兼ね備えた」 神. 功皇后は 「近代国家が前提とした性別役割やその規範からみて明らかに逸脱する存在」 であり …."

641 歴女も憧れる女剣士ヒストリー, 神功皇后／ホームメイト(touken-world.jp/tips/17312): "古代、朝鮮半島を服属下に置いたとされる 三韓征伐(さんかんせいばつ)伝説を持つ 神功皇后(じんぐうこうごう). 卑弥呼(ひみこ)と並び, 古代日本の象徴的なヒロインのひとりであり, 古代日本における女将軍の象徴とも言える人物です. 神功皇后は, 日本武尊(やまとたけるのみこと, 以後ヤマトタケル)の第2子・14代仲哀天皇(ちゅうあいてんのう)の皇后で, 15代応神天皇(おうじんてんのう)の母とされる人物.神と交感する能力を持つ巫女的な女性であったとされ, 神功皇后についてのエピソードは, どれも非常に神がっています. なか

기(神功攝政前期) 69년간을 보면 근초고왕이 등장하고 만났다는 기록이 있다. 몇 번이고 곱씹어보면 백제의 용병으로서 임무완수를 철저히 수행했던 여전사(female warrior)였다.[642]

일본 역사학자들이 주장하는 임나일본부(任那日本府)를 볼 때, 신공황후(神功皇后)가 백제의 용병으로 볼 수 있는 근거를 몇 가지로 요약할 수 있다.[643] 즉 i) 진쿠황후(神功皇后)가 용병으로 전쟁을 개시할 무렵 신라 병력과의 비교에서 열세를 보완하기 위해 백제로부터 장수와 병력 보충(兵力補充)을 요청했고, 지원을 받았다. 이에 백제에서도 진쿠황후(神功皇后)의 요청에 쉽사리 응해서 병력을 보완해 주었다. 이에 속내에는 (a) 공동 목적이었거나, (b) 사전 계약에 의한 사업인지, (c) 뭔가는 공동 이익을 추구했다.

ii) 왜의 진쿠황후(神功皇后)가 8개월에 걸쳐 빼앗고 평정한 7개의 땅(7급 4읍)을 백제에 이양했다. 이와 같은 일은 (a) 혈연에 의한 부자 혹은 형제 국가라도 평정 국가는 절대로 주지 않는 법이다. (b) 공동 분배 혹은 공동 이용하지 않고, (c) 아무런 조건과 대가 없이 전부를 넘겨준다는 건. 사전 혹은 사후에 대가(報償)를 받았다.

iii) 백제의 근초고왕(近肖古王) 24(A.D. 369)년 겨울 11월에 한수(漢水)

でも. 「朝鮮の新羅(しらぎ)を帰服させよとの神託を受けた」 ことに始まる 三韓征伐伝説(新羅征討説話) は, その最たるもので, 急逝した夫の仲哀天皇に代わり, 神功皇后は女将軍として軍を率いて朝鮮半島に出兵. 見事, 新羅を征し, 百済(くだら), 高句麗(こうくり)の三韓を帰服させたと伝わります."

642   오운홍, 전게서, pp. 199~200: "괴력을 갖은 여전사이며, 신과 소통하는 신통력을 갖은 무녀로 여성 천황이라는 뜻의 신공황후(神功皇后)다. 그녀 임나일본부라는 '백제의 용병(百済之傭兵)' 집단을 이끌었던 여전사(女戰士)였다(p. 199). … 일본서기 신공섭정전기(神功攝政前期, 69년간)에 보면 근초고왕이 등장하고 만났다는 기록이 있다. 자세히 곱씹어보면(시대 상황을 반영하고, 필자의 의도적 윤문을 빼면) 백제의 용병으로서 임무를 철저히 수행한 여전사로 보인다."

643   상게서 pp. 203~204

06 블랙박스(Black Box)와 같은 가야 역사를 해체

남쪽에서 왕이 친히 군사를 사열했는데 깃발을 모두 황색(黃色, 皇帝之色)을 사용했다. 이렇게 신라의 땅에서 백제의 깃발을 사용했다는 것과 사열하는 자리에서 진쿠황후(神功皇后) 군대와 평정을 당했던 4개 읍국의 군대가 있었다. 이는 평정된 그 땅은 백제의 영토임을 확인하는 자리였다.

iv) 진쿠황후(神功皇后)로부터 이양받은 한수(漢水) 남쪽의 땅에서 근초고왕은 26(A.D. 371)년에 도읍을 한산으로 옮겼다. 2년 전에 이양받은 같은 땅에 2년간 천도 준비를 했다. 결국은 진쿠황후(神功皇后)는 백제의 천도 대상지를 확보하기 위해 7국을 평정했다. v) 이렇게 된 용병 계약 관계는 366년에 진쿠황후(神功皇后)와 백제와의 국교 수립과 동시에 여하한 계약이 있었다.

vi) 『일본서기(日本書紀)』중애왕조(仲哀王條)에 보면, 진쿠황후(神功皇后)는 신라 공격 직전에 남편 중애천황(仲哀天皇)이 응습(熊襲, 쿠미소) 반란을 진압하다 전사했다. 황후 자신이 유복자를 임신하여 산월(産月)이 가까운 최악의 상황인데도 전투에 임했다는 사실은 기한 내 약정 이행에 대한 강력함을 암시하고 있다.

vii) 근초고왕이 진쿠황후를 만난 자리(A.D. 369년 11월)에서 춘추로 조공(春秋朝貢)하겠다고 맹약하겠다고 기록하고 있다.[644] 여기서 조공(貢)이란 용병에게 대한 잔금을 지르면서 성과에 대한 추후 보상금 지급(賞賜, Award)의 약속이다.[645][646] viii) 백제는 소서노(召西奴)에 의해 시작부터 상

---

644 崇神天皇, ウィキペディア(Wikipedia): "崇神天皇 65年 7月, 任那國が蘇那曷叱知(そなかしち)を遣わして朝貢した."

645 天馬歌- 劉徹古詩(gushiwen.cn): "太一貢兮天馬下. 沾赤汗兮沫流赭. 騁容与兮跇万里. 今安匹兮龍爲友."

646 한 무제 당시에 유철(劉徹, B.C. 156 ~ B.C. 87)의 천마가(天馬歌)에서 "크게 한 번 후상을 내려(賞賜)주시는구나. 천마(天馬)를 내려주셨으니. 붉은 땀으로 얼룩졌네. 거품을 내면서 붉

업국가로 출발했다. 상업국가의 특성은 국부(國富)와 이재(理財)가 우선이고 안보를 담당하는 군대는 최소화하면서 예기치 못하는 장소에 발생하는 안위 문제는 맞춤형 용병으로 해결했다. 심지어 천도 대상지를 적국의 땅을 평정하여 천도할 수 있게 했다."

당시 4세기는 일본이란 국명을 사용하지 않았다. 일본이란 국명을 670(文武王 10)년 12월에서 "왜국이 이름을 고쳐 일본이라고 하였는데 스스로 말하기를 '해 뜨는 곳에 가까워 그렇게 이름을 지었다.'647 그러함에도 불구하고 신공황후의 임나가라 정벌(任那加羅征伐)을 삼한정벌(三韓征伐) 혹은 임나일본부(任那日本府) 설치를 주장하고 있다. 신라 진흥왕 23(562)년에 멸망되었던 '임나(任那)'가 금관가야(金官伽倻)인지 혹은 고령 대가야(高靈大伽倻)인지를 구분해야 한다. 이때 백제와 야마토 왜는 중국 대륙에 있었다. 신라는 오늘날 안후이성(安徽省)과 한반도 동남부에 동신라(東新羅)가 있었다.

다음으로 고구려 광개토왕릉비(廣開土王陵碑)에 나오는 안라(安羅), 중국 삼국지 위지 동이전 한조(韓條)에 나오는 안야국(安耶國)과 『일본서기(日本書紀)』에 나오는 임나(任那)가 동일지명이다.648 오늘날 중국 절강성(浙

게 흐르네(太一貢兮天馬下. 沾赤汗兮沫流赭). 저 말을 달리는 모습이 보소. 만 리나 멀리 건너뛰는 구름. 지금이야 어찌 저기에 대적할 수 있겠소? 용과 친구를 할 정도라니(騁容与兮跇万里. 今安匹兮龍爲友)."

647　三國史記, 第六卷 新羅本紀: "文武王十年十二月 倭國更號日本, 自言近日所出以爲名."

648　오운홍(吳雲弘), 『한국사 미스터리 5』: 가야인, 나라 세우러 온 것이 아니다. 시간의 물레, 2023. 8. 31. p. 28: "'임나(任那)'가 금관가야를 말하는 것인지, 고녕가야를 말하는 것인지 혼란이 있다. 그리고 신라 진흥왕 23(562)년에 멸망시켰다는 '임나(任那)'와 '고령 대가야(高靈大伽倻)'를 동일하게 봐야 할 것인지? 구분 검토해야 한다. 그 이유는 첫째 이 시기에 백제(百濟)나 야마토 왜(大和 倭)는 중국 대륙에 있었고, 신라는 안후이성(安徽省)과 한반도 동남부(경주 중심으로) 2곳에 있었다. 즉 대륙 신라(大陸新羅)와 동신라(東新羅)로 존재하고 있었다. 둘째, 고구려 광개토왕릉비(廣開土王陵碑)의 비문에 나오는 안라(安羅)와 삼국지 위지 동이전 한조에

江省) 북부 용강(甬江)과 여요강(餘姚江)이 합류하는 지점에 링보(寧波)가 있는데 이는 당시 신라의 명주(明州)였다. 이곳에서 혜초(慧超)가 인도에 구법을 하러 출발했던 곳이며, 장보고 장군이 행상활동을 했던 근거지였다. 지금도 인근 지명에 '임나(任那)'의 인(任)자 지명이 많다. 기억나는 것만 적어도 임가횡촌(任家橫村), 임신촌(任新村), 임송촌(任松村), 임가계촌(任佳溪村) 등이 있고, 인근 사오싱시(紹興市)에서도 임사촌(任射村) 등 집성촌을 쉽게 찾을 수 있다. 오늘날에도 임지당중의리요양생관(任之堂中醫理療養生館)이란 시설이 있다. 이들 지역은 신라군도(新羅群島, 現 舟山群島)의 서남쪽에 있다.[649] 따라서 가량(加良), 임나가량(任那加良), 임나가라(任那加羅)는 중국 동해안에 있었던 지명이었다.[650]

이들 지명에 대해서 좀 더 분명히 하고자 언급하면[651], 고구려 광개토왕비(廣開土王碑)와 『일본서기(日本書紀)』에 나오는 안라(安羅)라는 명칭과 『삼국지(三國志)』 위지 동이전 한조의 안야국(安耶國)은 한반도의 가야가 아니다. 그 이유는 첫째, 광개토왕릉비의 비문에 나오는 안나(安羅)는 영락 10년(A.D. 400)의 일이다. 당시 야마토(大和) 왜는 중국 남동 해안 지역에 근거를 두고 있었다. 둘째는 당시 광개토왕이 남방정벌(南方征伐)을 했

나오는 안야국(安耶國)과 일본서기(日本書紀)에 나오는 임나(任那)는 같은 지명이다. 이런 혼란을 정리하지 않으면 가야사를 제대로 이해할 수 없다."

649   상게서, p. 217: "명주(明州, 오늘날 寧波) 인근에 임나(任那)의 '임(任)' 자가 들어간 지명이 임가횡촌(任家橫村), 임신촌(任新村), 임송촌(任松村), 임가계촌(任佳溪村) 그리고 인근 사오싱시(紹興市)의 임사촌(任射村) 등 집성촌을 찾을 수 있으며, 임지당중의리료양생(任之堂中醫理療養生館) 등도 있다. 이들 지역은 신라 군도(현 舟山群島)의 서남쪽에 있는 땅이다. 북쪽이 바다(杭州灣)로 막혀 있는 땅이니 숭신천황(崇神天皇) 65년의 기록과 같다. 중국 동해안에서 북쪽이 바다로 막혀 있는 땅은 2곳인데 산동성 북안과 절강성의 북안이다."

650   상게서, pp. 40~41: "앞에서 살펴본 가야의 명칭 중에서 가량(可良)이나 임나가량(任那加良), 임나가라(任那加羅)는 중국 동해안에 있었던 명칭에서 연구한 것이다."

651   상게서, pp. 23~25

던 코스는 한반도(韓半島)가 아니다. 중국 동해안(中國 東海岸)이었다. 셋째, 『삼국지(三國志)』위지 동이전 한조에 나오는 안야국(安耶國) 등 12국이 모두 중국 대륙에 존재했다. 『삼국지(三國志)』는 중국 역사서인 응당 중국 내부의 동이족의 한조(韓條)를 적었다. 마한 54개국도 변진 12국도 중국 내부의 삼한을 적었다. 따라서 중국 지역의 안라(安羅)와 안야국(安耶國)을 한반도 아라가야(阿羅伽倻)와 짜깁기한 내용도 맞지 않았다. 한반도에서 발굴되는 가야의 유적과도 달랐다.

끝으로 간략하게 임나일본부설(任那日本府說)을 요약하면, 신공황후(神功皇后)의 삼한정벌(三韓征伐)에 맥락을 정한론까지 강성대국 일본(强盛大國 日本)의 정체성을 일직선으로 연결하고자 했던 지속 가능한 일본 역사의 대기획(Japanese History Grand Project)이었다. 일부분으로 봐서는 근세 한반도 침략의 정당성을 제시하는 정한론(征韓論)의 한 연결고리다. 이는 에도 시대(江戸時代, 1603~1867)에 고사기(古事記)와 『일본서기(日本書紀)』등의 일본 고전과 고대사를 연구하던 학자들에 의해 시작되었다. 태고부터 일본이 조선을 지배했다는 일본 식민지의 정당성(正當性)이다. 메이지 연간(明治年間, 1868~1911)에 문헌 고증의 근대 역사학이 성립되면서 일본 국학 연구의 전통을 이어받은 간 마사스케(菅政友(かん·まさとも), 쓰다 소키치(津田 左右吉, つだ そうきち), 이마니시 류(今西龍, いまにし りゅう), 아유카이 후사노신(點貝房之進, あゆかい ふさのしん) 등은 일본의 임나지배(任那支配)를 전제로 했다. 주로 임나 관련 지명 고증 작업을 추진했다. 이어 스에마쓰 야스카즈(末松保和, すえまつ やすかず)는 『대일본사(大日本史, 1933)』한 편으로 일한관계(日韓關係)를 정리했다. 제2차 세계대전 후에 학문적 체계를 갖춘 남선경영론(南鮮經營論)을 완성한 게 『임나흥망사(任

那興亡史, 1949)』였다[652]. 앞으로 임나일본부설은 럭비공처럼 예측하기 어려운 곳에서 빈틈으로 스며들 것이다.

652   상게서, p. 189

07

흙 속에 묻혔던
가야 역사 교과서를 찾아서

1.
"승자는 역사를 쓰기 위해
죽은 자를 셀뿐이다."

　지난 2019년, 「더 리포트(The Report)」라는 미국의 정치역사 드라마가 상영되었다. 2001년 9월 11일 테러에 대한 CIA(Central Intelligence Agency)가 미 상원의원 진상위원회에 제출된 6,700쪽짜리 보고서를 분석하는 데 법률 고문의 메모가 대통령에게 보고되지 않는 걸 실마리로 잡고 시비를 이어갔다. 영화 뒷부분에서 운전사(運轉士)와 대화에서 "역사는 이긴 자에 의해 써진다(History is written by the victors)."라고 영국의 전(前) 수상 윈스턴 처칠(Winston Churchill, 1874~1965)이 말했다. 이전 독일의 헤르만 괴링(Hermann Göring), 1893~1946)도 말했다. 운전사는 "승자는 언제나 재판관이 되고 패자는 언제나 피고가 될 것이다(Der Sieger wird immer der Richter und der Besiegte stets der Angeklagte sein)."라고 인용했다.[653]

653　MATTHEW PHELAN, The History of "History Is Written by the Victors." Slate, NOV 26, 20197: "Late in the new movie The Report, adam Driver's Dan Jones argues with his prospective defense attorney over who really said, "History is written by the victors." The lawyer (played by Corey Stoll) attributes the quote to Winston Churchill, but Jones counters by pointing to an earlier iteration of the sentiment

1842년 켄 허쉬(Ken Hirsch)은 "역사는 정확할 것입니다. 그러나 잊지 마세요. 그러나 그것들은 승리자들이 쓴 것입니다(L'histoire est juste peut-être, mais qu'on ne l'oublie pas, elle a été écrite par les vainqueurs)."라고 프랑스어로 말했다.

1746년에 스코틀랜드 컬로든 전투(Battle of Culloden in Scotland)의 참상을 1889년 작가 개리슨 오툴(Garson O'Toole)은 누군가의 자서전에 "전투에서 승리자는 역서를 쓸 것이고, 죽은 자의 수를 셀 것이다(it is the victor who writes the history and counts the dead)."라고 써진 것을 말했다. 윈스턴 처칠(Winston Churchill, 1874~1965)이 한 말은 "역사는 사실에 기초하지만, 사실은 사회적 정치적 권력과 개인적인 경험을 통해서 해석된다(History is built on facts, but facts that are interpreted through the lens of social and political power, as well as personal experience)."라고 했다.[654]

오늘날 역사적 자료(歷史的 資料, historical materials)는 크게 양분하면, i) 가장 먼저 '지상역사(地上歷史, on-ground history)' 혹은 '종이 위에 써진 역사(history written on paper)'는 이긴 자가 작성한 역사책과 승리를

---

by Hermann Göring, Churchill's enemy in World War II. So: Who said it first, the victorious Churchill or the vanquished Göring? Neither of them. At a bare minimum, Driver's Jones is correct to point out that Göring is indeed recorded as having voiced this sentiment at the Nuremberg trials. In the original German, Göring is reported to have said, "Der Sieger wird immer der Richter und der Besiegte stets der Angeklagte sein." which more or less translates to the quote Driver utters in the film, "The victor will always be the judge, and the vanquished the accused."

654   Richard Friedlander, Who Writes History? Inform. Inspire. Involve. Apr 18, 2022: "History is written by the victors. So said Winston Churchill. Napoleon called it a fable agreed upon. So what happens when, in the course of time, the losers turn the tables and become the victors? Do we get another fable agreed upon? I'm told we are now in the post-truth era, where feelings and ideology have superseded facts. And yet, I don't think any era has been able to claim their truth as a fact. ….."

기념하기 위한 구조물과 유적이 있다. ii) 이에 반해서 '지하역사(地下歷史, under-ground history)' 혹은 '흙 속에 묻혀있는 역사(history buried in the earth)'는 난도질당한 토막 시신, 파손된 두개골 혹은 순장에 희생된 뼈들이 진실을 말하고 있다. 눈에 보이는 '지상역사(地上歷史)'만으로 역사적 진실을 알 수 없기에 고고학(考古學, archeology)이라는 이름으로 지하 역사를 지상 역사로 끄집어내는 속칭 '역사의 쓰레기통 뒤집기(Flipping the trash can of history)'655를 한다. 쓰레기통(trash can)의 역사는 1407년에 영국에서 법률을 통과시켰으나 1975년에까지 일반적으로 사용했다. 그러나 이전에 모으지 않고 버렸다.656 '역사적 쓰레기통(historical trash can)'은 지구촌에 인류가 태어나고부터 있었다. 오늘날 고분(古墳), 패총(貝塚) 혹은 각종 유적 유물(各種遺蹟遺物)로 남아있다.657

655 Archaeology has sometimes been called "the science of rubbish." Although meant to be something of a joke, this also reflects an assumption that archaeologists usually deal with things that people have left behind because they are unwanted or useless.

656 The History Of The Trash Can (and All Its Dirty Secrets), Medium(medium. com), Oct. 10. 2016.: "You pop the lid of your garbage bin and drop trash in it every day, but have you ever stopped to think about why you use this container? With access to trash cans and dumpsters around our homes, schools, workplaces, restaurants, streets, and more, they have become fixtures in our lives that we take for granted. … In 1407, a British law passed requiring people to store waste in homes until rakers removed it. In 1875, people followed a proper garbage collection system and this is when the first trash receptacle made its appearance."

657 Sarah Newman, An archaeologist talks trash, University of Chicago(news. uchicago.edu), Aug. 8. 2023.: "However, UChicago Asst. Prof. Sarah Newman wants to dispose of this simplified version of history. In 'Unmaking Waste: New Histories of Old Things', she argues that 'waste is neither universal nor self-evident.' The anthropological archaeologist claims that waste- what we deem 'unwanted' -is a relatively recent idea. According to Newman, Western assumptions about waste begin with an imagined long, dirty stretch of 'ancient past' broken up by a few expectations like a gleaming Rome (which Newman says is nastier than we think).

역사의 승자였던 고구려(高句麗), 백제(百濟), 신라(新羅)라는 한반도 3마리 호랑이를 그린 역사서인 삼국사(三國史記) 혹은 『삼국유사(三國遺事)』에선 가야 역사는 패배자의 역사이기에 '지상 역사(紙上歷史)'에 기록된다면 '장식용 병풍(粧飾用屛風)'이거나 '악어의 눈물(crocodile tears)'로 얼룩진 표현을 했다. 물론 '햇빛에 바랜 역사(history faded in sunlight)'에서도 승리자의 전공(戰功)을 내세우기 위해서 죽은 자의 시신을 세어서 숫자로 기록할 때만은 정확하겠지? 그런데 『삼국유사(三國遺事)』에서 '가락국기(駕洛國記)'가 '달빛에 물든 신화(myth colored by moonlight)'로 남아 있었기 가능했다. 햇빛도 달빛도 없는 '땅속에서 죽은 자가 간직한 진실(truth kept by the dead in the ground)'은 발굴과 동시에 시대적 재해석을 통해서 밝혀진다.

공초(供草 혹은 供招)란 조선 시대 형사 사건에 연유된 죄인을 신문한 내용을 요약 정리한 기록 문서를 말한다. 공초(供招)를 세분하면 죄인을 신문한 건 취초(取招), 자백을 받는 것을 봉초(捧招), 2번 이상 신문하는 걸 갱초(更招), 죄상을 사실대로 진술하는 걸 직초(直招), 신문에 대해 구술로 답변한 내용을 공사(供辭) 혹은 초사(招辭)라고 했다. 이들을 통틀어서 공초(供招)라고 했다. 조선 시대는 응당 '자백은 증거의 여왕(confession est regina probationum)'으로 자리를 잡고 있었다. 우리나라 헌법에서 '자백의 증거능력 제한(limitations on the evidential capacity of confessions)'은 국가재건최고회의의 제안으로 제5차 개헌 때 신설되었다가, 제7차 유신헌법(維新憲法)에서 삭제되었다. 다시 8차 헌법 개정에 '자백의 증거능력 제한'

In traditional histories of trash, this is followed by a filthy, unwashed Middle Ages leading into a ….."

이 부활되었다.

조선 시대 국왕이 불법 혹은 부당하게 왕권을 전횡하지 못하도록 "사실적 기술하되 조작하지 않는다(述而不作)."라는 춘추필법(春秋筆法)으로 『조선왕조실록(朝鮮王朝實錄)』을 기록했던 사관들은 목숨까지 내놓고 직설을 쓰고자 했다. 『조선왕조실록』에서 사육신(死六臣)에 대한 기록을 당시에 기록한 공초(供招)와 대조한다면 증거라고는 자백뿐이었다. 오늘날 승리자의 기록인 『조선왕조실록(朝鮮王朝實錄)』이라고 생각하면서 행간을 읽는다면, 졌다는 이유만으로 '토막 난 시신(dismembered body)'으로 지하에서 진실이 밝혀지기를 기다리고 있다. 이와 같은 가야 역사(伽倻歷史)가 오늘날 가야 고분(伽倻古墳)이라는 '땅속 역사 기록관(underground history archive)'을 헐고 유물을 통해서 오늘날 용어로 해석하고 있다니 다행이다.

그러나 아직도 승리자를 영광의 자리에 끌어내리지 못한다는 사고다. 역사적 사실을 살펴보면, 조지 오웰(George Orwell)이 『1984(Nineteen Eighty-Four)』이라는 소설에서 "과거를 지배한 사람이 미래를 지배한다. 현재를 지배하는 사람이 과거를 재배한다(who controls the past, controls the future: who controls the present controls the past)." 바로 이것이 승리자가 내세우는 역사 기록의 춘추필법이다. 오늘날 지구촌의 초강대국 미국은 2003년 3월 20일 이라크 전쟁을 시작하여 승리를 코앞에 두고도 "이라크 역사는 피로 써지고 있다(Iraq's History Is Written in Blood)."[658]라

---

658 Eric Margolis, Iraq's History Is Written in Blood, Foreign Correspondent, August 2. 2002.: "The Bush administration's plans to invade Iraq and install a client regime in Baghdad may be popular in America, but to the outside world they increasingly recall old-fashioned British imperialism. If administration hawks studied Iraq's gory history, they would learn it ranks among the most disastrous

고 조롱했다. 2023년 10월 15일 이스라엘(Israel)과 팔레스타인(Palestine)의 하마스 조직에 대해 "역사는 미친놈들이 쓰고 있다(History is written by the freaky)."라고 내뱉었다.

---

and tragic creations of Britain's colonial policy, and offers a grim reminder of what Bush's planned 'regime change' in Baghdad may bring."

2.
UNESCO에 등록된
가야 고분군(Gaya Tumuli)으로 알 수 있는 건

 2023년 9월 17일 사우디아라비아 리야드(Riyadh, Saudi Arabia)에서 결정한 가야 고분군(Gaya Tumuli)을 유네스코(UNESCO) 세계유산위원회 (世界遺産委員會, World Heritage Committee)에 등록했다. 우리나라에서는 16번째 등록사업으로 7군데 고분군으로 등록된 문화재 보호지역 면적 (property)은 189ha이다. 완충적 보호지역(buffer zone) 면적 967.84ha이다. 7군데 고분군으론 i) 전북 남원 유곡리와 두락리 고분군(Yugok-ri and Durak-ri Tumuli), ii) 경북 고령 지산동 고분군(Jisan-dong Tumuli), iii) 경남 김해 대성동 고분군(Daeseong-dong Tumuli), iv) 경남 함안 말이산 고분군(Marisan Tumuli), v) 경남 창녕 교동과 송현동 고분군(Gyo-dong and Songhyeon-dong Tumuli), vi) 경남 고성 송학동 고분군(Songhak-dong Tumuli), vii) 경남 합천 옥전 고분군(Okjeon Tumuli)이다.

 2013년 세계 유산 잠정 목록에 등재된 이후 2021년 1월에 유네스코 (UNESCO)에 신청 서류를 제출했다. 그 뒤로 유네스코 자문(諮問) 및 심사 기구(審査機構)인 국제 기념물 유적 협의회(國際記念物遺蹟協議會, ICO-MOS)의 현지 실사 등 심사에 필요한 과정을 마쳤다. 2023년 5월 '등재 권고(registration recommendation)' 의견을 받아, 9월에 실질적인 등록을 마쳤다. 세계유산위원회(World Heritage Committee)는 "주변국과 자율적이고, 수평적인 독특한 체계를 유지하며, 동아시아 고대 문명의 다양성을 보여주는 중요한 증거가 된다는 점에서 탁월한 보편적 가치가 인정된다."[659]라는 평가를 받았다.[660]

7개소 고분군의 주요 내용을 간략하게 살펴보면 i) 전북(全北) 남원(南原) 유곡리(酉谷里)와 두락리(斗洛里) 고분군(古墳群)은 5세기 후반에서 6세기 전반에 조성된 삼국 시대 고분군(三國時代 古墳群)으로, 전북 남원(南原) 연비산(鳶飛山)에서 서쪽으로 내려오는 완만한 구릉 능선(稜線)을 따라 40기(基)의 봉토분(封土墳)이 분포하고 있다. A.D. 1989년과 2013년 두 차례에 발굴 조사를 한 결과, 6기의 봉토분(封土墳)에서 수혈식 석곽묘(竪穴式 石槨墓, 구덩식 돌덧널무덤)와 횡혈식 석실묘(橫穴式 石室墓, 굴식 돌방 무덤)가 확인된 바 있다. ii) 경북(慶北) 고령(高靈) 지산동(池山洞) 고분군(古墳群)은 고령은 대가야의 옛 지역으로서 현재 무덤이 수백 기에 이르고 있는

---

659 Its outstanding universal value is recognized in that it maintains a unique system that is autonomous and horizontal with neighboring countries, and serves as important evidence showing the diversity of East Asia's ancient civilizations.

660 '가야 고분군' 한국 16번째 유네스코 세계유산 등재…10년 노력의 결실, 세계유산위원회 등재 결정 … "동아시아 고대 문명 다양성 보여주는 증거" 문화재청, 대한민국 정책 브리핑(korea.kr), 2023. 9. 18.: "세계유산위원회는 가야 고분군을 세계유산으로 등재하면서 '주변국과 자율적이고, 수평적인 독특한 체계를 유지하며 동아시아 고대 문명의 다양성을 보여주는 중요한 증거가 된다는 점에서 탁월한 보편적 가치(Outstanding Universal Value, OUV)가 인정된다.' 평가했다."

데, 지산동 고분들은 겉모습이 확실하고 봉분이 비교적 큰 무덤에 한정해 번호를 매겨 현재 72호 무덤까지 정해져 있다. 이들 무덤은 봉토(封土)의 규모에 따라 대, 중, 소형으로 구분된다. 이 가운데 대형 무덤(大形墓)에서 많은 양의 토기와 함께 금동관, 갑옷 및 투구, 칼 및 꾸미개 종류가 출토되고 있다. A.D. 4~6세기 정도에 만들어진 대가야 지배 계층(大伽倻支配階層)의 무덤으로 추정된다.

iii) 경남(慶南) 김해(金海) 대성동(大成洞) 고분군(古墳群)은 국립김해박물관(國立金海博物館)과 김해 수로왕릉(首露王陵) 사이의 동서로 뻗은 구릉지대(丘陵地帶)에 있는 가야의 무덤들이다. 발굴 조사 결과 1~5세기에 걸친 지배집단(支配集團)의 무덤 자리로 고인돌을 비롯하여 널무덤(土壙墓), 덧널무덤(土壙木槨墓), 굴식돌방무덤(橫穴式石室墓, tone-lined burial chamber) 등 가야의 여러 형식의 무덤이 발견되었다. iv) 경남(慶南) 함안(咸安) 말이산(末伊山) 고분군(古墳群)은 아라가야(阿羅伽倻) 왕들의 무덤으로 추정되는 37기의 대형 고분(大形古墳)들이 높은 곳에 열을 지어 위치한 고분군이다. 일본 강점기(日帝强占期) 때 처음 조사됐다. 본래 함안 도항리(道項里) 고분군(史蹟)과 함안 말산리(末山里) 고분군(史蹟)으로 분리돼 있다가 2011년 7월 역사적 특성을 고려, 같은 산자락에 걸쳐 있는 두 고분군을 통합해 함안 말이산(末伊山) 고분군(사적)으로 재지정(再指定)된 바 있다. v) 경남(慶南) 창녕(昌寧) 교동(校洞)과 송현동(松峴洞) 고분군(古墳群)은 경남 창녕읍 교리(校里) 및 송현리(松峴里) 일대에 넓게 분포하고 있는 대형 고분군(大形古墳群)으로, 1911년 일본 학자(日本學者) 세키노 타다시(關野貞, せきの ただし, 1868~1935)[661]에 의해 처음 알려졌다. 150여 기

661　ウィキペディア(Wikipedia), 関野貞: "関野貞(1868年 1月 9日 ~ 1935年 7月 29日, 67

(基) 정도가 확인되는데, 출토 유물과 구조 양상(構造樣相)을 볼 때 5~6세기가 중심 연대가 되는 고분군으로 파악되고 있다.

vi) 경남(慶南) 고성(固城) 송학동(松鶴洞) 고분군(古墳群)은 고성읍(固城邑) 무기산(舞妓山)을 중심으로 뻗어 나간 구릉지 주변에 있는 7기의 가야 무덤들이다. 송학동(松鶴洞) 무덤은 동외동 조개 더미의 초기 철기 시대(初期鐵器時代)를 뒤이은 후대 문화를 대표하는 가야 문화 유적(伽倻文化遺蹟)으로써 역사적으로 중요한 자료로 꼽힌다. vii) 경남(慶南) 합천(陜川) 옥전(玉田) 고분군(古墳群)은 낙동강의 한 지류인 황강변(黃江邊) 구릉지에 있는 4세기에서 6세기 전반의 가야 고분군(伽倻古墳群, Gaya tumuli)이다. 최고 수장급(首長級)의 고분에서 발견되는 유물이 거의 망라한 가야 지배자(伽倻支配者)의 무덤이다. 특히 용봉 환두대도(龍鳳環頭大刀)나 철제 갑옷(鐵製甲), 금동장 투구(金銅裝胄), 철제 말투구(鐵製馬胄)에서 가야 문화뿐만 아니라 우리나라 고분 문화(古墳文化)의 정수를(精髓) 보여주는 매우 귀중한 자료로 평가된다.

歳没)現·新潟県上越市 生誕, 内務省→奈良県→東京帝国大学→東方文化学院東京研究所. 著作「朝鮮古蹟図譜」 関野 貞(せきの ただし[1]、 1868年 1月 9日(慶応 3年 12月 15日) ~ 1935年(昭和 10年) 7月 29日)は、日本の建築史学者、建築家·美術史·考古学者。東京帝国大学名誉教授.

3.
가야 고분에 나온
'죽은 자들의 진실한 이야기' 듣기

가야인들의 풍속(風俗)을 주마간산(走馬看山)한다면

가야의 풍속을 엿볼 수 있는 문헌상 기록으로는 『삼국지(三國志)』 위지동이전(魏志東夷傳) 변진조(弁辰條)에서는 신랑을 말 혹은 소를 타고 장가드는 풍속이 나온다. 『삼국유사(三國遺事)』 가락국기(駕洛國記)에서는 계욕일(禊浴日) 등의 명절, 혼인 절차, 신혼 과정, 장례 절차(殯宮 ▷祠堂) 및 제례 등이 나오고 있다. 더욱 자세하게 언급하면, 한해 명절로는 목욕재계(沐浴齋戒)하고 천신이나 조상들에게 제사를 지냈다. 같이 살아가는 이웃과 덕담을 나누고 화합을 다졌던 계욕일(禊浴日)은 농력(農歷, 陰曆)으로 3월 3일 삼진날(三辰日), 5월 5일 단오절(端午節), 7월 7일 칠석절(七夕節) 그리고 9월 9일을 중양절(重陽節)이다. 중양절에는 가을의 풍요로움을 웃음으로 나눴다.

가락국기(駕洛國記)에 기록상 장례에 대해서는 수로왕의 장례절차에서 빈궁(殯宮)을 설치하고 나중에 왕릉(王陵)과 사당(祠堂)을 설치한 것으로 봐서는 시신 매장(屍身埋葬)이 아닌 매골장(埋骨葬)을 지냈다. 유라시아 대초원에서 말을 달리던 유목민(遊牧民)으로 비록 좁은 한반도에 살고 있지만, 호연지기(浩然之氣)는 그대로 지니고 살았다. 즉 말 타고 장가에 들었다. 솟대(蘇塗)의 새가 날아들면 봄이 왔다. 검독수리(golden eagle)가 날아가 새로운 생명을 나눠줘서 간절히 기원하는 집집이 떨어뜨려 아들 혹은 딸로 태어나게 했다. 그래서 새들은 죽은 사람의 영혼을 하늘로 되돌러 보내야 할 책무를 가졌다고 믿었기에 무덤에는 독수리 혹은 큰 새의 깃을 넣었다. 그렇게 함으로써 '하늘 닭(天鷄)'을 타고 승천한다고 믿었다. 그래서 동이족을 "용을 통솔하고, 귀신 불을 다스리는 두목들이며, 새 깃털 모자를 쓴 인간의 황제(龍師火帝, 鳥官人皇)"라고 했다.[662] 가야 무덤에서는 큰 새 깃(鳳羽)뿐 아니라 오리 모양 토기(鴨鳥形土器), 때로는 마차를 타고 저승에 가시라는 뜻으로 차형차륜형(車形車輪形) 토기(土器)까지 나오고 있다.

한편 "왕후는 산 밖 다른 나루터에다가 배를 대고 육지에 올라 높은 언덕에 쉬었다가(王后於山外別浦津頭, 維舟登陸, 憩於高嶠). 입고 온 비단 바지를 벗더니 산신령에게 제물용 폐백으로 바쳤다(解所著綾袴爲贄, 遺于山靈他)."라는 가락국기의 기록으로 당시 풍습을 엿볼 수 있다. 이에 대해 인도 풍습으로 볼 수도 있고, 당시 가야의 풍습으로 볼 수도 있다. 인도의 풍습

---

662 三國志, 魏書, 東夷傳卷三十·魏書三十烏丸鮮卑 東夷傳第三十, 辰韓條: "… 北方近郡諸國差曉禮俗, 其遠處直如囚徒奴婢相聚. 無他珍寶. 禽獸草木略與中國同. 出大栗, 大如梨. 又出細尾雞, 其尾皆長五尺餘. 其男子時時有文身. 又有州胡在馬韓之西海中大島上, 其人差短小, 言語不與韓同. 皆髡頭如鮮卑. 但衣韋. 好養牛及豬. 其衣有上無下, 略如裸勢. 乘船往來, 市買韓中 …."

으로 결혼의 통과의식으로 미혼녀의 생활을 청산한다[663]는 천지신명에게 고하는 의식이라고 문화인류학적(文化人類學的)인 해석을 할 수도 있다. 가야인들의 풍속으로도 인도에서 멀리까지 오는 동안 불결(不潔)함과 부정(不淨)스러운 일들을 모두 잊자는 계욕적 의미(禊浴的 意味)로 봐서 정화의례(淨化儀禮) 혹은 벽사의식(辟邪儀式)으로도 볼 수 있다.

가야 고분(伽倻古墳)에서 출토된 특이한 가야 토기(伽倻土器)에서

고상식가옥형 토기

김해(金海) 봉황동(鳳凰洞) 유적(遺蹟), 창원(昌原) 석동(石洞) 유적(遺蹟), 함안(咸安) 말이산(末伊山) 유적(遺蹟) 등에서는 오늘날 동남아의 고상식 가옥(高上式家屋, high-rise style house)을 모델로 한 것 같은 토기 즉, '집 모양 흙 그릇(家屋形土器, house-shaped earthen bowl)'이 출토(出土)되었다. 아랫부분에 기둥을 세우고 그 위에 벽체와 지붕을 얹은 집을 그대로 조형한 토기다. 오늘날 미니어처(miniature)처럼 사실적이다. 선사 시대 주거유구(住居遺構) 위에서 건립된 가옥을 i)

---

663 김병모, 허황옥 루트 인도에서 가야까지, 역사의 아침, 2008.: "인도에서는 여성이 처녀 때는 바지(kameel) 위에 원피스(salwal)를 입고 지내다가 초경(初經)이 지나면 자타이(sattai)라는 저고리에 파바다이(pavatai)라는 긴 치마로 바꾸어 입는 전통이 있다. 이런 전통으로 봐서 허왕옥의 행위는 미혼녀 생활을 청산하는 의식이었을 것이다."

수혈식 가옥(竪穴式 家屋, pit-style house)과 ii) 지상식 가옥(地上式 家屋, above-ground house)으로 양분할 수 있다. 수혈식 가옥(pit-style house)은 어느 정도의 깊이 땅 구덩이(pit)를 파고 바닥을 다진 뒤에 기둥과 지붕을 만든다. 지상식 가옥(above-ground house)은 오늘날 집 짓는 과정과 같이 대지 다짐, 기둥 세우기, 지붕 올리기 등으로 제작되었다.

'고상식 가옥 모형 토기(高上式家屋模型土器, high-rise house-model earthenware)'를 통해 당시 가야 시대 풍속(伽倻時代風俗)을 알 수 있는 건 i) 독초, 독충, 독사 및 양서류(兩棲類)의 피해로부터 안전 확보, ii) 고온다습한 기후에도 시원하고 쾌적한 주거 환경 조성, iii) 저습지에서도 청결 유지를 위생상 여건 조성, iv) 옛 로마 귀족이나 오늘날 여름나기 별장처럼 이용했다. iv) 그러나 오늘날과 비교해서 풀이하면 당시의 기후가 오늘날 동남아처럼 고온다습했다. 아니라면 그곳에서 살았던 사람들이 이곳에 오기 전에 남방에서 살았던 관습대로 건축했다. 인도 가야의 제철 유목민(steel nomads)들이 미얀마, 베트남, 싱가포르, 인도네시아, 필리핀을 거쳐서 B.C. 350년경 한반도 남부에 도착했기에 베트남 동손 문화(Dongson Culture)[664]를 이곳에 남겼다.[665] v) 물론 삼국지(三國志) 동이전(東夷傳)에서

---

664 Dong Son culture, Wikipedia: "The Dong Son culture or the Lạc Việt culture (named for modern village Đông Sơn, a village in Thanh Hóa, Vietnam) was a Bronze Age culture in ancient Vietnam centred at the Red River Valley of northern Vietnam from 1000 B.C. until the first century A.D. 207 Vietnamese historians attribute the culture to the states of Văn Lang and Âu Lạc. Its influence spread to other parts of Southeast Asia, including Maritime Southeast Asia, from about 1000 B.C. to 1 B.C. The Dong Son people were skilled at cultivating rice, keeping water buffalos and pigs, fishing and sailing in long dugout canoes. They also were skilled bronze casters, which is evidenced by the Dong Son drum found widely throughout northern Vietnam and Guangxi in China. To the south of the Dong Son culture was the Sa Huỳnh culture of the proto-Chams."

665 오운홍, 『한국사 미스터리 5』: 가야인, 나라 세우러 온 것이 아니다. 시간의 물레, 2023.

언급하는 고구려 부경(桴京)666이 이와 같은 모양이었다. 진서(晉書) 숙신씨
조(肅愼氏條)에서는 읍루(挹樓)라고 하면서 여름나기용 소거(巢居)에 있다
가 겨울나기 혈거(穴居)했다667는 구절에서 읍루(挹樓)로 볼 수 있다.

오늘날 중국 길림성(吉林省) 집안시(集安市)나 중앙아시아에서도 쥐의
피해를 막고 적군으로부터 침탈을 막고자 석벽이나 동굴에 창고(桴京)를
마련하여 옥수수, 벼 등을 보관한다. 아래층 빈터에는 가축을 키우거나
위에서는 옥수수(玉米)와 같은 농작물을 보관한다. 이런 '고상식 가옥 모
형 토기(高上式家屋模型土器, high-rise house-model earthenware)'가 출
토되고 있는 유적지로는 김해(金海) 봉황동(鳳凰洞)과 부원동(府院洞), 진
해(鎭海) 용원동(龍院洞), 창원(昌原) 가음정동(加音丁洞) 및 반계동(盤溪
洞) 유적에서 발굴되었다.

---

8. 31. p. 49~50: "먼저 다호리 주민의 유입경로를 탐색하면, 통나무형 목관묘에 주목해야 한다.
통나무형 목관무덤의 분포는 중국 남서부와 그 남쪽인 현 베트남 북부의 청동기 문화인 동손문
화(Dongson Culture)에서 볼 수 있다. … 가형토기(家形土器) 고상가옥(高上家屋)을 본뜬 것
으로 다호리 주민 가운데 베트남 동손문화(Dongson Culture)가 있다면 그들은 어떤 경로를 통
해 한반도로 왔을까? 첫째는 베트남(越南)·남중국해(南中國海)·대만(臺灣)·일본(日本) 난세이제
도(南西諸島)·일본 규슈(日本 九州) - 가야지역 코스, 혹은 베트남 - 중국 남동해안 - 절강성 닝보
(浙江省寧波) - 제주도(濟州島) - 추자도(楸子島)·여서도(麗瑞島)·거문도(巨文島)- 연도(連島)-
사천 늑도(泗川勒島) - 창원(茶戶里)로 상정할 수 있다."

666   三國志, 魏書, 東夷傳卷三十, 魏書三十烏丸鮮卑, 東夷傳第三十, 高句麗條: "… 其民喜歌
舞, 國中邑落, 暮夜男女群聚, 相就歌戲. 無大倉庫, 家家自有小倉, 名之爲桴京. 其人絜清自喜,
善藏釀. 跪拜申一脚, 與夫餘異, 行步皆走. 以十月祭天, 國中大會, 名曰東盟. 其公會, 衣服皆錦
繡金銀以自飾. 大加主簿頭著幘, 如幘而無餘, 其小加著折風, 形如弁. 其國東有大穴, 名隧穴,
十月國中大會, 迎隧神還於國東上祭之, 置木隧於神坐. 無牢獄, 有罪諸加評議, 便殺之, 沒入妻
子爲奴婢 …."

667   晉書 卷九七, 肅愼氏條: "肅愼氏一名挹婁. 在不咸山北, 去夫餘可六十日行. 東濱大海,
西接寇漫汗國, 北極弱水. 其土界廣袤數千里, 居深山窮谷, 其路險阻, 車馬不通. 夏則巢居, 冬
則穴處."

이렇게 '비인간적 사악한 풍습(inhumane evil customs)'들도 있었다니

『삼국지(三國志)』위지(魏志) 동이전(東夷傳) 한조(韓條)에서 "진한(辰韓)에서는 어린아이가 태어나면, 돌로 그 머리를 눌려서 납작하게 만들기 때문에 오늘날 진한 사람들의 머리는 모두가 넓적한 머리 모양을 하고 있다(兒生, 便以石厭其頭, 欲其褊. 今辰韓人皆褊頭)."668라고 기록하고 있다. 문헌상 기록과 일치되게 A.D. 4세기경 유행했던 목곽묘(木棺墓)에서 매장되었던 김해(金海) 예안리(禮安里) 85호 고분 및 99호 고분에서 출토된 10명의 시신에서 편두형 두개골(褊頭形 頭蓋骨)이 나타났다. 모두가 여성이며, 앞이마(forehead)가 후퇴되어 있어 앞이마(forehead)를 돌로 눌린 인공적 편두형(人工的褊頭形, artificial plat-shaped head)으로 보였다. 이들 머리 둘레는 대략 50cm 정도로 오늘날 한국인 정상치 57.5cm 이하였다. 동이족(東夷族)의 편두(偏頭 혹은 褊頭, irregular-shape head)는 신라(新羅), 연해주(沿海州), 산동(山東) 대문구 문화(大汶口文化), 흉노(匈奴), 잉카(Inca), 북미 인디언(Indian) 문화에서도 나타나고 있다. 중국 역사가들은 동이족의 특이한 풍습으로 보고 있었다. 양나라 주흥사(周興嗣)가 무제의 어명으로 『천자문(千字文)』을 저술하면서 동이족의 특성을 "용을 부리는 스승이고, 귀신 불을 다루는 제왕이며, 새 깃털 모자로 쓰고 있는 인간의 황제들(龍師火帝 鳥官人皇)."이라고 요약했다. 새 깃털 모자에 어울리는 머리 모양을 편두(偏頭, tilted head)로 심지어 앞니를 뽑아서 새 부리 모양(鳥嘴形)과 같

668　三國志, 魏書, 東夷傳卷三十·魏書三十烏丸鮮卑 東夷傳第三十, 弁辰條: "… 俗喜歌舞飲酒. 有瑟, 其形似筑, 彈之亦有音曲. 兒生, 便以石厭其頭, 欲其褊. 今辰韓人皆褊頭. 男女近倭, 亦文身. 便步戰, 兵仗與馬韓同. 其俗, 行者相逢, 皆住讓路 …."

은 '합죽이 꼴(鳥嘴形臉, bird-beak-shaped face)'을 했다.

살아 있는 사람을 죽은 사람의 명복을 빌기 위해서 제물(祭物)로 껴묻는 풍습이 순장(殉葬)이다. B.C. 4세기경 고조선(古朝鮮)의 강역이었던 요동반도(遼東半島) 남부인 강상유적(崗上遺蹟)과 누상유적(樓上遺蹟) 적석총(積石塚)에서 순장했던 사실이 확인되었다. B.C. 2050년경 구약성서 창세기 기록에 의하면, 이스라엘 땅에서 아브라함이 하늘로부터 내려온 말이 "내가 사랑하는 독자 이삭(Isaac)을 데리고, 모리아(Mori'ah) 땅에 가서 내가 지시하는 산에다가 번제(燔祭, burnt offering)를 지내라."[669]였다. 번제(燔祭, bunt offering)란 살아있는 사람을 불에 태워서 하늘에 제사를 지내는 제례 의식이었다.

이와 같은 비인간적인 풍속이 가야 지역에서 있었다. 바로 순장(殉葬)이었다. 금관가야(金官伽倻)에는 대성동(大成洞) 고분군(古墳群)과 양동리(良洞里) 고분군, 부산(釜山) 복천동(福泉洞) 고분군 등지에서 순장했던 흔적이 나타났다. 특히 김해 대성동(金海大成洞) 고분군에서는 대형 목관묘(大形木棺墓)가 등장하는 A.D. 3세기 초기에 순장이 나타났다. A.D. 4세기를 거쳐 5세기 전반에 가장 성행하다가 급격하게 사라졌다.[670] 대성동(大成洞)

---

669   Gen. 22 Verses 1 to 19: "After these things God tested Abraham, and said to him, "Abraham!" And he said, "Here am I." He said, "Take your son, your only son Isaac, whom you love, and go to the land of Mori'ah, and offer him there as a burnt offering upon one of the mountains of which I shall tell you ···."

670   김해 대성동 고분군[金海 大成洞 古墳群], 교역의 중심, 금관가야의 왕묘역, 국사편찬위원회, 우리 역사넷(contents.history.go.kr): "가야 무덤에서 일반적으로 확인되는 매장 습속의 하나인 순장은 김해 대성동 대형목곽묘에서도 어김없이 확인된다. 보통 무덤의 빈 공간을 해석할 때 순장인골이 없어진 부분이라고도 하지만 김해 대성동 고분에서는 운 좋게도 순장된 사람의 뼈가 고스란히 잘 남아 있어 가야 사람의 모습과 다양한 정보를 파악하는 데 도움을 준다. 순장은 절대 권력의 정점을 보여주는 자료로 잔혹 동화와 같은 죽음의 산물이다. 금관가야의 순장은 곽내에서만 확인되는 것이 아니라 고령 지산동 고분의 순장 형태처럼 충전토 구역에서도 확인된 점이 흥미롭다."

1호 고분, 7호 고분, 11호 고분, 57호 고분, 88호 고분, 91호 고분 등에서는 3~6명의 순장된 시신들이 출토되었다. 91호 고분의 5명 중에는 남성이 3명이나, 어린아이가 1명, 성년은 4명이다. 부산(釜山) 복천동(福泉洞) 11호 고본은 길이 750cm, 너비 450cm 주곽에 3명의 순장자(殉葬者)가 묻혀있었다.[671]

가야의 제철기술(製鐵技術)을 접목한
첨단 철제 무기(high-technic iron weapons)들

철기 시대(鐵器時代)에 들어서서는 철은 물물교환(物物交換, barter)에서 화폐(貨幣)로 사용되었다. 1944년 브레턴우즈 협약(Bretton Woods Conference, 1944) 이후에 미국의 달러(US dollar)가 지구촌의 제1기축통화(基軸通貨, the first base currency)가 된 사례처럼[672] A.D. 1~6세기경에는 '가

---

[671] 김해 대성동 고분군[金海 大成洞 古墳群], 교역의 중심, 금관가야의 왕묘역, 국사편찬위원회, 우리 역사넷(contents.history.go.kr): "91호분의 순장자들은 가슴에 목걸이를 하고 있거나 왼쪽 팔목 부근에서 확인된 빗 모양 장신구 등으로 보아 나름 높은 신분을 가지고 있었을 것으로 보인다. 88호 목곽의 충전토에서 확인된 3명의 순장 인골 중에서 머리에 화살촉의 경부편이 남아있는 두개골의 부식된 흔적과 척추 중앙에 철촉 선단부의 존재는 노년의 여성 순장자가 화살을 맞았을 가능성을 보여주기도 한다. 또 다른 순장자도 10대 후반과 20대의 여성으로 빗 모양 장신구와 녹각제와 철제 손칼이 함께 출토되었으며, 또 57호의 순장 인골을 분석해 보니 3명 모두 여성으로 밝혀졌다. 20 대 2명과 30 대 1명으로, 모두 출산 경험이 있으며 종아리 부근의 가자미근선이 발달된 것으로 보아 다리 근육을 많이 사용한 것으로 추측된다."

[672] Base Currency: What It Is and How It Works, LinkedIn(linkedin.com), 2023.3.21.: "The base currency is the first currency in a currency pair and is typically considered the 'domestic' currency. For example, in the USD/EUR…When did USD become reserve currency? How did the U.S. dollar become the world's leading reserve currency? The dollar's status as the global reserve currency was cemented in the aftermath of World War II by the 1944 Bretton Woods Conference, in which forty-four countries agreed to the creation of the IMF and the World Bank."

야 철정 화폐(伽倻鐵鋌貨幣, Gaya Iron Currency)'가 극동아시아의 기축통화(base currency of Far East Asia)였다[673]고 볼 수 있다. 이와 같은 역사적 사실(historical facts)을 입증하는 역사서를 뒤집어 보면 "가야 땅에서 철이 산출되었기에 삼한(三韓), 예(濊) 및 왜(倭)에서도 모든 시장에 그 철(화폐)로 사고팔았다. 중국에서도 철을 이같이(화폐로) 통용했다. 낙랑군과 대방군에서도 철이 공급되어 통용되었다."[674]라는 구절이 『삼국지(三國志)』뿐만 아니라 『후한서(後漢書)』에서도 "일반적인 교역에서 모두 가야 쇳덩어리(鐵)를 화폐로 통용했다. 가야 땅에서 철이 산출되었기에 예(濊), 왜(倭) 그리고 마한(馬韓)에서 이같이(철을 화폐로 통용함) 시장에서 따랐다."[675]라고 되어 있다.

가야국(伽倻國)을 건립하고자 했던 김수로 집단 세력(金首露 集團勢力)은 중국 대륙에서도 전한국(前漢國) 및 신국(新國)을 경영했던 황실일족(皇室一族, royal family)이었다. 그들은 강력한 해상 집단 세력(powerful maritime force)으로 한반도 남단에 망국 유민(亡國流民, refugees)으로 들어왔다. 따라서 전한(前漢)의 선진 제철 기술(先進製鐵技術)을 갖고 온 데에다가 풍부한 철산지(鐵産地)를 기반으로 철기 제작 기술은 물론 경제적 세

---

673 a. A HISTORY OF KOREA, 우리역사넷(contents.history.go.kr): "… In the course of the 3rd century B.C.E, the Iron Age culture of Warring. States … interest in missionary work and trade in East Asia increased. Yet despite …." / b. 위의 글을 영어로 번역하면, "In the Iron Age, iron was used as currency in barter. Just as the American dollar is the base currency of the world today, the 'Gaya Iron Currency' was the base currency of Far East Asia around the 1st to 6th centuries in Far East Asia."

674 三國志 魏志 東夷傳 弁辰條: "… 國出鐵, 韓濊倭皆從之, 諸市買皆用鐵. 如中國用鐵, 又以供給二郡 …."

675 後漢書, 東夷傳 韓條: "… 凡諸貿易, 皆以鐵爲貨, 國出鐵, 濊倭馬韓竝從市之 …."

력까지 확장했다. A.D. 3세기 말에서 4세기 전반이 되면 기존 무기였던 검(劍), 창(戈戟), 화살촉(矢鏃) 등을 첨단화시켰다. 심지어 대도(大刀)와 철제 갑주(鐵製甲冑, iron armor)까지 개량시켰다.

4세기부터 금관가야(金官伽倻) 김해 지역(金海地域)을 토대로 대량 무기(大量武器)가 출토되고 있다, 4세기 이후 찌르던 검(劍, sword)에서 베내는 도(刀, knife)라는 새로운 패러다임(paradigm)의 백병전(白兵戰)을 초래했다. 이후엔 검(劍)은 위세적 상징성(威勢的 象徵性)만을 가졌다. 따라서 가야 철제 대도(伽倻鐵製大刀, Gaya iron knife)는 한반도에서는 첨단 무기였다. 또한 창(矛, spear)에서도 원추형(圓錐形), 방추형(方錐형), 검신형(劍身形), 차모형(叉矛形), 이지창(二枝槍), 삼지창(三枝槍) 등으로 다양하고 성능이 좋은 무기를 개량했다. A.D. 5세기 후반 후기 가야 연맹(後期伽倻聯盟, Late Gaya Confederacy) 때에는 고령(高靈) 대가야 지역(大伽倻地域)을 중심으로 대량 출토되고 있다.

가야 시대(伽倻時代)의 철제 갑옷과 철제 투구(甲冑, armor & helmet)는 김해(金海), 부산(釜山) 등 낙동강(洛東江) 하류 지역을 중심으로 대형 고분(大形古墳)에서만 출토되고 있다. 4세기까지 철갑(鐵甲)는 종장판갑(縱長板甲), 횡장판갑(橫長板甲), 소찰갑(小札甲) 등이 창원시 다호리(茶戶里) 2호 목관묘와 부산시(釜山市) 복천동(福泉洞) 38호분에서 출토되었다. 철판 갑옷(板甲)은 철판을 옷 모양으로 만들었기에 물고기 비늘처럼 조각조각 붙인 비늘 갑옷(鱗甲)에 비해 움직임에 불편했다. 그래서 기병은 비늘 갑옷(鱗甲)을 착용하고, 보병은 철판 갑옷(板甲)을 착용했다. 가야 판갑(板甲)을 입은 전사를 가야 갑사(伽倻甲士)라고 했다. 최근에는 대성동 57호 고분에여 순장자 3명이 나왔고, 옆에 철판 갑옷(板甲)이 나옴에 따라 '가야 여전사(伽倻女戰士, Gaya female warrior)' 혹은 '가야 여갑사(伽倻女甲士, Gaya armor-wearing warrior)'라는 용어가 생겨났다.

철판으로 갑옷을 제작하는 방법은 i) 바닥 철판의 모양에 따라 네 모이면 방형판갑(方形板甲) 혹은 둥근 모양이면 원형판갑(圓形板甲), ii) 가로 혹은 세로로 긴 철판을 이어 붙이냐에 따라서 종장 판간(縱長板甲, longitudinal plate armor) 혹은 횡장 판갑(橫長板甲, cross plate armor)으로 구분했다. iii) 삼각형 바닥 철판에 긴 띠 모양의 몸통을 가로로 두르는 대금식 판갑(帶金式板甲, gold-belt plate armor)도 있었다. A.D. 4세기에 종장 판갑(縱長板甲)이 출현했는데 부산, 김해 지역에서 A.D. 5세기가 되면서 횡장 판갑(橫長板甲, cross plate armor)으로 개량되었다. 이어서 삼각 판갑(三角板甲, triangle plate armor)으로 실용적인 형태로 변모하더니 자리를 감췄다. 그 대신에 활동성이 좋은 찰갑(札甲, plate armor)의 수요가 급증했다.

철갑(鐵甲, steel armor) 개량에 따라 투구(戰冑, helmet) 또한 개량 대상이 되었다. 앞에서 판갑의 제작처럼 종장 판주(縱長板冑, longitudinal plate helmet)와 횡장 판주(橫長板冑, cross plate helmet)가 있었다. 이를 종합해 허리가 잘록하게 들어가서 'S 자형 미녀'와 같은 만곡중장판주(彎曲中長板冑, curved mid-length plank helmet)을 제작하는 철제 기술을 가졌다. A.D. 400년 광개토왕의 5만 기마병으로 가야를 휩쓸고 초토화를 한 뒤부터는 가야의 방어 체제(防禦體制)는 갑사(甲士, 鐵甲步兵) 중심에서 철갑 기병(鐵甲騎兵, Cataphract)으로 체제 전환(體制轉換)을 했다. 5세기 중엽 이후에 가야 고분에는 삼각 판갑(三角板甲) 및 횡장 판갑(橫長板甲) 등이 출토되고 있다.

전쟁통에는 병마치장(兵馬治裝)이 취미가 되었다니!

가야에는 A.D. 4세기부터 다양하고 실용적인 말 치장용 마구류(馬具類)을 제작해 왔다. 재갈(馬銜, horse bit), 안장(鞍裝, saddle), 마편(馬鞭, whip), 편자(편자, horseshoe) 및 등자(鐙子, stirrups) 등이었다. 재갈(馬銜, horse bit)은 말을 제어하거나 부리는 데 가장 기초적인 마구였다. 재갈(horse bit)은 말의 입속에 가로 물리는 함(銜, bit)과 재갈이 입속에서 빠져나오지 못하게 하는 재갈 멈치(horse-bit stop)가 있었다. 재갈 멈치는 재갈, 고삐와 고삐 이음새 등 3등분으로 구성되어 있었다. 재갈은 머리 모양에 따라 막대 모양의 표비(鑣轡, bridle), 고리 모양의 원환비(圓環轡, round-shaped bridle), 판 모양의 경판비(鏡板轡, boardshaped bridle)로 구분되었다. 가야는 철제 기술을 가장 빨리 마구인 표비(鑣轡)에 투자했다. 4세기 전반에 대성동 91호 고분에 표비(鑣轡, bridle)가 출토되었다. 표비(鑣轡, bridle)는 4세기 후반에 김해(金海) 부산(釜山) 지역을 벗어나 널리 사용되었다. 5세기에 들어서면 6가야 모든 지역으로 확산(擴散)되었다. 창원(昌原) 도계동(道溪洞) 19호 고분, 말이산(末伊山) 43호 고분 등에서도 출토되었다. 한편 4세기 후반에 판비(板轡, board bridle)가 사용되었는데, 대성동(大成洞) 2호, 41호, 그리고 42호 고분에서 출토된 사례가 있다.

안장(鞍裝, saddle)은 목재로 안장(鞍裝)의 기본형태를 만들고 각 요소에 금속판을 덧대어 만든 경식안(硬式鞍)으로, 4세기에 재갈에 이어 등자(鐙子)와 함께 도입되었다. 가야가 멸망하는 6세기 중엽까지 가야 전역에 보급해 사용되었다. 대성동(大成洞) 고분군, 복천동(福泉洞) 고분군, 지산동(池山洞) 고분군, 옥전(玉田) 고분군, 말이산(末伊山) 고분군, 송학동(松鶴洞) 고분군 등 가야의 중심 고분군에서 대부분 출토되고 있다.

기마 문화(騎馬文化, horse-riding culture)에 있어서 획기적인 전파 속도는 오늘날 금속 활자처럼 새로운 패러다임을 초래한 것이 바로 등자(鐙子, stirrup)였다. 등자의 기원에 대해서는 "최초 확고한 증거는 중국과 한국의 인접한 지역에서 나온 기수(騎手)는 없고 안장만을 얹은 한 쌍의 등자를 갖춘 도자기 조각상(a ceramic figurine of a riderless, saddled horse with paired stirrups)이 난징 근처에서 발굴되었으며, 그 연대는 서력기원 원년으로 소급되고 있다."676 물론 위키피디아(Wikipedia)에서 "중국 금나라에서 5세기 중국 전역에 통용되었다고 보고 있다. 7~8세기에 유라시아를 거쳐서 유럽으로 전파되었다."677라고 기록하고 있다.

한편, 한반도 가야 땅에서는 목심윤등(木心輪鐙, wooden round stirrup)은 목심(木心) 외면의 일부 또는 전부에 철판을 보강하여 만든 이른바 목심철판피윤등(木心鐵板被輪鐙, wooden-iron round stirrup)으로 4세기 후반 대성동 47호분과 복천동(福泉洞) 48호 및 60호분에 출토되었다. 5세기에 들어와서 합천 가야 지역 및 아라가야 지역 등의 여러 고분에서 발굴되었다. 장식용으로는 황동철판제(黃銅鐵板製) 은행잎(杏葉)으로 말 엉덩이

---

676   JESSICA HEMMING, Origins of the True Stirrup, KPU Pressbooks(kpu. pressbooks.pub) "The earliest firm evidence for stirrups comes from China and adjacent parts of Korea: a ceramic figurine of a riderless, saddled horse with paired stirrups was unearthed near Nanjing and has been dated to c."

677   Wikipedia, stirrup: "… Chinese Jin dynasty during the 4th century, was in common use throughout China by the 5th century, and spread across Eurasia to Europe by the 7th or 8th century. Some argue that the stirrup was one of the basic tools used to create and spread modern civilization, possibly as important as the wheel or printing press …."

를 장식했다. 유리 등의 보옥으로 운주(雲珠)를 만들어 안장 밑으로, 가죽이나 황금 조각으로 장식한 혁금구(革金具), 전령(傳令)이나 첨병기수(尖兵騎手)로 사기 진작을 위한 깃발을 달고 달리는 데 사용하는 사행상철기(蛇行狀鐵器, snake-shaped flagpole)가 있었다. 인마공동안전(人馬共同安全)을 위하여 가장 필요한 게 말방울(馬鈴, horse bells)이었다. 그 중요성과 필요성을 한마디로 정리한 성경 한 구절을 옮기고자 한다. "그 날에는 말방울 소리와 함께 성결에 있으리라."[678]

한 치 앞이 보이지 않았던 세상을 어떻게 예측했을까?

물론 한반도로 도래하는 길라잡이는 낮에는 평소에 봐놓았던 지형지물을 이용하는 인문항법이 개발되었다. 때로는 밤에 봤던 별 방향을 기억했다가 낮에는 그쪽만으로 항해했다. 당시는 천문항법(天文航法, 북극성 별자리를 보거나, 자침의 방향으로 항해)이 개발되지 않았기에 '별자리 나침반(star compass)'도 자석 침판(磁石針板)도 없었다. 단지 키 별(箕星)자리를 향해 인문항법(人文航法, 해안의 지형지물을 이용한 항해)으로 항해했다. 오늘날 용어로는 주역 팔괘의 손방(巽方, 동남쪽)으로 항해해서 한반도 남단에 도착했다. 그러나 그들에게는 점성술(占星術)보다도 먼저 미래를 예측하는 주역(周易) 혹은 갑골점(甲骨占) 등의 점복술(占卜術)를 이미 잊히고 활용했다.

서력 기원(西曆紀元)을 전후한 때에 서남해안에는 인접한 마을에서 많

---

678   Zechariah 14:20: "In that day shall there be upon the bells of the horses, HOLINESS UNTO THE LORD."

은 '복술에 사용된 뼈(卜骨, fortune-telling bone)'가 발견되었다. 해안가 패총 유적(貝塚遺蹟)에서 복골(卜骨)이 발견되는 사례가 많았다. 대표적인 유적으로 김해(金海) 부원동(府院洞) 유적, 사천(泗川) 늑도(勒島) 유적, 해남(海南) 군곡리(郡谷里) 유적, 나주(羅州) 장동리(長洞里) 유적 등에 복골 흔적이 발굴되었다. 우리나라의 '점치는 뼈(卜骨, fortune-telling bone)'는 주로 멧돼지나 사슴의 어깨뼈(肩骨, shoulder bone)를 많이 이용했다. 다른 부위 뼈는 일부를 갈거나 깎아서 어깨뼈와 같은 모양을 만들어 사용했다. 가로와 세로로 줄을 맞춰 뼈에다가 둥근 홈을 파고, 그곳을 불로 지져 갈라지는 모양을 보고 점을 쳤다. 즉 불로 지진 구멍에서 금이 가는 양상으로, 즉 i) 모양, ii) 방향, iii) 선명도, iv) 갈라지는 시간 등을 종합적으로 판단했다. 복골 점을 치고 난 뒤 점치는 사람의 신분과 입장에 따라 점괘라는 '맞춤 정보(tailor's information)'를 제공했다.[679]

복골(卜骨, fortune-telling bone)로 점치는 것은 극동아시아(極東亞細亞)에서는 BP(before present) 7,000년경 중국에선 내몽고 적봉시(赤峰市) 부하구문화(富河溝文化), 부여(夫餘), 마한(馬韓), 가야(伽倻), 신라(新羅) 및 산동반도(山東半島)의 대문구문화(大汶口文化), 용산문화(龍山文化)였다. 물론이고 B.C. 1600년경 은·상(殷·商) 나라에서 동이족(東夷族)에 의해 시행되었다. 사실, 이런 복술을 동서고금(東西古今)에 존재하고 있었다. 오늘날 일본 신사 혹은 사찰에서는 죽통(竹筒), 귀갑(龜甲) 등으로 복술로 점을 치고 있다. 미국에서는 점괘(占卦)를 적은 종이쪽지가 들어 있는 과자를 뽑

---

679 横と縦に並んで骨に加えて丸みを帯びた溝を掘り, そこを火にかけて割れる形を見て点を打った. すなわち, 火で地震の穴からひびの入った形を見て, i)形, ii)方向, iii)鮮明度, iv)割れる時間などを総合的に見て, 点を打った後に占める人に応じて 「カスタマイズ情報(tailor's information)」 を提供した.

아서 하루의 운세(fortune telling)를 보면서 먹는 점괘 과자(占卦菓子, for-
tune-telling cake)⁶⁸⁰가 유행하고 있다.

680   a. Himeji, Fortune-telling Cake?! Irish Barmbrack Recipe, 2020. 10. 25.: "Hi
everyone, and Happy Halloween! In the last blog post, I briefly mentioned a special
Halloween treat from Ireland: 'Barmbrack' (English) or 'Bairín Breac' (Irish). It's
a spiced cake made using dried mixed fruit and black tea, and as well as being
super tasty, it can also tell your fortune! Usually, a ring, coin and piece of cloth are
added to the mixture and baked inside the …." / b. ANNE EWBANK, The Historical
Halloween Cake That Reveals Your Future Spouse, Can a 'dumb cake' help you
discover your fate? Atlasob Scura(atlasobscura.com), NOVEMBER 6. 2021.

4.
가야 하늘의 별자리를 보고
농사를 지었다니?

 오늘날도 말똥구리(蜣蜋, 蛣蜣 혹은 推丸, buzzard)는 어두운 밤에도 말똥 경단을 굴려서 집을 향해 이동한다. 그들은 은하수 별자리를 보고 집으로 가는 길을 찾는다.[681] 별을 보고 길라잡이를 하는 건 사람만이 아니라 곤충, 어류, 조류와 포유류가 별로 방향을 판단하고 목표를 찾아간다. B.C. 10,000년 전에 중동에서는 별을 보고 항해의 방향을 찾았다. B.C. 206년 중국 전한(前漢)에서 지남철(指南鐵)을 발명하기 전에는 별을 보고 항해하는 '별 나침반(star compass)'이 사용되었다. B.C. 3,000년경 고대 이집트나 메소포타미아에서도 3시경에 동쪽에서 떠서 서쪽에 지는 오리온(Orion) 별자리를 '3형제 별(3 Brothers Stars)' 혹은 '삼성(Three Stars)'을

---

681 CHRISTINE DELL'AMORE, Dung Beetles Navigate Via the Milky Way, First Known in Animal Kingdom, The dung beetle is the first known species to navigate using the Milky Way. National Geographic (nationalgeographic.com), JANUARY 24. 2013.: "Talk about star power—a new study shows that dung beetles navigate via the Milky Way, the first known species to do so in the animal kingdom. The tiny insects can orient themselves to the bright stripe of light generated by our galaxy, and move in a line relative to it, according to recent experiments in South Africa …."

'동방별(Orient Star)'이라고 했다. 오리온 별자리(Orion Star)를 보고 봄이 왔음을 알았고, 이를 기반으로 농사철을 짐작했다.

B.C. 2,000년 전부터 북반구에 있는 몽골리아 대초원(Mongolian steppes)에서부터 중국, 한반도에서도 북두칠성(北斗七星, Big Dipper)의 별자리의 자루 부분이 동쪽으로 기울어지면 봄이고, 남쪽에 여름, 서쪽에 가을, 북쪽에 겨울로 판단했다(斗在東則春, 在南則夏, 在西則秋, 在北則冬也). 신석기 이후 별자리를 보고 농경시필기(農耕始畢期)를 알았다. 유목민들에게는 별자리를 보고 초지가 많은 이동 방향을 판단했다. 한반도 농경시대에는 벼 경작에 있어서는 농사 책력(農事冊曆, farming calendar)에 해당하는 별은 바로 궁수자리의 남두육성(南斗六星)이다. 그래서 A.D. 330년경 동진(東晉) 간보(干寶. 출생 미상 ~ 336)가 쓴 『수신기(搜神記, A story about finding a ghost)』에서는 "북두칠성(北斗七星, Big Dipper)은 죽음을 관장하고 남두육성(南斗六星, Southern Dipper)을 삶(생명)을 점지하고 있다(北斗注死, 南斗注生, The Big Dipper governs death and the Southern Dipper rules life.)"라고 했다.

가야 시대(伽倻時代) 고대 농경 천문(古代農耕天文, ancient agricultural astronomy)의 흔적을 남긴 대표적인 선사 시대 유적(先史時代遺蹟)으론 함안군(咸安郡) 가야읍(伽倻邑) 도항리(道港里) 고인돌이 있다. 1991년 국립창원문화재연구소(國立昌原文化財研究所)에서 발견, B.C. 4~5세기에 마련된 것으로 보이는 이암(泥巖) 바위로 길이 2.5m, 너비 1.2m, 높이 0.5m 타원형 모양이다. 무게는 2.1톤 정도 무게로 40여 명의 장정들이 통나무 굴대를 돌 밑바닥에 깔고 동아줄로 당겨서 세웠다. 이 고인돌에는 4개의 4~7겹 동심원(同心圓, concentric circles)이 있는데 7겹 동심원(지름 23cm)

은 가운데, 6겹 동심원(지금 21cm) 오른쪽에 있다. 또한, 156개의 성혈(性穴, cup-mark)이 있다. 큰 것은 지름이 5~6cm, 작은 건 2~3cm로 당시 하늘의 별자리를 새겼다.[682] 청동기 농경 시대 농경 책력(農事冊曆, farming calendar)에 해당하는 별자리로 남두육성(南斗六星) 등의 남쪽 별자리들을 새겨져 있었다.

또 하나의 유적으로는 도항리(道港里) 583의 1번지 말이산(末伊山) 제13호 고분에서 가운데 덮개돌로 사용되었던 B.C. 4~5세기의 청동기 시대의 고인돌을 고분개석(古墳蓋石)으로 재사용했다. 봉분의 둘레가 40.1m, 높이가 7.8m의 대형 고분(大形古墳)이었다. 봉토 작업(封土作業)을 하는데 토사량이 1,087톤 정도 추산되었기에 8톤 트럭으로 136대 분량이었다.

---

682 김경상, 고인돌 뚜껑돌에 새겨진 함안 도항리 암각화, 글로벌이코노미(g-enews.com), 2018. 1. 6.: "고인돌은 길이 230cm, 너비 120cm인 긴 타원형이다. … 윗면 전체에 일곱 개의 동심원과 260여 개의 크고 작은 원형 홈들이 빽빽하게 새겨져 있다. 중앙의 가장 큰 일곱 겹의 동심원은 지름이 23cm이며, 그 오른쪽 끝의 여섯 겹 동심원은 지름이 21cm이다. 그 밖의 동심원들은 지름이 15cm 내외이며 원형 홈들은 지름이 큰 것은 5~6cm, 작은 것은 2~3cm이다. 원형 홈들은 무질서한 듯 보이지만 부분적으로 어떤 형태를 이루고 있음을 알 수 있다 …."

부역 인원(負役人員)은 2,715명 이상의 장정(壯丁)이 동원되어 할 토목 공사(土木工事)였다. 1918년 일본인 야쓰이 세이이치(谷井濟一, やすい ぜいいち, 1880~1959)[683]가 한차례 발굴을 했다. 중앙 덮개돌의 아랫부분에 125개의 성혈로 별자리들이 새겨져 있는데 오늘날 서양 별자리로는 궁수(弓手)자리 혹은 사수 별자리(射手, Sagittarius)에 남두육성(南斗六星)과 전갈 별자리(Scorpio)로 판독되었다. 동양 고대 천문학(oriental ancient astronomy)의 28수 별자리에서 남두육성(南斗六星, Southern Dipper)은 동창용칠수(東蒼龍七宿) 가운데 기수(箕宿) 혹은 기성(箕星, 키별)에 해당한다.

683　동북아역사넷, 야쓰이 세이이치는 1880년 와카야마현(和歌山縣)에서 태어났다. 1907년 도쿄제국대학 문과대학 사학과를 졸업하고, 같은 해 교토제국대학 대학원에 입학하지만, 1908년 도쿄로 돌아와 도쿄제실박물관의 수장 자료를 정리하는 일을 하였다. 1909년 세키노의 한국 조사에 조수로 내정된 이마니시 류(今西龍)가 다른 조사에 참가 중인 관계로 야쓰이가 대신 참가하게 되었다. 이때 야쓰이의 사진촬영 기술이 인선에 도움을 주었다고 한다. 이후 세키노가 서양으로 유학하기 전까지 실시한 거의 모든 조사의 실무를 담당하였고, 『조선고적도보』의 편집에도 주도적인 역할을 하였다. 그는 1909년도부터 많은 유적을 굴착 조사하였는데, 1913년의 고구려 유적 조사, 1916년의 낙랑 고분 발굴 조사를 현장에서 주도하였다. 그뿐만 아니라 부여 능산리 고분, 나주 반남면 고분군의 발굴 조사로도 알려져 있다. 총독부가 실시하는 정식 조사 이외 울산 등지에 산재한 왜성(倭城) 연구에도 힘을 쏟았다. 1921년 부친의 병으로 일본에 돌아간 후 와카야마시의 공안위원, 시의 문화재 보호위원, 회사 간부 등을 역임하다가 1959년(80세)에 사망하였다.

탈곡 작업(脫穀作業, threshing work)을 할 때 알곡과 쭉정이를 골라내는 도구인 키(箕, winnow)를 닮았다고 키 별(箕星, Winnow Star)이라고 했다. 뜨는 방향은 팔괘 방향(八卦方向)으로는 손방(巽方)에 속하고, 주역(周易)에서는 닭(鷄, rooster)으로 봐서 "4개의 주홍색 별로 마치 곡식을 까부르는 키(箕)의 모양이라네. 키 별 아래에 3개의 주홍색 별은 나무 절굿공이(木杵, wooden pestle)라고 하며, 키 앞에 있는 한 개의 검은 색 별이 곡식을 까부르는 키 앞에 검은 건 알곡의 껍데기(糠)이나네(四紅其狀似簸箕, 箕下三紅名木杵, 箕前一黑是糠皮)." 이렇게 '밤하늘을 걸어가면서 노래 한 자락(步天歌)'[684]을 읊었다. 여름철 별로 단오(端午, 5월 5일) 전후로 보이기 시작하면 각종 곡식 파종과 벼 못자리를 마련한다. 유두(流頭, 6월 6일)에는 바람을 봐서 보리 베기를 하고, 하지(夏至)에는 물을 다스리는 별(水掌星, a star governing the earth's waters)인 남두육성(南斗六星, South Dipper)을 보고 기우제(祈雨祭)를 지내기도 했다. 가을걷이하는 추석(秋夕, 8월 15일) 이후로 보인다. 중양(重陽, 9월 9일)에 사라진다. 따라서 한반도에서 하늘에 있는 농사 책력(農事冊曆, farming calendar)은 남두육성(南斗六星, South Dipper)이었다. 계절 따라 찾아오는 철새(봄철 제비, 여름 뜸부기, 가을 기러기, 겨울 청둥오리 등), 꽃(쌀밥 꽃, 보리밥 꽃, 조팝나무 등) 및 바람까지도 '자연의 농사 책력(Nature's Farming Calendar)'이 되었다.

한편 함안군(咸安郡) 말이산(末伊山)의 남두육성(南斗六星)을 새긴 시대

---

684 步天歌, 維基百科: "步天歌爲一部以詩歌形式介紹中國古代全天星官的著作, 現有多 个版本傳世; 最早版本始于唐代, 最广爲人熟知的是鄭樵 《通志·天文略》 版本, 此版本称爲 《丹元子步天歌》. 關于作者一說在宋代起有兩種說法, 北宋歐陽修等人認爲著作唐代開元年 間曾任右拾遺內供奉一職之王希明所撰, 但鄭樵 《通志·天文略》 中提到此歌乃爲隋朝一位 不知姓名的, 号曰丹元子的隱者所著. 而原歌附有星圖与文字匹配幷對照, 但鄭樵引述時却把 圖削去. 而有學者指 《通志》 中引述的非步天歌最早版本, 因民間有傳更貼近早期之版本, 而 最早版本至今還不見, 故原始作者嚴格來說還不可考."

를 짐작하고자, GPS에서 북위 34도 15분 49초에 소재하고 있다. 남십자성 (南十字星, Southern Cross)이 BP 3000년경에는 한반도 서울에서 보였는데 오늘날은 보이지 않는다. 그러나 이어도(離於島, 북위 32도 11분 11초) 아래 적도 인근으로 다가가야 보인다. 이는 지구와 별들의 세차운동(歲差運動, precession)[685]으로 인해 북반구에 있는 한반도에서는 남방별(southern stars)을 보기 어렵다. GPS로 측정한 북위 34도 15분 49초를 기초로 세차를 기준으로 탄성추계(彈性推計) 하면, BP 1,725±10년 정도로 A.D. 299년 이전에 별자리 성혈(star cup-mark)를 새겼다고 볼 수 있다.

685   Precession, Wikipedia: "Precession is a change in the orientation of the rotational axis of a rotating body. In an appropriate reference frame it can be defined as a change in the first Euler angle, whereas the third Euler angle defines the rotation itself. In other words, if the axis of rotation of a body is itself rotating about a second axis, that body is said to be precessing about the second axis. A motion in which the second Euler angle changes is called nutation. In physics, there are two types of precession: torque-free and torque-induced. In astronomy, precession refers to any of several slow changes in an astronomical body's rotational or orbital parameters. An important example is the steady change in the orientation of the axis of rotation of the Earth, known as the precession of the equinoxes."

5.

김부식(金富軾)의 『삼국사(三國史)』에
가야 역사가 없었던 이유는?

국립중앙박물관, 오늘날도 가야 역사에는 무관심으로 점철

우리나라의 가야사(伽倻史)에 대해서는 주류 국사학계에서도 잡다한 주장과 학설만이 난무하고 있다. 이와 같은 난맥상(亂脈狀)을 한눈에 볼 수 있는 건 국립중앙박물관(國立中央博物館)에 게시된 '가야 지도(伽倻地圖)'를 보면 6가야라고 초등학교(初等學校)에서 배웠는데 4개 가야 즉 금관가야(金官伽倻), 대가야(大伽倻), 소가야(小伽倻), 아라가야(阿羅伽倻)만이 그려져 있다. 성산가야(星山伽倻)와 고녕가야(古寧伽倻)는 아예 표시되어 있지 않았다.[686] 가야사를 연구하는 학생들이 자주 질문하는 것이 왜

686　오운홍, 『한국사 미스터리 5』: 가야인, 나라 세우러 온 것이 아니다. 시간의 물레, 2023. 8. 31. p. 17: "가야사는 주류 국사학계 내에서도 정리가 안 된 것 같다. 우선 국립중앙박물관의 '가야지도'를 소개한다. 지도를 보면 6 가야가 아닌 4개 가야 즉 금관가야, 대가야, 소가야, 아라가야만 표시하고 있다. 우리가 알고 있는 6가야 가운데 성산가야(星山伽倻)와 고녕가야(古寧伽倻)는 아예 표시되어 있지 않다. 학계는 6 가야국에 대하여 명확한 입장을 내어 밝히지 못하고 있

김부식(金富軾)의『삼국사(三國史)』에서 i) 신라에 대해서만 가야를 병탄(倂呑), 평정(平定), 투항(投降)이란 대상 국가로만 기록하고 있다. ii) 고구려 혹은 백제에 대해서는 가야를 한 줄도 언급하지 않았는데『삼국사(三國史)』라는 명칭에 걸맞게 고구려(高句麗), 백제(百濟)와 신라(新羅) 3국을 주인공으로 하더라도 가야는 삼국 사극에 조연(助演) 정도로 봤다.

2019, 『신국보보물전』,
삼국사, 문화재청

2018년 2월 22일 국보 322-1와 322-2호로 등록된『삼국사(三國史)』다. 책 표지에는 분명히『삼국사(三國史)』인데 왜『삼국사기(三國史記)』라고 문화재청에서 올렸는지? 물론 우리나라 사학계의 통설에 따랐다. "천자국(天子國)의 기록은 사(史)이고, 제후국의 기록은 기(記)다(天子歷史, 諸侯歷記)."라는 원칙에 따른 것이다. 이와 같은 이야기는 1909년 일본인 샤쿠오 슌조(釋尾春芿)가 편찬한『조선군서대계(朝鮮群書大系)』[687] 초판에서『삼국사기(三國史記)』라고 했다. 이후에 1913년 동경대학교(東京大學校) 문과대학의『사지총서본(史誌叢書本)』등에서 '삼국사기'로 기록했다. 물론 당시 우리나라 학자들도 '삼국사기'로 배워왔다.[688] 2024년

는 실정이다."

687   釋尾春芿, 朝鮮群書大系: "《朝鮮群书大系》 是近代日本帝国主义侵占朝鲜半岛以后编辑发行的大型汉文丛书.全书编辑出版于明治、大正之际, 即一九一二年前后, 日本侵占朝鲜半岛的初期(《日韩合并条约》 签署于一九一〇年八月). 署名主持编辑事宜者为朝鲜古书刊行会, 名誉赞成员包括朝鲜统监曾祢荒助、日本军队驻韩司令大久保春野, 韩国方面则有金允植、朴齐纯等, 皆为当时的著名人物.实际主持编辑事宜者释尾春[reng], 时任朝鲜杂志社社长、朝鲜古书刊行委员会代表, 同时兼理丛书编辑发行等事.各书整理者,

688   오재성, 국보 '삼국사', 이름 바로잡아라! 한국 NGO신문, 2020. 2. 6.: "2018년 2월 22일

현재도 '삼국사기(三國史記)'다. 일본인들은『일본서기(日本書紀)』가『삼국사기(三國史記)』보다 일목요연하다는 의미의 '벼리 기(紀)'로 사용하고 있다. 아마도, 동방예의지국 우리나라가 아무래도 황국신민(皇國臣民)의 도리를 다하고 있는 모양이다.[689]

언제부터 '삼국사기(三國史記)'라고 했는지를 확인하고자 조선왕조실록을 검색해 봤다. 총 33회 가운데 삼국사(三國史)가 24회, 삼국사기(三國史記) 9회나 나왔다. 최초로 삼국사기의 기록이 나온 왕조는 세조실록이었으며, 1464(세조 10)년 6월 29일자로 나왔는데, 동지중추원사(同知中樞院事) 양성지(梁誠之)의 상소문에 '삼국사기(三國史記)'라는 단어가 등장했다.[690] 이후로는 8번이나 삼국사기라는 기록이 나왔다. 세조 왕조 당시는

자로 지정된 국보 322-1, 322-2호의 이름은 『삼국사』다. 그런데, 그 책 표지는 '삼국사'다. 자신들도 좀 께름칙했는지 홈페이지에 책 표지 사진은 올리지 않고, '삼국사 목록'이라 적힌 내지 사진만 올려놓고 있다. 눈 가리고 아웅 하는 격의 한심한 행동이다. 일본인들이 볼 때 자신들이 조작해놓은 『삼국사』라는 책 이름을 국보에까지 그대로 쓰고 있는 우리가 얼마나 우습게 보일까를 생각하면 얼굴이 붉어진다. 1909년 일본인 세키오가 『조선군서대계(朝鮮群書大系)』의 첫 책을 출판하면서 처음으로 『삼국사』라고 했으며, 그 뒤 1913년 동경대학 문과대학의 사지총서본(史誌叢書本), 1931년 조선고서간행회본이 그대로 이었다. 일본인들이 '삼국사'라고 사기(詐欺)를 친 것이다. 우리나라 사람으로서는 처음 1914년 최남선이 편수·교감한 조선광문회의 일역 『삼국사』를 발행했고, 1940년~1977년까지 이병도가 『역주 삼국사』 전권을 출판했으며, 1961년 김종권, 1971년 이재호 등 1910년대 이후 우리나라 학자들이 출판한 책의 제목도 '삼국사'였다. 현재 역사 교과서를 포함한 모든 교과서나 학자들의 논문, 사전류 등에서도 '삼국사'로 통용되고 있다. 문제는 나라에서 1970년, 1981년에 보물로 지정했다가 2018년 국보로 승격 지정하면서도 타당한 이유 설명도 없이 '삼국사'라고 한 데 있다. 국민신문고를 통해 민원을 제기해도 우리 문화재를 제대로 보존해야 할 문화재청에서 '『고려사』와 『조선왕조실록』을 믿을 수 없다.'라는 억지까지 쓰면서 20세기에 일본이 만든 '삼국사'라는 이름을 고집하는 이유는 알 수가 없다. 뭔가 숨은 배경이 있는 듯이 느껴진다."

689   이을형, 중국과 일본의 역사 왜곡 어디까지 하고 있나<135>, '삼국사(三國史)'를 '삼국사기'로 표기는 잘못된 것이다. '삼국사' 재현으로 우리 역사 바로 찾아야 한다, 스카이데일리, 2019. 10. 26.

690   朝鮮王朝實錄, 世祖實錄三十參卷: 世祖十年(1464) 六月二十九日辛亥: "辛亥/同知中樞院事梁誠之上書曰: 臣竊惟經以載道, 史以記事, 非經, 無以澄出治之源, 非史, 無以考理亂之迹, 一經一史, 不可以偏廢也. 恭惟我主上殿下, 以武功定內難, 以文敎致太平, 每月朔望特召成

계유정난(癸酉靖難)에 대한 정당성을 사대 사상으로 덮고자 했다. 임진왜란 이후는 '재조지은(再造之恩)'이란 명분으로 이렇게 역사를 자학함으로써 사대적 충정(事大的忠貞)을 보였다.

그런데 일제 식민지 시기에는 일본인(日本人) 이마니시 류(今西龍)[691]의 주장은 "본국의 역사는 기전(紀傳)인데 제후국이나 속국의 역사는 잡기(雜記)다."라는 언급 이후에는 『일본서기(日本書紀)』와 『삼국사기(三國史記)』로 굳어졌다.[692] 일본 강점기는 황국신민(皇國臣民)의 도리를 다하기 위해서 삼국사

均學徒, 藝文詞臣, 親賜講論, 豈不與漢 明之執經問難, 唐宗之討論文籍, 同一盛心也哉? 今成均生, 則學官日講, 禮曹月講, 春秋都會, 三年大比, 若師儒得人, 則固可以作成人(村) 矣. 但須精擇藝文兼官二十人, 因其所長, 分爲理學, 史學二業, 定置治《周易》,《易學啓蒙》,《性理大全》者五人,《胡傳春秋》,《左傳春秋》,《史記》,《前漢書》者五人,《通鑑綱目》,《通鑑續編》,《宋元節要》者五人,《三國史記》,《東國史略》,《高麗全史》者五人 …."

691　a. 今西 龍(いまにし りゅう, 1875年 8月 15日 ~ 1932年 5月 20日)は, 日本の朝鮮史家, 京都帝国大学教授. 岐阜県池田郡池田野新田(現: 揖斐郡池田町)生まれ. 幼名は了哉. 1903年, 東京帝国大学文科大学史学科卒業. 1906年より慶州などで考古学の調査を行い, 1913年 粘蟬県碑を発見. 同年京都帝国大学講師となり, 1916年 助教授. 1922年に文学博士の学位を授与される. 1922年 から 1924年 まで北京に留学し, 1926年に京城帝国大学·京都帝国大学兼任教授となるが, 1932年に脳溢血のため56歳で死去した. 『新羅史研究』 近沢書店, 1933年(復刻版, 国書刊行会, 1988年) 『百済史研究』 近沢書店 1934年(復刻版, 国書刊行会, 1988年) 『朝鮮史の栞』 近沢書店 1935年(復刻版, 国書刊行会, 1988年) 『朝鮮古史の研究』 近沢書店 1937年(復刻版, 国書刊行会, 1988年) / b. 日本人の今西龍 本著龍 「本国の歴史」 は 「紀傳」 であるが, 諸侯国や属国の歴史を 「雑記」 という中国事例に沿って天皇国の歴史 「日本書紀」 に諸侯国(植民地朝鮮)の歴史は当然三国史記にならなければならない.

692　a. 史學批評的批評:《史通》 中的 《史記》 論析, 國立臺灣師範大學(his.ntnu.edu.tw): "《史記》 體裁的缺點, 是 《漢書》 轉而僅記一代之史的契機所 … 諸侯國的態勢而無復記載必要. 之外, 11其餘本紀, 列傳 … 然遷之以天子爲本紀, 諸侯爲世家, 天子爲紀傳, 諸侯爲記傳 … 斯誠謬矣." / b. 오운홍, 『한국사 미스터리 5』: 가야인, 나라 세우러 온 것이 아니다. 시간의 물레, 2023. 8. 31. pp. 102~103: "원래 책명이 '삼국사(三國史)'인데 왜 '삼국사기(三國史記)'가 되었나? 1970년 12월 30일 경주시 안강읍 옥산리 7번지 옥산서원에 있었던 '삼국사(三國史)'를 국가 보물 제525호로 지정했다. 고려 때 1145년 김부식이 편찬한 원본은 아니다. 조선 시대 복제해서 만들어진 3개 판본이 가운데 하나다. 조선 선조 6(1573)년 경주에서 목판본으로 찍어내어 옥산서원에서 보관했다. 보물 제722호로 지정된 '성암본'은 13세기 후반에 찍은 것으로 현존하는 최고의 '삼국사(三國史)'다. 제723호는 1512(중종 7)년 간행된 '정덕본'이다. 새 판본 모두가 표지에는 '삼국사(三國史)'라고 표기되어 있다. 그런데 '삼국사기(三國史記)'란 명칭은 1914년 일본

기로 표시해야 했다고 해도, 해방된 지도 70년이 넘었는데도 '새로운 친일애국(New Right)' 역사관을 이어받자는 것인지? 오늘날까지『삼국사(三國史)』를 국보로 등록하고도『삼국사기(三國史記)』라고 하는 이유는 모르겠다.

『삼국사(三國史)』에서 가야국 역사가 제외된 이유를 살펴보면

가야사에 관심을 가진 많은 사학자뿐만 아니라 학생들까지도 김부식(金富軾)이 1145년『삼국사(三國史)』를 편찬할 당시에 저본(底本)이 되었던 i) 우리나라의 고문헌으로는『신라고기(新羅古記)』,『신라고사(新羅古事)』,『삼한고기(三韓古記)』,『해동고기(海東古記)』,『계림잡전(鷄林雜傳)』,『화랑세기(花郞世記)』,『한산기(漢山記)』,『악본(樂本)』,『제왕연대력(帝王年代曆)』,『문집(文集)』,『김유신행록(金庾信行錄)』등이었고, ii) 중국 고문헌으로는『삼국지(三國志)』,『후한서(後漢書)』,『위서(魏書)』,『송서(宋書)』,『남북사(南北史)』,『신당서(新唐書)』,『구당서(舊唐書)』,『자치통감(資治通鑑)』,『진서(晉書)』등을 인용했다고 적고 있다. 여기에서 세부적 기록에는 고구려의『유기(留記)』와『신집(新集)』, 백제의『서기(書記)』, 그리고『신라고기(新羅古記)』와『신라고사(新羅古事)』에서 많이 의존한 흔적이 보인다. 1075년에서 1084년에 편찬된『가락국기(駕洛國記)』를 참고했다면 더 많은 가야 역사가 기록되지 않았을까 의문점을 갖게 된다.

『삼국사(三國史)』에 신라 본기, 고구려 본기 및 백제 본기의 기록을 살펴

어로 '삼국사기역(三國史記譯)'이라는 것이 조선총독부가 편찬한 '조선사'에 이어져 최남선, 이병도의 책에서도 '삼국사기(三國史記)'라고 적었고, 이후에 지금까지 '삼국사기(三國史記)'가 되었다. 이렇게 된 것에는 일본인 이마니시 류(今西龍)는 "본국의 역사는 '기전(紀傳)'인데 제후국이나 속국의 역사를 '잡기(雜記)'라고 했던 중국 사례를 따라 천황국 일본의 역사는 '일본서기(日本書紀)'에 제후국(식민지 조선)의 역사는 당연히 '삼국사기(三國史記)'가 되어야 한다."라는 논리였다.

보면 삼국이 서로 겨루거나 연합한 사례가 많았다. 지나(支那) 지역의 제국들 가운데 어느 국가와 연관성이 있으면 산발적으로 조연(助演)처럼 삼국과 관계를 기술했다. 그런데 가야(伽倻)는 삼국과 관계에서 신라 본기에서만 산발적으로 몇 군데에 보일 뿐이다. 고구려 본기(高句麗 本紀)나 백제 본기(百濟 本紀)에서는 아예 볼 수 없다. 신라 본기(新羅 本紀)에 기록된 가야의 관계 기술을 찾아보면 5개 왕조에 걸쳐 총 8건이 전부다. 이를 왕조별로 열거하면, i) 탈해이사금(脫解尼師今) 21(77)년, ii) 파사이사금(婆娑尼師今) 18(97)년과 23(102)년, iii) 지마이사금(祗摩尼師今) 4(115)년과 5년(116)년, iv) 법흥왕(法興王) 9(522)년과 10(532)년, v) 진흥왕(眞興王) 12(551)년과 23(562)의 기록이다. 이외 백제 본기와 고구려 본기에서는 가야(伽倻)와 관련된 기록이 없다.

이렇게 된 사유에 대해서 i) 편찬자 김부식(金富軾)의 본관이 경주 김씨(慶州金氏)이고 신라 왕족(新羅王族)은 아니지만 조·부모가 신라 사람이었다는 편향성(偏向性)을 제시한다. ii) 이는 당시 삼국의 강역을 한반도에 한정시켜서 봤다는 편향성(偏向性)이고, 사대적 사관(事大的 史觀) 혹은 식민지 사관(植民地 史觀)에서 벗어나지 못했다는 말이다. 왜냐하면, 가야의 강역(疆域)은 한반도의 남동부에 있었다. 그러나 고구려, 백제 및 신라의 중심 세력(中心勢力)은 한반도가 아니라 중국 대륙에 있었다는 증거다. 그런데 한반도 동남부에 있었던 석탈해(昔脫解)의 세력 다시 말하면 동신라(東新羅)를 말했다. 신라 본기에 기록된 것은 동신라 강역(東新羅 疆域)에서 일어났던 기록이다. 박혁거세(朴赫居世)가 건국했던 곳은 경주(慶州)라고 볼 수 있는 근거는 아무것도 없다. 그래서 대륙 신라(大陸新羅)라고 봐야 한다.[693]

---

693 상게서, p. 106~108

6.

웅주거목(雄州巨牧) 진주(晉州)가
고녕가야[694] 라니?

옛날 웅주거목(雄州巨牧), 진주(晉州)에 대해서

오늘날 '크다(大)'라는 말은 삼한 시대 고대어로는 '커다(居陀)', '거타(居陀)', '고타(古陀)' 혹은 '자타(子他)' 등으로 말했다. 당시는 이두(吏讀), 향찰(鄕札), 방점(方點) 혹은 음차(音借)를 빌려서 표기했다. 거타(居陀)는 지명

---

694 伽倻, 维基百科, 自由的百科全书, 伽倻(42年~562年), 亦称加耶、伽耶(韓語: 가야), 是位于朝鲜半岛南部洛东江流域由弁韩发展起来的一个国家联盟, 由许多小的城邦组成。伽倻后被朝鲜半岛三国之一的新罗所吸收。据 《三国遗事》 记载, 前 42年, 6个载有天子的大蛋从天而降. 6个男孩破壳而出, 12天后长大成人. 其中一个叫首露, 成了金官伽倻的国王。另外 5人分别建立了大伽倻、星山伽倻、阿罗伽倻、古宁伽倻和小伽倻. 據 《三國志》 記載, 弁韓諸國中有弁辰狗邪國. 狗邪和伽倻是對同一個國家或部落的不同的音譯. Sin, K.C 认为伽倻是 3世纪末期由弁韩部落发展起来以金官伽倻(狗邪)为中心的 6个联盟. 这一时期伽倻的战争增加, 丧葬习俗也发生变化. Sin, K.C 指出导致这些变化的原因是由于这一时期扶余人进入伽倻的统治层, 使伽倻采纳更为好战的思想意识和统治理念. 391年至 412年之间, 伽倻联盟在高句丽的压力下瓦解. 不过伽倻联盟的剩余仍保持着政治上的独立. 由于伽倻与百济联盟打新罗, 出于报复新罗 562年吞并了伽倻的剩余.

452
고녕가야(古寧伽倻)

엔 '큰 언덕(大丘)' 혹은 '큰 벌판(大野)'을 뜻했다. 대표적인 지명으로 오늘날 진주(晉州)를 '거타주(居陀州)'라고 했다. 신라 문무왕 2(A.D. 662)년 때 백제 거열성(居列城)을 빼앗아 '거타주(居陀州)'라고 했다. 신문왕 5(A.D. 685)년 거타주(居陀州)를 나눠 청주(菁州)로 했으며, 오늘날 진주(晉州)가 되었다. 경덕왕 16(A.D. 757)년에 거창군(居昌郡)으로 개칭했다. 이때 오늘날 진주시와 진양군 일부를 청주(菁州)에서 강주(康州)로 고쳐 9주의 하나가 되었다.

출처: 이병도, 한국사 고대편, 1959, 339면

고려 성종 14(A.D. 995)년에 오늘날 진주(晉州)가 되었고, 절도사(節度使)를 두었다.[695] 그런데 오늘날 거열산성(居列山城)은 경상남도 거창군 거창읍 상림리 산 45-21번지에 있는 삼국 시대 산성(新羅石城)으로 거열주(居列州)의 치소성(治所城)으로 추정하고 있다. 삼국 시대 신라와 백제의 영토 확장에 각축장(角逐場)이었다.[696]

---

695 거타주(居陀州), 한국민족문화대백과사전(encykorea.aks.ac.kr): "'거타'는 '크다'와 같은 말로서 '큰 언덕' 혹은 '큰 벌판'을 뜻한다. 거열성(居列城, 또는 居烈城)이라고도 하였으며, 고타(古陀)·거타(居陀)·자타(子陀 또는 子他) 등 현재 거창읍 상리에 당시의 거열성 터가 남아 있다. 662년(문무왕 2) 백제의 거열성을 빼앗아 주를 두었으며, 685년(신문왕 5) 거타주를 나누어 청주(菁州: 지금의 진주시)를 두었다. 757년(경덕왕 16) 지방 관제를 개혁하여 전국을 9주 5소경(小京)으로 할 때 지금의 이름인 거창군으로 고쳤으며, 이때 진주시·진양군 일대는 청주에서 강주(康州)로 고쳐져 9주의 하나가 되었다. 995년(성종 14) 지금의 이름인 진주가 되었으며 절도사를 두었다."

696 거창 거열산성 (居昌 居列山城), 문화재청: "경상남도 거창군 거창읍 상림리 산 45-21, 삼국 시대의 산성으로 면적 68,746㎡이다. 2020. 9. 24. 거열산성은 거열주(居列州)의 치소성(治所城)으로 추정되는 중요한 성곽으로 삼국 시대 신라와 백제의 영토 확장 각축장으로 문헌 기록에서 확인되는 거창지역 삼국 시대 산성 중 최대규모였다. 6세기 중엽에 조성된 1차성과 7세기

이와 같은 역사적 사실은『세종실록지리지(世宗實錄地理志)』에 진주목(晉州牧) 기록이 있다. "거열(居列)을 일명 거타(居陀)라고도(居列, 一名居陁) 했다."[697] 거타주(居陀州) ▷ 청주(菁州) ▷ 강주(康州) ▷ 진주(晉州) 등의 순으로 개칭해 왔다. 거타주(居陀州)를 한자로 표기하면 막연하게는 '대주(大州)'라고 할 수 있으나, 역사가들은 '웅주거목(雄州巨牧)'이라고 별칭했다. 그런 의미를 살려서 이병도(李秉道, 1896~1989)가 1959년에 저술한『한국사(고대편)』[698] 혹은 1976년 저술한『한국고대사연구』[699]에서 "여기에 부언(附言)할 것은『삼국유사(三國遺事)』오가야(五伽倻) 중의 고녕가야(古寧伽耶) 주(註)에 이를 함녕(함창)이라고 했으나, 그리고 보면 다른 가야(伽耶)와의 거리에 비해 너무 떨어져 있으므로 잘못된 비정(比定)인 듯하다. 나로서는 진주(晉州)의 고명(古名)인 거열(居烈)과 고녕(古寧)이 음근(音近)할뿐더러, 지리적 중요성(雄州巨牧)에 비추어 보아 진주에 비정하고 싶다(『한국사 1959년』 p. 388)."[700] 했던 게 금과옥조(金科玉條)가 되었다.

후엽 이후 1차성에 증축된 2차성의 구조가 학술조사를 통해 확인되었다. 신라 석성 축성법의 변화 과정을 구체적으로 확인할 수 있는 등 역사적·학술적 가치가 뛰어나다."

697 世宗實錄地理志, 晉州牧: "百濟 居列城, 新羅 文武王二年癸亥, 【卽唐 高宗 龍朔三年.】 取以爲州. 神文王四年乙酉, 【卽唐 垂拱元年.】 陞居列州, 爲菁州, 置摠管. 【居列, 一名居陁】 景德王改爲康州, 惠恭王復爲菁州, 高麗 太祖又改康州. 成宗二年癸未, 初置十二牧, 卽其一也. 乙未, 置十二州節度使, 號晉州定海軍節度使. 顯宗三年壬子, 廢節度使, 改爲按撫使, 戊午, 定爲晉州牧, 爲八牧之一. 本朝太祖元年壬申, 以顯定 康氏內鄕, 陞爲晉陽大都護府. 太宗二年壬午, 還爲晉州牧. 屬縣三, 班城. 【三國時稱號, 未詳.】 永善, 本一善縣, 景德王改名尙善, 爲固城郡領縣, 高麗改今名. 岳陽, 本小多沙縣, 景德王改今名, 爲河東郡領縣. 【右三縣, 顯宗戊午, 皆屬州任內.】 部曲二, 花開谷,薩川谷. 【右二部曲長, 皆剃頭, 稱爲僧首, 方言聲轉, 今爲矢乃.】

698 李秉道, 《韓國史(古代編)》(김재원 공저), 震檀學會編, 乙酉文化史, 1959, 1965년 수정판(730쪽). 1980년 16판(70쪽, 부록 색인 31쪽, 歷代王室系譜外 圖表).

699 李秉道, 《韓國古代史研究》, 박영사, 1976, 2001(818쪽).

700 최원호, 경북 상주·함창의 고녕가야 유적지를 가다. 자전거유목민(blog.naver.com), 2022. 6. 19.: "… 이에 대해 이병도 박사는 '한국 고대사 연구' 제3장 가야 제국의 연맹체에서 말

옛 선인들은 역사적 사실을 어떤 방법으로 비정했을까?

중국의 『사기(史記)』 및 『후한서(後漢書)』 등의 각종 사서(各種史書)나 우리나라 김부식(金富軾)의 『삼국사(三國史)』 등에서 편찬의 대원칙은 '대의명분(大義名分)'과 '춘추필법(春秋筆法)'이었다. 그러나 정약용의 『아방강역고(我邦疆域考)』에서는 실증적 사물고증(實證的 四物考證)에 충실했다. 즉 사증법(四證法)[701]으로 사증(史證), 인증(人證 혹은 辭證), 물증(物證) 및 사증(事證)이 있었다. 실학자들이 증거를 판단하는 기준(원칙)은 고귀성(古貴性), 인과성(因果性), 동일과정성(同一過程性) 및 현실성(現實性)이라는 잣대에 따라 판단해서 비정했다.

이에 기반을 둔 오늘날 증거 재판에서는 증거중심변론(證據中心辯論)과 자유심증주의(自由心證主義)에서 '실체적 진실(real fact)'을 밝히고 있다. 우리나라 형사소송법 및 민사소송법에서 똑같이 증거로는 당사자(피고, 원고), 증인(목격자, 참고인), 증거품(감정, 진단, 검증), 서증(書證: 공문서, 사문서, 전자문서 혹은 포렌식, 준문서) 등을 종합적으로 분석하고 있다. 증거를 판단하는 원칙(採證法則)으로 경험칙(經驗則), 반금언칙(反禁言則), 평등칙(平

하기를 "여기에 부언(附言)할 것은 <삼국유사> 오가야(五伽倻) 중의 고녕가야(古寧伽耶) 주(註)에 이를 함녕(함창)이라고 했으나, 그리고 보면 다른 가야(伽耶)와의 거리에 비하여 너무 떨어져 있으므로 잘못된 비정(比定)인 듯하다. 나(지정스님)로서는 진주(晉州)의 고명(古名)인 거열(居烈)과 고녕(古寧)이 음근(音近) 할뿐더러, 지리적 중요성(雄州巨牧)에 비추어 보아 진주에 비정하고 싶다."라면서 함창의 고녕가야를 부인하고 진주를 설정했다. 특이한 사항은 진주 고녕가야를 설정하면서 <삼국유사>만 인용하고 본인이 직접 번역한 <삼국사기> '함창 고녕가야' 부분은 전혀 언급하지 않았다."

701　法華經 安樂行品: "四種法寶, 敎理行果 第一四三六集: "法有四種, 我們要用心去了解. 一是「敎法, 二是理法., 三是行法. 四是果法, 這叫做敎理行果.法有四種: 一敎法: 三世諸佛所說破無明煩惱; 二理法: 於敎法所詮之義理; 三行法: 依理而行之戒定慧; 四果法: 有爲無爲之行證果 …."

等則), 비례칙(比例則) 및 실험칙(實驗則) 등으로 꼼꼼히 따져보고 있다. 최근에는 다단계화(multi-levelization), 복잡화(complication), 국내외연계화(domestic and international linkages), 국제적 역학관계(international dynamics) 등으로 단순판단이 어려울 때는 별도의 합리적인 판단모델을 만들어 대법원이나 헌법재판소에서는 재판한다.

아무리 사이비 역사가(似而非 歷史家)라도 역사적 사실을 비정(比定)하는 데에 있어 타임라인(time line)을 무시하더라도, 국어학자라도 의미론(意味論), 발음론(發音論), 어휘론(語彙論), 언어구조론(言語構造論)과 언어학사(言語學史) 등을 따져본다. 역사학자라면 A.D. 1세기 이전의 고대 국가(古代國家)의 영토상 특징(territorial characteristics)은 백리소국(百里小國)[702] 혹은 백리강역(百里疆域)이었다. 오늘날 용어로 생활 권역(Living Area)이고 속된 일본어 표현으로 '조직폭력배의 권역(組織暴力輩のなわばり)'을 참고해야 한다. 1959년 당시도 함창과 진주는 일일 생활권에 속했다고 해도, 그렇다고 고녕가야(古寧伽倻) 때도 같았다고 봤다면 "할아버지 그때 밥을 못 먹었다면 라면을 삶아 먹었으면 되었을 것인데요."라고 대답하는 손자 꼴이다.

초등학생의 몽니와 같은 이병도의 비정이 이렇게까지

이와 같이 "거열(居列)과 고녕(古寧)이 음근(音近)하다."라는 이유만으로 고녕가야가 오늘날 진주에 있었다고 비정(比定)했다. 여기서 비정(比定)이란 낱말 뜻은 '비교(比較)하여 정(定)함.'이다. 적어도 2~3가지 항목과 세목

---

702 孟子, 梁惠王上篇: "孟子對曰, 地方百里而可以王. 百里, 小國也. 然能行仁政, 則天下之民歸之矣. 王如施仁政於民, 省刑罰, 薄稅斂, 深耕易耨. 壯者以暇日修其孝悌忠信, 入以事其父兄, 出以 …."

으로 판단 모형(judgment model)을 만들어 비교·분석해서 비정해야 했다. 거렬(居列)과 고녕(古寧)에 음근(音近)이라고는 머리글자(頭音)에 기역(ㄱ) 자만 같다. 초등학생의 몽니라면 귀엽게 봐줘야 하겠지만, 한국사의 태두(泰斗) 이병도(李秉道)께서 그렇게 말씀하시니. 그래서 '한국민족문화백과사전'의 고녕가야(古寧伽倻)에서 "고령가야를 지금의 진주(晉州) 지방에 비정(比定)하는 견해도 있다. 그 근거로 진주(晉州)의 옛 이름 거렬(居列)이 고녕(古寧)과 음이 비슷하다는 것을 들고 있으나, 언어학적(言語學的)으로 (받아들이기에) 어려움이 있다."라고 적고 있다.[703]

그뿐만 아니라 진주시에는 1994년『진주시사상권(晉州市史上卷, p. 300)』, 2024년 5월 8일 현재 진주시 누리집(homepage)에서도 "가야 시대 고녕가야(古寧伽倻)의 고도(古都)로, 삼국 시대에는 백제의 거열성(居列城)으로, 통일신라 시대에는 거열주(居列州), 청주(菁州), 강주(康州)로 개칭되었고…"[704]라고 소개하고 있다. 이에 대해 진주시의회 '가야사 연구회'를 결성하여[705] 현장 답사 및 전문가 초빙 강연 등을 통해서 "진주(晉州)는 고녕

---

703   고령가야(古寧加耶), 한국민족문화대백과사전: "고령가야(古寧加耶)라는 이름은 『삼국유사(三國遺事)』 5가야조(五加耶條)와 『삼국사기(三國史記)』 지리지(地理志) 상주(尙州) 고령군조(古寧郡條)에 보이고 있다. 『삼국유사』 5가야조에는 고려 시대의 함녕(咸寧)이라고 하였다. 함녕은 지금의 경상북도 상주시 함창읍의 이름으로 남아 있다. 대체로 지금의 함창(咸昌)을 중심으로 한 가야이다. 한편, 고령가야를 지금의 진주(晉州) 지방에 비정하는 견해도 있다. 그 근거로 진주의 옛 이름 거렬(居列)이 고령과 음이 비슷하다는 것을 들고 있으나, 언어학적으로 어려움이 있다."

704   진주시청 홈페이지(jinju.go.kr) 2023. 5. 8.: (연혁) "가야 시대에 고령가야의 고도로, 삼국 시대에는 백제의 거열성으로, 통일신라 시대에는 거열주, 청주, 강주로 개칭되었고, 고려 태조 23년(940년)에 처음으로 진주로 개칭되었으며 성종 2년(983년)에 전국 12목 중의 하나인 진주목이 되었다."

705   최하늘, 서정인·김형석 진주시의원 연구단체 등록 신청, 진주신문, 2022.8.30.: "김형석 의원 '지역 상권 활성화', 서정인 의원 '가야사 연구' 제안 9월부터 11월까지 연구 진행 후 보고서 통해 의정 활성화 …."

가야(古寧伽倻)가 아니다."라는 결론을 내렸다. "고녕가야(古寧伽倻)와 소가야에 대한 역사적 학설이 한 권(晉州市史) 내에서도 모순을 보인다. 이를 해명하는 일은 지역의 정체성은 물론 지역민의 자부심과도 연결된다."라고 끝맺음을 지었다. 이에 진주시는 2023년 9월에 14억 원을 용역 발주하여 2024년 상반기에 완료할 계획이었다.[706]

706 a. 김현후, '고령가야 아닌 소가야 계통' 진주 역사 60여 년 만에 바뀌나, 국제뉴스, 2023. 12. 18.: "진주시 누리집에는 과거 진주시가 가야시대에 고령가야였다고 명시돼있는데, 최근 지역에서 이를 반박하는 연구결과가 나오고 있다. … '이를 해명하는 일은 지역의 정체성은 물론 지역민의 자부심과도 연결된다.'라고 역사적 인식의 중요성을 강조했다. 한편 진주시는 15억 원으로 진주시사 편찬 작업을 준비 중이며, 내년 상반기 중 집필진을 구성하고 본격적인 집필에 들어갈 예정이다." / b. 서정인, 5분 발언, 진주시의회(jinjucl.com), 제252 제2차 정례회, 2023. 12. 12.: "진주는 고령가야가 아니라 소가야 계통입니다. 도시환경위원회 서정인 의원 … 이 책은 약 30년 전, 그러니까 1994년 진주시와 진양군이 통합되기 직전 마지막으로 발행된 진주시사 상권(300면)입니다. 이 책 앞부분 진주시 연혁, 가야 시대를 보면 'A.D. 42년에 시작된 가야 시대에는 가야 연맹의 고령가야로 추측되고, 삼국 시대 후기에 와서는 백제의 영역 안에서 거열성으로 불려지다가 신라에 병합되었다.'라고 기록이 되어 있습니다. 이 책뿐 아니라 2001년도 발간된 진주시 의회사에서도 이와 비슷하게 '고령가야의 고도로 추정된다.'라고 기술하고 있습니다. … 같은 책 진주시사 300페이지를 펴 보겠습니다. 이 지역 사람들은 진주의 자존심과 향토애가 작용하여 가야를 대표하는 6가야 중의 하나인 고령가야가 있었다는 주장을 아무런 비판 없이 주장하고 또 받아들이고 있습니다. 그러나 고고학의 입장으로 봤을 때 이 지역에 6가야 중의 하나인 고령가야가 있었을 가능성은 전혀 없으며, 어떤 정치집단이 있었더라도 작은 가야 소국 중의 하나일 것으로 생각한다.'라고 기술되어 있습니다. 진주시사 한 권의 책에 앞에서는 고령가야가 있었을 것으로 추정하고 뒤 서술 부분에서는 고령가야가 아니라고 말하고 있습니다. … 이 책은 지금부터 65년 전, 그러니까 1959년 진단학회 이병도라는 역사학자가 쓴 한국사 고대편입니다. 이분은 일제 강점기 '조선사 편수회'에서 활동한 식민사학자 중 대표적인 사람입니다. 이 책 388페이지를 펴 보도록 하겠습니다. 아라가야는 현 함안, 대가야는 현 고령, 성산가야는 현 성주, 소가야는 현 고성, 고령가야는 현 진주? 그리고 고령가야 진주에는 물음표가 붙어 있습니다. 다음 페이지 가야 연맹 지도에서도 진주지역 고령가야에 물음표가 붙어 있습니다. 그리고 필자는 각주에서 이렇게 설명하고 있습니다. '고령가야는 주에서 함녕이라고 했으나 다른 가야와 거리를 비교하면 너무도 떨어져 있으므로 저 상주 위쪽이니까요, 잘못된 비정인 듯하고, 비교하여 정한 듯하고, 나로서는 진주의 옛 지명 거열이라든지 거타라든지 그런 이름과 그리고 거리를 고려해서 진주에 비정하고 싶다.' 이렇게 매우 역사책에는 보기 드문 애매한 표현을 하고 있습니다. 그러니까 진주의 옛 지명 거열과 거타가 첫 음이 기역이고 고령도 기역이니까 그 말이 비슷하고, … 이 일 이후 '진주는 고령가야로 추정한다.'라는 하나의 학설로 고정화된 것입니다. … 마침 우리 시에서는 30년 만에 14억의 예산으로 진주시사 편찬 사업을 착수하여 지 9월에 진주시사 편찬을 위한 용역을 마치고 내년 상반기 중으로 본격적으로 집필에 들어갈 예정입니다 …."

모든 분께 깊이 감사를

고녕가야(古寧伽倻) 국명부터 오늘날 고령(高靈) 지명과 함창의 옛 지명 고녕(古寧)으로 혼용함에서 고령가야라고 하면 i) 고령의 대가야(大伽倻)를 고령가야(高靈伽倻)라 하는지? ii) 오늘날 함창의 옛 지명 고녕(古寧)에 있었던 고녕가야(古寧伽倻)를 말하는지도 헷갈리게 된다. iii) 고령가야(高靈伽倻)와 구분하기 위해서 고녕가야(古寧伽倻)라고 한다. 이제까지 모든 자료에서는 고령가야(古寧伽倻)로 되어있다. 그래서 최근 새롭게 발견된 가야 국가로 오해할 수 있다. 지금까지는 그랬으나, 앞으로는 함창(咸昌)에 있었던 옛 가야 국가는 고녕가야(古寧伽倻)로 못 박고자 한다. 마치 벽창우(碧昌牛)가 끄는 쟁기처럼 온갖 걸 갈아엎으며 앞으로 나가고자 한다.

고녕가야(古寧伽倻)는 우리가 늘 먹는 꽈배기 혹은 분자생물학에서 이중나선구조와 같다. 사학계에 통일된 학설이나 확실한 판단모델에 의해 비정(比定)된 바도 없다. 가야사에선 i) 건국 연대가 김부식(金富軾)의 『삼국사(三國史)』엔 A.D. 42(後漢 光武帝 建武 18)년 즉 임인년(壬寅年)이다. 정인지(鄭麟趾)의 『고려사(高麗史)』에선 A.D. 43(儒理尼師今 18)년 신축년(辛丑年)이

다. 이를 정약용(丁若鏞)의『아방강역고(我邦疆域考)』에선 '고귀야 원칙(古貴也 原則)'에 따라『삼국사』의 임인년(壬寅年)으로 비정했다. ii) 고녕가야(古寧伽倻)의 멸망 연대를 함창 김씨 족보(咸昌金氏族譜, 金德九, 1934)에서는 제3대 이현왕(利賢王, 220~254) 말년과 일치시켰다. 함창김씨 족보상의 고녕가야 멸망연대는 여타 역사서의 연대와 일치된다. 그런데 1979년 함창 김씨 종친회 발간『고녕가야대관(古寧伽倻大觀)』에서는, 멸망 연대기 적용과 내용상, 여타 가야국의 건국과 멸망의 타임라인과 내용상에, 약간의 오차가 조금은 발견되기도 했다. A.D. 505(智證王 6)년에 이사부(異斯夫)의 마숙희 전략(馬叔戲戰略)으로 고녕가야(古寧伽倻)가 멸망했다고 했는데. 이는 연대기와 내용 적용상에 대가야의 것과 다소간 착오가 있었던 듯하며, iii) 오늘날 함창 땅에 고녕가야(古寧伽倻)가 존속하고 있을 때『삼국지(三國志)』위지 동이전에서 '호로국(戶路國)'이 이미 있었다며, 고대어에 음근하다는 이유로 '고로국(古露國)'을 '호로국(戶路國)'으로 되바꿨다.

또한, iii) 국명은 고녕가야(古寧伽倻) 지명은 '고녕군(古寧郡)' A.D. 757(景德王 16)년 이후에 생겼다고. 심지어 A.D. 293(儒禮尼師今 10)년 2월에 사

벌국 호민 80호를 사도성(沙道城)에 사민(徙民)할 때 '고녕가야 왕족' 주장이라는 끝판왕도 있다. iv) 오늘날 진주시 시의회에서 고녕가야(古寧伽倻)의 강역이 아닌 소가야(小伽倻)라는 고고학적 유물의 반론이 제기되었다. 1959년 이병도(李秉道)의 저서『한국사 고대편』에서 진주의 옛 지명 '거열(居列)' 혹은 '거타(居陀)'가 고녕가야의 '고녕(古寧)'과 음근(音近)하기에 진주를 고녕가야(古寧伽倻)의 강역으로 비정하고 싶다(388면)고 했다. 역사학계 태두 이병도의 바람대로 그렇게 확정했다. 1994년 진주시사(晉州市史, 300면) 및 누리집(현재 홈페이지)에서 고녕가야(古寧伽倻)로 적었다. 그러나 출토 유물로는 하나같이 소가야(小伽倻)라서 시민의 자존심을 위해 진주시사 개편 작업을 시작했다.

바라옵건데, 이번『고녕가야(古寧伽倻)』책에서 확실하게 비정하지도 못한 것은 앞으로 후생가외(後生可畏)의 분석 연구를 기대한다. 가장 먼저 지방자치단체에서 '향토사 바로 세우기 차원'에서 관심을 쏟아주시길, 관련 학계와 지역사회에서 가야사 연구가 축심(軸心)이 되기를, 함창 김씨 종친회 등에서도 현창사업(顯彰事業)으로 미확인 혹은 비정된 사실을 연구해 주시길 바라오며 덧붙어 가야연구에 많은 학위 논문, SNS를 통한 역사적인 지식의 공유가 활발하기를 기원하며, 본서가 그 일에 보탬이 되기를 희망합니다.

끝으로 오늘에『고녕가야(古寧伽倻)』라는 책이 출판되기까지의 그 지난(至難)한 과정 과정마다 힘이 되도록 도와주신 모든 분께 감사를 드립니다. i) 역사 현장의 확인과 유적(유물)을 실측함에 동행·지원해두신 이정웅 '팔거 역사·문화 아카데미' 회장님, 한영기 이사님, 특히 차량 지원과 손수 운전까지 해주신 김형일 이사님을 비롯해 ii) 함창읍 고인돌 성혈 실측에 장소 등을 알려 주시고, 관련 내용 등을 협조해 주신 봉천사 지정 스님 그리고 고로왕릉(古露王陵)과 왕비릉(王妃陵)의 현장 안내와 관련 자료를 챙겨 주신 김홍희(金弘熙) 함창 김씨 대종회 상임 부회장님과 많은 격려와 지지를 보내 주신 김상옥(金相玉) 수도권 종친 회장님께 깊이 감사를 드립니다. 마지막으로 '생각나눔' 출판사 이기성 사장님을 비롯하여 모든 직원님께도 사례를 드립니다.

2024년 10월

김도상과 이대영이 함께 드림

원문(原文) 참고 자료

駕洛國記

(三國遺事, 高麗文廟朝, 大康年間, 金官知州事, 文人所撰也. 今略而載之)

開闢之後. 此地未有邦國之號. 亦無君臣之稱. 越有我刀干, 汝刀干, 彼刀干, 五刀干. 留水干. 留天干. 神天干. 五天干. 神鬼乾等九干者. 是酋長領總百姓凡一百戶. 七萬五千人. 多以自都山野. 鑿井而飮耕田而食. 屬後漢世祖光武帝建武十八年王寅三月禊洛之日.

所居北龜旨(是峰巒之稱若十朋伏之狀故云也) 有殊常聲氣呼喚. 衆庶二三百人集會於此. 有如人音. 隱其形而發其音曰. 此有人否. 九干等雲. 吾徒在. 又曰. 吾所在爲何. 對雲龜旨也. 又曰. 皇天所以命我者. 御是處. 惟新家邦. 爲君後. 爲玆故降矣. 爾等須掘峰頂撮土歌之雲. 龜何龜何. 首其現也. 若不現也. 燔灼而喫也. 以之蹈舞. 則是迎大王. 歡喜踴躍之也. 九干等如其言. 咸忻而歌舞. 未幾仰而觀之. 唯紫繩自天垂而著地. 尋繩之下. 乃見紅幅裏金合子. 開而視之. 有黃金卵六圓如日者. 衆人悉皆驚喜. 俱伸百拜. 尋環. 裹著抱持而歸我刀家寘榻上. 其衆各散. 過浹辰. 翌日平明衆庶復相聚集開合. 而六卵化爲童子. 容貌甚偉. 仍坐於床. 衆庶拜賀. 盡恭敬止. 日日而大. 踰十餘晨昏. 身長九尺則殷之天乙. 顏如龍焉則漢之高祖. 眉之八彩則有唐之高. 眼之重瞳則有虞之舜. 其於月望日卽位也. 始現故諱首露. 或雲首陵(首陵是崩後諡也).

國稱大駕洛. 又稱伽耶國. 卽六伽耶之一也. 餘五人各歸爲五伽耶主. 東以黃山江. 西南以滄海. 西北以地理山. 東北以伽耶山南而爲國尾. 俾創假宮而入御. 但要質儉. 茅茨不剪. 土階三尺. 二年癸卯春正月. 王若曰. 朕欲定置京都. 仍駕幸假宮之南新畓坪(是古來閑田. 耕作故云也. 畓乃俗文也) 四望山嶽. 顧左右曰此地狹小如蓼葉然而秀異. 可爲十六羅漢住地. 何況自一成三. 自三成七. 七聖住地. 固合於是. 托土開疆. 終然允臧歟. 築置一千五百步周迴羅城. 宮禁殿宇. 及諸有司屋宇. 虎庫倉廩之地. 事訖還宮. 遍徵國內丁壯人夫工匠. 以其月二十日資始金陽. 暨三月十日役畢. 其宮闕屋舍. 候農隙而作之. 經始

於厥年十月. 逮甲辰二月而成. 涓吉辰御新宮. 理萬機而懃庶務.

忽有琓夏國含達王之夫人妊娠. 彌月生卵. 卵化爲人. 名曰脫解. 從海而來. 身長三尺. 頭圓一尺. 悅焉詣闕. 語於王雲. 我欲奪王之位. 故來耳. 王答曰. 天命我俾卽於位. 將令安中國而綏下民. 不敢違天之命. 以與之位. 又不敢以吾國吾民. 付囑於汝. 解雲. 若爾可爭其術. 王曰可也. 俄頃之間. 解化爲鷹. 王化爲鷲. 又解化爲雀. 王化爲鸇. 於此際也. 寸陰未移. 解還本身. 王亦復然. 解乃伏膺曰. 僕也適於角術之場. 鷹之鷲. 雀之於鸇. 獲免焉. 此蓋聖人惡殺之仁而然乎. 僕也與王. 爭位良難. 便拜辭而出. 到麟郊外渡頭. 將中朝來泊之木道而行. 王竊恐滯留謀亂. 急發舟師五百艘而追之. 解奔入雞林界. 舟師盡還.

事記所載多異與新羅. 屬建正二十四年戊申七月二十七日. 九乾等朝謁之次獻言曰. 大王降靈已來. 好仇未得. 請臣等所有處女絶好者. 選入宮闈. 俾爲伉儷王曰. 朕降於茲天命也. 配朕而作后. 亦天之命. 卿等無慮. 遂命留天干押輕舟. 持駿馬. 到望山島立待. 申命神鬼干就乘岾(望山島. 京南島嶼也. 乘岾. 輦下國也). 忽自海之西南隅. 掛緋帆. 張茜旗. 而指乎北. 留天等先擧火於島上. 則競渡下陸. 爭奔而來. 神鬼望之. 走入闕奏之. 上聞欣欣. 尋遣九乾等. 整蘭橈. 揚桂楫而迎之.

旋欲陪入於內. 王后乃曰. 我與等素昧平生焉. 敢輕忽相隨而去. 留天等返達后之語. 王然之. 率有司動蹕. 從闕下西南六十步許地. 山邊設幔殿祗候. 王后於山外別浦津頭. 維舟登陸. 憩於高嶠. 解所著綾袴爲贄. 遺於山靈也. 其地侍從媵臣二員. 名曰申輔趙匡. 其妻二人. 號慕貞慕良. 或臧獲並計二十餘口. 所齎錦繡綾羅. 衣裳疋段. 金銀珠玉. 瓊服玩器. 不可勝記. 王后漸近行在. 上出迎之. 同入帷宮. 媵臣已下衆人. 就階下而見之卽退. 上命有司. 引媵臣夫妻曰. 人各以一房安置. 已下臧獲各一房五六人安置. 給之以蘭液蕙醑. 寢之以文茵彩薦. 至於衣服疋段寶貨之類. 多以軍夫遴集而護之. 於是王與后共在御國寢, 從容語王曰. 妾也阿踰陀國公主也. 姓許名黃玉. 年二八矣. 在本國時. 今年五月中. 父王與皇后顧妾而語曰. 爺孃一昨夢中. 同見皇天上帝. 謂曰. 駕洛國元君首露者. 天所降而俾御大寶. 乃神乃聖. 惟其人乎. 且以新花家邦. 未定匹偶. 卿等須遣公主而配之. 言訖升天. 形開之後. 上帝之言. 其猶在耳. 儞於此而忽辭親向彼乎. 往矣.

妾也浮海遐尋於蒸. 移天夐赴於蟠桃. 蠐首敢叨龍顏是近. 王答曰. 朕生而頗聖. 先知公主自遠而屆. 下臣有納妃之請. 不敢從焉. 今也淑質自臻. 眇躬多幸. 遂以合歡. 兩過淸宵. 一經白晝. 於是遂還來船. 篙工楫師共十有五人. 各賜糧粳米十碩. 布三十疋. 令歸本國. 八月一日迴鑾. 與后同輦. 媵臣夫妻齊鑣並駕. 其漢肆雜物. 感使乘載. 徐徐入闕. 時銅壺欲午. 王后爰處中宮. 敕賜媵臣夫妻. 私屬. 空閑二室分入. 餘外從者以賓館. 一坐二十餘間. 酌定人數. 區別安置. 日給豐羨. 其所載珍物. 藏於內庫. 以爲王后四時之費.

一日上語臣下曰. 九乾等俱爲庶僚之長. 其位與名. 皆是宵人野夫之號. 頓非簪履職位之稱. 儻化外傳聞. 必有嗤笑之恥. 遂改我刀爲我躬. 汝刀爲汝諧. 彼刀爲彼藏. 五方爲五常. 留水留天之名. 不動上字. 改下字留功留德. 改爲神道. 五天改爲五能. 神鬼之音不易. 改訓爲臣貴. 取雞林職儀. 置角干阿叱干級干之秩. 其下官僚. 以周判漢儀而分定之. 斯所以革古鼎新設官分職之道歟. 於是乎理國齊家. 愛民如子. 其敎不肅而威. 其政不嚴而理.

況與王后而居也. 比如天之有地. 日之有月. 陽之有陰. 其功也塗山翼夏. 唐媛興嬌. 頻年有夢得熊羆之兆. 誕生太子居公. 靈帝中平六年己巳三月一日後崩. 壽一百五十七. 國人如嘆坤崩. 葬於龜旨東北塢. 遂欲忘子愛下民之惠. 因號初來下纜渡頭村曰主浦村. 解綾袴高岡曰綾峴. 茜旗行入海涯曰旗出邊. 媵臣泉府卿申輔宗正監趙匡等到國三十年. 後各產二女焉. 夫與婦踰一二年而皆拋信也.

其餘臧獲之輩. 自來七八年間. 未有玆子生. 唯抱懷土之悲. 皆首丘而沒. 所舍賓館. 圓其無人. 元君乃每歌鰥枕. 悲嘆良多. 隔二五歲. 以獻帝立安四年己卯三月二十三日而殂落. 壽一百五十八歲矣. 國中之人若亡天. 只悲慟甚於後崩之日. 遂於闕之艮方平地. 造立殯宮. 高一丈. 周三百步而葬之. 號首陵王廟也.

自嗣子居登王洎九代孫仇衝之享是廟. 須以每歲孟春三之日. 七之日/ 仲夏重五之日. 仲秋初五之日. 十五之日. 豐潔之奠. 相繼不絶. 洎新羅第三十王法敏龍朔元年辛酉三月日. 有制曰. 朕是伽耶國元君九代孫仇衝王之降於當國也. 所率來子世宗之子率友公之子庶雲匝干之女文明皇后寔生我者. 玆故元君於幼沖人. 乃爲十五代始祖也.

所御國者已曾敗. 所葬廟者今尚存. 合於宗祧. 續乃祀事. 仍遣使於黍離之趾. □近廟上上田三十頃. 爲供營之資. 號稱王位田. 付屬本土. 王之十七代孫賡世級干祇禀朝旨. 主掌厥田. 每歲時釀醪醴. 設以餅飯茶果庶羞等奠. 年年不墜. 其祭日不失居登王之所定年內五日也. 芬苾孝祀. 於是乎在於我. 自居登王卽位己卯年置便房. 降及仇衝朝. 來三百三十載之中. 享廟禮曲. 永無違者. 其乃仇衝失位去國. 逮龍朔元年辛酉. 六十年之間. 享是廟禮. 或闕如也.

美矣哉文武王(法敏王諡也). 先奉尊祖. 孝乎惟孝. 繼泯絶之祀復行之也. 新羅季末有忠至匝干者. 攻取金官高城. 而為城主將軍. 爰有英規阿干. 假威於將軍. 奪廟享而淫祀. 當端午而致告. 祠堂梁無故折墜. 因覆壓而死焉. 於是將軍自謂. 宿因多幸. 辱為聖王所御. 國城之奠. 宜我畫其眞影. 香燈供之. 以酬玄恩. 遂以鮫絹三尺摸出眞影. 安於壁上. 旦夕膏炷(香燭). 瞻仰虔至. 才三日. 影之二目流下血淚. 而貯於地上. 幾一斗矣. 將軍大懼. 捧持其眞. 就廟而焚之. 卽召王之眞孫圭林而謂曰. 昨有不祥事. 一何重疊. 是必廟之威靈. 震怒余之圖畫而供養不孫. 英規旣死. 余甚怪畏. 影已燒矣. 必受陰誅. 卿是王之眞孫. 信合依舊以祭之. 圭林繼世奠醇. 年及八十八歲而卒.

其子間元卿. 續而克禋. 端午日謁廟之祭. 英規之子俊必又發狂. 來詣廟. 俾徹間元之奠. 以己奠陳享. 三獻未終. 得暴疾歸家而斃. 然古人有言. 淫祀無福. 反受其殃. 前有英規. 後有俊必. 父子之謂乎. 又有賊徒. 謂廟中多有金玉. 將來盜焉. 初之來也. 有躬摽甲冑. 張弓挾矢. 猛士一人. 從廟中出. 四面雨射. 中殺七八人. 賊徒奔走. 數日再來. 有大蟒長三十餘尺. 眼光如電. 自廟旁出. 咬殺八九人. 粗得完免者. 皆僵仆而散. 故知陵園表裏. 必有神物護之.

自建安四年己卯始造. 逮今上御圖三十一載大康二年丙辰. 凡八百七十八年. 所封美土. 不騫不崩. 所植佳木. 不枯不朽. 況所排列萬蘊玉之片片. 亦不頹坼. 由是觀之. 辛替否曰. 自古迄今. 豈有不亡之國. 不破之墳. 唯此駕洛國之昔曾亡. 則替否之言有徵矣. 首露廟之

不毁. 則替否之言未足信也. 此中更有戲樂思慕之事. 每以七月二十九日. 土人吏卒. 陟乘岵. 設帷幕. 酒食歡呼. 而東西送目. 壯健人夫. 分類以左右之. 自望山島. 駮蹄駿駿. 而競湊於陸. 鷁首泛泛. 而相推於水. 北指古浦而爭趨. 蓋此昔留天神鬼等望後之來. 急促告君之遺跡也. 國亡之後. 代代稱號不一.

新羅第三十一政明王即位開耀元年辛巳. 號爲金官京. 置太守. 後二百五十九年屬我太祖統合之後. 代代爲臨海縣. 置排岸使. 四十八年也. 次爲臨海郡. 或爲金海府. 置都護府. 二十七年也. 又置防禦使. 六十四年也. 淳化二年金海府量田使中大夫趙文善申省狀稱首露陵王廟屬田結數多也. 宜以十五結仍舊貫. 其餘分折於府之役丁. 所司傳狀奏聞. 時廟朝宣旨曰. 天所降剣. 化爲聖君. 居位而延齡. 則一百五十八年也. 自彼三皇而下. 鮮克比肩者歟. 崩後自先代俾屬廟之壟畝. 而今減除. 良堪疑懼. 而不允. 使又申省. 朝廷然之. 半不動於陵廟中. 半分給於鄕人之丁也. 節使(量田使稚也) 受朝旨. 乃以半屬於陵園. 半以支給於府之傜役戶丁也. 幾臨事畢. 而甚勞倦. 忽一夕夢見七八介鬼神. 執縲絏. 握刀劍而至. 云儞有大愆. 故加斬戮. 其使以謂受刑而慟楚. 驚懼而覺. 仍有疾癘. 勿令人知之. 宵遁而行. 其病不問渡關而死. 是故量田都帳不著印也. 後人奉使來. 審檢厥田. 才一結十二負九束也. 不足者三結八十七負一束矣.

乃推鞫斜入處. 報告內外官. 敕理足支給焉. 又有古今所嘆息者. 元君八代孫金銍王. 克勤爲政. 又切崇眞. 爲世祖母許皇后奉資冥福. 以元嘉二十九年壬辰. 於元君與皇后合婚之地創寺. 額曰王后寺. 遣使審量近側平田十結. 以爲供億三寶之費. 自有是寺五百後. 置長遊寺所納田柴並三百結. 於是右寺三剛. 以王后寺在寺柴地東南標內. 罷寺爲莊. 作秋收冬藏之場. 秣馬養牛之廐.

悲夫. 世祖已下九代孫曆數. 委錄於下. 銘曰: "元胎肇啓 利眼初明 人倫雖誕 君位未成 中朝累世 東國分京 雞林先定 駕洛後營 自無銓宰 誰察民氓 遂兹玄造 顧彼蒼生 用授符命 特遺精靈 山中降卵 霧裏藏刑 內猶漠漠 外亦冥冥 望如無象 聞乃有聲 群歌而奏 眾舞而呈 七日而後 一時所丁 風吹雲卷 空碧天青 下六圓卵 垂一紫纓 殊方異土 比屋連薨 觀者如堵 睹者如羹 五歸各邑 一在兹城 同時同跡 如弟如兄 實天生德 爲世作程 寶位初陟 寰區欲清 華構徵古 土階尚平 萬機始勉 庶政施行 無偏無儻 惟一惟精 行者讓路 農者讓耕 四方奠枕 萬姓迓衡 俄晞薤露 靡保椿齡 乾坤變氣 朝野痛情 金相其躅 玉振其聲 來苗不絕 薦藻惟馨 日月雖逝 規儀不傾"

居登王: 父首露王. 母許王后. 立安四年己卯三月十三日卽位. 治三十九年. 嘉平五年癸酉九月十七日崩. 王妃泉府卿申輔女慕貞. 生太子麻品. 開皇曆云. 姓金氏. 蓋國世祖從金卵而生. 故以金爲姓爾.

麻品王: 一雲馬品. 金氏. 嘉平五年癸酉卽位. 治三十九年. 永平元年辛亥一月二十九日崩. 王妃宗正監趙匡孫女好仇. 生太子居叱彌. 居叱彌王: 一雲今勿. 金氏. 永平元年卽位. 治五十六年. 永和二年丙午七月八日崩. 王妃阿躬阿干孫女阿志. 生王子伊品. 伊屍品王: 金氏. 永和二年卽位. 治六十二年, 義熙三年丁未四月十日崩. 王妃司農卿克忠女貞信. 生王子坐知. 坐知王: 一雲金叱. 義熙三年卽位. 娶傭女. 以女黨爲官. 國內擾亂. 雞林國以謀欲

伐. 有一臣名朴元道. 諫曰. 遺草閱閱亦含羽. 況乃人乎. 天亡地陷. 人保何基. 又卜士筮得
解卦. 其辭曰. 解而悔. 朋至斯孚. 君鑒易卦乎. 王謝曰.可擯傭女. 貶於荷山島. 改行其政.
長御安民也. 治十五年. 永初二年辛酉五月十二日崩. 王妃道寧大阿干女福壽. 生子吹希.
吹希王: 一雲叱嘉. 金氏. 永初二年卽位. 治三十一年. 元嘉二十八年辛卯二月三日崩. 王妃
進思角干女仁德. 生王子銍知. 銍知王: 一雲金銍王. 元嘉二十八年卽位. 明年爲世祖許黃
玉王后. 奉資冥福於初與世祖合御之地. 創寺曰王后寺. 納田十結充之. 治四十二年. 永明
十年壬申十月四日崩. 王妃金相沙干女邦媛. 生王子鉗知. 鉗知王: 一雲. 金鉗王. 永明十
年卽位. 治三十年. 正光二年辛丑四月七日崩. 王妃出忠角干女淑. 生王子仇衡. 仇衡王:
金氏. 正光二年卽位. 治四十二年. 保定二年壬午九月. 新羅第二十四君眞興王. 興兵薄伐.
王使親軍卒. 彼衆我寡. 不堪對戰也. 仍遣同氣脫知爾叱今留在於國. 王子上孫卒支公等
降入新羅. 王妃分叱水爾叱女桂花. 生三子. 一世宗角干. 二茂刀角干. 三茂得角干. 開皇
錄雲. 梁中大通四年壬子降於新羅.

議曰: 案三國史. 仇衡以梁中大通四年壬子納土投羅. 則計自首露初卽位東漢建武十八
年壬寅. 至仇衡末壬子. 得四百九十年矣. 若以此記考之. 納土在元魏保定二年壬午. 則更
三十年. 總五百二十年矣.今兩存之.

金官伽倻

金官伽倻. 卽首露王所起之地. 韓百謙. 以爲弁辰之地. 今金海是也. 伽倻者. 弁辰也.[註:
已見弁辰條] 辰韓弁辰. 初皆六國. 後各十二. 而伽倻只有六國者. 史家失其六也. [註: 詳
見方域總目六伽倻條] 文獻通考云. 辰韓國.有瑟. 其形如筑. [註: 見六伽倻條]此以伽倻
爲弁辰也. 魏志之弁辰古資國. [註: 今固城] 實是小伽倻也.

南齊書云. 伽羅. [註: 伽倻之一名] 三韓種也. 後漢書云. 弁辰在辰韓之南. 南與倭接. 蓋伽
羅與浦上八國. 皆然則弁辰者. 迦倻也. 弁辰十二國. 皆隷金官首露之國. 金官者. 弁辰之
總王也. 漢光武時. 始開其國. 三國史云. 駕羅. 或云駕洛. 駕洛是金官伽倻. 亦名大加羅.
又稱柯羅. 文獻備考云. 駕洛. 或作伽落. 又稱伽倻. 新羅史. 金官曰. 南加耶. 又曰下加羅.
[註: 卽于勒仙人琴曲之名] 又云迦羅.

此蓋潢水以南之國而今之金海也. 三國史云. 金庾信十二世祖首露. 不知何許人也. 以後
漢建武十八年壬寅. [註: 新羅儒理王十九年] 登龜峯. 望駕洛九村. 遂至其地開國. 號曰加
耶. 後改爲金官國. [註: 出金庾信傳] 鄭麟趾高麗史云. 金州. 本駕洛國. 新羅儒理王十八
年. [註: 建武十七年也] 三國史云 建武十八年與此差一年]駕洛之長. 我刁干. 汝刁干. 彼
刁干等九人. 率其民禊飮. 望見龜旨峰. 有非常聲氣. 就視之. 有一童子. 年可十五. 容貌甚
偉. 衆皆拜賀盡禮. 童子日就岐嶷. 身長九尺. 九人. 遂奉以爲主. 卽首露王也. 國號駕洛.
又稱伽倻. 後改爲金官國. 四境. 東至黃山江. [註: 在梁山] 東北至伽倻山. [註: 在陜川] 西
南際大海. 西北界智理山. [註: 在河東] 卽位一百五十八年薨. [註: 見地理條]

駕洛國記云. 我刀干等九人. [註: 一云九干] 各爲酋長. 率其民. 禊飲水濱. 望見龜旨峰. 有異氣. 就見紫繩繫金盒而下. 開盒有金色六卵. 奉置之. 翌日. 六童子. 剖殼而出. 奇偉狀大. 衆咸異之. 推立始生者爲主. 以其首出. 故稱首露. 出於金卵. 故以金爲姓. 國號大駕洛. 其餘五人. 各爲五伽倻. 東國總目云. 始生者爲大駕洛. 其餘五人. 爲五伽倻主. 曰阿羅伽倻. 曰古寧伽倻. 曰大伽倻. 曰星山伽倻. 曰小伽倻. 崔致遠. 以爲首露王靑裔. [註: 見輿覽] 與大伽倻始祖惱窒朱日. [註: 阿豉王之別稱] 同母兄弟. 其釋利貞傳云. 伽倻山正見 [註: 人名] 母主. 爲夷毗訶之所感. 生大伽倻王惱窒朱日. 金官國王惱窒靑裔. 二人. 漢史魏志皆云. 辰韓弁辰之王. 皆以馬韓人. 爲之此當時之實聞也. 辰韓之昔脫解. 弁辰之金首露. 皆係西韓 [註: 馬韓謂之西韓] 之人. 檀卵金卵之說. 荒誕不經. 無足取信也金富軾云. 南伽倻始祖首露. 與新羅同姓. 輿地勝覽云. 王妃許氏. 乃南天竺國王女. 度海而至. 王迎入爲后. 稱許皇后. 名黃玉號普州太后.

洪萬宗云. 王妃許氏. 生九子. 而二子從母姓. 今之金海金氏許氏. 皆首露王之子孫也. 王壽至一百五十八. [註: 與鄭史少異] 新羅史云. 脫解王二十一年 [註: 漢章帝建初二年] 秋八月. 阿飡吉門. 與加耶兵. 戰於黃山津口. [註: 潢水入海之口也在今梁山郡西十餘里與金官府隔水相望] 獲一千餘級. 婆娑王八年 [註: 漢章帝末年] 秋. 下令曰. 國家西鄰百濟. 南接加耶. 德不能綏. 威不足畏. 宜繕葺城壘. 以待侵軼. 是月. 築加召 [註: 在居昌] 馬頭 [註: 今淸道郡東百餘里有馬谷山在慶州之南馬頭城或在此山之頭也] 二城. [註: 加召城所以備百濟也馬頭城所以備加耶也] 又云婆娑王二十三年 [註: 和帝十四年] 秋八月. 音汁伐國. [註: 今在慶州] 與悉直谷國. [註: 今三陟] 爭疆. 詣王請決. 王難之. 謂金官國首露王. 年老 [註: 首露王生十五歲卽位則是年七十五歲亦云老矣] 多智. 召問之. 首露立議. 所爭之地. 屬音汁伐國. 於是. 王命六部. 會饗首露王. 五部. 皆以伊飡. 爲主. 唯漢祇部. 以位卑者. 主之. 首露怒. 命奴耽下里. 殺漢祇部主保齊而歸. [註: 漢祇部本加利部姓裵] 後四年. 新羅加耶. 復相侵伐者. 十餘年. 自是厥後. 兩國無一事者. 八十年. 而首露王薨. [註: 八十年都無一事者史失之也] 子居登王. 立. 旣立三年. 請和於新羅. 新羅史云. 奈解王六年 [註: 漢建安六年] 春二月. 伽落國請和.

其後八年. 浦上八國作亂. 居登王. 請救於新羅. [註: 浦上八國見方域總目本皆迦羅之屬同是弁辰之族] 新羅史云. 奈解王十四年 [註: 漢建安十四年] 秋七月. 浦上八國. 謀侵加羅. 加羅王子來請救. 王命太子于老. 與伊伐飡利音. 將六部兵. 往救之. 擊殺八國將軍. 奪所虜六千人還之. 勿稽子傳云. 浦上八國. 同謀伐阿羅國. 柯羅遣使請救. 王使王孫㮮音. 率近部及六部軍往救. 遂敗八國兵. 後三年. 骨浦[註: 卽合浦今合于昌原] 漆浦. [註: 今漆原] 古史浦. [註: 今固城] 三國人. 來攻竭火城. 王率兵出救. 大敗三國之師. 勿稽子斬獲數十餘級. 至齊高帝時. 迦羅國王荷知. 遣使于南齊. 南齊書東南夷傳云. 建元元年. [註: 高帝年號] 加羅國王荷知. 來獻. 詔曰量廣始登. 遠夷洽化. 加羅王荷知. 款關海外. 奉贄東遐. 可授輔國將軍本國王. [註: 首露子孫有坐知王銍知王鉗知王之等所謂荷知當是三知之一也]

後三年. 三韓. [註: 百濟者馬韓也新羅者辰韓也迦羅者弁辰也] 連和. 以拒句麗. 新羅史云. 炤智王三年 [註: 齊高帝三年] 春三月. 高句麗. 與靺鞨. 入北邊取狐鳴等七城. [註: 見

安東條] 又進軍於彌秩夫. [註: 今興海] 我軍與百濟加耶援兵. 分道禦之. 炤智王十八年
春. 加耶國. 送白雉. 尾長五尺. 此時三韓之中. 新羅. 猶荒昧無文. 其朝聘中國. 或附庸於
百濟. 或附庸於迦羅. 北史新羅傳云. 新羅王本百濟人. 自海逃入新羅. 遂王其國. 初附庸
于百濟. 百濟征高麗. 不堪戎役. 後相率歸之. 遂致强盛. 因襲百濟. 附庸於迦羅國焉. 後
五十一年. 迦羅竟以其國. 降于新羅. 此梁武帝簒國之三十一年也. 於是. 辰韓弁辰. 合以
爲一. 新羅史云. 法興王十九年. [註: 中大通四年] 金官國主金仇亥. 與妃及三子. 長曰奴
宗仲曰武德季曰武力. 以國帑寶物來降. 王禮待之. 授位上等. 以本國爲食邑. 子武力. 仕
至角干.

鄭麟趾地理志云. 首露王九代孫仇亥. 賫國帑寶物. 降于新羅. 自首露以後. 居登王. 麻品
王. 居叱彌王. 伊尸品王. 坐知王. 吹希王. 銍知王. 鉗知王. 至仇亥王. [註: 金庾信傳云仇
亥或云仇次休於金庾信爲曾祖父三國遺史駕洛國記仇亥作仇衡] 有國凡四百九十一年.
新羅法興王. 旣受降. 待以客禮. 以其國. 爲食邑. 號金官郡. 文武王. 置金官小京. 景德王.
爲金海小京.

東史云金官國. 初立始祖廟於首陵之側. 享祀必於孟春三日七日. 仲夏重五. 仲秋五日十五
日. 逮仇衡失位. 有英規阿干. 奪廟而享淫祀. 當端午致告. 梁壓而死. 後圭林繼世. 年八十八
而卒. 其子簡元. 續而克禋. [註: 出僿說] 案圭林繼世者. 奉祀而已. 非其國統再興也.

招賢臺在金海府東七里. 石上有駕洛居登王像. 鄭麟趾高麗史云. 金州有招賢臺. 世傳
駕洛國居登王. 登此臺. 招七點山旵始仙人. 旵始乘舟而來. 因名焉. 又名招仙臺. 婆娑塔
許后自西域來時船中載此塔. 以鎭風濤. 塔凡五層. 其色赤斑. 雕鏤甚奇. 在金海虎溪上
[註: 出輿地勝覽]. 紅旗入浦. 駕洛國記云. 東漢建武二十四年. 許皇后自阿踰陀國. 渡海
而至. 望見緋船茜旗. 自海西南隅而指北. 首露王. 宮西設幔殿候之. 王后維舟登陸. 憩於
高嶠. 解所着綾袴. 質于山靈. 及至. 迎入幔殿. 越二日. 同輦還闕. 立以爲后. 國人號初來
維舟處. 曰舟浦. 解綾袴處曰綾峴. 茜旗入海處曰旗出邊. 柳得恭懷古詩云. 回首落日沈
西海. 正似紅旗入浦時. 見金海條.

金海崇善殿神道碑文

粤若稽古, 駕洛始祖王, 姓金氏. 諱首露, 降生之初, 有金瑞故曰金姓. 或曰少昊金天氏之
後 故曰金氏 又曰 首出爲生民之祖 故以首露爲王號. 王誕降于東漢光武皇帝 建武八年
三月三日 日就岐嶷 甫十歲 睿聖仁勇 其知如神 九部九干 等推戴之 立以爲王. 定都于盆
山之陽 國號大駕洛 建武十八年壬寅 三月望日也. 王旣登大位 破荒啓土 開物成務 俗因
淳厖 治尙淸淨 聘王后以正婚姻之禮 封五弟以明本支之分. 立九卿[部]以定官職之制 建
太子以嚴嫡統之重 崇仁義 興禮樂 恤孤獨 哀矜寡.

百濟虐滅箕氏 則興問罪之師 島夷侵伐斯[新]羅 則下退兵之書 於是 神化洋溢 威德遠

被. 奄有弁韓之故地 馬韓五十四國 盡入版圖 山南諸小國 皆來朝獻 尊王爲太王元君 盛矣哉. 桓帝延熹之年壬寅 王年百二十一 自以倦勤 欣然慕黃帝之升仙 傳位于太子居登 築別宮于知品川之方丈山中 與太后移居而修鍊. 王自號曰普州皇太王號后曰普州皇太后 山曰太王山 宮曰太王宮 越三十八年己卯 三月二十三日薨 乃獻帝建安四年也 享年一白六十八 在王位百二十年 在皇太王三十八年 葬龜旨峯南子坐之原. 太子始刱眞 是曰道王薨子成王麻品立 薨子德王居叱彌立 薨子明王伊尸品立 薨子神王坐知立 薨子惠王吹希立 薨子莊王銍知立 薨子肅王鉗知立 薨子讓王仇衡立.

新羅強盛 數加侵伐 民人多死亡 讓王曰 吾不欲以養人者害人 且不忍見宗社之自我淪喪 讓位於王弟仇亥 率太子妃嬪 抱祭器文物 遁于方丈山中太王宮. 仇亥降于羅 羅封仇亥 爲金官國主 後授太角干 以其地爲金官郡 凡十世十一王 歷年四百九十一. 新羅眞興王詔曰 駕洛太祖 生民之始 王闢鴻蒙 據山海 爰及許后 創業垂統 神德偉功 照輝千秋 今其二陵 俱在故都 不可使草萊{菜}蕪沒 香火明滅 命州干修治之 賜田二十頃 以充祀之需.

文武王曰 朕是首露王之外裔也 遣官致祭 復修二陵. 高麗文宗 當首露王御極之舊甲壬寅 特命知金州事金良鎰 修陵園 備禮祀事 其載良鎰所撰碑文 文則尚存 碑則磨沕 可慨也. 已革代以後 未修典禮 邦人以爲 神聖之君 不敢不享 每以冬至日 俎豆不絶 裔孫義城縣令金係錦 文愍公金駟孫 居是邦 相與盡誠於追遠報本之道.

萬曆八年庚辰 我十世祖曄 爲嶺南觀察使 大修二陵 而備祭儀 後十三年壬辰 倭寇掘王陵 神兵起而滅之 直長許景胤 率鄉人封築之 後五十三年乙酉 領相許積 爲道伯时 增修陵寢竪碑 碑文右議政許穆撰. 逮我英宗大王乙丑 命曰首露王陵 許后陵祭享 一體舉行 正宗大王壬子 遣閣臣李晚秀 奉審二陵 合享之儀 親製致祭文 若曰 維聖啓土 維天作合歆我肇禋 祉我熙洽云云 因以爲常享祝冊 錫之土田 犁以牲牢 春秋修其歲事. 今我統天隆運 肇極敦倫 聖上十五年戊寅 因傳之上疏陣乞 命廟堂稟定 領議政李最應議以爲 當依東京崇德殿成規 上允之 於是 改築寢廟 賜號曰崇善殿 合享如舊禮.

設置寢郎 以後孫中 金許兩姓 迭代薦授 使之奉守 聖朝崇報之義之德 天高而地厚矣. 太后姓許氏 名黃{皇}玉 蓋云阿踰陀國君之女 或曰南天竺國君之女 或曰西域許國君之女亦云許黃之國 方外別國 譜牒及金官古事 東史綱目等書 雜出者不一也. 駕洛王七年戊申 后乘大舶 浮海而來 王設幔殿而迎之 自言妾 阿踰陀國君之公主也 年今十六 父語妾曰 夢上帝命曰 駕洛元君 未定配偶 宜遣王女以后之 爾其往哉 乃載石塔于船 以鎭風濤 故妾得以至此 王遂立以爲后 盖黃{皇}玉夫人 亦曰普主太后.

后生于建武癸巳七月七日 薨于建安己卯三月朔日 壽百六十七 葬王陵西北一里而近 亦子坐. 后生子男十人 后臨薨 請於王曰 妾於東土客也 妾歿之後 悲<吾>姓之不傳也 王感其言 賜二子姓許氏 後世 各以所受封之地 若所居之鄉 貫籍 有金海 孔巖 河陽 泰仁 漢山之別焉.

後裔 正憲大夫 行吏曹判書 兼知 經筵春秋館義禁府事 同知 成均館事 弘文館提學 藝文館提學 五衛都摠府都摠管 經筵日講官 孔巖許傳 謹撰. 同知 經筵 春秋館 成均館 義禁府事 漢陽 趙濟華 謹書. 後裔 將仕郞 崇善殿 參奉 金顯汢柱 謹篆.

丁若鏞, 弁辰別考 亦名迦洛考

弁辰明是迦羅. 而迦羅之跡. 僅見於北史隋書. 玆就羅麗史. 採取迦羅之事. 爲弁辰別考. 以當弁辰之史.

辰韓, 弁辰. 初皆六國. 後各十二. 而迦羅只有六國者. 史家失其六也. 鏞謂凡作新羅之史者宜作迦羅本紀一部. 以當秦本紀, 項羽本紀義例. 而金富軾闕焉不錄. 今考羅, 麗地志. 凡得迦羅伽耶之名者. 總有六國. 金海爲金官伽耶. 亦名大迦羅. 咸安爲阿那伽耶. 亦名阿尸良. 固城爲小伽耶. 亦名古自國. 此皆潢水以南之諸縣也. 潢水發源於太白山之潢池. 西南流三百餘里. 至咸昌縣東. 折之爲南流三百餘里. 至咸安郡北. 又折之爲東流百餘里. 至金海府東北黃山浦口. 又折爲南流至金海府. 東入海. 此所謂洛東江也. 謂之洛東者. 言在駕洛之東也. 又咸陽府南. 智異山之. 灆水出焉. 俗謂之淸川. 東流至晉州城南. 折之爲東北流. 至咸安郡北. 與潢水合流. 凡在潢水灆水之南者. 最東曰金海. 次西曰熊川. 曰昌原. 曰漆原. 曰咸安. 曰鎭海. 曰固城. 曰泗川. 最西曰昆陽. 羅史謂之浦上八國. 蓋指此類. 此皆古弁辰之地也. 慶州在金海直北二百里. 遠在潢水之東. 漢史所謂弁辰在辰韓之南者. 此之謂也. 又高靈爲大伽耶. 星州爲碧珍伽耶. 咸昌爲古寧伽耶. 皆在潢水之西. 而潢東諸縣. 絶無駕洛之跡. 潢水之稱洛東江. 固其宜也. 若論東西緯度. 高靈東直慶州. 星州在高靈之北四十里. 咸昌在星州之北百四十里. 漢史. 猶謂之弁辰. 在南者金官駕洛國. 爲弁辰之總王. 故得云在南. 又或謂與辰韓雜居也. 今若於金官之國. 加之以浦上八國. 又加以高靈星州咸昌等三國. 恰充其數. 但浦上八國. 所謂骨浦者. 今合于昌原. 所謂漆浦者. 今之漆原. 所謂古史浦者. 似指固城. 本名古自浦. 餘不可考也.

又按漢史. 有弁辰軍彌國. 弁辰甘路國. 今之昆陽本名昆彌. 開寧本名甘文國. 在星州之北. 疑卽軍彌. 甘路之聲轉也. 瀆盧者. 巨濟也. 已見前. 雖與金官. 隔以海口. 瀆盧南與倭接. 恐非他邑也. 巨濟有加羅山. 輿覽云, 望對馬島最近. 弁辰十二國, 皆隷金官首露之國. 金官者. 弁辰之總王也. 漢光武時. 始開其國. 金富軾三國史云. 金庾信十二世祖首露. 不知何許人也. 以後漢建武十八年壬寅. 登龜峰望駕洛九村. 遂至其地開國. 號曰加耶. 後改爲金官國. 出金庾信傳.

鄭麟趾高麗史云. 金州本駕洛國. 新羅儒理王十八年. 建武十七年. 駕洛之長我刀干, 汝刀干, 彼刀干等九人. 率其民禊飮. 望見龜旨峰. 有非常聲氣. 就視之. 節 有一童子. 年可十五. 容貌甚偉. 衆皆拜賀盡禮. 童子日就歧嶷. 身長九尺. 九人遂奉以爲主. 卽首露王也. 國號駕洛. 又稱伽倻. 後改爲金官國. 四境東至黃山江. 東北至伽倻山. 西南際大海. 西北界智異山. 卽位一百五十八年薨. 見地理志. 又云, 金州有首露王墓. 在州西, 招賢臺. 在州東. 世傳駕洛國居登王. 登此臺. 招七點山旵始仙人. 旵始乘舟而來. 因名焉. 東史略云. 初駕洛 今金海 有九干. 各總其衆爲酋長. 九干脩禊事. 適見龜峯. 有異氣. 就得六男. 節 推始生者爲主. 因金卵姓金. 以始見. 名首露. 國號大駕洛. 權近著.

東國總目云. 始生者. 爲大駕洛. 其餘五人. 爲五伽倻主. 曰阿羅伽耶. 曰古寧伽耶. 曰大伽倻. 曰星山伽倻. 曰小伽倻. 鏞案首露開國之年. 三國史以爲漢光武十八年. 壬寅年. 高麗

史以爲儒理王十八年. 辛丑年. 所差一年也. 東史諸家. 竝從三國史. 從王寅. 貴古也. 又按
鄭史. 有金檻金卵之說. 妄誕鄙俚. 今竝刪之余謂漢史魏志. 皆云辰韓弁辰之王. 皆以馬
韓人爲之. 此當時之實聞也. 辰韓之昔脫解. 弁辰之金首露. 皆係西韓之人. 而新羅,百濟
後世. 竟成仇隙. 新羅之人. 恥其前代受命百濟. 諱其根本. 遂造檳卵之說. 以欺愚俗. 而
三國遺事. 竝載委巷之說. 鄭公不知刪落耳. 又按東史略. 有六卵之說. 而東國總目遂云.
首露王兄弟六人. 分作六伽倻之始祖. 此皆後人推演爲說. 不足徵也. 唯崔致遠以爲大伽
耶始祖朱日. 金官國始祖靑裔. 爲同母兄弟. 詳見大伽耶. 此必有據之言也. 金富軾云. 南
加耶始祖首露. 與新羅同姓也. 又云. 羅人自謂少昊金天氏之後. 故姓金. 洪萬宗云. 王妃
許氏. 南天竺王女. 生九子. 而二子從母姓. 今之金海金氏. 許氏皆首露之子孫也. 王壽至
一百五十八.

鏞案鄭史. 首露王在位百五十八年. 洪說以爲享壽百五十八年. 揆之常理. 洪義似長. 然今
從鄭史. 所以貴古也. 首露王三十五年. 發兵侵新羅. 自玆以後二十餘年. 戰爭不息. 辰韓,
弁辰之截然爲二. 良以此也. 新羅史云. 脫解王二十一年. 漢章帝建初二年. 秋八月. 阿飡
吉門. 與加耶兵. 戰於黃山津口. 獲一千餘級. 婆娑王八年 漢章帝末年. 秋. 下令曰. 國家
西隣百濟. 南接加耶. 德不能綏. 威不足畏. 宜繕葺城壘. 以待侵軼. 是月築加召,在居昌. 馬
頭今未詳. 二城.

十五年. 漢和帝六年. 春二月. 加耶賊圍馬頭城. 遣阿飡 吉元. 將騎一千. 擊走之. 十七年秋
九月. 加耶人襲南鄙. 遣加城主長世拒之. 爲賊所殺. 王怒率勇士五千. 出戰敗之. 虜獲甚
多. 十八年春正月. 擧兵欲伐加耶. 其國主遣使請罪. 乃止. 鏞案黃山津者. 潢水入海之口
也. 在今梁山郡西十餘里. 與金官府隔水相望. 二國之戰. 旣在黃山津口. 則加耶者. 金官
也. 又按加召城. 所以備百濟也. 馬頭城. 所以備加耶也. 今淸道郡東百餘里. 有馬谷山. 在
慶州之南. 馬頭城或在此山之頭也. 其後五六年. 迦羅,新羅. 忽有和睦之跡. 意者. 婆娑王
中年. 迦羅乞和. 而暫相親附也.

新羅史云. 婆娑王二十三年 和帝十四年 秋八月.音汁伐國. 古安康縣. 在慶州北三十里. 與
悉直谷國. 今三陟. 爭彊. 詣王請決. 王難之謂. 金官國首露王年老多智. 召問之. 首露立
議. 所爭之地. 屬音汁伐國. 於是王命六部. 會饗首露王. 五部皆以伊飡爲主. 唯漢祇部以
位卑者主之. 首露怒. 命奴耽下里. 殺漢祇部主保齊而歸. 漢祇部. 本加利部姓裵. 鏞案首
露王生十五歲卽位. 則本年七十五歲. 亦云老矣. 後四年. 新羅,迦羅. 復相侵伐者. 十餘
年. 自是厥後. 兩國無事者八十年. 而首露王薨. 新羅史云. 婆娑王二十七年 漢殤帝元年.
秋八月.命馬頭城主伐加耶.

祇摩王四年 漢安帝九年. 春二月. 加耶寇南邊. 秋七月. 親征加耶. 帥步騎度黃山河. 加耶
人伏兵林薄以待之. 王不覺直前. 伏發圍數重. 王揮軍奮擊. 決圍而退. 五年秋八月. 遣將
侵加耶. 王帥精兵一萬以繼之. 加耶嬰城固守. 會久雨乃還. 鏞案八十年. 都無一事者史
失之也. 首露王薨. 子居登王立. 旣立三年. 請和於新羅. 此漢獻帝建安六年也. 新羅史云.
奈解王六年. 漢建安六年. 春二月. 加耶國請和. 十四年秋七月. 浦上八國. 謀侵加羅. 加羅
王子來請救. 王命太子于老與伊伐飡利音. 將六部兵. 往救之. 擊殺八國將軍. 奪所虜六千
人還之. 十七年春. 建安十七年. 加耶送王子爲質.

鏞案浦上八國者. 今昌原, 漆原, 咸安, 固城之地. 已見前. 本皆迦羅之屬. 同是弁辰之族.
而首露新薨. 八國作亂. 故居登王. 請救於新羅也. 勿稽子傳云. 浦上八國. 同謀伐柯羅國.
柯羅遣使請救. 王使王孫㮈音. 率近郡及六部軍往救. 遂敗八國兵. 後三年. 骨浦, 卽合浦.
今合于昌原. 漆浦、今漆原 古史浦 疑固城. 三國人來攻碣火城. 今未詳 王率兵出救. 大
敗三國之師勿稽子. 斬獲數十餘級.

鏞案旣云. 浦上不云海中. 則今巨濟南海. 不在計也. 今浦上之地. 東自昌原. 西至昆陽. 恰
爲八邑. 而咸安, 固城. 本有加耶之名. 骨浦, 漆浦. 已著新羅之史. 八邑之爲浦上八國無疑.
縱有沿革. 不甚相遠也. 建安以後二百六十八年. 迦羅之跡. 史冊無文. 至齊高帝建元元
年. 迦羅國王荷知. 遣使于南齊. 南齊書東南夷傳云. 加羅國三韓種也. 建元元年. 國王荷
知使來獻. 詔曰. 量廣始登. 遠夷洽化. 加羅王荷知. 款關海外. 奉贄東遐. 可授輔國將軍
本國王.

鏞案首露子孫. 有坐知王, 銍知王, 鉗知王之等. 所謂荷知. 當是三知之一也. 後三年. 三
韓連和. 以拒句麗. 此又東方之大事也. 新羅史云. 炤知王三年 齊高帶三年. 春三月. 高句
麗與靺鞨. 入北邊. 取狐鳴等七城. 又進軍於彌秩夫. 今興海. 我軍與百濟加耶. 援兵分道
禦之. 十八年春. 加耶國送白雉. 尾長五尺.

鏞案輿地勝覽. 彌秩夫者. 今之興海郡也. 狐鳴等七城. 雖不可詳. 旣取七城. 乃進興海.
則今淸河, 盈德, 寧海, 平海, 眞寶之等. 卽其地也. 當時竹嶺. 久已開路. 漢靈帝時開. 句麗
已據丹陽等數邑. 其自竹嶺之路. 直衝慶州之北明矣. 百濟者. 馬韓也. 新羅者. 辰韓也. 迦
羅者. 弁辰也. 三韓會盟. 以擯句麗. 其間聘享游說之跡. 必多奇偉瓌詭之觀. 而文獻無
徵. 悲夫. 此時三韓之中. 新羅猶荒昧無文. 其朝聘中國. 或附庸於百濟. 或附庸於迦羅. 中
國之史. 厥有明驗. 北史新羅傳云. 新羅本百濟人. 自海逃入新羅. 遂王其國. 初附庸于
百濟. 梁書新羅傳云. 其國小. 不能自通使聘. 普通二年. 始隨百濟. 奉獻方物. 百濟征高麗.
不堪戎役. 後相率歸之. 遂致强盛. 因襲百濟. 附庸於迦羅國焉. 傳世三十. 至眞平. 遣使貢
方物於隋. 隋書亦云.

鏞案蕭齊之時. 新羅君長. 猶稱尼師今. 麻立干. 則其無文可知也. 三韓之中. 百濟最强最
文. 梁書 新羅傳云. 新羅無文字. 刻木爲信. 語言待百濟而後通焉. 新羅自古服屬. 其附庸
無怪也. 而旣別百濟. 又乃附庸於迦羅者. 豈非文字之技. 反遜迦羅而然乎. 且自辰弁水
路朝天. 則迦羅直居海口. 習知舟楫之事. 新羅深居陸地. 但輸皮幣之供. 其勢不得不迦
羅爲主. 而新羅附庸也. 中國之記東事者. 雖有懸聞. 至於朝聘. 中國之跡. 不容有誤. 北
史隋書. 皆信文也. 南史及齊梁書. 亦宜參考.

通典云. 新羅强盛. 因襲加羅, 任那諸國滅之. 竝三韓之地. 任那. 今忠州也. 後五十一年.
迦羅竟以其國. 降于新羅. 此梁武帝纂國之三十一年也. 於是乎辰韓, 弁辰. 合而爲一. 新
羅史云. 法興王十一年 梁武帝普通五年. 秋九月. 王出巡南境拓地. 加耶國王來會. 十九
年. 中大通四年. 金官國主金仇亥與妃及三子長曰奴宗. 仲曰武德. 季曰武力. 以國帑寶
物. 來降. 王禮待之. 授位上等. 以本國爲食邑. 子武力. 仕至角干. 金庾信傳云. 首露子孫相
承. 至九世孫仇亥. 或云仇次休. 於庾信爲曾祖父.

鄭麟趾地理志云. 首露王九代孫仇亥. 賣國帑寶物. 降于新羅. 自首露以後. 居登王, 麻品王, 居叱彌王, 伊尸品王, 坐知王, 吹希王, 銍知王, 鉗知王. 至仇亥王. 三國遺事駕洛國記. 仇亥作仇衡. 有國凡四百九十一年. 新羅法興王. 旣受降. 待以客禮. 以其國爲食邑. 號金官郡. 文武王置金官小京. 景德王爲金海小京. 鏞案迦羅之國. 始建於漢光武中年. 卒亡於梁武帝中年. 故後漢書, 三國志, 晉書. 皆立三韓列傳. 至南北史, 隋唐書. 始有百濟, 新羅. 無馬韓, 辰弁. 迦羅之爲弁辰. 不旣明甚乎. 然且魏志北史. 皆以百濟爲馬韓. 至於新羅. 則北史謂之辰韓遺種. 唐書謂之弁韓苗裔. 由是觀之. 馬韓之終爲百濟. 辰韓, 弁辰之終爲新羅. 確然無疑. 而東儒舍此迦羅. 別求弁辰. 西摸北撈. 轍環靑丘. 而弁韓之地. 終不可得. 豈不惜哉. 一言以蔽記. 弁辰. 在辰韓之南. 南與倭接. 弁辰者. 迦羅也. 東史云. 金官國. 初立始祖廟於首陵之側. 享祀必於孟春三日七日. 仲夏重五. 仲秋五日十五日. 逮仇衡失位. 有英規阿干. 奪廟而享淫祀. 當端午致告. 梁壓而死. 後圭林繼世. 年八十八而卒. 其子簡元繼而克禋. 出儳說.

鏞案圭林繼世者. 奉祀而已. 非其國統再興也. 大伽耶者. 今之高靈縣. 亦弁辰十二國之一也. 其始祖阿豉王. 實爲首露王之同母兄. 以故別謂之大伽耶. 金富軾地理志云. 高靈郡. 本大加耶國. 鄭麟趾地理志云. 高靈郡. 本大伽倻國. 始祖伊珍阿豉王. 一云内珍朱智.

崔致遠釋利貞傳云. 伽倻山正見母主. 爲夷毗訶之所感. 生大伽倻王惱窒朱日. 金官國王惱窒靑裔二人. 輿地勝覽云. 惱窒朱日. 爲伊珍阿豉王之別稱. 靑裔爲首露王之別稱. 鏞案首露王. 當時威德竝盛. 竝呑甌越之域. 有類南佗平斷虜芮之訟. 遠追西伯. 厥享國百五十年. 浦上八國. 翕然譬伏. 罔敢蠢動. 此弁辰之霸主也. 然而高靈以區區一縣之聚. 特謂之大加耶者. 以其爲首露王之兄也. 故金官曰南加耶. 新羅史. 高靈曰北加耶. 又金官曰下加羅. 高靈曰上加羅. 卽于勒仙人琴曲之名. 皆首露私尊之稱. 若論主霸之國. 金官爲弁辰之總王也. 若其建國之年. 疑亦漢光武建武十八年. 始開其國. 與首露王. 分長二國. 義詳下節.

鏞案駕洛古記. 六卵之說. 雖不可信. 崔孤雲正見二子之說. 必有所本. 原有山神天神之說. 此其荒誕處. 首露王兄弟分立. 必如沸流, 溫祚之事矣. 至八世孫異腦王時. 大加耶遣使請婚於新羅. 此是梁武帝普通三年也. 新羅史云. 法興王九年春. 加耶國王. 遣使請婚. 王以伊飱比助夫之妹. 送之. 崔致遠釋順應傳云. 大伽倻國月光太子. 乃正見之十世孫. 父曰異腦王. 求婚于新羅. 迎夷粲比枝輩之女. 而生太子. 輿地勝覽云. 異腦王. 乃惱窒朱日之八世孫也.

鏞案金富軾之史. 凡迦羅六國. 通稱加耶. 無所標別. 今以事在新羅南界及黃山津者. 繫之金官. 至於此條更據崔孤雲之文. 繫之大加耶國. 庶不謬也. 至末孫道智王時. 大加耶竟爲新羅所滅. 此是陳文帝天嘉三年也. 新羅史云. 眞興王二十三年. 陳文帝天嘉三年. 秋九月. 加耶叛. 王命異斯夫討之. 斯多含副之. 斯多含領五千騎. 先馳入栴檀門立白旗. 城中恐懼不知所爲. 異斯夫引兵臨之. 一時盡降. 鄭麟趾地理志云. 大伽倻國. 自始祖阿豉王. 至道設智王. 凡十六世五百二十年. 新羅眞興加滅之. 以其地爲大伽倻郡. 鏞案加耶叛者. 大加耶也. 金官旣亡. 大加耶獨存. 本以魯, 衛之國. 遽失虞, 虢之依. 悲憤謀叛. 遂滅其國也. 又按金富軾之史. 旣無標別. 則所謂加耶叛. 未必非金官也. 然金官之亡. 今已三十一年. 仇亥三子. 竝仕新羅. 駕洛遺民. 何以畔倍. 且據鄭史. 大加耶寔爲眞興王所滅. 而自漢光武建武十八年. 至陳文帝天嘉三年. 爲五百一十九年. 則其歷年之數. 恰與相合. 所差唯一年耳. 其差一年者. 古記或擧大數. 或大加耶建國在建武十九年. 差後於首露也. 又按崔孤雲以月光太子之父異腦王. 爲始祖. 朱日王八世孫. 則此時唯九王傳授矣. 竝始祖爲九. 大加耶十六王. 尙餘七王. 不應四十年之間. 請婚在普通三年. 下距末王亡國爲四十一年. 據傳七王. 以此言之. 崔說鄭史. 必有一誤. 不可曰兩合也. 異腦王以上凡十四王. 或其兄弟世及者多. 雖八世之間. 亦當得十三四王.

鄭麟趾地理志云. 高靈古大伽耶國. 縣南有宮闕遺址. 傍有石井. 俗傳御井. 小加耶者. 卽弁辰古資國也. 今之固城縣也. 新羅智證王滅之. 東史略云. 智證王六年. 梁武帝天監四年. 遣異斯夫. 取小加耶國. 新羅史異斯夫傳云. 智證王時. 爲沿邊官襲. 居道權謀. 以馬戲誤. 加耶 或云加羅 國取之. 馬戲. 所以滅于尸山國. 詳見居道傳. 鏞案于山國之來降. 在智證王十一年. 則小加耶之伐取. 當在其後. 東史略六年之說. 誤矣. 阿那加耶者. 今之咸安郡也. 新羅法興王滅之. 東史略云. 法興王二十五年. 梁武帝大同四年. 伐阿尸良國滅之. 鄭麟趾地理志云. 咸安本阿那伽耶. 法興王滅之. 以其地爲郡. 隋書煬帝紀云. 大業四年. 百濟倭迦羅舍國. 竝遣使貢方物. 鏞案迦羅之亡. 在梁武帝三十一年. 大加耶之亡. 在陳文帝天嘉三年. 此云迦羅舍者. 或者六加耶之中. 有一後亡者歟. 今不可考. 又加耶嘉悉王. 製十二弦琴. 至今流傳.

金富軾樂志云. 加耶國嘉實王. 見唐之樂器. 造加耶琴. 乃命樂師省熱縣人于勒. 造十二曲. 以象十二月之律. 後于勒以其國將亂. 攜樂器. 投新羅眞興王. 王受之. 安置國原. 今忠州. 乃遣大㮈麻注知階古大舍萬德. 傳其業. 三人旣傳十二曲. 約爲五曲. 奏之王前. 王聞之大悅. 諫臣獻議. 加耶亡國之音. 不足取也. 王曰. 加耶王淫亂自滅. 樂何罪乎. 遂行之. 以爲大樂. 加耶琴有二調. 一河臨調. 二嫩竹調. 共一百八十五曲. 于勒所製十二曲. 一曰下加羅都. 二曰上加羅都. 三曰寶伎. 四曰達己. 五曰思勿. 六曰勿慧. 七曰下奇物. 八曰師子伎. 九曰居烈. 十曰沙八兮. 十一曰爾赦. 十二曰上奇物. 本紀云. 眞興王十二年. 梁簡文帝時. 王巡守次娘城. 聞于勒及其弟子尼文知音樂. 特召之. 王駐河臨宮. 令奏其樂. 二人各製新歌. 奏之. 鏞案省熱者. 沙熱也. 沙與省聲近. 沙熱者. 今淸風也. 于勒游於淸風忠州之間. 故忠州有彈琴臺. 在州南五里. 四休亭. 在州西二十里荷潭之上. 皆于勒之所嘗游也. 則河臨宮者. 疑在今安東地. 安東有臨河故縣. 臨河之爲河臨. 猶臨津之爲津臨.

文獻通考曰. 弁韓國有瑟. 其形如筑. 彈之有音. 曲與胡琴類. 見樂考 鏞案我邦琴瑟之可以得名者. 唯有伽倻琴一種而已. 馬氏乃云. 弁韓國有瑟. 其形如筑. 則伽耶之爲弁韓. 豈不明甚. 謂之瑟者. 絃有十二. 其形差大也.

색인표

낙동강 상류의 실존 왕국

고녕가야

펴 낸 날 2024년 10월 31일

지 은 이   김도상, 이대영
펴 낸 이   이기성
기획편집   윤가영, 이지희, 서해주
표지디자인 윤가영
책임마케팅 강보현, 김성욱
펴 낸 곳   도서출판 생각나눔
출판등록   제 2018-000288호
주   소   경기도 고양시 덕양구 청초로 66, 덕은리버워크 B동 1708, 1709호
전   화   02-325-5100
팩   스   02-325-5101
홈페이지   www.생각나눔.kr
이 메 일   bookmain@think-book.com

• 책값은 표지 뒷면에 표기되어 있습니다.
  ISBN   979-11-7048-773-9(03910)